# A NEW ESSAY ON THE ESSENCE AND EVOLVEMENT OF PHILOSOPHY

中国政法大学人文社会科学研究资助项目

# 哲学本质与
# 演变逻辑新论

游兆和　著

社会科学文献出版社
SOCIAL SCIENCES ACADEMIC PRESS (CHINA)

# 目 录

# 引　言

# 对形上之神的探求

## ——论哲学的本质特征是形而上学

本书属于对哲学发展基础理论与前沿问题进行独立的综合性探讨的学术著作。本书题为"哲学本质与演变逻辑新论",正是基于笔者力图在对哲学本质与演变逻辑的探讨中提出新的认识。

古希腊哲学家亚里士多德在《形而上学》这部哲学的奠基性著作中提出:"我们认取哲学为唯一的自由学术而深加探索,这正是为学术自身而成立的唯一学术。"① 在人类历史上,宗教、哲学、道德、艺术等均具有形而上学的本性,就此而言,这些文化形态也都具有"独立之精神、自由之思想",然而,宗教、道德、艺术等并不进行"学术探索",只有哲学才担此重任,因而哲学也就成为"唯一的自由学术"。今天,以哲学的"自由学术"精神来探索哲学这门"唯一的自由学术"本身,就构成本书的基本精神。可以说,本书就是一部旨在对哲学进行纯粹的、自由的学术探索的学术著作。

本书引言题为"对形上之神的探求",也是基于作者对哲学本质的认识:哲学的本质特征或根本精神即在于形而上学,而形而上学是一个民族文化精神的灵魂。这又如近代德国哲学家黑格尔所说:"一个有文化的民族竟没有形而上学——就像一座庙,其他各方面都装饰得富丽堂皇,却没有至圣的神"。②

我们探讨哲学的本质与演变逻辑,就不能不对"形而上学"这"至圣的神"做出探求。本书写作的一个基本思路,就是要在对"形而上学"这"至圣的神"的探求中认识哲学的本质特征与演变逻辑,并从哲学所特有的"形而上学"的思辨与超验特性出发对哲学发展的一系列问题做出梳理与阐释,并从中阐发出新的认识和观点。

---

① 〔古希腊〕亚里士多德:《形而上学》,吴寿彭译,商务印书馆,1959,第5页。

② 〔德〕黑格尔:《逻辑学》上卷,杨一之译,商务印书馆,1966,第2页。

# 一

我国古代的先哲很早就开始了对"形上之神"的探求，也很早就把"形而上学"看作是一门最高的学问。老子最早提出了"道可道，非常道"或"道法自然"的形上理念，而《易传·系辞上》则明确提出："形而上者谓之道，形而下者谓之器，化而裁之谓之变，推而行之谓之通，举而措之天下之民，谓之事业。"其意是说，有形之上的无形的领域就属于"道"的"形而上"领域，而有形之下或有形的领域则属于"器"的"形而下"领域。在中国古代，"形而上学"在其传统意义或基本含义上，一直是指一种无形的、超验的认识，同时也是指一种研究超感觉的、超经验对象问题的学问。

与我国古代学术思想具有"形而上学"的精神一样，传统西方哲学与文化也一直把"形而上学"视为一门最高的学术或最高的学问，乃至将"形而上学"（西语为"metaphysics"，意即"物理学之后"）视为"哲学"本身。具有"形而上学"的精神或理念，已成为自古希腊哲学以来西方哲学发展的本质特征与主要传统，而形而上学的形成、发展与成熟，也构成并表现为全部西方哲学历史演变的主要逻辑。我们完全可以说，形而上学精神就是中西哲学与文化的共同精神，形而上学也代表了人类传统哲学与文化发展的根本精神与价值取向。因此，如果我们今天还想继承与弘扬人类的传统哲学与传统文化的伟大遗产，那就断然离不开对"形而上学"这"至圣的神"的探求、理解、领悟与阐发。

当然，辩证地看，"形而上学"也有缺陷，这正像任何事物都会具有一定缺陷、局限或具有矛盾两重性一样。"形而上学"那超验的思辨的特性，似乎往往使人脱离现实世界或有限经验领域而在无形、无限的世界里漫游，而"形而上学家"即"哲学家"所提出的那些概念、判断、命题和学说也很难在现实的经验领域、实践领域或科学研究领域得到检验或验证。然而，也正由于"形而上学"具有这种超验的思辨的本性乃至自由思想的品格，"形而上学"才得以不断推进人类理智的进步，不断推进人类思维能力的最大限度的发展，从而也就直接或间接地启发、引领并促进了宗教、艺术、道德、科学以及政治与法律思想等意识形态或文化形态的发展。可以说，"形而上学"即"哲学"确实是"其他一切学科的母亲，它生育并抚养了其他学科。"（爱因斯坦语）今天，我们每一个人，或者说，世界上所有文明国度的人们，事实上，都是形而上学的受益者，同时也都是这一伟大母亲所留下的珍贵遗产的继承人。

正是在"形而上学"这"至圣的神"的启示与感召下，人类社会创立了哲学、宗教、艺术、道德和科学等，亦即创立并发展了文化与文明本身。因此，总的说来，形而上学的优点要远远大于或超过它的缺点，形而上学之神带给人类的恩惠也远远大于其"抽象思辨"所带给人类的某种损伤。况且，形而上学那超验、思辨的特性无论是被视为优点还是被视为缺陷，那毕竟都是形而上学的特点。毋宁说，形而上学的特点、特性同时既是它的优点，也是它的缺点，我们也不可能在接受其优点时而不同时接受其缺点，更不应该由于形而上学有一定局限或缺陷就要像"实证主义"或"科学主义"那样"拒斥形而上学"从而导致"哲学的终结"。

当然，我们在继承形而上学而从事哲学研究时也应努力发扬其优点、克服其缺陷，但从根本上来说，哲学形而上学的局限或缺陷是可以也应该由宗教、道德、艺术、科学等其他意识形态或文化形式的发展来弥补与矫正的。传统文化本来就是一个完整系统，在人类文化的系统性发展中，各种文化形态或意识形态之间本来就具有"互异互补"的辩证关系，而形而上学的使命或天职也正在于应全力地、独立地去发扬自身所特有的超验与思辨本性从而为人类文化的发展提供精神动力与价值基础。

## 二

人类永远需要形而上学，这是没有疑问的。这不仅由于"求知"是人类的本性（如亚里士多德所说），也不仅由于"形而上学"就是人的"理性的自然趋向"（如康德所说），甚至也不仅由于"形而上学"是"至圣的神"（如黑格尔所说），这还由于宇宙或自然本身对于人类来说也将永远是"未解之谜"，也将永远具有一种尚未"祛魅"的"神秘"性质或"神圣"天性。正是基于对宇宙的这种神圣天性的"形上"感悟，人类才创造出宗教、哲学、道德、艺术等思想观念与文化形态，才形成并发展出理性、信仰、仁爱、美感等原创精神，由此才创立了人类文明。也因此，人类就注定需要保持或延续对"形上"之神的敬仰与探求，就注定需要在对具有"或然性"的经验科学有所依傍之外而依靠"形而上学"的天性去探索那具有必然性、无限性的宇宙、自然与生命之谜。

这也正如康德所说："人类精神一劳永逸地放弃形而上学研究，这是一种因噎废食的办法，这种办法是不能采取的。世界上无论什么时候都要有形而上学；不仅如此，每人，尤其是每个善于思考的人，都要有形而上学"。①

在康德之后，黑格尔对哲学形而上学的精神有了进一步体悟，他指出，一个民族缺乏"形而上学"就如同没有"至圣的神"。

黑格尔说："科学和常识这样携手协作，导致了形而上学的崩溃，于是便出现了一个很奇特的景象，即：一个有文化的民族竟没有形而上学——就像一座庙，其他各方面都装饰得富丽堂皇，却没有至圣的神那样。"②

黑格尔把"形而上学"比作一个庙宇中"至圣的神"，这既十分生动，又十分深刻。在本质的意义上说，即在一个有"文化的民族"的"民族文化"的精神本质上说，"形而上学"就是"至圣的神"。这是因为，"形而上学"代表着一个有文化的民族乃至整个人类的一种永不止息而永远向上的求索精神，即代表着人类一种对"神"的"智慧"、"道"的"玄妙"、"佛"的"慈悲"以及"理"的"精微"进行永恒求索的绝对精神。"路漫漫其修远兮，吾将上下而求索"（屈原：《离骚》），这就是形而上学精神的写照。

因此，"形而上学"本身就是一种"精神"、一种"文化"、一种"信仰"、一种"理性"，也就是一种"仁爱"、一种"慈悲"、一种"至善"、一种"终极关怀"，因而也是人类精神创造的一种无限源泉与最终动力。离开形而上学的本真精神，人类哲学、宗教、伦理、艺术以及科学的产生都是不可设想的。

也因此，本书对哲学的本质与演变逻辑的探讨，就将依据哲学的形而上学的本性与根本精神，就将在对形而上学精神与特征的不断求索中揭示哲学的本质特征与演变逻辑。

哲学的本质是什么，哲学又是怎样演变的，这是我们从事哲学研究不能不提出并加以思考的两个根本问题。前一个问题侧重于对哲学的"逻辑"分析，后一个问题侧重于对哲学的"历史"考察。这样，对这两个问题的分析与考察就会涉及并体现所谓"逻辑和历史统一"的原则。然而，更深入的问题还在于，这一"逻辑和历史统一"原则的基础又是什么呢？即哲学的逻辑结构与哲学的历史演变统一的基础又是什么？二者统一于"历史"吗？二者统一于"逻辑"吗？事实上，逻辑既不能以历史为基础而实现统一即统一于历史，而历史也不能以逻辑为基础而实现统一即统一于逻辑。逻辑和历史的统一，正如任何两个具有矛盾对立性的事物的统一一样，都是以某种共同的或相通的本质或本性为基础的。对于哲学发展来说，逻辑和历史统一的基础，也正在于"形

---

① 〔德〕康德：《未来形而上学导论》，庞景仁译，商务印书馆，1978，第163页。

② 〔德〕黑格尔：《逻辑学》上卷，杨一之译，商务印书馆，1966，第2页。

而上学"的本性，二者即统一于"形而上学"这一哲学的共同的或相通的本性。可以说，任何哲学的统一，或哲学的任何逻辑和历史的统一，都是基于哲学本身的形而上学的本性、本质。"哲学即形而上学"（海德格尔语），哲学的这一形而上学的本性或本质既决定哲学的逻辑结构，也决定哲学的历史演变，亦即决定哲学发展的历史逻辑。

"形而上学"既构成哲学的"本质"，也构成哲学发展的"目的"、"动因"，即构成哲学"存在"本身。因此，本书对哲学本质与演变逻辑的考察也可称为某种如胡塞尔所说"目的论的历史考察"。这种"目的论的历史考察"既是对哲学历史的自觉反思，也是对当代哲学使命的深刻反省。因此，这种考察也就把逻辑和历史、理论和现实、当下和永恒以及经验的与超验的或批判的意识等结合起来，由此也就获得了"考察"本身的"总体性"。正如胡塞尔所说：这种"目的论的历史考察"或这种"历史考察的真理性"，"只有从批判的总体审视的自明性中才能被证明，这种批判的总体的审视使我们可以在由有文献资料为根据的哲学论断和它们表面上的对立与并存这些'历史事实'背后，揭示出一种有意义的最终的和谐"①。

## 三

然而，从我国哲学界目前的研究状况来看，人们对哲学或形而上学的认识却还存在许多误解或不准确的地方。其中一个很严重的误解就是把"哲学"和"形而上学"分开，好像"哲学"可以没有"形而上学"。哲学界从事各种"哲学研究"，公众似乎也由于长期受到"哲学教育"而颇有"熟知哲学"并"应用哲学"的感情与意愿。然而，人们却很少去深思与分析哲学究竟具有何种特性，也很少有人想到在进入哲学的神圣殿堂之时首先应去朝拜那至圣的形上之神！

搞哲学竟没有形而上学，"就像一座庙，其他各方面都装饰得富丽堂皇，却没有至圣的神。"可以说，不能理解形而上学就不能理解哲学，无论是过去、现在还是将来，没有形而上学本性的哲学都是不可设想的。

我国哲学界对哲学形而上学本质的另一严重误解就是在把"形而上学"与"哲学"分离的同时，又将"形而上学"与"辩证法"对立起来，坚持所谓

---

① 〔德〕胡塞尔：《欧洲科学的危机与超越论的现象学》，王炳文译，商务印书馆，2001，第91、92页。

"形而上学是一种反辩证法的思维方式"的理论，并认为"形而上学"的这种"反辩证法"的含义是由黑格尔赋予"形而上学"的"第二种含义"（"第一种含义"是指"形而上学"是研究超经验对象问题的学问）。然而，"形而上学"真的具有这"第二种含义"吗？

其实，黑格尔当年批判的"形而上学"只是某种"旧形而上学的方法"或"过去的形而上学"，而根本不是批判"形而上学"本身。他自己还把"形而上学"视为"至圣的神"，怎么可能再去批判这"至圣的神"呢？

应该说，"形而上学"的概念只具有一种含义，即"研究超验的、超感官问题的学问"的含义，而"形而上学"的所谓"第二种含义"即"反辩证法"的含义完全是对其本质或本意的误解或曲解。而"形而上学"本身作为研究超经验对象问题的理性思维的学问，本身即具有"辩证法"或"辩证思维"的本性、本质。也因此，把"形而上学"和"辩证法"对立起来而加以批判，就完全是对"形而上学"本质含义的误解与曲解。

我们必须恢复"形而上学"的本义或本质，否则"哲学"就无立足之地。在严格的或本来的意义上说，"哲学"（philosophy）就是一门从事"形而上学"（metaphysics）的辩证思维的学术，就是一种基于形而上学特性而进行理性思辨与逻辑推论的学科。如果哲学失去其形而上学的超验、思辨的本性或本质，哲学也就不成其为哲学了，至少就不成其为具有严格意义与本来意义的哲学了。

也因此，形而上学精神的消解，就意味着哲学的终结，而哲学终结的历史意义就在于："至圣之神"的退隐。在此意义上，我们也同样可以说："哲学的终结"也就是——"上帝死了"！

当年，黑格尔在黄昏到来时宣告了"哲学的终结"即"至圣之神"的退隐，今天，我们身处这一已然没有"神"的庙堂，还能有何作为，还能期望什么？

我们，或者未来人类，还能使"形而上学"复生吗？还能使"雅典娜的猫头鹰在黄昏到来时起飞"[①] 吗？我国北宋哲学家张载有句名言："为天地立心，为生民立命，为往圣继绝学，为万世开太平"。也许，这正是"形而上学"那"至圣之神"对我们的召唤！

---

① "雅典娜"是希腊神话中的智慧女神，"雅典娜的猫头鹰"（也称"密纳发的猫头鹰"）一般比喻哲学家。"雅典娜的猫头鹰在黄昏到来时起飞"是黑格尔的一句名言，表达哲学综合、反思的特性。

# 四

　　法国哲学家、近代西方哲学的开创者笛卡尔（1596～1650）曾把"形而上学"比喻为哲学之"根"。今天，我们还应把"形而上学"比喻为哲学之"神"。同时，我们还应明确地把"形而上学"确立为哲学的本真精神与特殊本质，应以此为依据来深入认识哲学的本质特征从而把哲学和科学区别开来，把传统哲学与现代非传统哲学区别开来，并且还应据此深入分析与阐释哲学发展模式与哲学基本问题、中西哲学的历史差异、西方哲学史演变逻辑以及马克思哲学变革的意义等一系列问题。总之，我们应当以"形而上学"作为理解与诠释全部哲学基本特征、演变逻辑以及发展趋势的根本依据。

　　本书书名为"哲学本质与演变逻辑新论"，而引言题为"对形上之神的探求"，这表明本书宗旨就是要以"形而上学"精神为主线来揭示与阐明全部哲学发展的本质特征与演变逻辑。在结构上，本书分为十二章。相对说来，本书前六章着重探讨哲学的本质特征以及传统哲学的本质内涵，这六章依次是"哲学的本质与含义"、"哲学本质的决定作用"、"哲学的绝对性质与超验特性"、"对哲学基本问题、基本派别与发展模式的探讨"、"对'形而上学'与'辩证法'本质含义的探讨"以及"传统哲学的本质及其与非传统哲学的区别"。本书后六章（第七章到第十二章）则着重探讨哲学的演变逻辑或历史发展的基本线索，这六章依次是"比较哲学的视域与中西哲学差异"、"在理性和信仰之间——西方哲学史演变逻辑解析"、"'反叛'：一个悲剧的诞生——黑格尔以后哲学思潮解析"、"马克思的哲学变革与哲学的终结——马克思哲学变革本质辨识"、"现代西方哲学发展矛盾趋向辨识——并论哲学究竟是怎样一门科学"以及"哲学的复兴与文化秩序的重建"。本书十二章之间，既相互区别、相互独立，同时又相互联系、相互照应，由此也就形成了本书对哲学发展诸多前沿或疑难问题的一种较全面的探讨与阐释，而笔者的许多完全不同于"流行观点"的"新论"也就在这些章节的阐释中表达出来。

　　我们还可把本书的前六章视为上篇，而把后六章视为下篇。不过，为了全书的连贯，本书目录最终也没有标出这一划分。然而，这一划分的可能却也体现出本书写作所自然形成的某种理路或思路，即从着重阐释哲学的本质特征而进到着重阐释哲学的演变逻辑。因此，本书这十二章的划分也就大致体现出作者写作的一个总体思路，即在对哲学进行总体考察中某种由抽象到具体、由本质特征到历史演变并由古代、近代到现代的一个循序渐进并且是史论结合的写作意图。本书各章节之间的联系或对各章节内容的阐述都力图贯彻逻辑和历史统一的原则，即力图把对哲学本质的阐释与对哲学历史的考察或对哲学演变逻辑的梳理结合起来。笔者相信读者通过阅读本书的一些主要章节或本书目录就可以体会到这种写作意图。当然，本书写作是否具有"新意"而又具有多少"新论"，最终还需要由各位读者特别是哲学界同仁在阅读本书时做出评判。

本书写作注重独立思考，恪守学术规范。由于涉猎内容广泛，笔者也阅读、参考了大量有关论著与文献资料，而在引用有关论著与文献时都做了详细注释。同时，笔者也期待着来自学术界同仁和读者的指教与批评。至于书中提出的对当前一些论著的质疑或商榷，也属于正常的学术探讨或学术批评，笔者希望有关论著作者能给予体谅。

笔者在高校从事哲学教学已三十余年，相继开设了《马克思主义哲学原理》、《西方哲学史》、《哲学概论》、《历史哲学》及《西方马克思主义哲学专题研究》等课程。多门课程的讲授，促进了笔者对哲学本质的综合性研究，特别是近些年来《哲学概论》、《西方哲学史》等课程的讲授以及和同事、学生的讨论，对本书主体框架以及某些观点的形成起了重要的催化与促进作用。在筹写本书过程中，笔者也以本书题目申报了我校即中国政法大学的人文社会科学研究项目，并在 2009 年 6 月获得立项。因此，本书也属于"中国政法大学人文社会科学研究项目资助"的成果。在此，我向有关领导和评审专家表示衷心感谢！

环顾当今世界，人类社会已陷入日趋严重的生态环境与精神信仰的双重危机。究其原因，也正在于人类已日益丧失对"形上之神"的探求意识，已日益偏离传统文化之理性、信仰与仁爱精神，从而日益陷入过分看重经济增长、片面追求物质利益的误区。然而，人类理性的自我批判与反省精神并没有泯灭。作者相信，在未来中国与未来世界，"形上"之神还会复生，而哲学一旦真正拥有"独立之精神、自由之思想"，那追求"纯真、纯善、纯美"的"至圣之神"的光芒，就会倏然照亮我们的生活世界！

# 第一章

# 哲学的本质与含义

　　哲学究竟有没有自己的本质？这实际上是我们研究哲学时所遇到的第一个重要问题。我们知道，在哲学上问题很多，而"什么是哲学"的问题也几乎是所有"哲学导论"或"哲学概论"一类书籍的开场白，并被视为哲学研究中的"元问题"，"究竟什么是哲学"的问题也一度在一些哲学刊物上引起热烈讨论。

　　"什么是哲学"的问题确实属于哲学研究中的"元问题"。然而，习惯于提出这一"元问题"的一些论著却又并没有对此给出一个"元回答"，亦即给出一个具有根本意义的并且是自洽的能令人满意的解答。实际上，我们很少发现有关论著能提出诸如"哲学有没有自己的本质（或本性）"、"哲学何以成为哲学"等一类具有更深层意义的问题。而"什么是哲学"的问题又比较抽象，比较笼统，因此，我们也只有将其深化为"哲学有没有自己的本质（或本性）"或"哲学何以成为哲学"的问题，才可能真正深入认识哲学的本质，进而解答"什么是哲学"的问题。有鉴于此，在本书的第一章中，我们就先来探讨一下哲学究竟具有何种本质的问题，进而再对哲学的基本含义与发展形态做出概略考察。

## 第一节　对哲学本质的确切理解

### 一　哲学的本质是形而上学

　　在世界上的万事万物中，每一事物都具有自身的特殊本质从而使自身成为自身并与其他事物区别开来。譬如，水杯就具有水杯的本质、本性从而使水杯成为水杯，并和电脑、桌子等区别开来。每一事物的本性在事物发展中都起根本的决定性作用，既决定事物的存在，也决定事物的发展。事物的发展过程即是事物的本质、本性的发展与演进过程，亦即是其本质或本性由潜在到展开再到成熟的过程。

当然，哲学也不例外，哲学的本质、本性也决定哲学作为哲学的存在与发展，并使哲学和宗教、艺术、科学等其他事物或意识形态区别开来。因此，要准确而深入地认识哲学，首先就要认识与把握哲学的本质或本性，就要明了哲学究竟具有何种本质或本性。

诚然，哲学也具有一些多方面的本质属性（如具有理性批判与怀疑精神，具有分析与综合、逻辑与历史、现象与本质统一的研究方法等），然而，我们这里所说的"本质"、"本性"，应是指哲学所具有的最根本、最重要的特性，是指哲学之所以成为哲学的特殊本质，据此哲学才从根本上和其他一切事物或意识形态区别开来。

从逻辑和历史两方面考察，我们就能够确定，哲学的本质、本性或最重要的根本特性就是形而上学，或者说，形而上学就是哲学的本质或本性。

所谓"形而上学"，一般含义就是指研究抽象的超感官、超经验对象问题的学问。我国古代典籍有"形而上者谓之道，形而下者谓之器"（《易传·系辞上》）的说法，这表明"形而上学"就是研究抽象的超验的"道"的问题的学问。西方也有"形而上学"的概念或观念，这就是古希腊哲学家亚里士多德一部著作的名称，即《形而上学》（Metaphysics，直译为《物理学之后》，在传入中国时被我国学者严复翻译为《形而上学》）。因此，在东西方，"形而上学"这一概念都是用来指称一种研究超经验问题的学问。实际上，"形而上学"也就是指哲学研究，或者说，哲学研究的本质特征就是"形而上学"。

确认哲学的本质或本性是形而上学，这对于我们理解与把握哲学多方面的特性、特征或关系，对于我们理解与认识哲学发展与演变的历史逻辑，都具有根本性的重要意义。

首先，只有理解哲学的形而上学本质，才能深入而准确地理解或认识哲学本身，从而才能在本质上把哲学与科学、宗教、艺术等其他意识形态区别开来。哲学和科学的根本区别就在于"形上"与"形下"的区别，由于具有这一根本区别，二者才进而具有超验性与经验性、思辨性与实证性等认识特征的多重区别。同时，哲学和宗教、艺术等其他意识形态的区别也主要体现为形而上学的表现方式不同。可以说，宗教、艺术、道德等意识形态也都具有一定"形而上学"的性质，如宗教的"信仰"本质、艺术的"美感"本质、道德的"求善"本质，也都体现出一定形而上学的超验性。然而，这种形而上学的超验性又总是伴有一定表象的直观体验的或形象的、现象的思维，亦即总是伴有某种"对象"而表现为"对象性"思维（总是具有"信仰"的对象、"美"的对象或"善"的对象等），因而宗教、艺术、道德等意识形态的"形而上学"就还是不完全的，不是绝对的或纯粹的形而上学。然而，哲学的形而上学的思维却是一种"非对象性"思维，是一种纯粹概念的、理念或观念的思维，因而是完全超验的即超经验对象的思维，这就是哲学所特有的一种超验的"思辨"特性。由此，哲学的形而上学也就表现为一种完全的纯粹的形而上学，亦即一种纯粹理性或纯粹思辨的形而上学。

哲学的形而上学表现为"思辨"（或"反思"）的特性，而这种"思辨"（或"反思"）的特性又正是使形而上学成为可能并趋向于完全与彻底的根本路径甚或唯一方法。由此，哲学也就成为一种形而上学的思辨的思想，或者说，思辨的形而上学也就成为哲学的根本特征。简言之，哲学的本质或本性就是形而上学。由此，"形而上学"，在其完全与彻底的意义上，也就不仅把哲学与科学区别开来，而且也把哲学与宗教、艺术、道德等各种意识形态区别开来。

其次，认识哲学具有形而上学的本质，也有助于我们准确而深入地认识与把握哲学演变的历史进程，深入认识哲学发展中一系列基本矛盾与问题。譬如，对哲学发展来说，哲学的形而上学本质，就具有某种"绝对"的意义，而哲学的某些历史发展形态、形式，对哲学发展来说，就具于"相对"的意义。由此，也就形成了哲学的历史发展中不同哲学形态与学说之间既相统一又相区别、既相联系又相分离并且相互推移、转化的错综复杂的情况。也就是说，哲学的本性即是形而上学，这对哲学发展来说，具有"绝对"意义，而与"形而上学"的这一绝对意义或本质相比，哲学的发展形式、发展过程、地域差别或历史差别等等，也就相应的只具有"相对"的意义。

依据对哲学本质的这一理解与认识，本书的有关章节就将分别考察哲学的"形而上学"的超验与思辨特性、哲学的绝对性质与发展的相对形式、哲学的"基本问题"、"基本派别"乃至"形而上学"及"辩证法"等概念本身的本质含义等各方面的一系列重要问题。由此，我们也就可能对这些重要的基础性问题获得一个较全面深入的认识，同时也可能深化对哲学本身的形上本质的理解。

再次，只有明确或确认哲学具有形而上学的本质，才可能对不同的哲学形态或学说在哲学的本质层面及其基本特点等方面做出比较研究。所谓"比较哲学"的根据在于：在不同的哲学形态中，"形而上学"本质的表现也会有所不同。譬如，西方哲学的形而上学就主要表现为一种对"存在"（being）本身的探求，从而形成某种"本体论"（或"是论"）的哲学形态，而中国哲学的形而上学则主要表现为对"道"本身的探求，从而形成某种"道论"的哲学形态。因此，我们可以把西方哲学视为一种具有严格意义的或狭义的哲学形态即哲学学科，而把中国哲学视为一种广义的哲学形态即哲学学说。但无论如何，中国哲学和西方哲学又都具有共同的或相通的形而上学的本质。或者说，中西哲学的共同特征就在于具有"形而上学"的本质，中西哲学也因此而成为哲学，我们也才可能将二者作为哲学历史发展的特定形态而加以比较。

我们也看到，认为哲学具有形而上学的本性、哲学即是形而上学，这也是西方几乎所有哲学家的共识。在西方哲学史上，尽管有许多哲学家对哲学的许多问题持有不同看法，更有一些现代西方哲学家起而批判"形而上学"本身，然而，哲学具有"形而上学"的本质或思辨与超验的本性却是绝大多数哲学家的共识，这也几乎是一个无需论证的哲学探讨或哲学批判的前提。当代德国哲学家海德格尔（1889～1976）就明确写道："哲学即形而上学。形而上学着眼于存在，着眼于存在中的存在者之共属一体，来思考存在者整体——世界、人类和上帝。形而上学以论证性表象的思维方式来思考存在者之为存在者。"① 也因此，"关于哲学之终结的谈论却意味着形而上学的完成。"② 海德格尔也从"形而上学"之被"颠倒"来阐释"哲学的终结"和马克思的"哲学变革"，他写道："形而上学就是柏拉图主义。尼采把他自己的哲学标示为颠倒了的柏拉图主义。随着这一已经由卡尔·马克思完成了的对形而上学的颠倒，哲学达到了最极端的可能性。哲学进入其终结阶段了。"③

我们完全可以说，全部哲学史即是形而上学的发展或演变的历史，哲学形而上学的本质就是我们理解、阐释哲学形成、发展乃至衰落与终结的根本依据。离开形而上学，我们既无法理解哲学的本质特征，也无法理解哲学的历史演变。也因此，本书将努力把对"形而上学"的理解和阐述作为主线或主题而贯穿全书。当然，本书对哲学形而上学本质演变的不同阶段或不同表现形式，也将努力做出具体分析，亦即把对哲学形而上学的共性分析与个性分析结合起来。

---

① 〔德〕海德格尔：《面向思的事情》，陈小文、孙周兴译，商务印书馆，1996，第68页。
② 〔德〕海德格尔：《面向思的事情》，陈小文、孙周兴译，商务印书馆，1996，第69页。
③ 〔德〕海德格尔：《面向思的事情》，陈小文、孙周兴译，商务印书馆，1996，第70页。

## 二　哲学的定义应体现哲学的本质

### (一)　国内流行的哲学定义的一般缺陷

哲学既然具有形而上学的本性或本质，那么，给哲学下的定义就理应体现哲学的这一本性或本质。然而，我们看到，国内哲学界对哲学的形而上学本质还缺乏明确认识甚至还存在一些误解，因而，在我国哲学界所流行或通行的一些哲学定义，也就不能体现出哲学的形而上学的本质特征。应该说，缺乏对哲学形上本质的认识与阐释，是我国流行的哲学定义的主要缺陷。同时，由于这些哲学定义偏离了哲学的形上本质，因而也就不能不同时偏向于"形下"认识，从而对哲学做出各种科学化的理解。因此，具有把哲学科学化的倾向，也就构成了我国流行的哲学定义的一个主要缺陷。

一般来看，国内流行的哲学定义主要是把"哲学"界定为一种关于"世界观"的学问或关于"世界观"的理论体系，并认为"哲学"就是"关于世界发展的最一般规律的科学"。也就是说，"哲学"具有和"世界观"基本一致的性质，哲学的基本特征或根本特征即在于"世界观"。例如，我国出版的《哲学百科全书》给"哲学"下的定义即是："哲学是世界观的理论形式，是关于自然界、社会和人类思维及其发展的最一般规律的学问。"[1]

在我国，这样的哲学定义是具有普遍性的，几乎所有的哲学教科书也都是这样界定哲学的。例如，肖前教授主编的《马克思主义哲学原理》给哲学下的定义就是："哲学是人们关于世界的总的看法或根本观点，是关于世界观的学问。"又说："哲学则是关于世界观和方法论的理论体系，或者说，是系统化、理论化的世界观和方法论。"[2]

上述教科书和辞典认为哲学是"世界观的理论体系"，或者说，是"系统化、理论化的世界观"，实际上，这已取消了哲学的本质内涵即形而上学的本性，由此也就不可能再划清哲学与世界观、哲学与科学的界限。按照哲学教科书的界定，所谓"世界观，就是人们对于包括自然界、社会和人的精神世界在内的整个世界的一般看法和根本观点"[3]，而"哲学"和"世界观"的区别也就在于"哲学"是"系统化、理论化的世界观"，是"世界观的理论体系"或

---

[1]　《哲学百科全书》，中国大百科全书出版社，1995，第1页。

[2]　肖前主编《马克思主义哲学原理》上册，中国人民大学出版社，1994，第4页。

[3]　肖前主编《马克思主义哲学原理》上册，中国人民大学出版社，1994，第3页。

"理论形式"。

实际上，无论是"世界观"，还是"世界观的理论体系"或"理论形式"，都不具有哲学的形而上学的性质与意义，因而也都不能表达"哲学"这一概念的本质内涵。就"世界观"或"世界观的理论体系"而言，其认识对象就是"世界"，而其认识形式也主要就是对"世界"或"整个世界"发展的"一般规律"的认识与反映，由此形成"人们关于世界的总的看法或根本观点"。但究其实质，这种认识或反映都只具有客观现实的经验认识的意义，而不具有主观认识的超验的或思辨的意义。也就是说，"世界观"或"世界观的理论体系"在本质上完全属于经验的实证的科学认识领域，而不属于超验的或思辨的形而上学领域。因此，"世界观"及其"理论体系"或"理论形式"也就不能等同于具有形上本质的"哲学"。

由于"世界观"或"世界观的理论体系"在本质上属于经验的、实证的认识领域，因此，有关"世界观"的认识或理论体系，也就在本质上属于科学而不属于哲学。也就是说，有关"世界观"的认识、学问或理论体系，就哲学和科学的本质区别或就二者相比较的意义来说，也就只能划归于"科学"领域而不能划归于"哲学"领域。因此，我们也就不能把"哲学"定义为有关"世界观"的学问或理论体系。

### （二）混淆哲学和科学的界限是国内哲学定义的主要缺陷

我们认识哲学或给哲学下定义的一个重要前提，就是必须注意把"哲学"和"科学"区别开来，否则，也就只能是给"哲学"下一个"科学化"的而非真正"哲学"的定义。就哲学和科学的矛盾关系来说，或在二者各自严格的狭义的意义上来说，二者都具有各自的特殊本质而彼此不能混同或等同："哲学"因其自身的思辨性、超验性即形而上的本性而成为哲学，从而和一切科学区别开来；而"科学"也因其自身的经验性、实证性即形而下的本性而成为科学，从而也和哲学区别开来。显然，哲学和科学之间是具有本质的确定区别的，这一区别的界限也正是"形而上"与"形而下"的界限。"形而上者谓之道，形而下者谓之器"（《易传·系辞上》）。就哲学和科学的区别来说，我们必须明确地把"哲学"划入"形而上"领域，而把科学划入"形而下"领域，否则，就会造成对二者关系的混同或颠倒，也会最终导致取消二者的区别。

我们看到国内流行的哲学定义就正是取消了哲学和科学的区别，对哲学做了完全是适用于"科学"的解释。在我国，还有一个很流行的说法，就是认为

"哲学是对自然知识和社会知识的总结和概括",并认为哲学"作为自然知识和社会知识的总结和概括,它与自然科学仍有着密切的关系"。① 肖前教授主编的上述哲学教科书也提出:"哲学是关于各种具体科学知识的总结和概括,它同其他各种具体科学知识一起构成人类的知识体系。"② 这种界说,也混淆了哲学和科学(或"自然知识和社会知识"、"具体科学知识")的界限。从逻辑上说,作为对"各种具体科学知识的总结和概括"的认识,也是没有超出科学认识的基本范畴的,在本质上也仍然属于科学或理论科学认识而不属于哲学认识。所谓"理论科学"就是指科学的理论概括层次,其形成机制也正在于是"各种具体科学认识的总结和概括"。例如,理论自然科学就是对具体的自然科学认识的概括和总结。在欧洲 19 世纪中期,自然科学即实现了由经验科学向理论科学的转变。然而,哲学就其性质和位置来说,本是高于这种理论科学的,哲学就其与科学的"密切关系"而言,也本应是对这种理论科学的反思或再认识,也理应是对理论科学(而不是"具体科学知识")的某种"总结和概括"。从一定意义上说,哲学(或自然哲学、历史哲学)就是对理论科学(包括"理论自然科学"和"理论历史科学")的反思、概括与超越。

因此,无论是作为所谓"世界观的理论体系",还是作为所谓"对具体科学知识的总结和概括",这样的所谓"哲学"也都仍属于"科学"领域而并不属于"哲学"。可以说,"科学"作为一个实证性的知识体系,在一般意义上,也正是一种"世界观的理论体系",也正需要通过对"具体科学知识"的"总结和概括"而形成一般知识系统包括理论科学系统。所以,严格地说,上述这些哲学定义都不是对哲学的准确界定与认识。

哲学具有超越一般世界观、也超越一般科学知识的性质,哲学自身能够形成一个独立于科学之外或科学之上的理性思维的系统,这个系统就是一个超验的逻辑思维与理性批判的哲学体系。可以说,哲学是一个具有自身独立的范畴体系、思维规则、论证方法乃至理性批判功能的认知系统。在哲学史上,哲学家们所提出的各种哲学学说也都具有这种独立于科学的性质,都是一种具有超验性的理性思维的认识系统,或者说,都是一种"思辨哲学"体系而不是一种"科学知识"体系。人们也不会把譬如柏拉图、亚里士多德和康德等哲学家的著作认作就是"关于各种具体科学知识的总结和概括",那么,我们今天又何以要将"哲学"视为这种"总结和概括"呢?

---

① 《哲学百科全书》,中国大百科全书出版社,1995,第 6 页。
② 肖前主编《马克思主义哲学原理》上册,中国人民大学出版社,1994,第 7 页。

### （三）哲学定义过于宽泛的思想与历史根源

我国哲学界对哲学的理解或给哲学下的定义，一般都存在过于宽泛的缺陷。造成这种缺陷的原因主要有两方面：一是受到马克思主义哲学观念本身的影响，二是受到中国传统哲学观念的影响。

就第一方面的影响来说，由于"马克思主义哲学"也具有"否定哲学"或"终结哲学"的特征，或者说，具有把"思辨哲学"消解或终止于"实证科学"之中的倾向、趋向，因此，从"马克思主义哲学"角度出发来理解与界定"哲学"也就很容易自觉或不自觉地做出对哲学的某种宽泛的"科学化"理解。而就第二方面的影响来说，由于我国传统文化观念对哲学的理解也一直存在宽泛的特点，哲学在中国古代本来也是作为一种学术思想或广义的哲学学说（有关人生境界、道德意识或世界观与人生观的学问）而形成并发展起来的，这一传统对从事哲学研究的我国当代学者也产生了重要影响，使得许多中国学者往往不能深入认识哲学的严格的逻辑思维的本质及其意义，因此，人们也就很容易把哲学理解为有关"人生境界"或"人生观"的学问，从而又形成了对哲学的某种宽泛的"人学化"理解。

在我国，马克思主义哲学教科书主要是从"科学"方面理解哲学，即把哲学界定为"世界观的理论体系"，或界定为一种"科学的世界观"。而从事中国古代哲学研究的学者，特别是老一代学者，又主要是从"人学"方面理解哲学，把哲学理解为"指导人生的学问"，即主要从人生境界、人生智慧、道德意识以及世界观、人生观等方面来理解哲学。我国老一代学者提出的哲学定义，一般都带有这个特点。例如：胡适先生就提出哲学是"研究人生切要的问题，从根本上着想，要寻一个根本的解决"。[①] 张岱年先生也提出："哲学可以说是最高指导原理之学。""哲学是指导生活与知识之原理系统……哲学是行动之指针"。[②] 冯友兰先生认为"哲学是对于人生有系统的反思的思想"。[③] 唐君毅先生也提出，"哲学之目标在成教"[④]，意指哲学的主要功能在于"教化人心"即具有道德意识。这些定义大致都是从人生智慧或道德修养的"人学"角度来界定哲学。

这些哲学定义也不能说完全不正确，但却是不全面、不深入的。从特定角

---

① 胡适：《中国哲学史大纲》，东方出版社，1996，第 1 页。
② 《张岱年文集》第一卷，清华大学出版社，1989，第 301 页。
③ 冯友兰：《中国哲学简史》，北京大学出版社，1985，第 388 页。
④ 参见黄克剑、钟小霖编《当代新儒学八大家集·唐君毅集》，群言出版社，1993，第 621 页。

度来说，哲学当然也具有一定"指导生活"、"反思人生"或"教化人心"的作用，而且这些作用也确实是哲学的一些重要作用与特征。然而，哲学的本质特征与根本功能却不在于此，因为"指导生活"、"反思人生"或"教化人心"还仍是一般"世界观"、"人生观"或某些意识形态所可能共有的特征与功能，如宗教、道德、艺术等也都在不同程度上具有这些性质或功能。然而，哲学之所以成为哲学却并不在于具有这些功能，哲学还具有自身独特的本质与独特功能，这就是哲学所具有的形而上学的思辨本性以及纯粹理性批判的功能。

哲学的"形上"特性或本质的根本表现与意义，也不在于提出一个"指导人生"、"教化人心"或"反思人生"的"有系统的反思的思想"，而在于创造出一个独立于这些活动并且也超越于一切现实科学知识之上的理性思维的逻辑体系，亦即创造出一个超越于一切"形下"领域的"形而上学"的思辨哲学的思想领域。显然，上述各种哲学定义，无论是我国老一代学者的定义，还是现行哲学教科书的定义，事实上都忽视了哲学的形而上学的超验与思辨本性，也忽视了哲学作为一门严格的理性思维学科而长期存在与发展的历史事实，从而对哲学做出了或者"科学化"或者"人学化"的宽泛理解。

诚然，哲学具有一定科学性，也具有一定人学性，但哲学的根本特性却是思辨性，哲学依据其思辨的反思的特性而介于科学与人学、科学与宗教之间，进而发挥出独特的理性批判的功能。哲学具有一定科学性与人学性，然而，哲学本身却既不是科学，也不是人学，哲学就是哲学，哲学是介于科学与人学之间的一门特殊的从事逻辑思维与理性批判的学科。

## 三　黑格尔哲学定义的深刻含义

与上述我国哲学界的理解不同，西方哲学家对哲学的理解，就主要是从哲学的形上本质或思辨与超验的本性上理解，因而其哲学定义也就能够较深入地揭示哲学的本质特征。笔者认为，在所有有关的哲学定义中，黑格尔的哲学定义还是更深刻也更简明的，它深入揭示了哲学的基本特征或本质特点，并将哲学与科学区别开来。在《小逻辑》这部最纯粹的哲学著作中，黑格尔提出：

"概括讲来，哲学可以定义为对于事物的思维着的考察。"[1]

所谓"对于事物的思维着的考察"，其意应是指，哲学不是对于事物的直接认识，而是对于事物的间接认识，亦即认识的认识或反思性、思辨性认识。

[1]　〔德〕黑格尔：《小逻辑》，贺麟译，商务印书馆，1980，第38页。

17

可以说，对于"事物"的直接认识或作为一种"反映"性的认识，就是属于一般"科学"、"世界观"范畴的认识，因而还不能形成"哲学"思想。哲学是一种间接性认识，是"对于事物的思维着的考察"，即"思维"在其中起了关键的核心作用，"思维"（亦即"辩证思维"或"理性思辨"等）就是哲学认识的核心与本质。所以，哲学是通过"思维"、"思想"或"反思"（这些纯粹主观的形式）来认识"事物"，是以"思维"、"思想"及"逻辑"、"概念"等来间接地认识与界定事物。

应该说，黑格尔所揭示和强调的哲学认识的这一间接的或反思的本性也确实是人类哲学作为理性思维所固有的，因而黑格尔的上述哲学定义也就具有合理性与深刻性，也就从根本上揭示了哲学的本性。在《历史哲学》中，黑格尔也给"历史哲学"下过一个定义，他说："我们所能订立的最普通的定义是，'历史哲学'只不过是历史的思想的考察罢了。"① 在这里，正像"哲学"是对"事物的思维着的考察"一样，"历史哲学"就是"对历史的思想的考察"。"哲学"或"历史哲学"同"事物"或"历史"的关系都是一种二级递进关系，其间"思维"（或"思想"）都构成了认识的本质与核心，离开"思维"、"思想"，人们对"对象"或"历史"的直接认识都不能构成"哲学"或"历史哲学"，而只能构成譬如"物理学"、"自然科学"或"历史学"、"历史科学"那样的科学知识。

这就是说，只有对"事物"、"历史"的"思想的考察"即对有关事物、历史的科学认识的再认识或反思性认识，才能进入"物理学之后"或"历史学之后"的"形而上学"领域，才能构成"哲学"或"历史哲学"。因此，我们可以举一反三地说，所谓"法哲学"也并不是对"法"的直接认识，而是对法或法律的"思想的考察"，而"社会哲学"也不是直接认识"社会"，而是认识有关社会的思想，是对社会进行"思想的考察"。"法哲学"、"社会哲学"等所谓"应用性哲学"也都不是直接认识对象，而是通过思想、概念的抽象与反思来间接认识对象。就此而言，任何"应用性哲学"也都同样具有"哲学"的思辨性，只是考察的对象和领域与一般哲学有所不同而已。

实际上，从哲学的本性说来，哲学也并不是认识事物，而只是认识有关事物的本质的思想，也就是"思维"、"思想"通过"反思"的方法来认识自身，即通过认识自身的性质或本质再来间接地认识与把握事物的性质或本质。由此可知，哲学的一个根本特点就是"在科学之后"或"超科学"，这也正是古希腊哲

---

① 〔德〕黑格尔：《历史哲学》，王造时译，上海世纪出版集团、上海书店出版社，2001，第8页。

学确立的"物理学之后"（metaphysics）概念的真正内涵。我们知道，在"meta-physics"中，"meta"作为前缀既有"元"也有"超"、"超越"的含义，"meta-physics"就具有"超物理学"或"超科学"的含义。实际上，无论是古希腊哲学的"物理学之后"（metaphysics）的概念，还是我国古代典籍中的"形而上"的概念，都内含（潜在包含）"超科学"的含义与意义。今天，我们也理应在"超科学"的意义上来理解和把握"形而上学"这一概念的本质。

应该说，黑格尔的哲学定义确实揭示了哲学的本质特征，同时也揭示了哲学和科学的本质区别。黑格尔也曾指出："哲学缺乏别的科学所享有的一种优越性：哲学不似别的科学可以假定表象所直接接受的为其对象"，"哲学乃是一种特殊的思维方式，——在这种方式中，思维成为认识，成为把握对象的概念式的认识。"①

正像应该承认黑格尔是一位深刻的哲学家一样，我们也应该承认黑格尔的哲学定义也是一个深刻的哲学定义，它具有真实而普遍的意义。也许有人会提出，黑格尔是"思辨哲学家"，因而上述黑格尔的哲学定义也只是一种"思辨哲学"的定义而不是一般"哲学"的定义。但问题在于，所谓一般"哲学"和"思辨哲学"又有何本质区别呢？哲学如无"思辨性"又何以成为哲学？从逻辑上说，如果"思辨"即是"哲学"的本性，那么，"思辨哲学"和"哲学"在本质上也就没有实质的区别而只有用语上的形式区别。因此，"思辨哲学"的定义和"哲学"的定义在本质上也理应是一致的。依笔者所见，黑格尔作为一位深刻的哲学家，他所下的哲学定义也是深刻的，或者说，真正意义或本来意义上的"哲学"就理应如此。

总之，哲学作为哲学也正在于它是"对于事物的思维着的考察"，是一种把握事物本质的概念式的认识。由此，哲学也就成为一种既具有思辨性或反思性也具有超验性的认识。也因此，我们可以认为，超验性与思辨性就是哲学形而上学的两大本性，或者说是哲学在本性上所内在具有的两大特性。

## 第二节　哲学的根本精神、主要含义与方法

### 一　哲学的根本精神或主要特点

在很大程度上，本书的主要内容，就是对哲学的根本精神与主要特点的阐

---

① 〔德〕黑格尔：《小逻辑》，贺麟译，商务印书馆，1980，第37、38页。

述。不过，为了明确起见，我们在本节中，还是先对哲学的根本精神与主要特点做一个综合性的概述，而在后面各章节再来尽力做出更详细、更深入的探讨。

首先，我们可以说，哲学的一个本质或本性就在于"形而上学"，而"形而上学"作为一种研究超验的超感官问题的学问，本身又具有"超验性"和"思辨性"两大特性。在这两大特性中，我们又可把"思辨性"认作是哲学的最根本的特性。就此而言，哲学就是一种具有超验的思辨特性的从事逻辑思维与理性批判的意识形态。

其次，哲学由于具有形而上学的超验与思辨特性，因而也就同时具有追求"终极"的"绝对"意义。也因此，"哲学"就与具有"形而下"性质或具有经验性与实证性的"科学"（亦即"实证科学"）区别开来。哲学和科学的这一区别，进一步体现出哲学的根本特点与精神。如果说，科学是一种研究现实世界发展一般规律与问题的具有特殊与相对意义的认识形式，那么，哲学就是一种研究非现实世界（即主观思维的精神世界）发展的一般规律与问题的具有普遍与绝对意义的认识形式。哲学具有研究"终极实在"（本体论）、"终极真理"（认识论）与"终极价值"（价值论）乃至"终极目的"（目的论）的"绝对"性质，而科学则具有研究"客观实在"、"客观真理"与"客观需要"的"相对"的科学理论的意义。因此，比较二者关系，相对来说，哲学的认识形式就具有"绝对性"，科学的认识形式就具有"相对性"。当然，哲学的"绝对性"，一方面也是相对于科学认识的相对性而言，另一方面也是相对于哲学自身发展的形式而言，哲学的发展形式相对于哲学的形上本质，也同样只具有相对的意义。

再次，哲学的特点是介于科学和宗教或科学和人学之间而构成某种"中介"或"中间地带"。从人类社会文化的完整系统的角度来看，哲学处于一个核心而又中间的地位。哲学介于宗教和科学之间，是宗教和科学之间的某种"中介"。作为"中介"，哲学的特性就既不同于科学的经验性，也不同于宗教的直觉性，哲学的特性乃是思辨性，这既是对经验性的超越，也是对直觉性的矫正。就此而言，哲学就是一种处在经验和直觉之间亦即科学和宗教之间的以"思辨"为特征或特性的理性思维形式。英国哲学家罗素（1872～1970）曾精辟地指出过哲学的这种"中间"性质，他说："哲学，就我对这个词的理解来说，乃是某种介乎神学与科学之间的东西。它和神学一样，包含着人类对于那些迄今仍为确切的知识所不能肯定的事物的思考；但是它又象科学一样是诉之于人类的理性而不是诉之于权威的，不管是传统的权威还是启示的权威。一切确切的知识——我是这样主张的——都属于科学；一切涉及超乎确切知识之外的教条都属于神学。但是介乎神学与科学之间还有一片受到双方攻击的无人之域；这片无人之域就是哲学。"①

哲学的社会功能也正在于为人类文化系统提供或奠定理性思维与认识发展的核心理念、价值导向及其概念、方法，并对宗教、艺术、道德、科学的发展做出反思乃至批判性分析。可以说，哲学或哲学家就是一个社会理性思维的象征与载体，一个社会若无真正的哲学或哲学家，就必然是一个理性不健全或者不健康的社会，就必然是一个缺乏自觉的理性思维与理性批判精神的社会。

第四，哲学因具有形而上学的超验与思辨本性，也就同时具有在思想上追求最大限度的自由的趋向，由此，思想自由也就成为哲学研究的一大特点。最早从事哲学研究的那些古希腊哲学家也最早体验到这一自由思想的情绪，亚里士多德明确提出："我们认取哲学为唯一的自由学术而深加探索，这正是为学术自身而成立的唯一学术。"② 在西方哲学发展中，一种最重要的历史传统，就是把"哲学"认作"唯一的自由学术"而保持其独立地位，就是从事哲学研究必须超越任何现实的功利目的，就是坚持"为学术而学术"。如果哲学失去这一传统或特征，那么，哲学也就难以再保持成为哲学。从这一角度来反思当代中国哲学现状，到底还保持了多少"唯一的自由学术"或"为学术自身而成立的唯一学术"精神，也还真是一个严重问题。在西方，传统哲学的这种追求"自由学术"的精神，也不断传给科学，从而也促使西方科学不断获得精神的原动力而真正发展起来。

第五，从哲学和宗教及科学等意识形态的联系来看，哲学一方面具有自身的核心内涵与本质特征从而保持了自身的独立性质而与其他意识形态区别开来，另一方面，哲学又总是具有与宗教、科学等意识形态的密切联系，从而又具有与这些意识形态相互联系或联结起来的外围边界地带。当然，哲学的核心、本质即"形而上学"的特性是具有某种绝对性、不变性的，因为舍此特性哲学就不成为哲学，而哲学与其他意识形态或认识形式的外围边界联系则具有某种相对性、可变性，因为这一联系并不能从根本上决定哲学的存在与发展。因此，哲学也就在这种核心内容与边界联系的不断的历史性变动中存在并发展起来。也因此，哲学也就形成了一种总是在"形上"与"形下"之间、在核

---

① 〔英〕罗素：《西方哲学史》上卷，何兆武、李约瑟译，商务印书馆，1963，第11页。
② 〔古希腊〕亚里士多德：《形而上学》，吴寿彭译，商务印书馆，1959，第5页。

心与边界之间进行思想考察的特点。由此，哲学也就成为一个如康德所说"界线上的认识"。

康德说："理性既不局限于感性世界之内，也不迷惘于感性世界之外，而是适于当作一个界线上的认识，把它自己仅仅限制在存在于界线以外的东西同包含在界线以内的东西的关系上。"① 哲学的这一特点，使得哲学的存在与发展显得极其微妙，哲学既具有超越"界线以外"因而陷入某种"迷惘"的风险，同时也具有限于"界线以内"因而失去认识的超验特性从而又消解或终结自身的风险。因此，哲学要保持与发展自身，就必须保持自身思想探索的这种"界线上的认识"的灵活性与浮动性，即保持一种在"界线之间"（既不完全在"界线之内"也不完全在"界线之外"）的思考。所以，这种"界线上的认识"的灵活性与变动性，也就成为哲学存在与发展的一个重要特点。

综上所述，我们可以说，哲学的根本精神与主要特点就在于具有"形上"、"绝对"与"中介"的特征以及追求"自由学术"的特质，并且还具有一种在"界线上的认识"的重要特点。毫无疑问，形而上学的"思辨"或"反思"精神乃是哲学的最重要、最根本的精神特性，而哲学的其他精神或特点也都是从这一根本精神和主要特性衍生或派生出来的。当然，除此之外，哲学也还具有其他许多重要特点或精神特征，如哲学还具有怀疑精神、批判精神，哲学也具有狭义与广义两种含义，等等。这些特点或特性无疑也体现出哲学的精神特征，在下面一些章节中，我们就对哲学的这些特点做出分析。

## 二 哲学的两种主要含义及其意义

下面，我们再来探讨一下哲学的两种主要含义即狭义和广义的理解问题。

### （一）哲学两种含义的界定

"哲学"这个概念的含义确实很丰富、很复杂，这个概念是包含一些不同的含义或层次的。实际上，人们也常常在不同含义、不同层次或不同意义上使用这一概念，而在人们对"哲学"概念的使用或研讨中，"哲学"的含义有时就会变得十分宽泛，有时又会显得比较狭窄。这一现象本身说明，哲学概念是包含着一些不同的或矛盾的含义与意义的。当然，哲学作为哲学，也必然包含

---

① 〔德〕康德：《未来形而上学导论》，庞景仁译，商务印书馆，1978，第153页。

一些基本含义或本质意义，否则就不成其为哲学。那么，哲学究竟具有哪些基本的含义或本质的意义呢？

笔者认为，哲学具有两种主要含义或基本含义，即"狭义"和"广义"两种含义。也就是说，我们对哲学基本含义的理解应该从"狭义"和"广义"两方面来入手，由此才能得到一个对哲学性质的较为准确的认识。

首先，哲学包含"狭义"的含义，我们对哲学也应首先做出"狭义"的理解。在"狭义"上，哲学就是一门严格的有关理性思维或逻辑思维的学科。作为这样一门学科，哲学研究的任务就是着重研究理性思维或逻辑思维本身的规律、规则、方法、本质特征以及演变历程等问题，从而使哲学能够成为一门具有严格的逻辑规定性与科学性的学科。

一般说来，一个概念或定义的"狭义"理解也就表明它的"严格"意义，对概念的"狭义"理解也就是对其"严格"意义的界定。这种"狭义"的含义也构成了有关概念的最本原、最基础的含义，构成了它的最根本的存在方式。哲学的"狭义"也同样是哲学的严格含义与严格意义，而严格含义或严格意义上的哲学，也无疑就是一门有关理性思维或逻辑思维的学科。哲学的这种"狭义"含义体现了哲学最根本的特征，同时也是哲学区别于其他一切学科或学说的根本标志。

从哲学的"狭义"或"学科"含义的角度来看，西方哲学在哲学发展史上具有典范意义。从本质特征上看，西方哲学就是作为一门严格的理性思维或辩证逻辑的学科而产生并发展起来的。就此而言，哲学也确实是起源于西方（起源于古希腊）的一门特殊的科学。也就是说，人们一般所说哲学起源于古希腊或认为哲学是一门有关逻辑思维的学科，就包含着或预设了这种对哲学的狭义理解，即对哲学本质的严格意义的理解。

其次，哲学同时也包含"广义"的含义，我们在对哲学"狭义"理解的基础上也应对哲学再做出"广义"理解。在"广义"上，哲学又是一种探索人与世界关系以及人生价值与意义的反思性的学说。与哲学的"狭义"相比，哲学的"广义"或"学说"含义就显得不太"严格"，但这种含义也同样具有确定的含义或意义，因而哲学的广义含义及其发展也就同样具有重要意义。

就哲学的"广义"而言，中国古代哲学（或者说中国古代学术中的哲学思想）就具有典范性或代表性，中国古代哲学主要就是作为一种广义的探讨人与世界关系以及人生意义、价值与境界的学说而产生并发展起来的。由此，对哲学的"起源"问题，也就应相应地做出广义理解，哲学也就同时具有譬如中国、印度、阿拉伯等各地的多重起源，而广义的哲学也理应比狭义的哲学即严格意义上的哲学具有更广泛的起源与意义。

综上所述，哲学即具有"狭义"和"广义"两种含义，而哲学的这两种含义又各自具有其特定意义：（1）哲学的"狭义"就是指哲学是一门"学科"，而哲学作为一门学科的产生及发展即体现出哲学的狭义内涵；（2）哲学的"广义"就是指哲学是一种"学说"，而哲学作为一种学说的产生及发展即体现出哲学的广义内涵。

## （二）哲学两种含义划分的意义

上述哲学两种含义的观点，也是本书所提出并着重阐发的一个基本观点，同时也是笔者理解与阐释哲学本质及其历史演变的一个基本观点、一个总的理论框架。笔者认为，哲学两种含义观点的主要理论意义在于下述几点。

首先，哲学两种含义划分的根本意义在于区别哲学"学科"和"学说"的不同意义，哲学的狭义和广义理解应是理解哲学学科和哲学学说划分的基础。我们看到，我国哲学界的一些学者比较注重哲学"学科"和"学说"的区别并从二者关系的角度出发对哲学做出探索。然而，有关论著却并没有区分哲学的"狭义"和"广义"，因而也没有赋予哲学"学科"与"学说"以"狭义"和"广义"的不同含义。因此，这些论著对哲学"学科"与"学说"的界定与认识就显得比较宽泛或比较空洞。

例如，有的学者提出应"树立自觉的学科与学说意识"，并认为哲学"学科"的"根本特点"就在于体现出人类认识的"公共性"，它"本质上只是人类共同打造的一个公共舞台"或"是人类的一个共同的文化平台"。[1] 并认为，"一方面，学科通过学说而存在……另一方面，学说则植根于学科而存在"，"学科是浩瀚大海，学说则是江河涓流"。[2] 这些论述，虽然把哲学做了"学科"和"学说"的区分，但由于没有对"学科"与"学说"含义做出准确界定，所以，就显得比较空泛，同时也使人感到难以把握。事实上，我们也只能在"狭义"上理解哲学的"学科"含义，即将其真正理解为一门以逻辑思维为基础和特征的学术部类（而并非是"人类共同打造的一个公共舞台"或"浩瀚大海"），同时也只能在"广义"上理解哲学的"学说"含义，即将其理解为一种具有广泛内容与研究领域的学术思想（也并非只是"江河涓流"）。

---

[1] 李德顺：《什么是哲学？——基于学科与学说视野的考察》，《哲学研究》2008 年第 7 期。

[2] 李德顺：《什么是哲学？——基于学科与学说视野的考察》，《哲学研究》2008 年第 7 期。

还应该看到，哲学"学科"作为"狭义"的哲学正是哲学发展的基础（即是由古希腊人"打造"的一个哲学"平台"），因而也是哲学学说发展的基础，而哲学"学说"作为"广义"的哲学则构成哲学发展的更广泛内容（这才像"浩瀚大海"），因而哲学学说又是哲学学科发展的扩充与补充。总的说来，哲学的"狭义"与"广义"区别，是我们理解与把握哲学"学科"与"学说"关系的基础，离开对哲学"狭义"与"广义"的严格界定，我们就很难深入理解哲学"学科"与哲学"学说"的关系。而且，哲学作为一种整体的人类精神形态或意识形态的发展与演变，也正表现为一个作为"狭义"学科与"广义"学说的互相联结、辩证演进的过程，离开对哲学狭义和广义含义的辩证、综合的理解，也就无法真实展现哲学演进的历史逻辑。

其次，就哲学演进的历史逻辑来说，哲学的两种含义，也构成了中西哲学差异的基础，因而也是我们深入理解中西哲学历史关系的主要依据。笔者认为，中西哲学的根本差别，并不在于某些历史特点或重点的区别，而主要在于二者具有"学科"与"学说"的不同含义，即具有哲学的"狭义"和"广义"的区别。比较说来，西方哲学的基本特征体现出哲学的"狭义"含义，西方哲学主要就是作为哲学的学科而发展，而中国哲学的基本特征则体现出哲学的"广义"含义，中国哲学主要就是作为一种哲学的学说而发展。由此，中西哲学既构成了"哲学"本身的"广义"和"狭义"两种含义，也构成了哲学历史演变的两种不同形态。

我们知道，国内外学术界对有关"中国哲学合法性"问题的认识，长期以来存在重大分歧，对此问题，人们长期争论，却始终没有形成共识。笔者以为，造成这一现象的深层原因，就在于人们对"哲学"本身的含义还缺乏明确的界定与基本认识。如果人们心目中的"哲学"含义不同，又何以形成对"哲学"或"中西哲学差异"的基本共识呢？

在此，本书提出的哲学"两种含义"的观点，完全能够合理解答"中西哲学差异"或"中国哲学合法性"问题。简要地说，中西哲学的差异，就在于哲学本身的"狭义"和"广义"的区别，而"中国哲学的合法性"也主要是基于"中国哲学"是作为一种"广义"的哲学学说而存在与发展的。

笔者认为，我们也只有从哲学发展的整体性着眼，对哲学本身的矛盾两重性进行辩证分析，才有可能以哲学的"狭义"与"广义"或"学科"与"学说"的矛盾关系为基础来解说中西哲学差异，进而也才可能对"中国哲学合法性"问题做出某种辩证、合理的解说。当然，中西哲学的差异问题也非常复杂，笔者在这里提出的也还只是一种基本认识，这些认识是否准确也还需要进一步以历史事实来检验或论证。也因此，本书后面会专有一章（有关比较哲学研究的第七章），再对此问题做出深入探讨。

再次，明确哲学两种含义的区别，对于消除人们对哲学概念或性质的一些误解，进而明确哲学研究的目的与特点，乃至消除中西学者对哲学认识的许多歧义性理解或认识分歧，也具有重要意义。就哲学的一般认识与界定来说，一个关键问题就是应该把哲学区分为"狭义"（学科）和"广义"（学说）两种含义，也只有做出这一区分，其他问题才会相应得到合理的理解与界说。例如，西方哲学界的习惯是把"哲学"区分为广义的"日常生活用语"与狭义的"理论学科"两种含义，我国也有一些学者强调这二者的区别并进行过深入的分析。例如，有的论著指明"广义的哲学"的性质是"日常用语"，使用者为普通人，存在于日常生活，表现为信念（世界观、人生观），形成方式是习惯养成等，而"狭义的哲学"的性质则是"理论学科"，使用者为哲学家，存在于教育及研究机构，表现形式为科学，形成方式是严格论证等。①

应该说，有关论著对中西哲学的这些比较性分析，特别是对中国学者对哲学理解过于宽泛的缺陷的批评，还是符合事实的，也是非常深刻的。在吸收与借鉴这些认识成果基础上，笔者在此进一步明确提出哲学的"狭义"与"广义"的不同含义及其意义，即提出应对哲学的"狭义"和"广义"给以明确的严格的界定："狭义"即指"学科"，"广义"即指"学说"。这样，哲学本性的矛盾两重性就可能在根本上得到体现，由此，我们也才可能真正准确而深入地认识与把握哲学的整体性。（至于作为"日常用语"并表现为"日常生活习惯"的"哲学"已形成对哲学的"泛化"理解，事实上已超出哲学本身所固有的狭义与广义的两种含义。严格地说，这种对"哲学"做出"日常生活习惯"的宽泛理解已不在哲学的学术研究或探讨范围，我们就权且将其当作一种哲学的"应用"吧！）

就中西学者对哲学理解的分歧而言，其主要原因也正在于学者们并未明确哲学的"狭义"与"广义"含义及其合理关系。西方学者常常是从哲学的"狭义"角度来理解与谈论哲学，因而对中国哲学多有否定性认识。例如，黑格尔对孔子哲学思想的否定性评论，他说："孔子只是一个实际的世间智者，在他那里思辨的哲学是一点也没有的"。② 这一评述，就完全是从哲学的狭义

① 方朝晖：《思辨之神》，复旦大学出版社，2007，第32页。
② 〔德〕黑格尔：《哲学史讲演录》第2卷，北京大学哲学系外国哲学史教研室译，三联书店，1957，第119页。

的即逻辑思辨的学科角度来界定哲学，从而得出孔子学说或中国学术思想不是"哲学"或不包含"哲学"的结论。与此相反，中国学者又主要是从哲学的"广义"角度来理解与界说哲学，即主要是把哲学理解为一种广义的有关人生意义与境界的反思的学说。例如，冯友兰先生所说"哲学是对于人生有系统的反思的思想"①，张世英先生所说"哲学是关于人对世界的态度或人生境界之学"② 等，就都体现出中国学者对"哲学"理解的一种广义的观念。

### （三）哲学"狭义"与"广义"含义的辩证关系

笔者认为，完整意义的"哲学"概念既应包含"狭义"理解，也应包含"广义"理解，而哲学的狭义和广义也总是互相联系、互相渗透的。我们对哲学的理解原则应是"以狭义为基础，以广义为主导"。

一般学生或读者学习或研究哲学，也应当就是学习或研究哲学的这两个方面，并把这两个方面结合、统一起来。对哲学这两种含义的理解应是辩证统一而不可偏废的：对哲学的过于狭义的理解会导致哲学的科学化，从而导致哲学的终结；而对哲学过于广义的理解则会导致哲学的人学化，从而也会导致哲学的终结。按其本质说来，哲学既不是科学，也不是人学，哲学就是哲学，哲学必须在科学与人学之间或在科学与宗教之间，或在哲学学科与哲学学说等矛盾的两重性之间保持自身的张力与自由，由此才能维持自身，才能作为哲学而发展。

今天，我们学习或研究哲学也应该同时从哲学的这个两方面来着手，既应以研究狭义的哲学为基础，即以逻辑思维为基础来加强逻辑思维的训练，同时又应以研究广义的哲学为取向，即努力反思或探索人生价值、意义以及人与世界的关系，这种探索也历来是哲学研究的题中应有之义。就是说，我们应把哲学的狭义和广义研究内在而有机地结合起来。

事实上，作为狭义学科与作为广义学说的哲学之间的辩证关系，也正是哲学本身矛盾发展的体现。哲学作为一种具有整体性的思想探索活动，在其本性上就具有狭义和广义、学科和学说既分化又统一的矛盾特征，同时也具有作为狭义学科的西方哲学与作为广义学说的中国哲学既分化又统一的历史关系。哲学所具有的这种狭义与广义、学科与学说以及中国哲学与西方哲学的历史差异的多重矛盾关系，也就构成了哲学发展的基本特征与哲学历史演变的基本逻辑。

---

① 冯友兰：《中国哲学简史》，北京大学出版社，1985，第388页。
② 张世英：《哲学导论》，北京大学出版社，2002，第7页。

## 三 哲学研究的方法

### (一) 哲学研究的根本方法是辩证逻辑

那么,哲学或哲学研究又具有哪些主要的研究方法呢? 而哲学的研究方法又具有何种主要特征呢?

由于哲学是一门具有超验性与反思性的理性思维的学科,因而哲学的研究方法也就具有超验性与反思性。从根本上说来,哲学研究方法的本质就是"辩证逻辑",或者说,也就是"辩证法"。也就是说,哲学的研究方法即是理性思维的逻辑分析的方法,逻辑思维或思辨就是哲学研究方法的根本特点或特征。

所谓"逻辑"是英文"logic"的音译,又源于希腊文"logos"("逻各斯"),原意是"规律"、"必然性"。赫拉克利特最早提出"逻各斯"概念,是指世界的普遍规律、必然性,后来人们又以此泛指"宇宙理性"、"理念"或"绝对观念"等。在中文中,"逻辑"也是指规律,如我们说哲学演变的逻辑即是指哲学发展的规律;同时,"逻辑"也指思维的规律、规则,如我们说思维合乎逻辑、有逻辑性等即是指思维符合规则。而"逻辑学",当然就是一门专门研究思维的形式、规则、规律与方法的科学,是一门以人的思维为对象、研究人如何正确思维的科学(旧称"名学"、"辨学"、"论理学"等)。

在逻辑学中,形式逻辑构成初等逻辑学,其基本规律由亚里士多德所阐明,包括同一律(A = A)、矛盾律(A 不是非 A,一对矛盾判断不能同真,必有一假)、排中律(A = B,或 A 不等于 B,一对判断不能同假,必有一真)。形式逻辑要求思维的确定性,不能自相矛盾。然而,辩证逻辑作为高等逻辑学则立足于研究对象或概念的矛盾本性,通过揭示概念或思维的内在矛盾来深刻揭示思想运动的辩证本质与过程。辩证逻辑和形式逻辑的关系有如数学中"常数"和"变数"的关系,前者以固定范畴即以思维的抽象同一性(不矛盾性)为基础,而后者则以流动范畴即以思维的具体同一性(矛盾性)为基础,前者注重思维的形式、符号,后者则注重思维的内容、本质。

哲学研究方法以揭示辩证矛盾并从事理性的辩证思维或逻辑论证为特征。就此而言,哲学的研究方法既是"辩证法",也是"辩证逻辑",同时亦即是"辩证法"或"辩证逻辑"的"认识论"和"方法论"。就此而言,不包含辩证矛盾的思维反而不是哲学的思维,反而不构成哲学的研究方法。哲学的研究方法必是一种对矛盾进行辩证思维或逻辑分析的方法,必是一种对矛盾进行反思式分析的认识或方法。譬如，本书对哲学本质与演变逻辑的分析就是运用哲学的对矛盾进行辩证分析或逻辑论证的方法，即是用哲学的研究方法来研究哲学本身。简要地说，自觉地运用理性思维的辩证逻辑并进行辩证分析，就是哲学研究方法的本质，就是哲学和其他一切具体科学的研究方法的主要区别。

## （二）哲学研究的多种辩证逻辑方法

哲学研究的根本方法或特色即是辩证逻辑或辩证法，而辩证逻辑或辩证法又主要包含或体现为下述几种主要方法。

### 1. 逻辑和历史统一的方法

哲学运用逻辑方法，同时又必须寻求逻辑和历史的统一。所谓"历史"是指研究对象的本质在现实中发展、展开的过程，亦即事物现实的发展过程，而所谓"逻辑"即是指研究对象在现实过程中所形成的一定体系、结构、相互关系与本质特征。在这里，逻辑和历史是统一的，这也即是本质和现象的统一。"逻辑"即构成"本质"，"历史"即构成"现象"，因而对象的历史的展开过程，亦即是其逻辑的形成或展开过程，或者说就是事物本质的发展与演变过程。由此，"逻辑"也就不在历史之外，而就被包含在历史之中，而"历史"也并不外在于逻辑，历史也即是逻辑的某种形式的内在的矛盾展开过程。在这里，"逻辑"作为本质、规则，是决定存在的，因而也是制约并始终制约事物的历史发展的，然而，这种制约并非外在的制约，而是一种内在的制约，因为这即是逻辑把自身表现为历史。

本书探讨哲学本质与演变过程的重要方法即是坚持逻辑和历史的统一，努力把对哲学本质的认识与对哲学史的阐述结合、统一起来。这一方法最先是由亚里士多德提出并运用的，他对大量哲学概念（如"本原"、"原因"、"实体"、"存在"等概念）的逻辑分析总是与对这些概念形成或发展的历史考察结合起来，由此才完成了古希腊哲学的一次重大的综合。当然，更为深入而自觉地提出并阐述逻辑和历史统一方法的还是黑格尔。黑格尔力图实现哲学系统的逻辑推演与哲学历史发展的实际过程的统一，他提出，"如果我们能够对哲学史里面出现的各个系统的基本概念，完全剥掉它们的外在形态和特殊应用，我们就可以得到理念自身发展的各个不同的阶段的逻辑概念了。反之，如果掌握了逻辑的进程，我们亦可从它里面的各主要环节得到历史现象的进程。"[1]

---

① 〔德〕黑格尔：《哲学史讲演录》第1卷，北京大学哲学系外国哲学史教研室译，三联书店，1956，第34页。

在黑格尔的理念中，历史即表现为"历史现象"，因而逻辑就具有某种"本质"的意义，也因此，在黑格尔看来，逻辑决定历史，逻辑是逻辑自身和历史统一的基础，也就不足为奇了。当然，就二者统一来说，逻辑也只有在符合历史的真实情况下才是合理的，这种逻辑的合理性也并不是历史过程的简单再现，而是历史发展规律的本质概括或某种抽象反思形式。

**2. 抽象和具体统一的方法**

逻辑表现为抽象，而逻辑的展开则又同时表现为具体。黑格尔说："逻辑的理性本身，就是那个客体性的或实在的东西，它在自身中结合了一切抽象的规定，并且就是这些规定的坚实的、抽象—具体的统一。"① 这就是说，逻辑本身不应当是抽象空洞的，而是包含或具有具体的内容。

"抽象"是指一种综合、概括的思维方法，是对事物最基本属性做出本质规定（如"商品"的"价值"就是一种抽象的规定）；而"具体"则是指在思维中经过一系列中介（如"货币"、"资本"、"剩余价值"等）而达到"价值"这一本质规定的多重属性的综合与再现（如"资本主义生产的总过程"中从"剩余价值"到"利润"、"利润率"等等的转化形式）。再如"人的本质"作为一种抽象规定就是"自由自觉的活动"，而在阐述中说明什么是"自由自觉的活动"（如"实践"、"劳动"或"文化"、"精神创造"、"信仰"等活动），就属于"具体"。"具体"就表现为"抽象"的展开，一如"历史"就表现为"逻辑"的展开。

一般说来，为寻求逻辑和历史的统一，思维活动就会表现为一个由逻辑到历史的过程，同样，为寻求抽象和具体的统一，思维活动也会表现为一个由抽象到具体的过程。所谓从抽象到具体，就是指在研究得到一定基本的本质的结论以后在叙述这一本质认识时，就已不再是从现实的具体出发（例如不是从"资本"、"利润"出发），而是从已经在观念中得到的抽象的逻辑规定（作为起点或基点）出发（例如从一般"价值"出发），再经过一系列中介，而达到思维的具体，即在理论的观念形态上把握并展现出全部具体事实。这样，抽象的规定在思维过程中就可以导致具体的再现。

黑格尔强调抽象和具体的统一，他认为哲学虽然属于抽象研究或抽象思维，但哲学的抽象同时就包含具体，哲学的抽象是具体的抽象，抽象的规定或概念本身即是包含多样性的统一，即是具体的统一性。黑格尔说："其实哲学属于思想的领域，因而从事研究的是共性，它的内容是抽象的，但只是就形

---

① 〔德〕黑格尔：《逻辑学》上卷，杨一之译，商务印书馆，1966，第29页。

式、就表面说才如此，而理念自身本质上是具体的，是不同的规定之统一。"①

### 3. 分析和综合统一的方法

辩证逻辑或辩证法也坚持分析和综合的统一。所谓"分析"是把认识对象分解为不同组成部分，进行分别的研究；所谓"综合"是把分析的各个部分连成一个整体进行全面研究。分析和综合作为同一认识过程的研究方法，也总是相互联系、相互促进的，分析一般表现为综合的基础，而综合则表现为分析的完成。

在现代社会，分析方法有了极大发展，已更多采用结构分析、功能分析、信息与模式分析以及发生学、自组织分析等，但贯穿其中的最核心的方法仍然是矛盾分析方法，其基本过程也仍是分析矛盾的普遍性和特殊性、动态和静态、质和量、肯定和否定、原因和结果、必然和偶然等多种矛盾关系，同时其分析与认识方法也更丰富、更具体、更符合辩证逻辑的要求了。

同样，综合的要旨也不在于把各个部分简单相加，那种机械的综合"所做的是在编目录，而不是在建立体系"（爱因斯坦语），因而对于研究复杂系统无能为力。辩证的综合是要在思维中把对象的各个本质的方面按其内在联系有机结合为一个统一的整体，从而使研究对象的生命、结构及意义都显示出来，也使本质、逻辑显示出来。在现代社会，稍微复杂一点的事物都是多方面要素结合的统一整体，只有对各方面的要素或本质加以综合，才能全面认识事物。因此，综合日益显示出比分析更为深刻的意义。可以预期，在未来哲学及科学的发展中，综合将成为辩证逻辑的主要方法，辩证的综合将具有更大的意义和作用。

### 4. 纵向超越与横向超越统一的方法

哲学具有超越性，因而哲学的研究方法或方式也直接体现为一种超越。超越既是哲学的根本特性，也是哲学的研究方式，体现出哲学超越现实的形上特性。

按照超越的路径不同，我国学者把超越分为"纵向超越"和"横向超越"② 两种形式。所谓"纵向超越"，是指由感性上升到理性的方法，也就是借助抽象而形成概念，达到对事物普遍本质（如"马"、"美"、"理念"或"上帝"）的认识。由此，即形成"概念论"式的哲学。这也即是西方哲学的特点，是西方哲学的主要超越方式。在此种超越中，概念具有本质的持久作用

---

① 〔德〕黑格尔：《哲学史讲演录》第 1 卷，北京大学哲学系外国哲学史教研室译，三联书店，1956，第 29 页。

② 张世英：《哲学导论》，北京大学出版社，2002，第 26 页。

与意义，由此形成永恒的"在场形而上学"，而概念自身也显示出事物的统一性或同一性。也就是说，西方逻辑思维的主要特征即是通过纵向超越而追求并注重事物"相同"的一面。

所谓"横向超越"，是指思想的一种扩展方式，即是一种由在场扩展、超越到不在场的方式。"横向超越"借助想象，而"想象"是人的一种很重要的表象能力，其作用在于扩展思想或提高境界。如我们通过对一个"壶"的想象，就能由壶中之水想到泉水、山林、原野、大地、天空乃至宇宙和神……而达到"天地人神"的统一。我们通过欣赏法国印象派画家梵高画作上的那双"农鞋"，就能想象到那农妇的整个生活世界。所以，"物"这个概念就表示一种"集合"。① 横向超越主要借助"想象"实现，是借助想象而形成新的形象、新的境界，进而达到事物的"融合"、"相通"。事实上，这也即是中国古代哲学（与文学）的一种思想运作或创作方式，体现出中国古代辩证思维的基本特征，亦即注重"相通"或追求"万物一体"的特征。

由于纵向超越主要借助抽象，而横向超越主要借助想象，因而纵向超越与横向超越的统一，也就同时体现出抽象与想象的统一。哲学研究不仅需要抽象，而且在一定意义上也需要想象，需要以想象突破抽象思维的局限而扩展思想认识。当然，哲学作为哲学还是应当以抽象的逻辑思维或纵向超越为主要方法，而以想象的横向超越为辅助方法。就是说，哲学是抽象思维不是形象思维，因而最终应当以抽象的逻辑研究为基础。

**5. 反思是哲学研究的根本方法**

由于哲学具有思辨性和超越性，因而哲学的研究方法就具有"反思"的性质。所谓"反思"是指思想对于事物的本质的考察，即指思想对直接存在的间接认识。由此，思想也就具有间接性而成为"思想的思想"，亦即成为"反思性"的思想。

黑格尔曾说："哲学的认识方式只是一种反思"。② 这足见"反思"对于哲学的重要性。哲学具有"反思"的方法或精神，也就必然同时具有怀疑、批判与超越现实的理性精神，由此也就使哲学作为一门"自由思想"的学术或学科而发展起来。

总之，哲学的理性思维或辩证逻辑的研究方法主要就是逻辑、历史、抽象、具体、分析、综合以及超越、想象等多种方法，而这些方法的综合或整

---

① 张世英：《哲学导论》，北京大学出版社，2002，第48页。
② 〔德〕黑格尔：《小逻辑》，贺麟译，商务印书馆，1980，第7页。

合就构成了传统哲学的方法论体系。方法是理论体系的灵魂，方法本身即具有主观性、创造性和规范性，而哲学方法对于哲学的发展或哲学发挥主观创造性也具有至关重要的作用。正是借助这些方法，哲学在事实上才把自己的研究对象"创造"出来，并且也指导科学"创造"出科学的研究对象或研究学科。这就是说，科学也是借助不断吸收和应用哲学的辩证逻辑的方法才产生并发展起来的。就此而言，我们完全可以说，哲学不仅创造了自己，而且也创造了科学。

## 第三节 哲学三大形态的特点

西方哲学、中国哲学与印度哲学堪称世界三大哲学系列，或哲学发展的三大历史形态。这三大哲学形态的产生都可追溯到德国哲学家雅斯贝尔斯（1883～1968）所说的"轴心时代"，即公元前 8 世纪至公元前 3 世纪的那个人类文化原创的辉煌时代。在"轴心时代"，世界上不同地区的一些民族几乎同时创造了各自的哲学、宗教与文化，由此形成了一个人类思想史上最为激动人心的时代。在轴心时代，古老的中国产生了老子、孔子及其道家、儒家等学说，印度出现了《奥义书》以及释迦牟尼的佛教，希腊则出现了荷马史诗与一大批剧作家、哲学家，伊朗出现了查拉图斯特拉及其所创立的琐罗亚斯德教，近东则出现了犹太教的先知。所谓"轴心时代"，实际上就是指人类文化的"原创"时代，其间所出现的文化即为"原创文化"，其间所出现的哲学即为"原创哲学"。与这一"原创文化"或"原创哲学"的概念相比，"传统文化"或"传统哲学"的概念反倒成了从属的第二层概念，前者才是更具基础性的概念，实际上是为"传统文化"或"传统哲学"奠定了思想基础，而后者不过是前者的进一步发展与演变。

我们所说的这三大哲学系列也都是在"轴心时代"产生的，它们的产生体现出人类"形上"精神的觉醒，表明哲学或哲学的理性思维已开始成为人类文化系统的一个最重要的组成部分，人类开始真正踏上了"形而上者谓之道"的漫漫求索之路。从"形而上学"的本性来看，这三大哲学系列或形态并无实质性区别，每一种系列或形态都体现出对"形上之神"或"形上之道"的精神探求，因此，它们之间的区别也就只表现为由于地域及民族生活环境的差异所造成的"形上"精神在形式上的差别，即每一种哲学形态都具有自身求索形而上学之道的方式、方法与理论特点。

下面，我们就对这三大哲学形态的特点做一概略的比较分析与阐释。

## 一　西方哲学：在理性和信仰之间

西方哲学的特点体现为一种在"理性和信仰"之间不断求索的精神。

西方哲学以古希腊哲学为源头，其间经历了"两个千年"、"两个死"，凸显出理性和信仰的矛盾演变。第一个千年就是古希腊罗马哲学的长达一千年的历史发展，即大致从公元前 5 世纪到公元 5 世纪的发展，其间最重大的历史事件就是古希腊哲学家苏格拉底（前 469 ~ 前 399）之死。可以说，苏格拉底主要是"理性主义"的象征。

接踵而至的第二个千年就是欧洲的中世纪时代，大约从公元 5 世纪到公元 15 世纪，这是基督教信仰引领并主导欧洲人思想的时代。对这个时代最有影响或者说开辟了这个时代的最重大的历史事件就是耶稣之死（公元 1 世纪）。耶稣作为人类历史上一位伟大的思想家，作为一位"传道者"、"殉难者"，自然成为"信仰主义"的象征。

确实，西方文化是以"两希"精神（即古希腊人的理性精神与古希伯来人的信仰精神）为象征的，而以"两希"精神为象征的西方文化竟然又是以这两位伟大思想家的震撼人心的死来开创的！

苏格拉底为哲学献身，耶稣为信仰受难。事实上，西方哲学、宗教、道德、艺术以及近代科学等等都是以这两个震撼人心的"死"为基础的，而全部西方文明无疑也是以这两个"死"为开端而逐步发展起来的。

## 二　中国哲学：在出世和入世之间

中国古代哲学的特点体现为一种在"出世和入世"之间不断求索的精神。

中国古代哲学以道家和儒家为两大形态，道家学说主要体现出"出世"精神，而儒家学说则主要体现出"入世"精神。以老子、庄子为代表的道家崇尚自然，追求感性，主张返本归真，反对礼法约束。三国时代魏人嵇康（224 ~ 263）提出"越名教而任自然"的命题，即是道家这种"出世"精神的体现。而以孔子（前 551 ~ 前 479，比苏格拉底早 82 年生）为代表的儒家则倾向于理性探索，具有超越感性个体而提倡"普遍伦理"或"价值理性"的性质。儒家又大力提倡中庸之道，所谓"极高明而道中庸"（《中庸》第 27 章，即"君子尊德性而道问学，致广大而尽精微，极高明而道中庸"），就是儒家这种"入世"精神的体现。

道家着重讲"天道"自然无为，而儒家则着重讲"人道"礼教仁爱，道家"出世"与儒家"入世"的路径完全不同。然而，两家又都主张"天道"与"人道"的统一，由此也就形成"出世"和"入世"的互补，而儒、道两家之间的互异与互补也就形成了中国古代哲学发展的主要特点。

总的来说，中国古代哲学的基本特征就是处在"出世"与"入世"之间。或用庄子所言，儒家"游方之内"，道家"游方之外"。"方"是指社会、尘世。这两种趋势，表现出中国哲学思想的两个主要传统。也诚如冯友兰先生所说，"这两种趋势彼此对立，但是也互相补充。两者演习着一种力的平衡。这使得中国人对于入世和出世具有良好的平衡感。"①

## 三 印度哲学：在此岸和彼岸之间

我们可以把印度哲学的基本特点概括为处在"此岸和彼岸"之间。这主要是说印度的佛教哲学就是在"此岸和彼岸"之间求索、论说。古代印度哲学主要是以佛教、婆罗门教等教派的带有神秘性的宗教哲学观念为主要内容。佛祖释迦牟尼（前565～前485，比孔子大14岁），创传佛家学说与佛教，而佛家学说或佛教的主要特点就是在"此岸与彼岸"之间进行思索、探求，并由此提出并施行诸如"觉醒"、"解脱"、"圆寂"、"涅槃"、"六道轮回"以及"普度众生"等一系列宗教信仰的理念。

概括上述三大哲学形态，分别具有在"理性和信仰"之间、"出世和入世"之间、"此岸和彼岸"之间进行探求的精神。这种探求精神又正是人类形而上学精神的体现，同时也是人类哲学辩证思维精神的体现。如果说，传统的人类社会具有"理性"、"信仰"与"仁爱"这三种"原精神"或"原创精神"，那么，上述三大传统哲学形态也就各有侧重而分别以某一种"原精神"为主，西方哲学以"理性"精神为主，中国哲学以"仁爱"精神为主，印度哲学则以"信仰"精神为主。当然，这也只是比较而言，因为每一种哲学形态又都在不同程度上兼有这三种"原精神"。

世界三大哲学形态发展的历史意义也正在于具有这些"原精神"或"原创精神"，进而也就为人类社会的发展奠定了思想文化基础，并在事实上开启了传统哲学与传统文化之先河。而我们所考察的哲学本质与演变逻辑，在事实上，也就在这些哲学形态的历史演变中体现出来。

---

① 冯友兰：《中国哲学简史》，北京大学出版社，1985，第29页。

# 第二章

# 哲学本质的决定作用

在第一章中，我们已探讨了哲学的本质特征与两种含义等问题，现在的问题是：哲学的形上本质在哲学的历史发展中又起何种作用？或者说，我们应当如何认识哲学的本质同哲学的存在与发展之间的关系？

笔者认为，哲学本质在哲学的形成和发展中起根本的决定性作用。当然，对哲学本质的这种决定性作用，我们还需做出论证，需做出考察与阐释。因此，在本章中，我们就来探讨一下哲学本质的决定作用问题。不过，我们在对哲学本质的决定作用做出历史性考察之前，还是先来对"本质与存在"的一般关系以及"本质决定存在"的命题做出探讨，因为这一探讨或论证无疑是我们深入认识哲学本质决定作用的一种理论前提。

## 第一节　对"本质决定存在"命题的论证

本书第一章之所以提出"哲学有没有自己本质"的问题，乃是由于笔者相信，正是哲学的"本质"或"本性"决定"哲学"的存在与发展，即决定"究竟什么是哲学"。实际上，要探讨"究竟什么是哲学"的问题，首先就应探讨"究竟什么是哲学的本性"问题。我们只有找出哲学具有何种"本性"，才能从根本上解答"哲学是什么"的问题。

然而，"哲学的本性决定哲学的存在与发展"的命题，还需以另一命题为基础或前提，这就是"事物的本性决定事物的存在与发展"。这后一个命题更具有普遍性，只有这一命题能够成立，"哲学本性决定哲学的存在与发展"的命题才可能成立。因此，为了使我们的论证有一个理论前提或理论基础，我们就应该先对"本质决定存在"的命题做出分析与论证。

"事物的本性决定事物的存在与发展"这一命题的另一表述方式是："本质决定存在"。正是这一表述，构成了本书写作所遵循的一个基本原则或基本定理。也就是说，笔者研究哲学的一个主要思路就是注重认识哲学的本质或本性，就是坚持"本质决定存在"、"哲学的本质决定哲学的存在与发展"的基本原理。

但是，究竟是"本质决定存在"，还是"存在决定本质"，这又是一个有争议的问题。我们知道，法国现代哲学家萨特（Jean - Paul Sartre, 1905 - 1980）就提出并主张"存在先于本质"。萨特说："人不是首先存在以便后来变成自由的，人的存在和他的自由没有区别。""人类的自由先于人的本质，并且使人的本质成为可能。"①

萨特这一论点的意义也正在于坚持"存在决定本质"而反对"本质决定存在"。我们知道，萨特正是以此命题为基础构建了"存在主义"哲学，而"存在主义"也正是现代（非传统）哲学的一个主要形态。在这里，两个对立的命题集中体现出传统哲学与现代（非传统）哲学的本质区别。可以说，传统哲学的一个基本前提或基本原理就是"本质决定存在"，而非传统哲学的一个基本前提或基本原理就是萨特表述的"存在先于本质"或"存在决定本质"的命题。当然，问题还在于，这两个命题究竟哪一个命题是正确的呢？让我们对此做一分析。

## 一　认识事物即认识事物的本性

实际上，我们认识任何事物都不过是认识事物的本性，而事物的本性也就决定事物的存在与发展，并把不同的事物区别开来。譬如，我们认识物质，也就是认识物质的本性，认识人也就是认识人的本性，而认识一个具体的物或具体的人，也就是要认识这一个具体的物或具体的人的本性，进而再依据这种认识把不同的物或不同的人区别开来。

我们面前放着一个水杯，这个水杯就有水杯的本性与作用，那就是可以让我们用来喝水。能喝水、能盛水这就是水杯作为水杯的本性、特性，这一本性也就决定了水杯的存在、发展与价值。同样，我们面前的电脑也有电脑的本性，如那些物理的与电子的性质。同样，也正是电脑的本质决定了电脑的存在和发展，使人可以用电脑打字、上网等。显然，电脑的本性也完全不同于水杯的本性，不同事物具有不同本性或特性，由此也就把不同事物区别开来。这就是说，一个事物所具有的特殊本质或本性，既能决定一个事物的存在与发展，

---

① 〔法〕萨特：《存在与虚无》，陈宣良等译，三联书店，1987，第56页。

也能决定一个事物与其他一切事物的区别。可以说，这一简单的认识，就是"本质决定存在"的基本含义。

然而，"本质决定存在"也并非是一个静态的或静止的过程（静态、静止当然也谈不上过程），而是一个真正动态的即发展运动的过程。"本质"和"存在"两方面都是动态的、发展运动的。这就是说，是发展运动中的本质决定发展运动中的存在。我们对"本质"和"存在"这两个方面都不能做静止的理解，因为静止的本质，并不能决定发展运动中的存在，而静止的存在对于发展运动着的本质来说也是不可能存在的。这就是说，"本质"和"存在"两方面性质的形成，都要经历一个发展运动的过程，"本质决定存在"是一个过程，是一个"本质"何以决定"存在"或"本质"怎样决定"存在"的过程。

"本质决定存在"的过程，从"本质"上说，就是一个"本质"由潜在到展开再到成熟的发展演变过程。这个发展演变过程，用黑格尔的思想来表达，就像是一个植物的辩证运动过程，即由"花蕾"到"花朵"再到"果实"的矛盾演进过程。植株作为运动的主体或本体，必然要依次经历"花蕾"、"花朵"、"果实"的几个发展阶段，而其"本质"也就在这几个阶段中依次体现出来，并且在事实上也就决定了这些阶段的存在与发展。或者说，在"花蕾"中，即已包含植株自身的本质，即植株可能演变成为"花朵"与"果实"的萌芽，而由"花蕾"到"花朵"再到"果实"的过程，也正是这一本质由潜在到展开再到完全实现的过程。在这一运动过程中，"本质"也就成为事物发展的几个阶段存在与演进的根据。这即如黑格尔所说，"本质规定自身为根据"。①"本质决定存在"的命题，在其辩证的意义上，也正是指本质作为根据的展开过程，即"本质"作为"根据"由潜在到展开再到成熟的过程。或者说，正是某种潜在的尚未充分展开的"本质"（类似现代生物学上所讲的"基因"），作为事物存在与发展的某种内在根据，就决定着事物存在与发展的过程，或对事物的存在与发展具有决定性作用。

从以上说明可以看出，一个事物（水杯、电脑、植物等等）的存在和发展，是不可能没有本质或本性的，我们也不能设想一个没有本质或本性的事物的存在。而一个事物的存在与发展，也无非就是该事物之本质（作为根据）由潜在到展开的过程，或者说，就是事物之本质的展开、完善与转化过程。

"本质决定存在"这一命题对哲学来说也是完全适用的。哲学的本质即形而上学也同样决定哲学的存在和发展，而形而上学本质之由潜在到展开再到成

---

① 〔德〕黑格尔：《逻辑学》下卷，杨一之译，商务印书馆，1966，第71页。

熟的过程，也正构成了哲学存在与发展的基本特征及历史演变，即决定了哲学由古代哲学到中世纪哲学再到近代哲学及现代哲学的全部历史演变。在哲学家看来，全部哲学史，不正是哲学的形而上学本质的形成与发展的历史吗？

可以认为，传统哲学的思想基础之一就是坚持"本质决定存在"，就是把"本质"和"现象"分开而依据本质去认识与把握现象。这种思想，也就是人们所说的"本质主义"，而"本质主义"在西方哲学的发展中表现得最为明显，它实际上就是西方哲学自古希腊哲学以来的一种最重要的历史传统。柏拉图曾说："应该只把那些一心一意思考事物本质的人称为哲学家。"① 在西方，从古希腊哲学产生以来，哲学家都是以"本质决定存在"以及"本质和存在具有本质区别"的认识作为其思想前提与理论基础的。可以说，传统哲学特别是西方传统哲学就是一种"本质主义"哲学，就是一种从本质出发而又不断寻求本质并且依据本质来认识事物的逻辑思维的科学。事实上，否定了"本质决定存在"的命题，也就等于否定了哲学的历史传统，也就等于否定了传统哲学。当然，这一"否定"也具有根本意义，它必然会动摇哲学的根基而导致哲学的消解。我们知道，现代哲学对传统哲学的"解构"也正是以颠覆传统哲学的"本质主义"、"基础主义"或"逻各斯主义"等为基本特征的。显然，"本质决定存在"的命题是属于传统哲学理性主义的一个命题，因此，这一命题也就必然受到现代非传统哲学或非理性主义哲学的强烈反对。

## 二 对"存在先于本质"命题的分析

那么，"存在先于本质"的命题又该如何理解呢？

萨特提出这一命题的意思是说，人的存在与动物的存在不同，动物在其存在中不会"选择"，但人的存在却是一个不断"选择"的过程，而人的"本质"也就是这种"选择"的结果。比如，一个人考取医学系学习而最后被培养成为一名医生，按照萨特的理论，就是这个人在"存在"中进行了"选择"，而其"选择"乃至"存在"也就先于（作为医生的）"本质"了。

然而，萨特把"存在"置于"本质"之先，就是设定了一个没有"本质"的"存在"，这种设定显然是不合理的，没有本质的存在怎么可能呢？我们不能设想一个没有"本质"的"存在"，也不能设想一种没有"本质"或先于

---

① 北京大学哲学系外国哲学史教研室编译《西方哲学原著选读》上卷，商务印书馆，1981，第90页。

"本质"的"选择"，那样的"存在"或"选择"又是由什么决定的呢？由"存在"本身决定吗？那是违反逻辑的，因为"存在"不能决定存在本身。由"选择"决定吗？如果"选择"是"先于本质"或是"没有本质"的，那么这样的"选择"也就不具有"本质"意义，因而也同样不能决定本质。

这就是说，在"存在先于本质"的命题中，一方面，"选择"（作为一个中介）如果是"先于本质"的，那就只能是一种非本质的选择，那么，这种非本质的"选择"又何以能和"本质"或"存在"发生联系呢？另一方面，如果"选择"是包含某种"本质"因素的话（"本质"本来就以潜在的形式而存在于"选择"中），那么，"选择"的过程不也正是一个"本质决定存在"的过程吗？

进一步说，人的本质如果是"选择"的后果，那么，这个作为"结果"的"本质"如果没有最初的"种子"，如果不包含最初的"萌芽"，又何以会成为"结果"或作为"结果"呢？

事实上，任何"结果"都不过是"种子"自我发展的后果，而"种子"的自我发展或演变也正是植株的本质由潜在到展开的过程。因此，"选择"也不过正是事物本性的一种自我发展的规定性与可能性。事物在自身的本质由潜在到展开的过程中，确实包含一定可能的也有一定限度的多种选择的余地，然而，"选择"既不会凭空而来，也不会超出事物本质所规定或限定的范围。因此，"选择"也就成为事物展开自身本质从而实现自身发展的表现形式。就是说，"选择"也是从属于事物本性或本质的。譬如，一个人"选择"上医学院而成为医生，也是这个人的本质的一种由潜在到展开的过程，而他不能选择或没有选择其他行业，也应当看作是由他的本质及其某些外在条件所决定的结果。

当然，如果假定一个人不做任何选择或极少做出选择，那么这种"不选择"也同样是一种"选择"，即"选择"了"不选择"。因此，这种"不选择"也同样是其本质的展开过程，只是这一个人的本质具有不同于那一个人的本质的特殊性而已。

因此，我们就不能设想一种没有本质或先于本质的"存在"，而只能把"本质"设想为一个由潜在到展开的过程。所谓"本质决定存在"，在其辩证的意义上，也理应是指本质具有一个由潜在到展开的过程并因此能够制约存在。本质是存在的基础，存在是本质的体现，本质和存在既是相互包含，也是动态发展的，并在发展过程中达到矛盾的统一。这就是说，"本质"作为根据，"存在"作为现象，具有矛盾的同一性，而"本质"之所以成为"本质"，也正在于本质是事物发展中有别于"现象"的本性，是能够决定事物存在与发展的基础。

由此，我们就可以得出结论说，正像本质能够决定存在一样，哲学的本质也能够决定哲学的存在与发展，而认识哲学也就是认识哲学的本质，即认识哲学的形而上学本质由潜在到展开再到成熟的过程。反过来说，全部哲学史也不过就是哲学本质或本性的不断展开与实现的过程，是一个由哲学自身的本质所制约的有规律的、内在的、合乎逻辑的并体现逻辑与历史统一的过程。

我们可以把上述认识归结为"哲学本质决定哲学存在与发展"的原理。这一原理作为本书提出的"第一定理"，也正是本书写作与立论的基础。当然，我们以上对这一原理的分析以及本章的许多论述也还是很抽象的，但在本书其后各章节的论述中，这一抽象的原理就会体现为许多具体而丰富的内容。本书写作的一个基本思路，就是努力贯彻"本质决定存在"的基本原理或原则，并在此基础上，努力实现本质和现象、逻辑和历史、抽象和具体的统一。当然，笔者也不仅是把"本质决定存在"的基本原理贯彻并应用于本书的写作过程中，而且，笔者也希望借助本书的写作或论证来检验与证实这一原理。

## 第二节　哲学本质决定哲学的历史发展

依据上述"哲学本质决定哲学存在"的原理或定理，我们就可以把哲学的全部演变与发展过程都看做是哲学形而上学本质之由潜在到展开再到成熟的进展或推移过程。事实上，比较熟悉哲学史的同仁或读者都会发现，哲学史（特别是具有典型意义的西方哲学史），也确实具有哲学的形而上学本质发展或演进的显明特征。形而上学本质自身的合乎逻辑的演变，即构成并决定哲学史的内在联系与历史进程。

但哲学的本质或本性又是怎样体现或演变的呢？在此，我们很有必要先来对这一演变过程做一个大致的考察和描述，以便说明哲学的本质或本性如何在哲学史中体现出来，又如何决定哲学的存在与发展。也就是说，我们应该首先对哲学史做一个形而上学的本质的整体的考察与阐释，并从中得出一些可能得出的必要认识。

当然，由于这种考察要"回到事情本身"，自然就会显得比较冗长而繁杂，但毕竟我们对哲学本质的把握会为我们提供一条基本线索，这就有如古希腊神话中提修斯得到了阿莉阿德尼公主送来的线团。① 有了这一线团，我们就不会

---

① 希腊神话中阿莉阿德尼公主送给英雄提修斯一个线团，使其在进入迷宫时先把线头拴在大门上，然后一路放线，以确保在完成使命后能原路返回。

甘心索然无味地站在哲学宝殿的外面，我们就会走到它的入口处，并事先拴好希腊公主送给我们的线团而一起探访一下哲学这座无比宏大辉煌的"迷宫"！

我们的考察将以西方哲学史为主要对象。这是因为，就东西方哲学来说，西方哲学的发展（即"西方哲学史"）更具有哲学发展的典范意义或典型意义。形成这种情况，一方面是由于西方哲学自古希腊哲学产生以来就具有一种严格的哲学学科的意义，因而也就更为充分地体现出哲学形而上学的本质，另一方面，这也由于西方哲学的演变过程具有线索清晰、阶段分明的特点，其中古代哲学、中世纪哲学与近代哲学这三个大的时代的依次更替充分体现出哲学自身矛盾进展与转化的辩证性质与历史逻辑。

大致说来，西方哲学这三个时代的演进，也就是哲学形而上学本质由形成到展开、再到成熟的过程。

## 一 古希腊罗马哲学：哲学形而上学的形成时期

这一时期大致是从公元前6、5世纪到公元4、5世纪，大约经历了一千年的时间。当然，就古希腊罗马哲学自身来说，其形而上学的形成也经历了一个逐步演进的过程，或者说，在古希腊罗马哲学的发展中，形而上学也经历了一个由潜在到展开的发展过程。国内有学者指出，古希腊哲学的一个主题就是"西方形而上学思想的形成、鼎盛和衰亡。"① 当然，更准确地说，古希腊哲学只是"西方形而上学"思想的"形成"阶段，而其自身的发展才又相对表现为一个"形而上学思想的形成、鼎盛和衰亡"的过程。

我们可以把古希腊早期哲学（即"前苏格拉底时期"的"自然哲学"）视为形而上学的萌芽与创生阶段，而把从苏格拉底到柏拉图、再到亚里士多德的发展看做是形而上学的形成与确立阶段，而把古希腊晚期哲学及古罗马哲学视为形而上学的某种衰落或向宗教哲学或神学转变的阶段。

在古希腊早期哲学的发展中，米利都学派的"本原"（"始基"）学说、爱利亚学派的"存在"学说、毕达哥拉斯学派的"数"的学说、赫拉克利特的"逻各斯"（logos）学说以及阿那克萨戈拉的"努斯"（nous，即"心灵"或"理性"）学说等，都具有开创性意义，都包含着形而上学思想的萌芽与要素。

爱利亚学派创始人巴门尼德提出的"存在"思想，即"存在者存在"、"存在者是一个共同体"、"存在者是不动的"等思想以及把"真理"和"意

---

① 邓晓芒：《古希腊罗马哲学讲演录》，世界图书出版公司，2007，第2页。

见"区分开来的思想,对形而上学把纯粹的"存在"(即 being,也译为"是"或"有")确立为自身的研究对象起了开创性作用。可以说,古希腊早期哲学就象征着哲学形而上学的初步形成。

其后,苏格拉底推动实现了古希腊哲学由宇宙论向人类学或由本原论(自然哲学)向本质论(概念哲学)的转变,他在矫正智者派论辩术的同时,也为哲学思辨方法即"辩证法"的产生奠定了基础。苏格拉底的"概念论"或"问答法"堪称形而上学思辨方法亦即"辩证法"的"原生态"。"辩证法"(dialectics),即起源于苏格拉底的"问答法",其原意即为对话、问答、论辩,即在论辩中揭露矛盾而寻求一般概念或定义的方法。此后,柏拉图提出"理念论",进一步把超验的"理念世界"和现实的"感觉世界"剥离,进而建立起西方哲学史上第一个系统的形而上学的思辨哲学体系。此后,亚里士多德在批判与吸收苏格拉底、柏拉图等人认识成果基础上,明确提出了哲学应研究"是"本身(即 being,或"有"本身、"存在"本身)的思想,从而把哲学作为一门具有本体论意义与超验、思辨性质的逻辑思维的学科而确立下来。

亚里士多德逝世大约三百多年后,他的学派的第十一代传人、罗得岛的哲学教师安德罗尼柯(约公元前 1 世纪在世)得到了亚里士多德的大量讲义与文稿并开始编辑、出版。安德罗尼柯将亚里士多德的研究抽象问题的哲学讲义编订命名为《物理学之后》(即 metaphysics,直译即"物理学之后"。后来,这一著作在传入中国时被我国学者严复译为《形而上学》。严复的译法又源于《易传·系辞上》:"形而上者谓之道,形而下者谓之器。")至此,"哲学"或"形而上学"也就有了与"物理学"、"数学"等科学部类完全不同的只研究"物理学之后"的抽象问题的超验性质。这样,哲学也就作为一门有独立研究对象与方法的学科而确立并发展起来。亚里士多德《形而上学》这部讲义或文稿的重要意义,就是明确提出了哲学应研究"是"本身的思想,并把研究超验问题的哲学命名为"第一哲学"而与被命名为"第二哲学"的"物理学"、"数学"等科学实际区别开来。就是说,作为最早的科学分类思想,亚里士多德实际上已把"哲学"和"科学"在本质上区别开来。因此,亚里士多德这一思想的产生或其文稿的问世就标志着哲学作为一门形而上学的学科已然形成。

## 二 中世纪及近代早中期哲学:形而上学的发展时期

### (一) 中世纪哲学的发展

所谓"中世纪"是指西欧在公元 5 世纪到公元 15 世纪大约一千年中所经

历的封建社会时期。在这一时期，基督教一方面把神学信仰发展到高峰，另一方面也把纯粹的超验性思辨发挥到极致。这时，哲学虽然成为神学的婢女，但也并未完全丧失自身理性思辨的基本特性。对哲学说来，富有历史意义的事实是：在具有综合性的基督教宗教神学的思想体系中，先是在教父学的思想体系中，后来又在经院哲学的更为成熟的神学体系中，"形而上学"——无论是作为一种超验精神，还是作为一种思辨方法——竟然都得到了保存与延续。

在中世纪，奥古斯丁（354～430）提出"我疑故我在"（又可译为"我错故我在"）的命题，成为近代哲学开创者笛卡尔"我思故我在"命题的先驱；安瑟伦则提出上帝存在的"本体论证明"，圣·托马斯则对上帝存在做出"宇宙论证明"；而经院哲学内部"唯名论"（nominalism）与"唯实论"（realism，又译"实在论"）两派更是进行了长期的有关"共相"与"殊相"（或"种"和"属"）关系问题的争论。以上这些神学观点与学派争论都无不包含着哲学形而上学的求索，包含着哲学理性的思考与思辨。自然，思维的逻辑、论辩的方法以及修辞、语法等等也就在这些思考与论辩中得到保存、继承与发展。

如果我们再考虑到基督教神学在早期及中期的发展中和柏拉图哲学的关系，并且再考虑到基督教神学在晚期发展中和亚里士多德哲学的联系，那么，哲学形而上学在中世纪的发展就更是一个不争的历史事实。从一般性质来看，中世纪哲学是柏拉图主义、亚里士多德主义哲学思想与基督教神学思想的某种奇特的结合。在中世纪发展的前期和中期（大约公元5～12世纪），教父学和经院哲学都主要受柏拉图哲学的影响，而自十三世纪以后即中世纪发展的晚期，托马斯的老师阿尔伯特（Albertus Magnus，1193－1280）即开始注释、介绍亚里士多德哲学，后来经过托马斯·阿奎那（Thomas Aquinas，1225－1274）的不懈努力，基督教神学才终于接纳亚里士多德哲学并与之融合，而托马斯本人也由于建构了最宏大的神哲学的理论体系而成为基督教的最大权威。

总的说来，我们可以把中世纪基督教哲学看做是古希腊罗马哲学之后所形成的形而上学发展的第二个大的阶段或大的形态。当然，对于哲学的理性思维的本质或形式说来，哲学在中世纪的这一发展也具有一定曲折甚至异化的意味，因为哲学这时毕竟是被要求从属于神学的。然而，对于形而上学的超验与思辨的本性说来，这种和神学的结合，却并不具有否定自身的意义，因为形而上学也完全有理由和能力借助于任何神学或宗教的形式而使自身得到实质性发展。当然，反过来说，神学或宗教的本质亦即"信仰"的本质也同样有理由和能力借助于任何哲学乃至科学的形式而使自身得到实质性发展。就此而言，思辨的哲学和信仰的宗教也就获得了矛盾统一的可能，并且在历史上也一度实现了这种统一。也因此，到中世纪后期（15～16世纪），当基督教本身开始呈现衰落之势时，孕育在基督教内部的理性思辨的哲学就可以悄然无声地继续得到发展，并且很快，这一哲学理性思维的暗流就开始汇合成为明朗而宏大的时代潮流了。

## （二）近代早中期哲学的发展

中世纪之后，西欧经过"文艺复兴"（14～16世纪）而步入近代。而近代早期及中期（约16～18世纪的三百年中），对于哲学来说，无疑是一个形而上学全面复兴并走向兴盛的时代。这时，哲学开始获得真正独立而充分的发展，一方面哲学在形式上日益脱离宗教而开始作为纯粹理性思维的学科而发展起来，另一方面哲学在与科学既相分离又相结合的关系中也开始获得最重大的具有独立意义的进步。

在西欧近代早中期即16～18世纪大约300多年的发展中，哲学家的产生已有如浩瀚星空中呈现的璀璨群星而令人叹为观止。自英国哲学家培根（1561～1624）奠定了近代经验论哲学的思想基础之后，他的英国同胞霍布斯、洛克、贝克莱和休谟等人也相继对经验论及怀疑论哲学作出了重大贡献。而怀疑论，作为经验论或感觉论发展的某种超越自身的极端形式，由于休谟（1711～1776）的杰出表达也径直成为近代哲学认识论发展的一种最重要的形式。与此同时，法国哲学家笛卡尔（1596～1650）则奠定了唯理论的思想基础。其后，荷兰的斯宾诺莎、德国的莱布尼茨、沃尔夫等人也对唯理论的发展作出了重大贡献。

在经验论和唯理论这两大思潮的推动下，近代哲学已全面深化到认识论领域，形而上学作为理性的认识能力得到了全面发展与完善。笛卡尔在17世纪上半期是以"形而上学的沉思"（他的《形而上学的沉思》发表于1641年）来标志自己的哲学理念的，并且他把"形而上学"确立为整个哲学之树的树根，而到17世纪及18世纪中期，哲学之树就已长出了繁茂枝叶，形而上学的沉思也开始收获丰硕果实。荷兰的斯宾诺莎（1632～1677）和德国的莱布尼茨（1646～1716），几乎同时创立了自己的具有唯理论和自然神论特征的形而上学体系。在法国，启蒙学者伏尔泰、卢梭则开始对启蒙本身进行反思，"百科全书派"则全力推进并建构了唯物论的经验论体系。此后，到18世纪后期，西欧哲学发展的重心则开始由英国、法国等国向德国转移，继莱布尼茨等哲学家之后，德国产生了康德（1724～1804）这位最伟大的哲学家，由此，哲学也迎来了一个形而上学注定要得到最充分发展的黄金时代。

## 三　近代晚期哲学：形而上学的成熟时期

### （一）形而上学怎样达到成熟

近代晚期哲学大约是指从 18 世纪末到 19 世纪上半期的哲学。这一时期，哲学实现了形而上学的充分发展而进入成熟的鼎盛阶段。自康德以后，费希特、谢林、黑格尔等德国哲学家相继提出了一个又一个精致完善的哲学体系，哲学形而上学进入了一个全面系统化或体系化的时代。由于这时的德国哲学具有某种纯粹思辨与超验的形而上学特性，并凸现出一种典雅、深思的睿智风格，也由于其语言艰深、晦涩，论证又极为严谨、周密，因此，自康德以后的德国近代哲学就被人们称为"德国古典哲学"。实际上，"德国古典哲学"就是形而上学成熟时期的哲学。

但在德国古典哲学兴起时，它也面临着当时已经发展起来的近代科学的挑战。西方近代科学主要是作为经验科学而产生并发展起来的，这对以超验、思辨为主要特征和方法的哲学来说，无疑是一种严重挑战。为应对这一挑战，康德开始实施对"理性"的自我批判，并试图借此批判而对哲学形而上学本身加以某种科学的改造，以致他提出了"任何一种能够作为科学出现的未来形而上学"的理念。但事实上，康德在批判以往形而上学的同时（他把"莱布尼茨—沃尔夫体系"看作"形而上学的独断论"），也深化了形而上学的先验性或超验性，虽然这种深化同时又是以接纳一定的经验认识成分乃至怀疑成分为附加条件的。康德哲学确实已经排除了"独断论"成分，与"独断论的形而上学"相比，康德的"形而上学"已是一种旨在对理性做出自我批判与反省的形而上学，这是一种"批判论"或"先验论"的"形而上学"。

康德能创立这一批判、反省的先验形而上学体系，也完全受益于并根源于休谟（1711～1776）经验哲学的"怀疑"精神与卢梭（1712～1778）历史哲学的"反思"意识。康德把理性的"怀疑"与"反思"意识进一步发展为理性的"批判"精神，并由此创立了"理性批判"的先验哲学，进而形成了他所设想的一种能够作为科学出现的"未来形而上学"。这就是说，康德的"理性批判"的"未来形而上学"不仅仍然属于"形而上学"，而且还使"形而上学"第一次获得了某种"科学"意义和明确的自我批判意识。这一情况表明，在近代科学的强大挑战下，"形而上学"不得不开始思索、考察自身的性质、地位及其局限，并且努力调整与科学及其宗教的相互关系。

如果说康德还以理性"批判"的温和方式来发展形而上学，那么，到黑格尔那里，哲学家就开始重新以理性的某种"非批判"的"独断"的"激进"方式来振兴形而上学了。可以说，黑格尔（1770～1831）从事形而上学的哲学活动颇有理直气壮之感，其根源似乎可以归结为他对形而上学的思辨与超验特性有了比康德等哲学家更为深入的体认。在黑格尔那里，"形而上学"是"至圣的神"（而不再像康德那样仅看做是人的"自然倾向"），"理性"作为"神圣的智慧"乃是世界的"绝对"本质（而不再像康德那样只热衷于指出"理性的界限"），而"精神"的本质或者实体就是"自由"（也不再像康德那样只在自由与必然之间彷徨）。在黑格尔那里，"精神"具有"绝对"意义，乃是"绝对精神"，自然、历史以及人类所建构的一切精神与文化都不过是"绝对精神"自身发展的过程与结果。由此，研究"绝对精神"的"形而上学"也就获得了"绝对"意义而成为"至圣的神"。

当然，黑格尔还认定"哲学的历史就是发现关于'绝对'的历史。绝对就是哲学研究的对象"。① 而哲学的研究方法不过是一种"反思"的方法，"反思，就是思辨的思维，亦即真正的哲学思维"。② 同时，黑格尔还认定形而上学的这种"思辨的思维"必须具有辩证法意义上的矛盾性，矛盾乃是理性认识的本质，矛盾的认识乃是一种对经验性或知性认识的超越。"矛盾正是对知性的局限性的超越和这种局限性的消解"。③ 这样，黑格尔也就把形而上学的思辨的思维方法（这也是哲学上"辩证法"的本义）发展到了一个全新的并臻于完善的阶段。由此，形而上学也就成为一种具有"绝对"意义的但同时又是"辩证"的思维方式。

这样，哲学、形而上学的本性在黑格尔那里就获得了一个更为彻底的发展，就获得了一种"绝对"意义。如果我们把康德的"理性批判"的形而上学称为某种"相对的形而上学"，那么，我们就完全可以把黑格尔的"绝对精神"的形而上学称为"非批判"的"绝对的形而上学"了。

"形而上学"在黑格尔这里找到了对自身精神的一种绝对的表达，黑格尔已成为形而上学精神的化身。正像拿破仑是"骑在马背上的世界精神"（黑格尔语）一样，现在，黑格尔自己也成为"坐在书房里的世界精神"。

无论是从体系方面，还是从方法方面，乃至是从精神方面，黑格尔都把形

---

① 〔德〕黑格尔：《小逻辑》，贺麟译，商务印书馆，1980，第10页。
② 〔德〕黑格尔：《小逻辑》，贺麟译，商务印书馆，1980，第48页。
③ 〔德〕黑格尔：《逻辑学》上卷，杨一之译，商务印书馆，1966，第27页。

而上学的本性发挥到极致，从而把哲学形而上学推进到一个新的高峰。从哲学体系、方法及精神等方面来看，黑格尔都可以和古希腊哲学家亚里士多德媲美，亚里士多德为形而上学成为一门学科奠定了基础，而黑格尔则使形而上学达到成熟，达到一个具有本质意义的完成。

## （二）对形而上学本质发展的小结

从上述概略考察可以看出，哲学的形而上学本质是怎样在西方哲学的发展过程中体现出来并得以贯彻的。

按照笔者认识，这一过程，就是"本质决定存在"的过程，也就是哲学的形而上学本质决定哲学的存在与发展的过程。当然，这一过程的本质表现就是形而上学的本质由潜在到展开、再到充分发展与完善的过程，而其外在的表现形式，可以说，就是哲学史上那些依次出现的不同发展阶段、不同哲学家的认识及其所提出的哲学体系。

这就是说，在哲学的发展、演变的过程中，哲学演变的内在逻辑与根据就是哲学所具有的形而上学的本质，这一本质就是哲学发展的内在根据，在哲学发展与演变中始终具有制约与决定作用，而哲学史上那些不同发展阶段、不同代表人物及其哲学思想，都不过是哲学的这种内在的形而上学本质自身发展的某种外在表现与联系环节，都不过就是形而上学的这一哲学本性的自身演化、自我发展的结果。在这一过程中，哲学的本质始终决定、制约着哲学的存在与发展。这就是说，在哲学发展中，依然是"本质决定存在"，而不是什么"存在决定本质"或"存在先于本质"。

本书所阐释的这一哲学的发展观，与黑格尔的哲学发展观颇为相仿，或者说，在辩证认识的本质上是一致的。黑格尔曾把哲学史上不同阶段的哲学家、哲学学说视为并界定为"理念"、"理性"或"世界精神"所依次经历的一些具有必然性的环节或阶段。在黑格尔看来，"哲学史也是在发展中的系统"，"而内在理念才是这种依次开展的过程之主导的决定的力量"，因此，"揭示出理念各种形态的推演和各种范畴在思想中的、被认识了的必然性，这就是哲学自身的课题和任务"。①

据此，黑格尔还进一步提出："历史上的那些哲学系统的次序，与理念里

---

① 〔德〕黑格尔：《哲学史讲演录》第 1 卷，北京大学哲学系外国哲学史教研室译，三联书店，1956，第 33～34 页。

的那些概念规定的逻辑推演的次序是相同的"。① 这就形成了黑格尔的著名的
"历史和逻辑统一"的思想。实际上，只要我们把黑格尔这一辩证的哲学发展
观的内涵，不再理解为那种抽象的"绝对精神"的发展，而是理解为就是哲学
本身的"形而上学"本质的演化过程，那么，这种辩证的哲学发展观的全部合
理性与深刻性也就充分显示出来，同时，逻辑和历史统一原则的合理性与深刻
性也就充分体现出来。由此，这种辩证的哲学发展观，也就会为我们最终提供
一个合理、真实的也符合历史的关于哲学演变逻辑的认识基础。

## 第三节　哲学本质决定哲学家的认识

　　哲学的形而上学的本质不仅决定哲学本身的历史演变与发展，而且也决定
哲学家对哲学的主观认识。这就是说，哲学家对哲学的主观认识，在本质上，
也是由哲学本质在历史上展开与演进的客观趋势所决定的。

　　由于哲学的形而上学本质或本性有一个不断展开与不断完善的过程，因
此，人们对哲学本质或本性的认识以及其他多方面的相关认识也就必然是一个
不断展开与不断完善的过程。哲学家对哲学诸种问题的主观认识是以哲学本性
的客观发展为基础的，甚至可以说，这种认识也不过就是哲学本性的自我认识
而已。还可以说，人们在历史上所形成的各种对哲学性质的认识与解说，在很
大程度上都不是取决于人们自身即哲学家自身所达到的主观意识，而是（从根
本上说来）取决于哲学本身的客观本性已发展或展现到什么程度与水平。

　　这就是说，哲学本身所具有的形而上学的本性，不仅在客观上制约着哲学
发展的历史，使哲学史在客观上表现为一个具有内在逻辑必然性与规律性的不
断由低级发展到高级、由简单发展到复杂的有序过程，而且，也在客观上制约
着人们对哲学的主观认识，制约着人们在历史上所可能形成的一切对哲学本身
的意识、认识、观念或学说，并且也使这一主观认识同样表现为一个有序的、
有一定客观规律性可循的发展过程。

　　在西方哲学史上，哲学家常常会提出一些对哲学的不同认识（包括有关哲
学的一些不同的概念、观点或定义）。过去人们一般都认为，这些对哲学的不
同认识，是从不同角度、不同方面反映或揭示哲学的性质，也有人认为，这种
情况反映了在历史上存在着不同的"哲学观"。这种认识与解释，偏向于人们

---

　　① 〔德〕黑格尔:《哲学史讲演录》第1卷，北京大学哲学系外国哲学史教研室译，三联书店，
　　　1956，第34页。

的主观认识，而忽视了哲学本质才是产生这些认识差异的深层客观原因。哲学本质有一个客观的发展与展现过程，正是这一发展过程的差异，在本质上决定了人们（哲学家们）会产生、形成种种不同的哲学理论、认识或观念。这种决定作用，一方面表现在对同一时代或同一时期的哲学家哲学认识的影响上（这会形成认识的横向的差别），从而使得人们的哲学认识表现出不同角度、不同方面的差异，但另一方面，这种决定作用还表现在对不同时代或不同时期哲学认识的影响上（这会形成认识的纵向的差别），从而使得人们的哲学认识又表现出不同时期、不同阶段的差异。这后一种影响即纵向的差别，更能体现出哲学本质对人们哲学认识的制约与决定作用，我们也应该主要从纵向方面来考虑这种作用，即主要从哲学本质的发展与深化来揭示与考察哲学认识发生差别的根源。

下面，我们就以纵向为主线，来概略考察一下哲学本质的展开过程如何决定或制约着历史上哲学家们对哲学的认识。

## 一 古希腊哲学家对哲学的认识

在古希腊哲学产生的早期阶段，在很长时期内，哲学都是一门研究万事万物的本原（即"始基"）问题的学问，后来才逐渐转到研究事物的概念或本质上来。与哲学本性的这一早期发展阶段（实际上是哲学本性的尚未发展阶段）相适应，就是苏格拉底提出并阐述了"哲学"（philosophy）的一般概念也就是"爱智慧"的概念（philosophy 的本义就是"爱智慧"，后来被东方学者引入与译为中文时被译为"哲学"）。"爱智慧"这一概念就大致反映了人们当时所可能达到的对哲学本质或本性的最高认识。当然，从哲学的"形而上学"的思辨与超验本质来看，"爱智慧"这一概念就显得比较一般、比较笼统了，它与哲学"形而上学"的本质还是有一定差别的。我们可以问，每一位"爱智慧"的人都是"哲学家"吗？"爱智慧"（philosophy）本身并没有把形而上的领域与形而下的领域区别开来，"爱智慧"属于哪个领域呢？它也不一定就属于哲学"形而上学"领域。

当然，苏格拉底本人提出"爱智慧"的意思还是趋向于或属于形而上学的，他的思想方式已趋于进入形而上学的领域而寻求纯粹的概念。然而，这并不表明其他"爱智慧"的人都可能如此，所以，也不能保证"爱智慧"的概念就一定是一个形而上学的概念。当然，由于我们今天已经知道"哲学"即是"形而上学"，知道"哲学"或"爱智慧"的真正本质就是形而上学，因此，我们就很容易把"爱智慧"和"形而上学"联系起来。但在苏格拉底时代，人们还没有形成明确的"形而上学"的概念与观念，因此，在"爱智慧"的概念和"形而上学"的概念之间，还不可能形成一种明确的本质的内在的联系。这种本质的内在的联系，也只能是在人们提出与形成"形而上学"的概念（在西方就是"metaphysics"的概念）以后才可能建立起来。

不言而喻，"爱智慧"的概念作为"哲学"研究中的一个最具基础性与原创性的概念，对于哲学的产生和发展具有根本性的重大意义，然而，由于这一概念产生较早（也有其他说法认为"爱智慧"的说法是由赫拉克利特或阿那克萨戈拉最早提出的，那么这一概念就可能产生得更早），而其含义又比较笼统，因此，可以说"爱智慧"只是一个包含着哲学形而上学本质因素的概念，或者说，它还是哲学"形而上学"概念及其特性的某种尚未完全展开的潜在的形式。同时，这一概念的含义或特点也大致反映了在苏格拉底时代哲学思维与科学思维还没有完全分化开来的事实。所以，"爱智慧"概念的含义及其指向就比较模糊，既可以指向哲学的思辨研究的形而上领域，也可以指向科学的经验观察的形而下领域。

苏格拉底之后，柏拉图提出并建构了"理念论"。就哲学的抽象认识的程度和意义而言，"理念论"就要比苏格拉底的"概念论"深入了，因为它已加强了对抽象概念的纯粹逻辑上的分析与论证，因而也就深化了苏格拉底"问答法"即"辩证法"所具有的那种提出与分析"美德是什么"等一类问题的思维方式，同时也就深化了哲学认识事物本质或概念本质的方法。这就是说，柏拉图已更为深入地理解了哲学作为哲学的那种认识事物本质的意义，而哲学的这种意义或功能也正是哲学形而上学本质的根本内涵。也正由于有了这一认识上的深化，柏拉图才可能提出某种对哲学的新的解释或界定。

例如，在《国家》篇中，柏拉图提出："那就应该只把那些一心一意思考事物本质的人称为哲学家"。[①] 这一提法无异于说，"哲学家"即"爱智慧"的人就应该"一心一意思考事物的本质"，或者说，"思考事物本质"就是"哲学"或"爱智慧"的本质。由此，"爱智慧"也就获得了具体的内涵即"一心一意思考事物本质"。因此，柏拉图的哲学理念也就比苏格拉底或那些前人的哲学理念更为深化了。因此，柏拉图的认识也就更深刻地体现了哲学的形而上学本质。即使今天，如果人们说"哲学即是一种思考事物的本质的学问"，那

---

① 北京大学哲学系外国哲学史教研室编译《西方哲学原著选读》上卷，商务印书馆，1981，第90页。

也仍然是正确的，并且还是深刻的，因为"思考事物的本质"本来就已属于形而上学的超验领域了。后来，黑格尔也一再强调，哲学的"反思"的认识或"形而上学"的认识即是对事物本质的认识。他说："本质是纯粹的反思"。① 又说："形而上学是研究思想所把握住的事物的科学，而思想是能够表达事物的本质性的"。② 由于"本质"并非是人们可以通过感官、经验所直接认识的，所以，"一心一意思考事物本质"或"能够表达事物的本质性"也就必然成为哲学思考的一个特性。

在苏格拉底、柏拉图之后，亚里士多德对"爱智慧"或"哲学"的含义以及哲学的研究对象都做了更为深入的研究。亚里士多德说："我们不以官能的感觉为智慧；当然这些给我们以个别事物的最重要认识。但官感总不能告诉我们任何事物所以然之故"，因而"理论部门的知识比之生产部门更应是较高的智慧。这样，明显地，智慧就是有关某些原理与原因的知识。"③ 这样，哲学也就成为有关"较高的智慧"（亚里士多德实指"最高的智慧"）的一门学问了。

哲学这门学问的研究对象也被亚里士多德明确地表述出来。他说："有一门学问，专门研究'有'本身，以及'有'凭本性具有的各种属性。这门学问与所谓特殊科学不同，因为那些科学没有一个是一般地讨论'有'本身的。它们各自割取'有'的一部分，研究这个部分的属性"。④ 亚里士多德把"有"（或"是"、"存在"）本身确立为哲学的研究对象，这就进一步明确了哲学的形而上学的超验与思辨特性，对于哲学的发展具有根本意义。

根据哲学从整体上研究"有"本身的这种超验、思辨的特性，亚里士多德也顺理成章地把哲学和物理学、数学等"特殊科学"区别开来。在亚里士多德那里，哲学已是一门与物理学、数学等完全不同的唯一的"自由学术"，而其"自由"的本质也正在于具有"形而上学"的本性。"我们认取哲学为唯一的自由学术而深加探索，这正是为学术自身而成立的唯一学术"。⑤

到亚里士多德时期，哲学作为一门"自由学术"的形而上学的性质和意义已十分显著。当然，亚里士多德当时的哲学讲义或文稿也还不叫做"形而上

---

① 〔德〕黑格尔：《小逻辑》，贺麟译，商务印书馆，1980，第247页。

② 〔德〕黑格尔：《小逻辑》，贺麟译，商务印书馆，1980，第79页。

③ 〔古希腊〕亚里士多德：《形而上学》，吴寿彭译，商务印书馆，1959，第3页。

④ 北京大学哲学系外国哲学史教研室编译《西方哲学原著选读》上卷，商务印书馆，1981，第122页。

⑤ 〔古希腊〕亚里士多德：《形而上学》，吴寿彭译，商务印书馆，1959，第5页。

学"（那是以后编辑者及翻译者所加），但其著作与思想的形而上学的性质却已十分明确。也正因此，亚里士多德的有关哲学问题的讲义在以后由其学派传人安德罗尼柯（在公元前一世纪）编辑出版时才被很自然地冠以 *metaphysics*（意即《物理学之后》）的书名，而在引入中国时更被中国学者严复直接翻译成《形而上学》。这些情况的出现都不是偶然的，因为亚里士多德思想已完全具有形而上学的性质。至此，哲学形而上学的本性，也就在古希腊哲学中得到确认，而"爱智慧"、"思考本质"乃至"较高的智慧"或"研究'有'本身"等等观念也就同时获得了明确的形而上学的本质含义。

从古希腊早期哲学的产生（约公元前 6 世纪）到中期苏格拉底、柏拉图哲学的出现（约公元前 5 世纪到公元前 4 世纪中期）、再到其后亚里士多德哲学的产生（约公元前 4 世纪末），古希腊哲学历经一二百年的发展，终于形成了以形而上学的本质为基础的哲学学科。

## 二　中世纪及近代哲学家对哲学的认识

下面，我们再来概略考察一下中世纪及近代哲学家对哲学本性认识的发展过程与主要特点。

在中世纪，哲学作为基督教哲学（教父学与经院哲学）的发展，表现出哲学与神学的两重矛盾特征：一方面，哲学成为神学或神学的一部分，成为以思辨的逻辑方法来论证宗教信仰与教义的工具，其功能也被限定于论证和维护信仰，但另一方面，哲学又保持了自身一定的相对独立性，即在论证信仰中又保持与发展了哲学作为理性思维方法的基本特性。这是哲学历史发展中的一种奇特现象，哲学和神学之间出现了一种奇特的然而又是完全自然的结合，基督教哲学成为某种思考与论证"信仰"的本质的一门"思维"的学问，而就其思想或思维的本质而言，基督教哲学也仍然是一门属于哲学形而上学范畴和领域的学科。哲学形而上学的超验与思辨的本性在中世纪得到某种"曲折的"亦即"辩证的"发展。

在中世纪，哲学的研究对象仍然是"存在"或"是"（being）本身，然而，"神"或"上帝"已成为最大的大写的"存在"（Being），并成为哲学的研究对象，哲学也就成为研究与证明"上帝存在"的学问。

由此，哲学家对哲学的认识也就必然相应地带有这种矛盾的基本特征。基督教哲学的最大权威托马斯·阿奎那（1225～1274）就明确说过："哲学既讨论了一切存在，而且也讨论了上帝。所以，哲学中有一部分就是神学"；"除了哲学理论以外，为了拯救人类，必须有一种上帝启示的学问"。① 在托马斯看来，这种研究上帝的"神学"也就是"形而上学"，实际上也同时就是"哲学"。他说："研究这些对象的是神学；其所以称为神学，是因为它所研究的对象主要是上帝。它也称为形而上学，意思是超过了物理学，因为我们在物理学之后遇到这个研究对象，我们是必须从感性事物前进到非感性事物的。"② 在托马斯看来，哲学就是"人用理智来讨论上帝的真理"，当然，哲学"也必须用上帝的启示来指导"。③ 后来，黑格尔也指出，基督教哲学把"教义建筑在形而上学的基础上"。④ 至此，哲学的"形而上学"的本性也就完全明确地在"神学"中得到体现并贯彻下来。

在西欧近代哲学发展的早期（公元 16 ~ 17 世纪），哲学作为一种认识论思潮而获得了全面而迅猛的发展，哲学特有的超验与思辨本性也进一步显露出来，也正是这种本性又促使哲学真正获得了独立于科学的发展。然而这时哲学家对哲学的许多认识也还是受到科学发展的强大影响，并且也像古希腊的早期哲学一样，竟也带有某种"自然哲学"（或"宇宙论"）的认识特征。特别是经验论哲学家的认识，体现出科学的明显影响。弗兰西斯·培根（1561 ~ 1626）就直接以事物、物体作为哲学的研究对象。他认为，哲学应研究事物的"形式"，"关于形式的研究就构成形而上学"。⑤ 培根所说的"形式"主要就是指事物的性质及其运动规律，所以，就是事物的性质与运动规律成为哲学的研究对象。培根还认为，为了认识事物的性质，就必须为理性提供认识与分析工具。为此，他写了《新工具》一书（以区别于亚里士多德的《工具论》），由此也制定了经验论的基本方法即归纳法，而归纳法很快就成为近代实验科学的主要方法。其后，霍布斯（1588 ~ 1679）进一步把"物体"作为哲学的研究对象，他提出"哲学的任务乃是从物体的产生求知物体的特性，或者从物体的特性求知物体的产生"。⑥ 培根、霍布斯的这些认识都体现出科学的明显影响，

---

① 北京大学哲学系外国哲学史教研室编译《西方哲学原著选读》上卷，商务印书馆，1981，第 259 页。
② 北京大学哲学系外国哲学史教研室编译《西方哲学原著选读》上卷，商务印书馆，1981，第 266 页。
③ 北京大学哲学系外国哲学史教研室编译《西方哲学原著选读》上卷，商务印书馆，1981，第 259 页。
④ 〔德〕黑格尔：《哲学史讲演录》第 3 卷，贺麟、王太庆译，商务印书馆，1959，第 289 页。
⑤ 北京大学哲学系外国哲学史教研室编译《16—18 世纪西欧各国哲学》（原著选辑），商务印书馆，1975，第 52 页。
⑥ 北京大学哲学系外国哲学史教研室编译《16—18 世纪西欧各国哲学》（原著选辑），商务印书馆，1975，第 64 页。

但也同时加深了哲学认识，因为研究事物的"形式"或"特性"也终究会导致对事物"本质"的思考与研究。因此，这些认识也在一定程度上深化了哲学认识的思辨性与超验性。

与经验论哲学家的哲学理念具有研究"物体"即研究"客体"的特征不同，唯理论哲学家的哲学理念则具有研究"主体"的基本特征，即主要从主体或主观方面来确认哲学思考的本质。近代唯理论的创始人、法国哲学家笛卡尔（1596～1650）提出"我思故我在"的著名论断，这无异于是说，"我思"或"思想"就是哲学的本质与基础。由此，笛卡尔也认为哲学应是研究"智慧"的。他说："哲学一词表示关于智慧的研究，至于智慧，则不仅指处理事情的机智，也兼指一个人在立行、卫生和艺术的发现方面所应有的完备知识而言。"[1] 笛卡尔所讲的"智慧"主要是指"主体"的认识能力，亦即"我思故我在"所形成的认知能力。因此，"智慧"或"爱智慧"这一古老的哲学理念也就获得了近代认识论的意义。

其后，在西方近代哲学发展中期（18 世纪及 19 世纪上半叶），哲学家对哲学的认识或哲学理念本身都有了重大的发展。这一发展带有明显的矛盾特征。由于在这一时期，科学不断取得突破性进展，因而哲学家在与科学的联系中或在与科学的矛盾中，就不得不开始更多地思考、反省哲学（形而上学）自身的性质、能力及其界线，进而再力图把"哲学"也作为一种"科学"（虽然一定还是"思辨的科学"）而保存并延续下来。

为此，德国古典哲学的创立者康德最先做出了这一哲学理念或哲学理性本身的自我批判，但康德哲学观念的核心却是试图建构"一种能够作为科学出现的未来形而上学"。康德建构这种"未来形而上学"（实际上是使"形而上学"得到延续）的思路，主要应是两个方面：一方面是建构"先验"哲学，另一方面则是预设"超验"哲学。前一方面主要是解决纯粹理性（或理论理性）批判的问题亦即"我们如何能够先天地经验对象"（或"怎样可能去先天直观什么东西"）[2] 的问题。对此，康德通过论证"先验感性论"与"先验逻辑"而给予肯定性的解答。而后一方面则主要解决实践理性批判所提出的"人应该做什么"以及判断力批判所提出的"人可以希望（或信仰）什么"的问题。对此，康德则意在给予一种假定性的解答。

---

① 〔法〕笛卡尔：《〈哲学原理〉序言》。转引自《哲学原理发展概述》上册，福建人民出版社，1981，第 9～10 页。

② 〔德〕康德：《未来形而上学导论》，庞景仁译，商务印书馆，1978，第 40 页。

这是因为，在"超验"领域，由于认识已超出经验对象（如"世界"、"灵魂"和"上帝"都纯粹是超验的对象），因而已无经验认识及先验认识的可能，因此，康德就用人的实践理性在道德领域必然追求"至善"的"公设"以及在意志领域又必然追求信仰"上帝"的"假定"，来解决这一"超验"领域认识的合理性问题，这就是康德所完成的"道德形而上学"与"道德神学"两方面的具有假定性的理论建构。由此，康德也就在建构"先验哲学"（作为其哲学体系的主干）的基础上，又假定了"超验"性认识或"超验"哲学的可能性。康德所谓"一种能够作为科学出现的未来形而上学"，实际上也就包含这两方面的含义，一方面是肯定"先验哲学"的意义，另一方面也假定"超验哲学"的意义（当然，前者对康德来说就是完全自觉的，而后者对他来说就是一种不自觉的自然趋向了）。由此，康德也就实现了哲学既要给"知识"提供基础、又要给"信仰"留下地盘的目的。

由于康德把形而上学在先验的和超验的两个方面都做了发挥与阐释，因此，人们对哲学形而上学本性的认识在这种形而上学的自我批判中反而得到发展。这种发展后来经过费希特的"自我"哲学、谢林的"同一"哲学以后，在黑格尔"思有统一"的哲学那里就体现为"形而上学"作为"绝对精神"的发展。"绝对精神"（或"绝对观念"）把康德先验哲学的理性批判与超验认识的信仰假设弥合为一个整体，由此也就在体系和方法两方面完成了哲学形而上学的建构，一种可以作为"科学"即"思辨科学"存在的"未来形而上学"也就最终形成了。

哲学的本性即形而上学，或者说，形而上学即是哲学的绝对本质，因此，形而上学之被"颠覆"也就意味着哲学的终结。黑格尔以后，西欧开始出现猛烈的"拒斥形而上学"的各种思潮，不仅孔德发起"实证科学"运动，而且叔本华和尼采也驱动了非理性主义思潮的涌动，马克思则推动了激进的革命思潮的传播，由此完成了对哲学形而上学的反叛。到二十世纪，哲学的发展更受到科学、技术发展的巨大冲击，人类随之完全进入了一个"拒斥形而上学"的科学主义与相对主义的时代。

## 三　对哲学本质决定作用的进一步阐释

以上我们已论述了哲学本质对哲学发展和哲学认识的两方面的决定作用。就前一种情况来说，哲学本质的决定作用主要表现为对哲学历史的制约，从而体现出一种具有客观性、总体性的制约，即这种制约主要是相对于全部历史而言的。而就后一种情况来说，哲学本质的决定作用，则主要表现为对哲学认识的制约，即主要表现为一种对哲学家个体性认识的制约，这种制约主要是相对于个别认识而言，是在个别哲学家的主观认识的个体性质上体现出哲学本质的最终的决定作用。

这就是说，哲学的形而上学本质以及它所决定的哲学历史主要体现出哲学的客观性、总体性，而人们的哲学认识则主要体现出哲学的主观性、个体性。但二者一致的是，哲学历史和哲学认识一样，也是由哲学的本质或本性（及其展开过程）所决定和制约的。

直接地说，哲学本质与人们（哲学家）的哲学认识的关系就是：哲学本质决定哲学认识；人们对哲学的认识，不过就是哲学本质或本性的展开过程的反映。因此，总的来说，人们对哲学的认识就是一个由哲学本质本身所决定与制约的发展过程。

哲学的发展，从本质上说来（即除去一些个别的不稳定因素），也就是哲学的本质决定哲学的认识的过程，而不是哲学的认识决定哲学的本质的过程。与人们对哲学的主观认识相比，哲学的本性或本质，毋宁说，就是客观的、外在的、独立的，而人们对哲学的认识则是主观的、内在的、非独立的。因此，简单地说，正是哲学的客观本性决定哲学的主观认识。

然而，如无人们的主观认识，哲学的客观本性也就无从表现出来。在这个意义上，我们又可以说，人们在不同时代所形成的对于哲学的主观认识，也正是哲学的客观本性所借以表现出来的形式。

我们还可以说，哲学的本质、本性是第一性的，而人们对哲学的认识则是第二性的，哲学的本性制约哲学的认识，而二者的统一（或统一性）的基础也还是哲学的本性。

也许有人还会说，如果从来没有人研究哲学，那么，什么哲学的本性、本质也就根本不可能形成，因此，应该说是人的活动、人的认识创造了哲学，并创造了哲学的本性。但是，更有意义的问题在于：如果哲学没有自身的形而上学的本质、本性，那么，即使有人在研究哲学（试图去"创造"哲学），那也仍然不会产生出任何哲学，也仍然不会形成任何哲学的本性或本质。换言之，哲学具有自身的本质与本性，就必须是一个"先验的"即先于任何经验事实与经验认识的假定，而这一假定的合理性也正在于哲学的本质或本性具有由"潜在"到"展开"的全部可能性。

本章第一节就已提出了一条基本定理，即"哲学的本质决定哲学的存在和发展"。现在我们又得到了第二条基本定理，即"哲学的本质具有由潜在发展到现实的能力"（或"哲学本质的发展是一个由潜在到展开的过程"）。当然，第一条定理是基础，第二条定理是对第一条定理的补充，但第二条定理也深化了第一条定理的内涵和意义。不难看出，我们在前面所阐述的那些思想，都是以这两条基本定理或原理为基础的，在我们以后的讨论中，笔者也还会以这两条基本定理为基础。

现在，我们可以明确地说，由于哲学具有自身的本质，而其本质又具有由潜在到展开的自身发展与演变的能力（具有这种能力也才能叫做"本质"，本质就是不依赖于他物或他性而存在与发展的特有性质和能力），因此，哲学历史也好，哲学认识也好，也就必然表现为一个不断由潜在到展开、由简单到复杂的过程。当然，我们的上述考察也能够证明，是哲学的本质决定哲学的存在与发展而不是相反。

那么，对于人们上面的说法即认为是研究哲学的人"创造"了哲学又该如何认识呢？应该说，哲学如无自身的形而上学的本质或本性，那么，任何研究哲学的人也就不可能把这一本性"创造"出来，亦即不可能"创造"哲学本身。事实上，人们所创造的哲学，都不过是哲学（本性）的自我创造，这种对哲学的"创造"不过就是对哲学的"发现"，不过就是通过"创造"的形式而使哲学的内在固有的本性得以被发现从而体现出来、发挥出来。

这就是说，我们平常所说的"创造"（比如"创造世界"、"创造历史"等等），与事物的"本质"、"本性"（如"世界"、"历史"的自然本性）相比，就只具有"形式"的意义而不具有"本质"的意义，真正具有"本质"意义的其实还是事物的自然"本性"本身，即"世界"、"历史"以及"哲学"等等的本性，我们的认识也不过就是认识这些"本质"如何通过人的"创造"而得以充分地发展出来。人是有"创造"能力的，但人本身也不过是"被创造物"，是"作为大地之上惟一有理性的被创造物"。① 而事物、世界如无"本性"，人类也就什么也"创造"不出来。而所谓"创造"也不过就是发现和利用一下事物的本性并改变一下世界存在的某些形式而已。譬如，所谓"创造世界"也不过就是发现和利用一下"世界"的一些本性，改变一下世界的一些存在形式。就此而言，人类或人类的"劳动"什么也没有"创造"，而只是"发现"或"改变"了世界存在的一些形式。但世界的本质（如生态平衡的本质）却是人类所无法改变的，相反，人类如果想改变世界的本质，那就必然遭到自然的报复而陷入困境与危机。近代以来，人类在愈来愈大的规模上利用或

---

① 〔德〕康德：《历史理性批判文集》，何兆武译，商务印书馆，1990，第4页。

劫掠自然资源，从而也破坏了世界的本质、自然的本性，为此，人类也就不免要为自己的行动而付出沉重的代价。

同样，从本质上（而不是从现象上）说，人类也没有"创造"出哲学的本性或者哲学本身，而只是"发现"哲学而已。从更深层次的含义来看，我们毋宁把哲学或其形而上学的本性都看做是大自然所赋予人类的一种"自然禀赋"，人类只是把这一"自然禀赋"发掘或发挥出来而已。如无大自然的恩赐，人类就无任何"自然禀赋"，也就必然一无所有。所以，康德说："人类的历史大体上可以看作是大自然的一项隐蔽计划的实现"。① 基于这一"隐蔽计划"，"一个被创造物的全部自然秉赋都注定了终究是要充分地并且合目的地发展出来的"，而"这些自然秉赋的宗旨就在于使用人的理性，它们将在人——作为大地之上惟一有理性的被创造物——的身上充分地发展出来"。② 这就是说，理性、哲学或形而上学乃至人的全部文化都不过是人这一"被创造物"的"天性"即"自然禀赋"，它们"注定了"要在人这一"惟一有理性的被创造物"身上"充分地并且合目的地发展出来"。

哲学如此，那么，哲学家又该做什么呢？康德说得好："对于哲学家来说……他就应该探讨他是否能在人类事物的这一悖谬的进程之中发现有某种自然的目标"。③ 今天，我们探讨哲学的本质，探讨哲学形而上学本性的演变与发展，就其深层含义而言，也正是要发现在"这一悖谬的进程之中"是否有某种"自然的目标"。

哲学的本质，即形而上学的理性，作为人这一在大地之上唯一有理性的被创造物的自然禀赋，当然也注定一定要在人的身上充分地合乎目的地发展出来，以便达到人类发明了"哲学"的"自然的目标"。

## 第四节　对哲学本质的"历史性"认识

### ——或论"哲学解释"与"历史认识"的本质

按照"解释学"的观念，我们就应把"哲学"也视为某种"历史流传物"，由此，对"哲学本质"的认识问题也就成为对哲学的"解释"问题，实际上也就成为"历史认识"问题，亦即成为"历史认识"在本质上何以可能

---

① 〔德〕康德：《历史理性批判文集》，何兆武译，商务印书馆，1990，第16页。
② 〔德〕康德：《历史理性批判文集》，何兆武译，商务印书馆，1990，第3、4页。
③ 〔德〕康德：《历史理性批判文集》，何兆武译，商务印书馆，1990，第2～3页。

或其"合理性"又何在的问题。

我们知道，自"历史认识论"产生以来，有关历史认识的性质、本质的争论不绝如缕，特别是关于历史及历史认识的基础、本质到底是"客观性"还是"主观性"的争论一直不断。诚然，从狄尔泰、施莱尔马赫到加达默尔，对"历史"的认识与理解取得了重大的突破性进展，这无疑为我们进一步研究、梳理这一问题提供了重要思想资源，但如何理解、阐释现代"哲学解释学"本身的理论内涵也还是一个问题。加达默尔的解释学或历史认识理论已提出并阐释了诸如"效果历史"、"视域融合"等许多新的观点或理论，但我们又该如何理解、评判这些观点或理论的实质呢？

笔者认为，我们不能停留在这些观点的表层理解上，我们必须直接深入现代解释学的理论本质与核心内涵，也只有这样，我们对哲学解释学乃至历史认识理论才能做出深层解读。下面，笔者就来探讨一下哲学解释学有关"历史性"认识这一核心概念的本质，进而再对有关哲学的"历史性"认识问题做出梳理与阐释。

## 一 历史认识的本质是"历史性"认识

那么，对当代哲学解释学或历史认识论来说，最重要、最核心的、最具有本质意义的概念又是哪一概念呢？是"客观性"概念吗？是"主观性"概念吗？是"解释"本身这一概念吗？或是其他诸如"效果历史"、"视域融合"等概念吗？这些概念都具有重要意义，但都不是历史认识和哲学解释的核心与本质因而并不是其本质、核心的概念。

笔者认为，哲学解释学和历史认识论的核心概念或首要概念并不是"客观性"或"主观性"概念，也不是"效果历史"、"视域融合"等概念，而是"历史性"概念。也只有这一概念，才是哲学解释学的起点，也是历史认识论的起点，并且也是我们解析历史认识的多种矛盾关系的基础。

从本质上说，一切研究对象都是"历史流传物"，都具有一定"历史性"，因而我们在研究中所获得的一切认识，也都具有"历史性"而成为某种"历史性"认识。所谓"历史性"和"历史"概念或"历史认识"概念不同。"历史"只单纯表示过去的事件，还泛指一切事物的发展过程。而"历史认识"也只单纯表示人们对"历史"即在人们之前发生的事件的认识，即只表示某种对"事实"的认识，因而它本身也还是一个未经理性规定的概念，还缺乏自身的特定内容和性质。真正具有历史认识的特定内容和性质的应是"历史性"概念，只有"历史性"概念才能反映"历史认识"的特性，即"历史性"特征。质言之，"历史性"（或"历史性认识"）才是历史认识的本质与实质，才是一般"哲学解释学"的"解释"、"理解"、"效果历史"等概念的内涵或本质。

那么，说"历史认识"或"哲学解释"的本质就在于"历史性"这是不是同义反复呢？其实，"历史性"正是对"历史认识"本身性质的显示与规定，"历史认识"的本质或首要特点即是"历史性"，因而，如无"历史性"概念，我们就不可能真正深入地揭示历史认识的本质。

下面，我们就来探讨"历史性"概念何以是"历史认识"的本质与核心概念、它同其他一系列相关概念的关系。

首先，"历史性"是"历史认识"的实质，而"历史性"认识的根本特性就在于具有一种辩证的综合性。"历史性"认识实际上是在对历史认识的"客观性"、"主观性"等矛盾认识的辩证的综合中形成的。这一综合过程当然也是一个具体地、历史地发展过程，因而历史性概念也就反过来体现、凝缩了历史认识的本质而成为历史认识论的核心与基本概念。

其次，"历史性"（认识）的全部合理性与可能性也正在于对认识的"客观性"和"主观性"做出辩证的综合。基于"历史性"认识的辩证综合本性，历史认识中的"客观性"和"主观性"都只具有相对的意义，就是说，二者都是在各自的与对方相互区别又相互依存的意义上存在，并且才获得自身的意义。离开历史认识的客观性也就无所谓主观性，离开主观性也同样无所谓客观性。客观性和主观性概念或观念本身都不具有绝对性，都只具有相对性，即具有相对的当然也是确定的区别。这就是说，在历史或历史认识中，并没有绝对的"客观性"，也没有绝对的"主观性"，只具有一定相对意义上的"客观性"和"主观性"。在相对的意义上，"客观性"和"主观性"概念也是不容否认和忽视的，这种相对的矛盾性也体现出人类认识的辩证的矛盾性质。

第三，在此前提下，我们就应分别赋予历史认识的"客观性"和"主观性"以相对的不同含义，并作为理解"历史性"认识的必要前提。所谓"客观性"，应是指基于历史客观性的人的认识的客观性亦即"实在性"、"现实性"，亦即加达默尔所说的"历史的实在"。这种"客观性"认识对于历史认识来说是一个必不可少的前提，也是任何历史性认识的开端和起点。也因此，我们可将认识的"客观性"界定为历史认识的首先的合理性即"合理性1"。同时，历史认识也具有"主观性"。所谓"主观性"，应是指在客观性前提下的人的认识的"能动性"、"主体性"，亦即加达默尔所说的"历史理解的实在"。① 这种"主观性"具有在客观性之后的接续或后续的特点,但也具有超越客观性的意义。就是说,主观性既包含又超越了"客观性",或如胡塞尔所说这是一种"客观化的主观性"。② 由此,我们就可以再把"主观性"界定为历史认识的"合理性2"。

但历史认识的完全的合理性在于"历史性"认识,"历史性"认识才是"合理性3",才是对"合理性1"和"合理性2"这两重合理性认识的辩证综合。这就是说,"历史性"认识正是"客观性"认识和"主观性"认识的矛盾辩证的统一,是一种真正具有辩证综合意义的全面合理的认识。这就是说,"历史性"认识具有三重合理性含义,是一个"正——反——合"的辩证综合的统一过程。"客观性"认识作为"合理性1"具有"正题"意义(即作为某种前提性认识),而"主观性"认识作为"合理性2"具有"反题"的意义(即作为某种能动性认识),而"历史性"认识作为前二者辩证综合即成为"合理性3"而具有"合题"的意义。这也是一个认识发展"肯定——否定——否定的否定"的过程,即"客观性(合理性1)——主观性(合理性2)——历史性(合理性3)"的演进过程。

第四,这一辩证过程的演进具有认识的整体性或系统性,其中每一阶段或形式都不能绝对独立地存在和发展。认识的"客观性"和"主观性"之间也总是相互渗透的,二者之间的矛盾性也总是具有一定"张力",这也正形成了"历史性"认识的开放性,保障了认识的辩证性,并且形成了历史性认识的无限推移与发展过程。事实上,人的"认识"或"解释"都具有这种开放性与辩证性,都是一种具有辩证综合与开放性质的"历史性"认识。

## 二 哲学认识的本质也是"历史性"认识

通过上述分析,我们可以确认:"解释"在本质上就是一种"历史性"认识。事实上,加达默尔已经把"历史性"概念作为一个核心或本质的概念提出,即他所说"理解的历史性上升为诠释学原则"。③ 也就是说,加达默尔实

---

① 〔德〕汉斯-格奥尔格·加达默尔:《真理与方法:哲学诠释学的基本特征》上卷,洪汉鼎译,上海译文出版社,2004,第387页。
② 〔德〕胡塞尔:《欧洲科学的危机与超越论的现象学》,王炳文译,商务印书馆,2001,第87页。
③ 〔德〕汉斯-格奥尔格·加达默尔:《真理与方法:哲学诠释学的基本特征》上卷,洪汉鼎译,上海译文出版社,2004,第343页。

际上是把"历史性"作为诠释学的根本原则，所有的其他一切概念都可理解为并解释为一种具有"历史性"的概念，即都是"历史性"的体现。

在确认历史思维必须具有"历史性"之后，加达默尔写道："只有这样，它（指历史思维）才不会追求某个历史对象（历史对象乃是我们不断研究的对象）的幽灵，而将学会在对象中认识它自己的他者，并因而认识自己和他者。"这就是说，"历史性"认识已经处在思维"自己"（即"主观性"）和"他者"或思维的"历史对象"（即"客观性"）的矛盾关系之中了。加达默尔又说："真正的历史对象根本就不是对象，而是自己和他者的统一体，或一种关系，在这种关系中同时存在着历史的实在以及历史理解的实在。一种名副其实的诠释学必须在理解本身中显示历史的实在性。"①

在这一表述中，"历史性"认识的辩证矛盾性已显示出来，那就是"思维自己"和"他者"或"历史对象"的一种具有"统一性"的关系。在这一关系中，加达默尔确立了"同时存在"的两方面的"实在"，即（1）"历史的实在"；（2）"历史理解的实在"。这种"统一性"的关系就在于"理解的实在"本身即包含、显示"历史的实在"。这些认识无疑是辩证的，只是在表述上还应进一步明晰。笔者认为，"历史性"认识的"统一性"也正在于我们上面所阐述的对于"客观性"和"主观性"的辩证综合。所谓"历史的实在"应理解为作为认识前提的历史对象的先定存在的实在性，这即表现为认识的"客观性"，而"历史理解的实在"应理解为历史认识本身的当下的能动的现实性，即表现为认识的"主观性"，而二者的综合即表现并形成"历史性"认识本身。

总之，我们对"哲学"这一历史流传物的认识与解释在事实上、在本质上也只能是一种"历史性"认识，哲学解释的本质就是形成"历史性"认识。这种"历史性"认识就是对"哲学本身的实在"以及对"哲学理解的实在"的辩证统一，亦即对哲学的"客观性"认识和"主观性"认识的辩证综合。

可以说，人类的一切认识都是具有一定历史性前提的，也是以一定的"传统"为基础的，违反历史前提、偏离传统的认识在本性上不可能正确。对于人类认识来说，"历史"、"传统"都只能延续、传承而不可断裂、颠覆。对于"传统"，加达默尔也是很重视的，他说："效果历史意识具有对传统的开放

---

① 〔德〕汉斯－格奥尔格·加达默尔：《真理与方法：哲学诠释学的基本特征》上卷，洪汉鼎译，上海译文出版社，2004，第387页。

性"，"如果没有这样一种彼此的开放性，就不能有真正的人类联系"。他还说："我必须同意传统要求的有效性，这不仅是在单纯承认过去的他在性的意义上，而且也是在传统必定有什么要对我说的方式上。所以，这要求一种根本的开放性。"①

同时，加达默尔也强调了"问题"的"优先性"，即"问题在诠释学里的优先性"。② 但"问题"何以提出、何以解决？"问题"并不能来自人的主观的、头脑的"构想"，而只能来自对历史的深刻体认，来自对"文本"的理解、解释中的矛盾等等。"问题"本身或问题的性质都只能源于"历史"、"文本"以及我们对其理解、解释，但不会单纯来自人们自身。"问题"的优先性也只应理解为历史性认识的优先性。

加达默尔还引述了施莱尔马赫的话说："诠释学是避免误解的技艺"，并认为一切任务都包含在"避免误解"这句否定性的话里了。③ 为何诠释学如此强调"避免误解"？"误解"又是指误解什么？"误解"只能是误解"历史"本身，而对"哲学"的误解就是误解哲学的"历史"。所以，避免误解哲学的方法也就是正确理解哲学历史本身。同样可以说，认识哲学的任务就是为了"避免误解"，而避免误解哲学的前提就是把"哲学"看做是具有自身生命本质的精神的"实体"，即把哲学认作是具有自身本质与演变逻辑的人类的一种"客观精神"。

总之，"历史性"（认识的"历史性"或"历史性"认识）是"解释"的本质，也是有关哲学认识的本质。无论我们怎样理解或解释人的认识的"客观性"与"主观性"，而认识与解释的"历史性"都始终会是一个核心的基础性概念，是一个认识的基础。哲学解释的合理性就在于以"历史性"认识为基础和目的，进而把握哲学认识的"客观性"和"主观性"的矛盾关系，并在这种辩证综合的矛盾的张力中来理解与把握哲学的历史演变，同时也就在这种对哲学历史演变的理解中走向未来。

---

① 〔德〕汉斯－格奥尔格·加达默尔：《真理与方法：哲学诠释学的基本特征》上卷，洪汉鼎译，上海译文出版社，2004，第 469 页。

② 〔德〕汉斯－格奥尔格·加达默尔：《真理与方法：哲学诠释学的基本特征》上卷，洪汉鼎译，上海译文出版社，2004，第 470 页。

③ 〔德〕汉斯－格奥尔格·加达默尔：《真理与方法：哲学诠释学的基本特征》上卷，洪汉鼎译，上海译文出版社，2004，第 240 页。

# 第三章

# 哲学的绝对性质与超验特性

在前两章中，我们已探讨并阐述了哲学的本质与含义以及哲学本质的决定作用，在本章中，我们再来深入探讨并阐释一下哲学的研究对象、哲学所具有的超验与反思的基本特性以及追求"终极"认识的"绝对"性质，以便进一步加深或推进我们对哲学形而上学本质与演变逻辑的认识。

## 第一节　哲学的研究对象是"绝对"

每一门学科都具有自身的研究对象，而不同学科所具有的不同研究对象与研究方法，也就把不同学科区别开来。在研究对象上，哲学也是不同于任何科学部类的，认清哲学和科学在研究对象上的区别，是我们深入认识哲学的本质及其与科学区别的一个最重要的方面。下面，我们就对此问题做出探讨。

### 一　哲学的研究对象并非现实世界

从我国哲学界出版的一些哲学教科书或一些哲学论著来看，对哲学研究对象的认识还存在一些误区。一般来说，这一误区在于把哲学的研究对象混同于科学的研究对象，即认为哲学的研究对象就是现实世界。

我国哲学界一般认为马克思主义哲学的产生是哲学发展史上的一场重大变革，而这场哲学变革的内容也包括在哲学研究对象上实现了根本转变，即认为哲学不再以抽象的普遍概念或观念为对象，而是以现实世界发展的最一般规律为研究对象。如有关论著指出，马克思主义哲学"以自然、社会、思维发展的最一般规律作为自己的研究对象，从而在哲学对象问题上实行了革命变革。使哲学成为科学的世界观"。① 这就是说，哲学是研究世界发展的一般规律，而

---

① 见《哲学原理发展概述》上册，福建人民出版社，1981，第16页。

科学则研究世界发展的特殊规律，由此哲学就为科学发展提供了世界观和方法论的指导。我国出版的《哲学百科全书》在"马克思恩格斯哲学思想"的条目中，在解释"关于哲学研究的对象和任务"时也指出："辩证唯物主义在概括自然科学和社会科学最新成就的基础上，揭示自然界、社会历史和人类思维发展的最一般规律，为各门具体科学提供理论研究的正确世界观和方法论，而关于各个领域事物具体联系的研究，则是各门具体科学的任务"。①

最近几年我国出版的一些哲学教科书虽然不再一味强调哲学研究"世界发展的最一般规律"，但也仍然认为哲学的研究对象是"现实世界"或"人与世界的关系"。如有的教科书提出"马克思主义哲学便把哲学的聚焦点从整个世界转向现存世界（该教科书作者认为'整个世界'还并不是'现存世界'，所以才提出这种'转向'——本书作者注），从宇宙本体和观念本体转向人类世界，从而使哲学探究的对象和主题发生了根本的转换"。② 按照这种认识，哲学和科学都是以"现实世界"及其发展规律为研究对象的，其区别只在于是研究"一般规律"还是研究"特殊规律"或"具体联系"。因此，哲学和科学"虽然都表现为人类思维与同一个现实的统一的世界发生关系"，但二者还是具有"个别与一般"关系上的区别。③

然而，哲学和科学的区别，并不是"一般和个别"或"普遍和特殊"的区别（有如"马"和"白马"的区别），而是两种具有根本不同的研究对象、研究方法的学科之间或认识形式之间的区别。这种区别无论对于哲学还是对于科学的独立发展来说，都具有根本的或本质的意义。就研究对象来说，只要把"现实世界"或这个"世界发展的最一般规律"或"人与世界的关系"等作为哲学的研究对象，其结果就必然是把"哲学"等同于"科学"，或等同于"科学的世界观"，因为"科学"也正是要以"现实世界"或这个"世界发展的最一般规律"为研究对象的。科学的经验性和实证性是就其研究方法的基本特征来说的，但科学研究在经验科学的基础上也趋向于研究"整个世界"或"现实世界"发展的"最一般规律"，如系统科学、控制论、信息科学等都具有这种特征，即都不限于研究"各个领域事物具体联系"，而科学在提出"整个世界"的一般观念或结论上也会涉及并研究"人与世界的关系"（如生态科学、环境生物学等）。因此，所谓研究"现实世界"就仍属于科学研究，而并非属

---

① 《哲学百科全书》，中国大百科全书出版社，1995，第571页。
② 赵家祥、聂锦芳、张立波主编《马克思主义哲学教程》，北京大学出版社，2003，第39~40页。
③ 肖前主编《马克思主义哲学原理》上册，中国人民大学出版社，1994，第6页。

于哲学研究，因此也尚未把哲学和科学区别开来。

从古至今，哲学之所以能够形成和发展，就在于哲学并不是（或并不限于）把人类直面的"现实世界"及其"发展规律"作为自己的研究对象。恰恰相反，哲学形成的深层根源或机制就在于哲学是以一个超验的"非现实世界"作为研究对象的，由此哲学才获得"形而上学"的性质而与具有"形而下"性质的科学、技术等领域区别开来并分化开来。作为哲学研究对象的这一"非现实世界"，事实上就是一个"纯粹思维的概念的世界"，亦即一个超验的依靠思辨与逻辑论证而自身相对独立发展的理性思维的精神世界。

古希腊哲学是哲学的起源之地与原创形态，在古希腊哲学家柏拉图那里，哲学就是以研究"理念世界"（或"可知世界"）而不是以研究"感觉世界"（或"可见世界"）为特征的。而亚里士多德注重研究的"物理学之后"（meta-physics）的世界，也正是一个"非现实的"在"物理学"的"现存世界"之后的"形而上学"的"非现实世界"。哲学发展到近代，黑格尔更进一步把这一"非现实世界"称为"绝对精神"，并进而提出"哲学的历史就是发现关于'绝对'的思想的历史。绝对就是哲学研究的对象。"① 在黑格尔那里，哲学已被明确界定为一种特殊的认识形式或思维方式。他说："哲学乃是一种特殊的思维方式，——在这种方式中，思维成为认识，成为把握对象的概念式的认识"。② 这就是说，哲学的研究对象就是"绝对"，哲学就是一种具有"形而上学"意义的"非现实世界"的纯粹"概念式的认识"或"反思性"的认识。

这样，哲学的研究对象也就被明确规定下来，并且和科学、宗教、艺术等等其他意识形态的研究对象区别开来。我们知道，宗教的认识也具有"形而上学"或"绝对"的性质，但宗教的研究对象或认识、感知的对象并不是一般的抽象的"绝对"，而是作为人们信仰对象的"神"或"上帝"，因而"神"或"上帝"在本质上也并不是什么"研究对象"而只是"信仰"对象。而科学的研究对象，与哲学的研究对象即"绝对"相比，就具有"相对性"，因而科学的研究对象就成为"相对"，就成为具有"形而下"意义的现实世界发展的一般规律或现象。我们知道，科学的本质也正在于形成反映现实世界发展的一般规律的实证性的认识与知识体系。由此，哲学和科学在研究对象上也就完全区别开来。

还应明确，哲学和科学的区别，也并不是所谓认识上"一般和个别"或

---

① 〔德〕黑格尔：《小逻辑》，贺麟译，商务印书馆，1980，第 10 页。
② 〔德〕黑格尔：《小逻辑》，贺麟译，商务印书馆，1980，第 38 页。

"普遍和特殊"的区别，亦即不是同一认识领域的认识在认识层次、认识程度上的区别，而是两个完全不同的具有不同研究对象与研究方法的认识领域或知识部类的区别。更明确地说，这种区别已不是科学本身或科学内部的区别，而是哲学和科学的区别，是作为实证认识形式的科学和作为非实证认识形式的哲学的区别，这种区别也正有如科学和宗教的区别。哲学和科学的区别的本质特征在于，这是一种"形而上"领域和"形而下"领域的区别，而这两个领域在研究对象、研究方法、认识性质及社会功能等方面都具有完全不同甚或完全相反的特征。

为了明确这种区别，笔者认为，我们完全可以吸收黑格尔的思想，把哲学的研究对象确认为"绝对"，同时再补充说，科学的研究对象就是"相对"。根据这一区别，我们还可以确定，当一种研究对象由"绝对"（"形而上"）领域转变到"相对"（"形而下"）领域亦即为科学所直接认识或研究时，这一研究对象或认识部门也就相应地转变到科学领域而成为科学，而关于这一研究对象或部门的认识也就同时由哲学形态的认识转变为科学形态的认识。可见，如果我们只局限于"现实世界"并且以"一般和特殊"的关系来解释哲学和科学的关系或二者在研究对象与基本性质上的区别，那就根本无法揭示哲学认识的超验的特殊本质以及与科学认识的区别。

在"研究对象"上，"哲学"一旦从非现实的概念与逻辑论证转向直接认识与研究感性的现实世界（或为现实世界做出论证），"哲学"也就同时转换成为"科学"并消解于实证科学的发展之中。从历史上看，哲学和科学的分化，也首先根源于二者在研究对象上的分离，当一种"研究对象"（如"自然"、"社会"、"意识"、"思维"等）由超验的"形上"领域的思辨对象而转变为现实的"形下"领域的直接研究对象时，这一研究对象也就同时由哲学的研究对象而转变为科学的研究对象即进入科学领域，而与此相对应的科学部门（如"自然科学"、"社会科学"、"历史科学"或"思维科学"等）也就会应运而生，也就会随之从"哲学"中分化出来而获得独立的发展。

应当说，全部哲学或传统哲学都是以"概念"、"思想"或超验的认识作为自己的最根本的研究对象与研究领域的，只有现代哲学或非传统哲学才根本改变了这一传统而转向研究"现存世界"。正像有关教科书所提出的："马克思主义哲学是对这种离开现实和时代而进行思辨和抽象的思维方式的根本转换"，"与传统哲学的这些形态不同，马克思主义哲学以满腔的热忱、深层的理智去拥抱和审视这个……感性世界，密切关注现存世界的变化，注目于现实的人及其发展"。① 事实上，具有这种"热忱"、"理智"并这样热情地"拥抱和审视这个感性世界"的已经不再是"哲学"，而正是"科学"即"科学的世界观"，而就"马克思主义哲学"来说，由于具有这种"科学的世界观"性质也就不再成为严格意义上的"哲学"。

在用语或概念方面，我们也应该注意把"哲学"和"科学"或"科学的世界观"等适当区别开来。把"哲学"不加分别地一概界定为"科学"或"科学的世界观"，常常就会把"哲学"混同于或等同于"科学"，从而形成对"哲学"的误解。应当明确，"哲学"按其本质说来，并不是一般的"科学"或"科学的世界观"，哲学和科学在研究对象、研究方法、基本特性等方面都存在本质区别。

## 二 哲学研究"绝对"的意义

哲学的研究对象是"绝对"，由此，哲学也就具有"绝对"的性质与意义。

所谓哲学研究"绝对"，依笔者所见，也就是研究"绝对本质"。实际上，我们说哲学的研究对象是"绝对"，也就是说，哲学的研究对象是"绝对本质"。这也无异于说，哲学的研究对象不能是"现象"，而只能是"本质"（前引柏拉图的话"应该只把那些一心一意思考事物本质的人称为哲学家"即表明了这一点）。然而，人们对事物"本质"的认识又是一个不断深化、不断发展的过程，是一个不断由所谓"初级的本质"到"二级的本质"乃至"三级的本质"等等的无限发展过程。由此，人的认识在本质上也就成为一种研究事物"本质"的无限发展过程的同样无限与绝对的认识。因此，哲学家也就意识到，哲学的研究对象应当是"绝对"，应当是某种具有"绝对性"或"无限性"的"本质"，亦即"绝对本质"。这样，"绝对本质"事实上也就成为哲学的最根本、最核心的研究对象与研究内容，全部哲学也就围绕研究与探索"绝对本质"而形成并发展起来，而哲学之探索"绝对"或"绝对本质"的性质也就真实而充分地体现出哲学的形而上学的本质精神。

所谓"绝对本质"，是指事物发展中具有绝对或终极意义的本质，同时这也是指哲学通过概念、推理所认识和表达的事物或世界所具有的最深层次的本

---

① 赵家祥、聂锦芳、张立波主编《马克思主义哲学教程》，北京大学出版社，2003，第38、39页。

质。对于哲学来说，事物的现象或已揭示的本质都只具有相对性，都只是一种有限的认识，只有尚未认识的现象或尚未揭示的本质才具有绝对性，才是"绝对本质"。这种"绝对本质"，具有推动现实事物发展的"潜能"的意义，它是某种在事物背后而决定事物形成与发展的原始动因，并且构成了事物或世界发展与演变的终极原因与最终基础。这样，人们对这种"绝对本质"的追求与探索也就超出了认识的有限性而进入无限、绝对的即"形而上学"的领域。

从历史上看，哲学的形成与发展也正起源或根源于人们意识到必须把本质和现象分开，进而意识到，与现象相比，本质才具有绝对性，因而世界也一定具有某种"绝对"的"本质"，而哲学的使命也正在于需求、探索这一"绝对本质"。事实上，哲学家在历史上所提出与阐述的一系列基本概念，例如"本原"、"存在"、"理念"、"本体"、"实体"、"共相"、"思想"、"主体"以及"自在之物"、"绝对精神"等等，都不过是要表达对这一"绝对本质"，亦即表达对"绝对"的认识。这也如黑格尔所说："在哲学史上，逻辑理念的不同阶段是以前后相继的不同的哲学体系的姿态而出现，其中每一体系皆基于对绝对的一个特殊的界说。"①

这样，哲学的研究对象也就成为"绝对"或"绝对本质"，而哲学的"绝对"性质也就体现为探索这种"绝对"本质，由此哲学也就与一切植根于对现实世界"现象"的"相对"认识的科学区别开来。可以说，哲学即具有追求与探索"绝对本质"的"绝对"意义，哲学就是一种通过概念式的反思与逻辑论证而求索"绝对"本质的无限的思想认识活动。从西方哲学的历史传统来看，哲学实际上就是研究、探讨这一"绝对本质"。古希腊哲学家们就已认定，只有这种"绝对本质"才是现实事物或世界发展的最根本的原因、动力与基础，或者说，绝对本质才是"本体"，才是"是"（being）本身即"作为是的是"。因此，哲学作为唯一的一门自由学术就理应对此深加探索。

我们看到，正是基于这种对世界的绝对本质与无限发展过程要深加探索的爱智与求知精神，哲学乃至科学才得以在西方世界产生并发展起来。我们知道，古代的具有严格意义的哲学及近代的具有严格意义的科学都产生于西方，这纵然有多种原因，然而，西方文化内在具有这种追求"绝对本质"的形上精神却是其中最重要的一个原因，一个精神的动因。同时，也正是由于有了这种追求"绝对"的"形上"精神与目的，哲学也才随之成为"唯一的自由学术"，亚里士多德才得以宣布："我们认取哲学为唯一的自由学术而深加探索，这正是为学术自身而

① 〔德〕黑格尔：《小逻辑》，贺麟译，商务印书馆，1980，第190页。

成立的唯一学术"。① 由于哲学具有这种追求"绝对"的"形上"精神与意义，哲学也就超越了一切"相对"的"形下"认识乃至一切实用的、功利的目的而保持了自身"独立之精神、自由之思想"，即保持了自身超验的理性反思与批判精神。由此，哲学才成为真正的并且是"唯一的""自由学术"。

与哲学之追求"绝对"本质的"绝对"意义相比，科学的认识活动也就仅具有在"相对"中体现出来的一定的"绝对"意义，科学并不具有"绝对"本身。遑论那些具有实用性或功利性的活动，如政治、经济、商业、贸易、军事等活动，也就更具有"相对"的意义。一个理智健全的社会，是绝不能以这些"相对的"活动来取代哲学研究的"绝对"意义的，也不能把这些活动或认识形式凌驾于哲学之上。过于看重这些实用性的社会活动而将其置于哲学之上，也就是把具有"相对性"的"形下"意义的认识置于具有"绝对性"的"形上"意义的认识之上，这在逻辑上是荒谬的，在现实生活中也必定造成有害的后果。

## 第二节　哲学的基本特性：超验性与思辨性

通过前面章节的分析，我们应该明确，哲学的本质或本性即是形而上学，而"形而上学"的本义就是指一种研究超感觉或超经验问题的学问。那么，哲学作为"形而上学"本身又具有或体现出哪些基本特性呢？这些基本特性和科学的基本特性又具有哪些区别呢？

应该明确，"形而上学"无论是作为研究超验问题的一门学问，还是作为一种精神品格，都是具有自身的一些特定的本性的。笔者认为，"形而上学"的根本特性就是超验性和思辨性。或者说，哲学就是一种具有形而上学的超验性与思辨性的理性思维的学科。

在本节中，我们就来探讨与阐释哲学形而上学所具有的超验性与思辨性这两大特性的含义与意义。在本节以及下一节的探讨与阐释中，笔者也将特别注意阐明哲学和科学的多重区别，明确这些区别，对于我们深入理解与把握哲学的本质特征与基本特性都是至关重要的。

## 一　对哲学"超验"特性的考察

"超验性"是哲学的一种基本特性，我们不能设想哲学可以没有超验性，

① 〔古希腊〕亚里士多德：《形而上学》，吴寿彭译，商务印书馆，1959，第5页。

71

也不能设想一种不具有超验性的哲学。那么，"超验性"又具有何种含义与意义呢？

### （一）"超验性"的含义及其与"经验性"的关系

从逻辑与现实两方面来分析，人的认识一般可以分为两大类，即经验性认识和超验性认识。

所谓"经验性认识"是指人在现实活动中所获得的感性的或知性的有关事物现象的认识，而人们对世界上一切具体事物、具体对象的认识也都属于"经验性"认识。而所谓"超验性认识"，是指人所具有的一种试图超出经验认识或经验对象研究领域的认识。这两类认识表现了人的认识的矛盾两重性，人的认识既具有经验性，也具有超验性，而如何解决、协调认识的这种矛盾性，也就成为人类认识发展的课题与动力。

认识的"超验性"也是相对于认识的"经验性"而言。可以说，"经验"或"经验性"认识构成了人的一切现实性认识即科学认识的基础，而"超验"或"超验性"认识则构成了人的一切非现实性认识即哲学认识的基础。

经验性认识的特点是通过认识事物的现象或外在联系来寻求与确认事物发展的原因和结果，从而在现实中认识与把握事物发展的一般规律。但人的"经验"总是有限的，因而经验性认识的特点也就是具有有限性、或然性。例如，休谟曾举例说，太阳晒热了石头，太阳的晒就被认为是石头发热的原因，人们就会说"太阳晒热了石头"。然而，石头发热可能也还有别的许多方面的原因（如地表、地下水热等）。也就是说，太阳的晒并不一定是石头发热的原因。同样，"'太阳明天不出来'的这个命题，和'太阳明天要出来'的这个断言，是一样可以理解，一样不矛盾的。"① 也就是说，我们从"太阳今天从东方升起"并不能推断出"太阳明天一定还会从东方升起"。休谟据此认为，人的经验认识总是一种基于"联想"的"习惯性"认识，因而总是有限的、或然的。但是，休谟认为，超出经验的认识对人来说又是不可能的，因为人除了具有经验之外就不再具有其他任何认识或认识的来源、基础，因而一旦超越了经验，也就失去了做出正确判断的基础。也因此，休谟认为，人既要依靠经验，也不能超出经验。

休谟的理论是一种彻底的经验论，但这种经验论也必然导致不可知论。因为，很明显，如果把人的认识局限于经验领域，那么，经验以外的领域就必然

---

① 〔英〕休谟：《人类理解研究》，关文运译，商务印书馆，1957，第26页。

成为不可认识的领域。但实际上，人的认识所面对的还是大量未知领域的事物，亦即经验之外的事物，而所谓"认识"也正在于认识尚未认识的事物。因此，像休谟这样把人的认识局限于"经验"亦即已有的认识，虽然解决了认识的矛盾（即以排除无限的方式来解决有限和无限的矛盾），但同时也就使认识陷入不可知即不可认识的困境。

实际上，人的认识的真正辩证性就在于一方面要以经验为基础，但另一方面又要合理地超越经验，即实现经验和超验认识的矛盾的统一。认识的本质也正在于不断地认识尚未认识的东西而不断超越自身，而人要得到本质的认识，也需要超越经验，也需要对已有的认识或经验提出怀疑，做出反思与批判。这样，人的认识也就超越了经验认识而进入超验认识领域，实际上，也就是进入了哲学的形而上学领域。

### （二）哲学的"超验性"特性及哲学与科学的区别

我们再把上述两类认识形式的区别联系到或应用到哲学和科学的关系上，就可看到，经验性认识应属于或对应于科学（即科学属于经验性认识），而超验性认识则属于或对应于哲学（即哲学属于超验性认识）。也就是说，科学和哲学作为两个相互区别而又相互联系的领域，是分别具有经验性和超验性的认识特征及其辩证的全部关系的。因此，我们也就完全可以也应当从认识的这两种特性上来理解科学和哲学的关系。

但是，我们把科学划归为经验性认识、把哲学划归为超验性认识的依据又是什么呢？或者说，科学作为经验性认识和哲学作为超验性认识的形式又是怎样区别开来的呢？

首先，我们可以从研究对象上做出这一区别。可以说，一切经验性认识都包含着一个现实的"对象"（作为"研究对象"），因而都是一种"对象性"认识。由于科学研究也包含着这种"对象"，所以科学研究也就属于这种对象性认识或经验性认识。

当然，科学也具有或包含一定的超验性认识，这是因为科学也要探索事物的本质与规律，如物理学要探讨声、光、电、热的本质和规律，地质学要探索地表、地震、火山等活动的本质和规律，生物学要探索动植物及微生物等生物活动的本质和规律等。科学要探索这些领域的自然活动的本质和规律，因而也就需要在观察、实验的基础上做出一定的理论总结和概括，其研究过程和理论结论（常常以"假说"形式出现）也就会在一定程度上超出经验的观察领域而具有一定的抽象思维与超验认识的特征。然而，从研究对象来看，科学的研究对象一定是自然界中的现实事物、现实的对象及其现象（物理现象、地质现象、生物现象等），因而科学的认识在本质上就是一种"对象性"认识。由此，科学认识在本质上就要探索并符合"对象"的性质，就要保持和研究对象的一种经验的现实的关系。同时，科学还要依靠观察、实验等实证的、经验的手段和方法来对认识做出检验而确保认识与研究结论的准确性。而一个学科的性质也主要是由其研究对象所决定的，研究对象的区别就会造成一个学科不同于其他学科的许多特点或特性。由于科学的研究对象完全是现实的经验的世界，因此，科学认识在基本性质或总体属性上也就属于经验性认识。

与科学不同，哲学（作为纯粹的或严格意义上的哲学）就不包含那种现实的、经验的"对象"，因而也就超越了"经验"而属于"超验性"认识。可以说，一切"超验性"认识都是已经不包含任何现实"对象"的认识，都是已经超越了经验对象或现实对象的抽象的认识，或者说，是一种"非对象性"认识。那么哲学作为一种"超验性"的或"非对象性"的认识，其研究对象又是什么呢？实际上，哲学就是以概念的辩证含义以及概念、命题、原理、假设等思想规定之间的逻辑关系为研究对象的，简言之，哲学就是以"概念"为"研究对象"。这又如黑格尔所说："哲学缺乏别的科学所享有的一种优越性：哲学不似别的科学可以假定表象所直接接受的为其对象"。① 这实际上是说，一切有"对象"的认识都是属于经验性认识因而属于科学，而一切"非对象"性的概念式的认识都是属于超验性认识因而属于哲学，哲学就是一种超验性的"非对象性"的概念式的认识。

其次，我们还可以从研究方法上做出这一区别。由于科学与哲学的研究对象不同，因而二者在研究方法上也就有了区别。科学既以经验世界中的现实事物为研究对象，因而科学的研究方法就必须是经验的或实证的方法亦即观察、实验的方法。科学不能也无需离开现实的经验对象而超验地认识对象，而科学的对象本来也不在超验的领域，科学也就谈不上对于对象的超验认识。然而，哲学的研究对象却是"概念"，因而哲学的研究方法也就必须符合概念的非经验的本性亦即纯粹的逻辑特性从而具有超验的性质。概念本来也不在经验领域之内形成与发展，因而哲学也就无须也无法经验地认识概念或研究概念，哲学对概念的认识和研究在本质上就是一种非经验的即超验的反思。所以，黑格尔说，在哲学中，"思维成为认识，成为把握对象的概念式的认识"，实际上就是指明了哲学认识所具有的这种超验与反思的特点。

---

① 〔德〕黑格尔：《小逻辑》，贺麟译，商务印书馆，1980，第37页。

再次，由于科学和哲学在研究对象、研究方法上具有本质区别（就二者的特殊本质来讲，二者是具有本质区别的），因而二者在认识形式上也就有区别。就科学的认识形式来说，由于具有经验性或对象性的性质，因而其认识形式也就一定具有"实证性"认识的性质，因而科学在本质上也就一定是"实证科学"。而就哲学的认识形式来说，由于具有超验性或非对象性的性质，因而其认识形式也就一定具有"思辨性"认识的性质，因而哲学在本质上也就一定是"思辨哲学"。总的说来，科学的基本特征或根本特性就在于经验性和实证性，而哲学的基本特征或根本特性就在于超验性和思辨性。我们认清科学和哲学的这种本质区别，对于我们深入认识与把握哲学的本质特征具有根本意义，而科学主义思潮之"拒斥形而上学"，也主要就是"拒斥"哲学的这种超验性与思辨性。

如上所述，"超验性"认识是超越经验对象的概念式的认识，这种认识特性也就同时包含着哲学形而上学的优势与缺陷。哲学也唯有依据其超验的认识特性才可能形成一个理性思辨的思想体系而发展辩证思维，但同时，哲学也就在这种超验的思维中始终面对着一种脱离现实甚或有悖现实、耽于幻想的风险。但即使这样，古往今来的哲学家也依然从未放弃过哲学的超验思考，因为他们明白，也只有这种思考，才真正蕴含着人类理性探索的可能性与无限性，亦即蕴含着人类认识无限世界的可能性。正由于超验认识具有这种矛盾两重性，历来的哲学家在对"形而上学"的认识上也颇费踌躇，甚至一再陷入"矛盾"的境地。譬如，康德对"超验"认识及其与"经验"认识的关系就抱着一种犹豫而矛盾的态度。探讨一下康德有关认识的超验性及其与经验性关系的思想，对于我们深入理解哲学的特性或本性也会大有裨益。

## （三）对康德有关"超验性"理论的分析

康德致力于纯粹理性批判，实际上，就是试图给人的认识一个限制，即把认识限制在具有"先验"意义的"经验"（"现象"）阶段，而不要超越经验现象的认识去认识那"超验"的"自在之物"的不可知的"本质"或"本体"。康德把现象和本质分开，实际上也意在把经验性认识和超验性认识分开。康德把经验性认识局限于"现象"，并认为对经验、现象的认识必须借助先验的或先天的认识形式与范畴才能实现，同时他又认为"本体"或"自在之物"的本质作为一种"超验"的对象是不可认识的（或者说不是认识的对象），因而"超验"的认识既是不可能的，也是不合法的。

在德文中，"先验"（Transzendental）和"超验"（Transzendent）这两个词

原来也是一个词根，是康德首先将其分开。他说："我们可以把那些完全限定在可能经验范围之内来应用的原理称为内在的原理，而把想要超出这一界限的原理称为超验的原理。"① 康德又强调："我并不把这些超验的原理理解为范畴的先验的运用或误用"，"所以先验的和超验的并不是等同的。"② 康德的意思应是，"先验"的原理是可以先天地运用于经验的，而一旦运用于经验又恰好给先验的认识一个界限，但是，如果认识还试图超出这个界限，那就会成为"超验"的认识，这样，超验的认识也就有别于那不超出经验的先验认识了。所以，康德说："纯粹知性原理只应当具有经验性的运用，而不能具有先验的、即超出经验范围之外的运用。但一条取消这些限制甚至要求人们跨越这些限制的原理，就叫作超验的。"③ 康德这些话的意思应是说，纯粹知性原理或理性只应运用于"经验"，由此认识才具有"先验"的意义（"先验"正是指把先天的感性直观形式以及知性范畴运用于经验）；如果不运用于"经验"，那认识也就同时失去"先验"的含义而成为"超验"的认识（"超验"正是指把知性范畴运用于经验之外）。在这里，康德力图把"先验"和"超验"认识区别开，并且力图肯定"先验"认识而否定或扬弃"超验"认识。

然而，康德也有一个思想很重要，那就是把"先验"认识和"超验"认识都当作"非经验"的认识而与"经验"认识区别开来。这样，虽然康德努力把"先验"认识和"超验"认识也区别开，但实际上，二者作为"非经验"的认识也就具有一定认识上的共同性，而这也就使得康德在很大程度上又不能不给"超验"的认识以一定程度的肯定。笔者以为，康德的这种肯定"超验"认识的意图或趋向主要表现在下述方面。

首先，康德认为理性对超验对象的认识（即"超验"领域的认识）必然发生矛盾即"二律背反"。他说："知识超验地扩展到远远超出一切可能的经验……也使理性本身陷入一分为二的辩证法"。④ 康德把理性所具有的超验认识能力称为"纯粹理性的辩证推理"，⑤ 并将其所具有的"二律背反"的矛盾性也界定为"先验辩证法"，或称为"先验幻想"。他说："先验幻想甚至不顾批判的一切警告，把我们引向完全超出范畴的经验性运用之外，并用对纯粹知

---

① 〔德〕康德：《纯粹理性批判》，邓晓芒译，人民出版社，2004，第260页。
② 〔德〕康德：《纯粹理性批判》，邓晓芒译，人民出版社，2004，第260页。
③ 〔德〕康德：《纯粹理性批判》，邓晓芒译，人民出版社，2004，第260页。
④ 〔德〕康德：《未来形而上学导论》，庞景仁译，商务印书馆，1978，第138页。
⑤ 〔德〕康德：《纯粹理性批判》，邓晓芒译，人民出版社，2004，第269页。

性的某种扩展的错觉来搪塞我们。"① 康德的这一"先验辩证论"的思想实际上也就揭示了"超验"认识必然发生矛盾的辩证的本质，从而也就在认识的本质上把"超验"认识和一切"经验"认识乃至"先验"认识区别开来。

康德这一思想的深层意义在于表明：由于"超验"的形而上学认识具有发生矛盾的必然性，因而，形而上学在本性上就一定是辩证的。也就是说，形而上学的认识在本质上就一定是一种超验的辩证认识，或者说，超验的认识就一定是辩证的。相比之下，"经验"的认识（以及运用于经验的"先验原理"）却并不具有这种矛盾的辩证思维的本性，因而就只是一种直接的感性或知性的认识。事实上，康德也已体验到或认识到哲学形而上学认识的这种超验的辩证本质，他也据此把形而上学和一切形下的、经验的认识区别开来。譬如他说："形而上学有其不同于其他任何科学的基本特点，即它是自然界本身建立在我们心里的东西，我们决不能把它视为一个信手拈来的产物，或者是经验进展中的一种偶然的扩大。（形而上学同经验是判然有别的。）"② 后来，黑格尔肯定了而且也进一步发展了康德的这一超验认识发生"二律背反"的"矛盾"思想亦即"先验辩证法"的思想，由此也就进一步肯定了"超验"的辩证认识的合理性，从而也就在认识的"辩证"本性上把"形而上学"（连同其"辩证法"）与一切"经验"认识（即"知性形而上学"或"旧形而上学的方法"）真正区别开来。

其次，按照康德哲学的逻辑，"超验"（或"超越"）是不合法的，但"理性"（"形而上学"）又总是趋向"超越"，因而"超验"在事实上又构成了使"理性"得到发展进而使"未来形而上学"成为可能的条件。因此，康德说："一切形而下的说明方式都不足以满足理性。……而且尽管有禁令要他切勿迷失于超验的理念里去……理念本身的可能性固然不能理解，但同时也不能加以否定，因为这个理念关涉到一个仅仅是理智的产物，而如果没有它，理性就必然永远得不到满足。"③ 这已经是说，"超验的理念"（或理性的超验本性）固然不能理解，但同时也不能加以否定，因为正是这"超验的理念"能使理性得到满足。在这里，康德像他以后肯定"信仰"一样，在经过否定性的"批判"与"限定"之后，实际上又肯定了"超验"认识。也就是说，在康德那里，

---

① 〔德〕康德：《纯粹理性批判》，邓晓芒译，人民出版社，2004，第 259~260 页。
② 〔德〕康德：《未来形而上学导论》，庞景仁译，商务印书馆，1978，第 143 页。
③ 〔德〕康德：《未来形而上学导论》，庞景仁译，商务印书馆，1978，第 140~141 页。

出自理性的形而上学的本性或其发展的需要，"超验"的认识或人们趋向超验对象的意图也仍然是必要的。康德指出："一切形而下的说明方式都不足以满足理性"，而"形而上学在纯粹理性的辩证试图中把我们引导到一些界线上去。（纯粹理性的辩证试图不是任意胡来的，它是由理性的本性所迫使的。）……这恰恰是我们的理性的自然倾向的目的和用途。我们的理性，象生了自己的珍爱的子女一样，生了形而上学"。① 这样，从"理性的本性"即形而上学的本性来说，"超验"的认识也就在具有"非法"形式即不具有"形式的合理性"的同时，而获得了"实质的合理性"。

再次，在康德看来，理性在本质上是一个"界线上的认识"，"理性既不局限于感性世界之内，也不迷惘于感性世界之外，而是适于当作一个界线上的认识，把它自己仅仅限制在存在于界线以外的东西同包含在界线以内的东西的关系上。"② 康德把理性（或形而上学）认作"界线上的认识"，并指明认识应当限定在"现象"和"本体"二者之间可能具有的关系上，这样，他也就借此把经验和超验认识区别开来。然而，康德却并没有充分意识到这一"界线"（或"界限"）本身也是变动的，而人类认识的发展也常常表现为是在这个"界线"上的不断的浮动、变动与转化。

事实上，形而上学在本性上即具有超验性的本性，因而形而上学的认识（正因为它是形而上学）也就必然会不断超越或突破"界线"而保持并发展自身。哲学家（在这里就是康德）诚然可以为认识划定一定"界限"而防止理性的误用，但人的认识基于超验的本性又必然不断超越与突破这一界限而推进自身。事实上，人类的哲学认识、形而上学的认识也总是在不断突破这种"界限"或"限制"而向前发展。可以说，哲学就是一种在"界限"（或"界线"）上不断变动、不断发展又不断自我调整着的认识。

### （四）形而上学在本质上是一个"界线上的认识"

由此，我们就应该说，哲学（形而上学）就是一种不断在"形上"与"形下"之间变动、发展的认识。譬如，柏拉图关于"两个世界"（理念世界与感觉世界）划分的思想，亚里士多德关于"第一哲学"（作为"形而上学"的严格意义上的哲学）与"第二哲学"（即被他称为"特殊科学"的物理学、数学）分类的思想，以及我们看到的康德关于"现象"和"本体"、"经验"

---

① 〔德〕康德：《未来形而上学导论》，庞景仁译，商务印书馆，1978，第140、142页。

② 〔德〕康德：《未来形而上学导论》，庞景仁译，商务印书馆，1978，第153页。

认识与"超验"认识分离的思想等等,实际上,都正是哲学的这种形而上学思维的矛盾辩证本质的理论表现。在历史上,哲学正是坚持在自己的"形上"本性中,同时又不断地在"形上"与"形下"的"界线"上思考、探求。当然,哲学认识无论怎样在"界线"(或"界限")上变动、发展,哲学的本质与核心却又始终不变,即始终是"形而上学",亦即始终具有超验性和思辨性。因此,哲学也不会完全进入"形下"领域,也不会停留于"形下"领域而混同于经验认识,那样的结果只会导致哲学"形上"精神与认识特性的消解,从而导致哲学的终结。所谓"哲学的终结",不正是哲学的形上本质亦即超验性与思辨性的消解吗?

从逻辑上说,超验认识的对象(康德列举出"意志自由"、"灵魂不朽"与"上帝持存",实则各种纯粹的概念或范畴及其逻辑关系也都是超验认识的对象),也只能由超验的认识去接近,而这也正符合形而上学的"超验"的本性。其实,"超验"认识的"非法性"也并非是由其本身造成的,而是由其认识对象造成的,当其认识对象还是尚未认识之物(康德的"自在之物")时,对其认识就具有超验的非法性,但一旦其认识对象由未知之物转变为已知之物,那么,这种超验认识本身也就同时转变为经验认识而具有其合法性了。然而,如果理性认识永远不去认识超验的对象,那么,超验对象及其认识也就永远不会转变为经验对象及其认识,由此,形而上学或理性本身的发展也就终结了。但是,人类理性认识的真正本质与奥秘却正在于具有这种不断转化的辩证本性,亦即在"形上"与"形下"的界线上,在"经验"与"超验"的界线上,认识都是可以发生这种转变也是必然发生这种转变的。"形上"和"形下"、"经验"和"超验"之间的"界线"是存在的,但人们在这一界线上的认识却是经常变动的、发展的,因而这一"界线"本身也就同时具有某种相对的意义,"界线"是在一种绝对存在而又相对变动的关系中保持下来的,而人类认识也就在这种不断突破界线、又不断维护界线的变动性的活动中发展。应该说,这些认识,就是我们在受到康德有关"界线"思想的启迪后所应该得出的结论。

当然,在这里,康德哲学也表现出某种认识的不彻底性,即所谓认识论上的"不可知论"。既然"经验"(乃至"先验"的认识)只能认识"现象",那么,对"本体"的本质的认识就理应由超验认识本身来实现,因为除此之外,哲学(形而上学)也就不会有任何其他方法或路径去认识与把握超验的对象。实际上,超验认识的合法性和可能性也正在于运用超验(先验)概念经过逻辑论证去认识或考察超验对象的本质、本性或意义。譬如,康德列举的诸如

"意志自由"、"灵魂不朽"、"上帝存在"的问题都是超验性问题，都属于超验的认识范畴，它们在一定时期内也不可能在经验领域里得到证实。但是，这些问题是有意义的。由于这些问题都突破了有限或已知的经验领域而趋向于认识世界的无限发展的无限性与可能性，因此，这些问题对于人类自身的精神发展来说，就具有重大而根本的意义。实际上，没有对这些问题的超验性思考，人类的思维就必然陷入僵化，人类的精神也必然会因为失去精神与信仰的驱动力而趋于萎缩。我们看到，历史上的形而上学，包括中世纪的"神学形而上学"，历来也都是作为研究这一类超验问题的学问而发展，而其价值也正在于其超验性，也正在于它们都以超验性的认识形式而保存了理性思辨的本质。

可以说，康德哲学的一个积极的成果，就在于促使人们意识到认识的"界线"或"限制"，而形而上学的认识在本质上也正是一个"界线上的认识"，是一个不断突破界线又不断形成界线的认识。形而上学的认识之所以可能，也正在于必须不断突破界线，即超越形下的经验领域而"冒险"地进入形上的非经验领域，而这个"形上"领域对于理性来说，必是一个"未知"领域，或者说，必是一个"无知"的领域。因此，"形而上学"的本性就是对"无知"领域的探索。反过来说，也正是人类认识上的"无知"，才使得"形而上学"的探索成为可能，才使得哲学的产生成为可能。

我们看到，"形而上学"（metaphysics）的这种探索"未知"的本性与"哲学"（philosophy 即"爱智慧"）的精神也是完全一致的。苏格拉底提出"爱智慧"（philosophy 即"哲学"）的本意也是要告诫人们应"认识自己的无知"，因而才要"爱智慧"亦即"寻求智慧"。对于人类来说，"无知"或"未知"的领域会永远存在，其问题也会层出不穷，因而"爱智慧"的追求也就永远没有完结。所以，"爱智慧"的认识也同样意味着是一个"界线上的认识"，这和"形而上学"的对于"超验"领域的探索，在精神本质上是完全一致的。当然，"形而上学"的概念要比"爱智慧"的概念更为深刻，它体现了哲学的更为本质的、也更为内在的本性。不过，二者精神毕竟是一致的，所以当康德揭示出"形而上学"（他的"批判哲学"就是"未来形而上学"）是一种"界线"上的认识时，也就同样表达了苏格拉底的那种"认识自己无知"的精神。苏格拉底一再申明"人应当知道自己无知"，"而我既不知道，也不自以为知道"。① 可以说，苏格拉底的这种"自知我无知"的精神也就是古代

---

① 北京大学哲学系外国哲学史教研室编译《西方哲学原著选读》上卷，商务印书馆，1981，第 65、66 页。

的"纯粹理性批判"了！同样，当康德强调人的认识是有界限或局限时，他也在表达一种"认识自己无知"的精神。康德自己也曾多次明确讲述过他的"批判哲学"也有会"使人感到卑微"的一面，意即它向人们展示了自己所有认知的局限，因而能够使人谦卑。就此而言，我们在确认形而上学具有"超验"的认识特性或认识能力时——"如果没有它，理性就必然永远得不到满足"——还必须理智地对待这种能力，谨慎地使用这种能力，这样才能使"超验"的认识也能自知自己的"无知"从而不致失去理性的根基而变为虚空里的梦想。

## 二　对哲学"思辨"特性的考察

由于形而上学的研究对象与问题都具有超验性，因而其研究方法也就带有超验性。超验性的研究方法，从根本上说来，也就是反思的方法。当然，反思的方法又是一种纯粹逻辑论证与辩证思维的方法。

### （一）"思辨性"的一般含义及其意义

哲学（形而上学）的认识具有"超验性"认识的特性或本性，由此，也就决定哲学同时也必然具有"思辨性"的认识特性或本性。这是因为，理性在超验性的认识领域去研究与思考其研究对象时，已不可能再运用任何经验观察或感性直观的方法，而只能运用超验的纯粹概念的逻辑推理的方法，由此也就进入理论思辨或反思的领域而使用思辨的方法。这就是说，超验的方法在其可能或合理的形式上，也同时就是思辨的方法。

所谓"思辨性"，就是指理性思维的辩证性，"思辨"的含义就是"思考"、"辨识"，即"辩证的思考"。对事物的本质进行"思考"、"辨识"或"分析"，这是哲学理性思维的最基本的能力，也是哲学思维活动的基本特征。"哲学"是不能没有"思辨"或"思辨性"的，没有"思辨性"的哲学还算什么哲学呢，那一定就已不再是"哲学"而已转化成为"科学"了。

从本质上看，"哲学"（philosophy）也就是"思辨哲学"（reasoning philosophy），"思辨哲学"在一般意义上也就是"哲学"本身。我国哲学界对此问题的认识也存在一定误解，比如，许多学者都认为马克思是在批判"思辨哲学"的过程中创立了"新哲学"。其实，马克思对"思辨哲学"（或德国"思辨哲学"）的批判也就是对"哲学"本身的批判。因此，当马克思断言"思辨终止"或"真正的实证科学开始……使独立的哲学失去生存环境"① 时，也就是在宣告"哲学"的终结。也因此，马克思也并没有表示要创立任何"新哲学"，而只是表示要以"科学"取代"哲学"。认为"哲学"具有"思辨性"，或认为"哲学"即是"思辨哲学"，这在马克思和黑格尔之间并没有什么实质区别，区别只在于黑格尔充分地肯定这种"思辨哲学"，而马克思则完全否定这种"思辨哲学"，进而提出要用"实证科学"或"实践"来取而代之。

一般说来，西方哲学家都把"哲学"看作并界定为"形而上学"，并认为哲学具有思辨性的根本特性。当然，黑格尔作为"德国思辨哲学"（亦即"思辨哲学"发展的成熟形态）的代表，他的有关思想也是最明确的。黑格尔在给"哲学"下的定义中就认定："哲学可以定义为对于事物的思维着的考察"。② 同时，黑格尔还大力阐发哲学的"反思"或"思辨"的本性，试图说明哲学何以成为这种"对于事物的思维着的考察"，并进而说明哲学何以成为一门"思辨哲学"或"思辨的科学"③，从而与其他一切"科学"亦即黑格尔所说的"一般经验科学"或"实证科学"④ 区别开来。

## （二）哲学方法的本质即"反思"

在黑格尔看来，真正的哲学思维就是思辨的或反思的思维，哲学的方法只是一种反思或思辨。黑格尔说："哲学的认识方式只是一种反思，——意指跟随在事实后面的反复思考。"⑤ 这即是说，"反思"就是哲学研究的根本方法。黑格尔还说："一切科学方法总是基于直接的事实，给予的材料，或权宜的假设。……所以，凡是志在弥补这种缺陷以达到真正必然性的知识的反思，就是思辨的思维，亦即真正的哲学思维。"⑥ 在黑格尔这里，认识的思辨性和反思性具有同一性质，所以，他才说"反思，就是思辨的思维，亦即真正的哲学思维"。

当然，"反思"一词也包含多重含义。"反思"（德文 Nachdenken，英文 reflection），基本含义应是"后思"、"反复思考"即"跟随在事实后面的反复

---

① 马克思、恩格斯：《德意志意识形态》，《马克思恩格斯选集》第 1 卷，人民出版社，1995，第 73 页。
② 〔德〕黑格尔：《小逻辑》，贺麟译，商务印书馆，1980，第 38 页。
③ 〔德〕黑格尔：《小逻辑》，贺麟译，商务印书馆，1980，第 7、49 页。
④ 〔德〕黑格尔：《小逻辑》，贺麟译，商务印书馆，1980，第 48、58 页。
⑤ 〔德〕黑格尔：《小逻辑》，贺麟译，商务印书馆，1980，第 7 页。
⑥ 〔德〕黑格尔：《小逻辑》，贺麟译，商务印书馆，1980，第 48 页。

思考"。但"反思"的深层含义还是应指"对于事物的思维着的考察"亦即"思考"、"思辨"。"反思"当然不是对"事物"的直接认识，而是通过"思想"（已经概念化的认识）来反过来观察与思考事物。由此，"反思"也就不再是一种直接性的认识，而是一种间接性的认识，亦即所谓"认识的认识"。现在，人们一般所说的"反思"仅有"反省"的意思，还不是黑格尔哲学意义上"反思"的深层含义，就是说，"反复思考"还不是"反思"的深层含义。"反思"的深层含义是指"思想"自身（通过概念）对于"事物"的本质的考察。而"思想"认识"事物"的本质，在黑格尔看来，也就是思想认识自身的内容和本质。因此，"反思"也就是人们运用思想、概念的方法去思考（反观）对象的本质，是对直接存在的间接认识。对此，黑格尔说得很清楚："反思以思想的本身为内容，力求思想自觉其为思想"。①

由于"反思"不是对事物的直接认识，因而是不同于"反映"的（虽然在英语中都是 reflection）。我们也可以把"反思"和"反映"这两个概念看做是具有对应或对立关系的一对范畴。相对说来，"反映"体现的是认识的直接性，而"反思"则体现出认识的间接性。当然，在英语中，"反思"和"反映"是一个词（即 reflection），因而在历史上也有不少学者认为人的认识就是一种"反映"（像光的"反射"那样的一种"反映"），因此也有间接性（后来马克思主义哲学研究者还认为人的"反映"具有"能动性"）。

实际上，与"反思"相比较，"反映"的基本特性或本质特征就是认识的直接性而不是认识的间接性与能动性。间接性与能动性只是"反思"的特性，"反思"才是一种思辨的辩证的认识。"反映"不"思"，"反映"只属于"认识"本身而不属于"思维"，"反映"只具有实证科学的认识特征，因此和辩证的思维还有重大差别。只有"反思"才超越了"反映"的"对象性"认识而进入"非对象性"的理性思维领域而成为"认识的认识"或"辩证的思维"。由此，"反思"也才超越了科学的实证性认知形式而成为哲学思维。在英语中，"反思"虽然也是以"reflection"一词来表示的，但在具体含义上，却与"反映"完全不同。在黑格尔时期，"reflection"一词的这两重含义已经显示出明显区别，因此，黑格尔就能够在沿用"reflection"一词时更多地阐述"反思"的含义，而其原有的"光的反照"即"反映"的含义就完全被超越了。"反映"（reflection）一词的原意即是指一种"反照"（也作"返照"）或"光线反射"。（参见《现代汉语词典》第5版，第379页）我们可以认为，在

---

① 〔德〕黑格尔：《小逻辑》，贺麟译，商务印书馆，1980，第39页。

西语中，"反思"的含义是从"反映"的含义上引申、延伸而来，但在黑格尔那里，却对"反思"做了独到的深入的阐述，使得"反思"具有与"反映"不同的超越于"反映"之上的含义与意义。在黑格尔的表述中，"反思"（德文为 Nachdenken）是具有思辨性特征的，因而"反思"的含义也就和"反映"区别开来并接近于或大致等同于"思辨"（德文 Spekulation）。

在黑格尔哲学中，"反思"方法的全面展开与运用是在"本质论"中（黑格尔把其"逻辑学"体系分为"存在论"、"本质论"和"概念论"三部分）。在"本质论"中，本质的认识也就是反思的认识。在黑格尔看来，"本质是存在的真理，是自己过去了的或内在的存在。反思作用或自身映现构成本质与直接存在的区别，是本质本身特有的规定。"① 也就是说，人们只有通过这一间接的反思性的认识，亦即"思想"只有通过"思想"才能认识事物的"本质"。所以，反思的认识也就同时是关于事物本质的认识。黑格尔明确地说："本质映现于自身内，或者说本质是纯粹的反思；因此本质只是自身联系，不过不是直接的，而是反思的自身联系，亦即自身同一"。② 黑格尔提出并强调反思的目的当然不在于认识事物的现象，而在于认识事物的本质，即通过认识事物之间的联系、中介与统一来把握对象的本质。例如，对原因和结果、偶然和必然等范畴的矛盾性的认识，就是必须通过反思才能实现的。思想只有通过反思才能达到对这些矛盾概念或范畴的辩证的综合，由此才能达到对事物本质的认识。因此，黑格尔也曾指出："本质是在反思中建立起来的总念"。③ 所以，反思的方法，同时也就是把概念加以矛盾综合的方法，亦即建立"总念"即具有总体性概念的方法。

这样，"反思"或"思辨"的方法与特性也就把哲学和具有经验性"反映"特性的科学区别开来。可以说，反思性认识正是相对于经验性认识而言的，而经验性认识只是对事物现象的直接"反映"而不是"反思"。经验性认识是不包含反思的。"反思"属于理性的思辨，属于对"本质"的认识，而"反映"则属于知性的直观，属于对"现象"的直接认识。由此，哲学认识也就进一步和科学认识区别开来。比较二者，如果说哲学的认识特征与研究方法是"反思"，那么，科学的认识特征与认识方法就是"反映"。因此，哲学就会形成反思性的"思想体系"，即一种研究纯粹概念的逻辑关系的思想体系，

---

① 〔德〕黑格尔：《小逻辑》，贺麟译，商务印书馆，1980，第242页。
② 〔德〕黑格尔：《小逻辑》，贺麟译，商务印书馆，1980，第247页。
③ 〔德〕黑格尔：《小逻辑》，贺麟译，三联书店，1954，第250页。

而科学就会形成反映性的"知识体系"，即一种研究现实世界的本质与发展规律的理论体系，科学的一般含义也正是指一种"关于自然、社会和思维的知识体系"。①

### （三）"反思"或"思辨"方法的本质：寻求"统一"与"肯定"的认识

黑格尔为何如此强调"思辨"或"反思"的方法并作为哲学的根本研究方法呢？笔者认为，这是与黑格尔所认定的"思辨"或"反思"方法的根本特点或根本特征分不开的。通过分析黑格尔的思想，可以认为，"思辨"或"反思"方法的根本特点即在于寻求思想上的一种"统一"或辩证的综合，也在于寻求某种"肯定"。或者说，思辨方法亦即辩证法的本质，在黑格尔看来，就是需求一种"统一"与"肯定"的认识。

黑格尔曾说："在日常生活里，'思辨'一词常用来表示揣测或悬想的意思，这个用法殊属空泛，而且同时只是使用这词的次要意义。"② 在黑格尔看来，"思辨"一词的主要意义当是"思想"或"反思"，亦即理性通过思想或反思来认识并把握对立中的矛盾关系而达到统一。

黑格尔说："思辨的阶段或肯定理性的阶段在对立的规定中认识到它们的统一，或在对立双方的分解和过渡中，认识到它们所包含的肯定。"③ 在黑格尔的思想中，思辨的思维通过矛盾的认识而达到"统一"、达到"肯定"，这才是辩证思维或辩证法的本质意义，这和人们一般把辩证法的本质理解为"对立"与"否定"是有根本区别的。

在《逻辑学》（被称为"大逻辑"）中，黑格尔也明确地指出："思辨的东西，在于这里所了解的辩证的东西，因而在于从对立面的统一中把握对立面，或者说，在否定的东西中把握肯定的东西。这是最重要的方面……也是最困难的方面。"④ 因此，在黑格尔那里，"辩证法"是"肯定性"的辩证法而不是（如大多数研究者所理解的那样）"否定性"的辩证法。

按照黑格尔的上述论述，"思辨"认识或"思辨的真理"的特征即在于达到"在对立的规定中认识到它们的统一"。而这一"统一"作为一种矛盾的辩证综合，也就同时具有"肯定理性"的意义，或体现出"肯定理性的法则"。

---

① 《简明社会科学词典》，上海辞书出版社，1982，第754页。
② 〔德〕黑格尔：《小逻辑》，贺麟译，商务印书馆，1980，第183页。
③ 〔德〕黑格尔：《小逻辑》，贺麟译，商务印书馆，1980，第181页。
④ 〔德〕黑格尔：《逻辑学》上卷，杨一之译，商务印书馆，1966，第39页。

黑格尔指明："思辨的真理不是别的，只是经过思想的理性法则（不用说，这是指肯定理性的法则）。"① 这里所谓"经过思想的"应是指经过反思的，即经过一个思想上的对矛盾的综合统一的思维过程。在这里，"思辨的真理"，必须经过一个思想上的反思的过程才能达到。

黑格尔认为，思辨的这一辩证综合的本性及其过程，一方面表示对"凡是直接呈现在面前的东西应加以超出"，另一方面则表示认识的主观性不仅是主观的，还应转化为客观的，即"最初虽只是主观的，但不可听其老是如此，而须使其实现，或者使它转化为客观性。"② 思辨的认识按其本性应是"主观的"，但黑格尔的意思是说它不仅是"主观的"，还应转化为"客观的"，这样才能实现主观性认识和客观性事物的统一，亦即思想和存在的统一。因此，黑格尔也就反对把"思辨"概念"只当作单纯主观的意义"，而强调"思辨的真理"乃是包括了并扬弃了主观与客观的对立。他说："思辨的真理，就其真义而言，既非初步地亦非确定地仅是主观的，而是显明地包括了并扬弃了知性所坚持的主观与客观的对立，正因此证明其自身乃是完整、具体的真理。"③ 这就是说，只有扬弃事物的外在的客观性，即扬弃主观性和客观性的外在对立，才能深入认识与把握事物的内在差异，才能把事物作为一个具有具体同一性的整体而加以把握。黑格尔的这种辩证综合的整体性认识，才是他所说的"完整、具体的真理"。可以认为，通过"统一"及其"肯定"的认识而达到"完整、具体的真理"，才是达到了辩证法的最高认识。

显然，辩证法的"统一"的认识即具有"肯定"意义，即是一种"肯定"的认识，或者说，即是"肯定"。在黑格尔那里，"思辨"或"辩证法"所达到的综合，一方面是"在对立的（概念的）规定中认识到它们的统一"，另一方面就是通过扬弃"主观和客观的对立"而实现思想和存在的统一，由此也就同时获得了"肯定"的意义，并体现为"肯定理性的形式"。也就是说，思辨的理性"在对立双方的分解和过渡中，认识到它们所包含的肯定"。④ 至此，黑格尔强调"思辨"或"思辨的真理"的真实意图也就完全体现出来：第一，"思辨的真理"在于由"对立"而进入"统一"，亦即实现辩证的综合，即"理性的思辨真理即在于把对立的双方包含在自身之内"。⑤ 第二，这种辩证的

---

① 〔德〕黑格尔：《小逻辑》，贺麟译，商务印书馆，1980，第183页。
② 〔德〕黑格尔：《小逻辑》，贺麟译，商务印书馆，1980，第183页。
③ 〔德〕黑格尔：《小逻辑》，贺麟译，商务印书馆，1980，第183页。
④ 〔德〕黑格尔：《小逻辑》，贺麟译，商务印书馆，1980，第181页。
⑤ 〔德〕黑格尔：《小逻辑》，贺麟译，商务印书馆，1980，第184页。

综合本身就具有"肯定"的意义，就表现为一个"思想的理性法则"，亦即"肯定理性"的法则，而不是如许多研究者所理解的那样是"否定理性"的法则。

我们看到，黑格尔是在确认"思辨真理"具有"肯定"意义或"肯定理性"法则的基础上，进一步确认了"辩证法"本身具有"肯定"意义亦即"积极"的意义。黑格尔说："辩证法具有肯定的结果，因为它有确定的内容，或因为它的真实结果不是空的、抽象的虚无，而是对于某些规定的否定，而这些被否定的规定也包含在结果中，因为这结果确是一结果，而不是直接的虚无。"① 黑格尔还强调"肯定的结果"即是"理性的东西，虽说只是思想的、抽象的东西，但同时也是具体的东西，因为它并不是简单的形式的统一，而是有差别的规定的统一。"②

应该看到，黑格尔关于"思辨"或"思辨真理"（亦即"思辨哲学"）具有"肯定"结果与"肯定"意义的思想对于我们今天理解"辩证法"的实质是具有重要意义的。经过黑格尔对这种"肯定"意义的阐发，辩证法也就不再具有或不再单纯具有譬如在康德哲学那里所体现出来的几乎完全是"消极"或"否定"的意义。虽然康德也力图给以"辩证法"一种肯定的意义（以便使人的理性的"自然趋向"得到满足），然而，由于康德总是把"辩证法"在本质上仅看做是"超验的理念"、"先验的幻想"或"纯粹理性的二律背反"，因此，他也就无力在这"理性的冲突"中，在"它的炫目的但却虚假的幻相中"把辩证法理解为一个具有"肯定"结果的或"与诸现象相一致的理念"。③ 由此，"辩证法"在康德那里，也就尚未得到一个自觉的、肯定的结果，总的说来，也就只具有某种"否定"的或消极的意义（亦即前述他的"批判哲学"会"使人感到卑微"的意义）。

然而，"形而上学"如不具有"辩证法"的本质，"形而上学"也就无法成为"科学"，即无法成为真正思辨的、辩证的哲学。因此，虽然康德一再认为"形而上学"就是"思辨科学"，并认为"在纯粹理性的思辨科学——形而上学上，我们永远不能求助于良知"，"因为形而上学，作为一种纯粹理性的思辨来说，所根据的只是一些总的看法"，④ 然而，由于康德尚缺乏对辩证思维的"矛盾"本性及辩证法的"肯定"结果的深入认识，因此，康德所建立的

---

① 〔德〕黑格尔：《小逻辑》，贺麟译，商务印书馆，1980，第181~182页。
② 〔德〕黑格尔：《小逻辑》，贺麟译，商务印书馆，1980，第182页。
③ 〔德〕康德：《纯粹理性批判》，邓晓芒译，人民出版社，2004，第349页。
④ 〔德〕康德：《未来形而上学导论》，庞景仁译，商务印书馆，1978，第168页。

"批判哲学"体系或"先验唯心主义"的"形而上学",也就终究不是一种"能够作为科学出现的未来形而上学"。

只是在黑格尔的论述中,辩证法才体现为一种寻求"统一"的"肯定的结果"的"思辨的科学","统一"与"肯定"才成为"辩证法"的根本特征或根本规律(这也就是后来人们所说的"辩证法"的核心和实质)。

也就是说,在黑格尔那里,寻求"统一"与"肯定"而不是寻求"对立"与"否定"才是辩证法的核心与实质,而这样理解的亦即具有"肯定"意义的"对立的统一"规律或"否定的否定"规律(这应当是一个规律)也就成为辩证法的根本规律。

黑格尔思辨哲学这一认识上的根本特征也体现出传统哲学的辩证本质及其与现代(非传统)哲学的本质区别。传统哲学的辩证法,在本质上,即是一种寻求或注重"统一"、"肯定"与"调和"①的辩证法,而现代非传统哲学的"辩证法"则是某种寻求或注重"对立"、"否定"与"斗争"的辩证法。也因此,我们认识与掌握辩证法的根本问题,也就不在于在形式上如何区别所谓"唯物辩证法"和"唯心辩证法",而是在于如何深入认识与把握"辩证法"的上述本真精神。

## 第三节　哲学追求"终极"的"绝对"性质

与"科学"或"经验"认识具有"相对"的性质不同,"哲学"或"超验"认识具有追求"终极本质"或"绝对本质"的"绝对"性质。那么,哲学的这种"绝对"性质又主要体现在哪些方面呢?

笔者认为,哲学的这种绝对性质,主要表现在四个方面,即哲学具有追求"终极实在"(本体论)的绝对性质,具有追求"终极真理"(认识论)的绝对性质,具有追求"终极价值"(价值论)的绝对性质,同时也具有追求"终极目的"(目的论)的绝对性质。

哲学的这四个层面的对"终极本质"或"终极性"(ultimacy)的追求,直接体现出哲学的"绝对"性质。同时,哲学的这四个层面的追求又体现出哲学具有一种对人类命运表达"终极关怀"的"绝对"性质与意义。

---

① 黑格尔曾写道:"真正的辩神论,真正在历史上证实了上帝。只有这一种认识才能够使'精神'和'世界历史'同现实相调和"。见《历史哲学》,王造时译,上海书店出版社,2001,第451页。

我们确认的哲学"绝对"性质的这四重表现，一方面构成了哲学体系的逻辑结构，表明哲学体系就是由具有"终极实在"、"终极真理"、"终极价值"与"终极目的"意义的"本体论"、"认识论"、"价值论"与"目的论"所构成，另一方面，这几重表现也大致体现出哲学演进的历史过程，表明哲学演进的历史大体上也就是从追求"终极实在"的"本体论"发展到追求"终极真理"的"认识论"，再转变或演进为追求"终极价值"的"价值论"等，而这一转变与演进过程大体上也就是哲学本身由古代到近代、再到现代的发展过程。

下面，我们就按照上述三部分的划分，来对哲学追求"终极本质"或认识的"终极性"的这种"绝对"性质做一概略考察。

# 一  哲学追求"终极实在"的绝对性质（本体论）

哲学具有追求"终极实在"的绝对性，这种"绝对性"，又主要体现在"本体论"的发展中。

## （一）"本体论"研究是古希腊哲学的特征

所谓"本体论"（ontology），是指研究世界本体、本原或本性问题的哲学学说与理论。"本体论"作为哲学发展的基本形态或模式，早在古希腊哲学中即已形成，其主旨即在于探讨世界的某种作为"终极实在"的本原或本体。

所谓"终极实在"（ultimate reality），是指哲学家所探讨的世界具有的某种最高的、最终的实在，也就是哲学所追求的最为本质的具有绝对意义的实在。在哲学家看来，"终极实在"是世界存在与发展的根本形态（亦即"绝对本质"），同时它也是世界存在与发展的根本原因与最终根据。

可以说，对"终极实在"的追求形成了古代哲学（本体论）的基本特征。这当然不是说，近代哲学就不再追求与探讨"终极实在"（因而也具有本体论），而只是说，古代哲学是以追求"终极实在"（"本体论"）为基本特征的，而近代哲学则是以追求"终极真理"（"认识论"）为基本特征。至于现代哲学，则是以展开对"终极价值"（"价值论"）的探讨为重要特征。当然，对这种基本特征的界定，也只是就哲学发展中各个时代的主要特征而言，因此，不同时代的区别也就不具有完全绝对的意义。

古希腊哲学对"终极实在"的探索主要体现在对"本原"和"本体"问题的探索中。

首先，对"本原"（或"始基"）问题的探索是希腊早期哲学的基本特征。那时，哲学家还主要是在"水"、"火"、"气"、"土"等物质元素中寻求世界"本原"。当然，早期希腊哲学也已提出了以"无定"（阿那克西曼德）、"原子"（德谟克利特）作为世界本原的思想。但总的来看，古希腊早期哲学的"本原论"还缺乏逻辑思维的抽象本质，还是属于探索"终极实在"的初级阶段。后来巴门尼德（鼎盛年约在公元前504～前501）提出"存在"（being）才是世界唯一的不动不变的本质，这才有了最初的逻辑思维意义上的抽象，由此才开辟了"本体论"研究的先河。

在巴门尼德"存在论"和苏格拉底"概念论"、柏拉图"理念论"的基础上，亚里士多德最终确立了"本体论"研究的路径与基础。亚里士多德明确提出哲学研究的对象即是"有"本身。他说："有一门学问，专门研究'有'本身，以及'有'凭本性具有的各种属性。这门学问与所谓特殊科学不同，因为那些科学没有一个是一般地讨论'有'本身的。"①

亚里士多德的这一论断也就把"有"（或"存在"）本身确立为具有绝对意义的"终极实在"而成为哲学的研究对象，由此也就实现了哲学由"本原论"到"本体论"的转变，从而也促使哲学进一步上升到探索"终极实在"的抽象思维的形而上学高度。同时，"有"本身作为"本体"也获得了"绝对"的意义，或者说，"有"（或"是"）本身也就成为"绝对"。所以，黑格尔在谈到"有"（或"存在"）概念的历史意义时曾指出："我们就得到绝对的第一界说，即：'绝对就是有'。"② 这样，"有"（或"是"）本身也就成为"终极实在"，也就具有"本体"的意义，而亚里士多德所提出的"本体论"（亦可称"有论"或"是论"）也就成为古希腊哲学探索"绝对"或"终极实在"的最大成果。

当然，在我国哲学界，学者们对亚里士多德"本体论"的性质特别是他所使用的"being"一词的含义一直存在争议，而争议的中心就是应如何理解与翻译"being"一词，"being"一词到底是应译为"是"还是"有"或是"存在"呢？

笔者认为，这里的问题不仅是应当如何翻译"being"一词的问题，还应看到，在亚里士多德本人的思想中，"being"一词就已具有不同含义。他虽然提出哲学应研究"being"（或 being as being），但"being"本身又究竟是指什

---

① 北京大学哲学系外国哲学史教研室编译《西方哲学原著选读》上卷，商务印书馆，1981，第122页。

② 〔德〕黑格尔：《小逻辑》，贺麟译，商务印书馆，1980，第189～190页。

么，究竟又具有何种含义，他也并未坚持一种并给出一种一贯而明确的解答，而总是在他的《形而上学》一书中进行反复的探讨与界说。可以说，这一情况正说明亚里士多德在探求"being"这一被当作"绝对本质"与"终极实在"的概念时是抱着很大的矛盾心理与矛盾态度的，这就是后来研究者所常说的他的"动摇不定"或他"处处都在探讨"的特点。

## （二）对亚里士多德"本体论"思想矛盾的分析

下面，我们就分析一下亚里士多德"本体论"思想或他使用"being"一词时所体现出来的矛盾。对此问题，笔者尚缺乏深入研究，下面提出的一些初步的基本观点仅供读者参考。

首先，应该看到，亚里士多德的"本体论"思想确实包含着一定内在矛盾。这种内在矛盾主要表现在："本体"是"是"还是"实体"呢？

实际上，从概念的含义来看，"是"（being）是不同于"实体"（body，或指"物体"、"躯体"）的，"是"本身就是"是本身"，当然不能成为"实体"。在亚里士多德自己的语境中，这两个概念也是有区别的。在亚里士多德《形而上学》一书中，有三个重要的互相联系而又互相区别的概念，一是"是"概念，可视为一种最高的抽象；二是"实体"，亦即"物体"，这是一个表示具体存在的概念；第三个概念就是"本体"，实际上这是一个中性概念，既可指"是"，也可指"实体"。当然，关于"是"或"实体"的学问，在亚里士多德那里，都被认作是"本体之学"[1]（亦即后来所谓"本体论"的学问），而他对这三个概念的使用也常常互相联系，有时也互相通用，并无严格的区别，所以其含义有时也混在一起。但是，这并不说明这些概念本身没有区别，而只表明亚里士多德的"本体论"即"本体之学"存在内在矛盾。

为了明确起见，我们对这些概念的使用与翻译就应格外小心。譬如，"being"就应译为"是"或"本是"，"本是"就是"是"本身，就是作为是的是（being as being）所以，译为"是"或"本是"都符合原意。但现在《形而上学》一书除把"being"译为"是"之外，还译为"实是"，似为不妥，"是"并不"实"，且"实是"容易和"实体"相混，故不可取。"是"，就是"本是"或"是"本身，这是一个意思。而有关"是"或"本是"的理论，也就应该叫做"是论"或"本是论"（而不宜叫做"实是论"）。"本是论"就是亚里士多德"本体之学"（本体论）的第一个方面。另一方面，有关"实体"的

[1]　〔古希腊〕亚里士多德：《形而上学》，吴寿彭译，商务印书馆，1959，第57页。

学说就可称为"实体论",这是亚里士多德"本体之学"（本体论）的第二个方面。这两个方面的矛盾即"本是论"与"实体论"的矛盾，就构成亚里士多德"本体论"思想的内在矛盾。

这就是说，亚里士多德本体论的内在矛盾可界定为"本是论"和"实体论"的矛盾，这是其本体论思想的内在矛盾的一个主要体现，或者说，是其本体论的一个根本性矛盾。这个根本性矛盾也表现或反映出亚里士多德在思考一般与特殊、形式与质料、潜能与现实以及思想与实际等多方面矛盾关系时所一贯表露出来的那种矛盾性特征。

其次，我们还应进一步明确区分"本是论"和"实体论"的不同含义和意义。就是说，在亚里士多德哲学中，"本体论"具有"本是论"和"实体论"两个方面，而这两个方面就具有不同含义与意义。一方面，所谓"本是论"，就是亚里士多德提出哲学应研究"being"（是）本身，也就是研究"是本身"的思想。而"是"本身（即 being as being），就意味着"是"什么也不是，不是任何东西，而是"是"本身。如"张三是人"中的"是"就是"是"本身，而"张三"和"人"都不是"是"本身（而是"实体"）。"是"本身就是纯粹的"是"（being），它不表示任何东西（物体或实体），但却表示逻辑关系，表示一种逻辑规定性，这种逻辑关系或逻辑规定性不具有直接的现实性，但却具有普遍性，一切事物的联系或关系都必然包含着"是"的逻辑关系（"是"本身就表示一种肯定的确定的逻辑关系），同时也包含着对事物"本质"及其不同事物的相互区别的认识。

亚里士多德是一位充满思辨精神的哲学家，虽然他在提出"是"本身思想时不断表露出研究现实事物的倾向，但同时也不断体现出对"是"本身进行一般抽象的逻辑分析的态度。譬如，他指出，有些自然哲学家"他们认为只有自己在研究整个自然界，在研究'有'。可是，既然在自然哲学家之上还有一类思想家（因为自然界只是'有'里面的一个特殊的'种'），这种进行一般研究、以根本实体为对象的人就也该讨论这些真理了。"① 在这一论述中，亚里士多德强调的就是"一般研究"，即"研究三段式的原则的工作"，亦即"以'有'本身为研究对象的人必定能够说出一切'有'的最确定的原则。这就是哲学家。"②

但另一方面，亚里士多德也很明确地把"being"理解为"实体"，从而实

---

① 北京大学哲学系外国哲学史教研室编译《西方哲学原著选读》上卷，商务印书馆，1981，第 121 页。

② 北京大学哲学系外国哲学史教研室编译《西方哲学原著选读》上卷，商务印书馆，1981，第 121 页。

际上又提出了"实体论"的思想。在古希腊语中，"实体"概念本身又是"是"的一个语法变形，意为"所有者"或"是者"，意指"一个东西是什么"一语中的那个"什么"，如"张三是人"中的"人"就是"实体"。显然，在"实体论"中，"是"不再是"是"本身了，而是"是者"，即是一个"实体"。所以，把"being"理解为"实体"，这就不再是指"是"本身以及"是"所表示的那种纯粹的逻辑关系了。对于"being"的这一含义，亚里士多德也是表达得很清楚的，他说："说一样东西'有'，也有好多意义，但是全都与一个起点有关；某些东西，我们说它'有'，是因为它们是实体"。① 他还说过："可以在好几种意义上说一样东西'有'，因为在一种意义上，'有'是指一样东西是什么的那个'什么'，或'这个'；在另一种意义上，是指一种性质或数量，以及诸如此类可以作谓词的东西。可是，'有'虽然有这么多意义，最根本的'有'却显然是那个'什么'，即事物的实体。"② 按照亚里士多德的这种理解，可以说，所谓"本是论"也就转变为"实体论"了。

再次，亚里士多德的这一思想也体现了和前人思想的一定矛盾。我们知道，在亚里士多德之前，苏格拉底已提出"美德是什么"的"概念论"即"问答法"，其要旨在于寻求"美德"的本质或定义，而不在于寻求"美德"的"实体"即"这种"或"那种"美德。随后柏拉图则提出"理念论"，其意图也在于把"理念"或"理念世界"作为终极"本体"而超越于"感性世界"之上，柏拉图也无意在"感性世界"寻求或确立"实体"。然而，亚里士多德却在批判"理念论"时提出并强调"实体"，这就把"本体论"研究路径由"概念论"、"理念论"及他自己的"本是论"转变为某种"实体论"。虽然亚里士多德提出"有一门学问专门研究'有'本身，以及'有'凭本性具有的各种属性"③，但"有"本身（"是"本身）最终却转化为"实体"本身了。实际上，在这里，亚里士多德也是试图用"质料"来取代"形式"，这是对柏拉图理念论的一种反拨。虽然这一反拨是不彻底的，其态度、用语也很含混、游移，但其基本倾向却已不同于柏拉图。亚里士多德的"实体论"表现出他与柏拉图"理念论"及"理念主义"（idealism，或理想主义）具有不同的特征，亚里士多德

---

① 北京大学哲学系外国哲学史教研室编译《西方哲学原著选读》上卷，商务印书馆，1981，第123页。

② 北京大学哲学系外国哲学史教研室编译《西方哲学原著选读》上卷，商务印书馆，1981，第124页。

③ 北京大学哲学系外国哲学史教研室编译《西方哲学原著选读》上卷，商务印书馆，1981，第122页。

确实具有某种"实在主义"（realism，或现实主义）的致思理路。

总之，在亚里士多德哲学中，"being"作为哲学研究的对象，体现出两种基本含义，一是"是"本身，二是"实体"。前者趋向于研究抽象本质或"形式"，而后者则倾向于研究现实世界或"质料"，这就形成了亚里士多德"本体论"的内在矛盾。亚里士多德"本体论"的这种内在的矛盾性，对于西方哲学后来的发展也产生了两方面的重要影响。

总的说来，古希腊哲学的本体论，特别是亚里士多德的本体论，体现了古代哲学对"终极实在"的探索，也体现出哲学形而上学所具有的追求"绝对"的本性。

## 二 哲学追求"终极真理"的绝对性质（认识论）

正如对"终极实在"的追求形成古代哲学本体论的基本特征一样，对"终极真理"的追求则形成哲学认识论特别是近代哲学认识论的基本特征。"认识论"一般是指研究人的认识的本质以及认识的发展规律、发展形式的哲学理论。不过，认识论研究的最基本的内容还是关于"真理"问题的研究。就是说，与哲学"本体论"主要探索"终极实在"有所不同，哲学"认识论"主要探索"真理"或"终极真理"的问题。

所谓"终极真理"（ultimate truth），是指哲学所追求的具有"终极性"或"绝对性"的真理，或者说，哲学所追求的真理即具有"终极真理"或"绝对真理"的性质。哲学本身具有"绝对性"，哲学的研究对象亦是"绝对"，因此，哲学所追求的"实在"就应为具有"绝对"意义的"终极实在"，哲学所追求的"真理"也就应为具有"绝对"意义的"终极真理"。从哲学认识的本质说来，哲学也不可能将追求某种"相对真理"作为自身追求的最终目标。相反，哲学只能把追求某种"绝对真理"或"终极真理"预设为自己的最终目标，由此才可能使哲学认识和哲学寻求真理的过程，在本质上成为一个具有绝对意义的无限发展过程。

在对"真理"或"终极真理"的认识上，人们历来众说纷纭、莫衷一是。而且，长期以来我国哲学界都认为，在真理问题上，哲学史上长期存在着两种对立的真理观，或者说，存在着唯物主义和唯心主义两条路线的对立与斗争。

笔者认为，在真理问题上发生争执、对立或形成两种真理观、两条路线斗争的一个重要认识根源，实际上乃是哲学真理观和科学真理观的区别。然而，人们又从未想到过这一区别。在哲学界，是否有人想到并指出过历史上围绕

"真理"问题而长期存在的所谓"两种对立的真理观"或"两条路线的对立与斗争",实质上(从深层根源来说)不过就是哲学的真理观和科学的真理观的区别呢?或者说,在真理观上,人们是否想到过应当区别哲学的和科学的真理观呢?今天,有人恐怕还会习惯性地提出:"真理"只有一个,怎么还能分为哲学的真理观与科学的真理观呢?

笔者认为,要深入理解哲学所具有的追求"真理"或"终极真理"的"绝对"性质,要深入认识所谓"唯物主义和唯心主义"在真理问题上的"斗争",就必须探讨并明确哲学真理观与科学真理观的区别,即必须明确哲学真理观的本质及其与一般科学真理观的区别。下面我们就对这一问题做出探讨。

## (一)明确两种真理观的区别

事实上,人们的认识历来具有不同形式、不同角度或不同维度,或者也常常属于不同领域,因而人的认识也就常常是一种矛盾两重性的认识。在人的认识的发展过程中,形而上的超验性认识与形而下的经验性认识就表现为认识的两个根本不同的领域或层次,而从这两个不同领域或层次出发而形成的"认识论"或"真理观"也就会具有根本不同的性质,由此也就会形成哲学的真理观或认识论和科学的真理观或认识论的重大区别与矛盾对立。这种基于认识的矛盾本性的区别、对立就属于人的认识的深层区别与对立,而其外在的表层的表现就会形成所谓"两种对立的真理观"或"两条路线的对立与斗争"。

在对"真理"的认识上,哲学的真理观和科学的真理观具有某种本质的区别,正像哲学的认识方式和科学的认识方式本身就具有某种本质区别一样。难道不存在这种本质区别吗?事实上,正是由于存在着哲学和科学的两种不同的真理观及认识论,人们对"真理"问题及一系列认识论问题的认识和理解才大相径庭,而这种"大相径庭",也正是哲学真理观和科学真理观具有本质区别的真实体现。

然而,在我国哲学界,人们却常常认识不到这种区别,并且又常常不自觉地从"科学真理观"的角度与层次出发来考察真理问题,从而就把"科学的真理观"和"哲学的真理观"混同起来。也正是基于这种认识上的混同或含混,我国哲学界长期以来存在着一种普遍的"真理"认识,那就是否定真理的"主观性"或"主观真理"、"终极真理"而坚持真理的"客观性"、"客观真理",并进而一味地单纯强调检验真理的"客观标准"或"实践标准"。这种观念及其各种认识观点,不正是一种有别于"哲学真理观"的"科学真理观"吗?

95

事实上，对"真理"的"科学"理解，并不能等同、也不能代替对"真理"的"哲学"认识，我们提出哲学具有追求"终极真理"的"绝对"意义即"形上"意义，其要旨也正在于要把"哲学的真理观"和"科学的真理观"区别开来。如果不能认清这两种真理观的区别，我们就不可能获得对"真理"及其相关认识论问题的真正具有哲学高度的认识。当然，哲学真理观和科学真理观也具有互异互补的性质，但认识二者互异互补的前提却是要首先明确认识二者之间的本质区别，如果像现在这种认识完全把二者混同、等同起来，那也就无从谈起二者的互异互补。

在真理问题上，之所以产生哲学真理观和科学真理观的区别及其矛盾，其认识根源正在于人的认识的"形上"与"形下"性质的区别及其领域的分化，即形上的超验层次与形下的经验层次的分化。因而，哲学和科学真理观的根本区别，也就在于"形上"和"形下"领域的区别，科学真理观属于经验领域，是一种对"真理"的经验性的反映性的认识，而哲学真理观则属于超验领域，是一种对"真理"的超验性的反思性的认识。由于认识领域及认识层次、角度有根本区别，所以，这两种真理观在对真理的性质、真理的发展规律以及真理的检验标准等方面的认识上就显现出截然不同的观点与倾向。

还在古希腊哲学形成早期，巴门尼德在他的"哲学诗"的开始，就借"正义女神"之口，提出了"真理之路"与"意见之路"的区别：一条路将走向"圆满真理的不可动摇的核心"，另一条路则是"不含任何可靠真理的凡人们的意见"，而"意见不含真理"（即"意见不真"）。因此，"正义女神"告诫说："不要遵循这条大家所习惯的道路"，"而要用你的理智来解决纷争的辩论"。① 紧接着，柏拉图从"理念论"出发，进一步阐释了"真理"和"意见"的区别。在柏拉图看来，"实在"本身只是一场梦幻，对"现实世界"的认识只是"意见"而远非"真理"或"知识"。② 显然，巴门尼德和柏拉图已认定"真理"是一种不同于经验认识即"意见"的超验性的认识，这就把对"真理"的认识提高到哲学形而上学的高度，因而也就标志着哲学真理观的产生。

古希腊罗马哲学家赫拉克利特、德谟克利特等人则表达了另一种真理观亦即古代科学的真理观。德谟克利特提出："真理和现象是同一的，真理和显现

---

① 北京大学哲学系外国哲学史教研室编译《古希腊罗马哲学》（原著选辑），商务印书馆，1961，第50~51页。

② 北京大学哲学系外国哲学史教研室编译《西方哲学原著选读》上卷，商务印书馆，1981，第84页。

于感觉中的东西毫无区别"，因此，"可感觉的现象就必然应当是真的"。① 伊壁鸠鲁也讲过："我们用感官观察到的，或者用心灵通过一种认识而把握到的，才是真的"。② 我们知道，德谟克利特、伊壁鸠鲁是"原子论"这一最初的"古代物理学"的创立者与继承者，因而这些古代的"科学哲学家"认定"真理"一定要基于"观察"并与"现象"一致，也就不足为奇了。因此，也应当认定，他们所提出的真理观，也正是一种古代的科学真理观。

上述两种真理观的认识对立是显明的，那么，我们可不可以问，这两种真理观"谁是谁非"呢？

人类对"真理"的认识本身也像真理一样具有辩证性质，就上述两种真理观来说，也并不存在绝对的"谁是谁非"的问题，这两种真理观就其自身的研究领域来说都有其合理性因而都是正确的。对于科学的真理观来说，"真理"就是科学研究的对象，"真理"问题主要就是一个科学研究问题，因此，"真理"的性质就在于通过观察而正确地反映外部世界的运动规律（譬如"原子"的运动规律）从而与观察到的"现象"一致。

事实上，上述德谟克利特等人所理解和界定的"真理"就是一种科学研究范围内的真理，即科学研究领域内的真理，因而也就具有科学认识的基本性质。而巴门尼德、柏拉图等人所提出与界定的"真理"就已超出了属于经验认识的科学研究的范围，他们是想寻求与确立一种超验的、具有形上的思辨与逻辑思维性质的真理与认识，因此，其真理观也就必然具有一种完全超验的形而上学哲学的意义与特征。

## （二）哲学真理观的本质特征或认识要点

实际上，哲学真理观的本质特征在于具有形而上学的超验与思辨本性，由此也就与主要依靠经验观察或感性直观的科学的真理观区别开来。下面，我们就对哲学真理观的这种本质特征及其认识要点以及与科学真理观的区别做一概略分析。

第一，真理在本性上不属于经验领域的现象认识，而属于超验领域的本质或逻辑认识，这是哲学真理观的一个根本特征与理论前提。

在哲学家看来，认识现象不等于认识本质，因而对"现象"的经验认识也

---

① 北京大学哲学系外国哲学史教研室编译《古希腊罗马哲学》（原著选辑），商务印书馆，1961，第104页。
② 北京大学哲学系外国哲学史教研室编译《古希腊罗马哲学》（原著选辑），商务印书馆，1961，第357页。

就不能等同于"真理"。古希腊哲学家提出"真理"和"意见"的区别具有根本意义，这实际上已把"真理"作为对本质的理性认识而同一切对"现象"的感性认识区别开来。在柏拉图那里，也只有"一心一意思考事物本质"的人才可称为"哲学家"，才能超越"意见"而得到"真理"的认识。[①] 可以说，古希腊哲学奠定了哲学真理观的基础与前提，而后来的发展路径也依然是把"真理"和"意见"分开，即把理性对"本质"的思考与感性对"现象"的认识分开。

黑格尔继承并发挥了古希腊哲学的真理观，他进而提出"真理"和"不错"的区别。黑格尔说："认为这玫瑰花是红的，或不是红的，这类质的判断包含有真理，乃是一个最主要的逻辑偏见，至多可以说：这类判断是不错的。……其错或不错，须取决于其内容，而这内容也同样是有限的"。黑格尔指出："在日常生活里，'真理'与'不错'常常当作同义的名词。因此当我们的意本想说某句话不错时，我们便常说那句话是真理。"[②] 在黑格尔看来，那"不错"（作为"意见"）仅仅是指表象与其内容有了"形式上的符合"，反之，"真理基于对象与它自己本身相符合，亦即与它的概念相符合"。[③] 哲学是一种概念式的认识，因而哲学对"真理"的认识与把握也必然是概念式的。哲学认识"真理"，在本性上是要依靠逻辑思维，即依靠概念的界定、判断与推理来加以论证，从而超越对"现象"的感性认识而进入某种概念性的对事物本质的普遍性与必然性的论证。

第二，哲学哲理观认为，真理在形式上或起源上也不是对实在对象的某种"反映"而是超越于"反映"而形成并表现为某种"反思"或"思辨"的认识。

不难看出，认定"认识"是对外界事物的"反映"、"真理"就是符合对象本质的对事物的"正确反映"，这乃是科学真理观的前提，科学认识论与真理观就是"反映论"或"符合论"。也就是说，科学真理观的基础就是认为"认识是对对象的反映"，因而"真理"无非就是对对象的"正确反映"。这样，我们就经常能看到一个最常见、最流行的"真理"定义，即"真理"是"指认识主体对存在于意识之外、并且不以意识为转移的客观实在的规律性的

---

① 北京大学哲学系外国哲学史教研室编译《西方哲学原著选读》上卷，商务印书馆，1981，第90页。

② 〔德〕黑格尔：《小逻辑》，贺麟译，商务印书馆，1980，第345页。

③ 〔德〕黑格尔：《小逻辑》，贺麟译，商务印书馆，1980，第345页。

正确反映。"①

譬如，人们认识到"这朵玫瑰花是红的"，科学真理观就会认为这一判断就是"真理"，因为这一判断就是对这朵"玫瑰花"的"存在于意识之外、并且不以意识为转移的客观实在"的"正确反映"。然而，我们看到，在这一如黑格尔所说只是"不错"的判断中却仅仅表现出一种对"现象"的认识，并未表现出对"红"的普遍本质的概念性的认识。然而，只有概念性的或反思性的认识才能深入揭示对象或概念的本质，譬如，揭示"红"的本质、"美"的本质、"美德"的本质、"理念"的本质以及"是"（或"有"）本身的本质等等。由此，"真理"的认识也就必然超越"反映"而成为"反思"的判断，成为某种概念式的形式化与公理化的认识。正是在这一意义上，黑格尔说："真理完全取决于它的形式，亦即取决于它所确立的概念和与概念相符合的实在。"就是说，"真理基于对象与它自己本身相符合，亦即与它的概念相符合。"② 可以认为，黑格尔这些论述的实质，就是确认"真理"认识的真正本质或深层本质乃是一种概念性的反思而不是一种直接性的反映。

哲学真理观的要旨就在于把"反思"所达到的本质性认识与"反映"所形成的经验性认识区别开来并通过"反思"来寻求真理。所谓"意见"、"不错"都仅是一种感性认识，虽然是一种"正确反映"即与对象"符合"的认识，但是，这种认识也仅是一种"不错"，一种"意见"，即一种仅仅具有经验的有限性与或然性的认识。当然，休谟也指出过这种认识的有限性。例如，人们认识到"太阳每天都从东方升起"，就是一种"不错"的经验性判断，但这一判断却并不具有普遍性与必然性，因而也就只可认为是"经验"而不可认为是"真理"。所以，这"不错"的经验，也如黑格尔指出的，"在知觉、在有限的表象和思维的限定的范围内，这些话是不错的。其错或不错，须取决于其内容，而这内容也同样是有限的，单就其自身来说，也是不真的"。也就是说，"'不错'仅是指我们的表象与它的内容有了形式上的符合，而不问这内容的其他情形。"③

显然，"真理"不同于经验的对于"现象"的"正确反映"，因而也就不能把"真理"界定为"对事物本质与发展规律的正确反映"。事物的"本质"或"发展规律"也都不可能通过"反映"得到。"真理"是对"本质"的反

---

① 《哲学百科全书》，中国大百科全书出版社，1995，第 1155 页。
② 〔德〕黑格尔：《小逻辑》，贺麟译，商务印书馆，1980，第 345 页。
③ 〔德〕黑格尔：《小逻辑》，贺麟译，商务印书馆，1980，第 345 页。

思，是一种通过理论思维而形成的对于事物本质的深入的具有普遍性与必然性的认识。

"反映论"的真理观只是一种经验性的朴素、直观的真理观，并未体现"真理"的深层本质或特殊本质。如果说"正确反映"就是"真理"，那么人们所得到和确立的"真理"也就不会比机械物质譬如比"一面镜子"更多。因为人的"反映"、人对自然界的"映像"也并不比镜子、比照相机等物体或一些动物更多或更精确、更准确，人的感官还常常造成错觉（看到木棍在水中"弯曲"了等等）。所以，人类认识与把握真理，从本质上来说，就不是依靠感觉、经验的"正确反映"而是依靠理性思维的逻辑推论与深刻反思。所以，真理在本性上或形式上都具有超验的反思性。可以说，所谓"真理"就是指人通过反思而得到的对于事物或概念本质的具有普遍必然性的理性认识，就是某种概念化的逻辑思维的形式、理论及其成果。

第三，问题还在于，在一般内容上，真理是否包含着"不依赖于人或人类的客观内容"，或者说，真理在本性上，是包含着客观内容还是主观内容，真理是"客观真理"还是"主观真理"。

从"反映论"的角度来说，真理就是具有"客观性"或"客观内容"的"客观真理"，而"反映"一词的本意也是指"反照"因而具有直接的"客观性"与"直观性"。"反映"一词的含义就是"反照"，即一种"光线反射"。（参见《现代汉语词典》第5版，第379页）因此，如果把"真理"定义为"反映"，那就无异于肯定"真理"就是一种"客观的"、"直观的"并具有机械性质的经验认识，当然这样的经验认识，我们已经知道，并非就是"真理"。因此，说"真理"包含"客观内容"或具有"客观性"因而就是"真理"，事实上也不过是说"经验"或"表象"包含"客观内容"或具有"客观性"，这是一种同义反复的循环论证。

事实上，强调真理的客观性或客观内容，这也正是科学真理观的根本特征。科学所认识与把握的"真理"就具有直接的客观性，所以"科学"在本质上也就属于实证的、经验的认识。但对"哲学"说来，却需要在扬弃经验或科学认识的客观性与直接性的基础上才能确认真理。因此，哲学所理解的"真理"，也就意味着对"表象"（黑格尔所说的"不错"的"表象"）的直接的客观性的扬弃。"表象"、"经验"作为对对象的直接认识当然具有客观性或客观内容，但它并不等于"真理"，也不能称其为"客观真理"，而只应按其本质将其如实地看做是具有一定认识的"客观性"的"不错"的经验。

　　显然，长期以来，我国哲学界依然是把"真理"和"不错"的"表象"或"经验"混同了，进而认定"真理"具有"客观内容"或"客观性"。实际上，"表象"才具有"客观性"，而与"表象"的"客观性"相比，"真理"的特性却正在于具有"主观性"，正在于对"客观性"的扬弃。也如黑格尔所说："按照较深的意义来说，真理就在于客观性和概念的同一"。①

　　从上述分析可知，"经验"不等于"真理"，而"真理"本身由于不具有直接的客观性，因而也不应称为"客观真理"。人们所说的"客观真理"，并未超出直接经验或表象的范围，实际上，也仅是指"不错"的"经验"而已。而且，"经验"或"客观真理"作为对世界的"反映"，也不可能真正具有"主观性"或主体的"创造性"。因此，"客观真理论"也就不能体现出人类有关真理认识或真理理论的创造性本质。实际上，离开人的主体的或主观的创造性的思维活动，人类也就不可能得到任何真理。"真理"的认识由于具有逻辑思维的超验与反思的本性，才体现出人类认识的主体性与创造性，才包含着人类精神与理性思维的创造性本质。

　　因此，对于"真理"，我们理应从人的"主观"方面来理解，从主体的创造性本质来理解。由此，我们就应该消除对"真理的客观性"或"客观真理"的误解与迷信而加强对真理的"主观性"的研究。当然，真理具有"主观性"也不等于一定要说真理是"主观真理"，这就像人的"认识"就具有主观性，但我们也不一定非要说认识就是"主观认识"一样。

　　第四，关于真理的认识途径，也存在许多争论及误解。

　　依照科学的真理观，认识真理的途径就在于"实验"、"实践"，也就是说，科学是依靠"实验"、"实践"来认识并把握真理的。不难理解，由于科学依靠"实验"，因而科学的真理观也就同样要依靠"实验"，这正反映了近代科学的基本精神。然而，这种科学的真理观却局限于经验科学的范畴，并没于把真理的认识提升到一个具有概念的普遍性与必然性的高度而给以理论思维的把握。事实上，通过"实验"、"实践"所得到的"真理"，也只是某些科学定理、科学规律等等，而科学定理、科学规律等等也只是某种"客观真理"或"客观认识"亦即"反映"。这样的科学"真理"，毕竟还只是对世界发展运动的一般规律的某种经验性、实证性的描述，因而还带有"反映"的直接性特征，它还没有扬弃这种直接性而进入纯粹概念与推理的主观创造性的理性思维的"真理"领域。

――――――――――

　　① 〔德〕黑格尔：《小逻辑》，贺麟译，商务印书馆，1980，第399页。

因此，从总体上说，科学所确认的"真理"还属于表象的经验性认识，还不属于对事物本质的深入的普遍理性的真理性认识。

如果说，科学认识的"真理"还主要依靠"实验"来寻求与把握，那么，哲学所认识的"真理"就要依靠"思维"来认识和把握了。也就是说，在哲学上，认识真理的根本途径就在于进行理性思维与逻辑论证。由此，理性思维与逻辑论证也就成为哲学上认识真理的基本方法，也成为认识真理的基础。与在科学上一切认识都要经过"实验"途径而得到即都要经过对外部世界现象的认识得来不同，在哲学上认识真理的一切阶段、一切要素等都要经过思想本身的逻辑论证。所以，黑格尔说："推论乃是一切真理之本质的根据。在现阶段对于绝对的界说应是：绝对即是推论，或者用命题的方式来表述这原则说：一切事物都是一推论。一切事物都是一概念。"① 他还指出："在理性的推论里，主词通过中介过程，使自己与自己相结合。这样，它才成为［真正的］主体，或者说，主体本身才成为理性推论"，"这种推论的进一步发展，就形式看来，即在于个体性和普遍性也可以取得这种中介的地位，这样一来，便形成了由主观性到客观性的过渡。"②

在黑格尔的思想中，哲学的真理需要运用概念、判断与推理的逻辑方法才能认识，这种真理的认识应当是在主体性思维中确立自身的原则，并形成具有超验与反思性质的概念体系。由此，人的思维本身也就具有了普遍性与公理性，或者才具有"主观性"，才成为"真正的主体"，并实现主体"自己与自己相结合"。思维作为主体，还会将思维的概念或推理的认识（这时已作为哲学所寻求的真理）反思地运用到对于对象的实在的认识上去。由此，经过概念或推论的"中介"，思维主体的主观性也就过渡到认识的客观性，亦即由认识的间接性过渡到直接性。这样，真理本身才体现出自己与实在的认识不同，真理才作为真理而显现。

因此，真理也就不是直接的认识而是间接的反思的认识，而真理向客观性的过渡，也就体现出真理的认识已然优越于直接的客观性认识，所谓哲学对于科学的"指导意义"也就体现出来。在这里，"哲学与科学的区别"，或二者真理观的区别，也如黑格尔所说，"乃在于范畴的变换"。③ 科学的范畴或真理体系还带有直接性，而哲学的范畴或真理体系已带有间接性、反思性。"一切

---

① 〔德〕黑格尔：《小逻辑》，贺麟译，商务印书馆，1980，第356页。
② 〔德〕黑格尔：《小逻辑》，贺麟译，商务印书馆，1980，第357页。
③ 〔德〕黑格尔：《小逻辑》，贺麟译，商务印书馆，1980，第49页。

科学方法总是基于直接的事实，给予的材料，或权宜的假设"，因而"不能满足必然性的形式。所以，凡是志在弥补这种缺陷以达到真正必然性的知识的反思，就是思辨的思维，亦即真正的哲学思维。"① 在哲学的真理观看来，人们认识真理的方法或途径并不是直接的，而是间接的，是要经过"思辨的思维"亦即逻辑论证的。由此，哲学所寻求的真理也才可能超越经验认识的层次而提升为理性思维所真正确立的真理。

哲学与科学寻求真理的路径、方法不同，当然过程与结果也不同。对于科学来说，寻求真理是一个外在的过程，即是一个"对象化"的认识过程，科学所确立的真理也总是不能免除那种外在的"客观真理"的意义。然而，哲学所寻求的真理则是一个内在的过程，即是一个"非对象化"的过程。就是说，哲学所确立的真理已经扬弃了认识的外在的直接性而进入主观的创造性领域。就此而言，哲学本身即包含真理，真理就并不在哲学的认识之外，真理就在哲学的认识之中，真理就是哲学认识的内在属性，就是哲学自身发展的内在环节。这也如黑格尔所说："哲学的要素是那种产生其自己的环节并经历这些环节的运动过程；而这全部运动就构成着肯定的东西及其真理"。② 由于真理即在哲学的认识或认识过程之中，因而认识真理也就不再是一个外在"反映"的机械过程，而是一个内在"反思"的辩证思维的过程。

这样，哲学寻求真理也就成为一个内在辩证的过程，成为一个扬弃"客观辩证法"而建构"主观辩证法"的过程。如果说，在这个过程中，哲学也有自己的新的发明，那也不过就是哲学建构了自己的"学说"或"体系"，而"学说"或"体系"对于哲学来说，也就成为它自身所确立的"真理"。

第五，关于真理的标准问题，也存在着科学真理观和哲学真理观的长期争论。

对于科学真理观来说，由于认定"真理"是在"实验"、"实践"中形成的，因此也就必然认为某种外在的客观事物就是真理的标准。如古希腊哲学家赫拉克利特就提出："智慧就在于说出真理，并且按照自然行事，听自然的话。"③ 近代以来一些哲学家进一步提出以"实践"、"实验"为检验真理的标准，或者以"认识是否正确反映世界"、"是否符合对象的性质"为真理标准。例如，罗吉尔·培根、弗兰西斯·培根以及洛克、狄德罗等唯物主义哲学家在

---

① 〔德〕黑格尔：《小逻辑》，贺麟译，商务印书馆，1980，第48页。
② 〔德〕黑格尔：《精神现象学》上卷，贺麟、王玖兴译，商务印书馆，1979，第30页。
③ 北京大学哲学系外国哲学史教研室编译《古希腊罗马哲学》（原著选辑），商务印书馆，1961，第29页。

坚持经验论并大力倡导发展实验科学时，都提出并坚持以"实验"、"经验"、"实践"或"客观事实"等作为认识真理的基础与检验真理的标准。

狄德罗曾说："除了实验以外，没有别的办法可以识别错误。"① 拉美特利也提出，在对真理的认识上，"是把一切显得在自然之中的东西称为真，而把一切不在自然之中的、一切为观察实验所否定的东西称为假"。② 19 世纪俄国思想家车尔尼雪夫斯基也说过："'实践'是一切理论的无可争论的试金石……今日在科学中，实践是判断一切争端的主要标准。"③ 这些论述所表达的，显然是科学研究本身对"真理"及其检验真理"标准"的理解与要求。至于马克思主义哲学坚持"实践是检验真理的唯一标准"，已是我国哲学界及理论界所熟知的理论，这里不再赘述。

但问题在于，"实践"或"实验"可能对哲学理论即哲学所确认的"真理"做出检验吗？

应该说，"实践"或"实验"所能检验或验证的只是经验性或实证性的"真理"，而不可能是哲学上所确认的具有超验与逻辑思维性质的真理。也就是说，"实践"无法直接验证具有超验性、思辨性的"真理"，实践所验证或检验的只是"经验"，而哲学的真理是超验的、也是超越于实践的，是属于形而上学的理论认识，所以也就不可能在属于形下领域的实践或科学实验的范围内得到检验。按照逻辑，超验的哲学的真理或理论认识，也只能在这种理论认识活动本身的领域内得到验证，而不可能在外在的领域依靠某种外在的活动来检验。这就如同我们检验"电脑"也只能由有关制造电脑的专家、工厂或该行业的运营来检验，而不能由其他行业来检验一样。对于哲学真理观来说，由于真理是在理性思维与逻辑论证中形成的，因此，真理的标准也就理应在哲学思维活动本身的领域内确立，而哲学的真理也就只能依靠哲学本身的理论活动及其历史发展来检验。

哲学的真理是这样，实际上，数学、天文学、物理学、化学、生物学等等科学所确立的"真理"（即科学定理）也是这样。哥德巴赫猜想也无法由"实验"或"实践"来检验，而只能由数学本身的长期发展来检验。对哲学所确认的真理也应当由哲学的逻辑思维活动本身来检验，即由哲学家共同体来检

---

① 北京大学哲学系外国哲学史教研室编译《18 世纪法国哲学》（原著选辑），商务印书馆，1963，第 408 页。
② 北京大学哲学系外国哲学史教研室编译《18 世纪法国哲学》（原著选辑），商务印书馆，1963，第 187~188 页。
③ 《车尔尼雪夫斯基选集》上卷，周扬等译，三联书店，1958，第 114 页。

验，而这样的检验也同样具有一定普遍性和客观性。

应该看到，哲学的理性思维活动本身也是一种特殊的"实践"活动，是一种理性的"实践"或"科学实验"。因此，哲学理性思维本身也就能够提供检验理性思维的认识成果是否具有真理性的客观标准。在历史上，哲学家共同体所探求与确认的真理，也正是这样在哲学自身的完整的即作为一个总体的历史活动中得到检验与发展。因此，哲学对真理的理解与检验与科学对真理的理解与检验完全不同，科学真理的检验需要"实验"，而哲学真理的检验则需要"思想"（"反思"）。因此，哲学真理观和科学真理观确实是认识真理的两条完全不同的路径、两种完全不同的方法。

第六，对真理的主观标准与客观标准的分析。

我们看到，自古希腊哲学以来，大多数哲学家都主张一种内在的标准或"主观标准"。巴门尼德说"要用你的理智来解决纷争的辩论"，[①] 就是主张以理性作为检验真理的标准。柏拉图则明确地把"理念"作为真理的来源与验证真理的标准，他说："这个给予认识的对象以真理并给予认识的主体以认识能力的东西，就是善的理念。它乃是知识和真理的原因。真理和知识是好东西，但它却是更好的东西……把它看成某种超乎真理与知识的东西才是恰当的。"[②] 亚里士多德也说过："我们确是借论证来获得知识的"，他把论证的基本知识主要是"三段论式"就称为"基本真理"。[③]

近代哲学家笛卡尔则明确地把观念的"清楚、明白"作为检验真理的标准。他说："凡是我们十分明白、十分清楚地设想到的东西，都是真的。"[④] 荷兰哲学家斯宾诺莎也以"真观念"自身的清楚、明白和完满作为真理的标准。他说："除了真观念外，还有什么更明白更确定的东西足以作真理的标准呢？正如光明之显示其自身并显示黑暗，所以真理即是真理自身的标准，又是错误的标准。"[⑤]

---

① 北京大学哲学系外国哲学史教研室编译《古希腊罗马哲学》（原著选辑），商务印书馆，1961，第49页。

② 北京大学哲学系外国哲学史教研室编译《古希腊罗马哲学》（原著选辑），商务印书馆，1961，第181页。

③ 北京大学哲学系外国哲学史教研室编译《古希腊罗马哲学》（原著选辑），商务印书馆，1961，第293、295页。

④ 北京大学哲学系外国哲学史教研室编译《16—18世纪西欧各国哲学》（原著选辑），商务印书馆，1975，第148页。

⑤ 北京大学哲学系外国哲学史教研室编译《16—18世纪西欧各国哲学》（原著选辑），商务印书馆，1975，第296页。

德国哲学家莱布尼茨则把真理区分为"事实的真理"和"推理的真理"两类，认为只有"推理的真理"才具有必然性，因为它是依据矛盾律进行纯概念的逻辑推演而获得的，因而不可能有错，所以是必然的普遍的真理。他认为，这种真理及其证明只能来自"天赋的内在原则"。① 他的经典表述是："观念与真理是作为倾向、禀赋、习性或自然的潜在能力而天赋在我们心中，并不是作为现实作用而天赋在我们心中的，虽然这种潜在能力永远伴随着与它相适应的、常常感觉不到的现实作用。"② 莱布尼茨还以是否具有这种"天赋能力"作为"人类的认识与禽兽的认识的不同之点"，因为"禽兽纯粹凭经验"，"决达不到提出必然命题的地步"。③ 这些哲学"唯心论"的论述，旨在强调人的认识及其真理的创造性的本性，也完全具有合理意义。

黑格尔则把"绝对精神"确立为真理的来源与标准，"绝对精神"既是"真理"自身，也是"真理"活动的目的，因而也就是检验真理的标准。在黑格尔看来，"真理"本身就具有"客观性"，即是"客观真理"。他说，"真正讲来，真理应是客观的，并且应是规定一切个人信念的标准"。④

应该说，这些哲学家所提出的真理的内在标准或主观标准对于哲学的真理观来说，就具有合理性与可行性，真理在哲学范畴内的检验就理应是一种思维本身的逻辑上的检验。在哲学真理观认识的范畴或领域之内，认识"真理"本来就是一个思维的逻辑推论的过程，一个精神运动的过程。从逻辑上说，"真理"也不可能在思维逻辑的范围之外得到检验，一种具有严格的逻辑规定性的理论活动怎么可能在外在的客观活动中得到真正的检验或验证呢？也就是说，哲学寻求与确立的具有超验思辨意义的"形而上学"的真理，是不可能由"形而下"的活动来检验的。

## （三）两种真理观的辩证关系及其意义

应该说，科学和哲学的真理观都有其认识的合理性，这就是"真理"问题或"真理"本身认识上的"两重真理说"：一方面，如果科学不把"实验"、

① 北京大学哲学系外国哲学史教研室编译《16—18 世纪西欧各国哲学》（原著选辑），商务印书馆，1975，第 503 页。
② 北京大学哲学系外国哲学史教研室编译《16—18 世纪西欧各国哲学》（原著选辑），商务印书馆，1975，第 505 页。
③ 北京大学哲学系外国哲学史教研室编译《16—18 世纪西欧各国哲学》（原著选辑），商务印书馆，1975，第 503 页。
④ 〔德〕黑格尔：《小逻辑》，贺麟译，商务印书馆，1980，第 77 页。

"实践"确立为标准，那就无法发展与推进科学研究；另一方面，如果哲学不把理性思维本身的逻辑规则、推理法则及其认识成果等确立为真理及其标准，那也无法发展哲学的逻辑思维本身。

### 1. 两种真理观的辩证关系

在人类对"真理"问题的认识上，确实存在着这种"两重真理"或"两重真理标准"。而就哲学和科学作为"两重真理"（或两种真理）而言，也都各自具有自身的一定认识根源与思想资源，同时也具有不同的发展形式与演进轨迹，从而二者在历史上就表现出既对立又统一，既相对独立又并行发展的特点。当然，这种"两种真理观"存在的现象，也正是"真理"本身矛盾发展的两重性的体现。

就认识的层次与形式来看，这两种真理观还是有本质区别的。由于科学真理观主要涉及对"真理"的经验性或客观性认识，即"形下"认识，因而科学真理观或科学所理解与界定的"真理"就属于"真理"或"真理观"发展的初级阶段或初级形态；由于哲学旨在揭示真理或人的理性思维的超验本质，并已深入到对"真理"的超验性或主体性认识亦即"形上"认识，因而哲学真理观也就属于真理观发展的高级阶段或高级形态。

因此，就两种真理观的辩证关系来说，科学真理观构成认识真理的基础，但哲学真理观则既包含又超越了这一基础而将自身发展、建构为具有独立性质的哲学真理体系。

因此，问题的关键又在于，我们不能以科学真理观来取代哲学真理观，也不能把哲学真理观归结为科学真理观。可以说，人类认识的基础（或认识真理的基础）确实是某种经验性的科学认识，但是，人类认识（或对真理的认识）的真正核心与深层本质却并不是经验性认识而是某种超验性的哲学认识。也因此，从总体上看，人类真理观就是一种以科学为基础、以哲学为主导的真理观，就是一种具有矛盾两重性的两重真理论。

还应看到，一个事物的性质或本质是由该事物所具有的特殊的高级本质所决定的，如"人的本质"就是由人所特有的精神文化、道德意识以及信仰等特殊本质所决定的。同样，人的认识的性质或本质特征也取决于人的认识所具有的特殊的高级本质，也就是取决于人的认识或真理所达到或具有的超验的、思辨的形而上学本性。

一般说来，事物的高级层次、高级形式或高级本质总会包含某些低级层次、低级形式或低级本质的因素，如人的高级的道德文化本质也会包含、渗透某些低级的人的自然本性。然而，事物的性质以及事物彼此之间的区别，毕竟是由事物所具有的特殊的高级本质所决定的，因而我们就不应把事物的高级本质或高级形式归结或还原为某些低级本质或低级形式，譬如不能把人的本质归结或还原为人的某些自然或动物本能。在这里，事物的高级本质及高级形式作为事物存在与发展的根本原因与最大成果，已全然获得了某种相对独立的发展意义与发展逻辑，并对事物存在与发展起到根本的决定性的制约作用。也因此，就人类对"真理"的认识即"真理观"而言，最重要的、也是最有意义的研究并不在于坚持所谓"客观真理"或"真理的客观性"，也不在于坚持在经验科学的层面来认识与把握真理，而是在于应在超验的哲学形而上学的层面来寻求与确认真理。

概括地说，哲学真理观的特征在于具有"形而上"的性质，而科学真理观的特征则在于具有"形而下"的性质。也正由于哲学把"真理"理解为一个"形而上"的认识，由此也就不断开辟出认识真理的道路、认识真理的可能性。由此，人类认识"真理"也就成为一个无限的、绝对的亦即永恒发展的过程。

### 2. 两种真理观的意义以及对"终极真理"认识的意义

从认识真理的无限过程的角度来说，哲学所追求的真理性认识也就扬弃了认识的"暂时性"、"相对性"而具有认识的"终极性"，而哲学在本性上也只能追求终极的、最终与最根本的真理，并把一切已经得到的具有真理性的认识都视为某种"相对真理"（即视为人类追求"绝对真理"或"终极真理"过程的一个环节）而加以把握并扬弃。

哲学追求"终极真理"本身的过程就是一个无限的过程。相比之下，科学真理观则把"真理"理解为一个"形而下"的认识，因此，科学真理观也就必然舍弃有关"绝对真理"、"终极真理"的理念，而仅仅把追求某种"暂时的"、"相对的"真理作为自己的目标，亦即把自己的研究目的限定于某种经验的现象领域。与哲学真理观具有某种追求"绝对真理"或"终极真理"的"绝对主义"特征不同，科学真理观则具有"相对主义"特征。

科学真理观的这一"相对主义"特征在譬如恩格斯对黑格尔哲学"绝对真理"观（亦即某种哲学真理观）的批判中完全表现出来。恩格斯认定哲学或哲学家追求认识"绝对真理"是一条不可能走通的道路，他说："这样给哲学提出的任务，无非就是要求一个哲学家完成那只有全人类在其前进的发展中才能完成的事情，那么以往那种意义上的全部哲学也就完结了。"[①] 事实上，追求"绝对真理"对于"哲学"来说是必然的，对于每一位"哲学家"来说

---

① 《马克思恩格斯选集》第4卷，人民出版社，1995，第219页。

也是必然的，因为这正是"哲学"（philosophy）之"爱智慧"的本性。然而，"哲学"之"爱智慧"或"追求"智慧与真理也并不意味着"真理"、"智慧"（在某一哲学或哲学家那里）的"完成"、"终结"或对其"占有"，相反，这正意味着"爱"或"追求"本身是一个无限过程。因此，这样给"哲学提出任务"，也并不意味着就是"要求一个哲学家完成那只有全人类在其前进的发展中才能完成的事情"，而反倒是意味着哲学家在"全人类的前进的发展中"只应当完成自己的"任务"，从而也就对"全人类的前进发展"作出了自己的独特贡献。

事实上，离开"哲学"或"哲学家"给自己"提出的任务"，所谓"全人类"的"任务"乃至"全人类的前进的发展"也就会变成空谈。事实上，无论是在过去、现在还是未来，"全人类"对"真理"或"绝对真理"的探求，在最大限度上都是依靠"哲学"或"哲学家"来实现并推进的，因为哲学或哲学家认识的本质、实质或直接的目的也正在于探求"绝对真理"。

恩格斯在拒斥这条"哲学"的形而上学道路或真理观的同时，也很自然地提出了另一条道路亦即科学的道路并坚持科学的真理观。恩格斯写道："我们把沿着这个途径达不到而且任何单个人都无法达到的'绝对真理'撇在一边，而沿着实证科学和利用辩证思维对这些科学成果进行概括的途径去追求可以达到的相对真理"。在恩格斯看来，只有这条"科学"或"实证科学"的道路才是"一条走出这些体系的迷宫而达到真正地切实地认识世界的道路"。[①] 这样，这条"科学"的或"实证科学"的道路，就是要把"'绝对真理'撇在一边"，就是只"追求可以达到的相对真理"。由此，这些论述也就表现出某种"相对主义"特征，亦即那种拒斥传统哲学的"形而上学"、"绝对主义"、"基础主义"或"本质主义"的现代西方哲学的基本特征。

### 3. 对绝对主义和相对主义真理观的总结

哲学和科学以及哲学的真理观和科学的真理观具有本质区别：哲学或哲学真理观的基本特征在于具有形上认识的超验性与思辨性，而科学或科学真理观的基本特征则在于具有形下认识的经验性与实证性。同时，科学真理观也确实是一种"相对主义"的真理观，它总不能免除认识的直接性、客观性、经验性与或然性的局限。恩格斯强调在撇开哲学对"绝对真理"的追求之后，人们只应该追求"相对真理"去"达到真正切实地认识世界"，但这一相对主义的道路却只会使人类对"真理"的认识完全陷入某种"经验"的认识之中。因此，

---

① 《马克思恩格斯选集》第 4 卷，人民出版社，1995，第 219～220 页。

这一"科学主义"与"相对主义"的真理观就需要哲学的"绝对主义"的真理观来加以矫正或弥补。对于科学的"相对主义"的认识来说，哲学对"绝对主义"的追求自然具有更高层次的普遍性、必然性，从而也就更深入地体现出人类理性永无止境地热爱智慧与追求真理的本性。

哲学道路和科学道路具有互异互补性。因此，我们既不能以科学来取代哲学，即以对对象的直接认识（作为"意见"、"不错"的经验）来取代哲学对于本质的思考或反思，亦即以"经验"来取代"真理"，同时，我们也不能以哲学上对真理的"绝对"追求来取代科学上对真理的"相对"探索。当然，在我们今天所处的这个"科学主义"、"相对主义"时代，人们认识的一个主要缺陷却正是在以"相对"来取代"绝对"、以"科学"来取代"哲学"、以"意见"来取代"真理"。

从历史上看，在西方哲学和科学的发展中，哲学对真理的"形上"探求历来也是科学探索真理与发展真理的原始动因与深层根源。自古希腊哲学以来，哲学的"形上"追求即构成科学的"形下"探索的原始动因。而就西方文明的演进路径来看，也是先产生了古代哲学，尔后才产生了近代科学。在这个意义上，我们完全可以说，没有西方古代哲学，就没有西方近代科学。

## 三 哲学追求"终极价值"的绝对性质（价值论）

事实上，在价值论研究中，也同在认识论或真理论领域一样，也历来存在着两种对立的价值观或价值论。一种价值观就是科学的价值观，主要观念就是坚持价值的客观性或客体性，认为"价值"就是客体的属性以及这种属性对于主体需要的满足。另一种价值观就是哲学的价值观，主要观念就是坚持价值的主观性或主体性，认为"价值"（value）正像"真理"（truth）一样只应在主体理性认识的范围或领域内寻求与确认，离开主体的理性认识以及人生本身意义的彰显，即无法确认价值的本质或意义。可以说，科学价值观主要寻求价值的现实性、客观性与相对性，其研究方法也带有经验论或反映论特征，而哲学的价值观则主要寻求价值的超验性、主观性与绝对性，其研究方法主要是一种形而上学的超验与反思的方法。哲学形而上学的价值论（即价值哲学）具有追求"终极价值"的绝对的意义与性质，而科学的价值观或价值论则具有"形而下"的经验性质，因而也就具有追求事物、对象或"客观世界"本身的"相对价值"或"实际价值"的相对的意义与性质。

价值研究中这两种理路或两种价值观的分化，根源于价值本身的矛盾两重化，"价值"本身即具有"价值理性"或"理性价值"与"工具理性"或"工具价值"的矛盾。科学价值观注重并依托于"工具价值"，其主旨在于确认世界发展的合规律性，其认识本质在于确认"现实"、"事实"，而哲学价值观则注重并依托于"价值理性"，其主旨在于确认世界发展的合目的性，其认识本质也在于确认"理想"、"理性"或"思想"本身的重要意义。科学价值观研究的最终目的在于满足主体的需要即人的需要，而哲学价值观则力图超越这种"满足需要"的经验认识与经验生活的层次，进而以理性的反思以及人生意义的求索作为价值立论的根本，并对人类"满足需要"的活动本身的意义与价值做出批判与反思。由此，哲学的价值观或真正意义上的价值哲学也就具有追求"终极价值"的"绝对"意义，其致思理路也在于求索人的理性、道德、美感、信仰等精神生活的价值与意义，而这一追求或求索也就构成哲学价值论或价值哲学作为"形而上学"而存在的根据与意义，并且与科学的价值观亦即"价值科学"区别开来。

从我国价值论研究的现状来看，一种很普遍的现象就是把哲学的价值观和科学的价值观混同起来，其研究方法也不过是把科学上某种或某些研究价值的方法移植于哲学，因而其本性也应是"价值科学"而并非"价值哲学"。

价值哲学即哲学的价值观也理应对现实生活的价值问题或价值取向做出批判与反思，同时为社会生活提供核心价值理念与价值导向。当前，人类的生存状态令人忧虑，而人类生存的这种困境与危机，在价值哲学的意义或层面上看，也就表现为"价值危机"。今天，社会的一些传统的核心价值观念已日益丧失，人们把现实生活中的物质享受、感观享乐、金钱财富、名利地位等等有限的存在，都当作人生理性或价值本身来追求，而科学技术的成果又在其可能的限度内助长了这种追求，从而加重了现代社会的精神与价值危机。

与科学价值观只提供"工具理性"及其观念不同，哲学价值观则为社会提供"价值理性"及其观念，并提供"终极价值"观念。所谓"终极价值"，就是指哲学所追求的具有形上意义或绝对意义的价值，例如自古希腊哲学以来，哲学所追求的"纯真"、"纯善"、"纯美"或"至真"、"至善"、"至美"等价值，就可谓"终极价值"，因为这些价值或观念对于人类的精神追求或生活本身来说，就具有绝对的或终极的意义。

与哲学追求"终极价值"不同，一般科学或各类学科所追求与探索的价值就不具有"终极"与"绝对"意义，而只具有"暂时"与"相对"意义。例如，经济学研究或经济生活中所探索的"商品价值"、"价值"（即与"价格"相对的"价值"）、"剩余价值"等就不具有终极的或超验的意义，而只具有经验的、现实的或工具理性的意义。可以说，在所有的学科中，也只有哲学能够提供"终极价值"，或者说，也只有哲学所思考与研究的价值才具有某种终极的、绝对的、超验的真正形上的意义。由此，哲学也就保障了自身能够为人类对价值的追求提供核心与终极理念而使其不致陷入实用主义或功利主义的境地而失去价值追求的最终目标。

哲学作为一种追求"终极价值"的具有"绝对"意义的形而上学的认知活动，在为社会提供核心与终极价值理念的同时，也就为社会生活提供并奠定了具有一定相对性的绝对价值标准，例如，"理性"、"信仰"、"仁爱"以及"真"、"善"、"美"等观念就是人类社会所理应绝对遵守的具有一定相对性的绝对价值标准或价值理念。

## 四 哲学追求"终极目的"的绝对性质（目的论）

哲学也具有追求"终极目的"的绝对性，而"目的论"也不失为西方哲学演进的一条主要线索。在西方哲学史上，与"本体论"发展同时，"目的论"作为哲学演变的又一条主要线索或形态也一直处在发展之中，并给予西方哲学发展以重要影响。

在古希腊哲学中，目的论和机械论的对立就已形成并显示出来。德谟克利特原子论主要表现为机械论的发展，而苏格拉底、柏拉图、亚里士多德这条路径就主要表现为目的论的发展，特别是亚里士多德全面阐释了"目的论"或"目的因"的思想，确立了自然目的论及神学目的论研究的基本理路。在中世纪，基督教哲学继承并发展了柏拉图和亚里士多德目的论思想，以神学目的论为主导观念，不仅力图从"本体论"上论证"上帝"存在（安瑟伦），而且也力图从"目的论"上证明"上帝"存在（托马斯）。近代以来，哲学目的论与机械论都得到重大发展，二者在相互排斥的同时，也呈现相互融合的趋向。在总结传统目的论思想成果基础上，康德实现了自然目的论、神学目的论、自然神论及道德神学的一次最大综合，并最终形成了有别于本体论模式的哲学目的论的思想体系。

康德哲学集中体现出传统哲学追求"终极目的"的深层底蕴。康德提出"人是目的"的基本命题，以抗衡"人是机器"的机械论命题。在康德对"目的论"的论证中，"人"被确认为"最高目的"、"最后目的"或"终极目的"，大自然发展的"隐蔽计划"就在人的身上即在人的文化、道德以及道德神学中得到实现。但在康德那里，"人是目的"也具有一定相对性，因为人又应该信仰"上帝","上帝"是人保持道德信念的"公设"与"终极原因",因而"上帝"也就在实际上成为人所追求的"终极目的"或"终极原因"。按照康德哲学（"道德神学"）的思想逻辑,毋宁说,只有"上帝"才是"终极目的",其最高命题也理应是"神是目的"。由此,康德哲学才可能使自然目的系统得到完满说明,康德哲学也才可能实现自然目的论、神学目的论以及自然神论、道德神学的统一。当然,如何理解目的论及康德哲学目的论思想的精神本质也是一个很复杂的哲学研究课题,限于本书篇幅及写作意图,在此不再赘述。

以上,我们对哲学追求"终极实在"、"终极真理"、"终极价值"及"终极目的"的绝对性质及意义做出了全面而概略的考察。哲学的这一"绝对"性质就是哲学的形而上学本性的根本表现,或者说,就是哲学形上本性的终极体现。

哲学通过追求这些"终极",也就同时体现出哲学所具有的对于人类命运的"终极关怀"的特征。所谓"终极关怀"（ultimate concern）,即指哲学学说所体现的对于人类命运的一种最高度的或最终的关怀与爱护。在传统文化的宏大体系中,哲学、宗教、道德、艺术等意识形态都具有"终极关怀"的本性,或者说,这些意识形态本身就是在对人类命运的终极关怀中产生的。

但这些社会意识表达"终极关怀"的角度不同:宗教是从解决人的根本信仰的角度体现"终极关怀",道德是从解决人的精神生活与社会生活的根本准则与规范的角度体现"终极关怀",而哲学则主要是从为人类提供理性思维的根本动因与方法以及对人生价值做出批判与反思的角度来体现"终极关怀"。

"终极关怀"的特点是具有"非现实"性,哲学上的"终极关怀"当然不在于满足人的现实需要,而在于反思与确认人生的价值与意义,并在于为人类生活提供并奠定具有"终极"与"绝对"意义的价值标准与价值理念。由此,哲学也就发挥出作为形而上学的一门学科或一种学说的特有社会功能,同时,哲学自身也就在这种追求"终极"的具有"绝对"意义的活动中不断发展与深化自身。

# 第四节　"绝对主义"与"相对主义"的区别

综上所述,哲学具有形而上学的本性,具有超验性和思辨性两大特性,哲学的研究对象即是"绝对",哲学也具有追求"终极"认识的"绝对"性质,这些特性都使得哲学带上了"绝对主义"的色彩,"绝对主义"也就成为哲学的一种本质特性。

就绝对主义和相对主义的区别来说，哲学作为一种形而上学的认识，也只能是"绝对主义"而不可能是"相对主义"的认识。哲学的形而上学的认识追求"终极"本质，追求"纯真、纯善、纯美"，这就使得哲学的认识必然具有"绝对"的性质和意义。

所谓"绝对"，就是指人的认识超越了相对有限的范围而进入相对无限的认识领域，由此认识就获得了最大限度的发展空间并从而形成了哲学那样的自由学术。哲学作为具有形而上学精神的唯一的自由学术，是既受形而下经验认识的制约，同时又不受其制约或不断突破这种制约。由此，哲学也就成为能够超越科学的实证认识而追求理性的逻辑思维的精神探索活动。哲学就是一种带有一定相对性而又具有绝对意义的精神探索活动。

比较说来，科学在对象性的认识中会永远具有认识的相对性与经验性，因此，科学就将永远属于一种"相对主义"的认识形式，而哲学则在非对象性的思维活动中获得认识的思辨性与超验性，因此，哲学就将永远属于一种"绝对主义"的认识活动。

事实上，哲学如果没有一种"绝对主义"的本性或特性，也就不成其为哲学。可以说，具有认识的"绝对性"的"绝对主义"乃是传统哲学的一个本质特征。也正是由于具有这种"绝对主义"，才使得传统哲学与具有"相对主义"特征的一切现代非传统哲学区别开来，同时也同一切同样具有"相对主义"特征的经验科学或实证科学区别开来。

20世纪以来，以科学、技术为主导的人类社会已全面进入了一个"相对主义"的文化时代。在20世纪，人类认识已完成了由传统哲学向现代（非传统）哲学的转变，同时也完成了由哲学思维向科学认识的转变。

无论是现代哲学研究，还是现代科学研究，从总体上来说，都具有某种"相对主义"的特征。也正是基于或出于这种"相对主义"，黑格尔以后的哲学思潮（例如实证主义、非理性主义思潮等）才发动了对具有"绝对主义"特征的传统哲学乃至传统文化的反叛。那是一个哲学和文化的"悲剧"时代，一个尼采式的悲剧的诞生。

由绝对主义向相对主义的这一转变也就同时意味着哲学的终结，即意味着哲学继宗教之后，就其精神本质来说，也已退出历史舞台，——形而上学那"至圣的神"已悄然退隐，虽然还给那些有文化的民族留下了一个各方面都装饰得富丽堂皇的庙宇。

# 第四章

# 对哲学基本问题、基本派别
# 与发展模式的探讨

在本章中，我们再来集中分析一下哲学的基本问题、基本派别以及发展模式问题。本章的这一探讨不仅是对有关哲学基本理论问题的梳理，而且也是对哲学历史演变过程的反思。为此，本章也将对当前流行的一些有关理论观点提出商榷或质疑，并努力阐明一些新的思想认识。

## 第一节　对哲学基本问题的探讨

关于"哲学基本问题"的理论，是由恩格斯最先明确提出与表述的。这一理论在我国哲学界也早已为人们所熟知，而且长期以来也是指导我国哲学研究及哲学史研究的理论基础。然而，究竟应该怎样理解"哲学基本问题"，在我国哲学界也长期存在一些认识上的分歧。这种分歧主要表现为：恩格斯所提出的"思维和存在的关系"问题或世界的"本原"问题是否就是"哲学的基本问题"。

恩格斯在《路德维希·费尔巴哈和德国古典哲学的终结》（1888）一书中提出："全部哲学，特别是近代哲学的重大的基本问题，是思维和存在的关系问题"。[1] 恩格斯还指出："什么是本原的，是精神，还是自然界？——这个问题以尖锐的形式针对着教会提了出来：世界是神创造的呢，还是从来就有的？"[2] 后来，这一哲学基本问题即"思维和存在"的关系问题也被人们进一步表述为"物质和精神"的关系问题，亦即何者是"第一性"、何者是"第二性"的问题。按照恩格斯的意见，对哲学基本问题的不同回答也就把唯物主义

---

① 《马克思恩格斯选集》第 4 卷，人民出版社，1995，第 223 页。
② 《马克思恩格斯选集》第 4 卷，人民出版社，1995，第 224 页。

和唯心主义两大派别划分开来。

恩格斯对哲学基本问题的规定具有全称判断的性质，即认为"思维和存在"的关系问题是"全部哲学"的"基本问题"，恩格斯也同时称之为"全部哲学的最高问题"。①但问题在于，这一"本原"问题或"思维和存在"的关系问题是否就是"全部哲学的基本问题"呢？从理论上说，它是否体现出哲学思考的本质，从历史上说，它是否真正贯穿于哲学（在这里主要就是西方哲学）发展的全部历史过程从而成为哲学探索的根本问题或中心问题？

笔者对现有"哲学基本问题"的理论及其相关表达也存在一定疑问，所以，不揣冒昧在下面提出商榷。

首先，从理论上分析，恩格斯提出哲学基本问题的主旨是强调"思维和存在"（或"精神和物质"）何者是"本原"（即后来研究者所说何者是"第一性"），由此再把哲学划分为唯物主义和唯心主义的"两大阵营"。然而，实际说来，哲学家所能关注并能实际探讨的问题却不一定是或者不可能是"本原"问题，这是因为有关世界的"本原"问题已完全超出了哲学理性思维或逻辑论证的范畴而进入科学认识或宗教信仰的领域。

实际上，哲学家只能思考"思维和存在"之间的某种现实的本质的关系，由此也就必然超越或悬置世界的"本原"问题，进而深入思考思维的本质、作用及其思维与存在的现实关系，而这种思考或反思也就完全超越了寻求世界"本原"（亦即宇宙"起源"）的实证科学的致思理路，亦即超越了寻求思维和存在直接统一的经验科学层次，而真正进入到超验的逻辑思维的哲学层次。可以说，寻求解答"本原"问题即寻求思维和存在的直接统一，正是科学的研究与思维方式，而依据反思性的逻辑思维来寻求思维与存在的本质统一，才是哲学思维的本质特点。也就是说，"本原"问题不同于"本质"问题，而寻求解决"本原"问题最终会导致科学研究，只有寻求解决"本质"问题（譬如世界的本质问题、思维和存在关系的本质问题、概念的本质问题乃至人生的本质与价值问题等等）才可能导致哲学研究。

因此，哲学研究的基本问题就不应是"本原"问题，而应是"本质"问题。事实上，哲学也无法直接认识与把握思维和存在的统一，只有科学才可能通过对现实世界的经验观察而以直接"反映"的方式来实现思维和存在的统一。当然，科学所达到的这种统一却只是思维与对象的直接的经验的统一。哲学则追求本质的统一，或统一的本质，哲学通过概念式的反思来达到思维和存

---

① 《马克思恩格斯选集》第4卷，人民出版社，1995，第224页。

在的统一，这种统一并非统一于某种"本原"，而是统一于思维和存在的辩证矛盾的本质。由此，哲学在思维和存在的关系上，也就超越了"本原"问题的认知层次而深化为对于事物本质的概念式的反思性的逻辑思维。

其次，从历史上分析，我们从西方哲学演进的全部过程来看，这一问题也并没有在哲学发展中贯彻始终而体现为"全部哲学的基本问题"。恩格斯认为"思维和存在"的关系问题也就是世界的"本原"问题，并认为这一问题具有久远的根源并贯穿在"全部哲学，特别是近代哲学"的发展中。然而，我们知道，探讨世界的"本原"（arche，亦称"始基"，意指世界的来源或开端），只在古希腊哲学发展的早期阶段才具有重要意义或"完全的意义"，才体现为哲学探索的基本问题。事实上，也只有古希腊早期哲学才完全地探讨"本原"问题，才把"本原"问题作为基本问题，但那只是哲学发展的早期阶段，人们称其为"自然哲学"。显然，"本原"问题只是希腊早期自然哲学探讨的重心，而后来的希腊哲学很快就扬弃了早期哲学的这种自然哲学或"宇宙论"的研究方式而一举将哲学探索的重心转变到探讨"本质"问题上来。这就是希腊哲学发展中著名的"苏格拉底的转向"。由此，希腊哲学才相继形成了苏格拉底的"概念论"、柏拉图的"理念论"以及亚里士多德的"本体论"等哲学理论，由此，哲学才真正开始了形而上学的超验与思辨的探索，哲学也才真正发展起来。

事实上，探讨"本原"问题，或者直接研究与认识"思维和存在"之间的"统一"或"同一"，这在很大程度上还属于经验性的科学探索，或者属于某种"自然哲学"。然而，哲学上的探索或思维却必须超越"本原"问题而提升为在逻辑思维领域内思考与论证"本质"问题或"本体"问题。我们知道，在希腊哲学发展中，特别是从苏格拉底、柏拉图到亚里士多德哲学的发展中，对"本体"问题的探讨与对"本质"问题的研究与认识是完全一致的，或者说，"本体"问题和"本质"问题实质上就是一个问题。因此，我们可以说，"本质"或"本体"问题才是古希腊哲学所真正确立的哲学的基本问题。

哲学（古希腊哲学）一旦开始探讨"本体"或"本质"问题，也就开始把自身与原始宗教乃至原始科学等认识形式区别开来。然而，在恩格斯那里，哲学还完全具有"自然哲学"乃至宗教思维的特征。恩格斯认为"远古时代"的"灵魂不死"的观念就是"思维和存在"关系问题产生的历史或认识根源。他说："思维对存在、精神对自然界的关系问题，全部哲学的最高问题，像一切宗教一样，其根源在于蒙昧时代的愚昧无知的观念"。① 然而，从"灵魂不

---

① 《马克思恩格斯选集》第 4 卷，人民出版社，1995，第 224 页。

死"的观念或"蒙昧时代的愚昧无知的观念"中，是不可能产生真正的哲学思维与哲学的"最高问题"的，因为这些观念，在事实上还属于原始宗教意识，还与具有高度抽象思维特性的"哲学"意识亦即超验的、反思的形而上学意识有本质区别。

哲学的产生和发展来源于或根源于对这种"宗教"意识乃至"本原"意识的超越与扬弃。毋宁说，哲学已然把"本原"问题即"什么是本原的，是精神，还是自然界"的问题留给宗教或者科学去探求与解答，因为这一问题事实上也不在哲学的理性思维的范围之内，因而这一问题也就只能——或者由科学来给以"实证主义"的认识，或者由宗教来给以"信仰主义"的解答，而处在科学与宗教之间的哲学也就只能对二者给出的解答做出更高层次的反思或批判。

由此，哲学也就把自身思考与探索的问题深化并确定为"本质"或"本体"问题，并借助寻求本质的概念式的思维与逻辑论证来寻求思维和存在、精神与自然之间的某种现实的本质的统一。也因此，当古希腊哲学家巴门尼德提出"能被思维者和能存在者是同一的"[①] 命题时，哲学也就在事实上超越了"本原"问题而进入对"本质"问题的形而上学的探求，由此哲学也就和宗教、科学区别开来。也因此，哲学家也就不再单纯探讨与争论世界的"本原"问题，或者至少也会把这一问题和"本质"问题联系起来思考，并致力于解答思维和存在关系的"本质"方面，亦即才寻求思维与存在之间的现实的本质的统一。

实际上，对于"宗教"或"神学"说来，"本原"问题也不是其必须思考或解答的"基本问题"，因为面对"以尖锐的形式针对教会提出"的这个问题即"世界是神创造的呢，还是从来就有的"问题，教会也完全可以回答说："世界是神创造的，也是从来就有的！"对于具有很高逻辑思维素质与论辩能力的中世纪经院哲学家来说，他们完全有能力这样解答我们这个"全部哲学的最高问题"。显然，从"逻辑"上说，"神创造世界"和"世界从来就有"也并不存在什么根本矛盾，而对于"信仰"本身来说，这一"问题"实际上也根本不成其为"问题"。

第三，从西方哲学史发展的各个阶段来看，每一阶段的发展都具有一定形式，或以一定形态的哲学为其显著特征，如古代哲学以"本体论"为显著特

---

① 北京大学哲学系外国哲学史教研室编译《西方哲学原著选读》上卷，商务印书馆，1981，第 31 页。

征，近代哲学以"认识论"为显著特征，现代哲学以"价值论"为显著特征，但每一阶段的哲学形态，也都并未以研究思维和存在的关系问题或本原问题为基本问题，而是各有其研究、探索的基本问题。

例如，古代哲学本体论研究的中心问题就是"有"（或"是"即"being"）本身的问题，"本体论"实为"本质论"，它已超越世界的"本原"（或"始基"）问题。

其后，在中世纪经院哲学中，基督教哲学家也不再探讨或争论"本原"问题，而是围绕"共相和殊相"的关系问题进行了长期的历史性论争，并因此而形成了"唯实论"（即"实在论"）与"唯名论"两大派别。

再后，近代哲学则凸显认识论，出现了经验论和唯理论两大思潮，而其论证的主要问题或基本问题也并非是"本原"或思维和存在的关系问题，而是经验认识和先验认识以致归纳和演绎的关系问题，并进而对真理问题做了深入的探讨。从近代哲学到现代哲学的发展来看，价值论哲学更不以抽象地研究"本原"或"思维和存在"的关系问题为基础，而是以探讨事实和价值、价值和真理等有关价值认识的问题为哲学研究的基本问题。

应该说，恩格斯提出的"本原"问题或"思维和存在"的关系问题只在哲学发展的早期阶段或某些阶段才具有重大意义，因而将其确定为"全部哲学的基本问题"就显得缺乏普遍性。应当明了，所谓"哲学基本问题"应是哲学史上各个时代的哲学家都应思考和探讨的一个理性思维的中心问题、核心问题，也应是一种最基本、最普遍的矛盾关系，它能体现哲学辩证思维的本质及其发展。笔者认为，具有这种性质的"基本问题"就应是"共性和个性"或"普遍和特殊"的矛盾关系问题。

在哲学史上，从古希腊哲学的"概念论"（苏格拉底）、"理念论"或"通种论"（柏拉图）、"本体论"（亚里士多德）到中世纪经院哲学唯实论与唯名论关于"共相与殊相"的争论，再到近代哲学经验论与唯理论的论争，都并非讨论"本原"问题或"思维和存在"的关系问题，而总是涉及一与多、一般与个别、现象与本质、无限与有限、绝对与相对以及经验归纳与理性演绎等矛盾关系，而这些矛盾关系也无一不是"共性与个性"或"普遍与特殊"矛盾关系的体现。同时，"共性和个性"或"普遍和特殊"的关系问题，也并不是科学或宗教等意识形态所专门探讨的问题，它只是哲学思考的问题，它也完全具有哲学思维的独特性，完全体现出哲学形而上学思辨或思维的特点。而且，这一问题和哲学的研究对象也是一致的，哲学的研究对象既然是"绝对"（黑格尔的观点），那么，哲学研究与思考的基本问题也就应当是"绝对和相对"

或"普遍和特殊"的矛盾关系。

第四，还应认识到，哲学在本性上是一种形而上学的逻辑思维，因此，一般说来，形而上学的逻辑思维的核心问题也就应当是哲学的基本问题。这就是说，"哲学"基本问题本身就应当具有"逻辑思维"的特性与形式，同时也应当为各个时代的哲学家所思考进而影响到各个时代的哲学思维。然而，严格地说，"思维和存在"的关系问题或"本原"问题却并不在逻辑思维的范畴之内，而对这一问题的研究反而会促使哲学思维趋向科学认识，从而促使"哲学"作为"思维"而在与"存在"的关系中消解自身。

还应看到，恩格斯提出的"思维"与"存在"概念，也都是在这两个概念的广义上提出与使用的，"思维"并非是指哲学所着重研究的具有严格逻辑规定性的"逻辑思维"，而是指和"物质"相对而言的具有宽泛意义的"意识"，而"存在"也并不是指作为哲学研究对象的"存在"（being，或作为存在的存在），而是指一种意义宽泛的现实的即具体的"存在"（existence）。

因此，恩格斯提出哲学基本问题的思路就是：在提出这一基本问题的同时即扬弃这一基本问题，亦即把思维和存在的关系由抽象的哲学研究而引进现实的认识领域，从而把抽象的哲学问题转变为经验性的科学认识问题乃至实践问题。事实上，恩格斯提出哲学基本问题的一个潜在的理论意图，就是要以科学的或实证科学的研究方式来取代哲学的思辨的研究方式，恩格斯对哲学基本问题的阐释也就意味着对哲学基本问题的扬弃，亦即把哲学的理论问题转换为非哲学的科学或实践问题。

事实上，在《路德维希·费尔巴哈和德国古典哲学的终结》这部著作中，"哲学"的基本问题就已被转换为非哲学的"实践"问题了。恩格斯提出："对这些以及其他一切哲学上的怪论的最令人信服的驳斥是实践，即实验和工业。"① 同时，恩格斯还把"全部哲学"理解为"建立在对物质和精神关系的特定理解上的一般世界观"。② 按照恩格斯的理解，关于自然界和历史的"实证科学"已经完全能够提供"一般世界观"的完整图景，因而原本作为"世界观"的"哲学"也就成为"多余的"而终将消失在实证科学的发展中。恩格斯在《反杜林论》（1878）中提出："如果存在的基本原则是从实际存在的事物中得来的，那么为此我们所需要的就不是哲学，而是关于世界和世界中所

---

① 《马克思恩格斯选集》第 4 卷，人民出版社，1995，第 225 页。
② 《马克思恩格斯选集》第 4 卷，人民出版社，1995，第 227 页。

发生的事情的实证知识；由此产生的也不是哲学，而是实证科学。"① 在《费尔巴哈和德国古典哲学的终结》、《自然辩证法》等著作中，恩格斯也一再阐释这一"哲学终结"的思想。按照这一思想，作为"本体论"或"世界观"的"全部哲学"也就"终结"了，那么，"哲学基本问题"或"本原"问题，对于哲学来说，也就不再具有任何实际意义，在"实证科学"的发展中，具有实际意义的只是科学的或实践的问题。

## 第二节 对哲学基本派别的探讨

按照恩格斯的观点，对哲学基本问题即"本原"问题的不同回答形成了哲学上的两个基本阵营或基本派别。恩格斯在提出哲学基本问题时指出："哲学家依照他们如何回答这个问题而分成了两大阵营。凡是断定精神对自然界说来是本原的，从而归根到底承认某种创世说的人……组成唯心主义阵营。凡是认为自然界是本原的，则属于唯物主义的各种学派。"② 在我国出版的《辞海·哲学分册》中，也有这样的提法："哲学基本问题是检验各种哲学学派的试金石，是理解哲学发展史的基本线索。"③

恩格斯提出的"哲学基本问题"及其划分"两大阵营"的理论，在恩格斯逝世前后的马克思主义理论界，以及在后来的苏联和中国的理论界，都是一种占主导地位的流行理论，而"唯物主义"和"唯心主义"是哲学上的"两条路线"或"两大阵营"也已成为理论界的一种根深蒂固的认识。然而，与哲学发展的复杂的实际历史情况相比，这一理论就显露出某种简单化、公式化的局限。如果我们仍然"认取哲学为唯一的自由学术而深加探索"（亚里士多德），那么，我们也就同样应该对这一理论深加反思，我们就理应提出这样的问题：把哲学发展的全部历史都理解并归结为"唯物主义"和"唯心主义"的"两军对战"或"两条路线斗争"，是否具有足够的历史与逻辑依据？下面，我们就对这一问题做出分析。

## 一 理论上的分析

从理论上说，哲学作为人类一种从事形而上学的超验与思辨认识的特定形

---

① 《马克思恩格斯选集》第 3 卷，人民出版社，1995，第 375 页。
② 《马克思恩格斯选集》第 4 卷，人民出版社，1995，第 224 页。
③ 《辞海·哲学分册》，上海辞书出版社，1980，第 51 页。

态，必然会具有许多不同的甚至互相对立的学派、学说、流派或思潮，而这些不同的学派、学说等也往往会具有不同的研究理路、研究方法与理论风格。应该说，这些差别或矛盾都并不具有"两个阵营"或"两条路线"彼此对立与长期斗争的性质，而不过是哲学自身在长期发展中所形成的一种自我演变、自我调节的形式或表现而已。这些差别或矛盾都是哲学历史发展的内在差别和矛盾，都不具有"两大阵营"或"两条路线"外在对立或根本对抗的性质。而且，哲学的这种内在差别或矛盾也正构成了哲学发展与历史演变的内在动力与根本动因。

哲学在自身发展中具有这些内在差别或矛盾，具有一些不同的学派、学说、流派等，也是一种很正常的现象，这正如科学在自身发展中也总会具有自身的一些内在差别、矛盾而形成一些不同的学派或学说一样。然而，人们并没有因为科学发展中存在矛盾或出现一些不同的学派、学说而提出什么科学发展中的"两条路线"、"两大阵营"，那么，为什么在哲学发展中出现这些矛盾现象，就一定要被认作是"两条路线"或"两大阵营"呢？

从哲学理论形态发展的特性来说，哲学发展的本质、形式、动力与途径，都不是"唯物主义"和"唯心主义"的"两条路线"或"两大阵营"的斗争，更不是一些人所长期坚持的所谓"哲学上的党派"或"哲学上的阶级斗争"，而只是不同学派、学说、方法与研究路径之间的矛盾的统一或综合，是哲学发展中的一种内在差别，或是哲学发展中矛盾的错综复杂而又互异互补的辩证关系。

## 二 历史角度的分析

再从历史角度分析，"两个阵营"的理论也不符合哲学史演变的基本特征。基于哲学理性思维的本质，哲学演变的历史也就是人类理性认识与逻辑思维矛盾发展的历史，是哲学借助概念、判断与逻辑推论而不断发展与完善理性思维本身的历史。然而，恩格斯提出的"哲学基本问题"的理论却并没有真实反映出这一历史。问题在于，这一划分哲学"两大阵营"的理论（包括划分标准或根据等）具有简单化与片面化的局限，它既没有包含"全部哲学"发展的复杂情况，也没有体现"全部哲学"历史演变的本质特征。

还是拿"本原"问题来说吧！恩格斯提出划分哲学基本派别的标准在于如何回答"本原"问题，然而，在哲学史上，探讨"本原"问题只是古希腊早期哲学的一个主题，后来各个时期或各个时代的哲学家也都并不再围绕

"本原"问题进行探讨，也并不回答或论证"本原"是"物质"还是"精神"。这是因为，在哲学史上，绝大多数哲学家都并不把"思维与存在"或"物质和精神"视为绝对对立的进而再指认出其中之一为"本原"。相反，哲学家总是致力于探讨物质与精神或思维与存在的统一，因此也总是从某种具有统一本质的概念出发（例如从"存在"、"理念"、"绝对精神"的概念出发）来解决世界的"本原"或"起源"问题。可以说，从巴门尼德到亚里士多德、从笛卡尔到黑格尔等西方哲学家都莫不如此。同时，也有一些哲学家则把"本原"问题完全悬置起来，认为人的认识在本质上只能限定于有限的经验领域而不可能解决世界的"本原"问题或"物自体"问题，例如休谟和康德就属于这样的哲学家。作为"怀疑论"，休谟和康德的研究理路也完全不在于探讨并解答"本原"问题而在于探讨世界的"本质"问题，或在于探讨本质与现象的关系问题。

因此，恩格斯试图以"本原"问题作为标准来给"全部哲学"一个"一分为二"的划界，即把所有哲学家都划分为"唯物主义"和"唯心主义"两大阵营，就显出某种简单化、公式化的局限。

从本质上看，所谓哲学上的"基本派别"也不过是哲学形而上学在其内在演变过程中所显现出来的两种不同的研究理路或研究传统而已。笔者认为，这两种不同的研究理路或研究传统，就是"理念主义"（idealism，或理想主义）与"实在主义"（realism，或现实主义）。

我们知道，早在古希腊哲学发展早期，就形成了伊奥尼亚学派（赫拉克利特与米利都学派）和南意大利学派（爱利亚学派和毕达哥拉斯学派），同时也开启了理念主义和实在主义两大哲学传统之先河。后来，柏拉图主要继承了爱利亚学派传统而创立了"理念论"，奠定了"理念主义"的研究理路与思想传统。"理念主义"的主要特征就在于以高度抽象化的理念、观念作为本质与基础来认识与把握现实世界，同时具有追求"理念"、"善的理念"、"理想国"与"哲学王"等多方面的浓厚的理想主义色彩。而亚里士多德则主要继承伊奥尼亚学派传统，他在批判柏拉图理念论的同时，提出并阐释了"本体"或"实体"、"四因"等学说，并注重对感性具体事物的认识，认为感性具体事物才是真实的存在。由此，亚里士多德就奠定了"实在主义"的研究理路与思想传统。

可以说，柏拉图哲学和亚里士多德哲学的分歧或矛盾，主要就是哲学研究领域"理念主义"和"实在主义"两种理路或两种研究倾向的分歧或矛盾，而其以后各个时代哲学的发展也都大致继承并发展了柏拉图和亚里士多德所开创的这两种研究理路与历史传统，从而表现出一个哲学思想演进的具有历史连续性与规律性的过程。

譬如，在欧洲的中世纪，基督教哲学（从一定意义上说）就是柏拉图哲学和亚里士多德哲学研究理路的某种奇特的结合。在基督教哲学中，教父学（奥古斯丁是其集大成者）和早期经院哲学都主要是以柏拉图哲学为思想基础，而晚期经院哲学经过托马斯·阿奎那的努力则最终转变到主要以亚里士多德哲学为基础，亚里士多德哲学也随之成为经院哲学的最大权威。

在经院哲学中也始终贯穿着"唯实论"和"唯名论"的争论。一般说来，"唯实论"（realism）即体现出理念主义的传统，而"唯名论"（nominalism）则体现出实在主义的传统。及至近代，西方哲学又出现了"经验论"（empiricism）和"唯理论"（rationalism）两大认识论思潮或学派，而二者之间的对立也同样体现出"理念主义"与"实在主义"两种研究理路或历史传统的矛盾及影响。

通过上述分析，可以看出，在哲学史上，在上述几个大的历史时期，都从未出现所谓"唯物主义"和"唯心主义"作为"两大阵营"而彼此斗争、对垒分明的情况。在西方哲学史上具有重大意义并贯穿始终的矛盾只是"理念主义"和"实在主义"两种哲学传统的矛盾，但这一矛盾并不等于"唯物主义"和"唯心主义"的矛盾或斗争。无论是古代柏拉图哲学和亚里士多德哲学的分歧，还是中世纪经院哲学内部唯实论和唯名论的争论，还是近代哲学中经验论和唯理论的分野，都并不等于"唯物主义"和"唯心主义"的斗争，这些分歧都不过是哲学认识内在矛盾发展的体现。事实上，也正是哲学发展的内在矛盾亦即不同学派、不同学说、不同研究传统之间在认识重点及研究方法等方面的差异，对哲学的历史发展起到根本性的推动作用，即成为哲学发展的根本动力。

可以断言，哲学史上这些具有重大意义的不同学派、不同传统之间的矛盾，在本质上，都不是什么"唯物主义"和"唯心主义"的斗争。实际上，我们也根本无法把柏拉图哲学或亚里士多德哲学简单划归为哪一"阵营"，同样，也根本无法把唯实论和唯名论或经验论和唯理论简单划归为哪一"阵营"。

因此，"哲学基本问题"的理论以及"两大阵营"划分的理论，都没有真实反映并深入揭示哲学史上存在的所有这些错综复杂的矛盾关系及其历史演变。也因此，人们把西方哲学的发展本质或发展规律归结为所谓"两条路线"或"两大阵营"的斗争，是缺乏足够的历史依据与理论依据的。

## 三　语义学角度的分析

下面，我们再从语义学角度来分析一下以上几个相关概念的确切含义及其区别，以便进一步明确"理念主义"和"实在主义"的矛盾并不等于"唯物主义"和"唯心主义"的斗争。我们的分析可分为下述几点：

1. 在英语中，"idealism"这个词来源于希腊文"idea"，意为"理念"、"观念"，这也是柏拉图的"理念"或"理念论"的基本含义。而"idealism"的确切含义或本来意义也就是"理念论"或"理念主义"（或"理想主义"）。因此，大量中文译著一般都将这个词译为"唯心主义"恐为不妥，"idealism"的确切含义就是"理念主义"（或"观念主义"、"观念论"，或"理想主义"），但"理念主义"（或"理想主义"）却并不等同于"唯心主义"。

2. 与"理念主义"（idealism）相对立或具有某种对立或对应关系的概念应是"实在主义"（realism），而"realism"一词来源于"reality"即指"现实"、"实在"，因而其确切含义也是指注重现实，注重实际存在的事物或实在，即像亚里士多德那样注重研究具体事物或考察自然、天文、生物等经验对象。然而，这一含义也并非就是"唯物主义"，我们也不能说像亚里士多德那样的哲学家就是"唯物主义者"。

所以，正如"idealism"这个概念只应在"理念主义"（或"理想主义"）的含义上使用一样，"realism"这个概念也只应在"实在主义"（或"现实主义"）的含义上使用。

3. 这样，我们就得到了两对概念，并且应把这两对概念区别开来。第一对概念就是"idealism"与"realism"，其确切含义就是"理念主义"与"实在主义"。这一对概念是完全对应的，但其含义却并不等同于第二对概念。

第二对概念就是"唯物主义"和"唯心主义"概念，而这对概念也就不应再以第一对概念中的概念来表达，譬如不应以"idealism"来指称"唯心主义"（或把"唯心主义"转译为idealism）。这样的译法或用法，很容易造成对这两对概念本质含义的误解或混同，而这种误解或混同在哲学史上也是常常见到的。

4. 实际上，在英语或西语中，"唯物主义"和"唯心主义"概念也是确有另外一种表达方法或用法的。在英语中，所谓"唯物主义"（或"唯物论"）就是"materialism"。"materialism"的词根是"matter"，意指"物质"、"具体材料"，因而其本来含义也就是指注重物质利益的"物质主义"、"实利主义"。所以，"唯物主义"（materialism）这个词也是不同于"realism"（实在主义或现实主义）的，因此，这两个概念也应当适当区别开来。

在英语中，与"materialism"（即"唯物主义"、"物质主义"）相对应的概念也不应是"idealism"（理念主义），而应该是"spiritualism"。"spiritualism"的词根（或名词形式）是"spirit"即"精神"、"心灵"，这也正好和"matter"一词相对，而"spiritualism"一词的含义也正是指"精神主义"，或指"唯灵论"、"唯心灵主义"，这和"唯心主义"的含义也是更为接近的。所以，在英语中，"唯物主义"和"唯心主义"的概念就应是"materialism"与"spiritualism"。

5. 事实上，中文中"唯心主义"的含义也就是"精神主义"，或"唯心灵主义"，这在英语中就只应是以"spiritualism"来表达而不应以"idealism"来表达。

所以，"唯物主义"和"唯心主义"的确切含义或在英语中的本质含义，就是指"物质主义"（materialism）和"精神主义"（spiritualism），而不是指"理念主义"（idealism）与"实在主义"（realism）。也就是说，"物质主义"（materialism）和"精神主义"（spiritualism），是不能等同于"理念主义"（idealism）与"实在主义"（realism）的。因此，我们应当把这两对概念适当区别开来，以避免造成含义上的误解与混同。

6. 因此，人们长期以来把"唯心主义"认作"idealism"，或把"idealism"译为"唯心主义"，这是不太确切或不太准确的。"唯心主义"应是"spiritualism"，而"idealism"则应是指"理念主义"，因此也应译为"理念主义"（或"理想主义"）。

而"spiritualism"与"idealism"又都各有自己的反义词，即"materialism"与"realism"。这就形成了上述两对概念，这两对概念之间也可能具有一定交叉或复合关系，但就其狭义的或严格的意义而言，这两对概念之间还是有确定区别的。所以，我们也应当适当将其区别开来，从而避免造成概念的混同与误用。

当然，上述这些概念的流行用法，也具有"约定俗成"的性质，这种用法在国内外的理论界也几乎成为"定论"。所以，笔者也无意执著地反对这些"约定俗成"的用法。不过，笔者以为，在学术研究中，我们对这些概念的确切含义及其区别还是应当有确切的理解的。

7. 从哲学发展的本质来说，我们也确实不应把"理念主义"和"实在主义"这两种研究理路或学术传统的矛盾，等同于"唯物主义"和"唯心主义"的对立。在哲学史上，真正具有重大意义并推进哲学思想发展的乃是哲学内部所具有的"理念主义"和"实在主义"两大传统之间的矛盾，这种矛盾体现并贯穿在伊奥尼亚学派与爱利亚学派、柏拉图学派与亚里士多德学派、唯实论与唯名论、经验论与唯理论等等学派或派别的矛盾关系之中。显然，我们不应将哲学发展中不同学派或学说的争论，简单归结为"两大阵营"的斗争，事实上，在哲学史上起到如此重大作用的学派之争，也根本无法纳入"唯物主义和唯心主义两条路线斗争"或"唯物主义和唯心主义两军对战"①的框架。事实上，以"哲学基本问题"以及"两军对战"的模式为基础也根本无法深入理解与揭示哲学发展的本质内容，这一模式本身也难以在哲学史中得到验证。相反，以两种哲学传统的理论模式为基础反倒可以合理而深入地理解与诠释全部哲学的基本问题及其历史演变的逻辑进程。

## 四　现实意义的分析

从理论的现实意义考虑，笔者还想指出，在哲学上长期流行的这种"唯物主义和唯心主义两条路线斗争"的理论模式以及其后衍生的各种相关理论观点，在很大程度上都反映了"以阶级斗争为纲"观念的影响，可以说，都是"以阶级斗争为纲"的观念在哲学研究中的体现。在恩格斯逝世之后的一百多年中，西方及东方的一些研究者都不断把哲学史或哲学领域的一些认识矛盾与阶级斗争或政治斗争联系起来，认定哲学发展总是阶级斗争的表现或阶级斗争的工具，而"唯心主义哲学"更是剥削阶级思想的体现。由此，哲学所具有的独特的思想探索性质以及历史贡献也就完全被忽视或被否定了。

列宁（1870～1924）后来也进一步发展或发挥了哲学"两条路线"或"两大阵营"的理论。列宁在《唯物主义和经验批判主义》（1908）一书的"结论"部分明确提出了"哲学的党性原则"，他说："在经验批判主义认识论的烦琐语句后面，不能不看到哲学上的党派斗争，这种斗争归根到底表现着现代社会中敌对阶级的倾向和思想体系。最新的哲学象在两千年前一样，也是有党性的。唯物主义和唯心主义按实质来说，是两个斗争着的党派"。② 这样，哲学上的"学派"也就完全被归结为"党派"，哲学上的认识分歧也就完全被混同于"敌对阶级"的阶级斗争或政治斗争，由此也就进一步推动了"以阶级斗争为纲"图解哲学史的潮流。后来，斯大林（1879～1953）多次领导苏联哲学界开展对哲学、语言学及生物学等学科领域的所谓"资产阶级学说"的批

---

① 《哲学百科全书》，中国大百科全书出版社，1995，第1151页。
② 《列宁选集》第2卷，人民出版社，1960，第365页。

判，在批判哲学上的德波林学派时还对其做出了"孟什维克式的唯心主义"的政治结论。

在中国，这种把哲学上的认识矛盾也当作阶级斗争来看待的思想观念同样长期占据主导地位。毛泽东（1893～1976）在1964年关于哲学问题的一次讲话中提出："有阶级斗争才有哲学"，"搞哲学的人，以为第一是哲学，不对，第一是阶级斗争。……不搞阶级斗争，搞什么哲学!"① 毛泽东在1957年还提出，在哲学上有"两个对子"，即"唯物主义和唯心主义"、"辩证法和形而上学"，"一讲哲学，就少不了这两个对子"。② 这些观点都长期成为人们解读哲学及哲学史的主导思想。在这种思想观念的主导下，中国哲学界相继开展了对"胡适派实用主义"、"中国哲学史研究的唯心主义"、"综合的经济基础论"、"杨献珍合二而一论"等哲学观点或哲学学派的政治批判。同时，日丹诺夫的哲学史定义也一度取得统治地位。日丹诺夫宣称："科学的哲学史，是科学的唯物主义世界观及其规律的胚胎、发生和发展的历史。唯物主义既然是从与唯心主义派别斗争中生长和发展起来的，那么，哲学史也就是唯物主义与唯心主义斗争的历史"。③ 由此，"哲学史就是两条路线斗争的历史"的观念完全形成。

在我国1966～1976年开展的"文化大革命"中，所谓哲学上"两条路线"斗争的理论更被发展到极致，"唯心主义"或"形而上学"哲学都受到猛烈批判，孔、孟、老、庄等中国古代思想家及柏拉图、贝克莱等西方哲学家都被视为"剥削阶级的思想代表"而被"彻底打倒"。那种以"阶级斗争"或"路线斗争"为纲来解读与肢解哲学和哲学史的做法，不仅得到"扩大化"的传播，而且也"深入人心"，造成了对中国几代人思想观念的不良影响。

可以说，这种以"阶级斗争"观念解读哲学、以所谓哲学的"阶级性"或"党性"来否定或取代哲学的"普遍性"与"理性"的做法是不正确的。应该看到，人类的哲学认识本来就是一种极其复杂的认识，作为本质上是形而上学的探求，人类的哲学认识也总是具有不断趋向理念而又不断回归现实的矛盾两重性，而这种矛盾两重性又总是试图寻求并遵循理性思维自身发展的规律与规则。虽然哲学认识的矛盾与社会矛盾具有一定联系，但哲学认识却具有更大的相对独立性，哲学与政法思想或道德意识等相比，也是一种离社会经济基

---

① 摘引自《毛泽东哲学思想教学研究参考资料》，北京大学哲学系1983年编印（内部发行）。
② 《毛泽东文集》第七卷，人民出版社，1999，第193页。
③ 《苏联哲学问题》，新华书店，1950，第5页；转引自谢龙《中国学术百年·哲学百年》，北京出版社，1999，第160～161页。

础、政治斗争及社会集团利益更远的意识形态。而且，哲学作为社会意识，即使反映社会存在，也完全是一种高度概括的、抽象的与创造性的反映。由此，哲学也就获得了作为一种特殊社会意识的特有的最大的普遍性与公共性，因而也就体现出一定超阶级乃至超历史的特征。今天，我们仍然在研读老子、孔子和柏拉图、亚里士多德以及康德、黑格尔等哲学家的著作，这种现象，就体现出哲学具有一定"超阶级"、"超历史"的特点。

　　因此，对于每一时代的哲学或哲学家来说，其根本使命也完全不在于选择哪一个哲学"阵营"，而在于发扬哲学"自由学术"的精神进行"形而上学"的探索。哲学作为"形而上学"的"自由学术"可以超越于现实社会的功利追求以及政治诉求之上，哲学可以是一种超越政治活动的纯粹自由思想的探索。一些哲学家对现实政治的批判或反思，也应被视为是这种超越性的体现。柏拉图写了《理想国》，看似"政治"，但它不是政治，而是"哲学"或"政治哲学"。

　　可以说，哲学或哲学家的思想特征与历史使命就是"探索"，就是"认取哲学为唯一的自由学术而深加探索"，从而促使哲学成为或保持成为"为学术自身而成立的唯一学术"。① 也因此，哲学家的思想认识也总会呈现出各种复杂多样、矛盾多元的甚至自身也常常矛盾的认识，这种认识的矛盾性在柏拉图、亚里士多德、康德等哲学家那里都很明显。也因此，把哲学或哲学家一概简单地划分为"两个阵营"或"两条路线"，并进而认定哲学上也存在着"两条路线斗争"或"阶级斗争"，这实际上就完全曲解与掩盖了哲学认识本身的形上特征、超验特性以及发展演变的复杂历史。

　　这样，扬弃或超越这种带有浓重"斗争哲学"色彩的十分偏颇的哲学观，按照哲学本身发展的真实面貌来认识哲学，也就成为我们今天深入认识哲学本质与演变逻辑的必由之路。

# 第三节　对哲学发展两种模式的探讨

## 一　对哲学分类的评述

　　哲学具有统一性，虽然哲学发展会出现不同形态或形式，因而可以做出分

---

① 〔古希腊〕亚里士多德：《形而上学》，吴寿彭译，商务印书馆，1959，第5页。

类，但不同的哲学形态或形式之间在本质上又是统一的。对于哲学的历史发展而言，我们也应更多关注哲学本质的统一性，并应克服或超越现有哲学分类的局限而不断推进对哲学统一的认识。有鉴于此，本节将考察有关哲学分类的思想及其局限，进而再阐述笔者有关哲学发展模式的思想，其主要思路就是力图以动态的哲学发展模式的理念来代替哲学分类的静态观念。

## （一）哲学分类思想的发展

哲学从产生之日起，就形成了有关哲学分类的思想。亚里士多德最早提出哲学分类的思想，但他的分类思想还比较笼统，其实质还是一种科学的分类，而其要旨也不在于对哲学本身做出分类，而在于把哲学和当时的科学部门区别开来。亚里士多德提出："有一门学问，专门研究'有'本身，以及'有'凭本性具有的各种属性。这门学问与所谓特殊科学不同，因为那些科学没有一个是一般地讨论'有'本身的。"① 这样，亚里士多德就已经把"哲学"和数学、物理学区别开来。

亚里士多德把研究"有"本身的学问称为"第一哲学"，认为这是最高的学问，所以也称为"神学"，而数学、物理学则只是研究"有"的一部分的属性，因而他称之为"特殊科学"或"数理科学"。② 后来，亚里士多德专门研究"有"本身的讲义被编辑成为《物理学之后诸篇》（即 metaphysics，译为中文即"形而上学"），更进一步体现出哲学和科学的区别。古希腊的斯多葛派也很注重探索哲学的分类，该学派把哲学分为三部分，即物理学（也称自然哲学）、伦理学和逻辑学，认为"当我们考察宇宙同它所包含的东西时，便是物理学；从事考虑人的生活时，便是伦理学；当考虑到理性时，便是逻辑学，或者也叫做辩证法。"③ 斯多葛派也很强调哲学的这三个部分之间的有机联系，并把"逻辑学"作为一门研究理性的辩证法的部门而确立，这也明确表达了哲学的理性思维的本质。

到中世纪，承袭亚里士多德及斯多葛派的分类思想，托马斯·阿奎那也把哲学分为三个部门，即物理学、数学和形而上学。托马斯还解释了这种分类的

---

① 北京大学哲学系外国哲学史教研室编译《西方哲学原著选读》上卷，商务印书馆，1981，第 122 页。
② 北京大学哲学系外国哲学史教研室编译《西方哲学原著选读》上卷，商务印书馆，1981，第 122 页。
③ 北京大学哲学系外国哲学史教研室编译《古希腊罗马哲学》（原著选辑），商务印书馆，1961，第 371 页。

依据，指出"思辨科学按照远离物质和运动的程度划分为不同的学科"，而离物质和运动最远的就是"神学"，也称为"形而上学"。① 到近代，笛卡尔把哲学分为"形而上学"（视为哲学之树的树根）、"物理学"（视为树干）和"具体学科"（视为树枝）三个部分。而德国哲学家沃尔夫则把哲学分为"理论哲学"和"实践哲学"两类，"理论哲学"（又统称为"形而上学"）包括本体论、宇宙论、心理学和神学，"实践哲学"则包括伦理学、政治学、经济学。此外，作为一切学科导论的是"逻辑学"。沃尔夫的这一分类思想也产生了很大影响，后来康德即吸收了这一思想，康德也大致把哲学分为这几个部分，并建构了自己的从"理论哲学"到"实践哲学"的体系（其具体内容是"纯粹理性批判"和"实践理性批判"）。

## （二）现行的一些分类方法

由于近代以来科学有了急速发展，一些传统的哲学学科（如宇宙论、心理学等）相继从哲学中分化出去，因而现代社会的哲学分类就日益趋于简单或单纯了。现在比较流行的哲学分类主要有下述几种。

### 1. "两分法"

按照这一分法，"哲学主要分两大类，一类强调存在论，一类强调知识论，就像是哲学的两大系统。它们在哲学史上的演进，按通常的说法，古希腊哲学强调的是存在论，长时间延续下来的主要是存在论。到了近代，康德提出把哲学的重点从存在论转移到知识论"。②

这种"两分法"，实际上体现了哲学研究有一个不断从认识"客体"到认识"主体"（即研究或认识人自身的认识能力与认识条件、思维方法等问题）的转变，这也是合乎哲学的发展规律的。

### 2. "三分法"

这是现在比较流行的一种分类法，就是把哲学分为三个部分。

（1）"本体论"（ontology），亦可包括宇宙论，关于"存在"本身的理论研究。"本体"一词来自拉丁文 on（是、存在、有）和 ontos（存在者）。古希腊哲学已奠定本体论研究的基础。17 世纪德国经院学者郭克兰纽（1547 ~ 1628）则首次使用"本体论"一词，并将其解释为"形而上学"的同义词，

---

① 北京大学哲学系外国哲学史教研室编译《西方哲学原著选读》上卷，商务印书馆，1981，第 266 页。

② 叶秀山：《哲学要义》，世界图书出版公司，2006，第 10 页。

遂成为哲学的主干。

（2）"认识论"（或"知识论"，epistemology，或 theory of knowledge），是近代自康德哲学发展起来的哲学形式，注重研究人的认识、知识问题，主要是认识的来源、能力、范围与限度等问题，并成为近代哲学的主要形式与思潮。

（3）"价值论"（axiology，或 theory of value），是 19～20 世纪以来形成的一种综合性的哲学学科，主要研究"价值"的性质、构成、标准与评价等问题，或者一般研究关于事物在满足人的需要与兴趣方面的意义，或者注重研究人生本身存在的价值与意义。国内也有学者认为，价值论还应包括伦理学和美学两个分支。实际上，价值论不是包括这些分支而是广泛涉及伦理学、美学、宗教学等许多学科的研究成果。

这种"三分法"是具有很大代表性的分类，哲学界普遍认为，哲学"形而上学"一般就包括本体论、认识论和价值论三个部分，而"本体论"（存在论）是形而上学的核心与基础，常常成为"形而上学"的代名词。其实，康德哲学的"三大批判"的思路即"知—意—情"的划分，或者"纯粹理性—实践理性—判断力"的划分，也大致是以这种"三分法"的分类思想为基础的。

本书对哲学的分类一般也是以"三分法"为基础，但同时认为这种分类不仅具有共时态的意义，即表现为一个横向的系统结构，而且同时也具有历时态的意义，即表现为一个纵向的历史演进的过程，亦即表现为从本体论到认识论再到价值论的历史演变。本书的第三章，已经对哲学的这种横向系统及纵向演进做了考察。

笔者认为，哲学的分类也不应停留于静态的分析，还应体现哲学动态发展的特点，哲学分类也应是动态的。从逻辑结构上看，哲学分类包含上述三个形态，也可以说是三个层次，而从历史发展来看，哲学的这一分类则表现为哲学相继演进的三个大的时代，即哲学由古代本体论到近代认识论、再到现代价值论的演进。事实上，哲学的分类或逻辑结构的划分本来也是以哲学的历史演变为基础的，在这里，也充分体现出哲学发展的逻辑结构和历史演变的统一亦即逻辑和历史的统一。

### 3. "八分法"（国内现行哲学分类的局限性）

现在中国大陆对哲学的划分是把"哲学"作为"一级学科"，下面再分设8 个"二级学科"，主要是按研究领域划分为一些"分支学科"，包括：（1）马克思主义哲学；（2）中国哲学；（3）西方哲学；（4）逻辑学；（5）伦理学；（6）美学；（7）宗教学；（8）科学技术哲学（自然辩证法）。这种分类可以叫做"八分法"。

对"哲学"做"二级学科"的分类比较明确地反映出哲学有一些不同的研究部类，对于可能分别从事这些不同部类的研究人士也有一定便利性，然而这样的划分毕竟带有很大的局限性而且大有分割哲学之嫌。

首先，按照"八分法"的学科划分，"哲学"在事实上是被看做一种关于不同领域研究的一种"专业知识"，这类似于一种"分门别类"的科学划分。这样，哲学本身的"形而上学"的精神本质就被掩盖了，"爱智慧"的追求也被掩盖了。

其次，"八分法"也割裂了"哲学"本身的统一性和综合性。事实上，哲学本身即具有统一性和综合性，作为"一级学科"的"哲学"本身就是一个综合性的研究领域。然而，在"八分法"中，只有八个二级学科是研究部类，而"哲学"作为所谓"一级学科"并未获得实际存在的意义，事实上是虚设或被架空的，有关哲学的综合性与基础性研究都无法在"八分法"中实现。譬如，本书的研究内容就具有综合性特点，但却无法申报"哲学"的"一级学科"研究，而只能选择某一个"二级学科"或"其他学科"，这就等于消解了哲学研究理应具有的综合性或比较性研究的重要特性。应该说，割裂了"哲学"本身的统一性与综合性，这是目前中国大陆的学科分类的一个严重缺陷。

再次，在八个二级学科之间也存在相互交叉、彼此重复的现象，其主要原因在于划分二级学科的标准不一致，有的学科是按地域标准划分（如"中国哲学"和"西方哲学"），有的是按性质划分（如"马克思主义哲学"，它和"西方哲学"又是交叉的），有的又按领域划分（如"伦理学"、"美学"等），这实际上已违反了学科划分应具有统一、一致的标准的规则。

这一学科分类方法体现了现代科学分类偏重"分化"而忽视"综合"的特点，同时这个分类也忽视了基础理论研究。例如，我们如果要研究"哲学本真精神与哲学基本问题的统一"或"哲学发展模式与哲学历史演变的统一"等带有很大综合性的问题，就无法在现有学科分类的框架内找到合理位置。就是说，"八分法"反而没有哲学基础理论研究的位置。其实，这种分法是把"哲学"本身分掉了，只有八个"二级学科"，但没有"哲学"本身。当然，"二分法"或"三分法"在一定程度上也同样存在这个问题，但"八分法"表现得更为突出。

实际上，哲学的重大发展或重大成果往往是在跨学科的综合研究与比较研究中取得的。哲学研究更多地不是带有"学科"性质，而是带有"方向"、"问题"性质，那种孤立、静止的"学科"划分对于"哲学"来说反而是画地为牢、作茧自缚，会阻碍哲学的综合创新。

## 二 哲学发展两种模式的含义与关系

### (一)"模式"的含义

哲学的分类总有某种"割裂"哲学之嫌,我们不禁想到,难道哲学就不具有某些自身发展的更为内在的基本形态或形式吗?

事实上,如果我们对哲学的考察不局限于哲学的分类、类别,而是着重认识与考察哲学发展所具有的某些内在的基本形式、形态,那么,对哲学的认识就可能更加接近于哲学的本质或本真精神。所以,为了克服或矫正哲学分类的局限,笔者一方面努力将上述的哲学分类、类别都视为哲学发展的某些基本形式,另一方面也试图以哲学发展模式的概念与研究理路来代替现有哲学分类的概念与理路。

笔者所提出的哲学发展的"模式"概念,是指哲学发展所具有的某些最基本的范式、形态或形式,如"本体论"就是哲学发展的一个基本模式。在这里,"模式"并不是"分支",并不是哲学分类中的一个单纯"类别",而是哲学本身发展的一种内在的形式。"模式"直接包含、体现着哲学的精神,哲学模式的发展也就是哲学自身的发展,或者说,哲学的发展就直接表现为哲学模式的发展与演变。

我们知道,当代美国科学史学家库恩(1922~1996)曾在《科学革命的结构》一书中提出了科学发展"范式"的概念。他所说的"范式"(paradigm)是指在科学发展一定阶段所出现的科学理论的基本样式或图式,如爱因斯坦相对论就是当代科学发展的范式。"范式"的转变意味着人们世界观的根本转变。我们所说的哲学发展的"模式"要比库恩所说的科学"范式"更具基本性,也更具稳定性,其存在的持续时间也更长。哲学"模式"也并不像科学"范式"那样需要通过一个具体的理论体系来表达,而是可以通过其间的所有的哲学理论来表达,它是所有这些理论学说所共有的研究方式、探索方式或理论框架。

在"模式"的大框架内,所有的哲学家都拥有共同的研究主题、基本问题及其相关理论问题。例如,"本体论"作为哲学发展的一种基本模式就代表了哲学研究中一种基本的研究方式与框架,它也具有自身研究的主题、问题以及发展演进的历史轨迹。"模式"也不同于"分类"、"分支","模式"不是对哲学的"分类"或"分科",而是哲学自身发展所借以展开并表现出来的基本形式、样式。比较说来，哲学的"分类"、"分支"总是表现出某种外在于哲学的特征，即表现出哲学的某种表层的外在的划分，而哲学的"模式"概念则直接体现出哲学的内在精神，即体现出与哲学本质及其历史演变内在统一的特性。

## （二）哲学发展两种模式的含义与关系

笔者认为，哲学发展具有两种基本模式，即"本体论"和"人生价值论"。下面，我们就来分析一下这两大模式的含义与关系及其各自所具有的基本问题。

### 1. 两种模式的含义

"本体论"（ontology）是哲学发展的一种基本模式，也是哲学研究的一种传统路径。所谓"本体论"，一般是指研究世界本原、本体或本质问题的哲学理论。严格意义上的本体论，发端于古希腊哲学家巴门尼德提出哲学应研究"存在"的思想，后来亚里士多德提出哲学应研究"有"（或"是"，即"being"）本身的思想，奠定了"本体论"的理论基础。

在西方哲学史中，研究"是"本身即构成"本体论"学科或模式的基本研究路径。当然，亚里士多德有关研究"是"本身的思想已经超越了希腊早期哲学探讨世界"本原"的观念，因为它已不限于探索某种具体的世界"本原"而是深入到对"存在"（being）问题做出概念式探讨的逻辑思维的领域。然而，还须看到，"本体论"的研究路径和"本原论"也具有密切历史关系，如果从大的发展模式的角度来考察，我们又可把"本原"问题的探讨也纳入或归结为"本体论"研究模式，并看做是"本体论"发展模式的早期发展形态。所以，也可以说，恩格斯在《费尔巴哈和德国古典哲学的终结》一书中把哲学基本问题规定为"本原"问题或"思维和存在"的关系问题，也反映了哲学上这种"本体论"发展模式的致思理路。"什么是本原的，是精神，还是自然界"，这种"什么是"或"是什么"的提问方式也正是"本体论"这种模式或研究理路的提问方式。

但是，更深入的问题在于：哲学发展是否仅仅具有"本体论"这一种发展模式呢？除"本体论"发展模式之外，哲学发展是否还有其他基本的发展模式？笔者认为，在西方哲学乃至中国古代哲学的发展历程中，除"本体论"模式之外，确实还存在着另一种重要的哲学发展模式，这就是"人生价值论"的发展模式，"人生价值论"就是与"本体论"并存的另一种哲学发展模式。

所谓"人生价值论"，是指以探索人生价值与意义、探讨理性信仰等精神生活的矛盾以及宇宙、自然与人类多重复杂关系为特征与宗旨的哲学学说或哲学模式。比较说来,"本体论"主要体现为作为"狭义"的哲学即哲学学科的性质,而"人生价值论"则主要体现为作为"广义"的哲学即哲学学说的性质。因此,这两种哲学基本模式的发展,也就全面体现出哲学在"狭义"和"广义"两种含义上的发展与演进,从而反映出全部哲学发展与演进的历史过程。

**2. 两种模式的关系**

下面,我们再从历史和逻辑两方面来简要分析一下"本体论"和"人生价值论"这两种模式的关系。

首先,从哲学发展的历史进程来看,这两大模式形成"并进"的历史演变关系。可以说,这两大模式构成了哲学史上的两大主线,两大模式的发展也贯穿在哲学史的全部发展过程中,二者既相互区别,又相互包含、相互渗透,并且常常相互交叉、相互交织,由此形成了哲学史上(以西方哲学史为典范的)人类思想与精神进展的双重变奏。

与本体论一样,人生价值论的哲学模式也同样古老,当然也同样可以追溯到远古时代的思维。在远古时代,人类有关"灵魂不死"的观念中就包含着对人生意义与价值的最原始的思索。在古希腊时代,在与"本体论"的形而上学兴起的同时,苏格拉底即实现了旨在"认识你自己"的"人类学"转向,"人生价值论"的哲学模式也就由此形成并发展起来。在西欧中世纪,在本体论神学化的同时,人生价值论也在宗教神学的形式中显现,关于人生的思考与求索借助于思考"神与人"的关系(即"神学形而上学")而展开。在近代,"本体论"的研究世界本原或思考事物本质的理路获得了充分发展,而"人生价值论"的意义也进一步彰显,它开始借助更为发展的认识形式与逻辑方法来探索、阐明人性、理性、信仰、价值等相关问题,由此也日益表现为有别于"本体论"研究模式的哲学发展的另一模式。所以,总的说来,二者"并进"就是表述这两大模式一般历史关系的基本概念。

其次,与历史的"并进"关系相适应,从哲学系统的逻辑结构来看,这两大模式又体现出"并存"的矛盾关系。这种"并存"关系的特点在于:本体论构成哲学、也构成人生价值论的基础,而人生价值论则构成哲学的深层本质,从而也构成本体论模式的升华,构成本体论追问的目的、趋向与意义。就哲学特性来看,两大模式都具有"理性"的形而上学的超验与反思本性,但本体论哲学作为探索有关"存在"(being)的学说,侧重于"认知理性"即"知性形而上学",因而表现出认识"客体"或"客观世界"规则的科学主义性质，而人生价值论作为探讨"人的存在"（human‐being）的学说，则侧重于"价值理性"即"理性形而上学"，因而更表现出认识"主体"或"主观世界"规则的人本主义性质。

总的来说，本体论和人生价值论两种模式都有存在与发展的历史理由及逻辑根据，而究竟如何发展、如何演变，在更大程度上是取决于哲学及社会发展的实际需要。而二者研究的"基本问题"与演进轨迹也完全不同，本体论以探索"本原"问题或"本质"问题作为哲学研究的基本问题，意在解决"物质和精神"、"思维和存在"的矛盾关系，并且（在西方哲学史上）形成了由古代"本体（本原）论"到近代"认识论"再到现代"知识论"及一般"价值论"的演进轨迹。所谓"知识论"，在广义上是指西方哲学发展中以"求知"为特征、以各种知识与认识成果为基础和内涵的一种传统的哲学理论形态，而在狭义上则是指现代哲学发展中出现的一种使哲学进一步实证科学化的学说或思潮，即是一种以科学哲学、语言哲学、数理逻辑及分析哲学等一类实证化哲学为主导的当代哲学的发展类型。当然，"知识论"的这两种含义也是统一的，现代意义上的"知识论"也正是传统意义上的"知识论"的发展与完善。此外，从性质或特点上看，所谓"知识论"与"本体论"实际上也是属于同一大的发展系列、发展类型或模式的哲学理论，"知识论"也不过就是"本体论"的发展与完成。

然而，人生价值论哲学则与此完全不同，它表现为哲学发展中的"另类"，它超越于"本体"、"本原"、"认识"、"知识"、"逻辑"等概念之上，它研究的核心问题可以归结为人生"信仰"这一最具"形上"意义的问题，为此它就要不断解决或调节理性和信仰的矛盾关系。由此，"理性和信仰"的矛盾，也就成为人生价值论哲学研究的基本问题。从西方哲学史上看，古希腊哲学凸显"理性"，中世纪哲学凸显"信仰"，近代哲学则试图调和理性和信仰的矛盾，这就形成了人生价值论哲学演进的历史轨迹。以上"本体论"与"人生价值论"两大哲学模式形成两种发展轨迹，而两种发展轨迹之间的关系，从历史上来说就是"并进"，从逻辑上来说就是"并存"。

再次，如果我们再从中西哲学比较的角度来看，可以说，西方哲学和中国哲学都具有"本体论"和"人生价值论"这两大模式，但二者的侧重点却完全不同。西方哲学以"本体论"为主要发展模式和历史传统，同时兼有"人生价值论"的发展模式或研究理路。由此，西方哲学就体现出哲学发展的某种"科学化"的倾向和特点。相反，中国古代哲学则以"人生价值论"为主要发展模式与历史传统，同时也兼有某种"本体论"（虽然并非是严格意义上的

"本体论") 的研究理路或发展模式。由此，中国哲学也就体现出哲学发展的某种"人学化"倾向和特点。因此，哲学发展这两种模式的关系，也明显体现出中西哲学的某种"互异互补"的辩证性质。

## 三 哲学发展两种模式的认识特征

笔者认为，这两大哲学发展模式或形态分别从不同角度、不同层面反映了哲学的本质特征，但比较说来，"人生价值论"注重人性的内在探求，注重塑造人的精神世界，注重寻求理性和信仰的统一，因而也就更深刻地体现出哲学的超验的形而上学的本质与本真精神。

### （一）两种模式的不同认识特征

比较说来，"本体论"模式的特点在于从哲学上为人们提供一种现实的世界观、认识论与知识论的思想基础，它的语境是"being"（"存在"或"是"），因而属于"事实"领域，在本质上即可归属于科学认知的范畴。而"人生价值论"模式的特点则在于从哲学上探索与反思人生的意义从而为人类奠定某种人生观的思想基础，其语境是"ought"（"应该"），因而在本质上已不可归属于科学认知的范畴，而是归属于哲学认知的范畴，即可归属于或上升为超越"工具理性"的"价值理性"的形上领域。当然，对于古往今来的哲学来说，"事实"都不等于"价值"，"is"（"是"）也不等于"ought"（"应该"）。由此，哲学也就必然要从"本体论"研究领域上升到"人生价值论"研究领域而实现两种发展模式的转换或交叉，而哲学研究的语境也就由此而由"is"（"是"）转换为"ought"（"应该"）以及"hope"（"希望"）了。

按照康德哲学的精神，哲学作为"未来形而上学"所要解决的总问题是"人是什么"（what is human）的问题，但这一总问题又包含"人能知道什么"、"人应该做什么"和"人可以希望什么"这三方面的问题，亦即康德哲学"三大批判"所阐述的主要问题。而旨在探索"人是什么"的这个总问题的"人生价值论"也就因此具有哲学的一个"导论"或一个"总论"的性质，因而它也就包含着本体论、认识论、知识论、价值论研究的基本意图，并包含这些领域以及伦理学、美学、宗教学等学科的一系列问题，并且是这些学科、问题及其研究理路的综合与提升。

从人生价值论的角度来看，本体论也只是提供了一个世界观和认识论的前提，但这并不等于就解决了人生价值问题，包括人生意义、宗旨、信仰等问题。对于哲学来说，认识"本体"本身固然重要，但这还不是认识的目的，认识"本体"的目的是要进一步认识与解决"主体"的问题，即解决人生的意义、价值、宗旨与信仰等问题，亦即解决"应该"、"希望"乃至"信仰"（belief）的问题。显然，"应该"、"希望"及"信仰"问题的意义都高于"事实"或"知识"问题的意义，也就是说，在哲学上，"价值"、"信仰"问题的意义高于"事实"、"认识"问题的意义。

事实上，哲学研究也只有实现由本体论到人生价值论的转变或提升，才能更充分地体现出自身作为"唯一的自由学术"的精神本质，也才能真正实现由认识的必然领域向思想的自由领域的飞跃，并且实现由哲学的合规律性研究向合目的性研究的转变。

## （二）"本体论"对"人生价值论"的遮蔽

然而，从人们对哲学和哲学史的实际认识来看，这两大模式的历史与逻辑关系却不会显得如此确定，相反，这种关系显得模糊不清、摇摆不定，其中一个最明显的模糊现象就是存在着一种"遮蔽"关系，即"本体论"模式对"人生价值论"模式的掩盖、排斥与消解。

这种"遮蔽"，我们可以从两方面来认识。一方面，通过分析一般西方哲学史著作，我们看到，哲学史研究本身就在很大程度上存在着这种"遮蔽"。在国内外出版的西方哲学史的大量著作中，我们很难找到一部著作是以探索人生价值论为主题来阐述哲学史本质与进程的，绝大部分著作都会以本体论为主线，并沿着这一主线来叙述哲学的历史进程。在那里，如果还有人生价值论的哲学内涵的话，也一定会处在这种"遮蔽"关系之中。另一方面，从恩格斯对哲学基本问题的论述来看，事实上也存在着这种"本体论"对"人生价值论"的"遮蔽"。

在《费尔巴哈和德国古典哲学的终结》一书中，恩格斯对哲学基本问题的解读，也正是沿着"本体论—认识论—逻辑和辩证法（方法论）—知识论"的路径行进的。这一"本体论"的解读模式造成了对人生价值论哲学的遮蔽，即把具有人生价值"意义"的问题也都统统归结为本体论的"知识"或"认识"问题。由此，《终结》一书在对远古时代"灵魂不死"、中世纪时代"神"的观念与信仰等历史现象的解释中，也就只能做出"形而下"的科学性解释，并将其统统看做是"无聊臆想"、"愚昧无知的观念"等，从而也就完全忽视或遮蔽了这些问题、现象所具有的人生价值论的深层意义。

同时，这种解读方式也会最终导致哲学的"终结"。本体论模式意在追索世界本原、本体与本质，在表面上具有形而上学的超验性，但其结果却仍然表现出形下的、经验的性质。这一模式的研究理路需要设定世界的"本原"或是"物质"或是"精神"，而对"本原"的认识在本质上又被设定为"可知"即可以依靠实证科学来完成，一切不可知的、不可捉摸的"自在之物"都会"完结"。这样一来，在本性上是探索人生"形上"意义与人类"未知世界"的"哲学"也就失去了走向"形上"的根据与动力而不得不走向"形而下"的世界，亦即走向"现实世界"，走向"经验"、"实践"、"科学"……简言之，走向"终结"。所谓"哲学终结论"或"哲学取消论"，对于本体论哲学模式来说，也并不是一个外来的偶然结果，而是一个由其性质与特征所决定的内在的必然结局。

还需明确的是，恩格斯在上述著作中把哲学基本问题规定为"本原"问题并在论述哲学基本问题的历史演变之后得出"哲学被驱逐"即"哲学终结"的结论，这大致反映了西欧19世纪流行的实证主义思潮的影响。虽然恩格斯所提出的"本原"问题或"物质和精神的关系"问题仍然具有某种"形上"意义，但按照"本体论"模式发展的一般逻辑以及恩格斯自己的理念来说，这种"形上"意义也是最终要"消解"的。

同时，沿着"本体论"的路径行进，有关研究者也就必然会认为马克思的学说（或"马克思哲学"）就是一种"实践本体论"，并试图借此说明马克思哲学变革的重大意义。诚然，人们可以认为"马克思哲学"的本质就是"实践本体论"或"实践的唯物主义"，"实践"也不失为马克思主义学说的一个根本特征或基本问题，然而，"实践"也只有在被引入认识论的条件下才会成为哲学的一个要素、一个观念。但这样一来，"实践本体论"也就依然表现为一般"本体论"或"认识论"模式发展的一种形式。也因此，如果人们坚持以"实践"作为哲学立论的根本与哲学变革的实质，并热衷于建构某种"实践哲学"，那也无异于是在"形而上学"的哲学之畔为渊驱鱼，为丛驱雀，其结果也只会引起哲学的"消解"，从而导致"全部哲学"的"终结"。

笔者认为，哲学的本真精神与根本特征就在于一种超验的形而上学精神，这种精神又表现在哲学具有"爱智"、"超越"、"反思"、"怀疑"、"批判"与"自由思想"等等特点与气质上。哲学的这种"形上"的自由精神与特性，在"本体论"中只能得到一定体现，同时又不可避免地受到抑制、遮蔽而被淡化。只有在人生价值论中，只有当哲学不断去求索人生意义的根本问题时，哲学的这种形而上学的精神气质才得以彰显，哲学的本真精神也才不致消解。

## 四　哲学发展两种模式的基本问题

哲学发展两种模式各有自身研究的基本问题。"本体论"研究的基本问题，实际上，可以认作就是恩格斯提出的哲学的基本问题，亦即"本原"问题或"思维和存在"的关系问题。这就是说，恩格斯所提出的哲学基本问题，实际上只是哲学发展的一种模式即"本体论"模式的基本问题，如上所述，恩格斯提出"哲学基本问题"的方式也正是"本体论"的方式。① 当然，我们在这里所要着重思考的还是两种发展模式在"基本问题"上的差别。

笔者认为，与本体论模式的"基本问题"不同，人生价值论哲学在超越"本体"认识的基础上关注人生价值问题，并注重从逻辑思维的角度来研究与论证人的精神领域里的一些内在矛盾。笔者认为，人的精神领域里的一个根本性矛盾就是"理性和信仰"的矛盾，因此，"理性和信仰"的矛盾关系也就成为人生价值论哲学研究的基本问题或根本问题。同时，由于人生价值论更深刻地体现出哲学的本真精神与基本特征，因此，这一人生价值论研究的"基本问题"也就同时上升为"哲学的基本问题"，也就同时具有"全部哲学"的"最高问题"的意义。

那么，理性和信仰的关系问题何以就成为人生价值论哲学的基本问题呢？

我们知道，所谓"理性"，是指人进行判断、推理等逻辑思维活动的认识形式或能力，是和"感性"相对而言的一种超经验的抽象思维的理智活动，同时也是人从理智上支配与控制行为的能力。而所谓"信仰"，一般是指"对某人或某种主张、主义、宗教极度相信和尊敬，拿来作为自己行为的榜样或指南"（《现代汉语词典》）。实际上，"信仰"也有广义和狭义之分。在广义上，"信仰"是指人在精神上所寻找和确立的根本信念，是对某种主张、主义或学说的极度认同与信赖。在此意义上，"信仰"也包括政治信念（如"信仰某某主义"），这就属于广义的信仰。在狭义上，"信仰"是指宗教中对"神"或"上帝"的认同与敬仰。比较说来，狭义理解的信仰才是严格意义上的信仰，也才是我们讨论信仰问题的本义所在。因此，本书所谈"信仰"主要就是指这

---

① 即使是"本体论"模式，其研究的基本问题是否就是"思维和存在"的关系问题，也仍需继续探讨，笔者在本章的前两节中对此已作过一些分析。事实上，在世界"本原"意义上的思维和存在的关系问题也并未贯穿在哲学发展的全部历史过程中，因而将其界定为"全部哲学的基本问题"也有所不妥。但是，如果仅将其界定为"本体论"模式研究的基本问题也还有一定理由，但也主要是本体论发展的早期阶段的基本问题。

种狭义的宗教上的信仰。

从精神根源上分析,"信仰"的起源与本质也是与人对"神"的超自然力量的崇拜、敬仰分不开的,"信仰"是人追求神秘、超验事物的形上本性的体现,因而也是人类哲学和宗教观念产生的最初源泉。可以说,人在本质上是一种超越物质存在的精神理性的存在物,"精神"、"理性"、"思想"、"信仰"才是人类更高层次的本质,也是人类终将保持成为人类的根据。对于人类生活特别是精神生活来说,一个最高问题就是"信仰"问题,这是一个具有"终极关怀"意义的最高价值问题,而理性和信仰的矛盾关系也就成为人类理智生活中的一个根本矛盾。也因此,信仰问题以及理性和信仰的关系问题,也就成为人类精神生活乃至全部社会历史活动的最重大的基本问题,它制约着人类的全部历史活动并对社会面貌给予决定性影响。而哲学作为人类精神与思想的自由与自觉的探索活动,也就必然以探讨和解决理性和信仰的矛盾关系为宗旨,由此理性和信仰的矛盾也就成为哲学思考的基本矛盾,这一矛盾永远需要哲学智慧的调解,而调解二者矛盾也就成为一个永无止境的人类精神的探索过程。

从本质上看,有神论和无神论是对立的两种信仰,两者在法理上享有同等的"自由"即"信仰自由"。然而,无论人们采取何种"信仰",也都需要理性的论证和解释,而人们无论发展何种"理性",也都需要一定信仰的支撑与引导。对于人类精神来说,理性无信仰是空的,信仰无理性是盲的,二者一旦分离立刻就显出危险。也因此,人类总要想办法使理性和信仰相互联结、相互协调。所以,理性和信仰的矛盾关系也就成为哲学探讨的一个核心与基本问题,就成为人类思想探索与精神历险中的一个重要内容。

比较说来,人们无论对"思维和存在"或"物质和精神"的关系问题给予怎样的"解答"(即物质"第一性"或精神"第一性"的解答),也都解决不了、代替不了人类的精神信仰这一哲学与宗教所探求的根本问题。可以设想,即使哲学有一天在理论上"彻底认识"与解答了"物质和精神"的关系问题,那也决不意味着哲学在"理性和信仰"的关系问题上找到了最终的"标准答案",从而可以退出对人生价值与意义的"夸父追日"一般英勇无畏的漫漫求索。事实上,哲学也依然会在这里保留一片巨大而神秘的精神家园作为人类安身立命的疆土,在这里,哲学也永远不会"终结"。

从历史上看,理性和信仰的关系实际上也构成了西方哲学史的主题,是贯穿在西方传统哲学发展过程中的一条主要线索,不断寻求二者统一也正是西方哲学史的本真精神。西方哲学史即西方传统哲学的一个重要特点是:哲学家们一方面从事理性认识的建构,另一方面也努力寻求并论证信仰的合理性,其哲学致思的理路既体现出理性和信仰的矛盾，也体现出在矛盾中寻求二者统一的意图。西方哲学史上几个大的时代，皆因二者矛盾关系的变化而相互区别，又皆因二者矛盾关系的延续而相互联结，从而形成了一个思想或精神不断发展、不断演进的内在的连续的过程。

# 第四节　对"人生价值论"本质的阐释

本书所提出的"人生价值论"的概念与一般"价值论"不同。一般价值论是哲学的一个部类，国内有学者把哲学划分为"三大分支"，即"本体论"、"认识论"和"价值论"，"价值论"就是其中的"一个分支"，或被界定为"哲学谱系上的新分支"。[①]

与此不同，本书则把"人生价值论"界定为哲学发展中与"本体论"模式相并立、也相并进的一大模式。本书对"人生价值论"的探讨也旨在揭示其与"本体论"演进轨迹（即"本体论—认识论—知识论"）完全不同的另一演进轨迹，进而从总体上深入理解哲学的本质特征与演变逻辑。

本节重点是阐述人生价值论的本质特征及其与一般价值论的区别，在做出这一阐述之前，还是让我们先来分析一下我国价值论研究的现状。

## 一　对国内价值论研究现状的反思

我国价值论研究在其二十多年的发展中确实取得了很多成果，然而，也正如国内一些学者指出的，一个时期以来价值论研究已陷入某种停滞不前的困境。有的学者指出我国价值论研究已陷入"'拟科学'、认识论的误区"；[②] 有的学者指出"国内价值哲学的研究存在两个缺陷，一是在研究目标上与具体人文学科相脱节，二是在研究方法上不能摆脱知识论思维方式的束缚。由于这两个缺陷致使价值哲学的研究陷入停滞不前的困境。"[③] 也有的学者对我国价值论研究的"路径依赖"问题做出梳理与评判。[④] 还有学者更直接批评了在价值

---

① 李德顺：《新价值论》，云南人民出版社，2004，第8页。

② 孙伟平：《关于价值论的研究方法——走出"拟科学"、认识论的误区》，《哲学动态》2004年第7期。

③ 兰久富：《走出价值哲学的理论困境》，《哲学动态》2004年第7期。

④ 黄凯锋：《论我国价值论研究的路径依赖》，《社会科学》2005年第1期。

论研究中占主导地位的"需要价值论"等研究模式。① 应当说，这些分析和批评都是比较中肯的。与此同时，一些从事价值论研究的学者也已对自己的研究方法与观点做出某些调整与修正。然而，总的来看，我国价值论研究到目前为止并没有取得重大的实质性进展，也没有完全改变和克服在长期研究中所形成的"需要价值论"、"主客关系论"、"价值事实论"等基本观点。

造成我国价值论研究陷入某种困境的原因是多方面的，但笔者认为，在研究对象、研究方法与研究观念方面存在的缺陷应是造成其理论困境的主要原因。

## （一）关于研究对象

我国价值论研究一直以"价值"作为研究对象，但这一在表象上是正确的思路在实质上却是不正确的。从表象上看，"价值论"理应以"价值"为研究对象，但深入的思考就会发现，这样的一般"价值"研究只会流于极其一般的空洞认识，而且最终又会把"价值"等同于"需要"、"效用"和各种经验"事实"，由此，也就很难摆脱价值论研究的经验性。真正的价值哲学研究理应超越一般"价值"的经验性研究，而把一般"价值事实"仅仅当作"事实"在反思中加以扬弃，同时再把人类生活的价值或意义开显出来，并且作为"价值哲学"研究的对象与主题。就此而言，也只有"人生价值"才是价值哲学立论的根本，才是价值哲学研究的实际对象，有关"人生"的价值本质、价值取向以及一些基本价值问题才理应是价值哲学研究的真正课题。国内价值论研究一直把"价值"作为研究对象，同时又把"价值"的含义物化、泛化，因而就体现出一种"泛价值哲学"或"准价值哲学"的性质，它看起来像"价值哲学"但实质上不是价值哲学。

## （二）关于研究方法

在研究方法上，国内的一些学者习惯于把科学的研究方法"移植"于哲学，譬如有学者认为马克思曾对"商品价值"作过分析、列宁曾对"事物同人所需要它的那一点联系"作过表述，因而就提出要"把马克思和列宁的方法加以普遍化"，"按照这种方式来理解价值的本质和价值现象的一般规律"。② 然而，把分析具体价值现象（主要是"商品价值"）的科学方法加以"普遍

① 袁诗弟：《需要的价值论分析与需要价值论批判》，《天府新论》2006年第2期。
② 肖前主编《马克思主义哲学原理》下册，中国人民大学出版社，1994，第658页。

化"并不等于就是合适的哲学方法，二者之间存在质的区别。应该说，前者只是"价值科学"的研究方法，其研究要旨在于认识或反映"事实"（包括所谓"价值事实"），而作为价值哲学的研究方法，其要旨应在于对"事实"（包括所谓"价值事实"）做出反思与批判。就是说，前者研究主要是依赖于经验、反映，而后者研究则主要依靠超验、反思。国内价值论研究一贯坚持"唯物主义认识论"即"反映论"的知性认知立场，坚持以"满足需要"、"主客关系"理论来论证"价值"的本质，许多学者在解说"价值"实质时总不能摆脱"价值"是"客体对主体需要的满足"这一"思维定势"，或把"价值"定义为"客体的存在、属性及其变化同主体的尺度和需要相一致、相符合或接近"，① 或者认为"所谓价值……便是客体属性与主体需要的特定关系"。②

可以说，这种价值论上"主客关系"的研究定势，一方面把现实生活中的"人"变为"主体"而游离于人生存的现实世界之外，使人失去"人生在世"的全部丰富性，另一方面也掩盖了人之为人所具有的对于外在世界以及生命自身的超越性，从而也掩盖了人对自身生命意义的体悟与求索。由此，价值论研究也就只能限于论证"客体是否满足主体的需要"以及"主体客体化"与"客体主体化"③ 等一般认识，从而失去了价值哲学研究的深刻内涵与现实意义。

国内价值论研究虽然一直突出"主体性"，但这种"主体性"本身却并不具有自身确定的"价值性"，"主体性"和"价值性"是分离的。"主体"的价值是从"客体"那里借用来的，"主体"实现价值的方式也不是人本身自我意识与自我超越的实现，而是只能依赖于在"主客二分"结构中"客体满足主体的需要"或"客体的存在同主体的尺度和需要相一致"。由此，"价值"在本质上也就被视为一种外在于"主体"的"客体"的"属性"或"效用"，"价值"虽然要在"主客关系"中才能实现，但在"主客关系"中实现的"价值"最终也仍是指"客体的存在、属性及其变化"本身的性质，而"价值的主体性"也不过就是表示"物为人而存在"的意义，即表示"客体的存在和属性同主体的关系即它对于主体的意义"。④ 在这里，"价值"对于主体的意义实际上也就是"客体"、"物"对于"主体"、"人"的意义，这种从"客体"

① 肖前主编《马克思主义哲学原理》下册，中国人民大学出版社，1994，第658页。
② 李连科：《价值哲学引论》，商务印书馆，1999，第2页。
③ 李德顺：《新价值论》，云南人民出版社，2004，第30、46~49页。
④ 肖前主编《马克思主义哲学原理》下册，中国人民大学出版社，1994，第658、662页。

出发赋予"主体"以"价值"的方法与方式不正意味着"价值的主体性"的消解吗?

### (三) 关于研究观念

国内价值论研究在研究观念上的一个显著特征是试图建立"马克思主义价值论"的"学科体系"。这一理论意图似乎也无可厚非,但问题在于,这一从"主义"和"体系"出发而不是从研究对象本身的性质、本质出发的理论意图,显然还没有摆脱"从原则出发"的思维定势,因而也就容易导致在人为划定的"马克思主义价值论"的理论框架内自我封闭而停滞不前。我国价值论研究长期以来在马克思主义的一些理论原理的话语范围内"兜圈子",从具体框架结构到具体语言表述,常常直接来自马克思主义哲学原理基础上某些哲学内容的展开,如"主观与客观"、"认识与实践"、"个人与社会"、"真理与价值"等范畴,直接就是马克思主义哲学原理的"翻版"。① 由此,价值论研究也就失去了理应具有的广阔学术视域与丰富的历史内涵而日益成为一种封闭而狭隘的"学科建设"了。

笔者认为,我国价值论研究的根本缺陷在于缺乏传统哲学的形而上学精神,同时也缺乏人生哲学或哲学所具有的"人学性"的深刻底蕴。因此,在其研究中,"价值"与"哲学"、"价值"与"人生"、"价值哲学"与"人生哲学"乃至"价值论"与宗教学、伦理学等人文学科都长期处于一种外在分离之中。也因此,我国价值论研究也就一直不能达到自觉的"人生价值论"即探索、论证有关"人生价值"本质与意义的"价值哲学"的高度,而是长期停留在认识、研讨"价值"现象或概念的表层。就此而言,我国价值论研究还只是一种研究"价值"的"认识论",而不是一种研究"价值"的"价值论",还只是一种"价值科学",而不是一种"价值哲学"。

笔者认为,"价值"的本意、真意并不在于"客体满足主体需要",而在于"人生"价值与意义的开显。所谓"价值"应是指人所寻求并确认的对象的意义以及人本身生命与生活的意义。显然,研究价值的根本方法不在于从经验层面"反映""主客关系",而在于从人生在世的角度以及人追求形上认识的超验层面来"反思"人与世界的关系以及人自身全部生活的意义。在这种意义上,"人生价值论"(或"人生价值哲学")就不再是哲学的"一个分支",而是哲学自身发展、演进的基本模式、形式,就其本质而言,"人生价值论"

---

① 黄凯锋:《论我国价值论研究的路径依赖》,《社会科学》2005年第1期。

就成为"哲学"本身。或者说,哲学本身就是一种寻求与确认事物以及人生存意义的具有反思特性的意向性的思维活动。如果可以说,"哲学是对于人生有系统的反思的思想"的话,那么,就人生价值论的本质来看,也同样可以说,"人生价值论就是对于人生有系统的反思的思想"。

显然,要克服价值论研究的困境,就应该扬弃、超越指导观念与研究方法上"主客二分"的认识模式而进入"人生在世"即"人生—世界"的哲学追问方式,进而扬弃价值的"物化"而实现"价值"的"人化",超越价值的"理学"而开创价值的"人学",进入求索、论证并体悟"人生价值"的反思、超验的形而上学的精神境界。也只有这样,我们才可能以具有"反思"、"超验"性的"价值哲学"研究取代具有"反映"、"经验"性的"价值科学"研究。应该说,这才是我们所可以期待的一种"价值论研究的转变",这种转变不仅是研究方法的转变,而且也是研究理念、精神境界的升华,舍去这种转变与升华,我国的价值哲学研究恐怕就很难取得重大的实质性进展。

## 二　"人生价值论"的本质及其与一般价值论的区别

### (一)"人生价值论"的哲学意蕴

"人生价值论"的哲学意蕴在于反思"人生"的意义并且在这种反思中确认"价值"的含义及意义。可以说,"价值"的本质并不是"客体对主体需要的满足",也不是一般所说"主客体关系中的一种'关系质'或'关系态'",① 而是"人生"本身作为特定生命活动与精神活动的主体、本体或实体所追求与体现的"意义"。我们知道,只有人类才具有"价值"观念,而人类提出"价值"观念的实质就是要确认与反思自身生命活动的意义,就是要在"人与世界"的生存结构中追问、求索生命与生活的本真含义。

"价值"观念的起源与形成也是基于人类所特有的自我意识。实际上,"价值"观念的重要特征在于表达、确证人类精神生活的目的性与内在性。从词源学上考察,"价值"(value)一词的原初含义就是"掩盖、保护、加固",基本含义是指"起掩护和保护作用的","可珍贵的、可尊重的、可重视的"的东西。那么,什么东西是"可珍贵、可尊重与可重视"的呢?人又为何提出对事物的"掩盖、保护或加固"呢?

---

① 肖前主编《马克思主义哲学原理》下册,中国人民大学出版社,1994,第 662 页。

笔者认为，"价值"的这一含义，实质上是表达了人类精神生活及社会生活的目的性与内在性，因为只有具有一定目的性与内在性的精神求索及社会活动才需要人自己来"掩盖、保护、加固"，才值得"珍贵、尊重与重视"。就此而言，"价值"观念的出现在本质上就体现了人的"自我意识"或"反思"意识的觉醒，"价值"就是表征或体现人的精神求索活动的内在性与目的性的一个基本概念。也因此，笔者认为，西方哲学的一些"价值"理论，譬如"新康德主义"的价值理论，着重从"心灵"、"意志"、"情感"、"信仰"等"主观"方面来认识价值，就比较符合"价值"的深刻含义，就要比我国价值论研究只从"客观"方面（或"主客关系"、"客体满足主体需要"等方面）来认识价值显得深刻。我们知道，在康德那里，正是人的"服从道德律"的理性存在才构成世界的"终极目的"与"绝对价值"。康德在评述那种实用的或自然主义的价值观时写道："他们的理性只能够把物的存有价值建立在自然对他们的关系（即他们的福利）之中，却不能够本源地（通过自由）自己为自己取得这样一种价值"。[①] "如果一种价值只是按照人们享受什么来估量，那么生活对于我们有怎样一种价值就是很容易断言的了。这种价值将跌落到零度以下"。[②] 在康德看来，正是人类的理性与道德才赋予生活乃至世界以"价值"或"意义"。事实上，"价值"研究也应该以人为本，"人生"理应成为一个在价值论研究中具有本体与终极意义的概念，人类对"人生"意义的求索或反思、人类在精神上具有"形上"意义的无限探求，也理应成为一切价值研究之最终基础。

与一般价值论不同，笔者提出的"人生价值论"正是指以探索人生价值，求索人生意义，探讨人类理性、信仰等精神生活的矛盾以及宇宙、生命与人类多重关系为宗旨和本质的哲学学说或哲学形态。在其本质意义上，"人生价值论"也就是哲学本身，而作为哲学发展的基本形态或模式，"人生价值论"自然也具有其深刻的哲学本质或哲学意蕴。笔者认为，"人生价值论"的哲学本质或哲学意蕴主要表现在以下方面：

（1）在哲学发展中，"人生价值论"是一种与"本体论"在历史上并进、在逻辑上并存的哲学发展的基本模式。笔者认为，在哲学发展的历史进程与逻辑体系中，"本体论"和"人生价值论"是哲学发展的两大模式或两大形态，其中，本体论构成人生价值论的基础，表现为哲学体系的初级层次，而人生价

---

① 〔德〕康德著《判断力批判》，邓晓芒译，人民出版社，2002，第306页。
② 〔德〕康德著《判断力批判》，邓晓芒译，人民出版社，2002，第289页。

值论则构成本体论的升华，表现为哲学体系的高级层次，因而也更全面、更深刻地体现出哲学的形而上学的本真精神。同时，人生价值论与本体论之间在学科性质、研究主题、演变逻辑等方面都存在重大差别，而单纯的本体论研究也只会导致"哲学的科学化"，只有复兴与开辟人生价值论的研究视域，才能复活哲学的形上本质，才能在哲学"终结"之后使哲学在精神本质上"复生"。

（2）在学科性质上，"人生价值论"（或"人生价值哲学"）既具有人生哲学的基本特征，也具有价值哲学的本质特点，它是"人生哲学"和"价值哲学"的有机融合。从"人生哲学"的角度来说，它以"人生"为研究对象与主题，因而具有传统人生哲学的基本特点，同中国、西方传统哲学对人生的探讨具有一脉相承的历史渊源关系；而从"价值哲学"的角度来说，它又以"价值"为研究对象与主题，因而又具有传统价值哲学的本质特点，它同西方哲学中探讨"价值"本质、强调"价值"意义的价值哲学具有不可分离的历史联系。"人生价值论"的双重哲学意蕴与辩证的学科性质在于：它既是以思考"人生"为内容的价值哲学，又是以研究"价值"为形式的人生哲学。但关键是，它实现了二者的融合、统一，它既不脱离"人生"而研究"价值"，也不脱离"价值"而研究"人生"。"人生价值论"是把对"人生"的体认引入"价值"研究，同时又把对"价值"的研究融入"人生"境界。"人生价值论"既具有"价值哲学"的科学内涵，又具有"人生哲学"的人学境界，而这一内涵与境界也就在"人生价值"的探索中融会贯通。可以说，当代"人生价值论"哲学应是价值哲学与人生哲学、中国哲学与西方哲学、传统哲学与现代非传统哲学的积极成果在当代学术视域与全球化社会背景下的兼容并包与综合创新。

（3）在历史特征上，"人生价值论"既是一种古老的哲学形态，又是一种全新的哲学形态。所谓"古老"，是由于它和"本体论"哲学形态一样具有悠久的演变历史，虽然它常常被本体论研究路径所遮蔽，但作为一种哲学发展的基本形态，它也一直和本体论并进、并存，并经历了与本体论相互交错、自身又相对独立发展的演变过程。所谓"全新"，是由于它在精神本质上又超越于本体论及一般价值论研究，它更多地蕴含着哲学的形上精神，也体现出哲学本体论及一般价值论研究演进与发展更新的趋势与方向。也因此，"人生价值论"在逻辑上的发展与在学科性质上的成熟也就要晚于本体论和一般价值论，晚于并超越于"本体论—认识论—知识论"这一传统哲学演进的逻辑主线，它也只有在继承、吸收以往哲学发展成果的基础上才能真正形成与完善。

## （二）"人生价值论"与一般价值论的区别

那么，"人生价值论"与一般"价值论"又具有哪些主要区别呢？下面，笔者就分六个方面对这一区别加以阐述。

### 1. 在研究对象上的区别

从研究对象上看，二者的主要区别在于是研究"价值"还是研究"人生价值"。"人生价值论"的研究对象是"人生价值"，其研究旨趣在于探讨人生价值与意义，由此体现出对人类生存命运的"终极关切"，体现出"哲学"不仅作为"科学"而且也作为"人学"所具有的超验的探讨人生本质与意义的形上本质。而一般价值论却把抽象的一般"价值"作为研究对象并形成"价值"概念的泛化、物化，这就使国内价值论研究长期脱离了哲学的"人学"本性而限于一般"认识论"或"反映论"框架。实际上，这种把"价值"仅仅理解为认识对象的一般"价值论"也不过是"本体论"发展模式的继续推演，是"本体论"模式发展到近代"认识论"与现代"知识论"的表现与结果。就是说，"本体论"、"认识论"、"知识论"以及一般"价值论"，都是"本体论"这同一发展系列的不同表现形式，都具有认识论上"主客二分"的基本特征，而一般"价值论"研究缘起于西方近代认识论的兴起并受到"认识论"的重大影响也是不争事实。

"人生价值论"则在研究对象等方面另辟蹊径，它开辟出探讨"人生价值"的一个具有深刻反思意义的哲学领域。一般说来，"本体论"因注重"客体"研究而在认识性质上倾向于"知性形而上学"，而"人生价值论"则注重"人生"或"主体"研究而在认识性质上倾向于"理性形而上学"，即倾向于"超科学"的"形而上学"。因而从本体论研究、一般价值论研究转变到人生价值论研究，就意味着哲学理念与哲学发展模式的一个重大的自觉的历史性转变。

### 2. 在研究方法上的区别

在研究方法上，二者的主要区别在于研究"价值"问题是运用"反映"方法还是运用"反思"方法。国内价值论研究以"主客关系"的"认识论"、"反映论"为基础，它一方面认为"价值"的实质就是主客关系的一种认识或反映形式，另一方面又认为"价值评价"、"价值判断"等也不超出认识与反映的范围。在它那里，"价值论"在本质上就成为"认识论"、"反映论"，而价值评价和价值判断也都可以在"认识"、"反映"的框架内得到解释。这种研究方法的重要特点就是常常把"价值"混同于"事实"，把"价值判断"混同于"事实判断"。而"人生价值论"则力图克服"主客二分"的"认识—反映"模式，依据"人生在世"的哲学追问与反思方式，强调"人生价值"的现实性与超越性，强调"人生"只有在自我超越中，只有在与"天地万物相往来"的即"万物相通"的关系中才能实现"价值"的本质。

"人生价值论"也具有哲学上具体的时空意识，当"人生价值论"面对历史传统时，它将主要运用"解释"的观念和方法，在对历史传统的解释与反思中来消除古与今、传统与现实、文本与解读之间的"时间差距"而实现二者的"视阈融合"，即促使今人在对人生价值的思考中能在"效果历史"与"通古今之变"的"大视域"中与古人的视阈达到"融合"。显然，人生价值论的这种解释学的研究方法与历史意识，已经超越了一般价值论研究中"主客二分"的完全认识论的或知识论的研究方法。如果说，一般"价值论"研究还停留在近代"认识论"、"知识论"研究层面，那么，"人生价值论"的研究方法就已超越"认识论"而趋向于现代"解释学"。

### 3. 在学科性质上的区别

在学科性质上，笔者把"人生价值论"定位为哲学发展的一种基本模式，而我国价值论研究却把"价值论"定位为与"本体论"、"认识论"并列的哲学"三大分支"中的一个"分支"，或视为一个"哲学谱系上的新分支"。① 实际上，这种把哲学分解为"三大分支"又把"价值论"定位为"一个分支"的做法，正显露出一般"价值论"与"本体论"、"认识论"的历史联系，同时却掩盖了价值论与哲学形上本质或本真精神的内在关联。这种"分支"方法也会把"哲学"本身"分"掉，除了"三大分支"，作为整体的"哲学"已不复存在。毋宁说，"本体论"也根本不是哲学发展的一个"分支"，而是全部传统哲学发展的一个基本范式、模式，而在本体论的发展过程中，按其发展的本性与逻辑，也就必然呈现出"本体论—认识论—知识论"的演变轨迹。与本体论模式相对而言，"人生价值论"也是哲学发展的一个基本范式、模式，其发展也具有错综复杂而又合乎逻辑的演变过程。显然，与"三大分支"的学科划分与定位方法不同，笔者提出的"两大模式"的哲学理念不仅体现了哲学的本真精神与动态演变，而且也揭示了合理的价值哲学的根本意义，即把对价值哲学的理解与对哲学本真精神的理解统一了起来。事实上，"哲学"本身就具有统一而不可分割的特性。

---

① 李德顺：《新价值论》，云南人民出版社，2004，第8页。

### 4. 在研究观念与思想来源上的区别

在学术研究的指导观念与思想来源上，二者也存在重大差别。如前所述，国内价值论研究的一个主导观念是试图建立"马克思主义价值论"，但由于内容本身的相对空泛与方法的局限，这一意图至今并未实现。必须看到，"价值哲学"的研究领域极其广泛，并非某种"主义"、"原理"、"学说"或"学科"所能包容或涵盖。实际上，"价值哲学"（或"哲学价值论"）在本质意义上也正是人类传统哲学发展的一种基本形式，中国、西方的传统哲学都具有一定"价值哲学"的思想特质与精神内涵，都为价值哲学的形成与发展奠定了一定的思想基础，提供了宝贵的思想资源。因此，"价值哲学"研究就不应把自身视为某种"主义"、"体系"的建构，而应把自身视为人类全部传统哲学的一个继续，视为一个人类精神的具有形上意义的探索，也视为一个具有哲学史意义的既具有超验反思特性也具有现实批判意图的思想史的总结、总计。

比较说来，"人生价值论"具有思想观念与学术旨趣上最大的开放性、兼容性，它强调吸收、借鉴哲学史上一切有益的思想成果，强调继承、发扬人类精神发展中一切具有"原创性"或"传统性"的思想观念或价值理念。相反，我们看到，国内价值论研究却常常把哲学史上的这些思想观念与思想资源都视为一种"唯心主义"或"腐朽的人生观、价值观"而加以批判与排斥。

### 5. 在与宗教学、美学等学科关系上的区别

二者与宗教学、美学、伦理学等一些具有价值研究意义的人文学科的关系也不相同。一般价值论研究虽然意欲充当各门具体人文学科研究价值问题的一般基础理论，但由于其研究理路与研究方法的局限，它同各门具体人文学科并未建立广泛深入的联系，相反，二者之间形成了相互隔离的局面：价值哲学的研究成果不为具体人文学科所重视，而具体人文学科的研究进展也极少进入价值哲学研究的视域。二者隔离的更明显的例证还在于，国内"价值论"研究一般都是排斥宗教的，它不能自然、合理地理解与包容宗教。国内有学者已提出"通向宗教的价值论"观点，认为"宗教的问题可以直接从价值论、意志论、道德论里面开显出来"。① 但遗憾的是，我国的价值论研究却长期与宗教研究隔绝，它先天就缺乏"通向宗教"的合理路径，缺乏通向宗教研究与宗教哲学的思想动力、资源与价值取向。造成这一局面的原因，又与我国一些价值论研究者长期缺乏对宗教的关注与理解并漠视传统文化"有神论"信仰及"元价值观念"的历史作用密切相关。

---

① 叶秀山：《哲学要义》，世界图书出版公司，2006，第128页。

实际上，只有在"理性"认识基础上同时确认"信仰"作为人类精神需求对于"价值"研究的根本意义，才能在价值论研究中"通向宗教"并开显出宗教研究的意义。就此而言，也只有"人生价值论"才能真正开辟通向宗教的路径，它把"信仰"问题作为自身研究的一个根本问题，把探索与调解理性与信仰的矛盾关系视为全部哲学发展的基本问题，由此也就推进了由本体论向生存论、由知识论向价值论、由价值哲学向人生哲学及宗教哲学的转变。可以说，"人生价值论"一方面包含并超越"本体论"，另一方面也包含并超越"宗教学"，在其发展的合理形态上，"人生价值论"既包含哲学理性的本质内容，也包含宗教信仰的合理内核，它是理性与信仰矛盾的调解，是人类理性、信仰与仁爱的"原创精神"以及诸种"元价值观念"的整合与复兴，是人类精神追求"真善美"这一最终价值目标的具有绝对意义的"终极关怀"的体现。

**6. 在理论意图与现实意义上的区别**

二者所具有的理论意图与现实意义也不同。一般价值论研究的理论意图显得比较模糊而狭窄，而其现实意义又显得比较宽泛。而"人生价值论"的理论意图和现实意义却很明确，它关注当今世界人类精神发展的问题与困境，关注当代社会"人生价值"的各种内在与外在的矛盾与冲突，关注理性和信仰、科学和宗教、技术和伦理的两难对立。为此，"人生价值论"就将努力对人类传统哲学与文化精神做出继承与整合，对当今人类生活做出反思与批判，并努力开拓出一条通向未来的创新之路，也努力为今日学者找到一条继续探求"形上"之神、以便"为天地立心，为生民立命，为往圣继绝学，为万世开太平"的大道。

总之，"人生价值论"作为哲学发展的特定模式或形态，作为人生哲学与价值哲学的有机融合，作为具有明确自我意识与价值取向的哲学学说与哲学形态，在本质、现象、内容、形式等各个方面都与一般价值论具有重大区别，而明确二者的区别，明确人生价值论研究的哲学底蕴与广阔前景，无疑将有助于我们进一步认清哲学发展的本质与趋势。

# 三　价值论研究的两种路径

事实上，在价值论研究中也一直存在着科学研究与哲学研究的两种不同路径。科学研究的路径注重经验事实，具有经验、还原的特点，我国价值论研究即长期囿于这种科学研究路径，而哲学研究路径则注重理性思辨，具有超验、反思的特点。为使读者对这两种路径有更多了解，我们下面再对这两种路径的区别做一概略分析。

## （一）"经验论"与"超验论"的区别

实际上，我国价值论研究长期采取了一种"经验论"立场，即习惯于依据"经验"、"事实"或"价值事实"来解说与论证价值。有的学者认为"价值事实仍然是可以用经验的方法加以观察和验证的"[①]，并认为从"是什么"的"事实判断"中就可以直接推导出"应该怎样"的"价值判断"，因为"每个推理的大前提都是在实践中形成的事实和对事实的经验"。[②] 但是，事实上，这种从"事实判断"中推导出来的"价值判断"，也不过是把"物对人有用"的一类陈述性事实判断直接当作了评价性价值判断，而不再反思"物对人有用"这一命题或事实性判断的意义。由此，也就把"价值"混同于"事实"。应该说，这种混同是价值论研究中比较普遍存在的一种现象。然而，区分"事实"与"价值"、"事实判断"与"价值判断"进而确认"价值"的不同于"事实"的反思与超验的本质，却正是从事价值哲学研究的前提与基础。事实上，价值哲学研究的根本方法与最终目的也无非就是把"价值"和"事实"区别开来并作为超越于"事实"的人生意义而确定下来以作为人类精神追求的目标。因此，如果连"价值"和"事实"都不能做出合理适当的区分，那也就谈不上什么"价值哲学"研究了，那也就只能是从事某种"事实"或"价值事实"的科学研究。要做到这种区分，就必须超越价值研究的"经验"层次而达到"超验"层次，从而揭示"事实"、"经验"的本质。所谓"超验"也不是不要"经验"，而是不再局限于"经验"，超验认识是借助于反思或逻辑思维而对"经验"、"事实"做出理性批判与考察。

## （二）"还原论"与"反思论"的区别

一般价值论研究习惯于把"价值"这一形上问题还原或归结为形下的认识问题，即把"价值"的超验意义消解为"经验事实"、"满足需要"或"实际效益"等基础要素。经过这样一种"还原"，"价值"问题当然也就变成了一种"经验"问题或"实践"问题，"价值关系"也就变成了一种客观的"实践关系"，而"价值范畴"也就变成了一个"实践范畴"。如有的学者提出，"价

---

① 李德顺：《价值论》，中国人民大学出版社，1987，第265页。

② 李德顺：《价值论》，中国人民大学出版社，1987，第370页。

值本身意味着一种客观的实践关系的本质。真理和价值都是只有在实践中才能形成和被确定的范畴"，"真理和价值是实践的基本要素"，"它们都属于实践范畴"。① 然而，依靠这种"实践一元论"（或"实践本体论"）的"还原"既不可能确认"真理"，也不可能确认"价值"，因为"真理和价值"的确认毕竟需要超越经验的"反思"，毕竟需要超越到"客观的实践关系"的彼岸。从实质上看，价值论研究的前提与基础也不在于做出这种"价值—认识—反映—实践"的"还原"，而在于对"价值"做出"反思"，即对本来具有形上意义的问题做出具有形上意义的考察。

与认识中的"反映"不同，"反思"是人类基于思想的理性机制与精神的内在价值而对事物本质与意义做出的深层思考，是体现人类理性分析能力的辩证认识。从根本上说来，哲学的研究方法仅仅是一种反思。如果舍弃"反思"而去认识"价值"并将其一概还原为"经验事实"与"实践关系"，那么，人类的精神生活与理性批判还有什么特殊本质可言呢？实际上，如前所述，一个事物的真正本质或性质也只是由其特殊的高级本质所决定的，因此，人类复杂的精神生活乃至社会生活都具有不可还原（即不可把高级本质归结为低级本质）的特点，因而我们也只有超越"反映"、"实践"乃至"经济基础"的研究而提升到具有高层本质意义的"反思"、"哲学"乃至"上层建筑"的研究层次，才能真正全面认识与深入解析人类生活宏伟殿堂的诸多奥秘。

## （三）"主客二分"与"人生在世"的区别

两种路径的区别或分歧还表现于在研究观念上是囿于"主客关系"的外在一致还是寻求"人与世界"的内在和谐？一般价值论研究虽然也强调"主客关系"的"一致"，但这种"一致"却是外在的、形式的，它一方面需要搭建一个"反映"主客关系统一的"由此达彼"的"桥梁"，另一方面也需要建构一个在"对象化"中实现"客体满足主体需要"的"两个尺度"统一的"模型"。但实际上，"客体"或"客观世界"的"存在、属性及其变化"也根本谈不上"同主体的尺度和需要相一致、相符合或接近"，"客体"怎么可能去"接近""主体"呢？"客体的主体化"与"主体的客体化"一样都不过是一种抽象的外在的形式的规定，实质上不过就是"人"与"物"作为抽象"主体"与抽象"客体"的一个理论上的"对象化"的过程。在"主客关系"的模式中，"价值"的本质与实现只是这种"对象化"的形式规定而并不是人的现实

---

① 李德顺：《价值论》，中国人民大学出版社，1987，第115页。

生活世界丰富内涵的本质规定。同时，在"主客关系"的"一致、相符合或接近"之外，亦即在"两个尺度"的抽象统一之外，"人与世界"的现实矛盾也会依然存在，而"人与世界"的有机和谐从一开始就要求我们不要从这种"主客二分"的"对象化"模式出发，而应从"人生在世"的亦即"人与世界"相通相融的"非对象化"的人生价值哲学的追问与思考出发。

### （四）在理论导向与现实意义上的区别

两种路径在理论导向与现实意义上也存在一定分歧，即价值论研究是应以论证满足人类需要为宗旨，还是应以探讨人类生存出路为使命？一般价值论研究的一个隐秘的历史背景在于：近代以来工业生产与科学技术的飞速发展在很大程度上"满足"了人类"需要"，因而价值论研究完全有理由以"满足需要"作为自己立论的根据。然而，科学技术对"主体需要的满足"却是一个充满矛盾与冲突的过程，是一个已经导致"主客关系"发生"异化"、"物化"并产生"危机"的过程。科学技术能够不断"满足"主体"需要"，但却不能承诺"人生"意义，不能对这种"满足需要"的活动本身做出"形上"意义的反思与批判。由于科学技术本身也属于"工具理性"，因而建立在"满足需要"的"工具理性"基础上的一般价值论研究也就必然要陷入相应的理论困境而失去对当代人类生存状况做出反思与批判的哲学功能。

应该说，具有这种哲学功能并以探讨人类生存意义及现实出路为使命的是"人生价值论"，它也不再以论证"满足需要"为价值研究的目的，而是探讨这种"需要"本身的现实性与合理性，反思、反省人类生存的困境，并为人类社会摆脱生存危机而提供或重新奠定核心价值理念。"人生价值论"也就在这种探讨、批判与反思中表达对人类命运的终极关切，就在这种对人生价值的不断求索中发展自己的哲学本性。

总之，人生价值论作为哲学发展的基本模式，在与本体论模式并进、并存的同时也不断实现对本体论的超越，人生价值论的基本问题即理性和信仰的关系问题也在实际上超越了本体论哲学早期所注重探讨的"本原"问题亦即思维和存在的关系问题。

通过本章的分析，我们可以确认，要把"本原"问题作为"全部哲学的基本问题"并把哲学史归结为所谓"唯物主义和唯心主义的两条路线的斗争"，都是不符合全部哲学发展的历史情况的，对于哲学发展来说，"本原"问题或"两条路线的斗争"也并不具有真实的、充分的、根本的意义。事实上，在哲学的历史发展中，逻辑思维的"本质"以及对人生价值与意义的

"反思"才构成了哲学探索的深层本质或基本问题，而在哲学的这一长期的历史探索中所自然形成的"理念主义"与"实在主义"这两种研究理路与研究传统之间的差异与矛盾，才是哲学发展的核心内容与基本特征，同时也是哲学历史演变的真正根源与动力。

如果说本体论研究与一般价值论研究已日益显露出脱离哲学形上本质与宗旨的局限，那么，"人生价值论"研究就势必恢复与弘扬哲学研究的形而上学的本性，就势必在哲学科学化发展的强势下加强哲学的人学底蕴，就势必促使哲学在与未来人类生活的联结中获得新生。

# 第五章

# 对"形而上学"与"辩证法"
# 本质含义的探讨

在哲学研究中,"形而上学"和"辩证法"概念是两个最重要的基础性概念,对这两个概念的理解关系到对哲学各方面问题的理解。那么,"形而上学"和"辩证法"概念又具有何种本质含义呢?在本章中,我们就来对这两个概念的本质含义做出探讨,以便真正深入地认识并把握哲学的本质。

在本章的前两节中,笔者先来阐释一下"形而上学"一词的本义,再分析一下人们长期以来对"形而上学"概念本义或本质的误解或曲解,进而再从哲学史角度阐明"形而上学"是如何具有"辩证法"的本质的。本章的这一探讨将表明,"形而上学"的概念只具有研究超经验、超感官问题的学问的含义,而所谓形而上学的"第二种含义"即"反辩证法"的含义完全是对"形而上学"本义或本质的误解或曲解。在本章的第三节及第四节中,我们再对"辩证法"的本义与本质特征做出探讨。

## 第一节　"形而上学"的本质含义

哲学的本性或本质既是形而上学,那就很明显,如果人们想从事哲学研究,或者说想继承与发扬哲学这一人类传统文化的精华,那就必须对"形而上学"这一概念的本质含义及其意义有一个准确的理解,否则,人们所从事的哲学研究就会因失其本质而南辕北辙。事实上,在我国,无论是在哲学界、学术界,还是在一般民众那里,对"哲学"或"形而上学"概念的本质或本义都存在着一定误解或曲解,在大多数人的心目中"形而上学"不仅和"哲学"本质无关,而且还是一个贬义词,是"反辩证法"的,所以只能否定和批判。那么,这到底是怎么回事?造成这一误解的认识根源又何在呢?让我们一起来分析一下。

原本"形而上"一词在汉语中的最早出处当属我国古代典籍《易传·系辞上》，即"形而上者谓之道，形而下者谓之器，化而裁之谓之变，推而行之谓之通，举而措之天下之民，谓之事业。"这句话的含义就是把"形而上"的即无形的"道"的领域和"形而下"的即有形的"器"的领域分开。由此，"形而上学"作为研讨"道"的问题的学问（亦即一般所谓"道论"）在我国也就一向被看做是最高的学问。可以说，具有"形而上"意义的"道论"即为我国道家、儒家等各学派立论的根本依据，"道论"在我国春秋战国时代即已形成为一种有深刻意义与广泛影响的哲学学说了。"形而上学"一词在我国汉语语境及语义中的本来含义，也就是指一种研究"道"的超验问题的哲学学说或学术思想。

在西语中，当然没有汉语的"形而上学"一词，然而，不同哲学形态在一些基本概念的理解与运用上又具有一定相通性，因此，在西语中，虽然没有汉语"形而上学"一词，但却也具有和其相通的或在本质上一致的概念。这一概念也就是公元前一世纪古希腊哲学家安德罗尼柯在编纂亚里士多德哲学著作时所创造的"meta－physics"（即"物理学之后"）一词，该词即被他用来作为亚里士多德哲学著作的名称。到近代，当亚里士多德的这部著作被引入中国时，"metaphysics"一词又被我国学者严复根据上述《易传·系辞上》的提法而转译为汉语的"形而上学"。这就是说，在语义上，西语的"metaphysics"一词也就相当于汉语的"形而上学"，或者说，在本质上，"metaphysics"（即"物理学之后"）也就是"形而上学"。这也表明，"metaphysics"的概念和"形而上学"的概念在本质上是完全一致的、相通的。

在西方，作为"形而上学"（metaphysics）的学问，自亚里士多德以来就一直被视为一种研究"有"本身或"是"本身问题的学问，因而也就作为一种"有论"或"是论"（即作为一种西方哲学严格意义上的"本体论"）而发展、演变。由此，西方的"是论"也就和中国的"道论"既有本质联系，也有形式区别。如果说，中国的"道论"还是一种广义的哲学即哲学学说的话，那么，西方的"是论"就是一种狭义的哲学即哲学学科了。然而，不争的事实是，无论是中国的"道论"（"形而上者谓之道"的学说），还是西方的"是论"（metaphysics，即"物理学之后"的学科），都具有哲学的形而上学的本性或本质，因而也都是哲学形而上学发展的一定历史形态。

这也说明，哲学在本质上具有统一性，不同的哲学形态也具有相通性。由此，语言、翻译，也就不会成为人们对哲学概念本质理解上的障碍。由于翻译也会把不同词汇的共同本质或精神转达、表示出来，因而使用不同语言的学者也就会在本质上把握不同概念的共通性或相通性，"形而上学"和"meta-physics"的互译和互解就是这一哲学精神本性的共通性与相通性的很好例证。事实上，懂得西语的中国学者就会把"形而上学"和"metaphysics"联系起来而加深对哲学本性的理解，而懂得汉语的西方学者也会把"metaphysics"乃至"philosophy"（"爱智慧"）等概念和"形而上学"联系起来，从而也加深或扩展对哲学本性的认识。

由此，我们也就能够确认："形而上学"（metaphysics）的本义或基本含义也就是指研究"道"或"有"（或"是"）本身的一种超感官的、超经验对象问题的学问，而在其本来意义上，"形而上学"也就是指"哲学"本身，是"哲学"的一个代名词。现在，也有一种很普遍的做法或说法，就是把"形而上学"界定为哲学的一个"古老的分支"或最重要的基础性部门（然后再分述诸如"实在论与反实在论"、"实体与属性"、"心物关系"等相关问题）。在历史上，也有不少哲学家也曾把"形而上学"界定为哲学的一个部门。不过，笔者认为，这应是"形而上学"的狭义用法，在广义和一般意义上，"形而上学"即是指"哲学"本身，"形而上学"的本性也就是哲学的本性、本质。

在中西哲学传统或中西传统哲学中，"形而上学"的本义或原意都是指研究超验的、经验对象以外问题的学问。而形而上学的这种本质精神，也就直接构成了哲学的根本精神，就其本质而言，形而上学和哲学是完全统一的，"形而上学"就是哲学，"哲学"也就是形而上学。

# 第二节　消除对"形而上学"本质的误解

## 一　对"形而上学"本质的误解或"第二种含义"的谬误

我国哲学界对"形而上学"概念的认识又是怎样的呢？是否存在误解或曲解呢？

在我国哲学界，长期以来存在着对"形而上学"概念的误解：一方面，人们把"形而上学"概念和"哲学"分离开来，好像"哲学"可以没有"形而上学"；另一方面，在把"形而上学"与"哲学"分离的同时，人们又将"形而上学"与"辩证法"对立起来，坚持所谓"形而上学是一种反辩证法的思维方式"的理论，并认为"形而上学"的这种"反辩证法"的含义是由黑格尔赋予"形而上学"的"第二种含义"（"第一种含义"是指研究超验问题的学问）。

在我国哲学界，一般有关论著都认为"形而上学"具有两种含义。例如，我国出版的《哲学百科全书》对"形而上学"的解释就是：

"形而上学（meta‐physics）：哲学术语，通常有两种含义：（1）指研究超感觉的、经验以外对象的哲学；（2）指与辩证法相对立的、用孤立的静止的片面的观点观察世界的思维方式。马克思主义哲学通常在后一种意义上使用它。"①

大多数哲学词典还提出，"形而上学"的后一种含义是近代以来才形成的，是由黑格尔所附加的。《哲学百科全书》指出：

"黑格尔除了用'形而上学'一词指研究经验以外对象的哲学外，还根据西方近代哲学具有与辩证法对立的思维方法的特点，又用'形而上学'一词转指非辩证的思维方法。在哲学史上第一次赋予'形而上学'一词以新的意义。"②

我国出版的《辞海·哲学分册》在"形而上学"的条目上也指出：

"从黑格尔开始，把形而上学用作反辩证法的同义词。但对形而上学本质的彻底揭露，是在马克思主义哲学产生之后。"③

其实，在这些解说与理解中，就已包含着对"形而上学"概念本义或本质的误解，当然也包含着对黑格尔有关"形而上学"思想的误解。

首先，认为"形而上学"有两种并立的含义这本身就是对"形而上学"概念本义或本质的误解或曲解，由此也就会进一步造成许多对"形而上学"本质含义的误解或曲解。事实上，"形而上学"在本义或本质上只应具有一种含义，即研究超验问题的学问的含义，而"形而上学"的所谓"第二种含义"即"反辩证法"（或"非辩证法"、"与辩证法相对立"）的含义（在逻辑上）也只可能是"附加"在"第一种含义"上，因而也只可能是指"形而上学"在其发展中所可能具有的某种在研究方法方面的特点或缺陷。然而，从逻辑上说，"形而上学"本身作为一种研究超验问题的学问却并不一定在本性上就一定具有这种"反辩证法"或"非辩证法"的性质或缺陷。事实上，我们从哲学史上看到，"形而上学"与"辩证法"反而具有某种内在的统一性，或者说，"形而上学"在本质上就是"辩证"的，历史上的"辩证法"如古希腊哲

---

① 《哲学百科全书》，中国大百科全书出版社，1995，第1028页。
② 《哲学百科全书》，中国大百科全书出版社，1995，第1028页。
③ 《辞海·哲学分册》，上海辞书出版社，1980，第70页。

学的"辩证法"就是和古希腊哲学的"形而上学"一起形成并发展起来的。所以，人们提出作为一个特有名词与概念的"形而上学"在作为"研究超感觉的、经验以外对象的学问"的同时，一定还具有"第二种含义"即"反辩证法"的含义，实际上就已造成对"形而上学"概念的误解。

其次，人们认为是黑格尔赋予"形而上学"以"新的意义"即"反辩证法"或"非辩证法"的含义，这也是对黑格尔有关思想观点的误解。其实，黑格尔并没有像一些后来的研究者或我国哲学界那样把"形而上学"和"辩证法"对立起来而视之为"两种对立的思维方式"。在黑格尔那里（也像在所有具有"形而上学"思想传统的哲学家那里一样），"形而上学"在本质上也仍然只具有一种含义即哲学本身的研究超验问题的含义。据此，黑格尔曾明确地、肯定地说："形而上学是研究思想所把握住的事物的科学，而思想是能够表达事物的本质性的。"① 显然，黑格尔既然把"形而上学"界定为"思想所把握住的事物的科学"，同时又认定"思想是能够表达事物的本质性的"，那么，他又何以会把"形而上学"视为"反辩证法"的思维方式呢？

其实，所谓"形而上学"的"反辩证法"的含义，在黑格尔那里，也并非是说"形而上学"固有这样一种性质或意义，而仅是指"旧形而上学的方法"，这种"旧形而上学"也被他称为"知性形而上学"。在黑格尔看来，他自己的"形而上学"才是某种新的"理性思辨"的"形而上学"，才具有"辩证思维"亦即"辩证法"的特点。

这就是说，在黑格尔那里，"形而上学"本身的发展已呈现两种形式，即具有"反辩证法"性的"旧形而上学"或"知性形而上学"与他自己的具有"辩证法"性的即"理性思辨"的"形而上学"。因此，具有对立意义的也只是形而上学发展中的这两种形态在"方法"上的对立，但这并不等于说就是"形而上学"本身和"辩证法"的对立。

也就是说，旧的"知性形而上学"坚持"抽象同一性"的方法和新的辩证的"形而上学"提倡"具体同一性"的方法之间，确实是具有一定对立性的，然而，这种"方法"上的对立性也并非"根本对立"，而只是"形而上学"本身在自身发展中在"方法"上的某种自我矛盾、自我转化与自我更新的表现。因此，二者之间的对立，也只是"形而上学"的内在矛盾与对立，是"形而上学"作为哲学的根本思维方式与研究方法在历史演变中所产生的某种阶段性差别，而并不是什么"形而上学"与"辩证法"的外在对立或根本

---

① 〔德〕黑格尔：《小逻辑》，贺麟译，商务印书馆，1980，第79页。

矛盾。

从逻辑上说，形而上学和辩证法之间也并不注定就具有根本矛盾的对立关系，而全部哲学史也没有证明这一点，反而证明"辩证法"正是在"形而上学"的内部系统中形成与发展起来的。因此，把"形而上学"自身这种在"方法"上的内在差别说成就是"形而上学"和"辩证法"的外在对立，实在是对"形而上学"本义的误解。

还是再看看黑格尔本人的思想和论述吧！在思想及用语上，黑格尔也从未将"辩证法"和"形而上学"对立起来，而总是指明具有"反辩证法"（或"非辩证法"）性质的只是"旧形而上学的方法"，或只是"过去的形而上学，如康德以前的那些形而上学"①，而从未认为这就是"形而上学"本身。例如，黑格尔说："今试进而细察旧形而上学的方法，便可看出这种形而上学并未能超出单纯抽象理智的思维"；"旧形而上学的思维是有限的思维，因为它老是活动于有限思维规定的某种界限之内"；"这种形而上学便成为独断论"。②

黑格尔还说："根据前此的一番讨论，试再对于旧形而上学的方法加以概观，则我们便可见到，其主要特点，在于以抽象的有限的知性规定去把握理性的对象，并将抽象的同一性认作最高原则。"③ 显然，在黑格尔看来，具有"非辩证法"性质的并非是"形而上学"本身，而只是某种"旧形而上学的方法"。

黑格尔所说的这种"旧形而上学"或"旧形而上学的方法"，大抵是指17~18世纪在西欧一直占统治地位的"莱布尼茨—沃尔夫哲学"。康德已经指出了这种"旧形而上学"具有"独断论"的性质，同时，康德给自己确定的任务就是要建构一种具有"理性批判"精神的"能够作为科学出现的未来形而上学"。④ 黑格尔所批判的"旧形而上学"也还是指这种具有"独断论"性质的"形而上学"，亦即"莱布尼茨—沃尔夫哲学"。黑格尔还把"莱布尼茨—沃尔夫哲学"称为"理智形而上学"或"彼岸的形而上学"，其意是说它试图借助"神"使一切对立得到解决，但"这种解决却仍然是抽象的、彼岸的。所有的矛盾都仍然存在于此岸，从内容上说，仍然没有得到解决。"⑤ 所以，

① 〔德〕黑格尔:《小逻辑》，贺麟译，商务印书馆，1980，第95页。
② 〔德〕黑格尔:《小逻辑》，贺麟译，商务印书馆，1980，第96、97、101页。
③ 〔德〕黑格尔:《小逻辑》，贺麟译，商务印书馆，1980，第109页。
④ 〔德〕康德:《未来形而上学导论》，庞景仁译，商务印书馆，1978，第191页。
⑤ 〔德〕黑格尔:《哲学史讲演录》第4卷，贺麟、王太庆译，商务印书馆，1978，第196、193页。

黑格尔指出"这种形而上学便成为独断论"，"知性形而上学的独断论主要在于坚执孤立化的片面的思想规定"。① 所以，这种"形而上学"就应该由一种"辩证思维"的"形而上学"所取代。

按照黑格尔的观念，"形而上学"除了这种"知性形而上学的独断论"之外，还理应具有"辩证思维"的理性形式，"形而上学"也完全可以是"辩证"的"形而上学"。或者说，"形而上学"在本性上就不应是"反辩证法"而应是"辩证"的。所以，黑格尔也指出过："辩证法与这类的行为本质上不同"，"辩证法在哲学上并不是什么新东西。在古代，柏拉图被称为辩证法的发明者"。② 我们知道，柏拉图也正是"形而上学"即"哲学"的创始人之一，在柏拉图、亚里士多德等哲学家那里，"形而上学"和"辩证法"也是内在统一的。

事实上，黑格尔发展"辩证法"的本意或初衷也完全不在于把"辩证法"和"形而上学"对立起来，而是在于发展"形而上学"本身，即促使"形而上学"超越"非辩证"的阶段而提高到"辩证"的阶段，由此实现康德所提出的建构"一种能够作为科学出现的未来形而上学"的理想。由此可见，后来的研究者提出黑格尔批判"旧形而上学的方法"就是"在哲学史上第一次赋予'形而上学'一词以新的意义"，或是"把形而上学用作反辩证法的同义词"，是对黑格尔思想的多大误解啊！

## 二 对"形而上学"本质误解的形成原因与发展过程

还应看到，对黑格尔思想的这一误解，早在恩格斯那里即已形成。在恩格斯对黑格尔思想的阐述或转述中，"旧形而上学"就已变成了"形而上学"。恩格斯说："旧的研究方法和思维方法，黑格尔称之为'形而上学的'方法，主要是把事物当作一成不变的东西去研究"。③ 显然，在恩格斯的表述中，"旧的形而上学的方法"已被变成了"形而上学的方法"，"形而上学"前面的关键的界定词"旧的"已被抹去了。由此，黑格尔对"过去形而上学"或"旧形而上学的方法"的批判，也就完全变成了对"形而上学"本身的批判。

前面所引黑格尔的话"形而上学是研究思想所把握住的事物的科学，而思想是能够表达事物的本质性的"④，其意应是指明"形而上学"亦即"哲学"

---

① 〔德〕黑格尔：《小逻辑》，贺麟译，商务印书馆，1980，第 101 页。
② 〔德〕黑格尔：《小逻辑》，贺麟译，商务印书馆，1980，第 178 页。
③ 《马克思恩格斯选集》第 4 卷，人民出版社，1995，第 244 页。
④ 〔德〕黑格尔：《小逻辑》，贺麟译，商务印书馆，1980，第 79 页。

本身就是一种能够在思想中把握事物的本质的科学，而恩格斯在摘引这段话以后就提出了"新的论断"："形而上学——关于事物的科学——不是关于运动的科学"。① 其实，黑格尔所说"形而上学"能表达"事物的本质性"，自然也包括"形而上学"能通过"思想"而把握事物的"运动"，在这里，"事物的本质性"和"运动"并无实质性差别，在辩证哲学看来，"事物的本质性"不就是"运动"吗？把"事物"和"运动"分开，显然不是黑格尔论述的本意（黑格尔给"哲学"下的定义就是"对于事物的思维着的考察"②），当然也不是"形而上学"（或其"思想"）的本义。

应该说，正是出于上述理解，恩格斯才认定"形而上学"和"辩证法"是完全对立的，并进而提出"形而上学的思维方式"的认识特点就是"只见树木，不见森林"③ 等等。然而，对这种关于"事物的科学"以及"只见树木，不见森林"的特点又该怎样理解呢？试想一下，如果我们说一个走进"森林"的人是"只见树木，不见森林"，这又是什么意思呢？"树木"和"森林"，或者"事物"和"运动"，能在本质上分开吗？显然，如果我们一定要和这种"关于事物的科学"亦即"形而上学"做"斗争"，那也不过是在和自己的一个假想的"敌人"做"斗争"，那不是一场堂吉诃德式的战斗吗？

后来，一些马克思主义理论的研究者又进一步发展了这一把"形而上学"和"辩证法"对立起来的思想，长期以来，苏联和中国等国的哲学界也普遍坚持这一思想。这样，可能具有也确实具有"辩证思维"特性的"形而上学"也就被视为一种"反辩证法"的思维方式，而所谓"形而上学和辩证法是根本对立的"思想观点也就长期支配了人们的认识。

那么，我们究竟能不能给"形而上学"赋予"第二种含义"从而在"反辩证法"的意义上使用这一概念呢？笔者认为，在"反辩证法"的含义或意义上使用"形而上学"一词，既缺乏历史依据，也缺乏逻辑依据。

从历史演变来说，"形而上学"原本和"辩证法"具有同质、同源关系，因而在古希腊哲学中就是一起形成并发展起来的。从苏格拉底到柏拉图、再到亚里士多德哲学的发展，既是"形而上学"的确立时期，也是"辩证法"的形成时期。实际上，历史上任何时代或任何年代的"形而上学"都不意味着就是一种"反辩证法"的"思维方式"，古代的形而上学本身就是辩证的，中世

---

① 《马克思恩格斯全集》第 20 卷，人民出版社，1957，第 547 页。
② 〔德〕黑格尔：《小逻辑》，贺麟译，商务印书馆，1980，第 38 页。
③ 《马克思恩格斯选集》第 3 卷，人民出版社，1995，第 360 页。

纪基督教哲学的形而上学也并不缺乏辩证因素，而近代以来的形而上学则促使"辩证法"走向成熟，黑格尔本人所建构的形而上学体系就是以包含"辩证法"为显著特征的。

再从思想逻辑上说，"形而上学"和"辩证法"也并不构成一对具有真实矛盾对立关系的概念。如前所述，"形而上学"这一概念，无论是在汉语中，还是在西语（即 metaphysics）中，其含义都是指"有形之上的无形的东西"，即是指研究超感官、超经验问题（即"物理学之后"问题）的学问。所以，这一概念本身根本就不包含也根本无法显示任何"反辩证法"的含义。当然，有人会说，"反辩证法"的含义是指"形而上学"这一概念的"转义"。然而，这一所谓"转义"（或"第二种含义"）也根本无法在这一概念的词形或内涵上显示出来，这一概念即使在"转义"上的词形也还是"形而上学"（或 metaphysics），你怎么可能在"形而上学"（即"形而上者谓之道"）或 metaphysics（即"物理学之后"）的概念中就能读出"反辩证法"（anti – dialectics）的"含义"或"转义"呢？在"形而上学"（或"物理学之后"）的概念中，根本无法"转"出"反辩证法"的含义。如果说一个概念包含某种"转义"，那么，这种"转义"也应当是这一概念在本质上所内在包含的，而如果一个概念（在本质上）根本就不包含那种含义，那么，它也就根本不可能产生其本来不具有的"转义"。如果人们非要从"形而上学"的概念中读出某种"转义"或"第二种含义"，那么，这一"转义"或"第二种含义"也就必然是从外部强加给（即所谓"赋予"）这一概念的。然而，赋予一个概念本来没有的"含义"，这样的做法也就完全违反了思维的逻辑规则与语言规则。

在我国，认为"形而上学"就是一种"反辩证法"的思维方式，已成为一种根深蒂固的观念。对于绝大多数人来说，甚至不知道"形而上学"除了有"反辩证法"的"含义"以外还有"另一种含义"。造成这种情况的原因，主要在于"马克思主义哲学通常在后一种意义上使用它"。① 这样，"形而上学"的本义或本质，也就在这种"马克思主义哲学"的"通常使用"下被遮蔽了。

那么，为何恩格斯会把黑格尔批判"旧形而上学的方法"的思想解释与发挥成批判"形而上学"的思想并进而将"形而上学"和"辩证法"对立起来呢？这是因为，在恩格斯的观念中，"形而上学"作为传统哲学的根本形态也不可能真正具有"辩证法"的"科学"性质，所以，"形而上学"也就必然被视为一种"反辩证法"的"旧世界观"。恩格斯说："旧形而上学意义下的同

---

① 《哲学百科全书》，中国大百科全书出版社，1995，第 1028 页。

一律是旧世界观的基本原则"。① 在恩格斯看来,只有"新世界观"在本质上才是"辩证的",即"现代唯物主义本质上都是辩证的"。② 这就是说,在恩格斯的观念中,"形而上学"就是一种"旧世界观",因此在本质上就是"反辩证法"的,因而也就同在"本质上"是"辩证"的"新世界观"(即"现代唯物主义"的世界观)根本对立。当然,把以往"形而上学"的基本性质都视为"反辩证法",并不符合哲学发展的实际历史情况。

还应看到,"辩证法"作为形而上学所内在具有的思辨方法,在历史上,也是完全借助于对概念的纯粹思辨、反思或逻辑论证才发展起来的。所以,"辩证法"在本质上就是一种概念式的反思性的逻辑思维,这也不同于后来人们一再提倡的所谓"朴素的辩证法",后者只是对某些发展、变化的现象的直接"反映"。恩格斯把"辩证法"归结为"关于外部世界和人类思维的运动的一般规律的科学"③,进而提出"客观辩证法"和"主观辩证法"的区别,认为"主观辩证法,即辩证的思维,不过是在自然界中到处发生作用的、对立中的运动的反映"④,同时又认为古希腊哲学作为辩证法的第一种形态,其"辩证思维还以原始的朴素的形式出现"。⑤ 这些认识也都包含着对辩证法超验与思辨本性或逻辑思维的创造性本质的一定误解或忽视。至于恩格斯和马克思都把"辩证法"理解并界定为"科学"或"科学的世界观",也是要以"科学"取代"思辨哲学"。

上述把"形而上学"和"辩证法"对立起来并使其获得"方法论"及"世界观"意义的思想,在后来的理论研究中继续得到发展。例如,《矛盾论》(1937年8月)提出了"两种宇宙观"的理论,认为"在人类的认识史中,从来就有关于宇宙发展法则的两种见解,一种是形而上学的见解,一种是辩证法的见解,形成了互相对立的两种宇宙观"。⑥《矛盾论》还提出:"形而上学,亦称玄学。这种思想,无论在中国,在欧洲,在一个很长的历史时间内,是属于唯心论的宇宙观,并在人们的思想中占了统治的地位"。又说:"所谓形而上学的或庸俗进化论的宇宙观,就是用孤立的、静止的和片面的观点去看世界。"⑦ 至此,"形而上学"就不仅获得了完全的"反辩证法"的"方法论"

① 《马克思恩格斯选集》第3卷,人民出版社,1972,第538页。
② 《马克思恩格斯选集》第3卷,人民出版社,1995,第364页。
③ 《马克思恩格斯选集》第4卷,人民出版社,1995,第243页。
④ 《马克思恩格斯选集》第4卷,人民出版社,1995,第317页。
⑤ 《马克思恩格斯选集》第4卷,人民出版社,1995,第287页。
⑥ 《毛泽东选集》(一卷本),人民出版社,1964,第275页。
⑦ 《毛泽东选集》(一卷本),人民出版社,1964,第275页。

意义，而且也获得了完全的"世界观"的意义而成为"形而上学的宇宙观"（"形而上学的宇宙观"在《矛盾论》的英译本中为"metaphysical world out-look"，直译是"物理学之后的宇宙观"——这是什么意思呢？）。由此，"形而上学"的所谓"第二种含义"也就完全超过、掩盖了"第一种含义"。也就是说，"形而上学"的根本的、本质的内涵与本性已被完全遮蔽了！

不难看出，把"形而上学"定义为"反辩证法"的"宇宙观"，已从根本上把历史上的全部"形而上学"亦即"全部哲学"都否定了。当然，对于一些研究者来说，无论是"第一种含义"的形而上学，还是"第二种含义"的形而上学，都是应当加以否定和批判的，因为只有这样才能体现"实践哲学"和一切"传统哲学"或"形而上学"彻底决裂的精神，而借此宣告"哲学的终结"也应是这一哲学变革的题中应有之义。

由此，"形而上学"一词，在我国大陆也就被人们长期当作一个贬义词使用并且和"唯心主义"放到一起"批判"，而对于"形而上学"的真正含义、本质及其重大价值与历史意义却鲜有人知。这样，哲学的本真精神——形而上学的超验与思辨的本性——在人们的心目中也就难以确立，而我国的许多"哲学研究"也就不能不带有更多的"形而下"的特征（即"科学"的或"科学的世界观"特征以及实用的和功利的种种特征）而全然失去了其独立与自由精神。结果，"形而上学"那"至圣的神"也就在天空退隐，而"一个有文化的民族竟没有形而上学——就像一座庙，其他各方面都装饰得富丽堂皇，却没有至圣的神"。①

## 三 形而上学具有"辩证法"的本性——对形而上学"辩证法"本性的历史性考察

以上我们主要是从逻辑上分析了"形而上学"在本质或本义上何以不能归结为"反辩证法"的思维方式，也说明了"反辩证法"的"思维方式"只是"旧形而上学的方法"，"形而上学"本身和"辩证法"并不构成矛盾对立关系。这是从逻辑上即从概念的本质上分析，如果我们再从历史上分析一下，或者说，如果再把逻辑的分析和历史的分析结合起来，那么，问题就会更加清楚。下面，我们就对形而上学的辩证本性做一概略的历史性考察。

可以说，全部哲学作为形而上学的发展（亦即"形而上学"本身的发展）

---

① 〔德〕黑格尔：《逻辑学》上卷，杨一之译，商务印书馆，1966，第2页。

不仅和"辩证法"不存在"对立"关系,相反,还存在着一种本质的、内在的、必然的联系。形而上学本身即具有辩证思维的本性,因而,全部形而上学的发展与演变,也就是辩证法的发展与演变。当然,形而上学在自身的发展历程中,在某些阶段或某些哲学家那里,也会出现一些"反辩证法"的因素(如上述"莱布尼茨—沃尔夫哲学"的那种"独断论"性质),然而,这种情况也只是"形而上学"在其自身发展一定阶段的表现,而并非其本性。"形而上学"在本性是"辩证的",因而"形而上学"自身也就有能力不断扬弃一些"非辩证"的或"反辩证法"的因素,而不断推进理性思维的发展。

应该说,在人类的认识史上,从来就有"形而上学的辩证法"的宇宙观、认识论与方法论,它构成了人类哲学认识的基本内容,同时,也是推进科学、艺术、道德、宗教等意识形态发展的强大动力与思想基础。"形而上学的辩证法"的根本特征就是"形而上学"和"辩证法"的内在结合与统一,从而也是宇宙观、认识论和方法论的内在结合与统一。正像不能设想一种脱离"形而上学"超验本性的"辩证法"一样,我们也不能设想一种不包含"辩证法"思辨本质"形而上学"。"形而上学"的超验本性,必然导致哲学对"辩证法"思辨本性的诉求,由此也就形成了"形而上学"和"辩证法"内在统一的机制与基础。在这种统一中,"形而上学"的超验性与"辩证法"的思辨性互相结合、互相贯通,并促使超验性成为思辨性、思辨性也成为超验性。由此,"形而上学的辩证法"或"辩证的形而上学",也就同时兼有超验性与思辨性两大特性,并因此而表现为"哲学"的认知方式。"哲学"或"形而上学",按其本性、基础、趋向、传统与追求的终极目标说来,也一定是超验的、思辨的"辩证"哲学,亦即"思辨哲学"。因此,我们也不能设想世界上会有一种不是"形而上学辩证法"的"哲学",正如不能设想会有一种不是"哲学"或"思辨哲学"的"形而上学辩证法"一样。

我们完全可以把"形而上学"的发展看作即是"辩证法"的自我发展、自我深化与转化并自我更新的过程。事实上,无论是在中国,还是在西方,"形而上学"的发展都始终伴随着"辩证法"的发展,如无"辩证法"的发展,"形而上学"的发展,无论是中国的"道论"(或"境界论"),还是西方的"是论"(或"本体论"),都既不可能产生,也不可能发展。可以肯定地说,中国和西方"形而上学"的发展,都是和"辩证法"的发展在本质上一致、在形式上融合的。

中国古代"形而上学"发展的一个重要特征就是形成了"道论",而"道论"在本质上就是一种"辩证哲学"。"道"作为中国古代哲学最根本的与最高的范畴，本身就具有辩证的矛盾演变的特性。老子提出"道法自然"、"道即阴阳"的思想，特别是道家提出的"阴阳分而不离"的思想，都体现出中国形而上学的辩证本性。如果说，道家的"道论"还是一种"自然形而上学"，那么，儒家提出的"仁爱"、"和合"与"中庸"学说也就成为一种"道德形而上学"，而后者也同样具有"辩证哲学"的特征。儒家的"和为贵"思想，孔子所提出的"君子和而不同，小人同而不和"的思想，都堪与道家"阴阳分而不离"的思想相并立而共同构成中国传统形而上学的辩证主题。从中国古代哲学发展的主题或主流来看，其"形而上学"也完全具有"辩证法"的内涵与精神，也不能说"形而上学"在我国自古以来就是一种"反辩证法"的"宇宙观"。

再拿西方哲学来说，其"形而上学"的发展，也同样具有"辩证法"的本质，西方"形而上学"自古希腊哲学特别是亚里士多德哲学产生以来一直到黑格尔哲学的发展历程，也同时就是"辩证法"的发展历程。

其实，西方哲学即"形而上学"发展的一个主题，就是"辩证思维"亦即"辩证法"的不断发展与完善，也就是"形而上学"的"辩证"本性由潜在到展开、再到成熟的过程。就其本质而言，西方"形而上学"也就是"辩证思维"，也就是"辩证法"或"辩证逻辑"本身。我们不能设想，当然也没有看到，在西方哲学史上，会有一个外在于"形而上学"的"辩证法"的发展。无论是前苏格拉底哲学（巴门尼德、芝诺），还是苏格拉底哲学，还是柏拉图、亚里士多德哲学，以及中世纪哲学（经院哲学家如安瑟伦、托马斯等），及至近代的笛卡尔、康德、黑格尔哲学等等，其"形而上学"在本性上不都是一种具有严格的逻辑规定性的辩证思维亦即"辩证法"吗？而其"辩证法"也完全内在于他们的"形而上学"体系并在事实上构成其"形而上学"的核心与本质。

古希腊的巴门尼德最早思考"存在"（"being"）的概念，并把对"存在"的认识称为"真理"而与作为对变动不居的事物的直接认识的"意见"区别开来。实际上，这已开始了"形而上学"的思考。所以，"真正的哲学思想从巴门尼德起始了，在这里面可以看见哲学被提高到思想的领域"，"与这点相联结，就引起了这样的辩证法，即：变化的东西没有真理；因为当人们把这些规定当作有效准时，他们就会遇着矛盾。"① 巴门尼德的弟子芝诺提出了"阿基里斯永远追不上乌龟"、"飞矢不动"等命题，这在客观上也揭示了运动的矛

---

① 〔德〕黑格尔：《哲学史讲演录》第 1 卷，北京大学哲学系外国哲学史教研室译，三联书店，1956，第 267 页。

盾本质，从而也展示了辩证思维的本质。所以，黑格尔说："他是辩证法的创始者"，"芝诺对运动曾特别作了客观辩证法的研究"。① 或者说，"在这种抽象论证的方式里我们看见了一种辩证法，这种辩证法我们可以叫做形而上学的抽象论证。"②

其后，对"辩证法"做出形而上学的更深入论证的当属苏格拉底与柏拉图。苏格拉底提出了"概念论"或"问答法"，其"问答法"即是"辩证法"（"dialectics"）的原创形态与本来含义，其意是指在谈话中揭露矛盾并通过反复论证而寻求概念或本质的方法。正像黑格尔所说："苏格拉底方法，这种方法，根据它的性质，就应当是辩证的方法。"③ 在此基础上，柏拉图创建了"理念论"，他把"理念"当作宇宙的本质，这自然是纯粹的"形而上学"，而这种"形而上学"在本质上也是"辩证"的。为创立并完善"理念论"，柏拉图不能不借助抽象思维，因此也就开始更加集中地思考诸如"共相与殊相"（或"属与种"）、"运动与静止"等范畴的矛盾关系，进而提出了"最普遍的理念是相通的"即"通种论"的辩证思想。他指出："有一些'种'是彼此相通的，有一些'种'彼此不通"，而"同"和"异"、"动"和"静"、"有"和"非有"等概念之间却是"相通的"。所以，"'种'是彼此相通的；'有'和'异'贯穿在一切'种'中，并且互相渗透"。④ 虽然柏拉图的这些通过"对话"形式表达出来的思想有时还显得比较含混，但他确实已接触并表达出"既相同、又相异"（亦即"不相同者亦能相通"）的辩证思想，这就为"辩证法"或"辩证逻辑"的进一步发展奠定了基础。所以，黑格尔在强调"我们必须超过柏拉图"的同时也指出："我们有理由回到柏拉图，借以重新学习什么是思辨哲学的性质"。⑤

在亚里士多德哲学中，"形而上学"和"辩证法"的联系得到进一步巩固并最终确定下来。一方面，亚里士多德把"形而上学"继续发展并确立为一门

---

① 〔德〕黑格尔：《哲学史讲演录》第 1 卷，北京大学哲学系外国哲学史教研室译，三联书店，1956，第 272、281 页。

② 〔德〕黑格尔：《哲学史讲演录》第 1 卷，北京大学哲学系外国哲学史教研室译，三联书店，1956，第 276 页。

③ 〔德〕黑格尔：《哲学史讲演录》第 2 卷，北京大学哲学系外国哲学史教研室译，三联书店，1957，第 52 页。

④ 北京大学哲学系外国哲学史教研室编译《西方哲学原著选读》上卷，商务印书馆，1981，第 99、100、107 页。

⑤ 〔德〕黑格尔：《哲学史讲演录》第 2 卷，北京大学哲学系外国哲学史教研室译，三联书店，1957，第 160 页。

独立的研究"有本身"问题的超验的（即在"物理学之后"的）学科，另一方面，亚里士多德又开创性地奠定了形而上学的方法论即"逻辑学"的基础，这就是他在《工具论》等著作中所提出的有关思维的规则、推理的步骤以及概念分析的方法等一系列逻辑学（主要是形式逻辑）方面的理论。亚里士多德哲学著作《形而上学》本身也是一部具有辩证法内涵的著作，其间也处处表露出探索、反思、怀疑与批判的理性思辨精神（例如对"普遍和个别"、"形式和质料"、"潜能和现实"以及"存在和实体"等等范畴的矛盾关系的思考）。

亚里士多德"形而上学"的特点正在于通过对概念的矛盾分析而在思想概念的形式上对事物的本质加以把握。所以，黑格尔指出："当他把科学这样地分成为一定概念的一系列理智范畴的时候，亚里士多德的哲学同时也包含着最深刻的思辨的概念"。① 也正是基于亚里士多德对形而上学的"辩证法"或"逻辑学"的最初阐发，人们才把他和黑格尔相比，称亚里士多德为"古代的黑格尔"，而称黑格尔为"近代的亚里士多德"。实际上，从亚里士多德到黑格尔哲学的这一一脉相承的发展，就其内在的思想本质与演变逻辑而言，也正是形而上学的"辩证法"（亦即"辩证逻辑"）的发展演进过程。

当然，在亚里士多德和黑格尔之间，还隔着一个中世纪时代以及近代早期哲学的发展。然而，在中世纪哲学及近代早期或中期哲学的发展中，"形而上学"也并没有转化为"反辩证法"的"方法论"或"宇宙观"，也没有表现出是一种和"辩证法"根本对立的思维方式。中世纪的基督教哲学是一种具有神学性质的形而上学，其"教义建筑在形而上学的基础上"②，这种形而上学虽然采取了神学的外在形式而受到某些限制，即"思维显得不是自由地从自身出发"，"抽象理智不能超出其自身达到自由，也不能把握住理性的自由"③，但中世纪哲学在思维的本质上也仍然是理性思辨的。也就是说，基督教哲学是力图用理性思辨的辩证法来论证与维护信仰。所以，"在基督教之内哲学的基础仍然存在着"。④

在经院哲学唯名论和唯实论有关"共相与殊相"的长期争论中，包含着辩证思维的多种要素或萌芽，从而也延续了辩证法（或逻辑学）的发展。安瑟伦

① 〔德〕黑格尔：《哲学史讲演录》第 2 卷，北京大学哲学系外国哲学史教研室译，三联书店，1957，第 269 页。
② 〔德〕黑格尔：《哲学史讲演录》第 3 卷，贺麟、王太庆译，商务印书馆，1959，第 289 页。
③ 〔德〕黑格尔：《哲学史讲演录》第 3 卷，贺麟、王太庆译，商务印书馆，1959，第 283、282 页。
④ 〔德〕黑格尔：《哲学史讲演录》第 3 卷，贺麟、王太庆译，商务印书馆，1959，第 263 页。

提出的对上帝存在的"本体论"证明,"是从上帝是本质中的普遍本质这一概念推论出来的",而从辩证思维的角度来看,"他认识到了思维与存在这一最高的对立的统一",① 从而表现出深刻的辩证精神。而托马斯神学则直接体现出亚里士多德哲学的影响,他的著作就是对基督教教义进行逻辑的形式论证,其间也"有着深邃的形而上学的(思辨的)思想"。② 托马斯提出的对上帝存在的"宇宙论"证明(史称通向上帝的"五路"),更直接体现出亚里士多德哲学("四因论")的影响。

总的说来,经院哲学的这种"神学的形而上学"带有"形式的辩证法"特征,"研究辩证法的兴趣达到了很高的程度;不过这种辩证法带有很形式的性质"。③ 然而,这种"形式的辩证法"毕竟也在其"形式"中保持并延续了"辩证法"的内涵与意义。所以,我们也不能说中世纪经院哲学的"形而上学"就具有"反辩证法"的性质,就是和"辩证法"根本对立的。

在近代哲学的发展中,"莱布尼茨—沃尔夫哲学"被称为"独断论的形而上学",这是因为"这是一种从一个有局限性的理智规定出发的形而上学;这个规定就是绝对的众多,因此他(指莱布尼茨)只能把联系理解为连续",④亦即缺乏对"运动"的本质的深刻理解。然而,这种局限性也只是"形而上学"在自身发展一定阶段上的表现,而并非就是"形而上学"本身一定具有的缺陷。即使莱布尼茨的"形而上学"也并非完全"反辩证法",他也在处处探讨各种矛盾关系,如"自由与必然"、"不可分的点与连续性"之间的矛盾关系等,并力图利用古代哲学(包括中国古代哲学)的辩证思想来改造近代机械论的自然观。此外,我们知道,近代哲学形而上学的这种"非辩证"的局限性,主要是受到 17 ~ 18 世纪欧洲自然科学发展状况的影响,是由于培根和洛克等人把当时自然科学的一些方法和观念直接移植到哲学中才造成的。

总的说来,"形而上学"在本性上是辩证的,所以,它才具有那种能够扬弃某些"非辩证"的因素与形式而不断发展辩证法的能力,我们在西方哲学的持续的历史发展中已看到形而上学的这种辩证本性。从哲学史的发展来看,或者从形而上学的本性来看,"形而上学"都不具有"反辩证法"的含义,所谓"形而上学"的"第二种含义"是对形而上学本质与发展历程的误解。

---

① 〔德〕黑格尔:《哲学史讲演录》第 3 卷,贺麟、王太庆译,商务印书馆,1959,第 291、296 页。

② 〔德〕黑格尔:《哲学史讲演录》第 3 卷,贺麟、王太庆译,商务印书馆,1959,第 300 页。

③ 〔德〕黑格尔:《哲学史讲演录》第 3 卷,贺麟、王太庆译,商务印书馆,1959,第 314 页。

④ 〔德〕黑格尔:《哲学史讲演录》第 4 卷,贺麟、王太庆译,商务印书馆,1978,第 184 页。

## 四 与"辩证法"相对立的思维方式究竟是什么

看到这里，有些读者一定会问，既然"形而上学"不是和"辩证法"相对立的思维方式，那么，在哲学上，是否存在一种和"辩证法"相对立的"思维方式"呢？如果存在的话，这种思维方式又究竟是什么呢？

首先，从逻辑上说，既然存在"辩证法"的思维方式，就理应存在"反辩证法"的思维方式，正像有"科学"思潮存在，就会有"反科学"思潮存在一样。但"反科学"思潮又该怎样界定呢？其实，我们只能说，"反科学"思潮就是和"科学"思潮（或"科学主义"思潮）相对立的、具有相反性质的思潮，而这样一种称呼就已经将其性质与特征显示出来了。同样，"反辩证法"这一称呼也已经表明了这一思维方式的性质、特征。也就是说，"反辩证法"也就是和"辩证法"相对立的思维方式，这两个概念本身就构成了一种真实的矛盾对立关系，因而我们也就可以把和"辩证法"相对立的思维方式就称为"反辩证法"的思维方式。这一界定是合乎逻辑的，也是我们避免发生概念误解或认识失误的可行思路。

其次，从历史上看，"反辩证法"的思维方式也呈现出了一些不同的表现形式，因而我们就应该具体分析这些形式从而加深对其性质和特征的认识。譬如，上述"莱布尼茨—沃尔夫哲学"就被称为"独断论"。可以说，"独断论"（或"教条主义"）就具有"反辩证法"的性质或特点，当时黑格尔也是在和"辩证法"相对立的意义上使用这一概念的。此外，在哲学史上还有所谓"诡辩论"（或"相对主义"）。可以说，"诡辩论"也是一种"反辩证法"的思维方式，"辩证法"和"诡辩论"也构成一对矛盾。黑格尔说："辩证法切不可与单纯的诡辩相混淆。诡辩的本质在于孤立起来看事物，把本身片面的、抽象的规定，认为是可靠的，只要这样的规定能够带来个人当时特殊情形下的利益"。[①] 在这里，黑格尔所指出的"孤立起来看事物"、"片面的、抽象的规定"等等特征都恰恰是指"诡辩论"而完全没有指向"形而上学"的意思，辩证法所理应关注的也正是要划清自己和"诡辩论"及"独断论"的界限。

这样，在和"辩证法"相对立的意义上，所谓"反辩证法"的思维方式（黑格尔所说"旧形而上学的方法"），实际上主要就是指"独断论"和"诡辩论"，而"辩证法"就理应超越这二者或扬弃这二者的局限而保持自身合理的辩证思维的维

---

① 〔德〕黑格尔：《小逻辑》，贺麟译，商务印书馆，1980，第177页。

度或限度，由此，"形而上学"也才能真正成为一门科学——辩证思维的科学。

遗憾的是，由于我国哲学界对"形而上学"及"辩证法"的含义或本质均缺乏准确认识，再加之各种社会因素的影响，因而在我国长期批判"形而上学"、提倡"辩证法"的过程中，事实上得到发展的也往往不是"辩证法"而是"独断论"或"诡辩论"。

以上，我们探讨了"形而上学"的本质含义以及人们对它的误解，由此可以明确，我们不应再把"形而上学"归结为"反辩证法"的"思维方式"或"反辩证法的宇宙观"，我们应该恢复"形而上学"这一概念的本义，应该完全在其本质意义上使用这一概念。也只有这样，我们的认识才符合哲学作为形而上学的一门学科或学说而长期发展的历史事实，而我们的哲学研究也才会真正具有哲学研究的底蕴与精神。

## 第三节 对辩证法本质特征的探讨

人们对"辩证法"这个概念也很熟悉，但对其本质含义的认识却也并不十分准确。本书前述对哲学的超验与思辨特性的分析以及对"形而上学"本义的分析，事实上都会帮助我们深入认识"辩证法"的本义或本质。

笔者认为，我们认识"辩证法"（dialectics）的本义或本质的关键，就在于要认识辩证法和形而上学的内在联系，亦即认识"辩证法"所内在具有的超验的与思辨的特性，从而保持辩证法的纯粹思辨或逻辑思维的性质亦即所谓"主观辩证法"的性质。

如果说，"辩证法"（按照康德）只发生在"超验"领域，或者说，只有超验性认识才具有辩证认识的可能性，而辩证思维的特性或方法（按照黑格尔）又仅仅在于"反思"，那么，所谓"辩证法"也就不是别的，只不过就是形而上学本身所具有的一种具有超验性与反思性或思辨性以及逻辑思维的规定性的研究方法而已。

然而，我国哲学界对"辩证法"的一般认识或普遍认识却并非如此。在我国哲学界或理论界，"辩证法"都被人们普遍理解为一种"科学"的"方法论"或"认识论"。"辩证法"的一般定义就是："关于自然、社会和思维发展的最一般规律的科学。是科学的世界观和方法论。"① 辩证法的基本特征也被认作是对客观世界的矛盾运动或发展的最一般规律的反映。恩格斯也说过：

---

① 《哲学百科全书》，中国大百科全书出版社，1995，第43页。

"辩证法就归结为关于外部世界和人类思维的运动的一般规律的科学"。① 恩格斯还认为"主观辩证法，即辩证的思维，不过是在自然界中到处发生作用的、对立中的运动的反映"。② 事实上，这些认识都包含着对辩证法的超验与思辨本性以及辩证思维的创造性本质的一定误解或忽视。

下面，我们就从"辩证法"的起源、发展以及研究的基本问题等方面来概略分析一下"辩证法"的基本特征与本质含义。

# 一 "辩证法"的起源与历史发展

我们需要从"辩证法"概念的由来、起源与发展来认识其本质，这是因为一个概念的起源、渊源乃至发展最能表明与说明一个概念的本义或本质。

## （一）关于"辩证法"的起源

我们知道，"辩证法"（dialectics）一词起源于古希腊，原意是指一种谈话的方法或艺术，即指在辩论中揭露对方议论中的矛盾并克服这些矛盾的方法。苏格拉底最先使用了（或最先有意识地使用了）这一概念及其方法，他所采用的"问答法"（亦即"概念论"，他称为"精神助产术"）也就是"辩证法"的最初形态或原型。

在苏格拉底那里，"辩证法"（dialectics）的含义就是指人们聚在一起谈话，并在谈话中不断地揭露对话中的矛盾以便寻求概念的内涵或本质。克塞诺封的《回忆录》在谈到苏格拉底的"'辩证'方法"时曾指出："他注意到 dialegesthai（辩证）这个词导源于人们的一种活动，就是聚在一起讨论问题，按对象的种属加以辨析。因此他认为每个人都应当下决心掌握这种艺术，下苦功去学习它，因为一个人凭着它的帮助，就成了最有才干的人，最能指导别人的人，讨论时见解最深刻的人。"③ 后来，黑格尔在讲述到"苏格拉底方法"时也指出："就在这种谈话中产生了苏格拉底的哲学和以其名为名的苏格拉底方法，这种方法，根据它的性质，就应当是辩证的方法。"④

① 《马克思恩格斯选集》第 4 卷，人民出版社，1995，第 243 页。
② 《马克思恩格斯选集》第 4 卷，人民出版社，1995，第 317 页。
③ 北京大学哲学系外国哲学史教研室编译《西方哲学原著选读》上卷，商务印书馆，1981，第 59 页。
④ 〔德〕黑格尔：《哲学史讲演录》第 2 卷，北京大学哲学系外国哲学史教研室译，三联书店，1957，第 52 页。

按照黑格尔的分析,苏格拉底的方法即"辩证法"的要旨在于"从具体的事例发展到普遍的原则,并使潜在于人们意识中的概念明确呈现出来"。① 这就是说,苏格拉底的"辩证法"就是"概念"的辩证法,就是"主观形式的辩证法"。② 对此种"辩证法"来说,"问题就在于要把概念提到意识里来——亦即要把仅仅是观念的东西因而也就是抽象的东西加以发展"。③ 从"辩证法"的这一起源或原创形态来看,"辩证法"的本义或本质就是一种寻求概念的内涵与本质的抽象思维与逻辑论证的方法,这完全是一种属于"主观形式"的创造性的思维活动。

在苏格拉底方法产生以前,古希腊哲学已经出现了赫拉克利特、芝诺等人的辩证法思想。芝诺的辩证法着重于对运动的矛盾做出抽象论证,因而黑格尔说"这种辩证法我们可以叫做形而上学的抽象论证",同时,"这种辩证法也还只能称为主观的辩证法,因为辩证法只限于静观的主体一边"。④ 按照黑格尔的分析,"芝诺的主观辩证法更进一步的发展,就必然是主观辩证法变成客观辩证法,亦即把这种运动本身了解为客观的东西。"⑤ 黑格尔认为,赫拉克利特的辩证法就是这种"客观辩证法",而所谓"赫拉克利特的客观性,亦即认辩证法本身为原理"。⑥ 黑格尔是比较赞赏赫拉克利特的"客观辩证法"的,但即使这种"客观辩证法"也仍然不是指简单地或单纯地反映事物的矛盾运动,而是指一种"思辨的思想",即"这个哲学之所以晦涩,主要由于在它里面表现了一个深奥的、思辨的思想",或者说,"它可能显得晦涩,但它是思辨的,而思辨的真理对于理智永远是晦涩的,理智坚执着有与无、主观与客观、实在与理想的分离。"⑦

---

① 〔德〕黑格尔:《哲学史讲演录》第2卷,北京大学哲学系外国哲学史教研室译,三联书店,1957,第53页。
② 〔德〕黑格尔:《哲学史讲演录》第2卷,北京大学哲学系外国哲学史教研室译,三联书店,1957,第54页。
③ 〔德〕黑格尔:《哲学史讲演录》第2卷,北京大学哲学系外国哲学史教研室译,三联书店,1957,第55页。
④ 〔德〕黑格尔:《哲学史讲演录》第1卷,北京大学哲学系外国哲学史教研室译,三联书店,1956,第276、294页。
⑤ 〔德〕黑格尔:《哲学史讲演录》第1卷,北京大学哲学系外国哲学史教研室译,三联书店,1956,第295页。
⑥ 〔德〕黑格尔:《哲学史讲演录》第1卷,北京大学哲学系外国哲学史教研室译,三联书店,1956,第295页。
⑦ 〔德〕黑格尔:《哲学史讲演录》第1卷,北京大学哲学系外国哲学史教研室译,三联书店,1956,第298、303页。

在这里，"辩证法"，包括黑格尔所说的"主观辩证法"与"客观辩证法"，在本质上都是一种辩证的思维与思辨，而辩证的思维与思辨是完全不同于单纯的"认识"或"反映"的。黑格尔赞赏赫拉克利特的辩证法，也主要是由于赫拉克利特以"辩证法"而超越了感性、知性或理智的"个别性的意识"而提升到"普遍性"的意识。对此，黑格尔评论道："意识只有作为普遍性的意识才是真理的意识；但是，个别性的意识和个别的行为，一种在内容或形式方面特别异样的创新，是非真理的，是坏的。因此错误只在于思想个别化——罪恶与错误是由于与普遍分离"，"而理性自身所知道的也同样是必然性或存在的普遍性。这就是思想的本质，亦即世界的本质。"① 这样，我们对"辩证法"的理解，即使是对赫拉克利特的"客观辩证法"的理解，也不应将其理解为是某种没有思辨本性的所谓"朴素的辩证法"，或像人们所理解的那样，认为古希腊的辩证法就是"辩证思维还以原始的朴素的形式出现"。② 事实上，正是由于"辩证法"的产生，人类思维才摆脱了"原始的朴素的形式"，才以非原始的"辩证思维"的形式出现并延续至今。就西方哲学史来说，这种"辩证思维"或"辩证法"的发展乃是一个统一的、连续的过程，从亚里士多德哲学到黑格尔哲学，正是这一过程的集中体现，这正是"辩证法"的一个不断发展、不断完善的过程。

## （二）"辩证法"的历史发展

在西方哲学史上，柏拉图可称为"辩证法"的真正奠基人。一方面，柏拉图提出了"理念论"，另一方面，他也同时奠定了"辩证法"。人们通常认为柏拉图的理念论"割裂"了一般和个别的关系，但实际上，这种"割裂"也正是把一般和个别区别开来，而这种区别又正是发展辩证思维的必要条件。这就是说，也只有依靠把一般和个别、本质和现象等区别开来，辩证思维的方法才可能超越感性、经验认识的局限限制而确立下来。所以，历史地看，"理念论"也不失为一种包含着"辩证法"的思辨的"逻辑学"。

柏拉图说："当一个人根据辩证法企图只用推理而不要任何感觉以求达到每个事物的本身（即理念），并且这样坚持下去，一直到他通过纯粹的思想而认识到善本身的时候，他就达到了可知世界的极限"，"这个思想的进程叫做辩

---

① 〔德〕黑格尔：《哲学史讲演录》第1卷，北京大学哲学系外国哲学史教研室译，三联书店，1956，第316页。
② 《马克思恩格斯选集》第4卷，人民出版社，1995，第287页。

证法"。① 在这里，只用推理而不要任何感觉，就成为形成"辩证法"的必要条件。由此，"辩证法"也才可能成为"纯粹的思想"而认识到"善"本身并进而形成辩证思维所绝对必须的概念与观念。

柏拉图曾详述"辩证法"的"思想进程"，他说："人的理性凭着辩证法的力量而认识到的那种东西，在这种认识活动中，人的理性不是把它的假设当作绝对的起点或第一原理，而是把这些假设直截了当地就当作假设，即是把它们当作暂时的起点，或者说当作跳板，以便可以从这个起点升到根本不是假设的某种东西，上升到绝对第一原理，并且在达到这种第一原理之后，又可以回过头来把握那些以这个原理为根据的、从这个原理提出来的东西，最后下降到结论。在进行这种活动的时候，人的理性决不引用任何感性事物，而只引用理念，从一个理念到另一个理念，并且归结到理念。"② 柏拉图所说从"暂时的假设"上升到"第一原理"，即是从个别上升到一般的归纳过程，而从"第一原理"回到相关的"从这个原理提出来的"具体东西，即是从一般下降到个别的演绎过程。

在柏拉图看来，"辩证法"就是一种概念思维的矛盾运动，或者说，纯粹的概念思维的矛盾运动就是"辩证法"的本质。黑格尔曾指出："柏拉图的研究完全集中在纯粹思想里，对纯粹思想本身的考察他就叫辩证法。他的许多对话都包含这样意义的辩证法。这些纯粹思想是：'有'与'非有'、'一'与'多'、'无限'与'有限'"。③ 柏拉图把辩证法视为一门最高的科学，认为辩证法是可以达到最高的理念即"善"的理念的方法，因而他主张把"辩证法摆在一切科学之上，作为一切科学的基石或顶峰"。④ 柏拉图之后，亚里士多德把辩证法进一步确立为一门研究实体属性并揭示对象自身矛盾的科学，同时强调辩证法也是从事概念的逻辑分析的方法，亚里士多德自己在对一系列哲学概念的分析中都运用了这种概念分析的逻辑方法。

近代以来，康德把"辩证法"看做是"纯粹理性"的一种"先验辩证论"，他说"纯粹理性有一种自然的和不可避免的辩证论，它不是某个生手由

① 北京大学哲学系外国哲学史教研室编译《古希腊罗马哲学》（原著选辑），商务印书馆，1961，第203页。
② 北京大学哲学系外国哲学史教研室编译《古希腊罗马哲学》（原著选辑），商务印书馆，1961，第201页。
③ 〔德〕黑格尔：《哲学史讲演录》第2卷，北京大学哲学系外国哲学史教研室译，三联书店，1957，第204页。
④ 北京大学哲学系外国哲学史教研室编译《古希腊罗马哲学》（原著选辑），商务印书馆，1961，第206页。

于缺乏知识而陷入进去的，或者是某个诡辩论者为了迷惑有理性的人而故意编造出来的，而是不可阻挡地依附于人类理性身上的"。① 这样，康德就揭示了"辩证"思维的必然性与客观性，确认了"辩证法"研究理性自身中矛盾的路径，并且也提高了辩证法的地位。当然对辩证法的发展做出了更大贡献的还属黑格尔。笔者认为，黑格尔对辩证法的贡献主要在于极大地扩展了辩证法的研究领域与研究视野，第一次实现了辩证法与逻辑学、认识论、方法论的统一。

首先，黑格尔使辩证法成为一门真正的辩证的逻辑学（即辩证逻辑），由此实现了辩证法与逻辑学的直接统一。在黑格尔那里，"辩证法"首先就是一种研究概念自身的矛盾运动的"思辨的逻辑"，亦即一种超越了形式逻辑的辩证逻辑。黑格尔说："思辨的逻辑，包含有以前的逻辑与形而上学，保存有同样的思想形式、规律和对象，但同时又用较深广的范畴去发挥和改造它们"。又说："认识到思维自身的本性即是辩证法，认识到思维作为理智必陷于矛盾、必自己否定其自身这一根本见解，构成逻辑学上一个主要的课题。"② 可以说，把"辩证法"认作是一门研究概念的矛盾本性的科学，进而把这门科学又确认为一门辩证思维的"逻辑学"，这正是黑格尔对辩证法的主要贡献，也是黑格尔自己辩证法学说的主要特色。

其次，黑格尔使辩证法也同时成为一种广义的认识论。黑格尔认为，辩证法就是认识与揭露对象本质自身中的矛盾的认识活动，因而也是支配一切事物及整个世界发展的普遍法则。他说："辩证法是现实世界中一切运动、一切生命、一切事业的推动原则。同样，辩证法又是知识范围内一切真正科学认识的灵魂。"③ 这就是说，辩证法具有更广泛的认识论意义，而认识论也就同时具有辩证的性质。黑格尔说："无论知性如何常常竭力去反对辩证法，我们却不可以为只限于在哲学意识内才有辩证法或矛盾进展原则。相反，它是一种普遍存在于其他各级意识和普通经验里的法则。举凡环绕着我们的一切事物，都可以认作是辩证法的例证。"④ 在黑格尔那里，"辩证法"确实获得了一种新的含义，即具有了更加广泛的认识论的意义。

再次，黑格尔也促使辩证法或辩证的认识论同时成为方法论，即促使辩证法同时具有了一种认识"绝对"或"绝对真理"的真正方法的意义。黑格尔认定，辩证法是适合哲学的研究对象与研究内容的唯一方法，即"唯一能成为

---

① 〔德〕康德：《纯粹理性批判》，邓晓芒译，人民出版社，2004，第261页。
② 〔德〕黑格尔：《小逻辑》，贺麟译，商务印书馆，1980，第49、51页。
③ 〔德〕黑格尔：《小逻辑》，贺麟译，商务印书馆，1980，第177页。
④ 〔德〕黑格尔：《小逻辑》，贺麟译，商务印书馆，1980，第179页。

真正的哲学方法","因为这个方法就是关于逻辑内容的内在自身运动的形式的意识"。① 由此,辩证法也就同时具有了方法论的意义。

这样,黑格尔也就把辩证法与逻辑学、认识论及方法论统一起来,从而完成了哲学史上一次对哲学自身研究对象、研究方法与研究领域的最大的综合。也因此,在黑格尔那里,"辩证法"也就真正成为一门柏拉图所设想的"摆在一切科学"之上的最高的科学,而"哲学"本身也就成为一门具有最大的综合性、概括性与抽象性的"思辨的科学"。还可以说,黑格尔以后人们对"辩证法"的研究也都大致是沿着黑格尔所开辟的上述思路或理路而继续开展,实际上也并没有赋予"辩证法"以任何其他的或更多的意义。

## (三)"辩证法"基本问题的意义

"辩证法"研究的基本问题或基本命题,也体现出辩证法的思辨的与超验的特性或形而上学的本质。笔者认为,辩证法研究的基本问题即是"共性和个性"或"普遍和特殊"的矛盾关系,而研究这一矛盾关系的目的就是为了寻求本质的认识。研究这一"共性和个性"或"普遍和特殊"的矛盾关系,就是辩证思维或辩证哲学的精髓与本质,同时也构成了辩证哲学或辩证法的根本旨趣。从历史上看,这一"共性与个性"的关系问题也确实贯穿在全部西方哲学的发展过程中,并确实表现成为西方辩证法思考的基本问题。从古希腊苏格拉底的"概念论"到柏拉图的"理念论"或"通种论",再到亚里士多德的"本体论"(即"有论"或"是论"),再到中世纪经院哲学唯名论与唯实论关于"共相与殊相"的争论,再到近代哲学经验论和唯理论两派关于经验归纳与先验演绎的论争,都无不体现和贯穿着这一"共性和个性"或"普遍和特殊"的关系问题。

也就是说,西方哲学理性思考的核心问题或中心问题并非是关于物质和精神何者是"本原"的问题,而是"共性和个性"的矛盾关系问题亦即认识的"本质"问题。西方哲学发展中的多次历史性争论也总是围绕这一核心问题而展开,并常常涉及到一与多、现象与本质、偶然和必然、有限与无限、相对与绝对以及经验归纳与理性演绎等一系列矛盾关系,当然这些矛盾关系或矛盾范畴也都包含着"共性和个性"或"普遍和特殊"的矛盾性质。

应该说,这一"共性和个性"的关系问题,即是西方哲学辩证法研究中的一个基本问题、核心问题。当然,研究这一"共性和个性"的关系问题,也就完全深入到辩证的理性思维或逻辑思维领域,并构成辩证逻辑研究的基本内

---

① 〔德〕黑格尔:《逻辑学》上卷,杨一之译,商务印书馆,1966,第36页。

容。而辩证法的这种研究，按其本质说来，也就具有理性思维的创造性而完全不同于一般所谓"客观辩证法"或"朴素辩证法"的直接认识或反映。如果把"辩证法"单纯归结为"不过是在自然界中到处发生作用的、对立中的运动的反映"，或归结为"关于外部世界和人类思维的运动的一般规律的科学"，那就无法体现辩证法的这种逻辑思维的深层本质，或辩证法这种反思的、思辨的特殊本质与最高本质，当然，也无法深入揭示辩证法乃至全部哲学发展与演变的真实过程。

## 二 辩证法在本质上是超越"反映"的"反思"

综合上述考察，我们现在可以对"辩证法"的本义或本质提出一些更基本的或总结性的认识，同时再做出进一步的探讨与分析。

第一，"辩证法"的起源与原意应是指一种寻求概念本质的具有矛盾思维特征的论辩与推理方法。在西方哲学史上，"辩证法"作为这种寻求概念本质的矛盾思维的逻辑方法也是贯彻始终的，从古希腊哲学开始，到中世纪基督教哲学，再到近代哲学，"辩证法"也都是在这种矛盾思维的逻辑方法的意义上得到应用与发展。后来，到恩格斯等研究者那里，"辩证法"才被归结为（或主要被归结为）"关于一切运动的最普遍的规律的科学"或"关于普遍联系的科学"①，才提出辩证法"不过是在自然界中到处发生作用的、对立中的运动的反映"。然而，这种认识或定义却掩盖或忽视了"辩证法"这一逻辑思维方法所具有的主体思维的创造性本质。或者说，这种定义也仅是"科学"的"辩证法"定义，而不是"哲学"的"辩证法"定义。

第二，辩证法在本质上是一种"反映"还是一种"反思"，这对如何理解"辩证法"来说具有重要意义。这一问题是一个实质问题，也是我们认识辩证法本质乃至认识论本质的一个关键问题。所谓"反映"（"reflection"），按照其一般意思也就是"反照"，而"反照"（也作"返照"）当然就是指"光线反射"（《现代汉语词典》）。就是说，"反映"的一般含义应是指光线的某种"反照"，如一面镜子把阳光反照、反射到墙上，就体现了"反映"的本义或本质。当然，人们会说，精神对物质的反映，并不完全等同于这种镜子对阳光的反照或反映。然而，这两种"反映"在一般特征或本质意义上却是一致的，即都是一种"反照"、"反射"。马克思曾说："观念的东西不外是移入人的头脑

---

① 《马克思恩格斯选集》第3卷，人民出版社，1972，第565、521页。

并在人的头脑中改造过的物质的东西而已。"① 恩格斯也曾说:"辩证法在黑格尔看来应当是'思想的自我发展',因为事物的辩证法只是它的反光。而实际上,我们头脑中的辩证法只是自然界和人类社会中进行的、并服从于辩证形式的现实发展的反映"。②

后来,列宁进一步阐述了"反映论"原则,指出"反映论"就是主张"思想反映对象的理论……物存在于我们之外。我们的知觉和表象是物的映象"。③ 如果认为人的精神、认识或意识是对物质的"反映"、"映像",那么,这种"反映"或"映像"也就同样具有某种"反照"的含义,也就同样具有某种"光的反照"的一些基本特性(如直观性、机械性、被动性等)。由此,"反映论"(theory of reflection)本身也就不可能完全摆脱认识或认识论上的直观性、机械性及被动性的缺陷。

由于"反映"具有这种直观与机械特性,所以,历史上的哲学家也就常常把"反映论"视为或作为某种消极、直观的认识论来看待,并且也常常以"照镜子"一类的比喻来说明这种"精神对物质的反映"的认识论特征。应当说,这种比喻还是体现了一般"反映论"的基本特征。后来出现"辩证唯物主义的反映论",开始强调"反映"的"能动性"特征,"认为人的感性、理性的全部认识过程都是客观世界在人脑中的反映",但"反映过程是积极的,能动的,辩证发展着的。"(《现代汉语词典》)或者说,辩证唯物主义的反映论"以社会实践为基础并把辩证法应用于反映论,揭示了人的认识同其他反映形式的质的区别,指出认识是基于实践的能动的反映,是一个辩证发展的过程。"④ 但事实上,这种"辩证唯物主义的反映论"与"古代朴素唯物主义的反映论"及近代"旧唯物主义反映论"也仅仅具有"形式"的区别而并无"本质"或"本性"的区别。这是因为,只要把"人的认识"在本质、本性上视为并界定为"反映",那也就等于认定了人的认识的本质即是"反照",由此也就不可能真正揭示人的认识的深层本质,亦即人的认识的"积极的,能动的,辩证发展着的"本性。当然,由于这一缺陷,也就谈不上"把辩证法应用于反映论"。

须知,人的认识的本质是"辩证"的,而这种辩证的本质也并不在于"反映"而正在于"反思",只有"反思"才真正体现出人的认识的本质及其"同其他反映形式的质的区别"。这就是说,人的认识只在其初级本质上才具有

① 《马克思恩格斯选集》第2卷,人民出版社,1995,第112页。
② 《马克思恩格斯全集》第38卷,人民出版社,1972,第203页。
③ 《列宁选集》第2卷,人民出版社,1960,第107页。
④ 《哲学百科全书》,中国大百科全书出版社,1995,第199页。

一般"反映"的性质或形式，而这种初级的"反映"（或"反照"）的形式乃是人和其他一些动物所共有的（可称为"第一认识系统"），因而它也并未把人的认识和其他动物的认识形式在本质上区别开来，正像人所具有的自然动物的本能还尚未把人从自然界中提升出来而与其他动物区别开来一样。

然而，人的认识的深层本质或高级特殊本质却是在"反映"的基础上（通过反映但又超越反映）而形成"反思"，即形成辩证的思辨的认识。这种"反思"的概念式的认识才是人所特有的一种认识形式（可称为"第二认识系统"）。或者说，这才是人的认识的特有的高级特殊本质，这才使人类在认识形式上最终与一切动物区别开来。人的认识还会在两个认识系统的基础上创造出人类所特有的文化形态、思想体系以及伦理道德、价值观念等等（可称为"第三认识系统"）。人的认识的本质就是这三个认识系统的统一，人类也就借此把自身最终从动物界或自然界中提升出来。

这就是说，辩证法意义上的"反思"才是人所特有的特殊认识本质、认识形式与方法。比较说来，动物也可以具有某种"反映"的认识能力，但"反映"本身却不包含"反思"（"思辨"），只有人的认识才从"反映"提高或飞跃到"反思"并创造出"文化"，由此，"反思"也就成为人所特有的一种特殊认识能力。

我们知道（本书的第二章已经提出），决定一个事物的存在、发展及其与其他事物区别的，乃是一个事物所具有的特殊本质或高级本质。就是说，"本质"也是可以分为不同层次的，有所谓初级本质或低级本质、二级本质，还有高级本质或更高本质等等。因此，人的认识在本质上也是具有不同层次的，"第一认识系统"（"反映"）就属于人的认识的初级本质，而"第二认识系统"（"反思"）才属于人的认识的高级本质。当然，一个事物的高级本质也包含着低级本质，但是，高级本质却不可以归结或还原为低级本质。例如，我们不能把人的本质归结为"自然本质"，或把人的高级的"人道本质"还原为低级的"自然本质"，那样也不可能把人和动物区别开来。同样，我们也不能把人的认识的本质认作就是单纯的"反映"，或把人的高级的"反思"认识本质还原为低级的自然认识属性，那样也同样不可能把人的认识同一切自然存在物的认识或感觉区别开来。

事实上，当上述理论把人的认识归结为"反映"，并且把"辩证法"也归结为对自然界运动的"反映"时，这也正是以人的认识的低级形式或低级本质来解释或取代人的认识的高级形式或高级本质。也因此，"反映论"（包括"辩证唯物主义的反映论"）也就没能准确深入地揭示人的认识的真正本质及其认识论的真正本质。这一情况也告诉我们,"反映论"本身,或任何形式的"反映论"都不可能是真正"辩证"的认识论,也不可能把"辩证法应用于反映论",只有基于"反思"的辩证法才是真正的"辩证法",才是真正积极、能动的"认识论"。

第三,按其本质说来,"辩证法"、"逻辑学"、"认识论"也应当是完全统一的,但这种统一也只有通过"反思"的辩证思维才能达到,而通过"反映"或"反映论"是无法达到的。在本质上,"辩证法"也就是辩证的"逻辑学"(即"辩证逻辑"),同时也就是一种辩证逻辑的"认识论"。但具有这种统一性质的"辩证法"(或"逻辑学"、"认识论")却并不属于"客观辩证法"(或"自然辩证法"),也不属于对"客观辩证法的反映",而是属于"主观辩证法",即属于"主观辩证法"的创造。

恩格斯曾把"辩证法"区分为"客观辩证法"和"主观辩证法"两种形式或两个系列,本身也无可厚非,上引黑格尔的论述也表达了类似的思想观点,黑格尔也使用了"客观辩证法"、"主观辩证法"的概念,并且还一再强调"辩证法是现实世界中一切运动、一切生命,一切事业的推动原则"。[①] 然而,问题在于,我们不应把"主观辩证法"仅仅看做是对"客观辩证法"的"反映",或将二者看作是两个完全平行的"在本质上是同一的"[②] 系列。而且,黑格尔也从未将"主观辩证法"认作就是对"客观辩证法"的"反映"。

## 三　"主观辩证法"是对"客观辩证法"的超越

应该说,"主观辩证法"和"客观辩证法"作为"辩证法"的两种不同形态或不同层次,相互之间,也具有完全不同的性质或本质,或者说,二者也具有各自的特殊本质。当然,"主观辩证法"在本质上(即就本质的层次说来)也是高于"客观辩证法"的。"客观辩证法"的本质在于"反映",在于观察、描述客观世界的辩证运动,即恩格斯所说的"自然界中到处发生作用的、对立中的运动"。因此,"客观辩证法"也就具有一般科学认识的性质。然而,"主观辩证法"即"辩证思维"的本质则在于"反思",在于超越"反映"而依靠"反思"(即"思辨")而建构人类理性思维的辩证逻辑与超验认识的体系。由此,"主观辩证法"也就体现出将"辩证法"与"逻辑学"、"认识论"(在辩

---

① 〔德〕黑格尔:《小逻辑》,贺麟译,商务印书馆,1980,第177页。
② 《马克思恩格斯选集》第4卷,人民出版社,1995,第243页。

证思维的层面上）统一起来的本质，因而也体现出完全不同于"客观辩证法"的特殊的或高级的认识本质。因此，"主观辩证法"也就在其特殊本质上超越了科学认识而真正具有了哲学认识的性质，从而体现出哲学认识的形上本性。

事实上，离开"主观辩证法"即"辩证逻辑"或"辩证的认识论"，所谓"客观辩证法"也无法成立，因为"客观辩证法"本身不会提供或创造出任何辩证思维的概念、方法与规则。虽然"客观辩证法"可以被认作是"客观世界"本身所"固有"的，然而，离开"主观辩证法"的"反思"，这种所谓"客观辩证法"也就永远不会被人类所认识、所建构。就拿恩格斯本人的认识来说，他之所以能够在19世纪中期从事较为深入的"自然辩证法"研究或"客观辩证法"研究，那也不过是得益于当时欧洲自然科学发展的较高水平，然而他所运用的"辩证思维"的方法在本质上却又完全是得益于德国"思辨哲学"的发展。这就是说，只有"辩证的思维"本身才能认识和把握一个"辩证的世界"。

在这里，"反思"的"主观辩证法"一方面超越了"客观辩证法"的"反映"而成为人类认识的深层创造，另一方面，"主观辩证法"也成为"客观辩证法"或"自然辩证法"乃至"自然科学"进一步发展的前提条件。

总之，"辩证法"在本质上是一种能动的创造性的具有反思特性的逻辑思维与超验认知的方法。"辩证法"本身即是辩证逻辑，也即是辩证认识，因此，"辩证法"既与"逻辑学"统一，也与"认识论"统一。同时，"辩证法"的深层本质或特殊本质也在于"主观辩证法"，而"主观辩证法"在其特殊本质上又是对"客观辩证法"的超越。

如果再考虑到"哲学"或"形而上学"即具有"辩证法"或"辩证思维"的本性，那么，我们还可以说，"辩证法"也就是"哲学"本身，我们既不可能在"哲学"之外找到"辩证法"，也不可能在"辩证法"之外找到"哲学"，"哲学"本身就是"辩证哲学"。

在哲学的创始人苏格拉底那里，哲学（philosophy）作为一种"爱智慧"的活动，同时就是"辩证法"（dialectics），而在全部传统哲学的发展中，"哲学"本身即是"辩证哲学"。

## 第四节　对"颠倒"一说的反思

至此，我们对辩证法性质的探讨已自然涉及到一个很重要的认识问题，即所谓"颠倒"问题。"颠倒"就是指一些现代哲学家特别是一些"唯物主义哲学家"对"唯心主义辩证法"的"颠倒"。马克思就曾明确指出,他自己的辩证法就是对黑格尔辩证法的"颠倒"。

马克思在 1868 年 3 月 6 日致路·库格曼的信中写道:"我的阐述方法和黑格尔的不同,因为我是唯物主义者,黑格尔是唯心主义者。黑格尔的辩证法是一切辩证法的基本形式,但是,只有在剥去它的神秘的形式之后才是这样,而这恰好就是我的方法的特点。"① 在《资本论》"1872 年第二版跋"中,马克思又写道:"我的辩证方法,从根本上来说,不仅和黑格尔的辩证方法不同,而且和它截然相反。……辩证法在黑格尔手中神秘化了,但这绝没有妨碍他第一个全面地有意识地叙述了辩证法的一般运动形式。在他那里,辩证法是倒立着的。为了发现神秘外壳中的合理内核,必须把它倒过来。"② 根据马克思的这些论述,一般哲学教科书或哲学词典提出,马克思以"唯物辩证法"实现了对"唯心辩证法"的"颠倒"或"改造"。那么,我们今天又该如何认识这一"颠倒"或"改造"现象呢?

## 一 "唯物辩证法"和"唯心辩证法"的区别

"辩证法"能否划分为"唯物辩证法"和"唯心辩证法",这一做法本身就值得商榷。"辩证法"是逻辑分析与理性论证的一种根本方法,这正如在数学上"微积分"是一种高等数学的方法一样,我们怎么可能将其划分为"唯物主义微积分"和"唯心主义微积分"呢?

即使"辩证法"在所谓"唯物主义者"或"唯心主义者"那里使用或应用,也不能因此而叫做"唯物辩证法"或"唯心辩证法",这也正如不能因为"微积分"在所谓"唯物主义者"或"唯心主义者"那里使用或应用而不应就叫做"唯物主义微积分"或"唯心主义微积分"一样。恩格斯也说过:"变数的数学——其中最重要的部分是微积分——本质上不外是辩证法在数学方面的运用"。③ 显然,我们不能对"微积分"做"唯物主义"或"唯心主义"的划分,那么,我们又怎么可以对"辩证法"就做这种"截然相反"的划分呢?

事实上,从本质上说,同"微积分"就是"微积分"一样,"辩证法"也就是"辩证法",无论怎么"颠倒",也无论怎么"应用","辩证法"也永远

① 《马克思恩格斯选集》第 4 卷,人民出版社,1995,第 578～579 页。
② 《马克思恩格斯选集》第 2 卷,人民出版社,1995,第 111～112 页。
③ 《马克思恩格斯选集》第 3 卷,人民出版社,1972,第 174～175 页。

只是"辩证法",而不会变成别的东西。这就是说,"辩证法"的内在的、根本的本质或其方法的内涵与特征都是始终不变的,而"辩证法"的这一内涵或本质同所谓"唯物主义"与"唯心主义"的区别或对立也并不具有一种内在的本质的联系。因此,所谓"唯物辩证法"与"唯心辩证法"在其本质上也应当是完全一致的,也不会构成两种本质或本性不同的"辩证法"。因此,任何人使用的或应用的"辩证法"如果是真正的"辩证法",那就都会具有"辩证法"的共同的本质特征,亦即就是"辩证法"本身。

## 二 科学"辩证法"和哲学"辩证法"的区别

还应看到,马克思上述思想观点的本意或理论意图也不是要以"唯物主义辩证法"取代"唯心主义辩证法",而是要以"科学"的辩证法取代"哲学"的辩证法,或者说就是要把哲学辩证法应用于科学研究(即应用于"资本论"的经济学研究)。马克思所从事的经济学研究具有"实证科学"的性质,而在方法上,马克思又选择使用或应用"辩证法",亦即把当时已由黑格尔发展到成熟形态的"辩证法"应用于经济学研究。由此,马克思所应用的"辩证法"也就具有科学的"辩证法"的性质。

在写于1857年8月的《〈政治经济学批判〉导言》中,马克思在谈到由抽象到具体的辩证方法时指出:这"后一种方法显然是科学上正确的方法"。[①]显然,马克思是要把哲学的"辩证法"运用于科学研究。也就是说,马克思需要"辩证法"是出于"科学研究"的需要,而不是出于"哲学研究"或哲学上"两条路线斗争"的需要,简言之,是出于他从事实证的政治经济学研究的需要。因此,也诚如一些论著所说,马克思主义"使'辩证法'在历史发展中第一次取得了真正科学的形态"。[②]

因此,在这里所体现出的区别,从实质上说,也就并不是"唯物辩证法"和"唯心辩证法"的区别,而是科学研究和哲学研究的区别或科学"辩证法"和哲学"辩证法"的区别。科学研究不能像哲学研究那样具有一定"超验性"或"思辨性"而必须是完全现实的,同时科学研究之运用辩证法也就必然促使辩证法进而也具有了某种科学性与现实性。可以说,科学研究所需要的"辩证法"是一种"正"的辩证方法,即对现实对象的矛盾运动做辩证描述的方法,

---

① 《马克思恩格斯选集》第2卷,人民出版社,1995,第18页。

② 《哲学百科全书》,中国大百科全书出版社,1995,第44页。

而哲学研究所需要的"辩证法"则恰恰是一种"反"的或"负"的辩证方法，即必须先行构想与设定具有一定"超验性"、"思辨性"的概念、范畴作为思维的本质或抽象的规定，由此再进一步去解释、揭示或论证现实对象的矛盾本质与运动规律。

因此，马克思所说要把黑格尔的辩证法"倒过来"的含义也正是要把哲学的"辩证法"转换为科学的"辩证法"，亦即把"辩证法"本身应用于科学研究。在这里，哲学的"辩证法"和科学的"辩证法"的区别也仅仅在于"范畴的变换"，即哲学的"辩证法"范畴具有超验性是一种真正超验的范畴，而科学的"辩证法"范畴则不具有超验性而已转化为具有一定辩证含义的经验科学的范畴。也就是说，科学仅仅是把哲学的超验范畴与方法经验地应用于现实对象而形成具有"辩证法"意义的经验科学的范畴与体系。这种情况，也就是黑格尔早已指出的："哲学与科学的区别乃在于范畴的变换。"①

既然科学和哲学"辩证法"的区别仅仅在于"范畴的变换"，那么，"辩证法"本身也就形成不了具有不同本质的两种"辩证法"，而人们也就没有任何根据可以把"辩证法"区分为两种对立的"辩证法"即"唯物辩证法"和"唯心辩证法"。马克思说"辩证法在黑格尔手中神秘化了"，而"辩证法"在马克思手中则没有"神秘化"而是带有一定的"科学性"或"现实性"，但这种区别也仅仅是"辩证法"的某种外在形式、表现方式或认识层次的区别，亦即科学"辩证法"和哲学"辩证法"的区别，而并非就是辩证法本身在本质内涵上的区别。因此，这种区别也就构不成两种根本不同的"辩证法"。这就是说，马克思是把"辩证法"应用于"科学"研究，但这一事实也并不能改变"辩证法"本身在本质上是一种"哲学"方法的事实。

事实上，马克思所批判的大抵也限于"辩证法"的"神秘方面"、"神秘外壳"或"神秘形式"，简言之，限于黑格尔"辩证法"的"神秘性"而并未批判或直接批判哲学或传统哲学的"辩证法"本身。在这里，如果有人试图以"科学的辩证法"来批判或否定哲学的"辩证法"，那也不过是以"辩证法"的"应用"来批判"辩证法"本身，或者说，是以"辩证法"的某种形式来批判"辩证法"的本质。事实上，这种以所谓"唯物主义"的"科学辩证法"来取代"唯心主义"的"哲学辩证法"的趋向，也是必然要导致"辩证法"的终结并导致哲学的终结的。

---

① 〔德〕黑格尔:《小逻辑》，贺麟译，商务印书馆，1980，第49页。

## 三 哲学"辩证法"即具有"颠倒"性质

我们知道，"哲学"或"辩证法"都具有形而上学的超验与思辨特性，因而哲学或辩证法也就必然具有某种"颠倒"性质。哲学属于形而上学，与属于形而下的科学相比，哲学自然就呈现出一种"颠倒的"或"颠倒了的世界观"性质。这就是说，哲学作为形而上学，总是必然地"反过来"观察世界，即总是"从上而下"地俯视世界、叙说世界、解释世界。哲学作为形而上学总是要在天上俯视大地，总是要以理念规范现实，也总是要把人带到抽象的思想王国而以思想自身来审视、批判并试图改变现实世界。也因此，"哲学"、"形而上学"也就一向被哲学家视为一个完全超验的"理念世界"，或被亚里士多德、托马斯等哲学家认作就是"神学"，进而被黑格尔称为"至圣的神"。事实上，也正由于具有某种"颠倒"性质或"超越"现实世界的"神秘"性质，哲学才会成为哲学，哲学才不致消解于"现实世界"或消解于科学的已经完全"祛魅"的"知识体系"中。

然而，也正是在这一超越科学的"形而上学"领域，哲学才创造出具有超验性、思辨性因而也具有普遍性、规范性的一系列概念、理念和方法，由此也为科学发展提供了思想动力、认识方法与价值导向，从而奠定了科学发展的思想基础。如果没有哲学在"形而上学"或"辩证法"领域的创造，作为"形而下"领域研究形式的科学也就无从获得任何具有普遍意义的研究方法或研究理路而只能局限于具体的经验认识。由此，科学研究的"客观世界"也就不会被创造出来，而"客观世界"发展所依据的"客观规律"也不会被人们揭示出来。

还需看到，"哲学"、"辩证法"在其本质的即超验与反思的意义上也往往表现为一种"唯心主义"，或者说，在一般意义或更大程度上，"哲学"、"辩证法"也必然是一种"唯心主义"。这就是说，所谓"唯心主义"也正是"哲学"作为哲学发展的本质表现，而所谓"唯物主义"则不过是哲学发展中"科学"取向的表现而已。我们看到，历史上的"唯物主义"哲学（从德谟克利特到18世纪的法国唯物论哲学等）也总是具有某种"科学"取向，而"唯心主义"哲学（从柏拉图一直到黑格尔等）则更多地表达了"哲学"的本质内容。

也因此，批判与否定所谓"唯心主义"或"唯心主义辩证法"也就等于批判与否定"哲学"或"辩证法"本身。这种对传统哲学及辩证法的"批判"

与"否定",也是由长期以来那种对哲学与哲学史做简单图解的机械思维的定势所决定的。在这种对哲学的简单图解中,"哲学"并没有自身的生命、本质、目的与动因,"哲学史"也没有自身演变的逻辑,由此,"哲学"或"哲学史"也就全然丧失了"形而上学"以及"辩证法"的本质内涵。今天,我们要发展哲学,就不能不恢复哲学及哲学史的本质,就不能不按照哲学及哲学史的本性去建构哲学。

# 第六章

# 传统哲学的本质及其与非传统哲学的区别

"传统哲学"这个概念也为人们所熟知，然而，"熟知非真知"，"传统哲学"究竟具有何种本质内涵、它与"非传统（或反传统）哲学"又究竟具有何种区别，以及"传统哲学"与"哲学"之间又具有何种关系，这些问题又恐怕并非为人们所"真知"。在本章中，就让我们围绕"传统哲学"这一概念的本质及其与"非传统哲学"的区别进行探讨。笔者将着力阐明传统哲学的精神本质、思想基础与多方面的特征或特性，以便把传统哲学和非传统哲学真正区别开来，由此进一步深化对哲学精神本质与演变逻辑的认识，同时也进一步明确继承与弘扬传统哲学与传统文化的重大意义。

## 第一节　传统哲学与非传统哲学的含义

### 一　问题的提出

在我国大陆，人们使用"传统哲学"一词，一般包含两方面含义：一方面是指"中国哲学"，认为中国古代哲学即是"传统哲学"，中国古代文化也即是"传统文化"；另一方面，人们使用"传统哲学"的概念又旨在与"现代哲学"相区别，"传统哲学"也通常是在与"现代哲学"相对应或相区别的意义上使用。

就第一方面的含义而言，认为"传统哲学"即是"中国古代哲学"也不能说完全不正确，然而这一认识却是不全面的。因为"传统哲学"并不限于"中国（古代）哲学"，还应包括"西方哲学"、"印度哲学"等历史形态。在与"中国哲学"相对应而又相联系的意义上，"西方哲学"、"印度哲学"等也应属于"传统哲学"。这就是说，在现代以前产生和发展的西方哲学等形态，也应归属于"传统哲学"范畴。从本质上说，传统哲学是不分东西的，传统文化也不分东西。中国哲学与西方哲学作为传统哲学发展的重要形式并不存在思想本质的区别，本质区别只发生在传统哲学与"现代（非传统）哲学"之间。这一认识，是我们首先应当明确的有关"传统哲学"概念的一个方面。

就第二方面的含义而言，人们使用"传统哲学"的概念与"现代哲学"相区别，这种用法也是不错的，但也存在不甚明确之处。这种用法的潜在含义，就是要把二者区别开来，但这一区别却并不明确。我们看到，这两个概念在表达上也有一定问题，就是存在概念并不对称的问题，"传统哲学"表达的是性质，而"现代哲学"表达的却是时间，前者是从性质上提出与规定的，而后者却是从时间上提出与规定的，所以这两个概念之间存在不对称的问题。

事实上，"传统哲学"和"现代哲学"之间不仅具有时间上的区别，而且也具有某种思想本质上的区别。从逻辑上说，在与"传统哲学"概念相对应的意义上，现代哲学就应属于"非传统哲学"。在这里，"传统哲学"与"非传统哲学"的概念就不仅是一种基于时间性的规定，而且还是一种基于思想内涵的本质性规定。也就是说，"传统哲学"和"非传统哲学"（或"现代非传统哲学"）才是两个具有本质区别的对应性概念。

这样，我们在使用或分析"传统哲学"及"现代哲学"的概念时就应准确认识与把握两点或两方面意义，一是应明确东西方都有"传统哲学"，"传统哲学"不分东西；二是应明确"传统哲学"在本质上是和"现代（非传统）哲学"相对而言的，二者之间具有本质区别。也就是说，东西方哲学作为"传统哲学"并没有本质区别，本质区别只存在于传统哲学与现代（非传统）哲学之间。

有鉴于此，我们在使用这两个概念时就不仅应当明确地将其界定为"传统哲学"与"现代（非传统）哲学"或"非传统哲学"，而且还应明确认识这两个概念的思想内涵及其本质区别。认清传统哲学的本质特征及其与非传统哲学的区别，对于我们分析哲学的本质特征及其演变逻辑具有重要意义。实际上，从本质上说来，"传统哲学"和"哲学"也是一个概念，严格意义或本来意义上的"哲学"也只能是"传统哲学"，而我们有时使用"传统哲学"的概念也只是强调"哲学"的"传统"而已。因此，本章内容即围绕阐明传统哲学的本质及其与非传统哲学的区别这一思路而展开，其间自然也要涉及并阐明哲学研究中的一些重要问题。

## 二 概念的界定

为消除人们可能存在的一些认识上的误解，我们还应对这两个概念加以明确的界定。当然，笔者所提出的有关"传统哲学"、"非传统哲学"概念的定义或认识，也像本书所提出的其他众多概念的定义与认识一样，也仅仅是作者本人的"一家之言"，仅供读者参考而已。

### （一）何谓"传统哲学"

所谓"传统哲学"，就是指在现代哲学产生以前在东西方都存在的、包含古代哲学、中世纪哲学和近代哲学在内、具有思想原创性并体现人类传统文化原精神、具有形而上学的超验与思辨特性的哲学形态或哲学学说。

"传统哲学"是哲学发展的根本形态与典型形式，其历史发展的主要形式有西方哲学、中国哲学、印度哲学等重要形态。

以上界定或定义，主要包括下述含义：

（1）说明"时间、地点"，"传统哲学"是指"在现代哲学产生以前在东西方都存在"的哲学形态。

（2）说明包含的"阶段"，它是"包含古代哲学、中世纪哲学和近代哲学在内"的哲学形态，就是说，传统哲学的发展经历了三大阶段。

这两层意思主要是讲概念的外延，以下则注重讲概念的内涵。

（3）说明传统哲学的精神内涵是"具有思想原创性并体现人类传统文化原精神"。这里的"原创性"、"原精神"即构成传统哲学的精神内涵。

（4）说明传统哲学的本质特征是"具有形而上学的超验与思辨特性"。"形而上学"是哲学的本性或本质，具有形而上学的超验、思辨特性，正是哲学之所以成为哲学的根本，东、西方哲学在一些具体特征或特点上会存在差别，但在具有"形而上学"的本质上却没有区别，东、西方哲学都同样具有"形而上学"（meta–physics）的精神本质。

以上四层含义是层层深入的递进关系，而第四层含义已经深入到表达哲学或传统哲学的深层本质了。

（5）说明传统哲学的历史意义及其与"哲学"概念的本质联系，即传统哲学是"哲学发展的根本形态与典型形式"。由于"传统哲学"是"哲学发展的根本形态与典型形式"，因而没有"传统哲学"，也就谈不上"哲学"的发展。

实际上，"传统哲学"和"哲学"是同义词，我们完全可以把"哲学"认作就是"传统哲学"。应当明了，失去"传统"的"哲学"严格说来就已不再是"哲学"，正像失去"传统"的"文化"严格说来就已不再是"文化"一样。从本质上说，也只有"传统哲学"和"传统文化"才是真正的"哲学"与真正的"文化"。这就是说，哲学或文化，都必须具有自身的传统，失去传统，就必然导致自身的终结或解体。

在许多人的概念或观念中，"传统哲学"似乎成了"哲学"之外的一种哲学形态，二者之间似乎存在某种重要区别。实际上，这也是一种误解。从本质上说，"传统哲学"和"哲学"并没有区别，二者具有同义性，"传统哲学"就是"哲学"，"哲学"也就是"传统哲学"。人们之所以会使用这两个概念，只是因为人们表达的方式或强调的角度会有所不同而已。

（6）最后阐明传统哲学发展的"主要形式有西方哲学、中国哲学、印度哲学等重要形态"。当然，列举出的这三大哲学形态又都具有自身的一些历史特点与民族特色，然而，这些历史特点与民族特色又并不妨碍它们作为"传统哲学"的主要形式而共同发展与演变的本质特征。由于说明了传统哲学发展的历史形态是什么，这就使原本比较抽象的规定得到了一个具体的表达。

综合上述几方面的界定，我们大致就得到了一个有关"传统哲学"的完整概念，由此也就形成了一个对"传统哲学"的本质及其发展特征的比较明确的认识。当然，这一概念也应同样适用于"哲学"，不过这一概念强调的还是哲学的"传统"，因而与一般的"哲学"定义还是有一定区别的。

至于这一概念中所使用的"原创性"，是指人类在"轴心时代"所创立的哲学形态的那种创造性、开拓性。"原创哲学"与"传统哲学"既具有本质联系，也具有一定区别，"原创哲学"应是"传统哲学"的一个基础性部分，而"传统哲学"也应包括"原创哲学"。从"原创哲学"的角度来说，它表现为传统哲学的起源，也奠定了传统哲学的根基，它是传统哲学的源头，是比"传统哲学"还要"传统"的哲学。而从"传统哲学"的角度来说，它表现为"原创哲学"的继续，因而也就包含"原创哲学"的一定要素。或者说，"传统哲学"在外延上也包括"原创哲学"，因而就可以说传统哲学"具有思想原创性并体现人类传统文化原精神"。而所谓"原精神"，主要是指东西方哲学与文化在不同程度上所具有的"理性"、"信仰"与"仁爱"精神，这三大"原精神"既是传统哲学的精神本质，也是传统文化发展的精神动力。

### （二）何谓"非传统哲学"

明了"传统哲学"的概念，我们也就可以按照上述方法并在相反的意义上来界定"非传统哲学"了。

所谓"非传统哲学"（或"现代非传统哲学"）是指近代以来在对传统哲学的批判与反叛中形成的、体现现代及当代社会的相对主义文化精神、具有非理性、经验性或实证性特征、拒斥与消解传统哲学形而上学本质的某种"准哲学"形态。

"非传统哲学"是哲学发展的"非典型"或"非正统"形态，其主要发展形式是近代以来（黑格尔以后）在西方形成的非理性主义、实证主义等思潮所包含的某些哲学形态或学说（如唯意志论、存在主义、弗洛伊德主义、逻辑实证主义等哲学形态）。

对"非传统哲学"的这一定义，我们可以从以下几个方面来认识：

（1）从时间上说，"非传统哲学"是指近代以来（主要是 19 世纪末～20 世纪初以来）在对传统哲学的批判与反叛中形成的哲学。我们知道，黑格尔以后的哲学思潮，无论是实证主义、进化论思潮，还是非理性主义思潮，或者"实践唯物主义"思潮，都带有"非传统哲学"的这种"批判与反叛"的历史特征。

（2）从内涵上说，它"体现现代及当代社会的相对主义文化精神"。笔者认为，具有"相对主义"精神正是"非传统哲学"不同于"传统哲学"的一个根本特征。如前所述，哲学或传统哲学具有某种"绝对主义"的性质，它具有追求"终极"认识的某种"绝对"意义，也为人类社会提供或奠定了具有一定相对性的绝对价值标准。相反，现代非传统哲学则具有某种"相对主义"的性质，即在"相对"认识中失去了具有"绝对"意义的价值标准与认识原则。

我们知道，现代非传统哲学力图重估并颠覆一切价值，力图解构一切具有"绝对主义"、"基础主义"性质的标准和原则，因而日益成为某种失去一切"绝对"性质与价值的"相对主义"。这种"相对主义"的文化精神就是"躲避崇高、消解绝对、瓦解基础、化解本质"，其结果是必然最终丧失哲学的形上追求的本质。

（3）"非传统哲学"的主要特征是"具有非理性、经验性或实证性特征"。这是指非传统哲学的三个主要特征：一是"非理性"，如叔本华、尼采哲学即是；二是"经验性"，即以"经验"、"实践"作为基点来建构理论体系，如各种"经验哲学"、"实践哲学"即是；三是具有"实证性"或"实证科学"的特征，即把哲学科学化，如实证主义思潮、当代科学哲学、逻辑哲学等。这三个主要特性，大致概括了现代及当代非传统哲学的那些主要流派或思潮的特点。

（4）指明"非传统哲学"的本质是"拒斥与消解传统哲学的形而上学本质"，因而只能说它是一种"准哲学"或"非哲学"形态。所谓"准哲学"，是指某种哲学类似"哲学"，但实际上并不是"哲学"，即不是原来意义或严格意义上的"哲学"。所以，"准哲学"实际上也就成为"非哲学"。

是否具有"形上"本质是划分"传统哲学"与"非传统哲学"的根本标准，也是鉴定一种"哲学"是否就是"准哲学"或"非哲学"的重要标志。由于只有"传统哲学"才具有"哲学"的"形上"本质，因此，也只有"传统哲学"才是真正意义上的"哲学"。所以，"传统哲学"和"非传统哲学"的区别，也就是"哲学"和"非哲学"的区别。

（5）指明其历史意义是哲学发展的"非典型"或"非正统"形态。由于"非传统哲学"已然失去了哲学的本质，所以，它就势必成为"非哲学"或哲学发展中的"非正统"形态。当然，在一定意义上说，这种"非典型"或"非正统"形态的"哲学"也还可认作是"哲学"，因为它的考察或思考（在某些观念及语言上）还在"哲学"的范畴内，其批判或颠覆对象也还是"哲学"。因此，尚有"尼采哲学"、"马克思主义哲学"等提法，虽然尼采、马克思本人都对"哲学"采取拒斥态度。由此，"非传统哲学"（或"反传统哲学"）也就在"反面"的意义上仍然成为"哲学"，仍然具有"哲学"意义，"非传统哲学"就是反面的或否定意义上的"哲学"。

（6）说明"非传统哲学"的主要发展形式是"近代以来（黑格尔以后）在西方形成的非理性主义、实证主义等思潮所包含的某些哲学形态或学说（如唯意志论、存在主义、弗洛伊德主义、逻辑实证主义等哲学形态）。"这就是说，"非传统哲学"的主要基地还是在现代及当代西方社会，其主要形式是"非理性主义"和"实证主义"两大哲学思潮。事实上，也正是"非理性主义"和"实证主义"构成了现当代西方哲学"反传统"的主要潮流（本书第十一章将对此做出分析）。

以上我们提出并阐释了"传统哲学"和"非传统哲学"的定义，也揭示了这两个概念相互对应的逻辑关系和历史关系。笔者认为，从精神实质上理解并把握二者的关系，是我们深入理解与把握哲学本质与演变逻辑的一个关键问题。应当明了，"传统哲学"或"传统文化"概念都是一种具有整体性和世界性的概念，中、西方传统哲学和传统文化只是其特定组成部分，而就"传统"的本质而言，中西方哲学或中西方文化之间也并不存在本质区别。

因此，我们谈论传统哲学与传统文化，就不应只局限于或热衷于"国学"

研究，甚至自觉或不自觉地力图以"国学"来代替全部"传统哲学"与"传统文化"。我们应当树立一种"传统文化不分东西"的观念，应当以一种世界胸怀、一种放眼全球的"天下主义"的博大胸怀来继承和弘扬人类社会一切传统哲学与传统文化的精神本质。也就是说，我们除了应当着重继承我国传统哲学与传统文化之外，还应当注意吸收与继承西方传统哲学与传统文化的优秀成果，当然也必须注意继承、吸收与弘扬人类社会从古至今所创造的一切优秀的哲学与文化成果。由此，我们也才能获得一个认识哲学本质及其历史演变的开阔视野，也才能获得一个全面准确地理解与阐释人类哲学与文化历史演进的开阔思路与合理框架。

## 三　传统哲学的三大特征

我们已提出传统哲学和非传统哲学的本质区别问题，那么，"传统哲学"又究竟具有何种本质特征而与"非传统哲学"区别开来呢？

笔者认为，除具有"形而上学"的本质或本性以外，"传统哲学"的本质特征主要还体现在三个方面：一是具有"人性论"的思想基础；二是具有"人道主义"的价值观；三是具有"原精神"的精神本质。正是这三个方面即"人性论"、"原精神"与"人道主义价值观"体现出传统哲学的精神内涵与形上本质，从而将其与一切"非传统（或反传统）哲学"从本质上明确区别开来。

可以说，"传统哲学"就是人类历史上以"人性论"为思想基础、以"人道主义"为价值观，以"原精神"为精神本质并追求某种"绝对"价值标准与价值观念的哲学形态。在传统哲学的这三大本质特征中，"人性论"起到至关重要的思想基础作用，构成了传统哲学的思想基石。下面，我们就从对"人性论"的考察开始，对传统哲学的基本特征与精神本质做出探讨与阐释。

## 第二节　"人性论"：传统哲学的思想基础

### 一　"人性论"的含义及其原则

（一）"人性论"的含义与"人性教化"的原则

"人性论"就是关于人性的哲学理论，就是哲学家在探讨"人性"过程中所形成的一些最基本的认识观点或思想理论。

在历史上，无论是中国哲学，还是西方哲学，都包含着人性论，都具有有关人性探讨的丰富内容与思想底蕴。可以说，"人性论"是人类传统哲学与传统文化全部理论学说的思想基础，也是各种传统学说立论或论证的基础，同时也是贯穿在东西方全部传统哲学与传统文化发展历程中的一条主线。

人性论的一个重要特点或原则在于强调人性的教化，即认为人或人性是可以也是应该教化的。"人性在于教化"，就是中西哲学人性论的一个共同主张，一个共同的特点或基本原则。从理论上说，也正因为人性可以教化，才使得哲学家对"人性"的探讨及其所形成的"人性论"理论在根本上获得了一种积极的意义与价值。

在中国古代哲学中，儒、道两家可谓两大主干，二者之间也具有"出世"与"入世"等多种区别，然而，在"人性教化"这一认识上，儒、道两家却并没有体现出重大的或本质的区别。

道家的创始人、春秋时思想家老子即提出"道"的演变，但"道"的演变也和人性的演变结合、统一。在老子看来，人性的完善是一个"无为"的过程，"是以圣人处无为之事，行不言之教"（《道德经》第二章）。或者说，"不尚贤，使民不争。不贵难得之货，使民不为盗。不见可欲，使民心不乱"，亦即"为无为，则无不治。"（《道德经》第三章）这就是说，人性的教化是一个无为与无言的自然过程，通过"无为"的过程，人性事实上也得到了教化、净化。道家所谓"无为"的过程，实指放弃人的各种执著（即"欲"）的过程，因而在一定意义上，这也是一个"有为"的"教化"过程乃至"修养"或"修炼"过程。这就是说，人性的教化也可以是一个"无为而无不为"的自然过程，由此，才能实现道家的"无为而治"的社会理想。

儒家的创立者孔子（约前551～前479）则明确地把对人性的教化作为自己学说的基础，由此形成了儒家学说浓厚的道德底蕴。儒家的"仁"、"仁爱"、"仁义礼智信"、"温良恭俭让"等核心观念都无不具有人性教化的特征，也都无不围绕人性的教化而展开。实际上，人性的教化已成为儒家学说的思想基础与实质。继孔子之后，孟子（约前372～前289）则进一步系统地阐述了人性问题。孟子主张"性善论"，提出"人皆可以为尧舜"，"人皆有不忍人之心。先王有不忍人之心，斯有不忍人之政矣。以不忍人之心，行不忍人之政，治天下可运之掌上。"（《孟子·公孙丑上》）这就是说，人性本"善"，再加之人性的教化，就可以构成施行"仁政"的思想基础。

战国末期儒家荀子（约前313～前238）主张"性恶论"，但也同样主张人性的教化，或者说，正因为"人性恶"，所以才需要"教化"。荀子曰："人之

199

性恶，其善者伪也"，"故圣人化性而起伪，伪起而生礼义，礼义生而制法度。"（《性恶》）可以说，在通过人性教化而实现"仁政"的基本理想方面，孔子、孟子和荀子之间，或"性善论"和"性恶论"之间，也并无实质区别。儒家特别是先秦儒家力主通过人性的教化来实现"仁政"的社会理想，进而实现社会长治久安的目标。

在中国古代哲学中，除"性善论"、"性恶论"之外，还有"性无善恶"论，如战国时期思想家告子即认为"生之谓性"，"食色性也"，故"性无善无不善也"。但告子也认为"仁，内也，非外也；义，外也，非内也。"（《孟子·告子上》）这实际上也是把"仁"视为一种内在的可以教化的人性。此外，还有"性善恶混论"，如西汉末年的杨雄认为"人之性也善恶混。修其善则为善人，修其恶则为恶人。"（《法言·修身》）又说："学者，所以修性也。视听言貌思，性所有也。学则正，否则邪"（《法言·学行》）。可见，杨雄也是承认人性教化的重要作用和意义的。可以说，中国古代哲学几乎所有的人性论理论都承认或主张"人性在于教化"这一人性论的基本原则。在中国古代圣哲看来，也只有通过教化，人性才能得到改善、得到净化，而人也才可能成为一个具有道德意识与社会责任担当的在人性上完善的人。

## （二）西方哲学"人性论"的特点及康德哲学"人性论"特征

### 1. 西方哲学"人性论"的特点

西方哲学人性论理论也同样具有"人性在于教化"或"人性可以教化"的特点与原则，但同时也具有其特点。其特点在于，西方哲学家把人性的教化更多地看作是一个理性觉醒与意识自觉的过程，因而也就把人性的道德修养与理性的知识形成紧密结合起来，从而其人性论也就带有显著的知识论特征。

在古希腊时代，哲学家苏格拉底提出"认识你自己"的哲学宣言，实现了由早期宇宙论（"自然哲学"）向人类学的转变，同时也凸显出人性教化的重要意义。苏格拉底的人性论理论的要旨在于提出"美德即知识"的命题，他明确指明"美德就是知识，则无可怀疑地美德是由教育来的"。[①] 苏格拉底认为美德是实行教育的结果，由此也就把人性教化提高到理性认识的高度，而道德意识也就第一次被明确地确立为认识论的基本原则，即知识和道德合而为一。由此，苏格拉底也就创始了"道德哲学"，并奠定了西方理性主义伦理学的基

---

① 北京大学哲学系外国哲学史教研室编译《古希腊罗马哲学》（原著选辑），商务印书馆，1961，第166页。

础。当然，作为集各类美德于一身的"道德的典型"（黑格尔的评语），苏格拉底很注重人性教化的实践，他提出哲学家的使命就是劝说与敦促民众"首先要关心改善自己的灵魂，这是最重要的事情。"① 在苏格拉底等圣哲的推动下，"美德"、"至善"、"理性"、"正义"与"智慧"等基本观念也就构成古希腊时期人性教化的基本内容。

其后，柏拉图、亚里士多德等哲学家也都非常重视人性的教化。柏拉图提出"人性三分"的理论，即把人的"灵魂"或"本性"分为"理性"、"意志"和"情欲"三个部分。柏拉图认为"理性"占主导地位，人应该受"理性"的支配而具有纯洁、高尚的心灵，而其"理想国"的实现也在于实现"正义"、"智慧"、"勇敢"与"节制"这希腊人的"四主德"。② 紧接着，亚里士多德提出"善是一切活动的目的；人的最高的善是伦理学和政治学的研究对象"，③ 并提出"美德乃是一种中庸之道"、"人们为善只有一途，为恶的道路则有多条"④ 等观点，由此也就把人性的教化提到了更为重要的地位。

古希腊哲学这种对"美德"、"至善"等观念的追求不仅成为当时人性教化学说的重要特色，而且也构成西方人性论发展的历史传统。其后，西方中世纪的经院哲学也同样关注人性教化问题，同时又把"人性"和"神性"结合起来，即以追求"神性"作为人性教化或提升人性的根本途径。

### 2. 康德哲学"人性论"与"趋善论"的特征

在近代西欧，从文艺复兴开始，人性论逐渐发展成为一门显学，也开始作为一种广义的哲学而受到众多思想家的关注。英国哲学家休谟在年轻时就精心打造出《人性论》巨著，建立了一个庞大的关于人性研究的完整哲学体系，这一体系包括认识论、伦理学、政治学以及美学等领域。

其后，德国哲学家康德则建立了更加庞大系统的"三大批判"乃至"四大批判"（即《纯粹理性批判》、《实践理性批判》、《判断力批判》以及晚年出版的《历史理性批判文集》）的哲学体系，在一定意义上，康德的这一"理性批判"的哲学体系也就是一种论证"人性"或者"人性教化"的哲学体系，

---

① 北京大学哲学系外国哲学史教研室编译《西方哲学原著选读》上卷，商务印书馆，1981，第 69 页。

② 北京大学哲学系外国哲学史教研室编译《古希腊罗马哲学》（原著选辑），商务印书馆，1961，第 221 页。

③ 北京大学哲学系外国哲学史教研室编译《古希腊罗马哲学》（原著选辑），商务印书馆，1961，第 316 页。

④ 北京大学哲学系外国哲学史教研室编译《古希腊罗马哲学》（原著选辑），商务印书馆，1961，第 321 页。

或者说，是一个基于对"人性"做透彻思考的"人学"思想体系。

我们知道，康德哲学的两大主题是自然与自由，而超越自然、实现自由的根本条件就在于人有道德意识，亦即人或人性有教化的可能。道德意识贯穿于人由自然到自由发展的全过程中，并作为实现自由的条件也作为目的本身而实现由潜在到现实的发展，而使人类从自然界或动物界提升出来成为可能的也正是道德意识的这种发展。就人必须生存于自然世界或感觉世界而言，人是有限的自然存在物，受自然法则或必然法则的支配；但就人又生活于无形的理智世界或精神道德世界而言，人又是理性的存在物，受人自身的道德律令或自由意志的支配。在人作为理性存在物的生活中，道德生活的自律，或从假言律令到直言律令（也称定言律令）的提升，也就成为人提升自身生活、人格或尊严的根本条件和途径，也就表明人具有自己为自己立法、并由自身决定自身的真正的自由。

按照康德哲学的观念，正是在道德领域或人性教化自身的领域，人才获得了超越于一切自然存在物及其自然限制之上的自由，并因此而获得人格与尊严。因此，文德尔班解释道："唯有本身具有绝对价值的东西才拥有尊严，此物即是使其他事物变成有价值的条件。道德律本身应最大限度地拥有这种尊严"。①

康德哲学也具有传统哲学"人性论"的基础，并具有道德哲学的显著特征。

在康德哲学中，"道德律"成为具有"绝对"意义的价值诉求与目的本身，亦即成为"（绝对的）终极目的"，而人也就因具有道德意识而获得自由并相应表现成为自然发展所确立的这一"终极目的"。康德说："惟有服从道德律的理性存在者的生存，才能够被设想为一个世界的存有的终极目的。"②在康德哲学中，"道德"或"道德律"实际上具有"终极的"或"最高的"价值，也具有实现"（绝对的）终极目的"的意义，因而也获得了在康德哲学体系中"贯彻到底"的意义，也正是依据"道德"或"道德律"，康德实现了由自然目的论到道德目的论的转变以及再由道德目的论到道德神学的转变。这样，"道德的目的论就补充了自然的目的论的不足并首次建立了一种神学"；"道德神学（伦理学神学）则将是从自然中的有理性的存在者的道德目的中推

---

① 〔德〕文德尔班：《哲学史教程》下卷，罗达仁译，商务印书馆，1993，第759页。
② 〔德〕康德：《判断力批判》，邓晓芒译，人民出版社，2002，第307页。

论出那个至上原因及其属性的尝试。"①

这样，康德也就在"道德论"或"人性论"的思想基础上，做出了把"自然目的论"和"道德目的论"统一起来，或者把"自然形而上学"和"道德形而上学"统一起来，进而和"道德神学"也统一起来的"尝试"。由此，康德为人类提供了一种具有"绝对的终极目的"意义的价值理念、价值导向与价值目标。我们一再说，传统哲学具有"绝对主义"的特征，传统哲学能够为人类提供或奠定具有一定相对性的绝对价值标准，康德哲学就充分体现出传统哲学的这一"绝对主义"的性质或特征，就其道德论与人性论的思想本质或思想基础来说，康德哲学应完全属于传统哲学。

那么，就人类道德的现实性质或表现而言，是否能实现这一理想化的"道德目的"或"道德形而上学"呢？

为解答这一问题，康德在晚年的《历史理性批判文集》中对此做了更深入的探讨。康德相信人类历史是由"恶开始而以善结束"的历史。康德认为，"人类的历史大体上可以看作是大自然的一项隐蔽计划的实现"，而"大自然使人类的全部秉赋得以发展所采用的手段就是人类在社会中的对抗性"，"阻力才唤起了人类的全部能力"，没有"私欲"或者这种"阻力"，"人类的全部才智就会……永远被埋没在它们的胚胎里"。② 这些论述表明，康德在一定程度上虽然认为人性是"恶"的，但同时又认为人类历史在总体上是趋向于"善"的。在康德看来，人类历史"从恶开始而走向善"乃是"天意"，人类"应满足于天意"即"总过程"③，这个过程是从恶开始而走向善。

这就是说，历史是由"恶"开始，但却以实现"善"为终结，历史将最终达到"善"的理想境界。康德晚年提出的这种颇为辩证的人性论或历史理论，我们可称之为"趋善论"或"向善论"。当然，这种"趋善论"也是以设定"人性可以教化"的基本原则为前提，在康德哲学的先验目的论中，大自然的"隐蔽计划"的"最高目的"或"终极目的"也正在于实现人的文化、人的道德，而人本身也就成为大自然的"终极目的"与"绝对价值"。

在康德的目的论中，"人性"也具有"绝对"意义，"人性"的实现即是"目的"与"价值"的实现，"人性"即是"目的"与"价值"本身。所以，康德写道："实践的律令就是下面这句话：你的行动，要把人性，不管是你身

① 〔德〕康德：《判断力批判》，邓晓芒译，人民出版社，2002，第 301、292 页。
② 〔德〕康德：《历史理性批判文集》，何兆武译，商务印书馆，1990，第 16、6、7、8 页。
③ 〔德〕康德：《历史理性批判文集》，何兆武译，商务印书馆，1990，第 81 页。

上的人性，还是任何别人身上的人性，永远当作目的看待，决不仅仅当作手段使用。"①

实际上，在康德哲学中，"道德律"或"人性教化"的原则即成为"最高的实践原则"。这一原则也具有最大的普遍性，"它就必须是这样一个原则：这个原则要来自一样东西的表象，那东西必然是每一个人的目的，因为它就是目的本身，构成了意志的客观原则，因而能够充当普遍的实践规律。"康德还说："这个原则的根据是：理性的本性是作为目的本身而存在的。"② 简言之，"人性"就是"目的"本身，就是"理性的本性"，同时也是"绝对价值"③，因而也是"最高的实践原则"亦即"道德原则"得以实施的基础。

### （三）"善恶"关系的辩证法：单独的"恶"并不构成历史发展的动力

还应看到，在康德的"趋善论"中，人性的"私欲"或人性之"恶"表现为历史发展的"阻力"④，而"趋善"的意志本身及其矛盾性才会形成历史发展的动力。或者说，历史发展的原因就在于"善与恶"之间的"对立性"，亦即"大自然使人类的全部秉赋得以发展所采用的手段就是人类在社会中的对抗性"。因而我们可以把这种"对立性"或"对抗性"认作即是历史发展的动力。也就是说，这种"善与恶"之间的"对立性"构成了历史发展的动力，但这并不等于说单独的"恶"就是历史发展的动力。

事实上，按照德国古典哲学的道德观念，康德或黑格尔都并不认为"恶"本身就是历史发展的"动力"。诚然康德特别是黑格尔都对"善恶"关系做了辩证分析，我们知道，后来黑格尔又进一步分析了"善与恶"的矛盾关系以及"恶"的根源，但他们都强调"善"和"恶"的确定界限。黑格尔对"善恶"问题的分析体现了深刻的辩证思想，其主要精神在于强调"善与恶是不可分割的"，就产生的根源来说，"恶也同善一样，都是导源于意志的，而意志在它的概念中既是善的又是恶的。自然的意志自在地是一种矛盾"。⑤ 因此，意志本

---

① 北京大学哲学系外国哲学史教研室编译《西方哲学原著选读》下卷，商务印书馆，1982，第318页。

② 北京大学哲学系外国哲学史教研室编译《西方哲学原著选读》下卷，商务印书馆，1982，第318页。

③ 北京大学哲学系外国哲学史教研室编译《西方哲学原著选读》下卷，商务印书馆，1982，第317页。

④ 〔德〕康德：《历史理性批判文集》，何兆武译，商务印书馆，1990，第8页。

⑤ 〔德〕黑格尔：《法哲学原理》，范扬、张企泰译，商务印书馆，1961，第144、145页。

身就不会是单纯的"善"即"纯善"，而总会具有"两面性"即同时包含着"善"与"恶"。但黑格尔在有关论述中，也并没有把"恶"单独分离出来而把"恶"本身认作就是"肯定"的东西（虽然"恶"和"善"一样也具有其"两面性"因而也具有"肯定的一面"）。因此，黑格尔并没有把"恶"认作就是历史发展的动力。

后来的一些研究者对黑格尔有关"善恶"关系的辩证思想有所误解，认为黑格尔是把"恶"认作历史发展的动力或其表现形式。例如，恩格斯在《费尔巴哈和德国古典哲学的终结》一书中就引述了黑格尔的一些论述，并试图表明黑格尔是"性恶论者"。

首先，恩格斯引用黑格尔的话："有人以为，当他说人本性是善的这句话时，是说出了一种很伟大的思想；但是他忘记了，当人们说人本性是恶的这句话时，是说出了一种更伟大得多的思想。"①

其次，恩格斯据此提出："在黑格尔那里，恶是历史发展的动力的表现形式"，并认为"恶"作为这种"动力"的表现形式主要有两方面，即有"双重意思"："一方面，每一种新的进步都必然表现为对某一神圣事物的亵渎，表现为对陈旧的、日渐衰亡的、但为习惯所崇奉的秩序的叛逆，另一方面，自从阶级对立产生以来，正是人的恶劣的情欲——贪欲和权势欲成了历史发展的杠杆"。②

实际上，只就"性恶论"的一般意义而言，康德、黑格尔等都可以说是"性恶论者"，因为他们都认为人性本"恶"。但是，更准确地说，他们又都是"趋善论者"，因为他们都认为历史发展是一个"由恶开始而走向善"的过程，也就是一个不断克服或扬弃"恶"的过程。因此，历史发展的动力就是"善与恶"之间的矛盾和对抗，而并不单独是"恶"本身。

上述对黑格尔的误解似乎也有"双重意思"：一方面，黑格尔并未表达过"恶"是"历史发展的动力"或"动力的表现形式"的思想。因此，说"在黑格尔那里恶是历史发展的动力的表现形式"，应该说，就已造成了对黑格尔有关思想的误解或曲解。另一方面，黑格尔虽然强调"善与恶是不可分割的"，但却从未肯定"恶"本身，而是一再强调要划清"善与恶"的界限，并着重批判那种"把恶的意志曲解为善的假象"③ 的相对主义诡辩论。

---

① 《马克思恩格斯选集》第4卷，人民出版社，1995，第237页。
② 《马克思恩格斯选集》第4卷，人民出版社，1995，第237页。
③ 〔德〕黑格尔：《法哲学原理》，范扬、张企泰译，商务印书馆，1961，第158页。

黑格尔指出，这种"曲解"乃是"道德的诡辩"，"它虽然不能改变恶的本性，但可给恶以好象是善的假象。因为任何行为都有其肯定的一面"。① 黑格尔还指出"把恶曲解为善，善曲解为恶这种高深莫测的恶的形式，……乃是道德观点中的主观性的最高峰，它是在我们时代邪恶猖獗泛滥的形式"。② 在黑格尔那里，"黑白颠倒变恶为善"或为"恶"辩解都是一种"浅薄科学和恶劣诡辩"。③

还应看到，造成上述误解或理解上差别的根源乃是由于传统哲学"绝对主义"与现代（非传统）哲学"相对主义"之间的对立与区别。黑格尔虽然指出了"善恶"关系的"相对"方面，但却照例坚持了"辩证法"或辩证的道德哲学的"绝对"性质。这就是说，传统哲学（形而上学）的"辩证法"乃是一种"辩证的绝对主义"，而非传统哲学（反形而上学）则倾向于"诡辩论"，可谓"辩证的相对主义"。难道黑格尔在"相对"中没有提出"绝对"的即"形而上学"的要求吗？黑格尔说得好："但无论如何，有一个绝对的要求，即任何人不得从事罪恶和犯罪的行为，人既然是人而不是禽兽，这种行为就必须作为罪恶或罪行而归责于他。"④ 因此，在黑格尔那里，所有的"恶"依然是"恶"而不会颠倒为"善"，所有的"对神圣事物的亵渎"、"叛逆"以及所有的"恶劣的情欲"、"贪欲和权势欲"等等也都依然是"恶"而不会"黑白颠倒变恶为善"。

的确，在感性面前，"一切都是相对的"，"善恶观念"的某些形式或具体内容也会随着时代的变迁而不断发生变化或变革。这也诚如恩格斯所说："善恶观念从一个民族到另一个民族、从一个时代到另一个时代变更得这样厉害，以致它们常常是互相直接矛盾的。"⑤ 然而，问题在于，哲学或哲学家的信念或理念却是要在"相对"中寻求与确立"绝对"，哲学的使命就是要为人类社会提供或奠定一种具有一定相对意义的绝对价值标准与价值理念。

同时，我们也不应认为只有在历史发展的某个未来时期或未来阶段才会产生"人性"或"真正人的道德"。恩格斯提出："只有在不仅消灭了阶级对立，而且在实际生活中也忘却了这种对立的社会发展阶段上，超越阶级对立和超越

① 〔德〕黑格尔：《法哲学原理》，范扬、张企泰译，商务印书馆，1961，第158页。
② 〔德〕黑格尔：《法哲学原理》，范扬、张企泰译，商务印书馆，1961，第146页。
③ 〔德〕黑格尔：《法哲学原理》，范扬、张企泰译，商务印书馆，1961，第148、154页。
④ 〔德〕黑格尔：《法哲学原理》，范扬、张企泰译，商务印书馆，1961，第153页。
⑤ 《马克思恩格斯选集》第3卷，人民出版社，1995，第433页。

对这种对立的回忆的、真正人的道德才成为可能"。① 事实上，如果我们不从这种空泛的假设出发而是从现实的历史出发，那么，在中西哲学与文化的长期发展中，各种道德学说或道德行为（如前述苏格拉底或孔子的道德），都无一不是"真正人的道德"，或者说，就是"真正人的道德"的体现。从本质上说，"真正人的道德"是和"真正人"的历史一起产生的，人类社会一开始就是作为"真正人"的社会而发展，因此，现实历史的道德（在本质上）也就已然是"真正人的道德"，或者说，就是"真正人的道德"由潜在到展开的发展过程。

## 二 "人性"的含义及其矛盾特征

从上述分析可知，"人性论"是中西传统哲学的思想基础与重要内涵，而主张人性的教化或教育，则成为中西传统哲学人性论的共同特征。可以说，中西传统哲学的各种学说，特别是有关人的"理性"或"神性"的思想观念，都是以人性论为基础的，也都是以人性的教化或人性趋善的预设为前提的。在广义上，传统哲学的思想基础应是"人性论"、"理性论"和"神性论"三论，但"人性论"又更为根本。人性论具有更大的普遍性，构成了"理性论"和"神性论"的基础，正如"人性"概念本身具有更大的普遍性而包含了"理性"和"神性"因而可以视为是"理性"和"神性"的基础一样。因此，从狭义上说，传统哲学的思想基础或思想基石实际上就是"人性论"。"人性论"，作为一种广义的哲学学说（譬如在中国古代哲学中），乃至作为一种狭义的哲学学科（譬如在西方哲学的发展中），实际上，构成了传统哲学的核心内容与哲学研究的中心领域。事实上，哲学人性论所探讨的各种重要问题，即使在今天也仍然具有重大意义，也仍然是当代哲学探讨与思考的核心或主题。

当然，人性论的核心内容就是对"人性"的分析，那么，究竟什么是"人性"呢？我们又该怎样认识"人性"的含义、特点及其意义呢？

### （一）"人性"的含义及其两重性

所谓"人性"，就是指人的本性，即指人的根本性质或本质。从本质上看，"人性"的一个重要特点就在于包含着一种基本的内在矛盾，这就是人的"自然性"和"人道性"的矛盾。如果用简要的公式表示，那就是：

---

① 《马克思恩格斯选集》第 3 卷，人民出版社，1995，第 435 页。

"人性" = "自然性" + "人道性"。

就是说，"人性"乃是人性的"自然性"和"人道性"的两重矛盾属性的统一。

在人性的矛盾两重性中，所谓"自然性"（nature）是指人的"天性"（即human nature），是指人的一种先天的自然本能，一种基于动物或生物机能的自然本性。如"饮食男女"或"食色，性也"讲的就是这种"自然性"的人性。这种"自然性"只是人性的低级层次或低级本性，但它确实构成人性的基础，也构成人性之"人道性"的基础。

所谓"人道性"（humanity）则是指人性中的"人文—道德"的本性，这种本性是以人性的"自然性"为基础的，然而它又是对"自然性"的超越，是人性的升华。"人道性"属于人性的高级层次或高级本性，它才是人的"特性"（即 essence of human），它属于人的一种后天教化，而且也只有人才具有这种后天教养或教化，才具有这种人道性的文化、道德。

"人性"的辩证发展或历史发展，表现为人的这两重本性的矛盾交织与综合发展，同时也表现为"人性"不断由自然性向人道性的升华。而这种由"自然性"向"人道性"的升华或转变，也就相当于康德所说由"自然目的论"向"道德目的论"的转变。

人性的这两重本性及其矛盾，贯穿在人类社会生活的一切方面，也影响、制约着人类社会的发展进程，实际上是人类社会历史发展的一个根本性矛盾。实际上，人类社会生活与历史活动各方面的性质或特征，都无不取决于人类如何认识、理解与解决人性的这一根本性的内在矛盾。可以说，"人性"的这一两重性矛盾既贯穿于人类历史发展的全进程，也存在于人类社会生活的各方面，因而就是一个根本性矛盾。

就拿"家庭"来说吧，人类社会的家庭或家庭生活就突出表现出人性的两重性矛盾。就"自然性"来说，家庭的基础在于人的"自然本能"、两性的区别、性爱，然而，人的家庭又并不限于这种"自然性"，而是同时具有"人道性"的内涵，如具有社会责任、文化生活、道德、思想、关爱、爱情以及赡养老人、抚育子女等义务。在家庭生活中，"性爱"主要体现或基于人的"自然"本性，因此，也只有超越"性爱"的"爱情"才体现出人作为人所具有的特性，亦即"人道"的本性。

因此，完满的既合乎自然目的论、也合乎道德目的论的家庭生活，就应是人性的自然性与人道性的有机结合与统一，就应是在自然性基础上人道性的发展与完善。在这里，自然性只是基础，只为人类生活提供现实的自然与生理基础，而人道性才是升华，才为人类生活提供精神动力，提供道德观念与价值取向。这也告诉我们，家庭生活、夫妻关系或恋人关系也并不仅仅是"性爱"，更重要的还是"爱情"。西方有所谓"做爱"（make love）一说，仅仅表达了人的"自然"本性，就权当是一种西方式的"机械论自然观"的"性理论"吧！

事实上，中西传统哲学人性论之所以具有"人性教化"的特点或原则，就在于认识到"人性"本身的这种矛盾性。由于"人性"具有这种特定的内在矛盾，所以才需要圣人引导民众"认识自己"或"化性起伪"，从而实现人性的开化与升华。由此，通过人性的教化而实现"人性"的升华也就成为东西方圣哲从事教育、文化以及哲学研究的一项根本任务。

与传统哲学不同，现代非传统哲学虽然也常常研究（但只是单纯的研究）人性的某些矛盾现象，但却已不具有传统哲学这种"人性教化"的特点与原则。例如，奥地利心理学家、精神分析学派的创始人弗洛伊德（1856～1939）就提出了他的"人性"理论，他把"人性"或他所谓"个体心灵"划分为三个层次，即"本我"（遵循"快乐"原则）、"自我"（遵循"现实"原则）和"超我"（遵循"道德"原则）。这种划分，也反映或揭示了人性的自然性与人道性的两重性矛盾，所谓"本我"即相当于我们这里所说的"自然性"，"超我"相当于"人道性"，而"自我"可视为介于自然性和人道性之间的某种综合的人的现实本质。然而，弗洛伊德（或"弗洛伊德主义"）却认定人的行为的根本动机是无意识的"性欲"（即"libido"，音译"利比多"，指性本能背后的一种潜在力量），人的一切行为无不带有这种"性欲"特征，即便是"超我"的一切社会道德行为也不过是"性欲"、"性本能"或"性目的"的表达或升华。因此，弗洛伊德的精神分析理论也就最终流失于某种"性本能论"，而不能从"人性"的更高本质亦即"人道性"或"道德原则"层面来认识与界定人类社会生活的本质。弗洛伊德学说的这种缺陷，也是一切非传统学说或非理性主义哲学的共同缺陷。

实际上，"弗洛伊德主义"乃至后来的所谓"西方马克思主义"中的"弗洛伊德主义的马克思主义"（以赖希 1930 年出版的《性革命》和马尔库塞 1955 年出版的《爱欲与文明》为代表）都是以"非理性主义"为基础与特征的，同时也都混同了人性的"自然性"与"人道性"的本质界限，事实上也都把人的高级本质归结或还原为人的低级本质。所谓"性本能"，说到底，也只是人的一种低级的自然性本质，而并非是人类所特有的高级本质，因而它也不可能成为人类社会生活特有的或根本的特征。

### （二）"人性"两重属性的本质区别

人性的两重属性也具有辩证关系，二者之间既相互区别、相互对立，也相互联系、相互包含：一方面，人的自然性（同动物的自然性不同）并非单纯的自然性，而总是包含或渗透着一定的人道性；另一方面，人的人道性（作为自然性的提升）也总是包含或渗透着一定自然性。而且，自然性与人道性作为人性存在与发展的两个不同层次或属性，也具有不同的特殊本质与特殊意义："自然性"（作为人的"天性"）只是人性存在与发展的低级层次，因而只是人的初级本质，并不是人之为人的高级本质或特殊本性，只有"人道性"（作为人的"特性"）才是人性存在与发展的高级层次，才是人之为人的高级本质或特殊本性。

然而，在现实生活中，人们却往往忽视人的这两种属性的区别，或者往往把人的高级本质归结、还原为人的低级本质。例如，人们常说"人是一种高级动物"，或者提出"人是能制造工具并使用工具进行劳动的高级动物"（《现代汉语词典》）。显然，这种说法或定义虽然指出了人"能制造并使用工具进行劳动"的特点，但却仍然把人归结为"动物"或"高级动物"（"高级动物"也是"动物"），因此，也就不可能把"人"和"动物"真正区别开来。

问题在于，"人"作为人具有自身的特殊本质，即具有从事文化、精神或道德活动的一系列"人道"本质，而这种本质是一切"动物"（在逻辑外延上也应包括所谓"高级动物"）所不具有的。也正由于人具有这种特殊本质，也就应使人不再被视为或作为"动物"而存在，而应作为在逻辑上外延于"动物"的"人"而存在。这样，从人和动物的本质差别上说，或从人的特殊本质上说，"人"实际上已不再是"动物"。就人具有自身的特殊本质而言，人就是人。当然，"人就是人"这样的定义也是一种同义反复，因此，我们还需要把人的特殊或高级本质也放到概念中去而提出："人是一种具有人道本性即文化与道德特性而超越了自然本性的理性存在物"。事实上，也只有这样的定义，才能指明人的人道的或理性的特性，从而才能把人和动物真正区别开来。

就人的两重本性的辩证关系来说，人性的高级形式或高级本质自然包含着人性的低级形式或低级本质，然而，人之为人或人之最终为人的根据却并不在于具有低级本质或低级形式，而完全在于具有其特殊的高级本质与高级形式。人类一旦丧失其人道的或理性与文化的高级本质、机能或体制，人类就将无异于动物而不复成为人类。因此，虽然人的高级本质包含着低级本质，但却决不应将高级本质归结、还原为低级本质，那样的话，只会使人类最终丧失自己的特有本质而混同于动物。

当然，事物的性质或本质也常常会包含一些不同的形式、层次，然而，事物的根本性质却照例是由其特有的高级本质或高级层次所决定的，而任何事物的高级本质也都会包含某些低级本质、低级层次，但高级之所以成为高级，就在于不能再归结为低级了。因此，对于"本质"认识的重要原理在于：我们决不应将事物的高级本质归结或还原为事物的低级本质，这种归结或还原事实上只能掩盖对事物特有本质的深刻认识。

因此，我们也不应将人类社会生活的本质归结为"物质生产"或"经济基础"，那也同样会掩盖人类社会生活所特有的"精神生活"或"上层建筑"的特殊本质或高级本质。同样，我们也不应将人的"认识"归结为"反映"而掩盖人的认识所特有的"反思"的本质，或把"真理"归结为"符合客观实在的认识"而掩盖"真理"的超验本性与思想上的创造性本质。当然，我们也不应把"价值"归结为"主客关系"中"客体对主体需要的满足"，从而掩盖"价值"不同于"事实"的高级本质亦即对于人类生活的指导意义。

以上我们所探讨并阐述的有关"人性"认识的观点，可以说，就是传统哲学人性论的基本原理。这些基本原理的要旨就在于从人的高级本质即"人道"的本性来认识、解说人，从而避免把人的本质归结为"自然"本能。这种以人的"人道"本性为基础的人性论，构成了全部传统哲学与传统文化的思想基础与核心内容，并与人类的全部哲学史、文化史以及认识史一起发展起来。

## （三）批判"人性论"是"非传统哲学"的一个重要特征

正因为"人性论"在历史上起到如此重要的基础性作用，所以，现代非传统哲学就表现出对人性论的极大"拒斥"，正像批判或抵制"形而上学"一样，非传统哲学也一再发动对"人性论"的批判或抵制。例如，"非理性主义"者尼采就提出"重估一切价值"的"超人"理论、"酒神"精神，而存在主义哲学则提出"存在先于本质"的观念，弗洛伊德主义提出"性本能"理论等，这些理论都意味着对具有超验的形上本质的"人性论"的"反叛"。同时，"实践哲学"也以批判和拒斥"人性论"为显著特征。

在20世纪40年代的延安整风中，人们就把"人性论"作为文艺界产生的"各种糊涂观念"的"理论基础"加以批判，提出"有没有人性这种东西？当然有的。但是只有具体的人性，没有抽象的人性。在阶级社会里就是只有带着阶级性的人性，而没有什么超阶级的人性。……现在延安有些人们所主张的作为所谓文艺理论基础的'人性论',就是这样讲,这是完全错误的"。① 当然,按照"阶级斗争论"的理解,人们就不会承认"人性论"的合理性,即不会承认任何"抽象的人性"与"人的道德",虽然"人性"或"人的道德"也必然不可避免地会带有一定"抽象性"。前引恩格斯的论述即不承认有"抽象的"道德或"真正人的道德",同样,中国的理论界在历次政治运动中也一再展开对"人性论"的批判。

在延安整风运动过去二十多年以后,在中国大陆出现了"无产阶级文化大革命"运动。在这场浩劫中,"人性论"被强行扣上"抽象的、反动的地主资产阶级人性论"的帽子而受到猛烈批判与讨伐。与此同时,在"以阶级斗争为纲"的思想指导下,在"全面专政"的社会氛围中,大量违背人性与人道主义原则的"罪恶和犯罪的行为"(前引黑格尔语)却也骤然泛滥起来。由此,我们在历史的行程中就看到了黑格尔所说的那种"道德观点中的主观性的最高峰,它是在我们时代邪恶猖獗泛滥的形式"。②

从学术探讨的角度来看,对待"人性论"的不同态度,确实集中体现出传统哲学与一切非传统哲学的本质区别。如果说,传统哲学是以人性论为思想基础的,那么,一切非传统哲学也正是以颠覆人性论为基本特征。

## 三 "人性"何以成为考察历史的前提

"人性论"作为哲学研究的一种基本方法或一个基本领域,确实带有"抽象"的特征,而"人性"本身也带有一定的综合性或抽象性。那么,我们是否能把"人性"或"人性论"作为考察社会生活或历史发展的某种思想前提或理论基础呢?下面,我们就对此问题做一探讨。

### (一)什么是历史考察的起点或基础

在什么是考察历史的起点与基础问题上,传统哲学和非传统哲学也存在根本分歧。传统哲学的出发点与基础是"人性"或"人性论",而非传统哲学的起点或基础则是"人的生存"或"现实的人"。

在现代非传统哲学看来,"人性"和"人性论"都是"抽象的"、"虚幻的",因此不可作为认识人的本质及其历史发展的前提与基础。在不少人看来,

---

① 《毛泽东选集》(一卷本),人民出版社,1964,第827页。
② 〔德〕黑格尔:《法哲学原理》,范扬、张企泰译,商务印书馆,1961,第146页。

"人性"总是一个"抽象的"概念，而人的本质却是"现实的"、"具体的"，因此，"抽象的人性论"也就不能作为考察或认识"现实的人及其历史发展的科学"。人们熟悉的理论是："人的本质不是单个人所固有的抽象物，在其现实性上，它是一切社会关系的总和。"① 后来，不少研究者也依循这一思路而着力批判或拒斥"人性论"，即批判人性论的"抽象性"、"超阶级性"、"超历史性"，认定"人性论"不是考察或认识"人的本质"的科学理论。

实际上，这些批判或认识，都包含着对"人性论"的一定误解。人们主张以"现实的人"作为考察历史的起点或基础，然而，"现实的人"总是变化不定的，因而这样的研究也就只能具有经验描述的亦即具体科学的性质而不可能提升为哲学理论，因而也就不可能真正或深入地认识人的本质。也就是说，对"现实的人"的研究属于"科学"而不属于"哲学"研究范畴，其理论特征也必然是一种"历史科学"或"社会科学"。马克思、恩格斯自己也把"唯物史观"定性或定位为一种具有"真正的实证科学"性质的"历史科学"，② 亦即一种关于"现实的人及其历史发展的科学"。③

然而，传统哲学的历史观在本质上却是"历史哲学"而不是"历史科学"，而"人性论"本身也不是考察"现实的人"的"科学"理论，而是关于"人的本质"亦即"人性"认识的"哲学"理论。因此，所谓"抽象性"、"超阶级性"或"超历史性"也就成为"人性论"作为"哲学"或"历史哲学"所必然具有的一些基本特征与特性。事实上，传统哲学或传统历史哲学的"人性论"也必然是"抽象的"、"思辨的"、"超验的"，它的思想旨趣与理论前提本来也不是基于对"现实的人"及其"社会关系"或"历史发展"进行"科学"考察（亦即经验性与实证性认识），而是基于对人的本质做抽象的、思辨的形而上学的考察、反思与批判。

这就是说，"人性论"属于"哲学"或"历史哲学"，而哲学或历史哲学也只有形成"人性论"即形成对"人的本质"的某种"抽象"理论，才可能达到对人的本质及其历史演变的某种更深层次的认识或具有普遍必然性的认识。因此，用"科学"的实证认知标准与模式来要求、理解或衡量"哲学"及其"人性论"，就无疑是一种以"科学"（亦即"实证科学"）来取代"哲学"（亦即"思辨哲学"）的态度，从而也就势必造成对哲学及其"人性论"

① 《马克思恩格斯选集》第1卷，人民出版社，1995，第56页。
② 《马克思恩格斯选集》第1卷，人民出版社，1995，第73、66页。
③ 《马克思恩格斯选集》第4卷，人民出版社，1995，第241页。

理论乃至"人道主义"理论的误解或曲解。

## (二) 对"人性论"可能作为考察历史前提或起点的认识

下面，我们就对"人性论"是否反映了人的真实本质、我们能否以"人性论"或"人性"作为考察历史的起点做出探讨和阐释。

首先，笔者还要强调，哲学对历史或人性的认识完全不同于科学亦即实证科学的认识。科学对历史的考察可以也应该是从"现实"（"现实的人"或"现实的社会关系"）出发，由此达到"对现实的描述"并得出"充其量不过是从对人类历史发展的考察中抽象出来的最一般的结果的概括"。① 可以说，科学对历史的考察完全具有"描述人们实践活动和实际发展过程的真正的实证科学"② 的性质。然而，哲学考察历史必然经过抽象，必然要提取出历史发展中某些最本质、最重要的内涵而从逻辑、概念上加以界定、确定与探讨。由此，哲学也就需要对"人的本质"或"人性"做出高度抽象的概括，从而认识与把握"人性"的某些最一般、最普遍的本质属性，并以此作为自身研究的内容与基础。也因此，历史上的哲学家也就必然会对"现实的人"做出抽象进而把经过抽象的"人性"或"人的本质"作为考察历史的起点与基础，而"历史"也就同时体现为"人的本质"亦即"人性"本身发展、演变的进程。

其次，还应明确一个基本观念，即人的"历史"从根本上说来就是由"人性"或"人的本质"所决定的，"人性"决定人的历史，一如"物性"决定物的历史一样。如前所述，本书的一个基本观点，就是认为事物的"本性"或"本质"决定事物的存在与发展，就是认为"本性"或"本质"在事物发展中具有根本的决定性作用。可以说，任何事物的发展都是其"本性"的发展、演进过程，都是其"本性"由潜在到展开的过程。比如植物、动物都有其特定的本性（如植物的光合作用、自养与异养能力，动物的消化、呼吸、血液循环以及感觉能力等），这些不同的特定的本性或本质也就构成了不同植物或动物存在与发展的最基本的原因与动力。

事实上，所谓"本性"也正是指事物在存在与发展的全过程中所具有的又不断展开的一种根本性质。"本性"的特点就是具有根本性、整体性、普遍性，因而在事物发展中起根本的决定作用。一事物的发展即是一事物本性的发展，一事物的历史也即是一事物的本性不断发展、不断实现的过程。这一"本性

---

① 《马克思恩格斯选集》第1卷，人民出版社，1995，第73~74页。
② 《马克思恩格斯选集》第1卷，人民出版社，1995，第73页。

（或本质）决定存在"的基本原理，笔者在本书前几章中已做过阐述，而这一
原理也不仅适用于考察哲学的发展，而且也适用于考察人类历史的发展亦即考
察人本身的发展。人的发展也是由其本性所决定的，人的发展也即是人性的发
展，而人的历史也即是人性的发展过程。正像"物性"决定物的历史一样，
"人性"也决定人的历史。的确，我们无法否认，"人类同其他任何存在物一
样，靠着自己本性的规定而存在，遵循自己本性的内导而运动，并且始终以展
示、确证和实现自己的本性为目的。"① 人类在历史上也选择过众多的"主
义"、"制度"，不过，这都不是目的。"人类所以选择某种制度、某种主义、
某种信念，完全是为了更好地展示、确证和实现自己那种人所以为人的本
性。"② 由此，"人性"也就可以被我们视为人类生活的本质特征，同时，"人
性"或"人性论"也就可以作为我们从哲学上考察历史的基础、起点或前提。

同时，真正具有普遍意义的道德规范也只能建立在对"人性"的认识基础
上，即应根据对人的本性的认识而提出。这就是康德提出的思想（本节前面已谈
到这一思想），即"实践理性"的道德原则应建立在"人是目的"的原则基础
上，亦即应以"人性"的确认为基础。康德说："一个最高的实践原则……要来
自一样东西的表象，那东西必然是每一个人的目的，因为它就是目的本身，构成
了意志的客观原则，因而能够充当普遍的实践规律。"③ 康德还说："实践的律令
就是下面这句话：你的行动，要把人性，不管是你身上的人性，还是任何别人身
上的人性，永远当作目的看待，决不仅仅当作手段使用。"④ 这就告诉我们，只
有确认"人性"的普遍性，或确认"每一个人"或"每一个人的目的"即是
"目的"本身（即都具有"普遍"意义），才能使道德原则或社会规范具有普遍
性、必然性与合目的性，由此才能实现道德的"实践原则"与"目的本身"的
统一，由此也才能通过合目的性的道德教化而提升"人性"本身，进而才能使
"人性"作为人的"自然禀赋"充分地并且合目的地发展出来。

再次，由此推论，"人性"也就成为人的历史的深刻内涵或深层内容，而
"历史"也就成为人性发展的历史，即成为人性之由潜在到展开的过程。事实

① 章韶华：《人类的第二次宣言——自然—人道主义导论》，中国广播电视出版社，1993，
第 3 页。
② 章韶华：《人类的第二次宣言——自然—人道主义导论》，中国广播电视出版社，1993，
第 3 页。
③ 北京大学哲学系外国哲学史教研室编译《西方哲学原著选读》下卷，商务印书馆，1982，
第 318 页。
④ 北京大学哲学系外国哲学史教研室编译《西方哲学原著选读》下卷，商务印书馆，1982，
第 318 页。

上，如果没有人的"本质"作为社会发展的"潜能"，人的历史也就失去了发展演变的基因与基础。在人类历史的全部进程中，"人性"都会作为"潜能"而发挥作用，一方面人的本质的发展是由"潜在"到"展开"即由"潜能"到"现实"的过程，另一方面人的历史也就在这种人性的展开中而发展起来。因此，对于人或人性来说，也不是"存在先于本质"或"存在决定本质"而同样是"本质决定存在"。

在历史发展中，"人性"也并不是历史发展的一个侧面、一个方面，而是历史发展的深层本质，是历史发展的决定因素。如果人的历史不是由人的"本性"即由"人性"所决定，那么人的"历史"又是由什么决定的？有人会说，是由"社会存在"决定的，或是由"实践活动"决定的，然而，"社会存在"或"实践活动"（包括"物质生产"活动等）又是由什么决定的呢？其实，人的各种"社会存在"、各种"实践活动"都是基于人的本性，也都包含着人的本性，并且也受人的本性的制约。也就是说，"人性"对人的存在、人的活动具有根本的制约作用，对于人的"历史"也具有根本的决定作用。

因此，我们也确实可以把人的"存在"划分为三大层次，即划分为三种具有不同性质的存在层次，即：

（1）形式的存在，体现为人的存在的各种"社会化"形式，即表现为社会生活中众多的形式因素，如家庭、社会制度、国家、国际组织等。这个层次构成了社会存在的一般"形式"。

（2）内容的存在，体现为人的存在的各种"实践性"活动，主要是社会生产与实践活动，包括生产劳动、种的繁衍、社会交往、现实生活以及社会知识共同体所创造的一般意识形态、思想观念等。这个层次构成了社会存在与发展的一般"内容"。但社会存在还具有更深层次的内涵与决定因素。

（3）本质的存在，体现为人的存在的深层"本质性"因素，即"人性"本身的"自然性"和"人道性"统一的本质。这个层次构成了社会存在与发展的"潜能"。"人性"的这一本质的内涵或潜能，正因其成为"本质"或"潜能"才是人们不可经验地认识与把握的，这一"本质"是潜在而隐蔽的，即隐藏在"形式"以至"内容"之中。因此，它虽然不可经验地认识，但作为历史发展的实际的潜在的决定性因素却又无时无刻、无处不在地发生作用并贯穿于历史发展的始终，因而在事实上构成了历史发展的深层动因与基础。如果没有人的"本性"的潜在的制约与决定作用，人类历史就既不会出现"社会性"发展的"形式"，也不会具有"实践性"发展的"内容"。这里的"实践性"作为"内容"，也仅仅是在与"社会性"作为"形式"相比较的意义上讲的，如果与人性的"本质性"的"潜能"相比，这一"内容"也会表现为"形式"。

在上述社会生活的三个层次中，只有人的"本性"才是最深刻的具有决定作用与意义的层次，而"社会"形式乃至"实践"内容在事实上都是由人的"本性"所制约和决定的。"社会"形式的发展，"生产"及各种"实践活动"的发展，乃至各种"意识形态"的发展，都并非根源于其自身的性质或形式，而是根源于人的本性，它们本身都不过是"人的本性"（亦即"人性"，包括"自然性"和"人道性"）的具体体现或某种具体的存在与发展形式。这些社会发展的形式或内容要素，都并非是社会发展的深层本质与最终根源，它们的发展也只能在人类"本性"的发展中才能得到原始的动力与最终的说明，而"人性"也就借助于这些形式或内容而自然地即合乎自然法则地充分地发展出来。

这样，"历史"也就成为"人性"的自然实现过程，成为人的本性的自然展开与演进过程。而人类历史作为"大自然的一项隐蔽计划的实现"也就能够真正合目的地把"人性"（作为人的"全部自然秉赋"）充分地发展出来，而"一个被创造物的全部自然秉赋都注定了终究是要充分地并且合目的地发展出来的"。①

这样，对于哲学来说，探讨"人性"也就成为考察历史的一条形而上学的即超验、反思的路径，而哲学家也只能通过探讨"人性"来认识与把握历史的自然行程，来认识与把握历史发展的本质，即把握历史发展中"人性"的"合目的性"与"合规律性"的统一。由此，"人性"或"人性论"也就成为全部传统哲学探索历史发展本质与规律的一个最重要、最根本的路径与思想基础。

我们应该充分认识"人性"及"人性论"的根本意义，正是人的本性制约、决定着社会发展进程，构成了历史发展的恒久基础与根本动因。我们也只有从人类的共同本性出发，才能合理说明社会发展与演变的一切形式、一切内容，并合理说明建构普世价值与普世伦理的可能与必要。同时，也只有从人类的本性或人类文明的普遍本质出发，并以人类的共同本性作为社会交往的基础与参照系，人类社会也才可能正确地发展生产，开展各种实践活动，也才可能不断自觉地、合乎理性地改造、完善经济体制与社会体制，而这样做出的选择与努力也才不致因违反人性而流于异化。

总之，是否承认与发展"人性论"是传统哲学和非传统哲学区别的一个分水岭。传统哲学正是在"人性论"的基础上实现了人的本质中"人性"、"理性"、"道德"、"信仰"、"仁爱"等等精神的统一，并开创与奠定了具有普遍世界历史意义的人道主义价值观。

---

① 〔德〕康德：《历史理性批判文集》，何兆武译，商务印书馆，1990，第3、16页。

# 第三节 "人道主义"：传统哲学的价值观

人的本性包含自然性和人道性，而人类的文明进步也一般表现为不断把人的自然性提升为人道性，亦即把人的深层本质不断发展并展现出来。基于人的"人道性"的认识，传统文化不仅提出并形成了各种文化观念、意识形态、道德学说以及各种社会规范，而且也逐步提出并形成了一种具有普遍历史意义的哲学价值观即"人道主义价值观"。

## 一 "价值观"与"人道主义价值观"的含义

所谓"价值观"是指人在社会生活中所形成的具有一定价值取向的根本价值观念，实际上就是指人在价值追求或人生意义的求索中所形成的根本观念。"价值观"是对具有一定价值取向又具有一定共通性的某一类观点、信念、学说、理论或思潮的某种总结语概括，并且也是人所具有的"世界观"或"人生观"的核心内容与本质。

所谓"人道主义价值观"是指人以"人道"的本性与理念为核心而形成的价值观，也是以重视和发展"人的价值"为取向的根本价值观念。"人道主义价值观"是对人类历史上特别是西方近代以来各种有关提倡人的价值、重视并维护人的尊严与权利、提倡人的幸福与发展的一类观点、信念、学说、理论或思潮的某种总结与概括。

可以说，"人道主义价值观"是迄今为止人类社会所形成的一种最普遍、最进步、也最直接地体现人类的人道本性的价值观。这一价值观也正是传统哲学所一向坚持的价值观，同时也是人类传统文化的核心价值观。从学理上分析，是否承认或肯定"人道主义价值观"也是传统哲学和非传统哲学、传统文化和非传统文化的一个本质区别。现代非传统哲学、非传统文化，正像批判、拒斥"人性论"一样，也总是批判、拒斥"人道主义价值观"。马克思主义学说也以某种"反人道主义"为基本特征。法国当代哲学家、"结构主义的马克思主义"奠基人阿尔都塞（1918～1990）就认为："就理论的严格意义而言，人们可以和应该公开地提出关于马克思的理论反人道主义的问题"[①]。所以，认识"人道主义"或"人道主义价值观"的本质与历史作用，对于我们深入

---

① 〔法〕阿尔都塞：《保卫马克思》，顾良译，商务印书馆，2006，第225页。

认识传统哲学的本质及其与非传统哲学的区别，也具有重要意义。

如上所述，"人道主义价值观"是指以人的"人道"本性及理念为核心与取向而形成的价值观，因此"人道"概念就构成了这种价值观的核心内涵与根本特征。尽管在中西哲学或不同哲学系统中，"人道"的具体含义与表达会有所不同，然而，"人道"的核心内容与基本意义却是确定的。"人道"，即"为人之道"，或"人之为人之道"。人的"人道"本性也是对人的"自然"本性的超越，因而表现为人的高级本质。"人道"的这些基本内涵在中西哲学中也是完全相同或相通的，这也形成了中西哲学作为传统哲学所共同具有的一种本质特征。

就中国古代哲学来说，"人道"一词源远流长。《易传》已提出："《易》之为书也，广大悉备，有天道焉，有人道焉，有地道焉。"（《易传·系辞下》）在中国古代哲学中，"人道"与"天道"相区别，是指"为人之道"，包括社会规范、道德伦理、文化观念等基本价值形态。春秋末年，子产已提出"天道远，人道迩"（《左传·昭公十八年》），而孔子则更明确地表达了"人道"原则，他提出："人能弘道，非道弘人。"（《论语·卫灵公》）孔子的主张是以"人道"为核心，即以"入世"的方式，在提升人的道德意识的基础上，来解决"天道"与"人道"的矛盾而达到二者的统一即"天人合一"。在儒家学说乃至在中国传统哲学中，"人道"观念显然是一种基本的与核心的价值观念，如果我们说中国传统哲学是以"人道主义价值观"为基本价值观的，当不是无根据的虚妄之说。

在西方，"人道主义"也构成其传统哲学的核心价值理念。特别是随着近代文艺复兴思潮的深入发展，西方的各种人文主义的文化形式如哲学、科学、文学、艺术等都逐步形成与发展起来，"人道主义价值观"也随之逐步占据统治地位而成为近代西方价值观的主导形态与核心内涵。

在西方，"人道主义"一般被认作是一种有关人的本质、人的使命、人的地位与价值以及个性发展等以人为本的理论、思潮或文化运动。事实上，"人道主义"（Humanism 或 Humanitarianism）一词，在西语中主要有三层含义：一是指称一种普遍的价值观，即"人道主义价值观"；二是指称一种文化观念，即汉语一般所说的"人文主义"，这实际上就是指一种"人文主义文化观"；三是指称一种哲学上的"人本主义"学说，如费尔巴哈哲学就被称为"人本主义哲学"。在这层含义上，"人道主义"又是指一种"人本主义哲学观"。

上述三层含义的中心词，在西语中都是一个词即"Humanism"，但在汉语中，我们就可以区别使用，即以三个不同的语词来表达或标示"Humanism"，即以"人道主义"表示价值观、以"人文主义"表示文化观，以"人本主义"表示哲学观。当然，"人道主义"又是一种统一的思想观念，因而上述三层含义的划分也是相对的，三者之间具有思想本质的统一性、相通性。当然，划分为三个层次，即可表示"人道主义"观念的一种依次递进的深入或扩展关系，即以"人道主义价值观"为核心而依次递进或扩展为"人文主义文化观"与"人本主义哲学观"。

从逻辑结构分析，在这种关系中，"人道主义价值观"构成了"人道主义"概念的核心内涵与本质内容。或者说，"人道主义"概念的一般本质特征就是"价值观"即"人道主义价值观"，而其他含义或层次都是以此为根据而派生出来的，即是从属于人道主义价值观的。

从历史角度分析，上述三层含义也有一个逐步深入而展开的过程。一般来看，在近代西方，"人道主义"最早或最先也是作为一种一般的"价值观"而出现并发展起来的，在 14～16 世纪的文艺复兴中即已初步形成了人道主义价值观。其后，随着人文主义思潮的发展才推演形成了人文主义文化观，而直到 18～19 世纪，人本主义哲学观才在德国古典哲学中形成。

这就是说，"人道主义"（Humanism）的发展有一个从一般价值观而深入发展为文化观、又进一步深入发展为哲学观的过程。这样，"人道主义"的上述三层含义也就不仅表现为一种合乎逻辑的结构体系，而且同时也表现为一种合乎规律的历史关系，由此，也就体现出"人道主义"的思想逻辑和"人道主义"历史行程的统一。

## 二 "人道主义"在本质上是"价值观"而不是"历史观"

在国内外马克思主义理论界，对"人道主义"概念或理论的认识历来存在重大争议。在我国 20 世纪 80 年代也出现了有关"人道主义"问题的一场广泛争论。争论的中心问题，就是如何认识"人道主义"的本质及其和马克思主义的关系。在这场理论争论中，出现了基本肯定人道主义和基本否定人道主义的两种对立倾向。而这两种对立倾向争论的一个焦点是："人道主义"在本质上是不是一种"历史观"，或者说，"人道主义"是不是属于"唯心史观"因而同"唯物史观"乃至同马克思主义根本对立？

从逻辑上说，与"人道主义"概念相对立或相对应的概念也应是"反人道主义"的概念，而同"唯物主义历史观"概念相对立或相对应的概念也应是某种"反唯物主义的历史观"亦即"唯心主义历史观"，因而把"人道主义"与"唯心主义历史观"等同起来进而和"唯物主义历史观"对立起来，显然是犯了混同概念的逻辑错误。

如上所述，"价值观"是指人在社会生活中所形成的具有一定价值取向的根本价值观念，而所谓"历史观"则是指人对社会历史发展性质与发展规律等基本问题的根本观点和认识。所以，"价值观"和"历史观"是既有联系、又有区别的两个概念或研究领域。当然，这两个概念之间也存在着一定"交叉"关系，但"交叉"关系并不等于"对等"或"等同"关系。因此，我们既不能将"人道主义"与"唯心史观"等同起来，也不能将"人道主义"与"唯物史观"等同起来。在这里，问题的关键是不应将"人道主义"直接等同于"历史观"或某种"历史观"，而是应将"人道主义"界定为不同于"历史观"（既不同于"唯物主义历史观"也不同于"唯心主义历史观"）的"价值观"。也就是说，"人道主义"在本质上或原意上并不是一种"历史观"而是一种"价值观"，是一种既和"历史观"有一定联系、又和"历史观"有一定区别的"价值观"。

至于"人道主义"作为"价值观"即"人道主义价值观"究竟与"历史观"具有何种关系，那就需要做进一步的分析或第二层次的分析。从逻辑关系上说，"人道主义价值观"既可以或可能建立在"唯心主义历史观"思想基础上，也可以或可能建立在"唯物主义历史观"思想基础上，由此就会出现"唯心史观"（基础上）的"人道主义"和"唯物史观"（基础上）的"人道主义"。这就像"辩证法"即可以建立在"唯物主义"基础上而形成"唯物辩证法"，也可以建立在"唯心主义"基础上而形成"唯心辩证法"一样。但无论是"唯物辩证法"，还是"唯心辩证法"，"辩证法"的某种本质含义（即辩证的逻辑思维的内涵）却总是一致的、始终不变的。

同样，即使存在"唯物史观的人道主义"和"唯心史观的人道主义"，在这种关系中，具有本质的对立意义的也仍然是"唯物史观"和"唯心史观"而不可能是"人道主义"本身，"人道主义"在这两种形态中，也仍然具有自身本质的统一性、一贯性而不可能发生和自身的矛盾。同时，"唯物史观"或"唯心史观"也就成为"人道主义"表现出来的形式。这就是说，"人道主义价值观"在本质上也始终仍然是"人道主义价值观"，它也完全不可能在"历史观"中失去自己而等同于"唯心主义历史观"或"唯物主义历史观"。由此可见，我国理论界长期以来将"人道主义"视为"历史观"并直接等同于"唯心史观"，进而将"人道主义"直接称为"人道主义历史观"、"人道史观"等，应该说，是一种不合乎逻辑规范的称呼。

"价值观"或"人道主义价值观"与"历史观"的逻辑关系即如上述。而从历史角度来看，"人道主义"与"历史观"又具有何种实际的历史联系呢？

现在，我们所能确立的是这样的事实：在历史上，"人道主义价值观"确实具有和"唯心史观"的某种内在联系，即历史上的"人道主义价值观"的形成与发展又确实是以"唯心史观"为思想基础的。

实际上，造成这一情况的原因也很简单。我们知道，在马克思、恩格斯于19世纪中期创立"唯物主义历史观"之前，在历史研究领域，长期以来都是"唯心主义历史观"占据统治地位，因而也根本谈不上有"唯物主义历史观"。然而，在"唯物主义历史观"产生之前，"人道主义价值观"却早已产生并获得了广泛发展。基于这一事实，我们就可以确定，历史上的"人道主义价值观"确实是在"唯心史观"的思想基础上形成并发展起来的。这就是说，"人道主义"确实是以"唯心史观"为思想基础的。也正是基于这一历史事实，笔者才确认，"人道主义价值观"实际上就是传统哲学的价值观（按照"两种历史观"划分的理论，"传统哲学"也同样属于"唯心史观"，因为"唯物史观"是在"传统哲学"产生以后很久才"宣告诞生"的）。

但即使这样，笔者认为，我们也不宜将"人道主义价值观"直接等同于"唯心史观"或称为"人道主义历史观"。这是基于两方面的考虑：

第一，"价值观"和"历史观"属于两个领域，从逻辑上不存在等同关系，因而不宜混同。虽然"人道主义价值观"和"唯心主义历史观"在历史的形成过程中体现出同源、同质的关系，然而，这也不等于说二者就是一个东西，就可以直接将"人道主义"称为或视为"唯心史观"。

第二，从逻辑上讲，"人道主义价值观"除了与"唯心史观"存在内在统一的关系之外，也还存在着和"唯物史观"结合而实现统一的可能性。只要这种可能性还没有被历史证明完全不能实现，那么我们就不能断言"人道主义价值观"完全属于"唯心史观"而与"唯物史观"没有关系。

因此，"人道主义"和"唯物史观"究竟具有何种关系，就成为我们在下面应当探讨的问题。

## 三 "人道主义"和"唯物史观"的关系

"人道主义价值观"和"唯心主义历史观"的内在关联是已由历史表明的一种现实关系，但其与"唯物主义历史观"的关联（二者是否具有本质的内在关系）却尚未得到证明。因此，需要探讨的关键问题也就集中为"人道主价值观"与"唯物主义历史观"究竟在本质上具有何种关系，或者说，"人道主义价值观"和"马克思主义"学说究竟具有何种关系。

事实上，我国理论界20世纪80年代那场争论所提出讨论或争论的问题，也正是"人道主义"的本质及其和"马克思主义"的关系问题。然而，问题在于，虽然讨论和争论的问题清楚，但讨论和争论中的思路或理路却相当含混。这种含混或混乱主要表现在以下方面：

（1）普遍缺乏对"人道主义"概念含义及其本质的准确认识与界定；

（2）普遍缺乏对"人道主义"（作为"价值观"）形成的历史的明确认识，因而也就没能明确地将其与"唯心史观"的内在关联阐述清楚；由此也就只能简单地把"人道主义"等同于亦即混同于"唯心史观"；

（3）不能在形成上述两方面正确认识的基础上准确阐明"人道主义价值观"（在和"唯心史观"具有本质关联的历史条件下）与"唯物主义历史观"究竟又具有何种关系。

可以看到，笔者上述提出的分析与观点，事实上，已对"人道主义"的本质及其与"唯物史观"（即"马克思主义"）的关系给出了一个明确的解说，一方面，已确认"人道主义"在本质上是"价值观"，而"人道主义价值观"（作为传统哲学的价值观）和"唯心史观"在历史上具有本质的统一性（但也不宜将其直接称为"唯心史观"），另一方面，"人道主义价值观"与"唯物主义历史观"的关系，还是一个尚未在实践中得到验证的问题。

笔者认为，要使讨论的问题得到清晰的认识与解答，就应该有一种清晰的思路去进行考察和阐述，离开或者有悖于清晰的思路，就只能使讨论或争论陷入含混而无功而返。可以说，几十年以来，我国理论界（及国外理论界）有关"人道主义"问题（及"异化"问题）的讨论或争论，之所以莫衷一是、成效甚微，除某些外在的原因之外，一个重要原因就在于理论讨论本身还缺乏那种必须具有的"清楚、明白"（笛卡尔用语）地提出问题、界定问题与解答问题的性质。

在这里，我们已经能够确定，"人道主义价值观"是传统哲学的根本价值观，这对于本章所阐述的主题就已经足够了。同时，我们看到的实际情况是，马克思主义理论界总是采取某种对"人道主义"的否定与批判态度，无论是苏联理论界、东欧的理论界，还是中国的理论界，都曾多次开展对"人道主义"的批判，表现出某种对"人道主义"的一种本质上或本能上的排斥。正像"拒斥形而上学"一样，人们"拒斥人道主义"。法国"结构主义的马克思主义"哲学家阿尔都塞则提出应该公开讨论"关于马克思的理论反人道主义的问题"。可以说，阿尔都塞的认识更接近于马克思本人"成熟时期"（这也是一个不准确的流行的提法，实际上是指已形成"马克思主义"的时期）的思想，而不是更接近于早期马克思的"人道主义"思想（譬如《1844 年经济学—哲学手稿》中的思想）。可以说，阿尔都塞已经深刻地意识到"马克思的学说"和"人道主义"之间具有某种外在的矛盾或对立关系，即"马克思主义"具有某种"理论（上的）反人道主义"性质。

今天，我国理论界在经历了长期的"曲折发展"之后终于意识到"以人为本"观念的重大意义。然而，人们却未必真正认识到"人道主义"在本质上是一种具有普遍历史意义与永恒进步意义的价值观（而仍会把"人道主义"认作"世界观和历史观"或"伦理原则和道德规范"①）。目前，我国也仍有不少理论家还在热衷于批判"人道主义"，批判"普世价值"、"普世伦理"，批判"抽象的人权"、"产权"等等。所以，总的说来，我们还不能也不便对这种关系做出完全的判断，而在能够做出这种判断之前，我们所能够明确提出的只是："人道主义价值观"是"传统哲学"的根本价值观。

## 第四节 "原精神"：传统哲学的本质精神

传统哲学在具有"人性论"的思想基础与"人道主义"价值观的同时，也具有自身的一些基本精神或原创精神。"精神"则是人类的创造，而所谓"原精神"（或"原创精神"）则成为这种创造的源头。

下面，我们就对人类精神的创造性本质以及这种"原精神"的本质，或者说，对传统哲学与传统文化的精神本质，做出探讨和阐释。

### 一 轴心时代的精神创造

#### （一）"精神"是人类特有的创造

的确，与世界本来就是"物质"的或"物质"不是人类所创造的不同，"精神"则是人类特有的创造。对人类而言，"世界"本来也不是"精神"的，或"世界"本来也不属于人类精神。由此，我们就可以认定"精神"是人类特有的创造或是人类创造的最高产物。或者说，人类没有创造出"物质"而只创造出"精神"。也因此，"精神"才可能是人类的独特的最高本质，也可能

---

① 胡乔木：《关于人道主义和异化问题》，人民出版社，1984，第 1 页。

是最终把人类和一切动物以及其他一切生物区别开来的根本标志。

按照"唯物史观"的观点，"劳动"是把人和动物区别开来的根本标志。但是，这种区别只是最初的区别，即马克思所说"一当人开始生产自己的生活资料的时候，这一步是由他们的肉体组织所决定的，人本身就开始把自己和动物区别开来"。① 显然，这种由"肉体组织"所决定的"生产"或"劳动"，只是人和动物"开始区别开来"的最初标志，而不是把人和动物区别开来的最终标志或最高标准。

在一定意义上，动物也进行生产，譬如蚂蚁、蜜蜂等动物都能从事某种"集体性劳动"。但是，动物却永远不会具有"精神"，即像人类那样具有系统的精神文化、意识形态，或具有理性、信仰、仁爱、法治精神等等。因而，动物也就永远不会成为像人类那样的高级的理性的存在物。因此，我们就不应该还说"人类是能制造工具（或能劳动）的动物"，而只应该说："人类是具有独特的精神创造性的高级生物"。这就是说，地球上的"生物"，应该分为微生物、植物、动物和人类四大类，而不应该还像现在的"生物分类"那样，把"生物"仅分为微生物、植物和动物三大类，"人类"仍然被划归为"动物"。事实上，"人类"因精神的创造已和动物界有了本质区别，人类因精神的创造已不再是"动物"。

总之，精神作为人类的后天创造才真正体现出人类特有的高级本质，或如我国一位老学者所说，体现出"人类发自内心的真诚"。② 由此，在"物质"或"物质劳动"的初级本质的基础上，"精神"就成为人类生活的高级本质。或者说，在"劳动"的本能创造的基础上，"精神"就成为人类非本能的后天创造。

同时，在物质的原始动力的基础上，"精神"也就成为社会发展的直接动力与强大动因。而人类越是发展，精神的作用，精神的这种对自身历史的强大推动作用，也就越是显示出来。人类按照自身的"自然秉赋"或"本性"而创造了精神，而精神随即也就成为人类的本质。由于人类创造了精神而使人类真正成为人类，因此，我们完全可以说：精神创造了人本身。

## （二）人类在轴心时代的精神创造（"原精神"的产生）

从历史上看，人类所具有的精神即"理性"、"信仰"与"仁爱"这三种

---

① 《马克思恩格斯选集》第1卷，人民出版社，1995，第67页。
② 黎鸣：《西方哲学死了》，中国工人出版社，2003，第87页。

原精神，都是在人类的那个最富有创造性的被人们称为"轴心期"的时代所创造或提炼出来的。德国当代哲学家雅斯贝尔斯（1883～1969）在其著作《历史的起源与目标》一书中提出"轴心期"理论。所谓"轴心期"，是指历史发展的一个核心时期，大致以公元前500年为中心，即从公元前800年到公元前200年间。雅斯贝尔斯说："正是在那里，我们同最深刻的历史分界线相遇，我们今天所了解的人开始出现"。①

为什么雅斯贝尔斯说只是在那时"人才开始出现"呢？笔者认为，这是因为，只是在那时，人才开始创造出或表现出自己具有精神，亦即表达出自己的精神，或表现出自己的精神已由潜在而转变为现实。由此，人才成为具有自己精神本性亦即人的真正本质的人。在这个意义上，我们又可以说，人因有精神而成为人。

在这一"轴心时代"，世界的一些不同地域或主要地区的人类都不约而同地实现了自己精神文化的创造。譬如，在中国产生了老子、孔子学说及诸子百家学说；在尼泊尔、印度一带，释迦牟尼（约前565～前485）也开始创传佛教；在古希腊，也产生了最早的一批哲学家（如泰勒斯、巴门尼德、苏格拉底等）。在近东（巴勒斯坦）地区，则出现了犹太教的先知，而这一古代形成的犹太教后来也继续得到发展，并在公元前后的世纪之交又进一步演变而发展出基督教。在伊朗，也出现了查拉图斯特拉所创立的琐罗亚斯德教，等等。按照雅斯贝尔斯的分析，整个人类在这一时期，实现了精神上的突破，开始了人类的全面精神化与人性的全盘改造的过程。

可以说，这一"轴心时代"就是人类的一个哲学与文化上的"原创时代"。概括地说，这一时代的伟大创造，就在于形成或发展出人类的一些最基本的精神观念，从而使人类得到或明确了自己精神的本质。笔者认为，我们可以把人类的这种原创的精神观念或精神本质概括为我国学者所提出的三种"原精神"，亦即"信仰"、"理性"与"仁爱"精神。② 笔者也认为，这三种"原精神"，在广义上可视为人类文化所具有的三种"原创精神"，而在狭义上也可视为传统哲学所具有的三种"原创精神"。也就是说，这三种"原精神"，不仅是人类"传统文化"（即"东西方文化"）的根本精神，而且也是人类"传统哲学"（即"东西方哲学"）的根本精神。而无论是在广义还是在狭义上，这三种"原精神"，也都确实为人类哲学与文化的发展奠定了最初的也是

---

① 〔德〕雅斯贝尔斯：《历史的起源与目标》，魏楚雄、俞新天译，华夏出版社，1989，第8页。
② 黎鸣：《西方哲学死了》，中国工人出版社，2003，第83页。

最根本的、最重要的基础，同时也构成人类哲学、宗教、道德乃至科学发展的最持久、最深厚的精神动力与思想资源。

首先，我们看到，人类最先创造或表达出来的精神就是一种纯粹的"信仰"精神，亦即对于宇宙神圣或神秘性质的某种超自然、超感官、超经验的神圣与神秘的体验、体察与信念。概括地说，人类的这种神圣的"信仰"精神，直接表现为各种"原始宗教"亦即"原始正教"的创传，即对"佛"、"道"、"神"的信仰与追求。在西方，这种"信仰"精神主要体现为犹太教和基督教的创造，即体现为对"神"（或"上帝"）的信仰。在中国，这种"信仰"精神则主要体现为对"道"、后来也有对"佛"的追求，而在古代尼泊尔和印度地区则主要表现为对"佛"与"梵"（或"梵天"）的体认与追求。

"信仰"精神直接促进形成了人类的各种"原始宗教"即"原始正教"，例如犹太教、基督教、佛教、道教等都属于这种"原始正教"。具有"信仰"，亦即具有对"佛"、"道"、"神"的真诚信仰，乃是原始正教的根本标志，同时也是"原始正教"同一切近代以来的所谓"新宗教"的根本区别。而且，有了"信仰"精神，人类也就开始了超越自身有限的感官与经验认识的精神追求，而形而上学的意识也就随之萌芽而发展起来。由此，宗教的"信仰"精神也就促进了人类形而上学精神或理性意识的产生，哲学也就开始在最初的宗教意识中形成。

当然，严格地说，"信仰"精神也只有在宗教的形态中才能形成和体认，因此，"信仰"精神就应属于最早的宗教创造亦即古代希伯来人的创造。古希伯来人（现在犹太人的先祖）所创造的宗教就是犹太教，创造的时间可追溯到公元前 1000 年。犹太教信奉"上帝"及"先知"摩西、以利亚等，其代表性著作是《圣经》（《旧约全书》）。到了公元元年，耶稣在吸收与发展犹太教义的基础上创立了基督教，遂使西方人或人类对"上帝"的信仰得到延续与发展。由此，从犹太教到基督教的发展，也就集中体现或代表了人类"信仰"精神的形成与发展。

其次，就是"理性"精神，亦即一种进行理性思考与理性分析的精神。所谓"理性"，是指进行判断、推理等活动的与"感性"相对的一种认识能力，实际上，就是一种超越感性或经验认识的高级认识形式与思维能力。"理性"精神是一种理智的求知精神，它偏重的是进行理智思维与逻辑分析，所以直接促进了哲学的产生。"理性"精神和"信仰"精神是有区别的，但这两种精神又都体现了人类进行超验探索的形而上学精神，或者说，"理性"和"信仰"精神就是形而上学精神的两大体现，就是"形而上学"这"至圣的神"飞翔起来的两翼。"信仰"精神导致宗教的产生，而"理性"精神则直接推动了哲学的形成。

由古希腊哲学家所开创的哲学，集中体现了人类的这种理性与求知精神。古希腊哲学创造的时间是在公元前800年到400年，也属于"轴心期"的创造。整个西方哲学，从精神本质上说，就是一种"理性"哲学或者"理性主义"哲学，"理性"的全部优点与局限都在西方哲学的发展中得到淋漓尽致的显露，而从古希腊泰勒斯开始的可以历数出来的全部西方哲学大师也都无不可以堪称"理性"精神的化身。当然，从提出"水是万物的始基"的最初理性思维到论证"上帝"存在的基督教哲学的理性思维，再到确认"'理性'是世界的主宰"① 的具有"绝对"意义的理性思维，是有一个延续了两千五百多年的历程的。当然，也无论"理性"怎样"辩证"发展，"理性"精神也终究代表了西方哲学发展的根本精神，进而也代表了西方近代科学发展的根本精神。

"信仰"和"理性"这两大精神主要是在西方宗教和西方哲学的形式中发展起来的。所以，人们历来把"信仰"和"理性"精神称为"两希精神"，亦即"希伯来精神"和"希腊精神"，在此基础上就形成了"两希文化"乃至整个西方文化。人们也看到，苏格拉底就是为"理性"而献身的，而耶稣则为"信仰"而献身，这就是两个西方历史上震撼人心的死，史称"苏格拉底之死"与"耶稣之死"，而全部辉煌璀璨的西方文明竟然是由这两个震撼人心的死来开创与生成的！这就是说，西方哲学与西方文化，主要就是在这两种精神的培育与矛盾演进中发展起来的。

再次，就是"仁爱"精神，这已完全属于一种道德精神或思想感情。"仁爱"精神的内涵就是具有爱护、同情与帮助他人的意愿和思想，就是具有仁慈、善良、友爱、宽厚的情感、节操与精神。这种"仁爱"精神的重大意义，也完全不在"信仰"和"理性"精神之下，这不仅因为"信仰"和"理性"如无一定"仁爱"精神的内涵孕育其间就会全然失去其肯定的精神价值，而且还由于"仁爱"精神本身又是一种独立而伟大的精神力量，它本身就可成为一个重大的足以支撑社会生活运行的道德原则亦即康德所谓"实践理性"的原则。

因此，我们看到，如此重视"理性"与"信仰"的西方哲学家竟也常常不能不给"仁爱"以应有的重视，譬如康德就在对"理性"做出批判而保留"信仰"的同时，大力阐扬了"人们内心的道德法则"实则即"仁爱"精神的

---

① 〔德〕黑格尔：《历史哲学》，王造时译，上海世纪出版集团、上海书店出版社，2001，第8页。

意义。在康德哲学中，道德的"仁爱"精神（作为"实践理性"）与批判的"理性"精神（作为"纯粹理性"）以及宗教的"信仰"精神（作为"判断力"）实则已合而为一。在康德的"实践理性"即"道德哲学"中，真正具有道德意义的行为，实际上也就是一种具有非利己的、非功利的"善良意志"亦即"仁爱"精神的行为。质言之，在康德哲学中，也正是这种基于"善良意志"的"仁爱"精神成为最终的"理性"原则（即"最高的实践原则"），成为"评定行为价值的绝对标准"，也成为"一个人配享幸福的必要条件"。[①] 最后，"仁爱"精神（作为"最高的实践原则"），在康德哲学那里，也就成为人类信仰"上帝"而通向天国的桥梁，因为实际说来，"上帝"在本质上必是仁慈、仁爱的，一个没有同样精神的人类也是不配信仰上帝的。

实际上，就哲学本身说来，"理性"、"信仰"与"仁爱"精神，即分别代表了西方传统哲学中"知"、"意"、"情"的区分或关系，"理性"即表示"知"（"求知"），"信仰"即表示"意"（"意志"），"仁爱"即表示"情"（"情感"）。同时，按照康德哲学的划分与建构取向，"知"、"情"、"意"之间的关系，又体现为"纯粹理性批判"、"实践理性批判"与"判断力批判"之间的关系，同时也体现为"自然形而上学"、"道德形而上学"与"道德神学"之间的关系。当然，康德哲学的意图也正在于融合"理性"、"信仰"与"仁爱"精神，借以达到"知"、"意"、"情"的统一，进而达到"自然形而上学"与"道德形而上学"乃至与"道德神学"的统一。可以说，实现"理性"、"信仰"与"仁爱"这三种精神的统一，就是康德哲学建构的基本取向，同时也是西方哲学形而上学发展的根本特征，而康德所提出的建构"未来形而上学"的思想或理想，实际上就已在此种统一中完成或实现。

与西方哲学这种力图实现三种"原精神"的综合统一的特点不同，中国古代哲学则更为独立地、突出地阐扬了"仁爱"精神，使"仁爱"精神成为中国古代哲学的根本精神（"道德形而上学"也随之成为中国哲学形而上学的主要形态甚至唯一形态），而"信仰"精神与"理性"精神反倒表现出某种从属于"仁爱"精神的特点（"自然形而上学"或"纯粹理性批判"以及"道德神学"也就没能发展起来）。我们知道，作为中国古代哲学或学术思想主干的儒家学说，就是完全以"仁爱"精神及其学说为核心，"仁爱"精神实际上也成为中国人做人的根本准则与精神。在孔子学说中，"仁"是一个核心概念与理

---

① 北京大学哲学系外国哲学史教研室编译《西方哲学原著选读》下卷，商务印书馆，1982，第 309 页。

229

念，但"仁"的一个重要趋向则是"爱人"。"樊迟问仁。子曰：'爱人'。"（《论语·颜渊》）孔子的核心思想就是"仁者爱人"，"泛爱众"。事实上，"爱"规定并充实了"仁"的内涵，而"仁"的根本内涵也就是"爱"或"爱人"。由此，"仁爱"精神也就成为孔子或儒家学说的根本精神。

由于"仁爱"精神是中国古代哲学的根本精神与最显著的特征，所以，国内有学者认为"仁爱"精神就属于古代中国人的创造（创造时间也约在公元前五百年到三百年间），而"仁爱"精神与西方的"信仰"与"理性"精神相并立，就构成了人类在"轴心时代"所创造的三种"原精神"。①"仁爱"精神确实是中国古代哲学的一个最重要的精神特性，同时也是中国古代伦理思想乃至整个学术思想与文化观念的核心与精髓，这应是没有疑义的。不过，也应看到，西方哲学在很大程度上也同样具有"仁爱"精神，许多哲学家的学说也不乏"道德哲学"或"仁爱"精神的底蕴。所以，一般说来，"仁爱"、"理性"与"信仰"精神是为中西哲学所共有的本质精神，或者说，传统哲学（中西传统哲学）是具有统一的思想内涵与精神本质的。

总之，在轴心时代或轴心期，希腊、西亚、中国与印度等许多地区的人类都开始了热烈的原创性的精神创造活动。所以，这一"轴心期"或"轴心时代"也就可称为"原创期"或"原创时代"。而"原创时代"所创造的"哲学"即为"原创哲学"，所创造的"文化"即为"原创文化"。

"原创哲学"和"传统哲学"的关系，乃是"源"和"流"的关系，即"原创哲学"是"传统哲学"起源的"源头"，而"传统哲学"则是"原创哲学"延续的潮流。当然，也只有有了"源头"（source），也才会有后来的传统哲学乃至现代哲学发展的全部"过程"（course）。"原创哲学"为"传统哲学"的发展奠定了最初的基础，提供了丰富多样的思想资源，即使在今天，人类社会的各种思想探讨，也依然会不断回溯到这一源头，从中汲取各种水分与滋养，这正是："问渠哪得清如许，为有源头活水来。"（宋·朱熹《观书有感》）

## 二 轴心时代原创精神的历史意义

雅斯贝尔斯曾高度评价"轴心期"的意义，指出"轴心期"奠定了普遍的历史，奠定了人类精神统一的基础，我们所有的人都是那个时代的受益者、继承者，即"我们所有的人都可以分享轴心期人类普遍变化的真实知识"。直

---

① 黎鸣：《西方哲学死了》，中国工人出版社，2003，第83页。

至今日，人类仍然附着在这种精神基础之上，仍然要依靠"轴心期"所奠定的思想观念而生存。"人类一直靠轴心期所产生、思考和创造的一切而生存。每一次新的飞跃都回顾这一时期，并被它重燃火焰。自那以后，情况就是这样。轴心期潜力的苏醒和对轴心期潜力的回忆，或曰复兴，总是提供了精神动力。"① 这些论述，都是极为准确而深刻的。

笔者认为，"轴心期"作为人类文化的"原创时代"，其根本意义在于：

首先，"轴心期"的创造奠定了人类文化与文明的基础，促使人类从其"自然性"的本质层次中超越出来而提升到"人道性"的本质层次。由此，人类才开始成为有理性、信仰与仁爱精神的人类，也就是才开始成为真正的人类。同时，轴心期的创造也为人类精神的发展奠定了理性、信仰和道德的多重基石并形成了人类社会的几乎所有文化形态，哲学、艺术、宗教、道德、政治及法律思想等一般文化形态或意识形态都在轴心期形成，由此也就形成了一个具有多重复合关系与结构层次的人类文化的宏大系统。人类后来的文化发展也不过就是这一文化系统及其各种文化形态的进一步发展与演变，在后来的发展进程中，实际上再也没有产生出任何新的文化形态。可以说，人类后来的文化史或文明史也不过就是这些原创性的文化形态的进一步演变与调节，而人类社会至今也仍然要依托这些基本的文化形态来延续并发展文明本身。

诚然，在近代西方产生了"科学"，这确实是轴心时代所没有的。但是"科学"的情况比较复杂，一般说来，人们也不把"科学"看做一种文化形式。"科学"也具有广义和狭义两种含义。在广义上，科学是一种特殊的文化形态，是古代人类对"自然"的一般认识形式，并且和哲学、宗教等一起发展。在这种意义上，可以说，早在古希腊罗马时期即"轴心期"就已产生科学，如亚里士多德的生物学、托勒密的天文学（"地心说"）等。但"科学"在狭义上是一种严格的实证科学，亦即具有实验性和经验性的科学，并且和"技术"结合起来而融入物质生产过程。在"科学"的这种狭义即严格的意义上，科学只是在近代西方才产生的。但是，这种狭义或严格意义的科学即"实证科学"也同时不再是一种严格意义的"文化"了。所以，我们仍然可以说，几乎所有的文化形式都是在轴心期创造的。

其次，"轴心期"的原创哲学与原创文化也为人类社会制定了一个价值标准，从而形成了对其后社会发展特别是思想文化发展的重大影响与制约。"理性"、"信仰"与"仁爱"的三种原精神，事实上就是这种价值标准，就是原

---

① 〔德〕雅斯贝尔斯：《历史的起源与目标》，魏楚雄、俞新天译，华夏出版社，1989，第14页。

创时代的思想家为其后时代所制定或奠定的一种思想文化的准绳、准则。我们知道，每一事物或思想的发展，都需要一定的规律、规范、准则与标准，同样，人类社会的发展或思想文化的发展也需要有其规范、准则与标准，而这样的规范、准则与标准也正是在轴心时代创制的。譬如，孔子提出的"仁爱"思想，"仁者爱人"的观念等，就是一种在道德领域及社会交往领域具有绝对意义的价值标准。当然，孔子提出"仁爱"思想时，或轴心期那些先哲提出"理性"、"信仰"等"原精神"理念时，这些思想或理念都会包含某些体现当时历史特点的具体内容、具体形式，而这些具体内容、具体形式及具体特点也会随历史的变化而变化。然而，"仁爱"等"原精神"所内在具有的深层本质与核心内涵却是相对稳定而绝对不变的，就是说，"原精神"的本质与核心是在其相对的形式变化中而绝对不变的。

这就是说，一个事物无论怎样发展、变化，其本质与核心都是相对说来而绝对不变的（所谓"相对说来"即是指相对于其变化的形式等说来）。如果一个事物的本质与核心也发生变化（即事物发生本质的变化），那么，这一事物也就会因丧失其本质与核心而不再成其为这一事物。同样，"理性"、"信仰"与"仁爱"等精神作为人类社会的一种原创性价值标准或精神准则，也具有这种在相对变化中的绝对意义。就其相对性来说，原创精神或精神价值必然具有某些具体的表现形式、历史内容以及外在关联并不断发生变化，但就其绝对性说来，原创精神或精神价值又具有一定的本质、核心的内涵而保持不变。而就二者关系说来，也当然是绝对性决定相对性，"绝对性"之所以成为绝对性也正在于它能够制约与决定事物的发展，"绝对性"也就是事物的本质或本质性，因而决定现象、表象。同样，"绝对性"也就是事物发展中的必然性与普遍性，因而能够决定事物发展中的偶然性与特殊性，因而也就能够制约并从根本上决定事物的发展。

就上述人类的原创精神来说，任何时代的人类都可以对其某些具体形式、内容或特点做出变通，但同时又必须恪守与遵循其本质要求与基本规范。一方面，人类可以做出某些"变通"，原精神才可望在新的时代得到继承与发展，但另一方面，人类即使在变通中也必须"恪守"原精神的根本原则与本质内涵，否则就会失去"原精神"的本质。失去"原精神"的本质，也就意味着失去"精神"，也就意味着人类重新没有"精神"。因此，原精神的绝对性也就是原精神的本质，也就是原精神的生命。因此，不坚持将"原精神"即"理性"、"信仰"与"仁爱"精神作为一个绝对价值标准，也就意味着丧失"精神"。

事实上，轴心期的真正意义也就在于为人类文明制定了一个具有一定相对性的绝对价值标准。或者说，由于轴心期的创造，"原精神"本身也就成为一种具有一定相对性的"绝对"标准。事实上，或从逻辑上说，"标准"之所以成为"标准"，也正在于其"绝对性"。"标准"必须具有"绝对性"或"绝对"意义，必须是"绝对"标准。如果"标准"也变来变去，那就不会成为"标准"。"标准"就是"尺度"、"标尺"，被衡量的外在事物可以变化，但标准却不能变化，"标准"变了，也就不成其为"标准"，也就无法衡量事物。因此，轴心时代为人类所奠定的价值标准，就是一种具有一定相对性的绝对价值标准。

也因此，对于"原精神"，我们就应采取"抽象继承"亦即"本质继承"的态度。冯友兰先生提出的"抽象继承法"是有道理的。实际上，我们继承传统哲学或传统文化时，也主要是继承并发扬其核心、本质或精神实质，而不必拘泥于某些具体的历史形式或内容。从实质上看，所谓"抽象继承法"也就是"本质继承法"。可以说，"轴心时代"的意义不仅在于"原创性"，而且也在于"规范性"，或者说，"原创性"的意义就在于具有绝对的"规范性"。

再次，"轴心期"在哲学及文化方面的创造，也表明了精神文化的根本价值，体现出精神文化对于人类文明进步的根本意义。轴心期创造的实质就在于精神创造，而人们也正是以此精神创造作为"原动力"来不断推进社会发展，并以此作为"原尺度"来衡量社会的发展。当然，轴心期以后的社会发展也是极其复杂而充满矛盾的，社会演变也逐渐步入所谓"现代文明"，但总的说来，人类社会的任何精神上的乃至物质上的、科学技术上的进步，也都无不是继承与发扬轴心期时代的精神创造亦即"理性"、"信仰"与"仁爱"精神的结果。相反，对"原精神"或其价值取向的任何排斥或背离，即对传统"理性"、"信仰"与"仁爱"精神的任何"反叛"或"颠覆"，也都无不引发或暴露某种重大的发展风险、危险或危机。可以说，当代社会发展已日益陷入"精神信仰"与"生态环境"的两重危机，这两重危机作为"反面"的例证，更加深刻地表明了轴心期所创造的精神文化的根本意义与历史价值。

## 三　三大"原精神"的丧失

传统哲学或传统文化以三种"原精神"为本质特征，而现代非传统哲学或文化则以对"原精神"的反叛为基本特征。随着"原精神"的日益消解，传统文化也日益陷入深刻的危机。"上帝死了",信仰精神已不复存在;"哲学死了",理性精神也不复存在;最后,"仁爱也死了",传统文化已无立身之地。

中国学者黎鸣先生在他的具有丰富历史内涵的研究中提出了"西方哲学死了"问题,进而提出了"人类的精神是如何丧失的"的问题。他指出:"近代以来西方一些思想巨人既高扬了维护真理的科学理性,又最后摧毁了传统的文化理性"。① 这些"思想巨人"的"思想变革"分别是达尔文的"进化论"(造成种族大分裂)、马克思的"阶级性的意识形态论"(造成社会阶级性的大分裂)、弗洛伊德的"本能论"(造成人格与精神的大分裂)以及爱因斯坦的"相对论"(造成某种"文化观念的分裂",使"相对主义"思潮借此泛滥起来)。就是说,这些"思想巨人"的学说导致了人类在种族、社会、精神、人格以及文化观念等方面的分裂而最终推使人类进入到一个相对主义的时代。这样一来,"人类将面临三种人类原精神的全面的丧失"。② 而所谓"历史唯物主义"实质上是说,"人类的物质需求决定了人类的精神需求",其"思想渊源仍在于科学规律的决定性、绝对性"。③ 就此而言,或从一定意义上说,"彻底的唯物主义其实是彻底的灭绝人类一切心(精神)的主义,而人类一切文化的核心恰恰是心,也即精神,所以彻底的唯物主义是否定一切人类文化成就的绝对错误的主义"。④ 这些论述虽然显得颇为尖锐,但却完全值得我们认真思考。

如果说,轴心期的创造意味着"人性"的奠基或觉醒,那么,近代以来,在"非传统哲学"发展中所呈现的那种对原创哲学与传统文化的反叛与颠覆,也就意味着"人性"亦即人的本质的丧失与异化。所谓人性的"异化",就是指人性在自身的发展中出现了某种否定自身、排斥自身的异己的、变异的因素与过程。从哲学的高度洞观社会,可以说,"人性"的异化正是轴心期以后在社会发展中不断呈现又不断加剧的一种严重现象。对此,法国启蒙学者卢梭早已做出过深入的反思,而康德也继之试图通过对"理性"的批判以及对"信仰"的论证来对"异化"现象做出矫正。时至今日,这种对人性"异化"的反思与批判已经发展成为一种弥漫全球的哲学思考与文化意识。当然,这一思潮在一定意义上也就是"反科学"(即反"唯科学主义")思潮,而"反科学"思潮的一个重要特征也正在于恢复理性、信仰与仁爱的传统精神,并克

---

① 黎鸣:《西方哲学死了》,中国工人出版社,2003,第90页。
② 黎鸣:《西方哲学死了》,中国工人出版社,2003,第93页。
③ 黎鸣:《西方哲学死了》,中国工人出版社,2003,第91页。
④ 黎鸣:《西方哲学死了》,中国工人出版社,2003,第141页。

服科学技术以及经济增长的负面影响所造成的对生态环境以及人的道德信仰的损害。

上述轴心时代或原创时代的精神创造，当然也体现出人类"形上"意识的觉醒，体现出人类对"形上之神"的探求已具有全面而自觉的性质。而"形而上学"那"至圣的神"，也不仅降临于"理性"精神所建构的哲学殿堂，而且也同样弥漫于"信仰"精神所缔造的宗教王国，并且也同样显现于"仁爱"精神所规范的伦理世界。至此，形而上学之神，也就成为"理性"、"信仰"与"仁爱"精神的"三位一体"，成为由这三种原精神所共同托起的至上的神，而这三种"原精神"也就在"形上之神"那里实现了升华、交融与汇合而达至统一。

人类哲学与文化的殿堂也正由于这"三位一体"的"至圣的神"的光临而辉煌，而任何对"原精神"与"形而上学"的"反叛"或"拒斥"，也都意味着"形上之神"的退隐，意味着传统的消解，意味着人类被"连根拔起"而迷失于"无家可归"的荒丘。

## 四 传统的本质在于继承

为何我们如此重视传统哲学与传统文化呢？这是否仅仅出于某种"怀古之幽情"即对"传统"的"留恋"、"热爱"之情呢？

实际上，人们对"传统"的态度，是一个关系到生活本身并关系到未来的"性命攸关"的问题。如果说，"生存还是毁灭，这真是一个值得考虑的问题"（莎士比亚剧中哈姆雷特提出的问题），那么，这一"生还是死"的问题，在今天就已变为：

"传统还是反传统，这真是一个值得考虑的问题！"

### （一）"传统"的含义与本质

近代以来，人类社会的文化与精神发展，从西方到东方，从南方到北方，大致都是以"反传统"作为重要标志与特征的。然而，人们对"反传统"虽有热情，但对"传统"本身的含义、本质及其历史作用却缺乏认识。有鉴于此，让我们在本章的结尾，再来探讨并简要阐释一下传统的本质和意义。

所谓"传统"是指人们在过去生活中所形成的具有一定整合、稳定作用并世代相传而制约社会发展的一定文化观念与社会风俗。"传统"存在和发展的主要形式是：（1）"原本"（text），如《圣经》、《论语》；（2）"规范"

（norm），如"仁者爱人"、"尊长爱幼"等道德规范或行为规范。当然，"传统"的这两种形式都要体现并借助于上述"原精神"而发挥作用。

"传统"的主要特点在于：

（1）具有常态性。传统是历史发展、演进借以实现的形式，因而具有稳定、平衡与某种不变的性质；

（2）具有规范性。形成并表现为社会生活的道德规范与行为规范，并具有在社会舆论与社会运行方面的自发导向作用，同时也能体现出社会生活主体之间理性交往的需求，并由此形成社会的一定凝聚力。

（3）具有"本质性"。"传统"的真正价值在于"意义"（meaning），而认识"传统"（或"文本"即 text）的方法在于哲学解释学意义上的"解释"（interpretation），即对传统意义的解说、阐释。哲学（作为"解释学"）理解传统或历史的真正兴趣或最高兴趣不在于描述"传统"与"历史"本身，而在于理解其"意义"或"本质"，或者说，在于阐明继承"传统"所具有的"意义"和"本质"。

因此，"传统"的意义也不仅在于"过去"，更重要的还在于"现在"、"未来"，在于现在与过去以及未来的"视域融合"。

（4）具有"不变性"。"传统"在某些具体形式和具体内容方面具有流动性、可变性，因而具有相对性，然而，"传统"的核心、本质与根本意义却具有稳定性、不变性，因而具有绝对性。"传统"的本质与意义也正显现于这种变动性与不变性的矛盾之中。按其矛盾本质，传统也只能在其变动性与不变性、相对性与绝对性的演变中发展。也因此，传统既有得到延续与发展的可能，也有遭到抵制与颠覆而流失或丧失的可能。

在认识传统的上述特点基础上，我们就可以确认传统的深层本质特征在于具有"自我更新"的本质。

由于传统具有内在矛盾，而传统的发展也不过就是事物本性的发展，因而按其本性，"传统"在发展中也就必然具有自我更新的能力或性质。

传统在本质上是自我更新的，传统的发展在本质上也会表现为一个自我更新的过程。一般说来，一个民族的传统或传统文化，如果没有外力的强制干涉（如一些土著民族或古老民族所遭遇到的那种外来的强力入侵），其传统或传统文化总会按照传统本身的惯性而延续与发展下去。因此，从传统的内在本质来说，传统具有"不可打破"性，而传统的发展机制也并不在于被"打破"，而在于传统本身的"自我更新"。传统本身即具有"自我更新"的能力与机制，这种"自我更新"就是传统发展与演变的常态或常规形式，而"打破传统"

的"革命"、"变革"或"列强侵略"等（这些因素又往往内外结合）则是传统演变或变革的非正常或非常规形式。

张世英先生在《哲学导论》中提出了许多对"传统"及"传统哲学"的精辟见解，然而，张先生所提出的"打破传统"的概念，或认为"打破传统"是"传统发展的一种正常可能性和前途"① 的观点，却值得商榷。当然，笔者以上关于"传统"的一番议论也是一家之言，还请张世英先生和各位方家指正。

笔者以为，"传统"的根本意义就在于"继承"，"传统"就意味着它要由后人去不断地理解、解释、阐释与发扬。"传统"在本质上是不可打破，也是不应打破的。本书的一个基本观点是，"传统文化"和"非传统文化"之间，"传统哲学"和"非传统哲学"之间，都是有本质区别的，而当代社会发展的主要问题，也不在于传统的承传或常态的发展，而在于传统已被异化、颠覆而发生断裂。

## （二）"继承"的两种主要含义

同时，笔者也认为，对"传统"的继承主要应包含本质上和意义上两方面的含义。

首先，从"意义"角度来说，对后人来说，传统当然具有根本性的"意义"（meaning）。就是说，"传统"能够为后人确定生活的基本意义或根本意义，使得后人能据此进行不断地反思与调整，因而使人类生活特别是道德与精神生活能有一个确定的标准而有所依凭。而对传统的这种"意义"的解释就构成解释学的基本理念和解释学本身的意义。这又是说，现代解释学的重大意义就在于赋予"传统"一种经过哲学反思的"意义"，也正是这种经过"反思"的"意义"才使得古今合一、视域融合，才使历史成为"效果历史"。加达默尔提出或强调"意义"的"反思"（或"反思"的"意义"）是解释学的一个重要观点或原则，这就是他所提出的"解释学反思"② 的概念。这一概念也就和传统思辨哲学的"反思"精神完全结合起来并完全一致了。

当然，问题还在于要准确理解和使用这种"反思"，即明确"解释学反思在何处生效、起作用？它到底进行什么反思？这种'历史地作用着'的反思同

---

① 张世英：《哲学导论》，北京大学出版社，2002，第 282 页。
② 〔德〕汉斯－格奥尔格·加达默尔：《哲学解释学》，夏镇平、宋建平译，上海译文出版社，2004，第 29 页。

它意识到的传统究竟有什么关系?"① 不过,无论怎样反思,笔者认为,解释学反思的对象,从本质上说,就是传统或历史的意义,对"意义"的反思就构成解释学存在和发展的基础。

其次,从传统的本质上说,传统的意义又正在于传统具有某些或某种带有"绝对"意义的本质内容。而人们继承传统,也主要是指继承此种本质内容或核心内容、精神内涵。也就是说,继承传统也就是要继承传统的本质和核心,而扬弃某些非本质、非核心的具体内容与形式。但我们看到,所谓"非传统哲学",譬如黑格尔以后的非理性主义思潮等,对传统的态度却是扬弃传统哲学的本质与核心(譬如"形而上学"、道德的"人性论"等等)而不是继承其本质、扬弃其非本质的某些具体内容与形式。因此,继承传统,在本质的或意义的角度理解,就确实是一种"抽象继承",而"抽象继承"也正是一种本质的继承。可见,冯友兰先生提出的"抽象继承法"是有道理的。早在 20 世纪 50 年代,冯友兰先生就提出,在中国哲学中,有些命题有"抽象"和"具体"二重意义,而研究中国古代哲学在方法上要注意对其中的主要命题进行分析,并分出其中的抽象意义和具体意义,抽象意义就具有可以继承的价值,具体意义则没有继承的价值。所谓"继承"就是"取其一般意义而不取其特殊意义"。② 当时,恪守日丹诺夫哲学史的"两军对垒"概念的一些"马克思主义"理论家则反对冯友兰先生的这一观点,并将冯先生这种研究方法斥之为"抽象继承法",认为它是和"马克思主义"的"批判继承观"完全对立的。

"马克思主义"的"批判继承观"究竟是什么,又究竟具有何种历史效果,笔者在这里不想再做评述了。而冯友兰先生自己的观点反倒是很有意义的,笔者认为,"抽象继承法"的意义并不限于中国古代哲学研究,它实际上具有更普遍的意义,是完全可以广泛运用于我们对古代哲学、传统文化或传统本身的研究的。我们对待"传统"的正确态度就理应是"抽象继承",亦即"本质继承"。

总之,我们对待传统哲学的正确态度应当是:

"弘扬传统哲学,坚守理性信仰"。

---

① 〔德〕汉斯-格奥尔格·加达默尔:《哲学解释学》,上海译文出版社,2004,第29页。
② 《中国哲学遗产的继承问题》,1957年1月8日《光明日报》;《再论中国哲学遗产的继承问题》,《哲学研究》1957年第5期。

# 第七章

# 比较哲学的视域与中西哲学差异

虽然中西哲学在本质上都属于"传统哲学",但在长期的历史发展过程中,中西哲学之间也呈现出很大差异,二者各自都形成了自身的一些特点,而这些特点又常常是相反相成的。分析与研究中西哲学差异,就成为哲学的一种"比较研究"而进入"比较哲学"领域。比较哲学研究,理应具有一种高度综合的整体性研究的广阔视域,然而,由于还缺乏自觉的整体性比较研究的意识,因而一些论著对中西哲学的比较研究,还往往囿于对中西哲学进行某些外在的单纯特点方面的对比,而未能深入到对中西哲学差异的深层根源进行总体研究的层次。

笔者认为,只有从哲学本身的深层本质出发,才能深入理解与分析中西哲学差别产生的深刻根源与历史意义。在笔者看来,中西哲学的历史性差别就根源于哲学本身所具有的某种内在的矛盾本性,即根源于哲学本身作为学科与学说而矛盾发展的辩证本质。如前所述,哲学本身即具有狭义与广义或学科与学说的两重含义,而中西哲学的历史性差别也正根源于哲学的这两重含义或两重矛盾本性的发展。从总体上看,中西哲学的差异或矛盾,即是哲学本身发展的内在矛盾,中西哲学之间的历史性差别,一方面构成了哲学总体演变的历史过程,另一方面也体现出哲学总体结构的辩证统一。在本章中,我们先来探讨一下比较哲学研究的整体性视域与研究方法,进而再依据对哲学两重含义的认识来阐述一下中西哲学的历史差异。

## 第一节　比较哲学的视域

### 一　比较哲学的含义

当前,比较哲学研究已成为国内外哲学研究的一个重要的前沿领域。这一情况表明，当代哲学发展已呈现出某种整体性综合发展的重要趋势，由此对哲学发展做出整体性或综合性的比较研究也就同时成为一种必然要求。那么，我们又该怎样认识与界定"比较哲学"的概念及其"比较哲学"的意义呢？

下面，就是笔者给"比较哲学"下的定义，亦即笔者对"比较哲学"的基本认识：

> 比较哲学或比较哲学研究是指对彼此不同而又彼此相通的一些哲学形态、学派或学说等在本质特征、演变路径、研究方法以及发展特点等方面进行辨识与鉴别，这是一种具有明显对比性的研究方式，其主要目的是通过对比性研究而深入或明确认识被比较各方的共同本质或相互区别。

这一定义包含"比较哲学"或"比较哲学研究"的一些主要含义，大致可分为以下四个方面的含义：

（1）指明比较哲学（或比较哲学研究）的研究性质是"对彼此不同而又彼此相通的哲学形态、学派或学说"等"进行辨识与鉴别"的一种"具有明显对比性"的哲学研究方法或形式。显然，在性质上，比较哲学研究也属于哲学研究，不过其特点在于具有"明显对比性"，即与一般研究相比是一种"具有明显对比性的研究方式"。

（2）指明比较哲学的研究对象是其加以对比性研究的"一些哲学形态、学派或学说"，而其研究对象的一个重要性质或界定就是"彼此不同而又彼此相通"。这一界定，旨在指明这些哲学形态或学说之间的一种矛盾关系，即"彼此不同而又彼此相通"。事实上，研究对象也只有具有这种"不相同而又相通"的矛盾关系，才可能进入比较哲学的研究视域而成为研究对象，并在比较研究中具有可比性，由此才使比较研究本身具有合理性。

一般说来，任何不同的两种哲学形态、学派或学说，都可以进行比较研究，然而，又只有具有明显的"对比性"或明显的"彼此不同而又彼此相通"的矛盾关系，其比较研究才有意义或才更有意义。事实上，比较研究的深度与广度，就取决于对这种矛盾关系的认识与把握。

（3）指明比较哲学研究的主要内容，包括"本质特征、演变路径、研究方法以及发展特点"等方面，而比较哲学的研究方法，就是对这些方面"进行辨识与鉴别"，因而是一种"具有明显对比性"的哲学研究方法。

我们知道，所谓"比较"的基本含义也就是指对一些有关矛盾方面进行"辨识与鉴别"。事实上，一般哲学研究（和其他领域的研究一样）本身就带有一定"比较"或"比较研究"的性质，但这些研究可以是不自觉、不明确的，而作为"比较哲学研究"（与"比较文学"、"比较法学"研究等一样）则具有自觉性，即具有自觉的"明显对比性"研究的特征。任何一种研究只要具有"明显对比性"研究特征，也就进入"比较研究"领域而具有"比较研究"的学科性质，从而也就和一般研究或一般学科区别开来。就此而言，此类"比较研究"也就可以形成一种相对独立的学科，而其研究对象与研究方法也就具有"比较研究"的特殊性质。

（4）也指明比较哲学研究的目的或意义，就是"通过这种对比性研究而深入认识或明确认识被比较各方的共同本质或相互区别。"在这里，深入或明确认识被比较各方的"共同本质"或"相互区别"，就成为比较研究要加深认识的两个主要方面。这两个方面也是既相联系、又相区别的，而究竟要着重研究哪一方面，就要看比较研究所选取的具体对象及研究的主要目的。

例如，本书第六章就旨在比较研究"传统哲学"与"非传统哲学"的关系，这就需要主要认识二者之间的"相互区别"（包括在本质特征上的相互区别以及在各方面的相互区别），亦即明了"传统哲学"与"非传统哲学"之间实际上并不具有"哲学"方面的"共同本质"。而本章则是研究"中国哲学"和"西方哲学"的关系，这就需要在认识和分析二者"共同本质"（即作为"传统哲学"共同本质）的同时，进而深入认识二者之间的"相互区别"（虽然二者之间的"相互区别"事实上又根源于二者的"共同本质"，亦即是哲学"共同本质"的不同表现）。

因此，比较哲学研究的目的、意义及方法，主要在于深入、具体地考察与分析被比较各方的"共同本质"或"相互区别"两方面的矛盾关系，并依据这种考察和分析而得出某些综合性的具有整体意义的认识。

## 二　比较哲学的研究方法与意义

### （一）比较研究的两个主要方面："共同本质"与"相互区别"

依照上述思路，在一般比较哲学的研究中，我们应该注意研究与分析两个既互相联系、又互相区别的方面：

第一，要注重对双方"共性"（即"共同本质"）的研究，即在比较研究中明确认识双方所可能具有的某种"共同本质"或"普遍特征"。

例如，对中西哲学的研究，本书的一个研究思路就不仅是要比较二者之不同方面即"相互区别"，而且还要认识二者之"共性"即"共同本质"，亦即深入认识二者所具有的作为"传统哲学"的"共同本质"(如"形而上学"、"人性论"、"人道主义价值观"等"传统哲学"的共同本质特征)。当然,研究二者的差别也是比较研究的一个重要方面,然而,目前学术界研究中西哲学关系的一个缺陷却是忽视了二者作为"传统哲学"的"共同本质",因而也就不能从"共同本质"上来理解与探究二者的"相互区别"。事实上,我们也只有认识与把握中西哲学的"共同本质",才可能对二者之间的"相互区别"做出深入、合理的真正具有哲学本质意义的解说。

第二,要注重对双方"个性"(即"特殊本质"或"相互区别")的研究,即在比较研究中应明确认识双方所具有的各自的"特殊本质"或"历史特征",从而把比较双方"相互区别"开来。

就认识"个性"方面说来,事实上,被比较的双方,也没有任何一方是不具有"个性"即自身的"特殊本质"的,因而任何被比较的双方都会这样或那样地区别开来。关键是,我们对这种"个性"或"相互区别"是在何种意义或何种程度、角度上认识和把握。譬如,对中西哲学之间的差异或其个性,就应在双方具有"传统哲学"的"共同本质"的基础上加以认识,因而中西哲学之间的差异也就仅仅是一种非本质的矛盾,这种矛盾并不具有对抗性。而"传统哲学"与"非传统哲学"比较,则双方所具有的"个性"或"特殊本质"却显示出"本质"意义,亦即表现出完全不同的某种"本质"(如具有或抵制"人性论"、"原精神"等),因而二者也就从本质上区别开来。这就是说,被比较双方的"相互区别"既可是某种"非本质区别",也可是某种"本质区别"。

一般说来,比较哲学研究必然涉及对"共同本质"与"相互区别"两方面内容与形式的比较分析。当然,具体说来,其间所包含或涉及的情况又十分复杂,因而需要做出具体分析。也只有合理、具体地把握这两方面的关系,才能使有关比较研究具有合理性。

## (二) 注意比较研究的"可比性"

事实上,比较研究的可能性,在很大程度上就取决于研究对象是否具有"可比性"。因而,是否具有"可比性"也就成为比较哲学研究中的一个核心问题。所谓"可比性"(comparison),是指作为比较研究对象的各方具有明显或明确的对比性,因而能够做出明确、适当的比较研究并得出"相同"或"相异"等认识,从而体现出比较研究的充分意义。

比如,中西哲学之间就具有"可比性"或较大的"可比性",这是因为二者之间具有"既相同而又相异"的典型矛盾关系，而二者所各自具有的一些特点或特征也都显示出"互异互补"的性质。因此，对中西哲学的比较研究也就显示出充分合理性，从而长期成为比较哲学研究中的一个重要领域。显然，如果比较各方缺乏明确的或明显的"对比性"，那么，比较研究就会缺乏"可比性"，就会出现不适当、不深入或者牵强附会等问题。

在具体的比较哲学研究中，"可比性"也常常会表现出不同形式、层次或程度。按照"可比性"可能具有或表现出的层次或程度来划分，我们大致可以把"可比性"或者"比较研究"的性质区分为下述几种情况：

第一，具有完全的可比性，可称为"完全的可比性"研究。譬如，中西哲学的比较研究，以及传统哲学和现代非传统哲学的比较研究，就属于这种"完全的可比性"研究。

这种"完全的可比性"，既可基于被比较各方所具有的确定的"共同本质"的认识，也可基于对被比较双方所具有的特定的"相互区别"的把握。由于达到这两方面认识，因而在这种研究中，被比较各方就显示出"明确的或明显的对比性"，因而比较研究也就显示出充分的意义。

第二，具有不完全的可比性，可称为"不完全的可比性"研究。可以说，不具有上述"完全的可比性"但又可以进行比较研究的研究，就应属于这类"不完全的可比性"研究。譬如，把"中国哲学"、"西方哲学"与"马克思主义哲学"放到一起作为比较研究的对象，甚或提出三者具有"融合"、"会通"等关系的观点，就应属于这种"不完全的可比性"研究。这种研究，由于缺乏对"中"、"西"、"马"三者之间复杂关系的合理理解与界定，因而有时显得牵强附会，从而显示出某种"不可比"研究的性质。

事实上，由于中国古代哲学和西方哲学（在现代以前）都属于"传统哲学"，同时二者之间又具有明显的对比性或对应性，因而就可能对其做充分的比较研究，而二者之间也确实具有"融合"、"会通"等关系的特征或趋势。然而，传统哲学和现代非传统哲学之间却不具有这种明显的"对比性"或"对应性"，二者之间也不具有一种"共同本质"，而只具有本质上的某种"对立性"，因此，二者之间就不具有在"本质"上做出"可比性"研究的条件，因而就不可能对其做充分而合理的比较研究。如果不能认识或者回避这种本质区别而去比较研究二者之间的某些"非本质"的方面，那也会失去其比较研究的合理性、真实性与充分意义。可以说，对在本质上或性质上具有完全不同特征或特性的"哲学"学说或形态（譬如传统哲学与非传统哲学形态）进行比较研究，就只可能具有一种"对立性"性质，而不可能具有充分的"对比"

研究的性质与意义。因此，这种研究就应被称为"对立性的比较研究"。

对传统哲学与非传统哲学的比较研究，就属于这种"对立性的比较研究"。这种"对立性的比较研究"属于"不完全的可比性"研究的一个特殊方面，它是"比较研究"的一种特殊形式。一般说来，属于"完全可比性"研究或某些属于"不完全可比性"研究的比较分析都可以是"正比性"研究，但这种"对立性的比较研究"却不是"正比性"研究，事实上，它是一种"反比性"研究。当然，这种"反比性"研究，也仍是比较哲学研究的一个重要方面。

进行这种"对立性"或"反比性"研究的关键，当然就在于明确其"反比"的性质，也就是应明确这种比较研究的性质、意义或基点完全在于比较双方的"对立性"以及基于"对立性"的各种差别，而不应牵强附会甚至违背事实去"寻找"、"论证"双方的"共同本质"或"契合之点"。实际上，如舍弃或忽视对比较各方关系的"对立性"的认识与阐释，这种"比较研究"也会失去比较研究的依据与意义。

第三，具有"不可比性"，亦即不具有"可比性"的研究，可称为"不可比性"研究。这种"不可比性"研究缺乏明确或明显的"对比性"，甚至也缺乏明确的"对立性"或"反比性"，因而就不具有比较研究的合理依据与实际意义。

从逻辑上说，在前面两种研究即"完全的可比性"研究与"不完全的可比性"研究之外的一切研究，都应属于这种"不可比性"研究。而从实际说来，有些比较研究初看起来是"可比性"研究，但因"可比性"不足，实际上就会变为这种"不可比性"研究。而且，我们设想的任何一种随意的、自由想象的联系也会形成这种"不可比性"研究，如我们设想把任意两位在各方面都"相距甚远"的哲学家放到一起作"比较研究"，那在很大程度上就会形成这种"不可比性"研究。然而，这只是问题的一个方面。另一方面，从比较研究的开放性或思想探索的全部可能性说来，甚至某些"不可比性"研究也完全可能转化为"不完全的可比性"研究乃至"完全的可比性"研究。当然，能否实现这种转化，还要看比较研究中的具体情况。这就是说，上述三种"可比性"层次或比较研究的形式，也是既相区别、又相联系的。

## （三）比较哲学研究是哲学研究的前沿领域

由于哲学的比较研究涉及到众多的矛盾关系与广泛的研究领域，因而比较研究就常常会提出许多深入而具有开放性的问题。也因此，这种比较研究也就往往成为哲学研究的前沿，也往往引领哲学研究上的突破与创新。一位美国学者在其《中西比较哲学》一文中指出："比较哲学是健康、敏锐地从事哲学的一种策略。比较哲学是面对困难问题的一个好策略，因为它有利于全面思考这些问题所涵盖的源远流长、令人敬畏的复杂思想。"① 事实上，哲学上研究的重大成果，也像在科学上研究的重大成果一样，往往是在跨学科或跨专业的横向研究、交叉研究或比较研究中取得的。从亚里士多德到黑格尔，西方哲学史上那些众多的哲学大师之所以成为哲学大师，他们又之所以成为耸立于哲学广阔原野上的一座座高峰，也完全取决于这些哲学大师具有一种对哲学进行综合研究或比较研究的视域与方法。

与一般哲学研究相比，比较哲学研究具有更多的"主动性"、"自主性"，它能帮助我们跳出许多学科壁垒与既定认识而在横向和纵向两方面做出新的分析与综合，进而获得新的认识。但也正因其涉猎领域之广泛以及面对问题之复杂，这一研究领域就充满艰难而令人却步，而且，从事比较研究者又常常会显露出某些"失误"或"弊病"。然而，即使这样，人们开展各种比较哲学研究的兴趣也从未减弱，特别是一百多年以来，中西哲学的比较研究持久不衰，并在事实上推进了人们对哲学多方面问题的认识，更推进了中西哲学之间的对话与交流。由此，中西哲学的比较研究也就成为比较哲学研究乃至整个哲学研究的前沿领域。下面，我们就对中西哲学的"同异"关系与"世界哲学"的概念做出比较性分析。

## 三　中西哲学的"同异"关系与"世界哲学"的概念

上面我们已对"比较哲学"的概念及意义做了初步阐释。事实上，"比较哲学"也有狭义和广义两种含义。在广义上，"比较哲学"是指对任何不同的哲学学说或哲学家进行比较分析，在此意义上，任何一种哲学研究都具有一定比较哲学的意义。但在狭义上，"比较哲学"则是指对具有不同历史文化背景的哲学或哲学家进行比较分析，例如对中西哲学进行比较研究。在此意义上，比较哲学就成为一种专门连接不同文化背景中的哲学研究的中介或桥梁。实际上，人们也常常是在此种狭义的意义上使用比较哲学的概念及方法。下面，我们也着重从这一狭义的比较哲学的概念出发，对中西哲学的同异关系做出一些

---

① 〔美〕黄百哲：《中西比较哲学》，见余纪元、张志伟主编《哲学》，中国人民大学出版社，2008，第 543 页。

基本的比较研究。

## (一) 中西哲学的"同异"关系

笔者认为，中西哲学作为"传统哲学"的两大形态具有"既相同又相异"的一般辩证关系，而这种辩证关系又可概括为四句话，即"同源异流，同质异形，殊途同归，中西合璧"。

所谓"同源异流"是讲在起源方面，中西哲学具有"同源性"，即二者都同样起源于"形而上学"的探索；而"异流"是指中西哲学的分化，即中西哲学形成了哲学演进与发展的两条河流、两种路径（可以说就是"知识论"与"人生论"的两种路径）。

所谓"同质异形"是讲中西哲学在本质上具有"同质性"，"同质"就是中西哲学所具有的哲学的共性、共同的思想本质或本质特征，譬如共同具有传统哲学"人性论"的思想基础与"人道主义"的价值观等；而"异形"则是指中西哲学具有不同的发展形式与历史特点。

所谓"殊途同归"是讲中西哲学发展的历史过程，"殊途"是指历史演进的过程表现为不同轨迹；而"同归"则是指发展趋势。中西哲学必然在充分发展了自身的思想特质（经历"殊途"）之后而"同归"即复归于哲学的共通的本质层面，从而实现双方自觉的互异互补。因为中西哲学之间本来就具有"同源"、"同质"的共同本性，因而在经历"异流"、"异形"的发展历程之后，中西哲学发展与演变就必然呈现"殊途同归"的趋势。

所谓"中西合璧"是讲发展的最终结果，"中西合璧"是中西哲学发展的必然结局。当然，这一可能的结果同时也是一种发展前景，就是说中西哲学在经历了长期的历史演进过程之后，必然进入真正汇合与融合的阶段，必然在"殊途同归"的趋势中走向"中西合璧"的最终结局。

中西哲学达至"合璧"的结果，也就意味着形成一种新的哲学形态。这种新的哲学形态，作为一种综合创新的哲学认识成果，也必然是一种具有整体性、全面性的高度发展的哲学形态，那将是一种具有世界整体意义的哲学形态。那时，哲学就将走出地域性的局限与民族性的分化而形成并表现为某种具有综合创新意义的"世界哲学"。

## (二) "世界哲学"的概念及意义

"世界哲学"的概念是一个只有在比较哲学研究中才具有真正意义的概念，其主要含义是指在中西方哲学等多种哲学形态的互异互补与融会贯通中所形成的兼有中西哲学的传统优势而又具有综合创新意义，同时也具有整体结构与时代特征的作为未来人类"形而上学"的哲学形态。

要形成"世界哲学"的宏大体系，当然必须吸收、囊括各种显著而优秀的地域性哲学形态发展的成果，然而，中西哲学无疑是这一世界哲学体系的基本框架与主要来源。这是因为，西方哲学作为一种严格意义上的哲学学科，在人类的哲学史上具有典范意义，而中国哲学作为一种具有独特意义的广博的哲学学说，在人类哲学史上，在与西方哲学相对应的意义上，也同样具有典范意义。因此，中西哲学的这种"互异互补"的辩证关系，就构成了迄今为止"哲学"发展的（既作为学科发展也作为学说发展的）本质内容及其逻辑演变的根本特征。因此，"世界哲学"的形成，在很大程度上就取决于中西哲学这种互异互补、融会贯通的发展前景，一旦我们世界的东西双方的人类在思维方式上进而也在文化观念上形成了某种会通与综合的趋势及结果时，我们今天所说的"世界哲学"也就会应运而生。

目前，"世界哲学"的形成还只是一种哲学发展的前景，还需要一个漫长的发展过程才会变成现实。人们在最近一个历史时期里所需要并且能够做到的，也还只是（或主要是）认识中西哲学的差异，并在认识双方"互异"的基础上明确"互补"的方向，同时不断推进中西哲学在各个认识领域的比较研究与交流对话。在历史上，哲学一向是具有浓厚地域性与民族性的意识形态，而哲学在今后一个长时期内的发展也仍然会受到一定地域、一定民族的诸多因素如语言、文化、经济、科技、政治等多方面因素的影响和制约。因此，哲学的发展，在一定时期内，也会仍然具有较大的地域性与民族性，而中西哲学的历史性差异也不会在一个短时期内消失，这种消失也将是一个自然过程，人们也只有在坚持中西哲学乃至世界各民族哲学的互异互补中才能逐步走向具有综合创新意义的整体性的世界哲学。

然而，对于我们的研究来说，更具有重要意义或本质意义的是，我们通过对中西哲学辩证关系及其历史演变的比较研究，是能够确信一种"世界哲学"形态的生成与来临的。"世界哲学"形态的出现具有必然性，而这种必然性就在于哲学本身的本质及其矛盾演变的逻辑。就是说，哲学作为一个整体，在历史上的分化既形成了中西哲学的不同含义及其历史差异，而哲学在将来的发展中，也就必然扬弃这种历史性差异而实现自身的统一。哲学，作为"形而上学"之神，在世界范围内的发展，也是一个辩证、超验而超常的过程，哲学由某种原始的综合统一而演进到高度分化，再由高度分化而演进到新的综合与创新，就势必成为这一发展过程的基本趋向。

因此，从事比较哲学研究，就不能不具有哲学是一种"世界哲学"的整体意识，也不能不具有哲学作为这样一种整体的"世界哲学"而矛盾演变的历史观念。笔者认为，这种意识与观念就应当形成我们今日从事中西哲学比较研究的开阔视域。

下面，就让我们来分析一下中西哲学历史性差异形成的原因或深刻根源。

## 第二节　对中西哲学差异的本质说明

### 一　研究中西哲学差异的原则

#### （一）以内在差异解析外在对立

对于中西哲学的差异问题，乃至对于"中国哲学合法性"问题，人们也是议论不休而莫衷一是。可以说，人们对中西哲学差异的认识，在很大程度上，还是停留于某种外在的"对照性"研究而不是做哲学的内在的比较研究。人们以为，中西哲学的差异，就是中国哲学与西方哲学的外在差别，或者说是两种哲学形态的外在区别。殊不知，这种差别，即使视为两种哲学形态的外在差别，也无不具有哲学本身的内在根源，那不过是哲学本身的一种"差别的内在的发生"，是哲学作为"单一的东西的分裂为二的过程或树立对立面的双重化过程"。①

也就是说，即使中西哲学的那种外在差别，那种表层的历史特点的对应性，如西方哲学重自然、重分析，中国哲学重人生、重综合等等，也都不过是哲学本身发展的"内在差别"的外在表现。如果我们对中西哲学的比较研究只停留或局限于外在特点的对照，那么，我们就很难深入认识中西哲学差异的本质内涵。因此，我们的研究思路就应该反转过来，我们不能以外在差异来解释内在差别，而应该以哲学本身的内在矛盾来解释中西哲学的外在差别。由此，我们才能深入认识中西哲学的历史差别，同时也能深入认识哲学的矛盾本质及其演变逻辑。以上这一认识，就权当是我们在这里进行中西哲学比较研究的第一个基本原则吧！

#### （二）以整体解释部分而不能以部分解释部分或整体

第二个原则应是，我们对中西哲学差异的理解，也应是从哲学的整体出

---

① 〔德〕黑格尔：《精神现象学》上卷，贺麟、王玖兴译，商务印书馆，1979，第11页。

发，以整体来理解、解释部分，而不能从部分出发，进而以部分来理解与解释部分乃至整体。以中西哲学为例，就不应以中国哲学来理解与解释西方哲学，也不应以西方哲学来理解与解释中国哲学，或者以其中一种哲学形态来理解哲学的整体，因为哲学的整体乃是中西哲学等哲学形态的综合。

我们知道，长期以来，这种以部分解释部分或整体的做法，在国内外的哲学研究或比较哲学研究中，都是一种比较流行的做法。然而，在本质上，哲学发展是一个整体，作为整体的哲学发展就具有某种综合的不可分割的性质。就中西方哲学来说，我们也应当将双方都视为一种具有世界性的整体哲学发展的特定部分，也只有这样，中西哲学之间的辩证关系或矛盾性质才能全面、深入地体现出来。这也正如当代美国比较哲学研究学者阿奇·巴姆所说："比较哲学家肯定或迟或早面临把所有文明的哲学视为一个整体的问题，无论这是诱惑还是挑战。"[1]

由于哲学发展在本质上具有整体性，因此，"哲学"本身在本质上也就势必成为一种带有综合性的"比较哲学"，而人们所从事的"哲学研究"在本质上也就势必成为一种"比较哲学研究"。这就是说，任何真正深入到哲学本质的哲学研究，也就会成为一种以一定形式展开的具有综合整体性的比较哲学研究。

### （三）以矛盾分析解析多种关系

在哲学研究中，我们会时常面临或面对多种关系，一个基本原则就是，应以矛盾分析来解释或解析这多种关系，以便使其得到深入的理解和说明。

事实上，由于"哲学"在本质上具有矛盾含义与性质，因此，人们的哲学研究也就离不开对这些矛盾性质及其矛盾关系进行综合性比较分析。也因此，哲学研究在本质上也就成为以对哲学的矛盾性质的认识来解说或解释哲学上多种关系的过程。也因此，哲学研究也就具有以辩证方法分析与比较多重矛盾关系的比较研究的性质。这一认识，也就是我们进行中西哲学比较研究的第三个原则。

总起来说，我们进行中西哲学的比较研究，应该注重坚持"以内在差别解析外在对立"、"以整体解析部分"并"以矛盾分析解析多种关系"的三个原则。

---

[1] 〔美〕A. J. 巴姆：《比较哲学与比较宗教》，江苏省社会科学院哲学研究所编译，四川人民出版社，1996，第10页。

## 二 中西哲学的根本差异："学科"与"学说"的区别

### （一）解析中西哲学差异的一个新思路

中西哲学的差异体现了哲学作为一个整体所具有的内在差异或内在矛盾，而哲学的一个基本矛盾，就是在其发展过程中形成了学科与学说的分化与区别。笔者认为，哲学具有"狭义"和"广义"两种含义，同时也相应具有"学科"与"学说"两种形态，而这两种含义或两种形态，又完全通过中西哲学的历史差异体现出来。因此，以哲学的两种含义或两种形态来理解或梳理中西哲学差异，也就成为本书所具有的一个独特的解析中西哲学差异的基本思路与方法。这一思路和方法，贯穿或应用在笔者对许多问题的理解和阐述中，实际上，已形成为本书解析哲学本质、中西哲学历史关系以及哲学演变逻辑的一个基本框架。

我们应当确认，哲学具有狭义和广义两种含义，进而具有学科和学说两种形态。在"狭义"上，哲学是一门具有严格的逻辑思维规则或规律的学科。就此而言，西方哲学即具有哲学发展的典范意义，因为西方哲学主要就是作为一门严格的逻辑思维的学科而形成与发展起来的。但哲学除此狭义含义之外，还具有一种广义的含义。在"广义"上，哲学又是一种有关人与世界关系以及人生本身的价值或意义的反思的学说。就此而言，中国哲学也具有哲学发展的典范意义，因为中国哲学主要就是作为一种广义的有关人生意义或人生境界的学说而形成并发展的。

这就是说，哲学的狭义和广义、学科和学说以及中西哲学差异，即构成我们所理解的哲学本质以及中西哲学关系的三层矛盾关系。这三层矛盾关系是一种纵向递进的关系，我们只有以哲学的狭义和广义理解为基础，才能合理理解与解释哲学的学科与学说，进而也才能合理理解与解释中西哲学的差异。

### （二）哲学的两种含义把中西哲学区别开来

哲学的两种含义或两种形态的区分，是就中西哲学的主要特征而言，因而具有一定相对的意义。然而，相对的意义中也包含绝对的含义，就是说，这种区分，同时也具有一定的绝对性或确定性。在比较中西哲学的意义上，我们也只能说，西方哲学是一种狭义的作为哲学学科的哲学，中国哲学则是一种广义的作为哲学学说的哲学，这样说就完全符合历史事实。但如果反过来说，把西方哲学界定为一种哲学学说，把中国哲学界定为一种哲学学科，那就违背了中西哲学发展的实际过程及其各自的基本特征。

这就是说，本书的这种划分，这种对上述三层矛盾关系的梳理与界定，就为解释中西哲学的差别提供了一个基本理论框架或研究理路。这一研究理路具有辩证的两重性，在对中西哲学的比较研究上，既具有一定相对性，即相对于二者关系或主要特征而言，也具有一定绝对性，即二者关系或特征不可倒换。在这种对相对性与绝对性及多重矛盾关系认识的基础上，我们就完全可以对中西哲学的历史性差异做出本质性解说，即对中西哲学的"既相同、又相异"的复杂矛盾的历史关系做出合理而深入的阐释。

本书所提出的哲学的狭义和广义理解是直接针对哲学的学科与学说含义而言，也就是说，哲学的学科和学说的区别，只能在哲学的狭义和广义上理解。在这里，一个很关键的问题是，我们应避免对哲学的"学科"与"学说"做出超出其本身含义的宽泛理解。一方面，哲学的"学科"含义只能在"狭义"上理解，哲学作为"学科"就意味着哲学是一门严格的具有逻辑规范性与超验性、反思性的理性思维的科学。在此含义上，也只有起源于古希腊的西方哲学才具有哲学的完全的或完备的意义，而中国古代哲学或其他一些民族的哲学则很难说形成了这样一门科学。因此，我们对哲学的"学科"概念就应加以严格的限定。就此而言，我们就不应说，在历史上每个民族都形成了自己的哲学学科（而只能说形成了某种哲学学说，或形成了具有一定哲学含义的古代学术思想）。如果对此采取一种宽泛的解说或认识，就势必会混同不同哲学形态的不同特征，并忽视古希腊哲学所特有的历史意义。

同时，哲学也具有广义的"学说"含义，哲学作为一种广义的"学说"，是指哲学又是一种对人与世界关系及其人生价值与意义进行超验与反思性认识的学问。当然，即使是这种"广义"的哲学，也同样具有超验与反思的形而上学的本性，而具有这种本性或特性的哲学也完全不同于我国一般所说的"世界观"、"人生观"乃至"科学"，因为后者还只是一种经验与实证认识层面上的理论认识，还不同于哲学这一超验与思辨认识层面上的理论认识。

诚然，中国古代哲学具有这种广义的作为哲学"学说"的性质，但中国古代哲学也仍具有一定思辨的或反思的特性而并非就是那种经验性的"世界观"或"人生观"。因此，我们对哲学"学说"的概念也应同样加以严格的界定，以便把作为"学说"的"哲学"也同一般"世界观"或"人生观"区别开来。

在这里，关键的问题是要明确"哲学"的特定含义，无论是"狭义"的哲学，还是"广义"的哲学，都具有其特定的含义或意义，也都具有作为

"哲学"同其他思想形式或意识形态区别开来的重要特征。有鉴于此，我们就不应笼统地说，中国历史上的一些学说或典籍就是"哲学"或"哲学学说"，也不应笼统地说"中国古代学术"就是"中国古代哲学"。而只应说，前者包含后者，而后者则构成前者的核心内涵。国内有关论著认为："从整体上讲哲学作为一门理论学科并没有在中国古代出现过，中国古代那些关注人生价值的儒、道、释学说不是严格意义上的哲学。"① 这里所说的"严格意义上的哲学"即指哲学作为一门"学科"的意义。在这一"严格"意义或含义上，我们也不应笼统地说，在历史上，每一民族都会形成自己的哲学学说。断定一个民族是否形成了某种哲学"学说"或"学科"，都应进行具体分析。

在与西方哲学具有"学科"意义相对的意义上，中国古代哲学就确实具有哲学"学说"的典型意义。因而，在与西方哲学的严格"学科"含义相对应的意义上，我们就理应将中国古代哲学界定为一种广义的哲学"学说"。然而，这种"广义"的含义或意义也仅是与西方哲学比较而言，而就其作为哲学"学说"本身的意义而言，这一"广义"也同样具有其确定含义，也是不应做过于宽泛的理解的。对"哲学学说"做过于宽泛的理解，显然也会曲解"中国古代哲学"所特有的理论意义与历史意义。

除了对哲学的认识可能产生不同理路之外，在中西历史文化的不同背景下，人们对哲学认识的方式或角度也会产生差别。一般说来，西方人对"哲学"的认识较少具有主观性而较多具有客观性，相反，中国人对"哲学"的认识则表现出较多主观性、较少客观性。

这是因为，对于西方人来说，"哲学"更多的是其文化环境所内在具有的一种认知形式或观念形态。也就是说，哲学是西方文化中所内在固有的一种精神，一种历史传统。而对于中国人来说，"哲学"则具有一定陌生性，因为在我国文化传统中，本无"哲学"概念和其学科的发展。对于中国人来说，更熟悉的东西是"学术"、"学问"，这就是一种很宽泛的认识形式。也因此，中国人认识"哲学"就更习惯于"构想"、"规划"哲学而不是"解释"、"描述"哲学，也更习惯于"定义"哲学而不是"诠释"哲学。

我国历史上缺乏"哲学"作为一门严格学科的概念，也缺乏一种严格的"哲学"思维的意识或理性批判的传统。也因此，我们在对哲学的认识上就容易出现较多的道德成分而忽视哲学思维的客观法则或理性批判的规则。这一局限，尤其需要我们在研讨哲学本质及有关问题时注意。

---

① 方朝晖：《思辨之神：西方哲学思潮选讲》，复旦大学出版社，2007，第56页。

### （三）中西哲学的差异是哲学的内在差异

在认识中西哲学的差异时，关键的问题是，我们应将这种差异，视为哲学发展的内在差别而不应视为中西哲学之间的某种单纯的外在对立。从本质上看，中西哲学的历史性差异，也只是哲学发展的内在差别的某种外在表现，这种差异是由全部哲学发展的内在矛盾及其历史演变所决定的。

哲学具有矛盾的两重本性，一方面，哲学具有某种"科学性"，即哲学发展总是关注于"科学"认识并倾向于形成某种科学的学科体系。哲学的这种"科学性"特征在西方哲学的发展中得到充分体现，从一定意义上说，西方哲学（作为哲学"学科"的发展）也正是某种科学性的哲学的发展。另一方面，哲学又具有某种"人学性"，即哲学发展又总是关注于"人学"问题亦即人生意义与价值问题，因而又倾向于形成某种人学的学说体系。哲学的这种"人学性"的特征在中国古代哲学的发展中得到充分体现，从一定意义上说，中国古代哲学（作为哲学"学说"的发展）也正是某种人学性的哲学的发展。

哲学在漫长的历史发展中总是具有"科学性"和"人学性"这两重矛盾本性，进而形成中西哲学的重大差异。当然，西方哲学也并非不具有"人学性"，但比较说来却以"科学性"为主要特征或主导原则。相反，中国哲学则明显缺乏"科学性"传统而长期以"人学性"为主要特征或主导原则。因此，总的说来，哲学本身的这两重矛盾也正是把中西哲学区别开来的内在根据，同时也构成中西哲学作为"学科"与"学说"而发展的深层原因。同时，中西哲学的历史性差异既然根源于哲学本身"科学性"与"人学性"或"学科"与"学说"的两重矛盾属性，所以，中西哲学的差别也就最终表现为并可以归结为哲学本身的内在差异，即归结为哲学作为一个整体发展的"单一的东西的分裂为二的过程或树立对立面的双重化过程"。①

就哲学发展的趋势来说，哲学的整体性发展就取决于中西哲学之"人学性"与"科学性"或"学科"与"学说"的互异互补：中国哲学理应加强对哲学的"科学性"认识与认同，而西方哲学则理应加强对哲学的"人学性"的认识与认同。换言之，西方哲学应当学习、借鉴中国古代哲学的"人学性"思想观念与丰富资源，而中国哲学则理当学习、借鉴西方哲学的"科学性"的思想观念与丰富资源。我国有学者已指出："正如科学离不开人学一样，人学也同样离不开科学，而作为无所不包的'大全的学说'的哲学恰恰应体现二者

---

① 〔德〕黑格尔：《精神现象学》上卷，贺麟、王玖兴译，商务印书馆，1979，第11页。

之辩证的结合"。① 事实上，也只有哲学的这两重矛盾本性的辩证统一即"互异互补"，才可望形成人们所期待的某种"世界哲学"。

## 三 对"中国哲学合法性"及中西哲学观念差别的分析

本书所提出的哲学两种含义以及哲学两重本性的观点，也解答或回答了"中国哲学合法性"问题，同时也说明了中西学者何以会具有完全不同或完全相反的哲学观念。

### （一）"中国哲学合法性"问题产生于中西哲学观念的差异

由于哲学本身的矛盾本性及其分化，西方哲学的发展即偏重于科学性，因而西方哲学家对哲学的认识也就主要表现为一种对哲学的科学性理解。在绝大多数西方哲学家看来，哲学就是一门严格的从事理性的逻辑思维的科学。由此，也就形成了一般西方哲学家的哲学观念，即一种"狭义"的严格的哲学"学科"的观念，也因此，在西方哲学家甚至大多数民众看来，任何哲学，如果不具有严格的逻辑思辨的特性，也就不成其为哲学。因此，这一观念也就自然会导致对作为"学说"的中国哲学的否定性认识。由于"中国哲学"并非是一种具有严格的逻辑规定性的学科，因而在西方哲学家看来，"中国哲学"也就不成其为"哲学"，由此也就产生了"中国哲学合法性"亦即"中国哲学"是否"合法"的问题。

昔日黑格尔对孔子学说的评判，就完全是以西方哲学的这种"学科"理念作为评判标准的。在《哲学史讲演录》这部充溢着丰富历史内容的哲学史巨著中，黑格尔虽然也列出"东方哲学"与"中国哲学"的题目，但对其"哲学"本质却并不认可。他在评价"中国哲学"或孔子时写道："关于中国哲学首先要注意的是在基督降生五百年前的孔子的教训。孔子的教训在莱布尼茨的时代曾轰动一时。它是一种道德哲学。"他又接着写道："孔子只是一个实际的世间智者，在他那里思辨的哲学是一点也没有的——只有一些善良的、老练的、道德的教训，从里面我们不能获得什么特殊的东西。"②

显然，在黑格尔那里，"道德哲学"和"思辨哲学"是有很大区别的，

---

① 张再林：《中西哲学的歧异与会通》，人民出版社，2004，第97页。
② 〔德〕黑格尔：《哲学史讲演录》第1卷，北京大学哲学系外国哲学史教研室译，三联书店，1956，第119页。

"思辨"或"思辨哲学"才是黑格尔对"哲学"的真正理解,而"思辨哲学"也就是黑格尔的全部哲学理念。实际上,这一区别,也就是我们所说的哲学"学科"与哲学"学说"的区别。也正是从这种区别出发,黑格尔也肯定了"孔子的教训"(他有意不使用"孔子哲学"一词)是一种"道德哲学",但同时又在"思辨的哲学"的意义上,完全否定了"孔子哲学",他说在孔子那里"思辨的哲学是一点也没有的"。应该看到,黑格尔对"孔子哲学"或"中国哲学"的认识与评判是具有一定矛盾两重性的,而他对"孔子哲学"的否定态度则是完全以哲学的"学科"理念为标准的。笔者以为,这种区别才是黑格尔评判"中国哲学"思想的实质所在。至于他评述中的那些不敬之语或刻薄之词(如说西塞罗的书比孔子的书"内容丰富",孔子的书如从不翻译过来"倒是更好"等等),也正是基于他的哲学"学科"的观念。

当然,仅就"哲学"的狭义即严格的"学科"意义而言,黑格尔的这种认识或评判就具有"部分真理",但就哲学的广义即就哲学的"学说"意义而言,黑格尔的评判就显得偏颇。从这一事例也可看出,所谓"中国哲学合法性"问题,事实上,也就是中西哲学观念的差异性问题,从根本上说,也就是"哲学"本身发展的矛盾性问题。

## (二)"中国哲学"的"合法性"基于哲学的"学说"意义

如果人们仅从哲学的狭义即"学科"含义出发并以"科学性"为评判标准,那就必然得出否定"中国哲学"的结论,亦即"中国哲学"不具有"合法性"的结论。我们看到,黑格尔对孔子学说的评价也正是以哲学的这种"学科"含义为标准或基点来做出的。然而,如果我们再考虑到哲学尚有"广义"的含义亦即作为哲学"学说"的含义,那么,"中国哲学"也就因其具有这种"广义"的"哲学"含义因而获得"合法性"。这就是说,与西方哲学作为哲学的"学科"发展不同,中国哲学主要是作为一种哲学的"学说"而发展起来的,而作为哲学"学说"而发展的哲学形态当然同样也是"哲学"。也就是说,"哲学"本身的发展就具有"学科"和"学说"的两大形态或形式,而"中国哲学的合法性"也就理应是在哲学的"广义"即"学说"的含义或意义上理解。

据此,我们就可如实地把中国哲学视为并界定为一种探讨有关人与世界关系及人生价值与意义的哲学学说。当然,"广义"的哲学与"狭义"哲学的区别也仅在于发展的形式,而不在于哲学的本质,就哲学具有"形而上学"的本质而言,"广义"和"狭义"哲学之间并无本质区别。这就是说,"广义"的哲学即哲学"学说"也同样含义也同样具有哲学的"形上"本质，因而也就同样获得了作为"哲学"的确定意义。因此，总的说来，"中国哲学"也就获得了"哲学"的或作为"哲学"的"合法性"，同时也成为哲学发展的特定形态。也就是说，中西哲学在发展形态上的差别，即作为哲学"学科"与哲学"学说"发展的历史性差异，并没有从根本上影响中国哲学或西方哲学作为"哲学"的合法性或合理性。

由此，所谓"中国哲学合法性"的问题也就在我们这里得到了明确而辩证的解答，而这一解答也正是以对"哲学"含义的辩证理解为基础的。当然，与西方在历史上已形成具有严格学科意义的哲学不同，在中国毕竟没有形成这种（或这门）哲学学科，而哲学作为一门"学科"的意义又是及其重要的，一门学术只有形成"学科"才能获得存在与发展的巩固基础。因此，中国哲学也就毕竟不具有哲学发展的典范或完全的意义。也因此，"中国哲学合法性"的问题，也就显示出它的特定意义。事实上，这一问题的提出，就体现出中外学者对哲学本身辩证含义的不断辨识与思考。

## （三）中国学者也是从"学说"角度理解哲学的

与西方学者注重从哲学的"狭义"即"学科"角度来认识与界定哲学不同，中国学者则主要是从哲学的"广义"即"学说"角度来认识与界定哲学。例如，冯友兰先生的哲学定义是："哲学是对于人生有系统的反思的思想"。[①]今天，张世英先生也提出："哲学是关于人对世界的态度或人生境界之学"。[②]同时，中国学者一般也习惯于从本国哲学的"学说"特征出发来理解和解说整个哲学，而对"中国哲学合法性"问题也主要是从这种"广义"的"学说"角度来做出论证。

因此，我国学者对中西哲学的比较研究也就常常局限于从"学说"出发来评说中西哲学之间的差异，以为中西哲学的主要差异仅在于哲学"学说"重点之不同。应当承认，由于缺乏对哲学作为一个整体所具有的矛盾含义及内在差别的明确认识，因而我国学者对中国哲学"合法性"的辩护也就一直含糊不清，即一直没能说清中国哲学"合法性"究竟何在或究竟应如何理解。一般说来，我国老一代学者对"哲学"的理解与认识是相当"中国化"的，"哲学"常常被宽泛地理解为一种有关人生智慧与人生境界的学问，进而认为"儒、

---

① 冯友兰：《中国哲学简史》，北京大学出版社，1985，第388页。
② 张世英：《哲学导论》，北京大学出版社，2002，第7页。

道、释"或"先秦诸子之学"都是"哲学"。应该说，对哲学做出"狭义"之外的"广义"理解也并无不可（本书就做出了"两种含义"的理解），但问题在于，我国学者对哲学的理解过于宽泛，而且在尚未分清哲学"学科"与"学说"区别的情况下，就贸然认为中西哲学都是关注人生境界与智慧的学问，进而就在这种"学说"层面展开对中西哲学的比较研究。这种做法，固然可以为"中国哲学合法性"做出辩护，但毕竟不能全面认识哲学本身的本质特征以及中西哲学差别的深层根源。

当然，中西哲学作为"学科"与"学说"的差异，既然是一种根本性差异，也就表现并贯穿在中西哲学发展的各个方面。人们一般所说中国哲学和西方哲学的许多"特点"，如西方哲学重自然、知识，中国哲学重人生、道德，西方哲学重分析、推理，中国哲学重综合、直觉，西方哲学重理论，中国哲学重实用等特点，或如张岱年先生所提出的中国哲学"合知行"、"一天人"、"同真善"、"重人生而不重知论"、"重了悟而不重论证"、"既非依附科学亦不依附宗教"① 等六个特色，实际上，也都无一不是中西哲学内在的根本差异（即"学科"与"学说"或"科学性"与"人学性"差异）的某些外在表现。

从本质上说，中西哲学的根本差异，就是作为"学科"与"学说"的差异，而其他差异、特点也都是根源于并从属于这一根本差异的。由于具有"学科"和"学说"的不同含义及其意义，中西哲学在"本体论"、"认识论"、"价值论"等各方面或各领域都体现出一些重大差别。本章第三节就会对中西哲学"本体论"的差别做出探讨，这一差别无疑是中西哲学差异的一个突出表现。

## 四　"互异互补"是中西哲学辩证关系的实质

综上所述，中西哲学确实具有"既相同、又相异"的矛盾关系，"既相同"是指二者具有作为"传统哲学"的"共同本质"，"又相异"是指二者又具有譬如"学科"与"学说"的根本差别。

为明确中西哲学的这种辩证关系，笔者认为，我们可以将西方哲学界定为哲学发展的"典型形态"，而把中国哲学界定为哲学发展的"非典型形态"。这种界定，既把二者区别开来，又把二者联系起来，并且也大致反映出二者在"学科"与"学说"区别上的意义。一方面，"典型形态"和"非典型形态"都是哲学发展的"形态"，都是"哲学"，这是二者的"共性"；而另一方面，

① 张岱年：《中国哲学大纲》，中国社会科学出版社，1982，第5~9页。

二者又具有不同特征和意义，即具有"典型"和"非典型"的区别，这又是二者的"个性"。

还应看到，中西哲学双方虽有"学科"与"学说"的差异，但并无高低之别或优劣之分。这就是说，主要作为"学科"发展的西方哲学并不比主要作为"学说"发展的中国哲学更加高明或更为深刻，反之，主要作为"学说"发展的中国哲学也并不比主要作为"学科"发展的西方哲学更加高明或更为深刻。应该看到，中西哲学各自所具有的特点，对于各自说来也都同时既是优点又是缺点，如中国哲学之"学说"特点虽有广博之境界却缺乏逻辑上的严密规范而有失宽泛，而西方哲学之"学科"特点虽有严密逻辑规范但又缺乏广博与高远的人生境界而有失狭隘。因此，"学科型"哲学的缺陷就理应由"学说型"哲学的优点来弥补，反之，"学说型"哲学的缺陷也理应由"学科型"哲学的优点来矫正。就此而言，中西哲学矛盾的辩证关系的实质就只能是"互异互补"，中西哲学也只能在"互异互补"亦即相互"取长补短"中才能得到发展。

总之，"互异互补"才是中西哲学辩证关系的实质。而就"互异"与"互补"的关系说来，"互异"是"互补"的前提，只有"互异"的东西才谈得上"互补"，而"互补"则是"互异"的结果，也只有在"互补"的角度"互异"才体现出真正的差异而趋向结合。因此，在未来的发展中，中西哲学也只有在"互异"的基础上才会产生"互补"的需求与动力，并在"互异"中走向"互补"。

当然，中西哲学的历史性差异也不可能在一个短时期内消除，这种差异将在一个相当长的历史时期内存在。因此，中西哲学在互异基础上互补，在互补基础上实现会通与融合，就必将成为世界范围内哲学发展的大趋势。同时，"互异互补"的辩证矛盾也不仅将构成中西哲学演变的历史逻辑，而且也将成为中西哲学乃至未来世界哲学亦即"未来形而上学"取得突破而重获新生的必由之路。

## 第三节　中西哲学"本体论"的不同含义与特征

中西哲学作为"学科"与"学说"的上述根本差异又主要表现为中西哲学"本体论"具有不同含义与特征。虽然"本体论"概念及其相关理论已然成为我国哲学界的一个耳熟能详的最普遍、最流行的概念与理论，然而，在我国哲学语境或哲学观念中的"本体论"，与"本体论"在西方语境或观念中的本来含义或意义却存在很大差别。事实上，中西哲学的"本体论"也体现出哲学作为"学科"与作为"学说"的重大差别，对于这种差别及其在多方面所形成的影响，我们也理应有一个清晰的认识。

简要地说，"本体论"（ontology）在西方哲学中就是作为一门严格的有关逻辑思维的学科而形成并发展起来的，而中国哲学中的"本体论"则是作为一种广义的探讨世界本原的学说而形成并发展起来。因此，中西哲学"本体论"所具有的这种不同含义与不同特征，也就进一步体现出中西哲学作为哲学的"学科"与"学说"发展的重大差异。

当然，关于"本体论"的性质以及"本体论"是否为中西哲学所共有，在我国学术界也一直存在着不同认识。有一些学者基于对"本体论"的严格理解，把"本体论"视为并界定为西方哲学所特有的一门逻辑思维的学科，因而对中国哲学也存在"本体论"提出质疑。例如，有的学者提出："有无本体论是中西哲学最根本的差别，在这一点上是一定要搞清楚的"，"在中国古代哲学中是找不到本体论的"。①　然而，国内大多数学者特别是老一代学者基于对"本体论"概念的较宽泛理解，把"本体论"理解或解说为某种类似中国古代哲学"本根论"或"本原论"的学说，因而主张中国古代也存在"本体论"。

笔者认为，要断定中国哲学是否存在"本体论"，首先就应确定"本体论"具有何种含义。在笔者看来，"本体论"概念延续至今已具有"狭义"和"广义"两种含义（这一情况和"哲学"概念延续至今已具有"狭义"和"广义"两种含义是一样并一致的）。因此，我们解决有关"本体论"的争议也应从这一区别入手。

在"狭义"上，"本体论"确实是指一门严格的逻辑思维的学科，而西方"本体论"就是这种严格意义上的"本体论"，而在这种严格意义上，中国古代哲学确无"本体论"。然而，"本体论"也还具有"广义"的含义。在"广义"上，"本体论"又被人们理解为一种探讨世界本原、本体的哲学学说，而这种理解虽然已经超出了"本体论"在西方的严格意义，但并未形成"反义"（像本书前述人们对"形而上学"概念的理解就是形成"反义"而不是"转义"）。因此，这种"广义"的理解也就未尝不可。当然，在"本体论"概念的这种"广义"的含义或意义上，中国哲学也就存在"本体论"。

这就是说，对"本体论"的认识也应做出辩证分析。西方哲学的"本体论"是一门严格的逻辑思维的学科，而中国哲学的"本体论"则是一种广泛

---

① 俞宣孟：《本体论研究》，上海人民出版社，2005，第121页。

的探讨世界本原的学说。因此，在这里，把中西哲学区别开来的就不是双方是否具有"本体论"的问题，而是双方具有何种形态的"本体论"问题。

当然，即使这样，中国哲学也仍不具有作为严格"学科"而存在的"本体论"，正如中国哲学（作为"学说"）也仍不具有作为严格"学科"而发展的"哲学"一样。这就是说，是否具有作为"学科"而发展的"本体论"才是中西哲学的根本差别。

可以认为，也正是这一差别，即"本体论"作为"学科"与作为"学说"的差别，才最终把中国哲学和西方哲学区别开来。换言之，把中西哲学最终区别开来的也还是本书所提出并一再强调的中西哲学所具有的作为哲学"学科"与哲学"学说"的差别。

我们的这一认识也符合中西哲学发展的历史情况。产生于西方的"本体论"也确实不是一般的哲学学说，而是一门严格的具有特定逻辑规定性的哲学学科，而在西方作为"学科"发展起来的哲学也正是以"本体论"为核心内容与根本形式的。而中国古代哲学也确实不具有这种具有严格"学科"意义的"本体论"，但中国古代哲学又确实形成和发展了具有广泛意义的探讨世界本原或本体的理论学说，在与"学科"相对应的意义上，我们将这种理论学说界定为"哲学"或"本体论"的"学说"也未尝不可，这样做也是合乎逻辑和历史的。

下面，就让我们对中西哲学"本体论"的不同含义与特征做出更深入的探讨与阐释。

## 一 西方"本体论"是一门严格的逻辑思维的学科

事实上，西方哲学作为"学科"而发展的主要特征，首先就体现为其"本体论"具有一门严格"学科"的性质与意义，而西方哲学自产生以来就以"本体论"为核心与支柱，"本体论"作为一门学科的发展也构成了西方哲学发展的主要内容。

那么，西方哲学何以会形成"本体论"的严格学科（而中国哲学又何以没有形成"本体论"的严格学科）呢？

### （一）西方形成"本体论"学科的原因

在西方，"本体论"（ontology）作为哲学发展的基本形式，其根本特征也正在于具有严格的进行纯粹思辨的逻辑规定性。在西方，"本体论"也并非如我们中国人所一般理解的那样只是一种关于世界"本原"、"本体"或"存在"性质与发展规律的学说，而是一种依靠逻辑推演来建构纯粹思辨的概念的理论体系的学科。黑格尔也曾指出："形而上学的第一部分是本体论，即关于本质的抽象规定的学说。"他还强调，这种研究必须"考虑到这些规定自在自为的真理性和必然性。"① 正因为具有这种严格的逻辑思维的规定性与规范性，西方"本体论"在性质上也就更倾向于是一门严格的哲学学科。

事实上，要形成这样一门逻辑思维的学科，就必须拥有丰厚的逻辑思维的土壤。在这里，理性思维、逻辑论辩以及相应的语言发展都是形成这门学科的必要条件。当然，要发展起这些要素，一种求知的热情乃至自由探索的精神，以至某种民主的政治环境和优越的自然环境，都会成为必要的基本前提。可以说，哪一民族具有这些条件或动力，哪一民族也就完全可能产生某种具有严格意义的"哲学"或"本体论"。

我们看到，古希腊民族就具备了这些得天独厚的条件。在所谓"大希腊"地域，即希腊本土、南意大利和伊奥尼亚地区，在公元前6世纪即产生了最早的哲学乃至本体论。在伊奥尼亚地区，产生了古希腊的第一个学派即米利都学派。从米利都学派探索"本原"，到其后巴门尼德探讨"存在"，再到亚里士多德在前人认识基础上提出研究"本体"的思想，在这大约二百多年的发展中，古希腊哲学基本上就是沿着形成"本体论"学科的路径行进。到亚里士多德那里，"本体论"作为学科就基本形成了。

亚里士多德之所以能成为西方"本体论"学科的奠基人，也有赖于他所具有的有力的外在条件和内在条件。从外在条件来看，亚里士多德的前人或前辈已提出许多可贵思想，如巴门尼德的"存在论"、苏格拉底的"概念论"和柏拉图的"理念论"，都已具有"本体论"的基本认识特征，即借助概念进行抽象的逻辑思维或推理论证的特征，这就为本体论的产生提供了丰富的思想资源。而从内在条件来说，亚里士多德本人又是一个极善综合、吸收与比较研究的学者，可以说，在希腊哲学的发展进程中，他是一个集大成者。而且，亚里士多德又是一位具有强烈学术探索精神与自由思想的学者，他提出"求知是人类的本性"，"吾爱吾师，吾更爱真理"，他把"哲学"认作"唯一的自由学术而深加探索"，进而明确提出哲学的研究对象就是"有"本身。并且，亚里士多德又是第一位对方法论做出全面、深入研究的学者，他是"逻辑学"这门有关理性思维的方法、形式与规则的学科的创立人。凡此种种，都促使亚里士多

---

① 〔德〕黑格尔：《小逻辑》，贺麟译，商务印书馆，1980，第102页。

德最终创立了作为西方哲学支柱的"本体论"。

不难看出，亚里士多德提倡的这种"求知"精神也就是"理性"精神，而这也正是哲学的本质精神，是哲学产生的深刻思想根源与精神动力。这种"求知"或"理性"精神和西方哲学作为"学科"的形成之间具有一种本质的内在联系，正是在这一"理性"精神（亦即人类的一种"原精神"）的持续推动与影响下，哲学在古希腊才最终作为一门关于纯粹理性思辨的本体论的学科而形成并发展起来。

对此，亚里士多德本人也有清醒的意识。他说："既然人们研究哲学是为了摆脱无知，那就很明显，人们追求智慧是为了求知，并不是为了实用。"所以，哲学"它是唯一的一门自由的学问，因为它只是为了它自己而存在。"①亚里士多德这些学术思想对后世产生了深刻影响，在西方，哲学自产生之日起就是作为一种"求知"的理性思维的"学科"或"科学"而发展的，甚至在中世纪基督教哲学那里这一特征也并未真正改变，只是"理性"和"信仰"汇合为一而共同超越了"实用"的目的。

不难看出，西方哲学或文化的这一"学以致知"的"理性"精神，和我国古代学术或文化的"学以致用"的"务实"精神之间，是存在很大差别的。如果说，"学以致用"的精神直接推动了中国古代产生出高度发达的科学技术，那么，"学以致知"的精神就在西方直接促进了抽象的哲学学科的产生。而从"哲学"或"本体论"作为一门学科的角度来说，哲学的确完全属于古希腊人的创造，希腊人堪称哲学的民族。

### （二）西方"本体论"的特征与亚里士多德的贡献

西方本体论的形成与发展和亚里士多德的贡献是分不开的。如前所述，"本体论"的基本特征就在于具有严格的纯粹思辨的逻辑规定性，而要使这样一门学科产生，除前述各种条件之外，还需要人们具有一种明确的"学科"意识，即能够意识到哲学是一门特殊的学科从而和其他学科或科学部类区别开来。此外，也需要人们能明确认识哲学作为一门学科的研究对象、研究方法及其特有的范畴体系。唯有解决这些问题，哲学才可能作为一门学科而产生。应该说，在苏格拉底和柏拉图等前辈哲学家那里，这些认识还并不明确（或者说还很不明确），正是亚里士多德全面而系统地提出了这些认识，解决了这些相

---

① 北京大学哲学系外国哲学史教研室编译《西方哲学原著选读》上卷，商务印书馆，1981，第119页。

关问题，从而才促使本体论最终成为一门独立的特殊的学科。

笔者认为，亚里士多德对创建"哲学"或"本体论"学科的重要贡献主要表现在下述方面：

1. 亚里士多德第一次明确提出科学分类的思想并把哲学作为一门思维的科学而和其他具体科学区别开来。

亚里士多德明确指出，"哲学"是研究"有"本身的一门科学，而其他科学则是研究"有"的某些特殊部分的科学。他说："有一门科学，专门研究'有'本身，以及'有'借自己的本性而具有的那些属性。这门科学跟任何其它的所谓特殊科学不同；因为在各种其他的科学中，没有一种是一般地来讨论'有'本身的"。① 在亚里士多德那里，虽然物理学、数学和哲学还都被称为"理论科学"，但只有"哲学"（即他所说的"第一哲学"）才是研究"最高的'种'"（即"有"本身）的"最高的科学"，② 因而和"数学"、"物理学"是有确定区别的。他说："很显然，对作为'有'而存在的东西进行研究，乃是一门专门科学的任务"，"作为'有'的'有'也有自己的特性，而关于这些特性的真相，乃是哲学家所必需研究的。"③

显然，亚里士多德已经把"哲学"（作为一种"最高的科学"）和"数学"、"物理学"（作为"特殊科学"或"专门的科学"）区别开来，哲学已经完全被视为一门独立的学科而存在。可以说，亚里士多德科学分类思想的实质或要旨就是要把"哲学"和"科学"分离开来，当然，如果没有这一分离，也就没有哲学独立发展的基础与可能。也正像国内学者指出的："亚里士多德对哲学本质的重新定位，其意义无与伦比，因为它提出了哲学这门学科之所以独立存在、不受任何外在其他需要干扰的内在根据，并让人们把哲学当作一种独立的事业来追求，学会从中找到人性的自由。这种自由精神，无疑是西方学术的精神价值基础的一个重要方面。"④ 当然，亚里士多德之所以能提出这一"哲学"定位的思想，其深刻原因又在于他对哲学的形上本质已有了深切体认，他正是站在"形而上学"的高度，确立了"形而上学"的地位。

---

① 北京大学哲学系外国哲学史教研室编译《古希腊罗马哲学》（原著选辑），商务印书馆，1961，第 234 页。

② 北京大学哲学系外国哲学史教研室编译《古希腊罗马哲学》（原著选辑），商务印书馆，1961，第 245 页。

③ 北京大学哲学系外国哲学史教研室编译《古希腊罗马哲学》（原著选辑），商务印书馆，1961，第 236、239 页。

④ 方朝晖：《思辨之神：西方哲学思潮选讲》，复旦大学出版社，2007，第 80 页。

2. 亚里士多德在确定哲学学科的同时，也确定了"本体论"的特定地位。虽然亚里士多德当时并未明确提出"本体论"（ontology）的概念（这一概念是在近代由德国经院学者郭克兰纽首次提出与使用的），但亚里士多德却已提出了"本体之学"①的概念，并确定了后来被称为"本体论"的思想理念或基本理路。可以说，《形而上学》一书为"本体论"奠定了坚实基础，或者说，亚里士多德提出有关"本体论"的思想就标志着"本体论"的诞生。

亚里士多德对哲学"本体论"的历史性贡献主要表现为他确立了"本体论"的研究对象，即研究"有"（being）本身，这也明确了本体论的特殊性质和意义。在古希腊哲学的语境中，"有"本身就是指"有"的纯概念，这也如"美"本身只是指"美"的纯概念、纯理念一样。而各个"有者"、"美者"，都是对"有"本身、"美"本身的摹仿、分有。"有"本身只能靠"有"的纯粹概念来把握，只能靠推论"有"本身的性质和关系来认识。也就是说，"有"的概念已超越感性之"有"并和感性无关，而哲学研究对象就是"有"本身的概念即"纯有"、"纯是"，即作为"是"的"是"。古希腊哲学的传统就是逐步形成了对抽象概念的逻辑论证，从早期哲学到苏格拉底、柏拉图都是如此，而在亚里士多德这里，事实上就确定了哲学的研究对象应是"有"本身（或"是"、"存在"本身）这一最高的、最抽象的概念。这样，"哲学"或"本体论"也就因此而成为一门专门的从事抽象的概念分析与逻辑论证的学科。

"是"（being）作为本体论研究的一个最高的与最根本的纯粹概念，其根本特征在于具有高度抽象的逻辑规定性。"是"本身不表示任何事物，而仅表示一种逻辑关系，如"张三是人"中的"是"，就是"是"本身，它仅表示一种逻辑推理的关系。"是"这个系词作为核心概念，把"张三"（"个别"）和"人"（"一般"）联系起来，借以进行概念、判断的逻辑推论。在这里，对"是"的逻辑推论，也不是推论"是什么"（像人们通常所理解的那样），而是推论"怎样是"、"何以是"，是一种超越"是什么"的问题方式的纯粹超验而普遍的逻辑分析。也只是在这种纯粹概念的逻辑分析中，"是"本身作为最抽象的概念才成为一个最高的核心概念。事实上，在古希腊哲学或西方哲学的语境与意义下，"是"本身就是一个"本体"，或者说，"本体"也就是"是"本身这个最抽象的逻辑概念与最普遍的逻辑关系。

因此，"是"本身的这种逻辑规定性，也就成为哲学思维所要研究与把握的对象，因而也就构成了西方哲学中的"是论"或"本体论"。在西方哲学的严格

---

① 〔古希腊〕亚里士多德：《形而上学》，吴寿彭译，商务印书馆，1959，第41页。

或特定意义上，"本体"其实就是"是"本身，而不是"是什么"的那个"是者"。所以，"本体论"确实也就是"是论"，也就是一种研究"是"的逻辑推理的概念论或逻辑学。国内有学者已着重分析了西方"本体论"作为"是论"的基本性质，指出"所谓'本体论'，其实并不是关于'本体'的学说，而是关于'是'的学说"。① 这一认识，确实深入揭示了西方"本体论"的特性。西方哲学语境下的"本体"概念确实主要表达了一种"是"的逻辑规定性，"本体"首先就是"是"本身，而"本体论"也主要就是一种"是论"。

笔者以为，在这种意义上，"本体论"也可称为"本是论"。亚里士多德提出哲学研究"是本身"即"作为是的是"（being as being），这个"是本身"其实也就是"本是"。所以，在西方哲学语境中，"本体论"实际上也就是"本是论"。在我国翻译和出版的《形而上学》一书中，译者在注解中指明"本体之学出于柏拉图'巴门尼德篇'与亚里士多德'哲学'两书"，译者把亚里士多德思想中的"是"本身（being）或"作为是的是"均译为"是"或"实是"，并指出"故'是'为物之'本体'"。② 应该说，这些注解或解说都是准确的。国内也有学者主张，"being"应译为"实是"③，这也是考虑到"是"本身为"是"的特点。不过，笔者认为，把"being"译为"实是"不如译为"本是"，译为"本是"更符合"作为是的是"的含义即"是本身"的含义。同时，译为"本是"也便于和亚里士多德在《形而上学》中同时提出的"实体"概念明确区别开来（关于亚里士多德"本体论"中存在的"本是"观念和"实体"观念的矛盾，可参见本书第三章第三节有关"本体论"的分析）。

3. 亚里士多德也确立了本体论的研究方法，即他首次明确提出的形式逻辑的推理方法以及辩证逻辑的分析方法。亚里士多德是"形式逻辑"的开创者，但他也同时奠定了"辩证法"即"辩证逻辑"的对概念进行矛盾分析的方法。亚里士多德在探讨哲学基本范畴时，如上述"本体"、"实体"、"实是"以及"原因"、"本原"、"形式"等范畴时，主要就是运用这种概念的矛盾分析法。可以说，形式逻辑的概念、判断与推理方法（"三段论式"）构成了亚里士多德哲学方法论的基础，而矛盾分析法则构成了他哲学方法论的核心。黑格尔已经指出亚里士多德方法的这一特点："亚里士多德的书里面所陈述的这些形式，却只是理智思维形式；是抽象的理智所区别出来的一般的思维的规定。这不是

① 俞宣孟：《本体论研究》，上海人民出版社，2005，第19页。
② 〔古希腊〕亚里士多德：《形而上学》，吴寿彭译，商务印书馆，1959，第56页。
③ 赵敦华：《西方哲学经典讲演录》，广西师范大学出版社，2007，第83页。

思辨思维的逻辑"，但"亚里士多德并不是依照这些三段论的形式来进行思维的。如果亚里士多德是这样做的话，那他就不会是我们所认识的这个思辨的哲学家了"。①

事实上，哲学思维的发展，或本体论的发展，是同时需要形式逻辑和辩证逻辑两方面的思维规则、规律作为学科基础的，而这两方面的思维规则、规律也是不可分割的，辩证逻辑也不过就是形式逻辑（概念、判断、推理的规则）在超验的思辨领域的继续或延伸，而所谓"逻辑学"（作为哲学的"方法论"）本来也是同时包含逻辑思维的这两个层次或两种形式的。但对亚里士多德来说，运用形式逻辑是自觉的，而运用辩证逻辑则是不自觉的，这种情况也只能归咎于当时哲学发展刚刚起步的历史情况，辩证逻辑（或"辩证法"）的自觉而充分的运用还注定要经历一个很长的历史时期才能实现。我们知道，只是到黑格尔那里，辩证逻辑（即"辩证法"）才发展到完全成熟的阶段，才最终成为一门"思辨的科学"。

以严格的逻辑方法来推导、论证范畴或概念之间的相互关系，是西方哲学的历史传统，也是西方哲学之所以成为一门学科的主要原因。在大多数西方哲学家看来，"哲学"就是一门以逻辑思辨的方法来研究概念内涵与关系的理性思维的科学。同时，在黑格尔等许多西方哲学家看来，这种"纯粹概念"的逻辑推演也就具有"本体论"（即"本是论"）的意义，或者说，这种纯粹思辨的学科也就是"本体论"。所以，有国内学者指出："在黑格尔这里，全部哲学的精髓就是一部《逻辑学》，它就是本体论，并且是西方哲学史上的本体论所达到的最完整、最严密的形式和最高的阶段。"② 反过来说，也正是由于形成了这种具有高度逻辑规定性的纯粹抽象思维的"本体论"，才使得西方哲学成为一种专门从事理性思维的学科。

总的说来，在西方哲学中，"本体论"就是一种以"是"为最高的核心范畴与研究对象、以逻辑方法研究纯粹概念关系从而建构起自身范畴体系的哲学形态。由于具有这些特征，西方的"本体论"也就具有特定的学科性或科学性。也因此，这种严格意义上的"本体论"也就成为西方哲学所特有的一种哲学形态。在西方，"本体论"的根本特点也正在于具有学科的严格的逻辑规定性，而哲学作为一门学科也就依托"本体论"而形成并发展起来。

---

① 〔德〕黑格尔:《哲学史讲演录》第2卷，北京大学哲学系外国哲学史教研室译，三联书店，1957，第378、379页。

② 俞宣孟:《本体论研究》，上海人民出版社，2005，第13页。

西方哲学"本体论"作为一门学科的发展也具有两方面的影响或作用，一方面由于它具有严格的科学性，事实上就在引导西方哲学发展的同时，也导致了近代西方科学的产生，从而使哲学在科学中收获到颇为丰富的果实；但另一方面，因为"本体论"的研究需要把概念独立化，即需要形成一个独立于任何经验领域的理念或观念的世界，因而"本体论"的研究方式又导致了"主客二分"的思维方式的发展。"本体论"思维的这种矛盾两重性特征在柏拉图等古希腊哲学家那里已表现出来，而在后来的哲学发展中就更为突出了，例如在黑格尔那里，"本体论"就已完全发展成为一种纯粹思辨的与完全超验的"逻辑学"了。随着西方哲学本体论的发展或演变，西方哲学科学化的特性及其局限也日益显露，而本体论自身的研究也一度陷入矛盾困境。如果说，在西方，哲学本身发展的一种结果或趋势就是"哲学的终结"，那么，这种"终结"的哲学也正是指这种"本体论"哲学。

在西方哲学终结之际，一些西方哲学家（譬如海德格尔）就开始把目光转向具有古老文化与人学传统的东方。

## 二　中国的"本体论"是一种广义的探讨世界本原的学说

### （一）中西哲学形成条件比较

与西方哲学（作为一门学科）起源于"惊异"并植根于"求知"不同，在中国古代，哲学（作为一种学说）则起源于某种"忧患"意识。中国古籍《易传·系辞下》提出："作《易》者，其有忧患乎？"由于《易经》是六经之首，因而作《易》者所具有的"忧患"意识，也就被人们认作是中国哲学的起源，同时也成为中国古代哲学与学术思想的特色。

在中国古代哲学的形成时期（也是在公元前 6 ~ 5 世纪的轴心时代），各种社会矛盾十分尖锐，孔子形容当时的社会是"天下无道"、"礼崩乐坏"，孔子、孟子等先贤也正是出于"忧患"意识才创立并发展出各自的思想、学说，并试图借此解决或缓和当时的社会矛盾与冲突。可以认为，"忧患"意识就是中国哲学的起源，正像"惊异"意识是西方哲学的起源一样。"忧患"意识和中国哲学之间具有一种内在的本质关系，这种联系也一直延续下来。

从思想特征上讲，起源于"惊异"的西方哲学必然导致其具有某种"科学性"或"科学化"的特征，而起源于"忧患"的中国哲学也同样合乎逻辑地导致其具有某种"人学性"或"人学化"的特征。前者形成一种具有"科学性"的"狭义"的哲学即哲学学科，而后者则形成一种具有"人学性"的"广义"的哲学即哲学学说。也与西方哲学起源于"惊异"而作为一门严格的"本体论"学科的发展相对应，起源于"忧患"的中国哲学也就作为一种广义的"本体论"学说而发展起来。

比较中西哲学在起源或形成上的不同特征，人们不禁要问："具有严格学科意义的哲学为何产生于西方而没有产生于东方或中国呢？"

应该说，这一问题和"李约瑟问题"即"为何科学产生于近代西方而没有在东方或其他地域产生"是具有同一性质的问题。而要解答这一问题，也不能离开对当时哲学产生的具体的历史条件及思想条件的认识。就哲学作为一门学科而在古希腊产生的历史条件来说，除必须具备理性的自由探索精神之外，还需要各种条件的聚合，诸如优越的自然条件、"惊异"与"求知"的天性、"闲暇"的生活条件、民主的城邦制度以及对论辩、逻辑和语言的重视（这又起源于订立契约的需要），等等。古希腊哲学就是在这些条件的聚合中产生的。因此，如果其他地域或民族不具备或不充分具备这些历史条件，那么，作为一门严格的学科的哲学也就难以在这些民族或地域产生。

就中国古代情况来看，也并不具备或并不充分具备上述产生哲学学科的历史条件。在中国古代社会，在很长时期与很大程度上都缺乏民主制度与思想自由，更缺乏一种"为学术而学术"的纯粹理性探索与批判精神。西方学者崇尚"学以致知"，而中国学者却崇尚"学以致用"，并提倡"学而优则仕"（这一传统直至今天也并未改变，整个社会乃至教育界、学术界、科学界也仍然推行一种"行政化"的"官本位制"）。在这种历史条件下，就不可能产生那种具有"自由学术"特性与理性思维与批判精神并作为一种专门的逻辑思维学科的哲学。在中国古代，只是在"圣人"、"贤人"乃至"官学"、"官府"的层面才产生了各种具有人学特征、道德特征以及社会管理特征的哲学学说。

应当说，上述哲学学科产生的历史条件是为古希腊人所独具的，特别是其对思想、逻辑、语言的不解探索乃是哲学学科形成与发展的重要条件，而古希腊人似乎天生具备了这些条件。因此，我们在哲学上也如同在其他许多领域一样也就不得不一再回到西方这个"小民族"的成就上来，而这个"小民族"也就在人类的发展史上享有了任何其他民族都不能企及的历史地位。

（二）中国哲学"本体论"旨在探讨世界的本原

比较说来，具有严格学科意义的本体论是中国哲学所不具有的。然而，"本体论"在历史上的发展也出现矛盾情况。即使在西方，"本体论"也并未完全被限定在严格学科的界限以内，而是同时也出现了作为一种普遍性学说而发展的态势（应当说，在亚里士多德本人那里就有这种趋向）。特别是近代以来，在西方哲学的发展中，哲学家已更多地、更经常地从"存在论"或"生存论"角度来诠释"本体论"问题，这就促使人们对"本体论"的认识日益呈现出"狭义"和"广义"两种理解并使其共同发展的复杂情况。当然，对于西方哲学来说，"本体论"即使同时作为"学说"而发展，也不会完全脱离"学科"框架，也会以"学科"为基础而发展。但对中国哲学来说，由于不具有完备的"本体论"的学科基础与框架，因此，中国学者对"本体论"概念的理解历来总是偏重于"广义"，同时也忽视了西方本体论的严格逻辑规定性与学科性质，进而也就不免把西方"本体论"与中国古代哲学中的"本根论"或"本原论"混同。由此，我国学者也就常常以自己对"本体论"概念的宽泛理解来解释甚至取代西方"本体论"的特定含义。

在我国哲学界，关于中国哲学是否存在"本体论"的问题历来存在争议。大多数中国学者认为中国哲学存在"本体论"，但却或多或少忽视了中西哲学本体论的重大差别。而有少数学者虽然强调西方"本体论"的严格的"学科"性质，但又因此而倾向于否认中国哲学存在本体论，由此又或多或少忽视或否定了"中国哲学"（"本体论"）作为一种哲学"学说"存在的合法性。

那么，我们到底应该怎样理解与解决这一问题及其分歧呢？

首先，笔者认为，要消除"本体论"认识上的有关误解或分歧，我们还是应将"本体论"明确区分为"狭义"和"广义"两种含义，即把作为狭义"学科"的本体论与作为广义"学说"的本体论区别开来，同时再依据这一区别进一步梳理中西哲学（在"本体论"方面）的差异。也就是说，西方哲学的"本体论"是作为一种严格学科而发展起来的哲学形态，而中国哲学"本体论"则是作为一种广义学说而发展起来的哲学形态。

目前，我国已有一些学者指出了中西哲学在"本体论"方面的差别。笔者认为，应将这一差别进一步归结为"狭义"和"广义"亦即"学科"和"学说"之间的差别。也有学者指出："中西哲学的本体论分别代表了两种完全不同性质的本体论。如果说西方哲学的本体论从属于一种认知主义的以智为核心的本体论的话，那么中国哲学的本体论则归依于一种爱感主义的以爱为核心的本体论。"① 对中西哲学"本体论"做这一区别自然是正确的，但进一步说，我们还是应将二者的区别确认为"学科"和"学说"的区分，亦即做出"狭

---

① 张再林:《中西哲学的歧异与会通》，人民出版社，2004，第28页。

义"和"广义"的理解，也只有这样才能从根本特征方面把二者区别开来。

其次，还应从深层认识根源上分析中西哲学本体论的差别。造成这一差别的深层认识根源在于，西方哲学自亚里士多德以来即把本体论的"本体"理解为"是"本身及其"是"所具有的各种逻辑关系与属性，进而建立了一种完全依靠概念分析或逻辑推理形成的思想体系，而中国哲学则并未形成这样的思想体系及其方法。因此，中国学者也就通常把"本体"理解为"本原"、"本根"、"存在"、"事物"、"客观世界"或其他实体性范畴（如"道"、"气"、"理"等），从而忽视了对概念本身逻辑关系与属性的分析。这一认识上的差异即形成了中西哲学在"本体论"问题上的根本差别，遂使中西哲学在"本体论"形态上表现出一种"逻辑思维学科"与"世界本原学说"之间的差别。

因此，重要的问题还在于我们应当明确中国"本体论"具有"本根论"的含义与特征，从而与西方本体论明确区别开来。在我国，"本体论"长期以来被理解为"本根论"或"本原论"，即被理解为一种探讨世界本原的学说。如《辞海》对"本体论"的解释是："指哲学中研究世界的本原或本性的问题的部分"。① 这一解说并未反映出"本体论"所具有的进行概念与推理的逻辑学的特性或本义。我国出版的《哲学百科全书》对"本体论"条目的解释虽然区分了"在西方哲学史和中国哲学史中分别具有各自的含义"，但也忽视了"本体论"在西方正是作为一种特有的哲学学科而发展起来的历史情况。该条目指出："在中国古代哲学中，本体论叫做'本根论'。指探究天地万物产生、存在、发展变化根本原因和根本依据的学说。"②

实际上，中国古代"本根论"类似于"本原论"，也是一种探讨世界万物的本原的理论，这和西方的本体论是有很大差别的。我们知道，在古希腊，只是早期哲学才盛行"本原论"或"本根论"，那时自然哲学家纷纷提出"水"、"气"、"火"或"四根"（"土、水、火、气"）是世界的"本原"或"本根"。但在希腊哲学后来的发展中，哲学思维已从"本原论"发展到"本质论"，即形成了依靠逻辑推理来探究"存在"、"美德"、"理念"等概念本质的思辨性哲学。

在古希腊哲学中，以早期"本原论"为开端，发展出巴门尼德的"存在论"（"存在者存在"、"能被思维者和能存在者是同一的"），再经过苏格拉底的"概念论"（即"问答法"）以及柏拉图的"理念论"，才最终发展出亚里士

① 《辞海·哲学分册》，上海辞书出版社，1980，第269页。
② 《哲学百科全书》，中国大百科全书出版社，1995，第1151、35页。

多德的"本体论",这个过程即是一个从感性认识而不断上升到抽象思维的理性认识的发展过程。比较说来,我国古代哲学的发展并未经历这样一个形成抽象的逻辑思维的"纵向超越"的上升过程(我国哲学更习惯于"横向超越"),而我国古代的"本根论"也类似于古希腊早期哲学的"本原论",而较少具有与西方"本体论"的本质关联。所以,我国古代哲学的"本体论"也就只能说是一种广义的探讨世界本原的学说。

再次,细究"本根论"和"本体论"的差别,在于"本根论"是以世界的某种具体"存在"(existence)代替作为逻辑概念的"存在"或"是"(being)并作为研究对象。由于研究对象不同,"本根论"和"本体论"实际上就会表现为两种不同形态的哲学。在西语中,"存在"有两种基本表达,一是"existence",指具体事物的存在,二是"being",指"存在"或"是"本身,即指作为"存在的存在"亦即概念化的"存在",而不是指具体的存在。在西方哲学"ontology"("本体论")的语境中,"existence"("存在者")是可以从"being"("存在"或"是")中逻辑地推导出来的,并且也是从属于"是"本身的。在西方本体论中,"是"本身作为最普遍的概念,是没有任何前提性的特殊规定的,而"是者"、"存在者"则都是一种"所是",是被包容在最高的概念"是"本身中的。正是在"是"作为这种最抽象的概念的意义上,黑格尔曾说:"'有'(也译为'是'——笔者注)、这个无规定的直接的东西,实际上就是无,比无恰恰不多也不少"。① 正如我国一位学者指出的:"不从逻辑规定的角度去看,这个话是不可理解的。"②

应当明确的是,"本体论"在其"狭义"的严格的意义上,并不关注或研究世界万物的本原及其人和世界的关系,而是专门对具有普遍意义的抽象概念进行理性的逻辑分析与论证,而这种理性的逻辑分析与论证才是西方哲学或其本体论的本质特征。而在中国古代,"本根论"并没有像古希腊早期哲学那样发展并转变为这种具有"逻辑学"意义的"本体论",而是长久停留于探讨世界本原的认识领域与学说范畴,并以这种"学说"的形态而一直发展下来(到孙中山先生则提出"生元"即"生物元始"之意的学说)。中国的这种"本根论"与西方"本体论"的区别,也即是中国哲学作为"学说"与西方哲学作为"学科"的区别,这正是中西哲学的主要历史差异。

总之,我们应当明确"本体论"在中西哲学语境中的不同含义与特征:西

---

① 〔德〕黑格尔:《逻辑学》上卷,杨一之译,商务印书馆,1966,第69页。
② 俞宣孟:《本体论研究》,上海人民出版社,2005,第19页。

方"本体论"的根本特征在于具有严格的逻辑规定性而成为一种狭义的哲学即哲学学科，而中国"本体论"的根本特征则在于具有广泛的探讨世界本原、本体的性质而成为某种"本根论"即成为一种广义的哲学学说。

而就中国"本根论"的核心内容与基本特征来说，则"本根论"又是一种"道论"或"人生境界论"。中国"道论"与西方"是论"在认识特征、研究方法以及社会作用等方面都存在重大差异，二者代表了中西哲学发展中的两种不同的"本体论"形态。下面，我们就来考察一下中国哲学"本体论"的基本形态——"道论"的特征。

### （三）中国哲学"本体论"的基本形态是"道论"

在中国古代，类似"本体论"的哲学学说就是"本根论"，但实际说来，"本根论"并不等同于西方哲学之"本体论"而是更类同于古希腊早期哲学之"本原论"（或"始基论"）。所谓"本根"，按照张岱年先生的解释是，"宇宙中之最究竟者，古代哲学中谓之为'本根'"。[①] 而"本根论"在我国古代最早的、最基本、最有影响的理论形态当属"道论"。

与西方哲学的"是论"（即严格意义的"本体论"）发展成为西方哲学的最高形态相对应，"道论"也同样发展成为中国古代哲学的最高形态。中国古代的一切哲学学说、学术思想也都无不以"道"为最高概念，并以"道"或"道论"为探讨的对象和立论的根据。在中国古代典籍中，《道德经》、《易传》等都对"道"做了充分阐述，"道"遂成为一个照耀一切学术思想的太阳，一切学术思想都围绕"道"或"太一"而运转并在不同程度和意义上归于"道论"。可以说，"道论"就是中国古代哲学思想发展的一个核心内容与基本领域。

所谓"道论"，应是指以"道"的概念为核心与本原而包括我国古代道家、儒家、墨家等学派的相关学说在内并加以概括认识的一种综合性的哲学理论。在我国古代，有关"道"的思想是为道家、儒家、墨家等学派所共同推崇的一种最高学术思想，"道"也是我国古代一切学术探讨的共同主题。"道"作为一个哲学范畴，最早是由老子提出与确立的，而且，老子是把"道"看做是宇宙万物的本原与普遍规律，天地万物皆由"道"而生。"有物混成，先天地生……可以为天下母。吾不知其名，字之曰道"（《道德经》第二十五章）。老子及道家所关注的"道"还主要是"天道"，即把"道"视为自然万物运行

---

① 张岱年：《中国哲学大纲》，中国社会科学出版社，1982，第6页。

或演变的最高法则，而儒家自孔子始则把对"道"的关注从"天上"移到"地上"，即把对"道"的认识重点由"天道"改放到"人道"，并力图从"人道"入手而达到和"天道"的统一即"天人合一"。这样，中国哲学之"道论"也就具有"天道"和"人道"统一亦即"天人合一"的基本特征。可以说，"天人关系"是中国古代哲学的一个基本问题，而"天人合一"则是中国古代哲学的最高命题（北宋邵雍有言："学不际天人，不足以谓之学"）。同时，"天人关系"或"天人合一"又无不包含在"道论"之中并成为"道论"的核心内容。

这样，我们看到，在西方哲学中作为"学科"发展的本体论就是"是论"，而在中国哲学中作为"学说"发展的本体论则是"道论"。也因此，明确中国"道论"和西方"是论"的区别，也就成为我们深入认识中国哲学的基本特征以及与西方哲学的根本区别的一个核心问题。

笔者认为，我们可以把"道论"理解为某种广义的即非严格意义上的"本体论"。当然，这种理解就意味着是一种"中国化"的对"本体论"的"广义"理解，也意味着是把本体论的"本体"理解为世界的"本原"或"本质"，亦即是从"现实世界"方面（而不是从非现实世界的"理念"或"理念世界"方面）来探讨与确立"本体"的性质。

事实上，中国"道论"的核心观念也正是要把"道"认作世界的"本原"、"本体"。如张岱年先生说："关于本根，最早的一个学说是道论，认为究竟本根是道。"① 在中国哲学中，"道"也并非是一种抽象的逻辑概念与理性思维对象，而是一种现实世界的本原，甚或是一种人可以通过直觉而体悟的对象与境界。在《道德经》中，老子即提出，"道生一，一生二，二生三，三生万物"（《道德经》第四章），由此已把"道"确定为世界的本原、根据。而"道"的重要特征则是"道可道，非常道，名可名，非常名。"（《道德经》第一章）"道"非"常道"，亦不可"名"，即对"道"不能做语言上的描述和概念上的规定。后来，庄子也提出，"道不当名"，"道昭而不道"，即使取名为"道"，也只是"所假而行"（《大宗师》）。"道"作为世界的终极根源，是不可名状、不可做任何明确的规定或定义的。

比较说来，西方哲学的"本体论"即"是论"作为一种以逻辑方法探讨"是"之为"是"的概念本质与范畴关系的学问，必然要求概念及语言的明晰性、规范性，而"道"或"道论"作为一种直观的认识、体认，而从未形成

---

① 张岱年：《中国哲学大纲》，中国社会科学出版社，1982，第17页。

某种逻辑上的明晰性与规定性。如上所述，亚里士多德在"本是论"之外也提出了"实体论"思想，或把"实体论"也视为"本是论"的一个方面的内涵，然而，即使这样，在亚里士多德那里，或在西方大多数哲学家那里，"实体"也并不是一种直观、体悟的对象，而仍然是一种只有通过理性认识与逻辑思维才能把握的对象，即使"上帝"，在西方哲学中，也依然是只能依靠概念分析和逻辑论证才能认识、把握乃至信仰的对象。

因此，"本体论"或"是论"在古希腊就作为一种具有逻辑规定性的学科而发展起来，它在中世纪发展的形式就是"神是论"，亦即论证"神"或"上帝"存在的"本是论"或"本体论"。安瑟伦对"上帝"存在的"本体论"证明或托马斯对"上帝"存在的"宇宙论"证明，就是这种"神是论"亦即"神学本体论"的经典形式。当然，西方"本体论"发展的成熟形态或最高成就当属黑格尔的"逻辑学"。实际上，黑格尔阐述"纯粹概念"本质及其矛盾关系的"逻辑学"或"辩证法"，也仍是某种"本体论"，而黑格尔提出的"绝对精神"实际上也不过就是作为"本体"的"是"本身的"绝对"形式。因此，黑格尔的"逻辑学"也就体现成为具有高度思辨性与逻辑规定性的"本体论"。

相比之下，在我国古代，"道论"则始终未能超越直觉、体悟的认识范围而达到高度抽象的逻辑规定，从而"道论"也就最终作为一种具有广泛意义亦即探讨世界本原意义的哲学学说而发展起来。

## 三　"人生境界论"是中国哲学的特有形态

以"道论"为核心内容的中国古代哲学又一向追求"天道"和"人道"的统一，因而又体现出强烈的追求人生终极价值与最高精神境界的特征。因此，我们又可以说，"人生境界论"是中国古代哲学发展的特有形态。

从总的基本特征来看，中国古代哲学的基本形态即是一种"人生境界论"，而并非一般的"本体论"或"概念论"。笔者认为，这种"人生境界论"作为中国哲学的特有形态，主要具有以下几方面的含义和特点。

### （一）以人生意义或智慧为认知对象

在中国古代学术思想中，"哲学"（作为广义的求索人生智慧的学说）研究的根本对象也不是逻辑概念而是人生意义、境界以及道德准则等属于"实践理性"的问题。当然，西方传统哲学也研究人生，而且也重视人生研究，早在古希腊哲学奠基者苏格拉底那里就出现了"人类学"转向而关注"人生"（智慧及意义）问题，然而，西方哲学这种对人生的探求却是从属于对逻辑概念、原理的探求的，因而从来不占主导地位。这就是说，西方的"人生论"是从属于"知识论"的，其"道德主义"也从属于"理性主义"，而研究理念、概念或进行纯粹的逻辑推论才构成西方哲学（包括"本体论"）的本质与核心内容，从而也构成西方哲学发展的基础。相反，在中国古代，求索人生意义与境界则构成了哲学发展的主题，成为哲学智慧的根本体现与最高追求。同时，中国古代哲学也与人生智慧密切结合，所谓"哲，智也"（《尔雅》），就是指哲学应研讨并提供人生的智慧。

因此，中国古代的"人生哲学"是一种广义的作为学说的哲学，是不同于西方的作为一门学科而发展的知识论哲学的。如果说，西方的"知识论"哲学主要表现为具有某种"科学性"的哲学学科，那么，中国的"人生论"哲学就主要表现为具有某种"人学性"的哲学学说。

## （二）以追求"天人合一"为最高境界

中国古代哲学之"人生境界论"是以追求"天道"和"人道"的统一即"天人合一"为最高境界的。或者可以说，"道论"构成了人生境界论的基础，而"天人合一论"则构成了人生境界论的核心内容。

在中国古代哲学中，"道"不仅是世界的最终本原或最高本体，而且也是人生追求的最高境界或最终目标。老子论"道"已有此二意，他已把"道"作为世界本原和人生根基同时确立起来，即"人法地，地法天，天法道，道法自然"（《道德经》二十五章），这就是力图从"天道"的自然法则中引申出"人道"的即人生的自然规范。孔子则进一步由"天道"深入到"人道"，把追求"道"最终确立为人生的境界和理想。孔子曰："人能弘道非道弘人"（《论语·卫灵公》），即认为"道"是人的规范，不能离人言道。又说："朝闻道，夕死可矣"（《论语·里仁》），这就把"道"确立为人生的最高规范与最终价值了。正如张岱年先生指出的，在中国哲学中，"道是宇宙之基本大法，而亦是人生之至善准则"。①

同中国哲学这种把"道"视为世界本原与人生准则而追求"天人合一"境界的治学路径不同，西方哲学的本体论则体现出把作为世界本原、本体的东西和作为人生价值的东西分离。在西方哲学中，赫拉克利特提出"一切都遵循

---

① 张岱年：《中国哲学大纲》，中国社会科学出版社，1982，第7页。

着这个道"① 的思想，而他所说的"道"即指"逻各斯"（logos）。在希腊语中，"logos"一词，原意是"言语"，转义为"道理"、"规律"、"理性"，意谓世界的普遍规律性。在西方哲学的语境中，"道"或"逻各斯"主要体现为世界发展的规律性、必然性，同时也体现为一种人类所难以抗拒的命运（赫拉克利特说"命运就是必然性"），而较少具有和人生意义内在结合或内在统一的意义。在西语中，"logos"一词又衍变出"logic"（"逻辑"）一词，也正体现出西方哲学这种把"道"认作寻求客观知识的理路，而这一理路的显著特点就是重视逻辑论证与语言分析。

在西方哲学家看来，世界的本原、本体问题是"事实"问题，因而是不同于人生所追求的"价值"问题的，而"价值"也并不能从"事实"中直接推导出来。国内有学者指出："希腊哲学家对于宇宙本原的探讨基本上都是围绕着'客观上是什么'这个话题而展开的，从而与人生的终极价值无关。"② 的确，希腊哲学家提出的宇宙"本原"，包括"水"、"气"、"火"、"数"、"原子"或"实体"等，都只是在陈述一种"事实"，而并非是在表述或同时表述一种人生价值与境界。也就是说，在西方哲学中，作为世界"本原"或"本体"的东西，并不被同时理解为人生的终极价值，"没有人可以设想水、气、火、数、原子这类东西可以当作人生的终极价值"。③ 但在中国古代，对世界本原的追求同时也成为对人生境界的追求，而"道"本身就具有人生追求的终极价值的意义。

## （三）以"学以致道"为治学理路

"人生境界论"的根本旨趣在于提高人的境界，而提高境界的根本方法或途径又在于人能达到和"道"的统一，即通过"闻道"、"悟道"、"修道"来达到和"道"的融合，亦即同化于"道"中。在中国古代哲学中，人同化于道，就是人生的最高境界，也就是"朝闻道，夕死可矣"。当然，要达到这样的精神境界，就不能像西方哲学那样依靠"纯粹理性"或"理论理性"，而是要依靠中国化的"实践理性"，亦即依靠"践行"、"修养"，乃至依靠一种"直觉"和"体悟"。

所以，中国哲学的"道论"或"人生境界论"并不像西方哲学的"是论"

---

① 北京大学哲学系外国哲学史教研室编译《西方哲学原著选读》上卷，商务印书馆，1981，第 22 页。
② 方朝晖：《思辨之神：西方哲学思潮选讲》，复旦大学出版社，2007，第 87 页。
③ 方朝晖：《思辨之神：西方哲学思潮选讲》，复旦大学出版社，2007，第 87 页。

那样是一种纯粹理性的思维活动，而是一种很现实的具有明确生活目的的精神求索。可以说，中国哲学的特点是"学以致用"，西方哲学的特点是"学以致知"。实际上，中国哲学的特点也不完全是"学以致用"，在很大程度上是"学以致道"，"学以致道"就是中国古代学人治学的根本路径。张岱年先生指出："西洋哲学本旨是爱智，以求真为目的"，而"中国哲学研究之目的，可以说是'闻道'"。① 冯友兰先生也曾以中国艺术和诗歌所追求的境界（这又受到道家的深刻启示）来说明这一"闻道"或"悟道"的意境："一幅山水画里，在山脚下，或是在河岸边，总可以看到有个人坐在那里欣赏自然美，参悟超越天人的妙道。"② 按照中国哲学，人达到和"道"同化的境界，也就达到了最高的人生自由或精神自由的境界，就可"与天地精神相往来"，就可"乘天地之正，而御六气之辩（变），以游无穷"（《庄子·逍遥游》）。

中国哲学具有"道论"或"人生境界论"的根本特征，这也是我国学术界的共识。冯友兰先生把"哲学"界定为"对于人生有系统的反思的思想"，③并明确指明"哲学的任务"就是提高"人生的境界"，即在"自然境界"、"功利境界"之上，引导人达到"道德境界"与"天地境界"。④ 近年来，张世英先生也提出并不断强调哲学是一种"境界之学"，他说："哲学是关于人对世界的态度或人生境界之学"，"哲学是追求人与万物一体的境界之学"。⑤ 张世英先生还提出："西方传统的概念哲学终结以后以及所谓关于最普遍的规律的哲学终结以后，以提高人生境界为目标的哲学决非抛弃普遍概念和普遍规律，决非抛弃知识，而是在它们的基础上提高我们的人生境界"。⑥

这些论述，都揭示了中国哲学作为一种"人生境界论"哲学的特征与意义，或者说，也揭示了未来"世界哲学"（即"未来形而上学"）所具有的某种中国哲学的特质。就哲学的"广义"和"狭义"的矛盾关系而言，作为"狭义"哲学即严格"本体论"的西方哲学自然有其逻辑思维的优势，但也同时具有其局限，而作为"广义"哲学即"人生境界论"的中国哲学，虽然不具有这一优势，但又具有对人生意义、价值以及人生境界的独到体认与领悟，

① 张岱年：《中国哲学大纲》，中国社会科学出版社，1982，第7页。
② 冯友兰：《中国哲学简史》，北京大学出版社，1985，第30页。
③ 冯友兰：《中国哲学简史》，北京大学出版社，1985，第388页。
④ 冯友兰：《中国哲学简史》，北京大学出版社，1985，第389~391页。
⑤ 张世英：《哲学导论》，北京大学出版社，2002，第7、9页。
⑥ 张世英：《哲学导论》，北京大学出版社，2002，第9页。

即具有对"人生"的独特理解。因此，未来哲学的发展，也就会表现为哲学的这两种含义与历史形态的融合或弥合，这也即是笔者所说哲学发展的两大模式即"本体论"与"人生价值论"模式的融合，当然，这同时也就是西方哲学和中国哲学的融会与贯通。

# 第四节　中国古代哲学的辩证精神

中西哲学作为哲学的"学科"与"学说"发展具有多方面的差异，但这些多方面差异也无不根源于哲学的内在矛盾本性。哲学本身即具有"科学性"和"人学性"的两重本性，西方哲学与中国哲学则分别体现出"科学性"与"人学性"的特性，并进而形成中西哲学在各方面的差别。在本节中，我们再来对中西哲学思维方式的差异做一比较，并对中国古代哲学的辩证精神做出阐释，以便进一步加深对中西哲学历史差异及其演变前景的认识。

## 一　中西哲学"辩证法"的不同特征

"辩证法"作为一种理性思维或理性认识的方法具有悠久的历史，而中西哲学都具有"辩证法"的历史传统，作为"形而上学"，中西哲学都具有"辩证思维"的本性。诚然，苏格拉底的"概念论"是典型的"辩证法"，但老子对"道"的玄妙论述、孔子对"仁"的深刻阐发以及中国古代哲人对"阴阳"、"天人"、"知行"、"情景"、"古今"、"善恶"、"义利"、"名实"、"同异"、"奇正"、"言意"等等矛盾范畴的论辩，又何尝不具有"辩证法"的深刻底蕴而成为辩证哲学发展的特定形态呢？

当然，中西哲学的辩证法也具有不同特征或特点。问题在于，中西哲学的"辩证法"又究竟具有何种重大区别或根本差别呢？

国内有学者提出："以本体论和关于道的论述分别作为西方和中国传统哲学的典型或代表，我们可以看出中西哲学在形态上的一个根本区别：一体和两离"。[①] 这就是说，我们可以把"一体性"和"两离性"认作是中西哲学"本体论"研究方法的一个根本差异。在这一认识基础上，笔者认为，"一体性"和"两离性"的分别，也可视为中西哲学"辩证法"或"思维方式"的根本差别。

---

① 俞宣孟：《本体论研究》，上海人民出版社，2005，第83页。

　　所谓"一体性"，是指把研究对象视为一个整体的"综合性"思维，其中没有部分之间的外在分离而只有某种内在分化。这实际上就是中国哲学"本体论"亦即"道论"的思维方式。

　　所谓"两离性"，是指把研究对象视为两个部分的"分析性"思维，其整体是由两个对立部分组成的，而两个部分也具有外在的分离性，因而一个系统就表现为两个互相分离的部分。这实际上就是西方哲学"本体论"即"是论"的思维方式。笔者认为，"一体性"与"两离性"思维，也就是"综合性"和"分析性"思维，并分别体现出"综合"方法和"分析"方法的特征。实际上，中西哲学研究方法的根本差异或"辩证法"的根本差别，也就是"综合"方法与"分析"方法的差别。

　　我们可以把"两离性"方法的基本含义界说为："两个部分（或两个世界）的外在分离"。实际上，这就是当年柏拉图构建"理念论"的方法。柏拉图明确提出"两个世界"分离的思想，在他看来，"理念"即是本质、即是原因，"理念世界"即是"现实世界"的"原型"，而"现实世界"不过是"理念世界"的"影子"。柏拉图指出："我所说的这两种东西（即善的理念和太阳），其一统治着整个可知世界，而另一则统治着可见世界……你应当认识到这两个世界了吧！这两个世界就是可见世界和可知世界。"① "理念世界"或纯粹的概念世界和感性的"现实世界"分离、脱离，这正是西方哲学"本体论"得以产生的前提，同时也构成了西方"辩证法"的基本特征，并构成了自柏拉图到黑格尔的西方哲学长期发展的思想基础。后来，柏拉图的这一思维方法也就进一步形成并固化为西方哲学"主客二分"的思维方式。

　　我们还可把"一体性"方法的基本含义界说为："一个整体（或一个世界）的内在分化"。实际上，这又正是中国哲学（道家）对"道"的辩证认识。在道家看来，"道即阴阳"，"道"内在地包含"阴阳"或分化为"阴阳"，但"阴阳"分而不离，且互相包含、互相渗透。中国哲学的这种"道即阴阳"或"阴阳分而不离"的思维，就是一种"一体性"思维。这种"一体性"思维确实与西方"主客二分"的"两离性"思维不同，它是以对"道"的统一本性的体认为前提的。实际上，"一体性"思维体现的是中国古代哲学追求实现"万物一体"的人生境界的认知倾向，而"两离性"思维则体现了西方哲

---

① 北京大学哲学系外国哲学史教研室编译《古希腊罗马哲学》（原著选辑），商务印书馆，1961，第199页。

学追求认识"超验本体"的亦即概念本质的认知倾向。也因此,"一体性"思维即成为作为"学说"发展的中国哲学亦即"道论"的主要研究方法,而"两离性"思维则成为作为"学科"发展的西方哲学亦即"是论"的主要研究方法。

还应看到,虽然"两离性"思维方式与"一体性"思维方式具有相反特征,但二者都同属于"辩证法",或都是"辩证"的思维方式。可以说,二者也正是"辩证法"所具有的(亦即"辩证法"在历史上所发展起来的)两种形态。

所谓"辩证法",在本质上也无非就是一种对研究对象的矛盾关系进行"辩证分析"与"辩证综合"的认识方法,而在"分析"和"综合"这两方面尚未充分发展起来并达到统一之前,"辩证法"在中西哲学中的发展就完全可能分别具有这两种特征,即在西方哲学中凸显"分析"方法,而在中国哲学中则凸显"综合"方法,从而形成"辩证法"的两种类型亦即两大形态。而"辩证法"发展的这种逻辑也确实在实际发展过程中体现出来,中西哲学的发展实际上也正具有这种分别发展的历史特征。按照"辩证法"作为一个"分析"方法与"综合"方法统一的整体而言,中西哲学的"辩证法"都有其片面性,但也各有其合理性。这种矛盾,即"辩证法"发展的这种矛盾,也只有在未来哲学的发展中才能得到解决,那时,"辩证法"本身就会实现对"分析"方法与"综合"方法的统一,就会成为"未来形而上学"的真正具有整体统一性的"辩证法"。

## 二 中国古代辩证法的两大命题:"阴阳分而不离"、"君子和而不同"

我们可以把"阴阳分而不离"(老子)、"君子和而不同"(孔子)确认为中国古代辩证法的两大命题,这两大命题集中体现了中国古代哲学的辩证精神,构成了中国古代辩证法思想的精华。

### (一)"阴阳分而不离"命题的含义

如上所述,"道即阴阳"是道家对"道"的一种辩证认识,而"道"的一个明显特点就是"阴阳分而不离"。从太极图中可以看出,"阴"与"阳"总是互相依赖又互相包含的:一方面,"阴之中有阴有阳"(即有"太阴"、"少阳"),另一方面,"阳之中有阳有阴"(即有"太阳"、"少阴")。"阴"与

"阳"共同构成了"道"的矛盾统一体，"道"本身就是"阴阳"矛盾的分化与统一。所以，老子说："道生一，一生二，二生三，三生万物。万物负阴而抱阳，冲气以为和。"（《道德经》四十二章）

道家的"太极图"表达了中国哲学对世界矛盾本质的辩证理解，"阴阳"互异互补，"阴阳"之间既有分化，又有统一，全部变化都发生在"阴阳"的矛盾转化之中，同时也发生在"道"的宏大系统之中，世界的变化本身也都是"道"的内在矛盾本性的体现。老子讲："道法自然。"（《道德经》二十五章）其意是说，"道"的法则是"自然"，即"道"以"自然"为法则。这就是道家所提出的一种"自然"辩证法思想。可以说，"道法自然"、"道即阴阳"就是道家关于"自然辩证法"的核心思想，而"阴阳分而不离"的命题则是道家"自然辩证法"的根本命题。[①]

美国当代哲学家阿奇·巴姆（Archie J. Bahm）曾对西方、中国及印度的思维方式做出比较，而其对中国整体论思维方式的描述也正是以"太极图"为依据的。[②] 从巴姆的分析可见，中西印哲学的思维方式存在重大差别，体现出不同的辩证精神。西方思维的特点是"分析"即"二元对立"，中国思维方式的特点是"综合"即"一体两分"（亦即道家之"阴阳分而不离"），而印度思维方式的特点是"直觉"，即"四大皆空"。在这三种主要的或典型的思维方式中，居于中间地位或具有中间性质的中国思维方式显现出更多的合理因素。

---

① 道家的"阴阳学说"被人们称为"古代物理学"，是一种典型的对立统一的辩证学说。这一学说在现代科学的发展中也得到验证。例如，在化学上讲对物质的"提纯"，但物质提纯的结果也总是由阴阳共同组成。人的"性别"也是阴阳分而不离，男性肾上腺皮质也会产生雌激素，反之亦然。道家讲"人体"本身也自有"阴阳"，中国社会也早有"男左女右"或"男为阳、女为阴"等等说法。中国古代哲学的"阴阳"学说既体现、渗透在日常生活的各个方面，同时又非常接近（或恰恰就是）现代自然科学的思维方式，这种思维方式在西方被人们称为"两面神思维"。

② 〔美〕A. J. 巴姆：《比较哲学与比较宗教》，江苏省社会科学院哲学研究所编译，四川人民出版社，1996，第56页。按照巴姆的比较分析，西方思维方式，重视推理，其方法是分析的（重视解剖）。其图形是"一个平分成两半的圆，一半纯白，另一半纯黑"，由此形成界限分明的"二元对立"。其要旨是"要么a，要么非a"，但不能两者都是，"排中"即排斥中间两者不能共存其中，其区别分明。中国思维方式，重视统觉或领悟，其方法是综合的。其标志性图形就是中国的"太极图"，形成"包括阳和阴的道"，在"道"中阴阳有别但又合一，亦即"阴阳分而不离"。其要旨是"既有a又有非a"，包含二者而又有区别，但区别又非绝然。印度思维方式，重视直觉，其方法是直觉的。其图像就是一个空的圆，形成"四重否定"，净化一切界限。其要旨是：既非"a"又非"非a"，亦非"a与非a"二者，既非"非a"，亦非"非非a"。通过四重否定，一切区别都取消了。

事实上，中国古代哲学及各种学术对自然矛盾或世界矛盾的认识也都是以"道即阴阳"的思想或"阴阳分而不离"的命题为基础的，中国哲学种种对矛盾范畴的辩证认识也大抵不会超出"阴阳分而不离"的辩证观念亦即道家"太极图"的辩证法之外。我们知道，中国古代哲学还提出了各个认识领域中的一些基本命题，如"天人合一"、"知行合一"、"情景合一"、"古今合一"等命题，事实上，这些命题也都是以"阴阳分而不离"的辩证观念为基础的。

### （二）"君子和而不同"命题的含义

如果说，"阴阳分而不离"集中体现了道家的"自然辩证法"思想，那么，"君子和而不同"就集中体现了儒家的"社会（或人生）辩证法"思想，集中代表并体现出儒家哲学的辩证精神。

从思想渊源上看，"道即阴阳"的命题即已包含"和"的概念，老子讲"万物负阴而抱阳，冲气以为和"（《道德经》四十二章），就包含着"和"或"道即阴阳之和"的思想观念。

西周末年，周太史史伯也明确提出"和实生物，同则不继"的命题，其意是讲不同因素的综合才能使事物生成、发展，而相同因素的增加则会使事物停滞不前。譬如，相同而单一的音调不能形成乐章，只有不同音调的组合才能形成和谐的乐章，而单一的语音也无法形成语言，单一的颜色也谈不上色彩。事物在矛盾中总是"互异而互补"，绝对同一的东西（即自身只限于与自身统一的东西）既谈不上"互异"，也谈不上"互补"，因而也就谈不上发展。在中国古代哲学中，"和"与"同"是两个具有不同含义的概念，表达了人们对事物发展的两种不同认识。此后，孔子明确提出："君子和而不同，小人同而不和。"（《论语·子路》）由此，"和"的概念与观念就进一步和人生追求或人生态度结合起来而形成一种人生智慧的辩证法。

应该看到，在孔子学说中，"仁"、"礼"等概念固然都是一些核心概念与理想价值，但"仁"、"礼"的实现都离不开"和"。在孔子学说中，"礼之用，和为贵"（《论语·学而》），"和"也是一个重要的核心概念，而寻求"和"或"和解"也正是孔子学说或儒家学说的一个重要的或根本的特征。儒家的这一特征，与黑格尔辩证法具有寻求"统一"或"肯定"的根本特征也是一致的。

在孔子那里，"和"与"同"的区别，已被视为"君子"和"小人"的区别。笔者理解，"君子"讲"和"，也就是寻求不同因素、不同认识乃至不同信仰在矛盾中的调和、和解、和谐，由此才会导致"民主"、"法治"、"交往理性"等适宜或合宜行为，而"小人"讲"同"，也就是强求同一、一致、等同，由此就必然导致"专制"、"斗争"、"暴力"等极端或过激行为。儒家强调"和为贵"、"中庸"、"中和"、"中行"、"允执其中"、"过犹不及"等观念，都表达了缓和矛盾、化解冲突而追求和谐发展的思想理念。宋代大儒张载更提出："有象斯有对，对必反其为。有反必有仇，仇必和而解"（《正蒙·太和》），就更突出地表达了儒家"和解"或"求和"的思想理念。应该看到，具有这种"和而不同"或寻求"和解"的思想意识也正是传统哲学及其辩证法的一个根本特征，而现代非传统哲学及其辩证法则是以追求"对立"、"斗争"或"否定"为根本特征的。非传统哲学提倡"斗争哲学"或"否定性辩证法"，这与传统哲学提倡的"和合哲学"或"肯定性辩证法"也确实具有思想本质的区别。

总之，在中国古代哲学中，道家"道即阴阳"的思想及"阴阳分而不离"的命题表达了寻求矛盾"互补"的自然哲学，而儒家"和为贵"的思想及"君子和而不同"的命题则进一步表达了寻求矛盾"和解"的人生智慧。这两个命题共同构成了中国辩证哲学的主题，也构成了中国古代哲学及其思想文化的精髓。

中国哲学的这两大命题体现了我国古代先哲对于自然与社会发展的深刻体悟，也代表了我国古代哲学对于人类思想宝库的重大贡献。事实上，能否在当代社会生活中倡导与实现这些命题的基本理念，也已成为关系到人类社会"生死存亡"的重大问题。在当今世界，在其凸显的多种矛盾与危机中，也只有实现"阴阳互补"的自然辩证法才能从根本上缓解环境危机而重建生态平衡，也只有实现"和而不同"的人生辩证法才能从根本上缓解或解决国际社会所存在的各种冲突与矛盾而走向和谐世界。

# 第八章

# 在理性和信仰之间

## ——西方哲学史演变逻辑解析

通过以上章节的分析，我们可以确认，西方哲学是哲学发展演变的一种典型形态，它所具有的"学科"意义、严格的"本体论"意义以及形而上学的"超验"与"思辨"性质都使其成为哲学发展的典范。因此，深入探讨西方哲学演变的历史线索，无疑有助于加深对哲学本质特征、演变逻辑及其历史作用的认识。在本章中，我们就来探讨一下西方哲学史的主题与演变逻辑问题，以便在总体上对西方哲学有一个本质的深入的理解。

有关西方哲学史研究的各种论著及文献资料可谓汗牛充栋，其间也不乏种种真知灼见。然而，由于受到现行"专业化"或学科"分工"、"分化"的影响，因而许多研究论著往往忽视了对西方哲学史进行总体研究。譬如，我国哲学界几乎从未明确提出并自觉探讨过西方哲学史的主题与演变逻辑问题，并且在对一些有关重要问题的认识上，有许多论著还局限于"存在和思维是哲学基本问题"、"唯物主义和唯心主义是两大派别"等流行认识上，而不能对西方哲学史做出某种具有自觉反思意义的探讨。如果说，任何历史在本质上都应当是某种"思想史"或"当代史"（这是新黑格尔主义对"历史"的理解），那么，我们的西方哲学史研究也就理应具有某种"思想史"与"当代史"的意义。

有鉴于此，本书提出"在理性和信仰之间"的新的研究理路与解释框架，据此对西方哲学史的本质、主题以及演变逻辑做出梳理与阐释。当然，这一新的研究思路与解释框架能否成立，还有待于笔者在本章中的阐释与论证，也有待于学界同仁和各位读者对这种阐释与论证做出评判与分析。

## 第一节　西方哲学史的主题与演变逻辑

笔者认为，理性和信仰的矛盾是西方哲学发展过程中的一个基本矛盾，这一矛盾构成了西方哲学史的主题，也构成了西方哲学发展演变的基本线索。

我们知道，不少学者认为，理性和信仰的矛盾是西方中世纪哲学发展的基本矛盾，或者说，中世纪经院哲学的基本特征就是在信仰和理性的矛盾关系中思考、论证。这一认识当然是正确的，中世纪哲学确实凸显理性和信仰的矛盾。然而，理性和信仰的矛盾却并不仅仅存在于中世纪哲学的发展中。纵观整个西方哲学的发展历程，我们发现，整个西方哲学的演进过程，都包含着理性和信仰的矛盾。

对于西方哲学发展来说，这一矛盾关系具有普遍性，它既贯穿于整个西方哲学发展过程的始终，也体现于每一阶段或每一哲学家哲学理论或学说的各个方面。理性和信仰的矛盾，构成西方哲学史的主题，也构成其发展演变的根本动力。可以说，不能认识理性和信仰的辩证关系，也就不能真正认识西方哲学演变的本质与逻辑，也就不能真正认识哲学本身的形而上学的本真精神。这一问题对西方哲学及西方文化的演变具有如此重大的意义，以致我们完全可以说：没有理性和信仰的矛盾，也就没有西方哲学或西方哲学史。

## 一 "形上之神"以理性和信仰为两翼

本书的一个根本观点是把对哲学的认识重新置于形而上学的精神本质之上。笔者认定，"形而上学"即是哲学的本质，而哲学的本真精神与根本特征也正在于具有一种超验的形而上学的精神本性。从广义上看，或从更广泛的范围来考察，"形而上学"精神又并非为哲学所独有，"形而上学"作为一种超验精神，实际上也是人类精神的特性，是"人类理性的自然趋向"。① 人类精神具有这种形而上学的超验、超越的本性或趋向，由此才创造出宗教、哲学、艺术、道德、伦理等各种具有超验性的文化形态或意识形态。而形而上学的求索又以理性和信仰为两翼，或者说，人类的形而上学精神也就在哲学对理性和信仰的矛盾关系的思考与探讨中体现出来。

在哲学领域中，人类的形而上学本质，从基础上来说，即体现为"理性"精神，而从趋向上来说，则体现为"信仰"精神。人类精神的这种两重性矛盾，也贯穿并体现在西方哲学演变的全过程中。自古希腊哲学以来，西方哲学的发展就没能摆脱理性和信仰的矛盾，并且也就在对这一矛盾的思考与调节中得到发展。譬如，这一矛盾在康德哲学中就充分体现出来，康德曾说："我曾

---

① 〔德〕康德：《未来形而上学导论》，庞景仁译，商务印书馆，1978，第155页。

不得不抛弃认识，以便让信仰有个地盘"。① 也就是说，康德要把"理性"限定在哲学（形而上学）的基础层面，同时又试图引导哲学趋向"信仰"（形而上学的必然趋向）。康德对哲学矛盾性的这种两重性思考，对于哲学发展具有典型意义。实际上，全部西方哲学史也就像康德哲学那样，力图不断调和或综合理性和信仰的矛盾。由此，理性和信仰的矛盾也就成为西方哲学发展的基本矛盾与历史演变的主要线索。

我们可以把理性和信仰看做是形而上学的两种根本精神，看做是形而上学的两翼。我们知道，"理性"是指人进行判断、推理等逻辑思维活动的能力，是和"感性"、"知性"相对而言的理智活动，因而"理性"本身就体现出形而上学的精神本质。而所谓"信仰"，也有广义和狭义之分。在广义上，"信仰"是指人在精神上寻找与确立的根本信念，是对某种主张、主义或学说的认同与信奉，而在狭义上则是指宗教中对"上帝"或"神"的信奉与敬仰。但无论是在广义还是在狭义上，"信仰"都体现出形而上学的精神本质。特别是以宗教为表征的对于"神"的信仰，从精神根源上分析，集中体现出人类对超自然力量的崇拜与求索。可以说，对"神"的"信仰"是人类追寻与求解超验与神秘的"宇宙之谜"的本性体现，也是人类宗教及哲学观念产生的最初的历史与认识根源。

"理性"和"信仰"作为形而上学的"两翼"，也总是不可分离的，二者总是相互依赖、相互渗透而共同演进的。本书前面已经提出："理性无信仰是空的，信仰无理性是盲的，二者一旦分离立刻就显出危险。"（见第四章第三节）也因此，人类总要想办法使理性和信仰相互联结、相互协调。一方面，人们无论采取何种"信仰"，都需要理性的论证和解释；另一方面，人们无论发展何种理性，又都需要一定信仰的支撑与导引。也就是说，由于精神本身发展的需要，人类总要想尽办法使理性和信仰相互联结、协调发展。由此，理性和信仰的矛盾关系也就凸显出来而成为哲学探讨的一个核心的基本问题，成为人类哲学（形而上学）精神探索的一个主题。因此，我们可以确信，人类精神、人类哲学或文化的和谐发展，首先就需要并体现为理性和信仰的平衡发展与有序演进。就是说，理性和信仰，对于人类精神或形而上学来说，都永远是不可偏废的，如果发生某种偏废那就必然会导致人类精神系统或文化系统的衰退、危机乃至解体。形而上学这"至圣之神"的飞翔，如果没有理性和信仰这两翼

---

① 北京大学哲学系外国哲学史教研室编译《西方哲学原著选读》下卷，商务印书馆，1982，第 248 页。

的有力而协调的并举，就是完全不可设想的。

"理性"和"信仰"作为形而上学的"两翼"，当然也是形而上学所内在具有的本性。对于形而上学来说，这两翼并不是外在的部分，也不是形而上学的外在差别，而只是形而上学精神发展形成的一种内在机制与内在差别，是形而上学精神本身的一种矛盾，而且是其精神本质上的一种矛盾。而就人类精神发展来说，"形而上"与"形而下"也是一对矛盾，可以说，这对矛盾是从外部推动哲学及人类认识的发展与演变。同时，"形而上学"本身又内在包含着一些重要的基本矛盾，其中理性和信仰的矛盾就是一种基本或根本的矛盾，而这一矛盾也就从内部直接推动了哲学的发展演变。

哲学形而上学的这种矛盾的精神本性，在"本体论"中得到一定体现。哲学"本体论"（在西方作为一门严格的学科）既追求某种抽象的超验思维（如亚里士多德的"本体论"中"本是论"的思想），同时又趋向于探索某种现实的具体知识（如亚里士多德"本体论"中"实体论"的思想），因而本体论本身就体现出形而上学超验认识的矛盾性。这种矛盾性，如前所述，可以概括或表述为"理念主义"（idealism）和"实在主义"（realism）两种研究理路或研究传统的矛盾。

由于"本体论"具有哲学"学科"含义以及"科学化"的基本特征，因而哲学的形而上学的自由求索精神与特性，在其中也就只能得到一定体现，同时也不可避免地不断受到这种学科"科学化"的抑制、遮蔽而被淡化。因此，哲学出于形而上学自由学术的本性，也就必然要超越"本体论"模式，进而形成并不断发展"人生价值论"的模式。也只有在"人生价值论"的探索中，也只有当哲学不断去求索人生价值与意义并由此出发而探讨人与世界的矛盾关系时，哲学的形而上学的精神本质或本真精神才得以充分彰显。因此，更准确地说，理性和信仰的矛盾乃是在西方哲学发展中与"本体论"并存、并进的"人生价值论"模式的基本问题。而在形而上学精神本身的这种推动下，"理性和信仰"的矛盾关系，也就超越了"本体论"中"思维和存在"的关系问题而上升为哲学的基本问题并构成了新的研究理路与框架。因此，在西方哲学史上，或者说，在"人生价值论"领域，哲学"形而上学"的基本矛盾就完全可以概括为"理性"和"信仰"的矛盾。

还应强调，人在本质上是一种超越物质存在的精神理性的存在物，"精神"、"理性"、"思想"、"信仰"才是人类更高层次的本质，也是人类终将保持成为人类的根据。对于人类生活特别是精神生活来说，一个最高问题就是"信仰"问题，这是一个具有"终极关切"（ultimate concern）意义的最高价值问题。因此，理性和信仰的矛盾也就成为人类理智生活中的一个根本矛盾，成为人类精神生活乃至全部实践活动的最重大的基本问题。事实上，正是这一问题制约着人类全部历史活动，并对社会体制、社会生活给予决定性影响。由此，哲学作为形而上学，作为人类精神与思想探索活动的最自觉的表达方式或表现形式，也就必然以寻求理性和信仰的矛盾统一为宗旨，而理性和信仰的矛盾也就成为哲学思考的基本问题。总之，理性和信仰的矛盾永远需要哲学智慧的思考、反思与调节，而调节二者矛盾也就成为人类社会一个永无止境的精神探索过程。

## 二　理性和信仰的矛盾是西方哲学史的主题

西方哲学史具有何种主题，或者说，具有何种中心思想与核心问题，乃至具有何种发展的主要内容或历史演变的主要线索，这确实是我们应该在总体上加以思考与解答的一个重要问题。然而，人们在哲学史教学与研究中却仍然缺乏对此种问题的思考。笔者认为，只有深入认识并理解西方哲学史的主题或演变逻辑，才能准确认识与深入把握西方哲学史的精神本质，进而充分认识与把握哲学的精神本质及其各种相关问题。

歌德说过："世界历史的唯一真正的主题是信仰和不信仰的冲突。"（《东西集》）歌德的这一论断，主要是从"精神"层面对"世界史"的本质做出概括。如果我们也从"精神"层面对"哲学史"做出概括，那么哲学史也同样显示出这一特点，我们也完全可以说："哲学史的唯一真正的主题也不过是理性和非理性以及信仰和不信仰之间的冲突"。而就理性和信仰之间的关系来看，也可以说，"理性"和"信仰"的矛盾即构成西方哲学史的基本矛盾，构成西方哲学演变的主题与逻辑。

那么，理性和信仰的矛盾何以会成为西方哲学史的主题呢？

我们知道，哲学的基础或本性应是"理性"而非"信仰"，"信仰"应是宗教的根本特征，宗教即以对神的"信仰"为本质特征。然而，"理性"又总具有和"信仰"的密切关联，二者具有一种"精神现象学"或"意识起源论"意义上的内在的本质的联系。哲学最先在宗教的意识中萌芽，最早的哲学观念萌芽或起源于宗教上某种精神信仰或精神求索的需要。在人类最初的精神信仰活动中，形象的或表象的感性思维是起主要作用的，但随着宗教意识的发展，宗教信仰中理性思维的认识成分也逐步形成并发展起来。也就是说，人类的"信仰"本身从一开始就力图寻求理性的帮助与支撑，因而也就直接促进了人类理性思维的发展。因此，"理性"和"信仰"的内在的本质关系，首先就体现在二者在起源方面具有某种历史渊源的联系之中。当然，这种联系，是一种基于人类"精神"本性的内在关联，人类的"精神"本身即具有"理性"和"信仰"不可分离的特性，而信仰和理性的这一起源方面的历史关系也就构成并体现出人类"精神现象学"的辩证性质。

理性认知的成分或形式，首先是在宗教信仰内部发展起来而形成宗教本身的内在矛盾，其次也就逐渐在宗教信仰外部发展起来而直接促成了"哲学"这门学科或学术的诞生。这样，经过一个精神上的孕育即原创时期，精神发展的一个重要结果就是使"哲学"最终成为一种与"宗教"并立的相对独立的意识形态。然而，即使在哲学发展起来之后，在哲学内部，"理性"的发展也从未从根本上脱离与宗教及其"信仰"的联系。"理性"与"信仰"之间具有如此"剪不断、理还乱、是离愁"的复杂历史联系（或称"纠结"），以致二者在起源方面的本原历史联系，也就始终贯穿在二者其后发展的全过程中，亦即贯穿在整个西方哲学演变的历史过程中。

这样，借助宗教信仰的推动，先是在宗教内部，其后是在宗教外部，"理性"遂逐渐形成一种与"信仰"本身相并立的精神力量，亦即形成一种既具有一定相对独立性又具有与信仰结合的不可分离性的精神形态。因此，在人类的精神现象学中，"理性"和"信仰"实际上就是最初的"精神"，就是某种"原精神"或"原创精神"，而理性和信仰的矛盾也就构成全部哲学演进的主题与逻辑。

正像许多交响曲会具有两个主题而形成不断变奏一样，哲学的交响曲也具有两个主题而形成精神上的不断演变。就哲学作为狭义的探讨本原、本体的逻辑思维的学科而言，哲学的主题或基本问题就可认作是思维和存在的关系问题（即本书前面所分析的"本体论"模式的基本问题），而就哲学作为一种辩证思维的认知方式而言，"普遍与特殊"或"一般与个别"的关系问题，就可认作是哲学思考与探索的基本问题。然而，"思维和存在"的关系问题乃至"普遍和特殊"的关系问题，都还只是哲学作为理性思维的学科或方式所探讨的一种基本矛盾或主题，这些矛盾也还只是"理性"的自身的矛盾，而不是哲学作为更广泛的人类"精神"而发展的基本矛盾，亦即不是"哲学"作为"广义"的哲学即"精神现象学"的基本矛盾。但是，"理性和信仰"的矛盾与上述两种矛盾不同，这对矛盾已超越了哲学逻辑思维的狭义学科的范围（即通常的"本体论"范围）而提高到"精神"或"意识"层面，即提高到广义的哲学即"人生价值论"或"人生境界论"层面。由此，这一问题，也就成为"哲学"作为"精神"而展开的探索历程中的一种基本矛盾与基本问题。这样，哲学也就不再囿于"理性"的逻辑思维的范围，而是含有并体现出"精神"本身的矛盾本质。实际上，探索哲学作为"理性"的矛盾即构成"纯粹理性批判"，而探索哲学作为"精神"的矛盾则构成"实践理性批判"以及"判断力批判"。

这就是说，"理性和信仰"的矛盾，从根本上说，是哲学作为"精神"的矛盾，而不是或不单独是哲学作为"理性"的矛盾。在"理性"范围内，理性和信仰的矛盾还是潜在的，"理性"作为理性也会限定自身而给信仰留下地盘，但在"精神"阶段，理性和信仰的矛盾即由潜在变为现实，就开始全面显示出来。进入"精神"阶段或在"精神"的广阔范围内，"理性"已不再坚执自身的界限而限定自身，而是趋于与"信仰"的结合、融合。这时候，理性的本性就已不再是限定自己，而是超出或扬弃自身的纯粹理性思维，即超越自身那尚无信仰的纯粹理性的范围与局限，而转变为包含信仰的理性或理性精神。由此，"理性"作为精神的一个内在环节与基本要素的本质也就全面地显示出来。

显然，"理性"只是"精神"的一部分而并非精神的全部，而哲学也必须从"精神"出发对自身"理性"的限度及其矛盾做出审视、反思与超越，由此才能充分实现理性及其精神的本性。"理性"和"精神"是互相联系又互相区别的两个层次，哲学也只有超越"理性"层面，才可能具有广泛的"精神"意义。因此，哲学作为一种广义的"精神"发展的学科，也需要以思考或探索"理性和信仰"的关系作为自身的真正主题与基本问题。就是说，哲学作为"纯粹理性"与作为"绝对精神"的发展形态是可以具有不同认识特征与基本问题的。如果说，"理性"思维本身的矛盾，即"思维和存在"的矛盾（乃至"普遍和特殊"的矛盾等）已表现为哲学发展的"第一主题"，那么，超越这一主题，"理性和信仰"的矛盾也就必然表现为哲学发展的"第二主题"。如果说，前者的发展即哲学作为"理性"或"纯粹理性"的发展主要体现出哲学"科学化"的倾向，那么后者的发展即哲学作为"精神"或"绝对精神"的发展就进一步体现出哲学"人学化"的趋势，即体现出哲学实现理性、信仰以及仁爱精神统一的作为"形而上学"本身的本性发展的趋势。

## 三　理性和信仰的矛盾构成西方哲学演进的逻辑

从历史上看，理性和信仰的矛盾关系实际上也构成了西方哲学史的主题，是贯穿在西方传统哲学发展过程中的一条主要线索，不断寻求二者的矛盾统一也正是西方哲学史的本真精神。西方哲学史即西方传统哲学发展的一个重要特点在于：哲学家们一方面从事理性认识的建构，另一方面又努力寻求并维护信仰并论证信仰的合理性；其哲学致思的理路，既体现出理性和信仰的矛盾，也体现出在矛盾中力图寻求二者统一的意图。西方哲学史上的几个大的时代或时期，皆因二者矛盾关系的变化而相互区别，又皆因二者矛盾关系的延续而相互联结，从而形成了西方哲学演进的一个合乎规律的、体现人类精神不断发展与演进的内在的、连续的过程。

## （一）西方哲学史演变逻辑概述

理性和信仰的矛盾关系，在表现为西方哲学史主题的同时，也构成了西方哲学史演变的历史逻辑与基本线索。

概括地说，在古希腊时期，即在约公元前 5 世纪到公元 5 世纪的西方哲学发展的"第一个千年"中，西方哲学发展的主导认识形式就是"理性"，哲学发展在主要特征上就是以古希腊哲学为代表的一种理性主义的发展。在古希腊哲学中，"理性"始终占据主导地位，而理性和信仰的矛盾也不断发展出来并进而形成某种外在的对立，由此推动古希腊哲学完成了由人类学、伦理学向宗教学乃至宗教哲学的转变而过渡到中世纪的基督教哲学。

在中世纪时期，即在西方哲学发展的"第二个千年"中，亦即从约公元 5 世纪到公元 15 世纪的长期发展中，哲学发展的主导形式与思想观念就是"信仰"，哲学发展是以基督教的信仰主义为基本特征的。在中世纪哲学中，"信仰"始终占据主导地位，但基督教的信仰本身也不断需求理性的论证与支撑，集中体现出人类精神在信仰和理性之间进行思维与求索的矛盾特征。

在近代哲学的发展中，即约公元 15 世纪到 19 世纪的发展中，西方哲学的发展已经历了"第三个千年"的前一半时期，这一时期的哲学发展是以调节理性和信仰的矛盾关系为基本特征的。古代希腊人的理性精神和古代希伯来人的信仰精神（即"两希精神"）是近代哲学赖以形成与发展起来的最重要的思想资源与精神动力，由此也构成了近代哲学既要全面发展理性又要竭力维护信仰的基本特征与精神取向。也就是说，近代哲学发展的基本特征和主要趋势就是力图调和理性和信仰的矛盾并试图借此确立精神发展的正确路径。

上述三大阶段的哲学发展，还都属于"传统哲学"发展的范围。在此范围内，理性和信仰的矛盾表现为精神发展的一种内在矛盾，总的说来也并未呈现尖锐对抗的性质或外在冲突的形式。但在现当代哲学作为"非传统哲学"的发展中，理性和信仰的矛盾已具有某种尖锐对立与外在冲突的性质。当今世界，理性和信仰已陷入全面分离的状态，一方面，"理性"已被人们完全变成"工具理性"而失去自身的精神价值与精神求索特征，"价值理性"本身面临消解，另一方面，与"理性"精神终结的同时，人类"信仰"与"仁爱"精神也面临困境与终结。而由人类精神信仰危机与生态环境危机所造成的人类社会的双重危机，也使得当今人类处在了一个极其危险的境地。因此，如何克服理性和信仰的分离、消解及其危机，如何克服人类精神发展的这种自我分裂与自我异化，又如何复兴与弘扬人类传统哲学与传统文化的精神本质，也就成为当代哲学与文化研究必须要思考与解决的根本问题。

### （二）西方哲学史辩证性质解析

从大的时代来划分，西方哲学的演进主要经历了古希腊、中世纪和近代哲学这三个大的时代。其中，古希腊哲学的基本特征是"理性"，中世纪哲学的基本特征是"信仰"，而近代哲学的基本特征则是"调解"，即力图调和理性和信仰的矛盾。

仅就这三个阶段来说，也构成了西方传统哲学发展演变的一个完整过程。这个过程也具有辩证发展的性质与特点，也表现为以一个"否定之否定"的过程，亦即一个哲学的本性不断展开，而理性和信仰的矛盾也不断展开、不断演变又不断转化的过程。

我们可以把古希腊哲学这一凸现"理性"的哲学，视为这一辩证过程的"正题"，即"肯定"阶段。在这一阶段，"哲学"作为理性的自由思想只是初步地实现自身，即达到"自在的"存在，而"理性"作为自身或作为精神的开端也只是一种自在的存在，其间虽已具有与"信仰"的矛盾，但二者的矛盾还是潜在的、尚未充分展开的。

在中世纪，基督教哲学作为"信仰"的哲学，构成了这一过程的"反题"，即"否定"阶段。在这一阶段，哲学的"理性"已被"精神"否定或扬弃而外化为"信仰"或对"信仰"的追求，人的精神也由此开始在信仰中作为"自为的"精神而存在。在中世纪，理性和信仰的矛盾，也已表现为发展了的、展开了的某种外在的矛盾，因而也就作为人类精神本身的矛盾而发展起来。但"理性"仍想恢复自身，因而"理性"就在基督教哲学内部保持下来并最终发展起来而形成对"信仰"本身的某种扬弃，由此也就过渡到近代哲学。

近代哲学以"调和"理性和信仰的矛盾关系为基本特征，当然这就使这一阶段具有"合题"的特征，即"否定之否定"特征。在这一阶段，哲学的发展以古希腊人的"理性"精神和古希伯来人的"信仰"精神为基本资源与发展动力，并且力图在譬如"自然神论"体系、"理性批判"体系或"绝对精神"的哲学体系中实现二者的统一。在这一阶段，"理性"在回复自身的同时，也力图吸收与维护"信仰"，"理性"力图作为有信仰的理性而存在，而"信仰"也力图在理性中继续得到支撑。因此，精神，在经历了漫长时间的矛盾发展之后，在这一阶段也就达到某种"自在而自为"的存在，而"哲学"或"形而上学"本身也就在这一阶段达到某种理念上的完成、终结。

因而，"理性"（正题）——"信仰"（反题）——"理性和信仰的调和"（合题），就构成了西方哲学史演变的主要逻辑，也构成了西方哲学史演变的主要特征或根本特点。当然，这一演变逻辑，也并非是任何人的人为的构造，而是"精神"本身的自我发展与自我演变，即是人类精神基于自身的矛盾本性而实现自身的不断分裂而又扬弃这种分裂而趋于统一的过程。这一过程，充分体现出精神发展或形而上学发展的本性，一方面体现出哲学发展的"合规律性"的外在形式，另一方面也体现出哲学发展的"合目的性"的内在本质。而"哲学"，也就在这一"合规律性"与"合目的性"的矛盾发展中获得并发展出自身的本质，亦即发展并体现出"形而上学"那"至圣的神"的全部超验的辩证的本性。

因此，理性和信仰的矛盾构成了全部西方哲学演变的主题与逻辑，这也是哲学作为形而上学或人类精神发展的内在逻辑与辩证主题。我们要深入认识与理解哲学的本质与演变逻辑，就离不开对西方哲学史这一主题与演变逻辑的清晰认识。当然，笔者提出的此种理路或框架，也还具有一种"简约"（Simplification）的性质。但笔者认为，这一"简约"的分析却能够揭示西方哲学史的内在本质与历史逻辑，因而这种"简约"也就成为一种"本质"的简约，或者说，也就成为哲学本质的集中体现。

依照辩证哲学的理念，哲学的发展就是一个在"时间"上不断展开的有序而又合乎规律的过程。也如黑格尔所说："精神必然表现在时间内，而且只要精神还没有掌握住它的纯粹概念［即本质］，它就表现在时间内"。[1] 这就是说，"精神"在时间内力图掌握自己的内在本质，精神或意识也只有经过矛盾的充分发展，才能达到现象和本质、形式和内容的统一。因此，"精神现象学"作为"逻辑学"的"导言"或作为"意识发展史"[2]，也就具有研究精神或意

---

① 〔德〕黑格尔：《精神现象学》上卷，贺麟、王玖兴译，1979，第10页。
② 〔德〕黑格尔：《精神现象学》上卷，贺麟、王玖兴译，1979，第14、16页。

识在时间中的发展与演进的性质与意义，"精神现象学"也就成为研究表现在时间内的精神现象的科学。

实际上，"哲学"在其广义上也就是一门精神现象学，研究与揭示人类精神的矛盾发展历程及其理性思维的演变逻辑，也正是哲学研究的基本任务。

# 第二节 "从探索自然而走向精神"
## ——古希腊哲学矛盾特征解析

古希腊哲学的基本特征是理性主义，理性在古希腊哲学发展中始终居于主导地位。正是在理性的主导下，古希腊哲学经历了"从探索自然而走向精神"的过程，即经历了由早期的自然哲学向中晚期的精神哲学或道德哲学乃至宗教哲学的演变。

人们普遍认为古希腊哲学的基本特征是一种重视"求知"的理性主义。但实际上，这只应当是就其主导方面而言，另一方面，古希腊哲学的"理性"精神也始终具有和"信仰"的内在联系。这种联系，既贯穿在古希腊哲学形成与发展的全过程中，同时也影响并制约着其不同时期、不同学派的思想观点。对于古希腊人来说，"理性"构成其哲学发展的思想基础，而"信仰"则构成其哲学发展的精神趋向。在古希腊哲学中，既没有离开理性的信仰，也没有离开信仰的理性，理性或理性主义本身就包含信仰的因素。也因此，古希腊哲学在内外因素的推动下，也就最终实现了从某种理性主义哲学向信仰主义哲学的转变并因此成为中世纪哲学的思想先驱。

从总的过程来看，古希腊哲学的发展既是理性的发展过程，也是信仰的发展过程，或者说，就是理性和信仰矛盾关系的发展过程。而从这两方面发展的总的结果来说，古希腊哲学也就既为接踵而来的基督教哲学奠定了理性论证的思想基础，同时也为后来西方近代科学的产生提供了自由探索的思想理念与思想资源。

那么，在古希腊哲学的发展中，理性和信仰矛盾关系又具有哪些特点呢？

笔者认为，在古希腊哲学的发展中，理性和信仰的矛盾既表现为精神的内在矛盾，同时又通过"目的论"与"机械论"的某种外在对立体现出来，而在"目的论"基础上建构的"神学目的论"或"自然神论"也就成为古希腊哲学力图调和理性和信仰矛盾关系并实现二者统一的理论形式。

## 一　理性和信仰的矛盾是精神的内在矛盾

从本质上看，在古希腊哲学中，理性和信仰的矛盾仅是精神的内在矛盾而并不构成或表现为精神的外在对立。也就是说，理性和信仰的发展即是精神本身的发展，即是精神本身发展为理性与信仰。

### （一）理性的自由必然导致信仰的自由

就精神发展的本质而言，理性的自由必然导致信仰的自由，信仰的自由不过是理性自由的进一步发展而已。我们知道，古希腊哲学崇尚自由思想，哲学也被人们视为一门最高的自由学术，为学术而学术或为精神的自由而探索学术，这种观念已渗透到古希腊人的精神生活之中并形成重要传统。因此，对于古希腊人来说，在"自由思想"面前，既没有理性认识的禁区，也没有精神信仰的禁区，一切都取决于精神的自由发展的需要。也因此，基于"自由思想"的古希腊哲学也就完全自然地包含宗教信仰的因素，并且在精神发展产生需要时，也就同样自然地由理性转变为信仰并试图建构某种信仰哲学。

文德尔班在谈到阿那克西曼德赋予"无限"以"神性"时指出："科学思考起源于宗教，他的这个神性，是对科学思维的宗教老家的最后留恋，它第一次表现了在历史上经常反复出现的哲学家们的倾向：将理论引导他们用以解释世界的最高概念当作'神'，并从而同时赋予此最高概念以宗教意识的神力。"[1] 事实上，在苏格拉底、柏拉图等希腊哲学家看来，人们信仰神，也是一个完全自然的过程，因而也是一个理性的过程。或者说，"信仰"同"理性"一样，也是人类精神的自然需要，是人类的本性。由此，希腊哲学演进的全部过程，包括由"理性"向"信仰"的转变，或"从探索自然而走向精神"，也就完全体现为一个自然过程。这个过程是精神出自自身本性而从理性自然地趋向信仰，因此，这不是精神的外在发展，而是精神的必然的内在演变。

### （二）理性主义的本质是对感觉主义和相对主义的超越

在古希腊哲学的发展中，理性和信仰的矛盾并不具有根本对立的性质，相反，二者总是内在结合或彼此融合，完全的理性主义与某种程度的信仰主义的

---

[1] 〔德〕文德尔班：《哲学史教程》上卷，罗达仁译，商务印书馆，1987，第52页。

结合与统一形成了古希腊哲学发展的重要特征。也因此，古希腊哲学在晚期发展中才会实现由理性向信仰的根本性转变。以苏格拉底为代表的古希腊哲学家既奠定了理性主义的哲学传统，也开辟了信仰主义的思想先河，他们高举理性和信仰两面大旗，认定只有追求理性和信仰的人才是热爱智慧与真理的人，其生活才是经过考究的生活，而"未经考究的生活是不值得过的"。

与古希腊理性主义相对立的是智者学派和怀疑论的感觉主义与相对主义，而理性和信仰在结为同盟的同时所意欲排除的也正是这种感觉主义和相对主义。形成这种对立的原因，也正在于理性和信仰同具"形而上学"的特性，因而在精神的追求上也就具有一致性、统一性，而感觉主义或怀疑论则是趋于"形下"之学，是一种趋于经验认识的相对主义。这样，哲学与神学意欲坚持自己的"形而上学"或坚持自身探索的"绝对"意义，也就必然要排除感觉主义、怀疑主义或相对主义。所以，古希腊哲学理性主义的形成与发展，始终都是与排除感觉主义和相对主义密切相关的。

实际上，在古希腊哲学中，理性主义的形成，也完全依赖于把"意见"和"真理"分开的治学理路。"真理"就代表"理性"、"哲学"，而"意见"则代表"感觉"、"现象"。如果说，"意见"、"感觉"只具有"相对"的意义，那么，"真理"、"理性"就必然具有"绝对"的意义，而以绝对克服相对，以理性超越感性，也就成为古希腊哲学形成与发展的前提条件与必由之路。

在古希腊哲学的发展中，感觉主义和相对主义的认识也一度产生重要影响。著名的智者学派提出了认识论及伦理学的相对论，如普罗塔哥拉提出"人是万物的尺度"。[①] 这里的"人"或"尺度"都是意指单个人的个体感觉，即个人感觉被看做衡量事物的标准。这就是普罗塔哥拉的感觉主义。但"感觉"只能产生变化不定的"意见"而不可能形成对"真理"或"知识"的确定信念。于是，苏格拉底竭力反对这种"相对主义"的认识，以便确立我们可以叫做"绝对主义"的思想路线。"智者学派的整个思想发展就导致了将真理作为不可得到的东西而加以放弃。而苏格拉底需要真理，因此，他相信，真理是可得到的，只要我们虔诚地追求它。"[②] 苏格拉底的哲学是具有"绝对"意义的"概念论"，在那里，"科学工作的任务是规定概念的本质，即下定义。科研的目的是确定每一事物的本质，也只有这样才能得到与变化不定的意见相反的、

---

① 北京大学哲学系外国哲学史教研室编译《古希腊罗马哲学》（原著选辑），商务印书馆，1961，第 138 页。

② 〔德〕文德尔班：《哲学史教程》上卷，罗达仁译，商务印书馆，1987，第 130 页。

具有永恒性质的观念。"①

　　与智者学派把"感觉"、"意见"作为思想标准或根据不同，也与怀疑派（如希腊晚期哲学的"皮浪主义"）"不作任何判断"的相对主义不同，苏格拉底把"理性"本身确立为"标准"和"原则"，他制定了古代的这一理性"启蒙运动"的基本路线，从而使知识或哲学在精神的发展中成为决定性因素。苏格拉底所提出或竭力主张的"认识你自己"、"改善自己的灵魂"等观点，都促使理性本身成为"客观标准"。"苏格拉底找到了对于人及其行为的估价的客观标准，而此标准是智者们在感情和欲望的结构中曾努力探索而不可得的。"②"理性"作为"客观标准"也就具有"绝对"或"绝对主义"的意义，而此种"绝对主义"也正是对"相对主义"的对抗与矫正。所以，总的说来，苏格拉底的哲学观念及其成就主要就是出于他对智者学派的相对论或感觉论的对抗，正是这种对抗使他超越了和他同时的智者学派的认识的局限而开辟了新的哲学发展道路。

　　一旦把"理性"确立为标准，一旦明确地把"真理"和"意见"分开，"美德"、"德行"或"善"等观念或概念也就获得了普遍的本质意义。由此，哲学也就成为对真正存在的本质的认识。"美德即知识"，苏格拉底的这一论断指明"美德"或"德行"应是对生活本质的认识，因而"德行"也就不再具有"意见"的偶然性而是具有"真理"的确定性，亦即具有普遍性或绝对性。"在此，历史上第一次，道德意识彻底明确地作为认识论基本原理而出现了"，"科学就是对知识渴望的、奋斗的爱"，而"科学只有作为实践的洞见，作为伦理生活的知识，才有可能。"③后来，柏拉图也继承并发展了苏格拉底的理性主义的"伦理观"，他认定真正现实知识的内部有其伦理目的，"对柏拉图说来，哲学按照苏格拉底原则，产生于伦理的需要"。由此，柏拉图的"理性主义"也就在本质上成为"伦理的理性主义"。④这种"伦理的理性主义"，也在日后成为西方哲学形而上学的传统，后来康德将其视为"道德形而上学"并据此做出"理性批判"来构想"未来形而上学"。

　　因此，在古希腊哲学的发展中，理性主义（作为"绝对主义"）与感觉主义（作为"相对主义"）的对立具有决定性意义，只有超越了感觉论或相对论，哲学才可能作为追求理性乃至信仰的精神的科学而发展起来。可以说，西

①〔德〕文德尔班：《哲学史教程》上卷，罗达仁译，商务印书馆，1987，第133页。
②〔德〕文德尔班：《哲学史教程》上卷，罗达仁译，商务印书馆，1987，第109页。
③〔德〕文德尔班：《哲学史教程》上卷，罗达仁译，商务印书馆，1987，第130、131页。
④〔德〕文德尔班：《哲学史教程》上卷，罗达仁译，商务印书馆，1987，第149、150页。

方哲学发展的重要传统在于，在实现理性和信仰的具有"形上"意义的结合的同时，又不间断地实现理性主义与感觉主义、相对主义及非理性主义的对抗，一如苏格拉底所开创的古希腊哲学那样。

当然，要使哲学作为"理性主义"（或"绝对主义"）确立并发展起来，还不仅需要以"真理"克服"意见"、以"绝对主义"超越感觉主义、相对主义，而且还需要以"目的论"克服或超越"机械论"。在古希腊哲学的发展中，这后一种研究理路或理念上的对立更具本质意义。

## 二 "目的论"与"机械论"：哲学趋向神学与科学的两种路径

哲学本身即具有趋向宗教又趋向科学的矛盾两重性，由此哲学也就总是处在科学和宗教之间，哲学是介于宗教与科学之间的"中间地带"。古希腊哲学的发展也同样体现出哲学的这一矛盾特性，显示出哲学的这一特点。可以说，既趋向宗教观念，也趋向科学观念，也是古希腊哲学发展的重要历史特征。

哲学的这一矛盾的两重性，在古希腊哲学的发展中，主要通过目的论和机械论的对立体现出来。在古希腊哲学发展中，目的论和机械论的对立具有本质意义，二者既表现为两种对立的研究方式、治学理路，同时也表现为两种对立的世界观。二者的这种对立，贯穿在古希腊哲学的发展中，特别在古希腊哲学发展的中期和晚期得到突出体现。

### （一）"目的论"和"机械论"的含义

所谓"目的论"，是指认为世界或自然发展具有目的、一切发展也都服从于目的的一种哲学理论或研究倾向。目的论认为，世界的运动即是向一定目的的运动，而事物实现自身目的的趋向即形成运动的动力，因而事物实现目的的活动也就体现出事物的本性。在古希腊哲学中，亚里士多德首先对"目的"及"目的论"做了深入的探讨和阐述，成为哲学"目的论"的奠基者。

所谓"机械论"，是指认为世界的运动服从某种机械的运动规律或法则的哲学理论。机械论的核心观点是认为事物运动是由必然性所决定的，因而事物运动或自然界运动只服从于必然性或规律性而无自身的目的可言。机械论具有"反目的论"的特征。在古希腊哲学中，赫拉克利特提出"世界是一团永恒的活火"，并提出"逻各斯"（logos）作为事物运动变化的尺度，认为"一切都遵循着逻各斯"，即一切都服从必然性，而整个宇宙的变化也有不可改变的周期或规律。后来，德谟克利特提出了"原子论"，认为世界由"原子"和"虚空"构成，世界即生成于"原子"的某种"涡漩"运动，而"涡漩"运动既然是一切事物形成的原因，所以就被他称为"必然性"。德谟克利特认定"一切都由必然性而产生"，亚里士多德则评论说："德谟克利特忽略了目的因，把自然界一切作用都归之于必然性"。[①] 德谟克利特把一切都归结为原子的属性及其必然性，而原子的区别也仅在于形状、次序和位置，甚至人的灵魂也是由精细的原子构成的。可以看出，这种"原子论"已经带有浓厚的机械决定论色彩。后来，伊壁鸠鲁虽然对"原子论"做了一些修正，但总的来看这一理论并没有摆脱机械决定论的特征。

在古希腊哲学的发展中，目的论和机械论相对表现为哲学本身发展的两种理路或两种倾向：一方面，哲学通过目的论而趋向神学、趋向宗教信仰，并导致古代的某种"自然神论"或"泛神论"，另一方面，哲学又通过机械论而趋向科学，即趋向实证的经验研究。这样，哲学就同时体现出既趋向宗教又趋向科学的矛盾两重性。因此，在古希腊哲学中，理性自身的矛盾（价值理性和工具理性的矛盾等），也就通过目的论和机械论的对立体现出来。

## （二）"目的论"与"泛神论"：从亚里士多德到希腊晚期哲学的演变

一般来说，在古希腊哲学中，以柏拉图、亚里士多德学说为代表的"目的论"（或"神学目的论"）是一直占主导地位的哲学理论，而以德谟克利特、伊壁鸠鲁为代表的"机械论"（或"机械决定论"）则从未占据统治地位。也因此，对中世纪基督教神学产生重大的决定性影响并成为其思想基础与思想来源的也是柏拉图、亚里士多德的"目的论"而不是德谟克利特的"原子论"或"机械论"。

事实上，柏拉图的"理念论"已含有"目的论"的思想，"理念"既然是事物的原型、根据，因而实际上也就是事物追求的目的。柏拉图在《蒂迈欧篇》中曾阐释"宇宙的生成"，他提出"至善的神"是依照理性创造世界的，因而创造主"必然是照着理性所认识的、永恒不变的模型创造出来的"，对于"至善的神"来说，只有依照"理性"（即"理念"）来创造世界，"他所创造

---

① 北京大学哲学系外国哲学史教研室编译《古希腊罗马哲学》（原著选辑），商务印书馆，1961，第99页。

出来的作品才能够在性质上是最美的和最好的。"① 这些思想实际上就是认为世界是神的有目的的创造。事实上，"理念论"也导致了"神学目的论"的产生。柏拉图在《费力浦篇》及《理想国》的中间几篇中奠定了这种目的论的形而上学的基础，并达到思想的顶峰，"他提出整个理念世界是一切生成变化的终极因，特别提出最高理念——善的理念；其余一切理念，有如手段从属于目的，都从属于善的理念。他称这种善的理念为世界理性或者神性。"②

在柏拉图"理念论"基础上，亚里士多德全面阐述了"目的论"的主要理论，这大致包括以下几方面的内容：

首先，亚里士多德把"目的"作为一个根本概念提出，确立了"目的"及"目的论"在哲学研究中的地位。可以说，亚里士多德的"四因论"是对前人认识的总结，但前人都忽视了"目的因"，而他特别重视"目的因"，提出并阐明"目的因"确实属于亚里士多德的独创。亚里士多德主张自然的活动是一种有目的的活动，而"目的"也就是事物实现自身或发展自身的本性，事物发展基于目的性也就超越了必然性或已将必然性作为目的性的外在条件。考察自然时，人们通常总是首先想到"必然性"，"人们总以为把自然限制于必然性上面，就是在哲学上真正地规定了它。现在，一个污点从对自然的看法上面擦掉了，因为借着这个目的性，它超出了常识的见解"。③ 亚里士多德的目的论超越了以"必然性"为基础的机械论，赋予世界因而也赋予生活以"合理性"（或"理性"）的意义，因而对于哲学和人类精神的发展具有重大意义。而亚里士多德所主张的目的论，也属于后来康德所说的"内在目的论"，与后来的外在的或庸俗的目的论是具有不同内涵的。

其次，亚里士多德对"目的"也作了深入探讨，并由此形成对"自然"的深入理解。我们看到，当时的机械论，无论是赫拉克利特提出的"火"的理论，还是德谟克利特提出的"原子论"，都没有把"自然"理解为一个具有自身的有机生命的有机体的发展与演变过程。在他们看来，"自然"发展只取决于机械运动的力学规律，"自然"在整体上是一个没有生命、没有生机的过程。与此不同，亚里士多德则把"自然"理解为"生命"，进而把"自然"发展过程理解为一个具有自身"目的"的生命的生成过程。

---

① 北京大学哲学系外国哲学史教研室编译《古希腊罗马哲学》（原著选辑），商务印书馆，1961，第208、209页。
② 〔德〕文德尔班：《哲学史教程》上卷，罗达仁译，商务印书馆，1987，第176页。
③ 〔德〕黑格尔：《哲学史讲演录》第2卷，北京大学哲学系外国哲学史教研室译，三联书店，1957，第309页。

黑格尔在《哲学史讲演录》中对亚里士多德这一有关"目的论"的思想极为重视并做了充分阐释。他指出:"亚里士多德的主要思想是:他把自然理解为生命,把某物的自然[或本性]理解为这样一种东西,其自身即是目的,是与自身的统一,是它自己的活动性的原理……在这里他是注意那存在于事物本身里面的内在目的性,并把必然性视为这种目的性的一种外在的条件。"①亚里士多德的目的论思想对中世纪哲学及近代哲学都产生了重大影响,后来康德建构其"目的论"哲学并实现由"自然目的论"到"道德目的论"再到"道德神学"(实即"道德神学目的论")的转变也是以此为思想基础的。

在亚里士多德那里,事物的"合目的性"的发展也就是事物合乎"本性"的发展,因而也就成为"必然"的发展,这一发展也就排除了"机缘"和"偶然",即排除了机械论的解释。在亚里士多德看来,"自然"是"隐德来希",——自己产生自己的东西。当某物按照一个"目的"被造成时,"目的就是它的本性",亦即"内在的普遍性和目的性",而"所以称为本性,即由于当某物生成时,它即已在开始时存在;——这就是目的性;那实现了的目的,正是它的本性","自然就是那达到自己的目的的东西"。②由于"目的"即是"本性",因而"目的"也就同时成为运动的原因即"目的因",并且构成"生命的能力",生命的本性也就是生命按照一定目的而实现自己的能力。"生物的本性是:本身具备着最初的特性,依照它们去活动","生命是能力,是保持自己的'隐德来希'",因此,"自然事物本身必须被视为是自身目的"。据此,黑格尔评论说,"亚里士多德对自然是有真正的理解的"。③

亚里士多德的"目的论"旨在揭示事物活动的内在的本性、原因或能力,事物的"合目的性"的发展即是基于事物本性的发展,因而也只有这种"合目的性"才使事物发展具有真正的内在的"合规律性"。由此,也才使自然得到合理的理解,"自然里面的这个目的就是它的理性,真正合理的东西"。④但"机械论哲学"却不能这样"合理地"理解自然,因而,对它说来,对自然的一种真正的理解已经不存在了。黑格尔指出,"机械论哲学,这种哲学永远只

---

① [德]黑格尔:《哲学史讲演录》第2卷,北京大学哲学系外国哲学史教研室译,三联书店,1957,第309~310页。

② [德]黑格尔:《哲学史讲演录》第2卷,北京大学哲学系外国哲学史教研室译,三联书店,1957,第311~312页。

③ [德]黑格尔:《哲学史讲演录》第2卷,北京大学哲学系外国哲学史教研室译,三联书店,1957,第312页。

④ [德]黑格尔:《哲学史讲演录》第2卷,北京大学哲学系外国哲学史教研室译,三联书店,1957,第315页。

看到外在的原因（和外在的必然性），这些原因本身也仍是事物。天、冲击、力等看来诚然像是内在的，但却不是出自自然本身，——不是出自物体的本性，而是一种添加上去的异己的附属品，如像液体里面的颜色"。① 好在还有康德，黑格尔指出："只有在康德哲学里，亚里士多德的概念才重新出现：生物本身就是目的，必须被认作自身目的"，"康德已把这个概念在我们中间重新唤起了。自然产物乃是本身就具有的目的，以本身为目的的目的"。② 从亚里士多德到康德、黑格尔，中间隔着两千多年的岁月，但有机自然目的论思想竟然表现为一个一以贯之的连续的发展过程。

第三，亚里士多德还把"目的论"或"自然目的论"发挥为"神学目的论"，进一步建立并巩固了哲学和宗教的联系。"目的"、"形式"，都被亚里士多德赋予绝对性与神圣性，都被他视为永恒不变的精神实体，即视为"神"的属性。由此，"目的论"也就演进成为"神学目的论"。在亚里士多德那里，"神"作为某种"不动的推动者"，作为"第一动因"或"第一推动者"，同时也是一切事物所追求的最终目的，是一切运动的最终原因，而由此达到的最大的"善"也就是"神"。他说："我们说神是一个至善而永生的实是，所以生命与无尽延续以至于永恒的时空悉属于神；这就是神。"③

由此，在目的论的基础上，亚里士多德也就达到了某种"神学目的论"或"自然神论"。实际上，大多数古希腊哲学家也都信奉这种"神学目的论"或"自然神论"，他们对人格化的"上帝"尚无充分意识，但对"神"和"自然"的统一却充满探索的热情。由此，我们也就可能对希腊哲学家"信仰"的本质亦即他们所信奉的"神"的特征做出解释。"神"的概念，无论对苏格拉底、柏拉图来说，还是对亚里士多德来说，乃至对毕达哥拉斯学派以及希腊晚期哲学的那些学派来说，都意味着"自然"，而"神学"（意即"哲学"）也就意味着理性和信仰在"神"之中的统一。古希腊哲学的"自然神论"和近代的"理神论"或"辩神论"相似，它在本质上也并非属于"无神论"，因为既然承认存在"神"就不能说是"无神论"，而只能说是"有神论"。"自然神论"历来是"有神论"的自然发展形式。

"目的论"在亚里士多德哲学中形成以后，即构成希腊晚期哲学一些重要

---

① 〔德〕黑格尔：《哲学史讲演录》第 2 卷，北京大学哲学系外国哲学史教研室译，三联书店，1957，第 315 页。
② 〔德〕黑格尔：《哲学史讲演录》第 2 卷，北京大学哲学系外国哲学史教研室译，三联书店，1957，第 313、315 页。
③ 〔古希腊〕亚里士多德：《形而上学》，吴寿彭译，商务印书馆，1959，第 248 页。

学派的共同基础。在希腊晚期哲学及罗马哲学的发展中，柏拉图的学园派（后来形成"新柏拉图主义"）、亚里士多德的逍遥派以及斯多葛派所赖以结合的共同基础也正是"目的论"，只有伊壁鸠鲁学派才坚持自己的孤立的"反目的论"观点。诚如文德尔班所指出的："从理论上说，伊壁鸠鲁学派本质上是反目的论的，在这点上，这个学派不会产生任何积极的新的东西"。[①] 伊壁鸠鲁"接受了纯机械地解释自然变化过程的观点"，"因此，德谟克利特的理论传给伊壁鸠鲁学派的只是原子论和机械论；至于我们在前面谈到的他的遗产——关于普遍有效的自然律的、深刻得多宝贵得多的原则，则传给了斯多葛学派。"[②]

这样，我们在希腊晚期哲学及罗马哲学的发展中就看到，目的论和机械论（作为"两种对立世界观"[③]），已经体现为宗教信仰和反宗教信仰的对立。这时，精神或理性由哲学转向宗教已成一般趋势，几乎所有的希腊晚期哲学学派都在转向一种新的时代精神——宗教的信仰精神。在这一转变的潮流中，斯多葛派作为"公开的目的论"，无疑起了重要作用。

## （三）斯多葛派及其宗教神学

斯多葛派力图将世界理解为按照目的而自我运动的生命体，而"神"作为有积极创造性的力量即是生命原则。同时，在这有机的世界中，"神"也是有目的地创造着的并起指导作用的理性。由此，斯多葛学派也就由"目的论"而达到了真正的"泛神论"或"自然神论"，亦即形成一种"神学"，形成一种基于理性论证的自然宗教体系。文德尔班指出："斯多葛的自然学说表现出许多新的观点，这些观点不仅本身有趣，而且刻画出以后几世纪的世界观的主要线条。"而且，"人民大众信仰的多神论就这样在哲学上重新建立起来了，并作为构成整体所必要的组成部分进入形而上学的泛神论中"。[④]

在古希腊哲学的发展中，柏拉图的"理念论"、亚里士多德的"目的论"体现出哲学趋向伦理及宗教的治学理路，而德谟克利特的"原子论"则体现出哲学趋向经验的科学研究的理路。按照文德尔班的分析，德谟克利特的理论主要沿着早期哲学的思路发展，把知识引向解释现实中存在的现象，因而在本质上是一种"理论的理性主义"。但这种纯理论的理性主义已经不合当时的时代潮流了，因此，他的学派很快就消亡了。而柏拉图学说在本质上则是一种"伦

---

① 〔德〕文德尔班：《哲学史教程》上卷，罗达仁译，商务印书馆，1987，第245页。
② 〔德〕文德尔班：《哲学史教程》上卷，罗达仁译，商务印书馆，1987，第246页。
③ 〔德〕文德尔班：《哲学史教程》上卷，罗达仁译，商务印书馆，1987，第255页。
④ 〔德〕文德尔班：《哲学史教程》上卷，罗达仁译，商务印书馆，1987，第250、255页。

理的理性主义"①，这一理论恰逢其时。柏拉图在真正现实知识的内部寻求与确立伦理目的，他能够把早期思想的成果糅合于自身理论之内，同时兼顾伦理因素和科学因素，从而为生活奠定了基础并获得了广泛持久的影响，因此，成为未来世界的形而上学基础的必然是柏拉图学说。

事实上，任何理论的发展，都取决于理论本身的特质以及它与现实生活需要的契合。这也如文德尔班所说："希腊化—罗马哲学从伦理观点逐渐过渡到宗教观点，其内因存在于哲学本身，其外因存在于时代需要的迫切要求。"②在希腊哲学发展晚期，精神的发展出现了对"信仰"的迫切需要，哲学必须解决精神对信仰的需求，于是，古希腊哲学便在经历了"宇宙论—人类学—体系化—伦理学"等各个阶段之后而走向"宗教学"时期，并进而转变为宗教哲学。这样，在柏拉图、亚里士多德神学目的论的基础上，在柏拉图派、亚里士多德派、斯多葛派等学派的共同推动下，古希腊罗马哲学通过泛神论或自然神论也就最终转向宗教神学，一个以宗教信仰为根本特征的"神学形而上学"的时代随之出现。

## 三　古希腊哲学的"自然神论"特征

古希腊哲学具有某种"自然神论"特征，而这种"自然神论"又是以"目的论"或"神学目的论"为基础的。与现代哲学及科学推崇"机械论"与"进化论"不同，自古希腊哲学以来，西方传统哲学是以推崇"目的论"与"自然神论"为特征的。古希腊哲学的历史贡献之一也正在于创立了"目的论"，并在此基础上提出了"自然神论"的基本观点，从而在"哲学形而上学"的基础上开辟出通向"神学形而上学"的路径。

所谓"自然神论"，是指认为自然具有神性或认为神即自然的一种哲学理论与学说。自然神论提倡以理性为基础的"自然宗教"，强调"神"和"自然"的某种自然的、天然的统一，并把自然界的规律与秩序看做是按照"神"的意志巧妙安排的结果。人们一般认为自然神论是在西方近代 17～18 世纪产生的，但在更广泛的意义上，自然神论由来已久，古希腊哲学家在"自然"中寻求神性或把"神"视为自然的存在，这应当就是自然神论的观点。由此，古希腊哲学家的哲学观或宗教观在很大程度上也就可归结为"自然神论"。在古

---

① 〔德〕文德尔班：《哲学史教程》上卷，罗达仁译，商务印书馆，1987，第 150 页。
② 〔德〕文德尔班：《哲学史教程》上卷，罗达仁译，商务印书馆，1987，第 282 页。

希腊哲学中，"神"已被赋予整个"自然"或"宇宙"的特性并与自然、宇宙合而为一，这样，哲学的神学特色也就突出地显示出来。

我们知道，苏格拉底实现了"人类学"转向，但其"人类学"也具有理性和信仰的两重性矛盾，它既具有理性的知识论特征，也具有"自然神论"或"神学目的论"的信仰特征。后者即是苏格拉底一再所说的对于"神灵"的信仰。苏格拉底强调"知识"的有限性，强调人应当知道自己的"无知"，同时他相信在知识所达到的极限上，信仰就可以帮助人从"神"那里汲取力量。所以，苏格拉底相信，只有"神"才是真正智慧的，"在知识无能为力的情况下，神就用这种方式警告一个人避开邪恶，否则他就不能为神服务。"① 苏格拉底还提出，"我这样事神是我们国家最大的好事"，而他所做的也正是帮助人们"改善自己的灵魂，这是最重要的事情"，苏格拉底说，"这就是我的教义"。② 这样，苏格拉底也就在对"神"的信仰中把理性、信仰以及知识、美德都结合了起来。苏格拉底的这种综合的两重性思想和康德的思想颇为相似，那就是既指出知识、认识的局限，同时又指出信仰的必要性。人们常说亚里士多德是古代世界的黑格尔，但如果说苏格拉底是古代世界的康德，那不也是十分贴切的吗？

对于希腊哲学家来说，"宇宙"即具有"理性"而形成"宇宙—理性"，而"宇宙—理性"又具有"神性"，它既可表现为赫拉克利特的"逻各斯"，也可表现为阿那克萨哥拉的"奴斯"，还可表现为斯多葛学派的"普纽玛"。事实上，柏拉图的"理念"也不过是"宇宙—理性"的另一种表达方式，是对"宇宙—理性"的一种更具抽象力的概念式的表达。这种对"宇宙"的理性乃至神性的表达或理解，进而对"人生"的某种理性或神性的表达或理解，对古希腊绝大多数哲学家来说都是相同的，古代形而上学的理性主义在其"理性"的求索也尽力保留了"信仰"的地盘。

总之，在古希腊罗马哲学中，理性和信仰都达到了某种高度的自由发展，哲学理性和宗教信仰也保持了某种内在的精神上的联系，这一联系既奠定了古希腊罗马哲学日后向中世纪哲学转变的基础，同时也开辟出西方哲学日后演变的主要路径。对于哲学这一"唯一的自由学术"来说，"理性"和"信仰"本来也不存在"禁区"，哲学不仅可以自身包含理性和信仰，而且还可以同宗教

---

① 〔德〕文德尔班：《哲学史教程》上卷，罗达仁译，商务印书馆，1987，第136页。

② 北京大学哲学系外国哲学史教研室编译《西方哲学原著选读》上卷，商务印书馆，1981，第68、69页。

一起分担人类精神上的这种形而上学的矛盾。由此，"哲学"、"神学"也就同时获得了存在和发展的历史理由。也因此，在西方，"哲学"和"神学"也就在密切联结之中，同时作为特定的学科而形成并发展起来。由此，哲学所寻求的"真理"也就不仅最终克服并超越了"意见"，而且本身也获得了辩证的意义，这一辩证意义一再通过哲学和神学的矛盾关系体现出来，这就形成了后来的"两重真理说"。

## 第三节 "信仰神圣而又诉诸理性"

### ——中世纪哲学矛盾特征解析

正像苏格拉底之死开创了一个理性主义时代一样，耶稣之死则开创了一个基督教信仰主义的时代。西方的所谓"中世纪哲学"，主要是指基督教哲学，也就是指西方在公元 5～15 世纪发展起来的基督教信仰者的哲学，这是一种以理性论证基督教信仰的特殊的哲学形态。基督教哲学的历史意义在于，它在特殊或特定的历史条件下表达了理性对信仰的追求与思考，以其特殊的方式延续了人类理性思维的传统，在神学的框架下保持了对哲学的研究（包括本体论、方法论及伦理学等领域的研究）。我们应把中世纪基督教哲学视为西方传统哲学的一个特定的发展阶段，一方面，它不失为希腊哲学的延续、深化与发展，另一方面，它也为近代哲学的产生和发展提供了重要的思想资源。

中世纪哲学（同它的时代特征一样）也具有"夹在"古代和近代哲学中间的意义，它也是一个"中间阶段"，是一个具有一定"过渡"意义的哲学形态。然而，无论如何，我们都不应该将中世纪哲学视为哲学的某种外在发展，而应当把它视为哲学的一种内在的必然的发展，它是哲学本身发展所采取的一种特殊形态。从哲学的内在本性或发展逻辑来说，如果哲学本身即包含理性和信仰这种内在的精神矛盾，那么，哲学在经历了理性的充分发展之后，也就必然要经历一个信仰上的充分发展，由此，哲学才会充分体现出自己的时代精神。

那么，西方中世纪哲学的发展或演变又具有哪些主要特点或特征呢？

## 一 中世纪哲学的根本特点：注重精神的内在性

中世纪哲学的根本特点在于注重精神的内在性。前述古希腊哲学经历了"从探索自然而走向精神"的转变，而到中世纪时代，哲学就完全以精神生活的内容为本身的内容了。在古希腊哲学中，自早期哲学家阿那克萨哥拉提出

"奴斯"（nous，本义为心灵）概念之后，精神就开始获得独立发展，并被视为世界发展的"推动力"。苏格拉底等哲学家也一向重视"心灵"，并认定"灵魂不朽"，由此精神也就逐渐获得了某种独立地位，而保持精神的独立性也被视为哲学家的主要使命。到希腊哲学发展晚期，精神已日益取得超越物质或自然的意义，精神的解脱或心灵的安宁也日益被人们视为道德生活或人生幸福的基本条件，这样，一种由对自然或本体的理性探讨到对精神本身的超验思辨的全面转变就成为不可避免的趋势。

在中世纪，在古希腊罗马哲学中业已形成的这一趋势得到彻底贯彻，精神进而获得了完全的独立地位成为哲学研究的唯一对象。同时，信仰也成为精神的根本内容，成为精神发展的内在形式。这时，哲学也开始完全以精神为特征，在精神信仰的内部孕育并持续地发展起来。在中世纪，人类精神的确经历了一场"由外向内"的根本性转变，"内在经验的形而上学"[1] 成为哲学发展的主要特征。

在中世纪，哲学在神学的影响下，开始注重人的精神的内在的超越性，开始诉诸个人的内在世界，灵魂升华、人格完善等成为哲学所追求的根本目标。因此，基督教哲学完全成为一种关于"内在经验"的形而上学，即成为一种关于人的精神追求的精神哲学。与古代哲学相比，中世纪哲学已具有完全的精神的内在性，表现为哲学思想的一次"由外向内"的历史性的根本转变。这也即如文德尔班所说："形而上学兴趣逐渐地、几乎不可觉察地从外部领域转入内部生活的领域。精神概念作为宇宙概念的基本因素取代了物质概念。"[2] 而基督教及其哲学作为一种超越有限认知的精神生活的方式，从信仰和情感的角度切入人心，也因此获得了存在和发展的价值与意义。

与古希腊罗马哲学的丰富内容和璀璨纷呈的形式相比，中世纪哲学的思想题材确实显得较为逊色，但对"信仰"本身的精神求索与理性探讨却又使其别具一格。就精神的内在发展来说，奥古斯丁（354~430）无疑是一位开创性人物，他第一次以彻底的明确性表达了"内在经验"的重要性，并以此作为哲学的出发点。奥古斯丁哲学思考的主题与核心，就是精神上的"忏悔与救赎"。为此，他写出《忏悔录》，对那种青春时代的放荡生活做了深入忏悔与反省，他说这是"我和我自己的斗争"，也只有这种内心斗争的风暴才能使灵魂避免堕落。他还意识到内在的精神生活远远高于感官欲望的满足，领悟到"灵魂超

① 〔德〕文德尔班：《哲学史教程》上卷，罗达仁译，商务印书馆，1987，第370页。
② 〔德〕文德尔班：《哲学史教程》上卷，罗达仁译，商务印书馆，1987，第371页。

越肉体乃是生命指令"，而"人得救全靠信仰上帝的恩典"。①

奥古斯丁是古希腊哲学向中世纪哲学转变时期的一位最重要的思想家，他的使命是为基督教教义提供系统论证。为此，他一方面对希腊哲学进行"解构"即对希腊哲学精神进行改造，使之为基督教服务，另一方面又试图对希腊哲学进行某种"建构"，并利用希腊哲学尤其是新柏拉图主义使基督教获得哲学支撑。奥古斯丁的努力显然大获成功，其思想理论在13世纪之前一直占据统治地位。奥古斯丁哲学的特色也正在于希腊哲学与基督教的结合、融合，他的哲学也不失为这一结合的结晶，代表了历史上继之而起的又一新的哲学形态——基督教哲学。正如文德尔班所指出的："奥古斯丁学说规定了中世纪哲学基本上所遵循的思想路线，规定了中世纪哲学继承和发展古代哲学原则的思想路线。他第一次将古代科学在整个发展结束时期不断准备的内在性原则搬进哲学思想的控制一切的中心位置，他在哲学史上理应据有的位置就是新的发展路线的创始人的位置。"②

同时，奥古斯丁也把精神的内在矛盾注入哲学、注入宗教意识，他给西方的基督教文化打上了一种深深的矛盾烙印。这种矛盾正是精神的内在矛盾，是精神在忏悔中得到救赎的渴望。奥古斯丁曾提出："我怀疑，所以我存在"（Si fallor, ergo sum，又译"我有错，所以我存在"），其意是说，我虽然有错，但我仍不失存在的本质；也正因有错，我才需要上帝的指引来改正错误。他相信，"上帝的光使人认识真理"，"谁拥有上帝，谁就拥有幸福"。奥古斯丁哲学的这种忏悔、求索而又不安的精神气质，深深影响了西方文化。与中国文化具有某种"乐天"的气质不同，西方文化带有一种"悲天"的气质与色彩，西方文化那种不断内省、忏悔而又不断进取、扩张的精神，也正是一种奥古斯丁式的精神。

## 二 中世纪哲学的一般趋势：实现理性和信仰的统一

实际上，基督教哲学就是一种特殊的"神哲学"，它处于"哲学"和"神学"之间，同时它本身又具有综合或融合哲学和神学的性质。在西方，自亚里士多德以来，哲学和神学就具有一种既相分离又相联系，既相区别又相统

① 北京大学哲学系外国哲学史教研室编译《西方哲学原著选读》上卷，商务印书馆，1981，第220页。

② 〔德〕文德尔班：《哲学史教程》上卷，罗达仁译，商务印书馆，1987，第361页。

一的特殊关系，到中世纪，基督教哲学本身也体现出理性和信仰的矛盾，理性和信仰的关系也成为基督教哲学家思考的一个核心与基本问题。中世纪哲学的发展，在本质上也就是基督教信仰不断实现理论化、系统化的过程，当然这也是宗教和哲学既相分离，又相融合的过程。

在中世纪，基督教哲学的发展经历了教父学和经院哲学两大发展阶段。随着基督教哲学的这种演进，神学本身与哲学的关系也不断发生变化。总的说来，二者关系经历了由最初的相互排斥到后来的相互结合的过程，而其一般趋势则是实现信仰和理性的统一，这体现了基督教力图把信仰建立在理性基础上的显明意图。

## （一）教父学：由"极端"向"温和"信仰主义的转变

"教父学"就是基督教教父的哲学理论，它是基督教哲学的早期形态，其基本特征在于为适应基督教的发展而创立基督教教义。早期教父学的代表是德尔图良（约160~240），他的思想堪称"极端信仰主义"，亦即认为信仰高于理性并排斥理性。他的传世名言是："正因为荒谬，所以我才相信"。德尔图良确认基督教的信仰是最高真理，因而主张对"上帝"的绝对信仰，对于"信仰"来说，有些教义（如"上帝的儿子死而复活了"）虽然"荒谬"，但却真实，而理性也并不等于真理，只能为了信仰才能相信理性。

后来，成为教父学的最大代表和集大成者的奥古斯丁则主张"温和信仰主义"。奥古斯丁的思想是努力将理性和信仰统一起来，为此，他提出"信仰便于理解"、"理解跟随信仰"或"理解以便信仰，信仰以便理解"等命题。但同时，奥古斯丁又认定"信仰"是最根本的，这是因为"上帝"是绝对"超验"的，是不可认识的，因而"上帝"只能信仰。上帝作为"至高的真理"或"永恒常在的智慧"是不依赖于人的精神的，相反上帝驾驭精神，对精神而言，上帝是超验的，因而人的幸福也就在于拥有"上帝"。[①]

奥古斯丁的观点既不同于"极端信仰主义"，后者取消了理性应有的地位，久而久之就会使信仰失去可信度，但也不同于"极端理智主义"，后者又过分看重理性、知识的作用，使信仰完全服从理性，久而久之也会消解信仰。奥古斯丁批评这两者都没有解决好理性和信仰的关系，均为一种"疾病"。据此，奥古斯丁还第一次对古希腊哲学由盛而衰的原因做了剖析，认为其中原因就在

---

① 奥古斯丁对上帝存在的证明可称为"超验论"证明，它开启了后来"本体论"证明、"宇宙论"证明的先河。

于"极端理智主义",即希腊哲学过分相信求知的重要性而忽视了人的实际生存状态。他的这一分析也具有深刻与合理之处。

### (二)托马斯哲学：信仰和理性的奇特结合

到12～13世纪，基督教哲学呈现出繁荣发展的局面，并最终形成了"经院哲学"的哲学形态。所谓"经院哲学"实际上就是一种以系统地论证基督教教义为宗旨的基督教会的哲学。经院哲学内部也出现了唯实论（也称"实在论"）和唯名论两大学派。两大学派争论的核心问题是"共相与殊相"即普遍概念与特殊事物的关系问题。这一争论无疑已具有更多的理性因素或哲学色彩，争论的两大学派都试图利用柏拉图哲学或亚里士多德哲学的思想作为理论依据。因此，古希腊哲学也就被基督教学者更多地加以利用、阐扬并与基督教进一步结合起来。随着这一结合的深入，结合本身也终于产生出重大结果，也终于促使基督教哲学发展到一个新的高峰，产生了圣托马斯的神哲学。

在理性和信仰的关系上，托马斯·阿奎那（1224～1274）也主张"温和信仰主义"。在托马斯哲学的庞大的对于基督教说来也是包罗万象的体系中，理性和信仰之间达到了某种奇特的结合，二者已显示出更为密切的内在关联。

首先，在理论上，托马斯已更为注重神学和哲学的内在联系，在信仰的前提下，他也完全承认了哲学理性的独立地位。在他那里，神学和哲学都是通向"上帝"或"真理"的路径，即"除了哲学真理以外还需要有神学真理"，或者说，"哲学既讨论了一切存在，而且也讨论了上帝。所以，哲学中有一部分就是神学"。① 托马斯强调"人用理智来讨论上帝的真理，也必须用上帝的启示来指导"，在"指导"的意义上，托马斯又认定，"神学高于哲学，哲学是神学的奴仆"。② 实际上，托马斯看到"理智本身有缺点"，因而有意识地要"把我们通过自然的理性所得到的知识（这是其他科学的出发点）引向超乎理性之上的东西，引向神学的范围内去"③。在这里，我们似乎已读到了康德的言论。

其次，托马斯在参照亚里士多德的基础上也对"哲学"做出分类，他把

---

① 北京大学哲学系外国哲学史教研室编译《西方哲学原著选读》上卷，商务印书馆，1981，第259页。
② 北京大学哲学系外国哲学史教研室编译《西方哲学原著选读》上卷，商务印书馆，1981，第259、260页。
③ 北京大学哲学系外国哲学史教研室编译《西方哲学原著选读》上卷，商务印书馆，1981，第261页。

"哲学"也分为"物理学、数学、形而上学"三个部门。托马斯已认识到,科学分类的基础在于研究对象的区别,他指出"思辨科学的对象,本来就是对于物质和运动的抽象,或对此二者的理解活动。因此,思辨科学按照远离物质和运动的程度划分为不同的学科。"① "形而上学"是最远离物质和运动的,"还有一些思辨对象,在存在上并不依靠物质,它们能够离开物质而存在,因为它们有些是永远不在物质中,如上帝和天使","研究这些对象的是神学;其所以称为神学,是因为它所研究的对象主要是上帝。"同时,"它也称为形而上学,意思是超过了物理学,因为我们在物理学之后遇到这个研究对象,我们是必须从感性事物前进到非感性事物的。"② 在托马斯观念中,神学和哲学、理性和信仰具有本质的内在的精神上的统一性,而在对这些思想的发挥中,托马斯也充分利用了亚里士多德的有关思想。譬如,托马斯对"上帝"存在的"宇宙论"证明,就是以亚里士多德哲学论证基督教信仰的典范。

## (三) 对"上帝"存在的证明

在经院哲学发展早期,被黑格尔誉为"真正的经院哲学之父"、"最后一个教父和第一个经院哲学家"的英国坎特伯雷大主教安瑟伦(Anselmus, 1033 - 1109)已提出对"上帝"存在的"本体论"证明,已体现出基督教利用哲学理性论证信仰的意愿。

安瑟伦自己虽然极力主张理性应服从信仰,并提出了"我决不是理解了才能信仰,而是信仰了才能理解"③,但他同时也强调基督教徒应当由信仰进到理解,认为只有用理智理解了信仰,才能把握所信仰的真理的内在根据,才能更好地用理性来维护信仰。从此原则出发,安瑟伦注重在哲学上对"上帝"存在做出证明,而他做出的证明也成为哲学史与基督教史上的第一个经典证明。这一证明即"对上帝存在的本体论证明",意在把"上帝"概念作为本质或本体并以此推论出"上帝"的存在,即认定"上帝"既在思想中存在,也就一定在现实中存在,因为"伟大无比的东西不能仅仅存在于心中","所以,毫无疑问,某一个不可设想的无与伦比的伟大的东西,是既存在于心中,也存在

---

① 北京大学哲学系外国哲学史教研室编译《西方哲学原著选读》上卷,商务印书馆,1981,第266页。
② 北京大学哲学系外国哲学史教研室编译《西方哲学原著选读》上卷,商务印书馆,1981,第266页。
③ 北京大学哲学系外国哲学史教研室编译《西方哲学原著选读》上卷,商务印书馆,1981,第240页。

于现实中。"①

这种证明方法，归根结底还是基于爱利亚学派的思想，即巴门尼德关于"存在"是唯一的和绝对的思想，以及"能被思维者和能存在者是同一的"②思想。从"上帝"作为最伟大的观念（"能被思维者"）而推出上帝的存在（"能存在者"），即从事物的"本体"观念（作为"存在的存在"观念）推出事物的"存在"，这正是古希腊思辨哲学（从巴门尼德到亚里士多德）的基本特征与风格。难怪黑格尔对此大加赞赏，说安瑟伦"鼓舞了经院哲学家的哲学，并且把哲学和神学结合起来了"。③

但安瑟伦是一位"极端唯实论者"，此种唯实论认定精神所认识的"共相"、"一般"才是本质、实体，同时也是上帝创造个别事物时所依据的"原型"、"理念"，因而是先于并独立于个别事物的真正的"实在"（这显然是对柏拉图"理念论"的继承）。而托马斯则属于"温和唯实论"，此种唯实论认为"共相"、"一般"虽然是本质、实体，但却作为"隐秘的质"或"实体的形式"而蕴含或潜存于"殊相"即个别事物之中（这又利用了亚里士多德关于"形式"的理论）。据此，托马斯后来就改变了证明"上帝"存在的方法与思路，他不再像安瑟伦那样采取先天证明方法，即从本质、原因推导出结果，而是采用某种后天证明方法，即从结果推导出原因、本质。托马斯认为，"上帝"超越于一切可感觉事物以及感觉之上因而不可认识，但是"上帝"所创造的结果却是可感觉的事物，因此，我们就可借此结果而推导出"上帝"的存在。由于此种证明以"上帝"创造的宇宙万物为证明方法与路径，故被称为"对上帝存在的宇宙论证明"。④

托马斯的这一证明又分为五个方面，史称通向上帝的"五路"，即：（1）从事物运动或变化方面论证上帝是第一推动者；（2）从动力因的性质来论证上帝是最初的动力因；（3）从可能和必然性来论证上帝的存在，即上帝自身就具有自己的必然性而不依赖于其他事物；（4）从事物的真实性的等级论证上帝存在，即上帝即是一切事物完满性的原因；（5）从世界的秩序（或目的

---

① 北京大学哲学系外国哲学史教研室编译《西方哲学原著选读》上卷，商务印书馆，1981，第241～242页。

② 北京大学哲学系外国哲学史教研室编译《西方哲学原著选读》上卷，商务印书馆，1981，第31页。

③ 〔德〕黑格尔：《哲学史讲演录》第3卷，贺麟、王太庆译，商务印书馆，1959，第296页。

④ 这一证明也以"目的因"作为论证上帝存在的重要依据，故也可称为"对上帝存在的目的论证明"。

因）来论证上帝的存在，即上帝必定是一切自然事物所指向的目的。托马斯说，"这个存在者"，即作为"目的因"而存在的存在者，"我们称为上帝"。①

托马斯的这一证明，在本质上是利用与改造亚里士多德哲学特别是"四因论"的结果，其独创性在于，他从神学立场出发，竟然能在形而上学的一系列概念如"第一推动者"、"动力因"、"可能和必然性"、"目的因"等概念和基督教的"上帝"理念之间画出等号，或者说，竟然能将"上帝"理念引入古希腊的宇宙论哲学。由此，理性论证信仰也就达致完满的境地，托马斯也借此完成了理性和信仰的奇特结合，这既确立了亚里士多德哲学在基督教神学中的地位，同时也克服了基督教教义的某种危机而一举把基督教哲学推进到一个新的阶段。

当然，任何对"上帝"存在的证明或基督教哲学本身都注定还要经受近代理性哲学的反思或批判，但是，基督教哲学所孕育的信仰和理性结合的精神却也注定要遗传给她的后代。

## 三　"两重真理说"：调和理性和信仰矛盾的理论

理性和信仰的矛盾贯穿在整个中世纪哲学的发展过程中，而唯实论和唯名论等各派学者的宗教哲学也都无不以调解二者矛盾为特征，这种调解的努力也终于产生出一种完全旨在调和二者矛盾关系的辩证理论——"两重真理说"。

"两重真理说"（或"两重真理论"）是在 12 世纪经院哲学达到繁荣阶段才出现的，其最早或最明确的创立者应是阿拉伯哲学家、西班牙学者伊本·路西德（Ibn‒Rushd，1126‒1198）。由于伊本·路西德的拉丁化名字为"阿维洛依"（Averroes，即西欧人把他的名字拉丁化而称为"阿维洛依"），因此他的学说也就被称为"拉丁阿维洛依主义"。这样，"两重真理论"也就成为"拉丁阿维洛依主义"的标志性的核心理论。

所谓"两重真理说"主要包含两方面的含义：其一是说同一真理可以采取两种表述形式，既可以采取哲学的理性思辨的表述形式，也可以采取神学信仰或隐寓象征的表述形式；其二是说有两种不同来源的真理同时存在，即哲学的真理和神学的真理同时并存，二者各自独立，互不干涉。这后一种含义在伊本·路西德本人的思想中还不十分明确，而为西欧后来的一些哲学家所大力发挥。

---

① 北京大学哲学系外国哲学史教研室编译《西方哲学原著选读》上卷，商务印书馆，1981，第 261 ~ 264 页。

当时，阿维洛依主义的活动中心是巴黎大学，其著名领袖是该校人文学系教授西格尔（1235～1282），他依据两重真理说努力调解理性和信仰、科学和宗教的矛盾，并力图在宗教信仰的强势下争取到某些科学研究的自由。其后，邓斯·司各脱、奥卡姆以及弗兰西斯·培根乃至约翰·洛克等哲学家也都持有"两重真理说"的观点，而这一学说也日益获得"真理具有两重性"的一般辩证含义，进而对西欧中世纪后期哲学以及近代哲学的发展与演变起了重要作用。

"两重真理说"的本质在于调解理性和信仰的矛盾，而不断调解二者矛盾，也正是整个中世纪哲学发展的显著特征。因此，在广义上，中世纪哲学的发展也就成为"理性"和"信仰"作为人类的"两重真理"而矛盾展开的过程。人类寻求"真理"的精神本身即具有理性和信仰的两重矛盾本性，因而"精神"也就注定要在理性和信仰的矛盾中才能显示自身的辩证本性，才能使自身具有并保持"形而上学"这"至圣的神"的本质。

就精神发展的连续性来说，中世纪的基督教哲学也并没有中断哲学，而是使哲学在神学的形式下得到延续与过渡。中世纪哲学不仅继承了古代哲学的思辨传统，而且也开辟了近代哲学精神探索的先河，在这种精神本身的矛盾的推动下，哲学发展必然要进入一个新的时代。

## 第四节　"既凸显理性又维持信仰"

### ——近代哲学矛盾特征解析

西方的中世纪虽然存在理性和信仰的矛盾，但总的来看，这还是一个宗教信仰全面统治的时代，因此，由中世纪哲学向近代哲学的转变，就体现出由信仰向哲学理性的回归。而近代哲学的发展也日益显示出力图调解理性和信仰矛盾的意图，从而表现出"既凸显理性又维持信仰"的基本特征。笔者认为，近代哲学的这一基本特征主要表现在以下几个方面。

## 一　近代哲学仍坚持"两重真理说"

### （一）近代哲学在矛盾中形成

15～16世纪，西欧各国相继发生了文艺复兴与人文主义运动，近代哲学也孕育而生。近代哲学在形成时期就明显处于一种矛盾地位，一方面，近代哲学与宗教仍具有密切关系。这是一种历史联系，哲学的许多思想观念就起源于经院哲学家的思考，特别是经院哲学发展晚期，"新唯名论"等宗教新思潮本身就孕育、包含着许多新的哲学观念，但另一方面，近代哲学又开始更多地受到科学发展的影响，并且不能不更多地关注科学的发展。

从思想来源或思想资源上说，近代哲学的确是古希腊哲学和中世纪基督教哲学互相结合甚至互相融合的产物。然而，从现实历史背景或时代条件来看，影响近代哲学的形成与发展的显然还有一个处在哲学和宗教之外的"第三者"即科学。因此，近代哲学也同历史上任何时代的哲学一样，不得不处在宗教和科学之间的矛盾中发展，但对近代哲学来说，这种矛盾则显得更为尖锐。但哲学毕竟具有自己的本性，因而总的说来，哲学就以"形而上学"的思辨与超验本性来对待这种矛盾。为此，近代哲学一方面继承古希腊哲学的理性传统，即注重思辨，另一方面也注重知识乃至科学，即如培根那样宣布"知识就是力量"，进而把探索或研究自然确立为认识的使命。同时，近代哲学也继承了中世纪基督教哲学的那种内在精神乃至信仰精神，在关注自然的同时也仍然关注精神，仍然努力把精神本身作为认识的主体、对象与基本内容，一如笛卡尔那样宣布"我思故我在"，进而从"思想"的确定性论证"上帝"存在的确定性。这样，近代哲学也就按照精神的超验本性，在宗教和科学的矛盾中形成并发展起来。

我们看到，基于哲学的这种矛盾性或矛盾处境，近代哲学形成时期的情况与古希腊哲学形成时期的情况颇为相似。像古希腊哲学一样，近代哲学也同样以"宇宙论"为开端，以"人类学"为后继，而在它其后的发展中就开始完全以"启蒙"为旗帜，以"主体性"为原则了。

在很大程度上，西方近代哲学是对古希腊哲学"理性主义"的复兴，特别是近代早期的哲学家都很重视研究自然，如培根、笛卡尔作为近代哲学的奠基人就很重视自然科学，并注重在对自然科学认识的总结与提升中制定出系统的哲学方法论与认识论体系。而其后的唯理论及经验论哲学家也都力图以自然科学或数学为基础，在哲学研究中尽力概括与运用自然科学的研究成果。由此，哲学开始逐渐和神学分离，并与科学重新结合（古希腊哲学与科学、宗教都具有某种原始的统一性）。所以，近代哲学的开端时期类似一个"宇宙论"时期，这是指 17 世纪初期和中期，而 17 世纪正是一个科学仪器大发明的世纪（至少发明和使用了六种非常重要的科学仪器，即显微镜、望远镜，温度计、气压机、抽气机和摆钟[1]）。

---

[1] 〔英〕亚·沃尔夫：《十六、十七世纪科学、技术和哲学史》，周昌忠、苗以顺等译，商务印书馆，1985，第 14 页。

在随后的发展中，近代哲学也紧跟着出现了一个"人类学"时期，伦理道德学说及神学学说又重新引起人们的兴趣和关注，哲学家又开始力图调和科学和神学、理性和信仰的矛盾，并力图在发展"新科学"（意大利历史学家、哲学家维科 1725 年出版《新科学》一书）与发展"新工具"（英国哲学家培根 1620 年出版《新工具》一书）的基础上实现新兴科学与传统神学的和解。在近代哲学发展早期，大多数哲学家仍然坚持"两重真理说"，这也表明当时的哲学或科学还未发动对宗教神学的彻底"革命"或"反叛"，而只是力求在保持宗教信仰的前提下争取自身能获得一定程度的独立发展。显然，"两重真理说"是最适应哲学的这种矛盾处境与两重需要的，因而它在当时就起到重要作用。

## （二）近代哲学发展中的"两重真理说"

我们看到，近代哲学的先驱或开创者之一培根（1561～1626）也持有"两重真理说"的观点。一方面，培根非常重视自然科学研究，认为哲学的目的就是要实现科学的复兴，另一方面，他又具有浓厚的宗教情结，对"神"极其笃信，因而在思想上他也必然保留"两重真理说"。培根试图保护宗教、保留宗教信仰的地盘，但同时又力争自然科学研究能取得合法性与独立性。培根的"两重真理论"及其宗教观，实际上就是一种哲学和宗教的二元论，在理性和信仰的关系问题上，他既要求哲学从神学中解脱出来以促进科学发展，但同时又为使信仰本身不受科学的侵害而力图保护宗教。

笛卡尔（1596～1650）堪称近代哲学的真正开创者，他的特点是在哲学上主张二元论，认为物体和心灵各有自身的属性，物体具有广延的属性，心灵具有思维的属性，因而二者互相独立、并行不悖地发展。显然，这种二元论和"两重真理说"也具有某种本质的内在联系，它实际上是为"两重真理说"提供了更深入也更坚实的思想基础。

笛卡尔提出了"我思故我在"的经典命题，奠定了近代哲学的主体性原则以及理性主义（或"唯理论"）的基本路线，但就其思想深处来看，笛卡尔也并没有完全放弃神学。笛卡尔把物质、心灵和上帝都规定为"实体"，但物质和心灵却都是有限的，只有"上帝"才是无限的。在笛卡尔那里，也只有"上帝"才具有绝对的独立存在的意义，才符合"实体"的"能自己存在而其存在并不需要别的事物"的定义。据此，笛卡尔做出了对"上帝"存在的形而上学证明。该证明也是从"我思"及"上帝"的观念推出上帝的存在："我思故我在"，"我思"既是"我"存在的本质，也是"上帝"存在的本质。在笛卡尔看来，"凡是我们清楚明白地设想到的东西都是真的"，①而我们能"清楚明白"地设想到"上帝"，因而"上帝"就是真的。"我思故我在"，我思想到上帝，故上帝存在，"上帝"既然是我能清楚明白地设想到的观念，故"上帝"一定存在。

而且，"上帝"还是一切存在（"物体"、"心灵"或"我"的存在）及其完满性的根源，而"我是不能够从我自己把这个观念造出来的；因此只能说，是由一个真正比我更完满的本性把这个观念放进我心里来的，而且这个本性具有我所能想到的一切完满性，就是说，简单一句话，它就是上帝"。②笛卡尔的证明方法也是从"上帝"的观念推出上帝的存在，可以说，这种证明完全继承、吸取了经院哲学唯实论者安瑟伦、托马斯对"上帝"存在的证明方法。

"两重真理说"在近代哲学发展早期表现得非常明显，但其影响却并不限于早期。此后，一些哲学家（譬如洛克）也仍持有"两重真理说"的观点。作为近代经验论的最大代表，约翰·洛克（1632～1704）建构了近代第一个完整的经验论体系，但他又局限于经验认识而对超出经验或超乎理性的认识就显出怀疑论或不可知论的态度。由此，洛克也就同时显露出"两重真理论"的特征。

在《人类理解论》这部探讨"健全理智的哲学"的名著中，洛克还专门列出一些章节（主要是第四卷第十七、十八章）来探讨"理性"的形式、作用以及"信仰和理性以及其各自的范围"。由此，洛克也就对"两重真理论"做出了更为深入的阐释。洛克竭力指明"理性和信仰不是互相反对的"③，而是各有自身的作用以及相互之间的界线，"理性底作用是在于发现出人心由各观念所演绎出的各种命题或真理底确实性或概然性"，而"信仰则是根据说教者底信用，而对任何命题所给予的同意"。④洛克还指出，"信仰"主要用于"超理性"的事物，"因为理性底原则如果不能证明一个命题是真是伪，则明显的启示应该来决定，因为启示也正是另一条真理底原则和同意底根据"，但"在有些事情方面，理性如果能供给确定的知识，则我们应该听从理性——信

① 北京大学哲学系外国哲学史教研室编译《西方哲学原著选读》上卷，商务印书馆，1981，第377页。
② 北京大学哲学系外国哲学史教研室编译《西方哲学原著选读》上卷，商务印书馆，1981，第375页。
③ 〔英〕洛克：《人类理解论》下册，关文运译，商务印书馆，1959，第687页。
④ 〔英〕洛克：《人类理解论》下册，关文运译，商务印书馆，1959，第688～689页。

仰底领域应该以上述程度为限"。①

洛克在"两重真理"中以"理性"为主，但同时也指出"理性"和"信仰"各有自己的作用，进而在二者之间划出一条界限。洛克强调"信仰和理性之间如果不划一条界限，则我们便不能反驳宗教中的狂热或妄诞"，② 因为人们"夸张信仰"并用来"反对理性"，就使人这一"理性动物"以及信奉的宗教反而成为"最无理性的"。显然，洛克并不反对宗教"信仰"本身，而是反对"夸张信仰"而陷入"宗教狂热"。因此，他又主张宗教宽容，力图在宗教宽容的基础上保留信仰进而实现和理性的统一，这样也就能把宗教及其信仰建立在理性基础上。洛克的这种"两重真理说"，为欧洲人形成对宗教的理性理解并形成新的"自然神论"奠定了思想基础。

### （三）哲学中的"理性主义"与"神秘主义"

实际上，近代哲学的发展在很大程度上都体现出"两重真理说"，都表现为某种在理性和信仰之间的游离或思考。譬如康德，他在做出"理性"批判的同时又竭力指明"信仰"的意义，这又何尝不是一种"两重真理说"呢？

总的来看，近代哲学虽然意欲和宗教神学分离，但这一分离始终并不彻底，哲学和宗教也从未实现过真正的分离。究其原因，也正在于哲学和宗教都具有形而上学的超验本性，因而哲学研究也就不可避免地总要趋向或通向宗教，进而显现出某种超理性的"神秘主义"特征。按照本性，哲学无疑是以理性或纯粹理性为基础的，但是，哲学又总是力图突破理性认识的局限而表现出超越自身的趋向。在这里，哲学的"理性主义"基础与哲学的乃至宗教的"神秘主义"趋向，也正构成了哲学本身发展与演变的矛盾性质。理性和超理性，或在二者之间保持平衡，这也正是哲学的两重矛盾本性，这种矛盾本性使哲学始终是（如康德所说）"一个界线上的认识"，哲学既要保持成为自身，又一再要超越自身，并与宗教、道德、艺术等意识形态相通，由此才推进了人类文化的综合发展。

哲学的这一"神秘主义"的超验本性，并不与"理性"或"理性主义"根本对立。这正如冯友兰先生所说："神秘主义不是清晰思想的对立面，更不在清晰思想之下。无宁说它在清晰思想之外。它不是反对理性的；它是超越理

---

① 〔英〕洛克：《人类理解论》下册，关文运译，商务印书馆，1959，第694、695页。
② 〔英〕洛克：《人类理解论》下册，关文运译，商务印书馆，1959，第695页。

性的。"① 冯先生还指出："一个完全的形上学系统，应当始于正的方法，而终于负的方法。如果它不终于负的方法，它就不能达到哲学的最后顶点。但是如果它不始于正的方法，它就缺少作为哲学的实质的清晰思想。"② 冯先生认为，"正的方法的实质，是说形上学的对象是什么；负的方法的实质，则是不说它"。③ 从哲学的矛盾本性上来说，正的方法的实质就是"理性主义"，负的方法的实质就是超越理性而表现出来的"神秘主义"。"正的方法"保障了哲学的合理性，"负的方法"则保障了哲学的开放性，这两种方法的交互使用就使得哲学本身也具有"两重真理"的性质。事实上，哲学也只有在这种矛盾中才能不断开辟出认识真理的道路。

## 二　近代哲学以"自然神论"为主导形式

事实上，每一时代的哲学，乃至每一时代的每一位哲学家，几乎都要在理性和信仰之间进行思考、寻求平衡，并都要努力建构出某种哲学理论来实现这种平衡。古希腊哲学创建了"目的论"并进而转向"神学目的论"、"自然神论"，由此才实现了理性和信仰的某种平衡，而近代哲学大致也是这样。在寻求理性与信仰的调和与平衡方面，近代哲学甚至也只能步古希腊哲学之后尘，它和古希腊哲学如此相似，以致我们对古希腊哲学的许多分析也同样适用于近代哲学，譬如"自然目的论"、"自然神论"这些古希腊哲学的重要理论也同样成为近代哲学所建构的基本理论，成为近代哲学发展的主要特征。

### （一）近代"自然神论"的兴起

近代形式的"自然神论"在西欧兴起于 17～18 世纪，当时这一理论或思潮一经在英国和法国等国出现，就成为最受人们欢迎的一种哲学或宗教理论。在近代早期的欧洲，宗教意识还有很大影响，文学、艺术、哲学、伦理等多种社会意识都还紧紧依靠宗教意识，同时，对宗教进行改革也已成为一种社会要求与趋势。显然，在这种矛盾之中，旨在把"自然"和"神"统一起来的"自然神论"，较之在中世纪盛行的传统"一神论"（即信仰人格化的"上帝"）的宗教，是能更好地调和当时已经突出的宗教和哲学及科学的矛盾的，因而

---

① 冯友兰:《中国哲学简史》，北京大学出版社，1985，第 394 页。
② 冯友兰:《中国哲学简史》，北京大学出版社，1985，第 394 页。
③ 冯友兰:《中国哲学简史》，北京大学出版社，1985，第 392 页。

"自然神论"也就适应了近代西方既要大力发展科学技术、又要适度保留宗教信仰的双重需要。因此,"自然神论"也就在 17 世纪以后的西欧获得了最广泛的发展,使得众多知识分子以及普通民众都成为它的信仰者或拥护者。由此,自然神论也就成为近代西方哲学发展的一种主要形式或主导形式,并成为一种占据主流位置的社会意识。文德尔班曾指出:"自然神论从英国自由思想运动开始遍及全欧,在自然神论身上集中表现了启蒙运动时期对于宇宙和人生的积极观点"。①

然而,近代西欧出现的自然神论与古希腊时代的自然神论已具有不同背景与历史特征。在古希腊时代,哲学家提出自然神论时,人们既缺乏对"自然"的深入的科学研究,也缺乏对"神"的明确信仰,因而古希腊哲学的自然神论还是一种原始形态的自然神论。而经过中世纪基督教及其教会哲学的洗礼,人们对"神"已有明确信仰,对"神"的崇拜已成为一种普遍的社会意识,随后近代科学发展起来,又为人们认识"自然"打下了深厚基础。由此,"自然神论",在"自然"和"神"这两方面的内涵中都被赋予更加深刻的内容,哲学家就可能在新的历史条件下对"自然"和"神"的统一做出更深入的探讨与论证,从而形成具有某种新的体系和形式的"自然神论"。由此,"自然神论"也就在近代西欧达到其发展、演变的完全成熟的历史阶段,"自然神论"在理论内容与表达形式两方面都获得了更加深入也更加精巧的发展。同时,"自然神论"也显然具有"两重真理说"的性质与作用,因此,哲学家利用此种理论来调解宗教与哲学的矛盾也更为便利。

### (二) 两位唯理论哲学家的"自然神论"观点

17 世纪荷兰哲学家斯宾诺莎 (1632~1677) 是一位唯理论者,同时他也建构了近代第一个具有"自然神论"或"泛神论"特征的哲学体系。斯宾诺莎的"实体"学说,按其性质,就可概括为"实体即自然即神"的一种"自然神论"学说,其基本特征就是从作为宇宙"实体"的"自然神"出发并将其确立为哲学研究的基础与核心,进而通过"实体"学说的这种"一元论"来克服笛卡尔将物质和精神分离的"二元论"。

按照斯宾诺莎的学说,"上帝"是"自然",而作为"普遍的宇宙本质",又是"能动的自然"。"能动的自然"作为"事物的动力因"、作为一种"有创造性的力量",也并不存在于别处而只存在于自身的活动中。文德尔班说,"这

---

① 〔德〕文德尔班:《哲学史教程》下卷,罗达仁译,商务印书馆,1987,第 624 页。

就是斯宾诺莎完整的直言不讳的泛神论"。① 按照"一神论"的传统宗教，"上帝"是自然或世界的创造者，而按照"泛神论"或"自然神论"，"上帝"则是自然万物的普遍本质，反过来说，"自然"、"世界"即是上帝本质的必然结果。"根据前者，上帝用意志创造世界；根据后者，从上帝的本质必然会得出世界"。② 虽然上帝作为"原因"（cause）还是相同的，但实际上因果关系在二者之中已具有不同意义。在斯宾诺莎那里，"神"的意思已不是"上帝创造世界"，而是"上帝即是世界"。可以说，这里的区别，就是神学的"一元论"与神学的"二元论"的区别。因此，近代"自然神论"的形成，也就意味着西方神学或哲学历史发展中某种"一元论"体系的真正形成。

莱布尼茨（1646～1716）是近代德国最博学的学者，他的学说也以调和理性和信仰、科学和宗教的矛盾为特征。"此种特点的普遍性无处不以调和的倾向体现出来，如他企图协调现存的各种对立。"③

莱布尼茨提出著名的"单子论"，而"单子"也并非物质性的粒子，而是一种单纯的精神性实体，唯一的中心单子或最高单子就是"上帝"。作为单子世界的创造者，"上帝"在创世之初就预先安排好了和谐的宇宙秩序即"预定的谐和"，而"上帝"本身即是一种主动的创造力，这种创造力在世界的机械运动的规律中表现出来，宇宙即是上帝主动创造的结果。莱布尼茨的"上帝"概念（同斯宾诺莎的"实体"概念一样）也带有泛神论或自然神论的特征，其"上帝"已不是人格化了的神，而是神化了的自然，是一种"自然之神"。在莱布尼茨这一"自然神论"的体系中，一方面自然世界得到机械论方法的充分解释，宇宙自然完全被视为一部巨大的机械装备，另一方面，宇宙的合目的性也得到体现，这种合目的性即来源于"上帝"的主动创造，这种创造赋予整个宇宙活动以内在的动力与目的。

在莱布尼茨体系中，"上帝"概念本质上也具有"力"或"创造力"的特征，"上帝"的能动创造与宇宙的机械运动是完全统一的，而"上帝"的存在也就体现在其创造力中，即体现在宇宙的"力"的机械运动中。"力"（即"做功的能量"）本来也是"实体"的本性，而"上帝"则是具有最高创造力的实体，被上帝所创造的宇宙就体现出上帝的创造力，因而就证明上帝的存在。莱布尼茨证明上帝存在的方法借助于物理学或力学研究的成果，所以这种

---

① 〔德〕文德尔班：《哲学史教程》下卷，罗达仁译，商务印书馆，1987，第562页。
② 〔德〕文德尔班：《哲学史教程》下卷，罗达仁译，商务印书馆，1987，第573页。
③ 〔德〕文德尔班：《哲学史教程》下卷，罗达仁译，商务印书馆，1987，第614页。

证明后来被称为对上帝存在的"物理—神学证明"。这一证明"上帝"的方式在当时的欧洲也是最受欢迎的方式，并构成自然宗教的理论基础。

这种"物理—神学证明"方式，力图把神学和物理或力学统一起来，具有明显的调和特征，而莱布尼茨思想的主要特点也正是调和理性与信仰、科学与宗教乃至机械论与目的论的矛盾。文德尔班指出："调和机械论世界观与目的论世界观并从而联结他那个时代的科学利益与宗教利益是莱布尼茨思想体系的主要动机。"① 就"机械论"而言，作为莱布尼茨同时代人的牛顿（1642～1727）也正在创立具有机械论特征的经典力学体系，而英国的实验科学也已首先把宇宙看作类似一架由技师所制造的机器或钟表，亦即将宇宙认作一部巨大的机器设备。但与此同时，传统的"目的论"思想仍深入人心，人们也试图借助它来证明宇宙的机械运动的合目的性，即证明宇宙的机械运动正是通过某种合目的性的活动来表明自己即是根源于最高精神实体即"上帝"的运动。这样，在机械论与目的论的矛盾及其调解中，以经典力学为基础的一种新的运动理论即"动力论"就开始在西欧形成。据此，人们开始把宇宙的变化过程最终归结为某种"动力因"。同时，由于"力"在当时还被人们理解为"超空间的、非物质的"，因而具有"力"的实体的运动也就被理解为一种精神运动，其内在根据也不在于单纯的逻辑必然性，而在于某种超逻辑、超理性的合目的性。这样，这种基于力学的"动力因"也就被进一步理解为一种合目的性的精神因素，是它赋予整个宇宙运动以内在的本质，并成为人们理解整个宇宙运动的基础。

由此，在机械论和目的论之间（这种对立在近代哲学中也延续下来），莱布尼茨就在"动力论"基础上创造出一种与"动力论"一致、与"目的论"具有本质联系但也仍带有一定"机械论"特点的哲学学说，这种学说被人们称为"生机论"。文德尔班指出："在莱布尼茨那里如同在新柏拉图主义那里一样，生命成为解释自然的原则，不过在形式上更为成熟罢了。他的学说是生机论"，"他的哲学的最终目的是将宇宙变化过程的机械作用理解为宇宙活生生的内容借以自我实现的手段和表现形式。"② 这样，在莱布尼茨那里，基于上帝创造力的有目的的生命运动就成为解释自然的根本原则，而这一原则也就成为近代"自然神论"的基本信条。

---

① 〔德〕文德尔班：《哲学史教程》下卷，罗达仁译，商务印书馆，1987，第576页。
② 〔德〕文德尔班：《哲学史教程》下卷，罗达仁译，商务印书馆，1987，第579、577页。

## （三）　两位经验论哲学家的"自然神论"观点

在18世纪的英国和法国，"自然神论"不仅仍然成为哲学发展的主导思想，而且也获得更深入的发展。在英国，贝克莱（1684～1753）基于"存在就是被感知"的理念，提出对上帝存在的"观念来源论"证明，认为人类观念形成的原因即在于世界上有一个无限的能动的实体，观念既非来源于客观物质，也非来源于人的心灵的主观创造，而是来源于人心之外的一个无形而能动的精神实体即"上帝"。这种从观念的可感性和起源来证明上帝存在的方法，也是一种调和宗教和科学的做法。贝克莱虽未提出明确的"自然神论"观点，但他却也说过，"上帝的意志构成自然法则"。他虽然竭力反对"物质实体"，但也并不怀疑科学思想的价值，甚至也提倡科学，鼓励观察和实验，认为信仰上帝并不妨碍科学研究。在《人类知识原理》（1710）这部备受非议（被当作"主观唯心主义"的典型）的著作中，贝克莱明确写道："我们没有理由说自然史不是应该继续研究的，各种实验和观察不是应该继续做的"。[①]

紧接着，英国哲学家休谟（1711～1776）努力实现由经验论到怀疑论的转变。休谟对"上帝"也取"怀疑"或"存疑"态度，认为"上帝"的存在既不能被证实，也不能被证伪，但他同时又承认上帝是"信仰的神圣对象"，并主张一种基于理性的"真正的宗教"。休谟并未否定一般宗教信仰，他自己也不是无神论者。当然，他曾反对自然神论或理神论，但这只是出于不可知论的特定认识而不是出自无神论的信仰（像后来反对宗教的那些人那样）。休谟认为"上帝"也是超出经验之外的，因而是不能证明的，但他这种批判，只是为了贯彻不可知论，而并非基于无神论。休谟所反对的只是把宗教看做是经验或知识的对象，在他看来，"上帝"只是人"信仰"的对象，而这种信仰仍然是需要保留的，因为它是人类感情的需要。在《自然宗教对话录》（1779年休谟逝世后出版）一书中，休谟写道："真正体会到自然理性的缺陷的人，会以极大的热心趋向天启的真理"，"做一个哲学上的怀疑主义者是做一个健全的、虔信的基督教徒的第一步和最重要的一步。"[②] 总的来看，休谟的思想就是力图划清理性与信仰的界线，并且以某种"道德宗教"作为理想的宗教。休谟这些思想显然对康德产生了重大影响，并成为康德哲学的出发点。

我们知道，休谟思想的实质就是主张在经验和超验事物之间或事实和价值

① 〔英〕贝克莱：《人类知识原理》，关文运译，商务印书馆，1973，第69页。
② 〔英〕休谟：《自然宗教对话录》，陈修斋、曹棉之译，商务印书馆，1962，第97页。

之间划出"界限"，即明确把事实或经验与价值追求区别开来，由此也形成"休谟原理"即"事实不等同于价值"的基本原理。据此，休谟哲学也就在"经验"及"理性"的自我怀疑的基础上同时给作为人类精神价值的"信仰"留下地盘。休谟的这种理性"怀疑"精神，再加上卢梭的理性"反思"精神，一起构成了康德哲学的思想来源，成为康德构建自己理性"批判"哲学的思想基础。黑格尔曾指出，休谟和卢梭是康德哲学的两个出发点。在谈到休谟的怀疑论时，黑格尔说："它的历史意义就在于：真正说来，康德哲学是以它为出发点的。"① 我们完全可以说，英国和法国哲学的"自然神论"是通向康德哲学"自然目的论"及"道德神学"的一个过渡桥梁。

当然，这里也有一个问题，斯宾诺莎、休谟和康德等近代哲学家都力图把理性和信仰或哲学与神学"分开"，那么，这又如何说他们具有"调和"理性和信仰的特征呢？其实，这正如斯宾诺莎所说："把哲学与神学分开，说明这样分开就保证哲学与神学都有思想的自由"。② 就是说，"分开"就是当时"调和"理性和信仰矛盾的一种最佳方法或最佳路径。

这一方法也使笔者想起中国有一句谚语叫做"井水不犯河水"。应该说，把"井水"和"河水"分开，即把"理性"和"信仰"分开，也不失为（甚至还正是）"调解"理性和信仰矛盾冲突的一种方法、一种良策。而且，这也正是"两重真理说"在近代哲学思想发展中的一种体现。当然，"井水"和"河水"都是"水"，"井水"可能还是来自"河水"，而"理性"和"信仰"也同样具有精神上某种本质的统一性，至于如何统一，那就完全取决于精神本身发展的需要和具体的时代条件了。

## （四）法国启蒙学者的"自然神论"观点

与英国怀疑论的"自然宗教"思想的兴起异曲同工，在 18 世纪的法国，启蒙思想家异军突起，伏尔泰、卢梭等启蒙学者都以经验论为基础而发展了自然神论。

伏尔泰（1694～1778）认为，"上帝"的存在不可能得到证明，因而"上帝"是信仰的对象而不是理性认识的对象。他认为自然界的宏伟、奥秘的运动需要有"上帝"作为"一个最初的推动者"。伏尔泰感慨宇宙有如此众多的生

---

① 〔德〕黑格尔：《哲学史讲演录》第 4 卷，贺麟、王太庆译，商务印书馆，1978，第 203～204 页。
② 北京大学哲学系外国哲学史教研室编译《十六—十八世纪西欧各国哲学》，商务印书馆，1975，第 346 页。

命，又有那样和谐运转的秩序。在他看来，既然我们解释不清何以如此，就不如承认有一位"能工巧匠"创造了它，而我们自己既然创造不出如此美妙的宇宙，那么，我们还是以承认自己的渺小和上帝的伟大为好。同时，伏尔泰把"上帝"更多地看做是人类道德生活和社会秩序的保卫者，所以，普遍信神就可以赏善罚恶并防止人们作恶而又不受良心的谴责。他的传世名言是："即使没有上帝，也应该创造出一个上帝来"。伏尔泰的这种认识，在本质上就是"自然神论"。

　　与休谟等哲学家一样，伏尔泰也不赞成无神论。在他看来，"上帝"不仅是宇宙秩序的建立者，而且也是维护人类道德的保证。他担忧无神论会毁掉道德的基础，无神论也无法阻止人们"作恶"，一个由无神论者组成的社会可能是一个恶人当道的社会，因为法律管不了所有作恶的事，只有宗教信仰才具有约束力。当然，由于伏尔泰的友人狄德罗、爱尔维修、霍尔巴赫等"百科全书派"的唯物主义哲学家都相继成为无神论者，所以，伏尔泰碍于情面也就从未对无神论做过过多批判。然而，伏尔泰显然不赞成无神论，认为它在反对宗教方面走得太远了，人们还是应当保留宗教信仰本身。伏尔泰逝世以来欧美国家的发展，似乎更有利于证实伏尔泰的理论，因为到目前为止，无神论也并未成为西方或欧美国家社会思想发展的主流。在西方，基于其历史传统，宗教或神学仍具有深刻而广泛的社会影响，而"信仰自由"也同样作为一种历史传统保留至今。

　　伏尔泰这种宗教基于道德的观点，是 18 世纪自然神论的一个重要观点。当时盛行的自然神论或自然神学都具有"道德化"的倾向，都把宗教看做是本质上基于道德信念的意志和行为，而宗教生活的意义大抵就在于对道德义务的思考以及对人生采取的严肃态度。但也如文德尔班所说，这种观点也只能产生某种"不确切的模糊的世界观"，它丧失了宗教的"形而上学"因素，即"丧失了对于宗教虔诚的深度的理解；也不再渴望灵魂的拯救，不再争取超度，不再有对拯救的炽热感情。因此，自然神论缺乏宗教的生命力，它不过是有教养的社会的人工产物"。①

　　但笔者认为，"自然神论"较之传统的天启宗教也具有某种优势。由于"自然神论"在思想本质上主张"自然"与"神"的统一，即致力于"神"与"自然"的内在的本质的联结，这就超越了传统天启宗教所信仰的"上帝"的"人格化"的局限，从而开辟出宗教信仰的"自然化"的广阔天地。比较"人

---

① 〔德〕文德尔班：《哲学史教程》下卷，罗达仁译，商务印书馆，1987，第 682 页。

格化"的"上帝","自然化"的"神"更加符合"神"的本性。在一定意义上说（即在"有神论"的真正意义上说），弥漫于自然或宇宙的一切极其庞大的天体、物质、物体或星云、星际等等也都是"神"，也就是"神"，其间都包含并充满神性。一如亚里士多德所说："我们说神是一个至善而永生的实是，所以生命与无尽延续以至于永恒的时空悉属于神；这就是神。"① 因此，这种对"自然之神"或"宇宙之神"的"信仰"也就构成了"有神论"的本质内涵，并且在任何历史时代也都构成了宗教信仰的核心与基础。

### （五）"自然神论"及宗教信仰的本质

在自然神论中，"神"即自然，"神"即宇宙，因而"神"也具有一定象征意义。而把"自然"理解为"神"，即属于"有神论"信仰，而把"自然"单纯理解为自然乃至人的认识和改造的对象即属于"无神论"观念（亦即把"自然"单纯认作"自然"本身而不赋予自然以任何"神"或"神圣"的意义）。从本质上看，自然神论或全部有神论的宗教信仰，都不过是在自然、宇宙中确立神性，即寻求"自然"、"宇宙"和"神"的统一（就此而言，西方基督教的"上帝"也应只是"神"的一定表现形式，"神"作为"神"具有无限的表现方式）。借助"有神论"，人类也就实现了自身"人性"的自我超越与升华而与"自然"、"宇宙"的"神性"合一。从学理上探讨，或从本质上看，"有神论"无疑更深入地体现出人类对宇宙、自然的生命本质及其超验本性的体认，而我们今天也已清楚意识到我们也理应把"自然"看做是一个复杂巨大的"生命"系统，是一个具有足够多的神圣"形而上学"因素亦即"至圣的神"因素的"巨系统"。也因此，作为"有神论"信仰形式的宗教也就与作为"形而上学"理性形式的哲学具有一种天然的本质上的联系。

就人类精神发展本身来说，对"神"的信仰也是一个不断革新、不断扩展又不断深化的过程。因此，在中世纪传统宗教达到鼎盛之时以至某种衰退之后而产生的近代自然神论，也理应被视为是宗教信仰发展历程中的一个新阶段，并且代表了宗教信仰发展的一个更为合理、更为深入的形式与方向。近代"自然神论"虽然具有一定"道德化"的性质或倾向，但那也只是宗教信仰本身在发展的一定阶段或一定时期的表现。毋宁说，这种"道德化"倾向也是一个优点，因为它体现出宗教的一种最重要的现实的社会功能即维护道德。我们知道，"道德"又正是人类社会生活或精神生活的核心内容，如果没有传统哲学

---

① 〔古希腊〕亚里士多德：《形而上学》，吴寿彭译，商务印书馆，1959，第248页。

与宗教几千年来及几百年来对道德的维护，那么，人类社会很可能早就陷入解体或崩溃了（那样当然也就没有我们今天社会的一切）。想想当今社会在破除宗教及道德"戒律"之后已是"人心不古"、"天灾人祸"、"险象环生"，难道我们不应该对此问题做出一种更深入的历史反思吗？

可以肯定，基于人类发展的本质需要，宗教的"信仰"本质、哲学的"思辨"本质以及"道德"的"自律"本质、艺术的"美感"本质等等人类传统文化与意识形态的精神本质，都注定要由未来人类通过"未来形而上学"、"未来神学"、"未来美学"等等而继承、发展并深化下去。只要人类社会存在，人类作为一种本质上是"精神"的存在物，其精神探索就将永远持续下去，就是说，"未来永远会持续下去"（阿尔都塞语）。

我们在本章中考察的重点，是确认"自然神论"是近代哲学以及宗教思想发展的一种主导形式，由此，近代哲学也就具有传统哲学"有神论"的本质特征而仍然属于传统哲学。当然，近代西方哲学的"自然神论"也体现出某种"过渡性"，例如在法国，我们看到，18世纪的法国哲学经过"自然神论"而过渡到"百科全书派"的唯物主义的"无神论"。然而，"自然神论"在思想本质上却不是属于无神论而是属于有神论的，因此，这一所谓"过渡"也就实际具有一种"颠覆"的性质和意义。真正的"过渡"意义在于：从近代英国和法国的这种"自然神论"中孕育出近代德国的"道德神论"，从而使宗教"信仰"在哲学"理性"的自我批判中仍然被保留下来。

## 三　"道德神学"与"理性宗教"的意义

### （一）康德"道德神学"的意义

康德（1724～1804）在理性批判中宣布："我曾不得不抛弃认识，以便让信仰有个地盘"。[1] 由此，近代哲学力图调和理性和信仰矛盾的努力就得到一种肯定的显著结果。在康德哲学"三大批判"乃至"四大批判"的庞大体系中，"纯粹理性批判不但排除理性的误用，而且给信仰留地盘"。[2]

康德哲学诚然充满理性的"批判"精神，这种"批判"精神是休谟的

---

[1] 北京大学哲学系外国哲学史教研室编译《西方哲学原著选读》下卷，商务印书馆，1982，第248页。

[2] 北京大学哲学系外国哲学史教研室编译《西方哲学原著选读》下卷，商务印书馆，1982，第246页。

"怀疑"精神与卢梭的"反思"精神的进一步发展。或者说，这三种精神，就是"理性"本身借助这三位哲学家而展现自己本性的过程。但在理性这一从"怀疑"到"反思"再到"批判"的发展中，理性也始终伴随着"信仰"，近代英国、法国和德国等国最杰出的思想家都从未完全否定"信仰"本身。康德提出了建构"未来形而上学"的理想与思路，而"未来形而上学"的出路也不在"纯粹理性"或"理论理性"本身，而在于实现由"理论理性"向"实践理性"乃至向"判断力"的转变，即在于进入"道德目的论"的自由意志领域与"道德神学"的宗教信仰领域。这两大领域的形成都以设定"上帝"的存在为前提，因此，"未来形而上学"的形成也就必然要保留对宗教的信仰。实际上，具有显著理性批判特征的康德哲学是以调和理性和信仰、哲学和宗教的矛盾为目的的，康德哲学既要突出理性批判，又要保留宗教信仰，而其根本意图还在于在宗教已受到启蒙运动的激烈批判之后能够维护信仰与道德。在康德哲学中，也只有"信仰"和"道德"才具有既超越理论理性又保持形而上学的根本意义。

可以说，康德的宗教哲学已不是"自然神论"而是一种"道德神论"或"道德神学"。当然，我们仍可把这种"道德神学"或"道德神论"看做是"自然神论"的一种特定的发展形式。但无论如何，从"自然目的论"而推导出或过渡到"道德目的论"、再从"道德目的论"推导出或过渡到"道德神学"，却是康德哲学的显明进路。在这一进路中，"自然目的论"的富有生机的演进构成了康德哲学的主要演进线索，也构成了康德"道德神学"产生的基本前提，而康德的"道德神学"也就成为历史上从古希腊哲学以来的全部目的论哲学的一种哲学神学化或神学哲学化的完成。

同时，康德虽然力图以其"自然目的论"与"道德神学"来批判并取代"自然神论"，然而，"上帝"、"神"却在事实上成为康德哲学的建构前提乃至最后的研究结论，因此，"神"也就并没有完全超出"自然"或"自然目的"之外，而不过是这一"自然目的"或"大自然的隐蔽计划"的一个潜在的终极目的。这就是说，康德设定并证明"上帝"的存在，并不仅仅是把"上帝"作为道德存在的终极原因与道德实现的根本保障，而且也是把"上帝"作为完成其"自然目的论"的最终根据。也是在这种意义上，康德又毕竟看到了"自然神学"的功劳，他说："自然—神学的论证却只有一件功劳，即在对世界的观赏中把内心引导到一条目的之路，但由此也引导到一个有理智的创世者"。①

————————

① 〔德〕康德：《判断力批判》，邓晓芒译，人民出版社，2002，第338页。

由于"上帝"存在，"自然"才被证明具有内在的目的或合目的性，"自然"才最终真正体现出是一个有内在目的的完整的有机系统，自然法则和人的道德法则也才得以获得真正的最终的统一性。就此而言，康德的"道德神学"作为"人"这一自然之"最高目的"所建构的最高"信仰"，也就同样具有某种"自然神论"的底蕴与意义。康德的"道德神学"并不构成对"自然神论"的否定，而仅仅是近代哲学盛行的"自然神论"在德国古典哲学中的某种完成与发展。

在康德那里，"自然"、"人"、"道德"、"上帝"，并不存在根本性矛盾，相反，这是一个由"自然"本身的有机的合目的的发展所形成的一个连续的序列，而"上帝"也正是这个序列上一切阶段、一切环节所追求的最终目的。事实上，康德也力图以"道德神学"来实现对自身哲学"自然"和"道德"的二元论性质的超越，同时也力图在理性批判的基础上完成对宗教信仰的证明。但总的来看，在康德哲学那里，理性和信仰已分属于不同领域，康德哲学虽然保留了宗教信仰，但信仰本身却只在理性之外而不再具有和理性的内在关联。由此，康德哲学也就最终把理性和信仰分离，这种分离对于宗教信仰或哲学本身来说，都既是一个优点，也是一个缺点。借助分离的优点，哲学和宗教都可能相对独立地获得发展，但由于分离的缺陷，哲学和宗教又注定要在相互分离中各自承受被"科学"消解或被"世俗世界"终结的危机与苦难，这是一种"唇亡齿寒"的命运，是一场具有"不可避免性"的希腊式悲剧的现代公演。

## （二）黑格尔"辩神论"或"理性宗教"的意义

在康德之后，黑格尔（1770～1831）进一步把理性主义哲学推向高峰，但黑格尔哲学也同样具有调和理性与信仰矛盾的基本特征，并且也进一步体现出某种神学性质。不过，与康德的"道德神学"不同，黑格尔哲学是一种"辩神论"，即一种"理性神学"或"理性宗教"。这种"辩神论"的特征是对"上帝"做出完全"理性"的理解，即把对"上帝"的信仰与对"理性"或"绝对精神"的认识统一起来，并用理性的哲学观点改造基督教教义。

在黑格尔看来，"上帝"正是通过"理性"、"绝对精神"表现出来的，"理性"是"上帝"赋予人的"神圣的火花"，是人的尊严的内在依据，因此"理性"和"神意"是完全一致的，或者说，"理性"就是"上帝"本身。黑格尔在《历史哲学》中写道："'神意'既然表现在那些事物与形式之中，它怎么不会表现在世界历史中呢？"又说："'神圣的智慧'，就是'理性'，永属同一，没有大小之分。我们决不能想象上帝这样软弱，竟不能大规模地运用他的智慧。"① 黑格尔在"绝对精神"的观念中保留了"上帝","绝对精神"之所以"绝对",也正在于它具有"上帝"的性质,"绝对精神"也就是"神"的精神,"绝对精神"也必然要在某种"绝对宗教"中(在黑格尔看来也就是在基督教中)体现出它的真实形态。黑格尔认为"世界历史"作为"精神"发展和实现的过程,同时也就是证明"上帝"存在的过程,他说:"这是真正的辩神论,真正在历史上证实了上帝。只有这一种认识才能够使'精神'和'世界历史'同现实相调和——以往发生的种种和现在每天发生的种种,不但不是'没有上帝',却根本是'上帝自己的作品'。"②

在黑格尔看来,"绝对精神"在宗教中的体现形式是感性的表象,即一种对象性的感性形式,因此,"绝对精神"还必须过渡到哲学,由此才能以纯粹概念的形式来体现自身。因此,在黑格尔那里,宗教的发展趋势就是哲学,哲学是高于宗教的意识,因此,理性也获得了高于信仰的意义。黑格尔力图以"理性"为基督教的存在和发展提供依据和保障,力图使基督教重新建立在理性基础上。但是,这种以"理性"为基础和原则来理解的基督教信仰,却更像是一种对"理性"或"哲学"本身的"信仰"而不再是对"上帝"的信仰。这样,黑格尔也就难免有以"理性"代替"信仰"之嫌。事实上,黑格尔把宗教理性化、哲学化,由此他也就不得不排除宗教中许多属于"信仰"的神秘主义因素,舍弃了许多纯粹的基督教教义,从而把宗教信仰变成了某种哲学理性的象征。

黑格尔"辩神论"的这种把宗教理性化的做法,对于近代哲学来说是一种必然与进步,但对传统宗教的信仰本身来说,却是一种冲击与退步。黑格尔以后,青年黑格尔派就利用和发展了黑格尔哲学中这种"辩神论"或"理性宗教"的思想,并进一步提出无神论的观点。这就是说,黑格尔虽然力图以理性论证信仰,但由于过分彰显理性反而遮蔽了信仰,因而也没有真正克服康德哲学把理性和信仰分离的二元论特征,由此也就在客观上加剧了宗教信仰的消解。看来,"绝对精神"的理性主义注定要在自身的充分发展中扬弃宗教,并随后扬弃自身,以达到一个"形而上学"的完成。

总之,在近代哲学的发展中,"自然神论"是主导形式。在这种形式下,近代哲学及科学与宗教的矛盾实现了某种和解,"神"和"自然"的统一被确

---

① 〔德〕黑格尔:《历史哲学》,王造时译,上海世纪出版集团、上海书店出版社,2001,第15页。

② 〔德〕黑格尔:《历史哲学》,王造时译,上海世纪出版集团、上海书店出版社,2001,第451页。

立为基本原则，这就为理性和信仰的同时发展或为近代以来西方科学、哲学和宗教的同时并存与发展奠定了新的思想基础。

17～18世纪荷兰、英国、法国等国的绝大多数哲学家或启蒙学者都持有"自然神论"观点，而在18世纪法国"百科全书派"的唯物主义哲学家一时达到"无神论"之后，德国古典哲学即力图恢复"有神论"的宗教信仰。康德在先验哲学的基础上，对"上帝"存在做出了"道德神学"证明，一方面继承了休谟和卢梭有关理性"怀疑"与"反思"的思想而创立了完备的"批判"哲学；另一方面也继承、发展了古代哲学乃至斯宾诺莎、莱布尼茨等近代哲学家的目的论思想而形成了包括"自然目的论"、"道德目的论"与"道德神学"在内的系统的形而上学哲学体系，从而达到了"形而上学"的一次历史性综合、一次包含矛盾的统一。

显然，康德的"道德神学"虽然保留了宗教信仰，但其"信仰"却在"理性"之外或在理性之上，这就形成了某种精神发展的二元论。其后，黑格尔力图以"绝对精神"的一元化来克服康德哲学的这种二元论。然而，无论是康德在"理性批判"基础上建构的"道德神学"，还是黑格尔在"绝对精神"基础上建构的"理性宗教"，虽然都体现出追求理性和信仰调和与统一的强烈意图，但却都包含着精神上的这种二元论的矛盾，而这种矛盾在西方哲学其后的发展中也进一步发展起来。实际上，近代哲学发展中理性和信仰的这种分离，乃是精神自身的一次内在的分离，是精神自身矛盾发展的体现。

纵观从古代哲学到近代哲学的发展，哲学或精神的历史演变具有合目的的因而也合乎自然的轨迹，精神从来也没有停止不动，精神注定要在每一时代表现出自身的全部矛盾本性及其发展形式。也因此，在康德、黑格尔之后，在精神的进一步发展中，理性和信仰也开始进一步分离甚至分裂。这样，哲学形而上学也就注定还要经历一个"反叛"乃至"终结"的时代。这是哲学的一个悲剧，但哲学也只有经历这一悲剧，才能向人类展示自己作为哲学的真正力量，精神也才能借此再回到自身，而哲学形而上学这"至圣的神"也才能获得一次凤凰涅槃。

# 第九章

# "反叛"：一个悲剧的诞生

## ——黑格尔以后哲学思潮解析

自黑格尔 1831 年逝世以后，黑格尔学派随之分裂，而各种新的哲学思潮或社会思潮却像潮水一般涌上思想舞台。由此，西方哲学发展就进入了一个"黑格尔以后"的时代。这个时代，从 19 世纪中期一直延续到 20 世纪初。实际上，这是哲学发展中由近代哲学向现代哲学的转变与过渡时期。笔者认为，这一时期的基本特征就在于对传统哲学与传统文化实行全面的"反叛"。在哲学发展史上，从来没有一个时代像黑格尔以后时代这样形成如此猛烈的对"传统"的批判与冲击，以致哲学本身也被迫进入一个消解自身而走向终结的时代。

黑格尔以后哲学思潮的本质是对传统哲学的"反叛"，一个尼采式的"悲剧的诞生"。"上帝死了"，"形而上学"那"至圣的神"也开始退隐……在一系列新思潮的冲击与作用下，人类社会的发展虽然取得了重大的科技进步、经济增长，但宗教信仰、价值理性与仁爱精神却日趋衰落，社会道德环境与自然生态环境也开始日益恶化而陷入危机。在本章中，我们就来分析一下黑格尔以后哲学思潮或社会思潮演进的本质特征，以便进一步加深对哲学演变逻辑的认识。

黑格尔以后，比较有影响的哲学思潮或社会文化思潮主要有四种，即实证主义、非理性主义、进化论以及社会主义革命的新思潮。这四大思潮代表了黑格尔以后西欧一些主要国家哲学与文化观念发展、演变的主要趋向与主要特征，同时也显示了这种"非传统哲学"所具有的反传统的精神本质及其历史影响。

这四大思潮的共同特点就是对传统哲学的"反叛"，而这种"反叛"又带有激进性，所以也显得"偏激"。无论是实证主义的"拒斥形而上学"，还是非理性主义的"重估一切价值"，也无论是进化论的"生存竞争"，还是社会主义革命新思潮所彰显的同传统观念的"最彻底的决裂"，都无不凸显出某种"反叛"传统的"激进"或"偏激"特征。

# 第一节　实证主义思潮的兴起

实证主义思潮产生于法国，它是 19 世纪中期以后在西欧兴起并流行起来的一种最重要的哲学与文化思潮，这一思潮的出现是西方哲学由近代哲学向现代哲学发生重大转变的首要标志。

## 一　"实证科学"概念的含义及其意义

法国哲学家、社会学家孔德（1798～1857）在 1830～1842 年间，相继撰写并出版了《实证哲学教程》六卷，他把人类智力或精神发展分为三大阶段，认为在经历了"神学阶段"（又名"虚构阶段"）和"形而上学阶段"（又名"抽象"阶段亦即"哲学"阶段）之后就要最终进入"科学阶段"。孔德说："科学阶段，又名实证阶段。"[①] 由此，也就产生了"实证科学"这一概念与观念。

孔德提出"实证科学"（positive science）的概念或观念是具有重大历史意义的。这一观念明确了科学、哲学及宗教之间的不同特征或根本区别，也促使人们开始明确认识到科学的根本特征即在于"实证性"，而哲学的根本特征则在于非实证的"思辨"性。孔德的这一区分当然也是一种"分界"思想，它反映了西方科学到 18 世纪中期已取得重大进展的历史事实，同时也体现出科学自身所具有的独特本质。应该说，孔德的理论也确实具有很现实的历史内涵与客观依据，并且也迎合了社会公众对科学时代的向往，因此这种理论一经产生就赢得了大量的追随者，并产生了持久而广泛的社会影响。但问题在于，孔德又力图用"实证科学"来代替或消解哲学的"形而上学"，他在提出"实证科学"概念的同时，也明确提出以科学取代哲学的思想，明确表达出那种"拒斥形而上学"的意图，这就使"实证主义"一开始就成为一种反叛传统哲学的"唯科学主义"的思潮或运动。

以人们今天的认识来判断，我们完全可以说，"实证主义"就是出现在 18 世纪欧洲的一种"科学主义"（或"唯科学主义"）思潮。孔德第一次明确提出了"拒斥形而上学"的口号，发动了对传统哲学的颠覆性批判。孔德否定传统的"形而上学"，认为"哲学"只有作为"实证哲学"才有存在的权利。他

---

[①] 〔法〕孔德:《实证哲学教程》，转引自洪谦主编《西方现代资产阶级哲学论著选辑》，商务印书馆，1964，第 25 页。

也认为知识的基础是"事实"，除此之外，没有任何真实的知识，而人们获得的知识也只是关于"现象"的相对知识，而关于"现象"背后的"实体"或"第一因"的知识，或者不可能获得，或者也是毫无意义的知识。孔德说："实证哲学的基本性质，就是把一切现象看成服从一些不变的自然规律；精确地发现这些规律，并把它们的数目压缩到最低限度，乃是我们一切努力的目标，因为我们认为，探索那些所谓始因或目的因，对于我们来说，乃是绝对办不到的，也是毫无意义的。"① 从这种思想观念出发，孔德的实证科学理论推动了一个长达一个多世纪的实证主义运动。然而，由于这一运动以"拒斥"、"消解"哲学或把哲学归结于科学为目的，违背了哲学所特有的性质与发展规律，也违背了人类文化形态协调发展的基本要求，因而它从产生之日起就注定不可能取得真正的成功。同时，实证主义思潮也一直受到来自哲学领域的抵制、批判，而"形而上学"也并不因"实证科学"的出现就全然失去自己存在的价值和意义。

但实证主义对近代西方科学及哲学发展的影响还是具有决定性的，也是我们不应低估的。从时代特征来看，"19世纪后半叶是取得伟大的科学成就的时代。西方文明变得越来越具有实证主义色彩，形而上学和宗教的思维方式受到排斥。日常生活充斥着科学和技术，受到机械模式和解释的影响，因此对于大多数人来说，自觉的精神生活当然应该恪守所谓实证主义的规范，反对任何没有直接经过实验或论证来验证的真理。"② 按照实证主义的基本观念，"哲学"已失去存在的历史理由，"哲学"必须由"科学"取代，这种观念显然适应了经历过中世纪宗教与哲学长期统治而科学才刚刚发展起来的西欧社会的需要，从而对西方在19~20世纪日益发展起来的"哲学终结"论产生了重大的决定性影响。因此，我们在考察"哲学终结论"与其他有关理论或理论变革时，都应当充分考虑到实证主义思潮的这种重大影响。

## 二　实证主义思潮的根本缺陷

实证主义的根本缺陷，不在于做出科学与哲学及宗教之间的区别，因为这些意识形式之间本来就因具有不同的根本特征而区别开来，它的缺陷在于它考

---

① 〔法〕孔德：《实证哲学教程》，转引自洪谦主编《西方现代资产阶级哲学论著选辑》，商务印书馆，1964，第30页。
② 〔美〕罗兰·斯特龙伯格：《西方现代思想史》，刘北成、赵国新译，中央编译出版社，2005，第297页。

察和阐释这些意识形态或文化形式时所采取的那种非辩证的直线论的观点和方法。在孔德那里，人类智力发展的这三个阶段即宗教、哲学与科学的发展，完全是一种直线性的发展，是一种在直线性发展中相互取代的关系，孔德没有看到或忽视了这些形式之间的普遍而内在的横向联系，他在科学发展的冲击下也没有意识到只有这些形式的互异互补才能实现人类文化的协调发展与演进。

在历史上，宗教的产生和充分发展确实早于哲学，而哲学的产生与充分发展也早于科学，三者之间也确实具有某种"前后相继"的关系。然而，这一认识又只是我们单向性地观察这种发展而忽视或舍弃三者之间在历史上也同样具有的某种"横向并存"关系的结果。因为在历史上，宗教、哲学乃至科学都从来不是完全单独或孤立地形成与发展起来的。例如在古希腊时期，在亚里士多德那里，哲学、宗教以及科学思想就是互相融合的，其"哲学"体系也具有综合的包罗万象的性质，由此也就形成了古代世界的被称为"哲学"的思想体系。实际上，这种被称为"哲学"的体系，就是一个包含哲学、宗教以及科学思想在内的大一统的具有原始综合统一性或包罗万象性质的人类文化体系。

实际上，传统文化的发展总是借助于这些主要文化形态的发展而发展的。人类传统文化是一个大系统，在这一系统中，宗教、哲学乃至与之相应的科学思想或科学研究等形式都并不具有彼此对立、根本矛盾的性质，而只具有某种基于精神发展本性的内在的差异性，并因此而表现为历史发展过程中的差异性或矛盾性。从本质上看，我们应把宗教、哲学及科学、艺术、道德等形式都视为人类精神发展的不同形式，它们都只是精神本性的不同展现，是人类精神或智力本身的矛盾本性在不同阶段的显现。精神从来也不会停止不动，但精神在不同时期也总是把自身的不同方面的不同特性展示出来，因此，精神的发展就是一个复杂、综合的多重矛盾的演变过程，而并非是单一的东西的自我发展或不同东西之间彼此对立与前后取代的过程。在精神进展的每一时期或每一阶段，精神的具体形式都会吸收、包含此前一切阶段的所有认识成果乃至发展形式作为精神本身的果实而承接下来并发扬起来。因此，孔德认为在"实证科学"阶段"科学"就一定要取代"哲学"与"神学"，并认定只有"实证科学"才是唯一的精神发展或智力发展的形式，进而把精神与社会的一切发展都最终纳入或归结为"科学"，这无疑就完全排除了精神本身发展的综合性，同时也就排除了人类文化形态发展的矛盾的辩证性。也因此，"实证主义"思潮所反映的就只是那种单独的"科学"发展的要求而并未体现人类"文化"全面发展的本质，因而它就是一种"科学主义"或"唯科学主义"思潮，而这样的思潮或思想运动就是注定不能成功的。

实证主义的片面性在孔德的论述或思想中也完全表现出来。一方面，孔德把"科学"也当作"哲学"，提出所谓"实证哲学"的概念。然而，"实证"永远不可能成为"哲学"的本质特征，因而"实证哲学"这一概念本身就是一个包含逻辑矛盾的不能成立的也不可能在现实中实现的概念。另一方面，孔德也把"科学"当作一种"宗教"而试图以科学来取代宗教。在他看来，"科学本身就能把灵魂引向上帝。我的宗教依然是理性的宗教，即科学的宗教"。①为此，孔德在创立一种"新哲学"即"实证哲学"的同时，还创立了一种"新宗教"即"人道教"。但是，这种"人道教"已不再具有宗教的本质内涵即对"神"的信仰而只具有对"科学"（特别是他所创立的"社会学"）的崇拜。因此，孔德所创立的"人道教"也就变成了一种没有宗教内涵的空洞的"宗教"形式，甚至连"形式"都不再是"宗教"的（如它的教会只能由"科学家"来领导）。

应该看到，在传统文化发展的整体性大系统中，宗教、哲学、道德、艺术和科学等形式都具有彼此不同的特性以及不能互相取代的功能。各种形式之间也只有在"互异"的基础上才能"互补"，如果企图以一种形式取代其他各种形式，就必然违反人类精神或文化发展的本性，因而也就必然成为对精神本身或文化发展本身的"反叛"。在19世纪中期已开始蔓延欧洲的"实证主义"思潮就具有这种"反叛"性质，它的出现也意味着这场时代悲剧的幕布已经升起。

## 第二节　非理性主义思潮的矛盾特征

在法国产生实证主义思潮的同时，在德国则产生了非理性主义思潮。一般认为，"非理性主义"思潮的主要代表是德国的叔本华（1788～1860）、尼采（1844～1900）以及丹麦的克尔恺郭尔（1813～1855）。

## 一　"非理性主义"思潮的含义与矛盾

"非理性主义"（non-reasonism）思潮是指19世纪下半期以来在西欧形成的一种力图排斥理性、提倡感性、欲望和意志等非理性因素进而反对传统形而

---

① 〔美〕罗兰·斯特龙伯格：《西方现代思想史》，刘北成、赵国新译，中央编译出版社，2005，第297页。

上学的哲学思潮。因此，这一思潮具有和传统哲学即理性主义哲学根本对立的性质。

我们知道，在传统哲学的发展中，原本也包含一定"非理性"的因素或成分，譬如"信仰"、"意志"、"直觉"、"想象"乃至"情感"、"欲望"等，在一些传统哲学家的论著中也时常会出现这些因素。然而，这些"非理性"因素在传统哲学的思想体系中却从不占主导地位，而总是从属于"理性"。据卢卡奇在《理性的毁灭》（1954）一书中考察，德国近代哲学家费希特在晚年的《知识学》（1804）一书中就使用过"非理性的"（irrational）这一术语，但对德国哲学并未产生实质性影响。后来，谢林也只是把"非理性的"理解为"非绝对的"（non-absoluteness）同义词，并且是在贬义上使用。而文德尔班在《哲学史教程》（1892）中分析"非理性的形而上学"时，已把谢林列为第一个"被迫走上非理性主义的道路"的哲学家了。① 因此，长期以来，在理性主义哲学发展的历史长河下，"非理性"思想也只是作为某种"暗流"涌动。然而，到了19世纪末，"非理性"思想已获得重大发展并明显呈现要取代"理性"思想的趋势，在叔本华特别是在尼采思想的推动下，"非理性"思想终于涌现成为一股强大的"非理性主义"思潮。与发端于法国的"实证主义"思潮一样，这一发端于德国的"非理性主义"思潮也产生了对人们思想观念的重大影响。一方面，"非理性主义"思潮与"实证主义"、"进化论"等"新思潮"互相呼应而与传统哲学分庭抗礼，从而最终形成了对传统哲学的全面"反叛"；另一方面，这一思潮也对20世纪的哲学、文学、艺术以及科学研究的发展产生了深远影响。

但是，如何准确认识"非理性主义"的含义或本质也仍需我们做出深入的思考与分析。笔者认为，既然传统哲学也包含一定"非理性"因素，因而"非理性主义"思潮的失误就不在于承认或凸现某些"非理性"因素，而在于它力图以"非理性"来排斥"理性"、取代"理性"。事实上，所谓"非理性主义"，从本质上说，就应是"反理性主义"。这就是说，单纯承认"非理性"因素，还不构成对传统哲学的反叛或颠覆。如前所述，中世纪的基督教哲学在一定意义上也是"非理性"的，"信仰"本身就包含一定非理性的认识成分，但一般说来，基督教哲学并不具有"反理性"的性质，而总是力图实现理性与信仰的结合、统一，力图运用理性来论证与证明"上帝"的存在。所以，总的来说，基督教哲学还是一种包含一定"信仰"的"非理性"因素的理性的

---

① 〔德〕文德尔班：《哲学史教程》下卷，罗达仁译，商务印书馆，1987，第845、846页。

哲学。

近代哲学自培根、笛卡尔以来以凸显"理性"、"思维"为显著特征，哲学更成为"理性主义"哲学。近代哲学确实具有夸大理性作用而忽视非理性认识的缺陷，"非理性"因素的作用和意义，例如"意志"、"情感"、"直觉"等认知形式的作用和意义，也确实被近代哲学忽视了。因此，"非理性主义"思潮的出现，就具有一定必然性，由此也具有一定合理性。"非理性"思想可弥补哲学（"理性主义"）发展之不足，而哲学作为人类理性思维的根本形式也理应实现理性和非理性的统一，即应在理性占主导地位的前提下给予非理性因素以应有的重视。

从本质上看，"理性"和"非理性"认识都是人类认识或精神发展的重要形式，二者经过一定矛盾的历史发展之后而实现某种统一，也应当是人类认识或精神发展的合理路径与必然趋势。因此，非理性思潮的出现是有其合理因素或理由的。但问题在于，这一思潮在发展中却走向一个极端，即力图以"非理性"来否定"理性"并取代"理性"，进而否定"哲学"本身。这样一种倾向，当然就违反了人类精神发展的规律，也违反了人类认识矛盾综合的辩证本性。也因此，从本质上看，"非理性主义"思潮就不具有最终的合理性，在其本质意义上，它意味着对哲学"理性"的消解，意味着对哲学"形而上学"本性的"颠覆"。也因此，如果我们还想保持或延续哲学的话，那就必须"扬弃"这一"颠覆"本身而回归或重建"理性"的哲学。

人的认识本来就包含非理性因素，"情感"、"意志"、"直觉"、"想象"等非理性因素在人的认识中本来就具有一定作用。因此，如果单纯承认这些因素或形式的作用，也并不构成对传统哲学或理性哲学的根本否定。然而，如果力图以非理性因素或形式来否定理性或取代哲学，那么，"非理性"思想本来所包含的一定合理因素也就会随之消失，这一思想也就会转变为不合理的"非理性主义"或"反理性主义"思潮。

这就是说，由于哲学在本质上或主导观念上是"理性"，因而哲学虽然可以包含一定"非理性"因素，但却不能包含"反理性"因素。"反理性"的理论本身必然会溢出"理性"的框架而走向哲学的反面而不再成为哲学。同时，它也将不再属于宗教，属于伦理，因为"反理性"的理论也必然是反哲学、反宗教、反道德、反传统文化的。

人们通常认为叔本华和尼采就是这种"非理性主义"哲学或思潮的代表，然而，事实上，我们在叔本华和尼采哲学之间，就看到这种区别：叔本华哲学具有一般"非理性"的性质，而尼采哲学则具有"反理性"的性质，即完全演变成为"反理性"的哲学。

## 二 "非理性主义"的两种类型

叔本华、尼采和克尔恺郭尔都是"非理性主义"思潮的主要代表，特别是叔本华和尼采一向被认作是"非理性主义"的典型代表。有关研究论著还认为，叔本华和尼采哲学都具有"悲观主义"或"虚无主义"特征，而叔本华属于"消极的悲观主义"，尼采属于"积极的悲观主义"。然而，事实上，叔本华和尼采哲学之间的区别却并非如此。

笔者认为，尼采和叔本华哲学的主要区别或根本区别并不在于具有"悲观主义"的"消极"或"积极"性质，而且"悲观"或"乐观"也并非是哲学上区别不同的哲学形式或学说的重要的确定标准。事实上，尼采哲学和叔本华哲学之间的区别具有更深刻的本质意义。笔者认为，这种区别的真正意义就在于：他们对"理性"或对"哲学"本身持有完全不同的态度，进而对"哲学"、"道德"、"宗教"等概念也持有完全不同的或截然相反的态度。

为明确这种本质区别，我们应该把包括叔本华、尼采及克尔恺郭尔哲学在内的所谓"非理性主义"划分为两种类型，即划分为"一般非理性"（或温和非理性）与"极端非理性"（或反理性）两种类型。叔本华、克尔恺郭尔哲学就属于"一般非理性"哲学（或温和的非理性哲学），而尼采哲学则属于"极端非理性"哲学（或反理性的非理性哲学）。这种区分也如中世纪经院哲学内部有"唯实论"与"唯名论"两大学派，而每一学派内部又都有"温和的"与"极端的"两种形式一样。

"一般（或温和）非理性主义"的主要特征是：虽然强调"意志"、"信仰"等非理性因素的重要作用，但并不完全排除与否定"理性"的作用，进而也还承认"哲学"、"道德"、"宗教"的历史作用。叔本华和克尔恺郭尔哲学就具有这种特征。

"极端（或反理性）非理性主义"的主要特征是：不仅强调"意志"、"激情"、"欲望"乃至"本能"等非理性因素，而且完全排除与否定"理性"，进而也彻底否定"哲学"、"道德"、"宗教"乃至"传统文化"或"一切价值"。尼采哲学就具有这种特征。

"非理性主义"的这两大类型或形式的根本区别就在于对"理性"乃至对"哲学"、"道德"、"宗教"等采取了完全不同的态度。可以说，"一般非理性主义"对"理性"、"哲学"等尚能采取"肯定"态度，因此，还不构成"反理性";而"极端非理性主义"则对"理性"、"哲学"等采取"否定"态度，因此，在本质上才是"反理性"的。也因此，在所谓"非理性主义"哲学思潮中，叔本华、克尔恺郭尔哲学作为"一般非理性主义"还不构成对传统哲学或文化的"反叛"，只有尼采哲学作为"极端非理性主义"才开始全面否定与颠覆传统哲学，才构成对传统哲学的"反叛"。可以说，在这三位最重要的"非理性主义"思潮的代表人物中，只有尼采才真正是一位"反叛者"，才真正是一位全面而彻底地否定理性、哲学、宗教、道德的激烈的反传统主义者，而叔本华和克尔恺郭尔都尚未离开传统哲学的基地，他们的哲学在很大程度上还只是对传统哲学即"形而上学"的"理性主义"哲学的某种"矫正"。

笔者认为，我们只有对"非理性主义"做出两种类型的区分，才能真正揭示与理解叔本华哲学和尼采哲学之间的区别，或者说，我们才能真正认识他们在思想观念上的区别。虽然尼采一向被人们视为叔本华哲学的继承人或后继者，然而，尼采的思想观念与叔本华的思想观念之间却具有重大的本质差别。如果说叔本华哲学是"消极的悲观主义"，那也只在于他并未从根本上否定理性、哲学、道德、宗教等传统文化形式，而尼采所谓"积极的悲观主义"的真实含义，也正在于他完全、彻底地否定并抛弃了"理性"、"哲学"、"道德"、"宗教"等传统文化的形式与价值，完全采取了一种"叛逆者"的激进、偏颇的反传统立场。

## 三 对尼采与叔本华哲学区别的阐释

### (一)"生命意志"与"权力意志"的区别

我们知道，在叔本华哲学中，"意志"乃是"生命意志"(will of life)，其特点在于具有完全的自足性，纯粹的"意志"本身即是类似康德"自在之物"的最高的存在，也即是世界的本质与人的本质。所以，叔本华曾说："我的全部哲学可以表述为一句话：世界就是对意志的自我意识"。[①]

然而，在尼采哲学中，"意志"或"生命意志"却被"权力意志"(will to power)所取代，生命或生存的本质就在于追求"权力意志"。尼采的所谓"超善恶"的"未来哲学"、所谓"永恒轮回"的"狄奥尼索斯的神秘世界"或"狄奥尼索斯"的"酒神精神"等，实际上都根源于"权力意志"或"权力意

---

① 〔德〕叔本华：《叔本华选集》，第5页，转引自李秋零主编《圣哲全传》下卷，中国人事出版社，1998，第800页。

志的世界"。"这是权力意志的世界——此外一切皆无!"① 基于"权力意志"，尼采才建构起自己的"反理性"的思想体系，才提出一系列"反道德"、"反宗教"与"反哲学"的极端非理性主义的观点。

在叔本华那里，"意志"的本质就是盲目的"欲求"，其本身就意味着"痛苦"，因而"意志"本身就要受到"抑制"，"和抑制意志本身一样，他也抑制意志的可见性，意志的客体性，也就是抑制他的肉身"②，亦即实行"禁欲主义"。这就是说，叔本华对"意志"的全部"肯定"最终却导致对意志的"否定"，这一"意志之否定"的理论在叔本华哲学中具有根本意义。"这里才是第一次抽象地，不带神话地把神圣性，自我否定，顽强意志的消灭，禁欲等等的本质说成是生命意志的否定；而否定生命意志是完全认识了意志的本质，这认识又成为意志的清静剂之后才出现的。"③ 就是说，"意志"只有借助"清静剂"才能得到"解脱"，意志的解脱已不在于意志本身，意志本身已无力使自身得到解脱，只有意志的"否定"才能使意志得到解脱，从而真正实现意志的"本质"，实现"意志自由"。因此，叔本华说："没有彻底的意志之否定，真正的得救，解脱生命和痛苦，都是不能想象的。"④ 同时，叔本华认为，"意志之否定"的"解脱"之路就在于回归"艺术"、回归"哲学"，特别是回归"宗教"。

## (二)"解脱之路"的区别

就回归"宗教"而言，叔本华力图阐明基督教的本质或核心也在于对意志的"否定"。他说："实际上原罪（意志的肯定）和解脱（意志的否定）之说就是构成基督教的内核的巨大真理"。⑤ 同时，经由"意志的否定"也就达到对上帝的绝对"信仰"。因此，在经过对"意志"的"肯定"（"原罪"）及"否定"（"解脱"）之后的"信仰"，才表现出基督教的内在本质，才构成一个对"意志的肯定"的"正题"与"意志的否定"的"反题"的"扬弃"，亦即构成一个"否定的否定"的"合题"。因此，"信仰"的本质就在于"解脱"、就在于否定生命意志之后的"再生"。而就回归"印度教"和"佛教"而言，叔本华则力图说明"生命意志"的"否定"乃在于达到"清心寡欲"

---

① 〔德〕尼采：《权力意志——重估一切价值的尝试》，张念东、凌素心译，中央编译出版社，2005，第2页。
② 〔德〕叔本华：《作为意志和表象的世界》，石冲白译，商务印书馆，1982，第523页。
③ 〔德〕叔本华：《作为意志和表象的世界》，石冲白译，商务印书馆，1982，第525页。
④ 〔德〕叔本华：《作为意志和表象的世界》，石冲白译，商务印书馆，1982，第545页。
⑤ 〔德〕叔本华：《作为意志和表象的世界》，石冲白译，商务印书馆，1982，第556页。

或"无"的境地。在那一境地，"意志"被否定了，"世界"真正成为意志的表现，因而"世界"也同样被消解了，"意志"的"整个现象"、"时间和空间"、"主体和客体"也都被取消了，因此，"没有意志，没有表象，没有世界"，"无是悬在一切美德和神圣性后面的最后鹄的"。①

叔本华的这些论述诚然是"消极"的"悲观主义"或"虚无主义"，也诚然属于"非理性主义"，但从其学说的思想本质与总体框架来看，却又并未完全超出传统哲学的思想领域。我们知道，像叔本华这样赞赏或具有一定宗教情结或具有某种"消极的悲观主义"或"神秘主义"的哲学家，在古今中外也并不少见。叔本华在"意志"的"否定"或"解脱"中仍然要回归或求助于"宗教"、"哲学"、"艺术"，并且仍然是把"理性"视为"意志"的工具，并且还把柏拉图的"理念"作为由"意志"转变为"世界"的"中介"，这些思想又都体现出叔本华那种力图调和理性与非理性、哲学与宗教的意图，有如中世纪哲学家力图调和理性与信仰的矛盾一样。由此可见，叔本华哲学并不具有反理性、反宗教、反道德的明确意图与性质，相反，却具有倾向于传统哲学与宗教的显著特点。就此而言，叔本华哲学就具有对传统哲学的某种"矫正"与"调和"性质，而并不具有对传统哲学的"反叛"与"颠覆"性质。

我们可以把叔本华哲学界定为"宗教的意志论"，而把尼采哲学界定为"反宗教的意志论"。前者还保留着"上帝"，保留着"神"或"佛"，因而还属于"有神论"的思想范畴；而后者则完全舍弃了"上帝"，舍弃了"神"或"佛"，即否定了宗教、信仰，因而已属于"无神论"的思想范畴。

事实上，也正是在"无神论"的前提下，尼采才提出"上帝死了"、"超人来了"，才把"生命意志"演变为"权力意志"，进而才完全"肯定"意志，说"我达到'肯定'的新路……对生命抱狄奥尼索斯式的态度"。② 进而，尼采张扬"狄奥尼索斯"（Dionysus）精神即"酒神"精神。也正是在这种"无神论"的前提下，尼采才把"强者"、"伟人"推到"超越善恶的彼岸"，才在那里进行"重估一切价值的尝试"，并在事实上反对与否定"一切价值"，包括"哲学"（"哲学"又包括"形而上学"、"苏格拉底"、"柏拉图"、"康德"、"卢梭"以及"整个德国哲学"等等），也包括"宗教"、"道德"、"艺术"等"一切价值"。

---

① 〔德〕叔本华：《作为意志和表象的世界》，石冲白译，商务印书馆，1982，第562、563页。
② 〔德〕尼采：《权力意志——重估一切价值的尝试》，张念东、凌素心译，中央编译出版社，2005，第348~349页。

同时，尼采还提出，要"用永恒轮回学说取代'形而上学'和宗教"，并用"意志来取代道德"①，等等。在他看来，"任何信仰，任何自以为真实的行为一定是谬误"、"信仰就是一种厄运和劫数"、"道德是最大的贬值"、"基督教作为宗教是属于庸众的"。②

当然，也只有尼采才会提出这种"进步"观念，即"进步：种类的强化，行使伟大意志力的能力"，亦即创造"更高等级的人"，并且不惜"恐怖"，"恐怖也属于伟大的特性"，"我们有一个目的，为了它不怕带来人的牺牲，不怕担任何风险，不怕承担任何厄运"。③ 诚然，在尼采的"权力意志"的世界里已没有了叔本华那种"清心寡欲"的达到"涅槃"状态的"无"或"虚无"，然而，却有"力（和野蛮）"，并且还有由此带来的"战争"、"专制"、"恐怖"、"征服"、"残暴"、"毁灭"，"即使毁灭也比变得不伦不类，变得有毒要好得多"。④ 与叔本华那"没有意志，没有表象，没有世界"的"无"的亦即"无企无求的境界"⑤ 相比，尼采的"权力意义的世界"，即使"有"，即使"存在"，也必定是一个"没有道德，没有信仰，没有理性"的世界。

## （三）尼采自己的"反理性"意识

由于尼采具有明确的"反理性"与"反传统"的思想意识，因此，他对自己思想与叔本华思想之间的某种本质区别也是有自觉意识的。也因此，尼采才多次明确地批判叔本华哲学。

在《权力意志》中，尼采写道："我的本能想要达到的结果是叔本华的反面。为生命辩护，甚至在叔本华的最可怕的、模棱两可和最有欺骗性的现象中——对付它们，我已经掌握了'狄奥尼索斯'的公式了。"⑥ 尼采还说："叔本华则把'自在'解释为意志，这是决定性的一步。只是他不懂得意志的神性

① 〔德〕尼采：《权力意志——重估一切价值的尝试》，张念东、凌素心译，中央编译出版社，2005，第122、124页。
② 〔德〕尼采：《权力意志——重估一切价值的尝试》，张念东、凌素心译，中央编译出版社，2005，第119、143、144、158页。
③ 〔德〕尼采：《权力意志——重估一切价值的尝试》，张念东、凌素心译，中央编译出版社，2005，第304、349、104、100页。
④ 〔德〕尼采：《权力意志——重估一切价值的尝试》，张念东、凌素心译，中央编译出版社，2005年4月第2版，第379、51页。
⑤ 〔德〕叔本华：《作为意志和表象的世界》，石冲白译，商务印书馆，1982，第562、546页。
⑥ 〔德〕尼采：《权力意志——重估一切价值的尝试》，张念东、凌素心译，中央编译出版社，2005，第120页。

化。因为，他依然困在道德基督教理想的图圈中。"① 尼采表示要站在叔本华的"反面"，这已清楚表明他对叔本华哲学的否定态度了。在尼采看来，"教诲人们否定意志的哲学乃是祸害和诽谤……我是按照意志对反抗、痛苦和折磨的忍受程度以及通晓变害为利的程度来评价意志力的；我不把生命的恶劣和痛苦的特性作为谴责生命的借口，而是希望生命有一天会变得比过去更加恶劣和痛苦"。②

通过上述分析，我们应该能够确认，尼采和叔本华哲学的主要区别是在"思想基础"方面。叔本华哲学还属于以"有神论"和"人性论"为思想基础的"传统哲学"，而尼采则完全离开了传统哲学的这一基地而进入一个"反信仰"、"反人性"、"反理性"与"反道德"的"非传统哲学"（或"反传统哲学"）的领域。也因此，我们就应该说，真正开启了"反传统哲学"意义上的"现代哲学"之先河的乃是尼采哲学而不是叔本华哲学或克尔恺郭尔哲学。

## 四  有神论和无神论的分野

### （一）不同"信仰"的不同本质

记得歌德说过，全部所谓世界历史不过是信仰与不信仰之间的斗争。由于人们的"信仰"不同，会导致对一切问题的看法大相径庭。尼采是一位"无神论者"，因而他对一切"有神论"（基督教、犹太教以及叔本华所垂青的佛教等）都持激烈的批判与否定态度。在尼采看来，人类的"信仰"本身就是生命的"原罪"，"根本错误就在于，我们把意识设定为标准、生命的最高价值状态……哲学家本能地致力于把现时发生的一切现象的有意识的共生和同欲虚构为'精神'、'上帝'的原因"，因此，"过去，我们对生命的最大非难就是上帝的存在"。③

现在好了，"上帝死了"，"宗教"、"信仰"、"有神论"都成为"根本错误"，是"群畜首先制造了这种信仰，接着才要求'真实性'"，而"超

---

① 〔德〕尼采：《权力意志——重估一切价值的尝试》，张念东、凌素心译，中央编译出版社，2005，第120页。
② 〔德〕尼采：《权力意志——重估一切价值的尝试》，张念东、凌素心译，中央编译出版社，2005，第152页。
③ 〔德〕尼采：《权力意志——重估一切价值的尝试》，张念东、凌素心译，中央编译出版社，2005，第147~148页。

人"的"信仰"则是"对'欲望'的信仰"，是"对意愿的信仰"。① 简言之，是对"权力意志"的"信仰"。然而，这种"信仰"还是"信仰"吗？尼采的这种所谓"无神论"的"信仰"不正是一种真正"虚无主义"的"信仰"吗？

叔本华提倡"佛教"、主张"解脱"，而尼采则提倡"酒神"精神、主张"征服"，提出"我们必须成为征服者"、"强者"。② 与尼采相比，叔本华就具有某种"有神论"的思想特征，至少，叔本华没有明确地否定过"上帝"或者"神"、"佛"。所以，尼采也说："叔本华的虚无主义仍旧是创造了基督教有神论那种理想的结果"，"叔本华杜撰的所谓精神的顶点，就是叫人们去认识万物皆无意义……也许就是劝告人们皈依"。③ 我们可以把叔本华哲学最终看作是一种具有特殊形式的"宗教哲学"，而尼采哲学不同，它始终是一种"反宗教"的哲学。

## （二）有神论和无神论的本质区别

丹麦哲学家克尔恺郭尔（Soren Aaby Kierkegaard）也被人们认作是"非理性主义"的代表人物，但比起尼采及叔本华来，他就具有更多的温和"非理性主义"的因素，同时也具有更显著的"有神论"的思想特征。也因此，克尔恺郭尔才成为"有神论"的"存在主义"的开创者或思想先驱。

克尔恺郭尔完全肯定"信仰"乃至"理性"的作用，承认"哲学"、"宗教"、"道德"、"艺术"的历史作用。他在《非此即彼》等著作中，把人的生存状态或精神发展分为三个阶段，即"美感的"、"伦理的"和"宗教的"，并依次阐释了这三个阶段精神生活的不同特征。克尔恺郭尔高度赞赏"伦理的"特别是"宗教的"精神生活，认为"宗教"才为个体生活确立了永恒的目标。在他看来，人的本质就是精神，而精神只有通向"上帝"才能获得真理。因此，"真理"就是信仰的真理。他把"信仰"或"信念"置于"理性"之上，提出"惟一的证明只是一个信字。如果我信（诸君知道，这是灵魂的一种内在的决定），那么，我的信在我总比理性为强。事实上，信念是支撑理性的，而

---

① 〔德〕尼采：《权力意志——重估一切价值的尝试》，张念东、凌素心译，中央编译出版社，2005，第374、377页。

② 〔德〕尼采：《权力意志——重估一切价值的尝试》，张念东、凌素心译，中央编译出版社，2005，第50页。

③ 〔德〕尼采：《权力意志——重估一切价值的尝试》，张念东、凌素心译，中央编译出版社，2005，第144、152页。

不是相反。"① 克尔恺郭尔的这些论述不禁使我们想起中世纪经院哲学家的那些对"信仰"及其与"理性"关系的论述。

事实上，克尔恺郭尔也不是在"向前看"，而是在"向后看"，是在"非此即彼"的选择中选择了"信仰"，他是在从"美感"、"伦理"阶段而复归"宗教"阶段。所谓"非此即彼"，按其含义即是："要么做基督徒，要么做异端（非基督徒）；要么让精神失落，要么让精神升华。二者必居其一。在这里，没有'既……又'（'both…and'），只有'此……彼'（'either…or'）"。显然，克尔恺郭尔在这种"非此即彼"的选择中（这种选择也是"自由意志"的选择）明确地选择了"宗教信仰"。

就"有神论"和"无神论"具有本质区别而言，叔本华、克尔恺郭尔的哲学已体现出与尼采哲学具有根本不同的思想特征与思想内涵。全面地看，即从对"道德"、"宗教"、"哲学"及"艺术"的根本态度上看，叔本华和克尔恺郭尔虽然都具有"非理性主义"思想，但却并不构成"反理性"、"反宗教"，即并不构成对传统哲学的"反叛"，而只应被视为对传统哲学的一种重大"矫正"。真正具有"反叛"意义的只是尼采，他矫枉过正，走向"反理性"的极端。

尼采的"反理性主义"的悲剧在于：他呼唤"超人"又推崇"酒神"，从而陷入无法解脱的矛盾、困境与迷狂。事实上，人也只有崇拜"日神"或推崇"日神"精神，并且也只有具有对"宇宙之神"的真正信仰，才有希望在精神乃至肉体上得到净化、升华并走向超越自身的永恒。

## （三）尼采哲学的主要问题及影响

尼采哲学的主要问题在于：他只从"权力意志"出发而否定一切传统价值并不问后果，他只"破"不"立"。事实上，否定一切传统价值与文化形态，必然会把人类在精神上"连根拔起"而导致一系列严重后果。

尼采把全部传统看做"一沟绝望的死水，这里断不是美的所在，不如让给丑恶来开垦，看他造出个什么世界。"（闻一多《死水》）但诚如文德尔班所说："他历尽时代艰辛，他遭遇到与时代本身所遭遇的同样的不可解决的矛盾。因此，他的语言引起了共鸣；然而也因此引起由他的影响而招致的灾祸，他的影响不但未能治好反而加重了时代的疾病。"②

---

① 《克尔恺郭尔日记选》，上海社会科学院出版社，1996，第165页。
② 〔德〕文德尔班：《哲学史教程》下卷，罗达仁译，商务印书馆，1987，第922页。

"非理性主义"思潮对 20 世纪的哲学、文学、道德、艺术及政治观念的发展都产生了重大影响，而尼采的"权力意志"、"超人"哲学也一向被认作是德国"纳粹"（Nazi，即"德国国家社会党"这一以希特勒为首的法西斯主义政党）的思想上的先驱。当然，我们不好说尼采思想的本意就是要"创造"法西斯，然而，他的思想能够得到法西斯主义者的高度赞赏与充分利用，却也并非没有思想认识上的深刻根源。

今天，人类社会已进入 21 世纪，但尼采的悲剧也还远未成为历史的绝唱，我们还应关注和思考，尼采何以会形成这样一种"反理性"的哲学，这种哲学和当时欧洲的其他思潮如实证主义、进化论思潮等又具有何种关系，而我们又该如何对待这些思潮？

## 第三节 进化论思潮的兴起及其历史意义

在法国兴起实证主义、德国兴起非理性主义的同时，在英国，一种被称为"进化论"的学说或思潮也开始兴起并得到发展。

1831 年，即在黑格尔逝世那一年，年轻的查尔斯·达尔文（1809～1882）乘上了军舰贝格尔号（Beagle）开始了环球旅行。在为时五年（1831 年 12 月 27 日至 1836 年 10 月 2 日）的航海考察中，达尔文在南美和太平洋诸岛采集到大量生物标本与化石。通过对这些标本和化石的研究，达尔文对物种不变的传统理论产生怀疑，后来他又依据当时欧洲在植物栽培及动物家养方面改良品种的经验，进而形成了物种通过适应自然环境和生存竞争而发生进化的观点。但由于缺乏证据，达尔文对进化论也一直抱着迟疑态度，直到 1859 年 11 月 24 日，他才在友人的催促和帮助下出版了《物种起源》一书（与此同时，他的朋友、自然科学家华莱士也发表了有关自然选择的论文）。至此，以达尔文命名的生物进化学说及其思潮就开始在欧洲随之也在世界各地传播开来，同时围绕进化论的旷日持久的争论也随之出现并延续至今。

## 一 "进化论"的两种含义

"进化"（evolution）一词源出拉丁文，意思是事物在逐渐变化和发展中由一种状态过渡到另一种状态。达尔文并非进化论思想的开创者，在他之前，瑞士学者邦尼特在 1762 年就已最先将该词运用于生物学。此后，法国博物学家拉马克（1744～1802）在 1809 年即提出"进化"学说，并较系统地初步阐述了生物进化思想，其理论要点是将"用进废退"与"获得性遗传"看作物种进化与遗传的两大原因。拉马克学说在进化论历史上第一次形成一个体系，从而为达尔文学说的产生奠定了基础。而达尔文进化论学说则着重阐述自然选择与生存竞争理论，由此也为进化论的进一步发展提供了更为广泛的理论基础。

进化论的产生是对神创论的重大挑战。由于其"反宗教"的意义，进化论与一般自然科学理论的影响也完全相同，进化论产生之后的影响之大、作用之广，完全超出了其学说本身的范围。按照进化论，生物物种完全不是如《圣经》所说是由"上帝"创造的，而是在适应自然环境的过程中发生变异而逐渐形成的，在漫长的进化过程中，旧物种会逐渐转变、进化而形成为新物种，人类自身也是进化的产物，人和猿具有共同的祖先（即"人猿同祖论"），而整个大自然的法则是"物竞天择，适者生存"，生物之间的"竞争"对进化具有决定性意义。从"宗教信仰"的角度来说，进化论关系到对"神"的根本信仰问题，而从"科学认识"的角度来说，进化论则关系到如何认识地球生物的起源、人的生命的起源和本质，以及如何认识自然界演变的基本规律等重大问题。因此，进化论自产生之日起就引起各方人士的广泛关注，也引起了科学界和思想界至今尚未平息的争论。同时，在 19 世纪中期，进化论思潮一经产生就与实证主义、非理性主义乃至革命的新思潮相互呼应而共同形成了对传统哲学与传统宗教的反叛，进化论为这一反叛提供了自然科学基础，而其影响与作用又在实证主义和非理性主义思潮之上。

笔者认为，所谓"进化论"也具有狭义和广义两种含义，这两种含义有一定联系，但也有一定区别。在"狭义"上，"进化论"应是指"达尔文学说"，当然也包含拉马克等人提出的进化论学说，这是一种具有严格实证科学意义的属于生物学或考古学领域的自然科学理论，其发展应当取决于实证科学本身的探索及其理论的发展。而在"广义"上，"进化论"是指"达尔文主义"，这是一种已超出自然科学研究领域的进化论思潮。可以说，在广义上，"达尔文学说"已完全扩展并衍变为一种哲学与社会思潮，而进化论作为一种思潮则代表了某种"反传统"的观念变革，代表了那种"现代性"的"生存竞争"与"斗争"观念，并因此而给予现代社会哲学、科学以及文化发展以广泛而深刻的影响。

因此，我们考察进化论，就应适当把这两方面的含义区别开来，并应从这两方面来分别加以考察。一方面，对作为自然科学理论的"达尔文学说"，我们应当采取科学研究的态度，既要研究达尔文学说本身的理论依据，也要研究科学界对此提出质疑的根据。就进化论作为科学而言，或就科学本身的发展而言，进化论当然并不具有"绝对真理"的意义。"进化论"（即"达尔文学说"）也像任何一种科学理论一样还要不断经受事实的检验，或者做出补充、修正，或者也可能被新的理论或新的学说所取代，而这也是科学发展的正常路径与基本形式。就此而言，所谓"捍卫进化论"或者反过来说"审判达尔文"就其作为一种提法而言，都比较地表现出较多的主观色彩，而就科学研究必须以"事实"为依据而言，在这里，"主观"色彩或"价值"评判并不起决定性作用。

另一方面，对作为社会思潮出现的广义的"进化论"即"达尔文主义"则应注重做出哲学分析，并注重做出历史性反思。"达尔文主义"当然是在"达尔文学说"的基础上形成的，但其思想内涵和社会影响却要比单纯的作为自然科学理论的"达尔文学说"广泛得多。进化论不仅是一种科学理论，而且也是一种哲学思潮，并且在事实上也是一种社会文化思潮。因此，进化论的两种含义既有联系，也有区别。如果说作为自然科学理论的"进化论"即"达尔文学说"为现代科学（特别是古生物学）的发展提供了一定理论基础，那么，作为哲学与社会文化思潮的"进化论"即"达尔文主义"就为整个现代哲学（亦即"非传统哲学"）的演进奠定了特定思想基础。而作为自然科学学说的进化论与作为社会文化思潮的进化论，也总是互相渗透、互相影响的，二者内在地并且外在地结合起来，共同构成了19～20世纪人类科学、哲学乃至社会文化发展的最重要的趋势或潮流。

由于进化论在19～20世纪已成为一种最重要的学说与思潮，因此，我们有必要在这里对其加以较全面、深入的分析。下面，我们就先来分析一下作为哲学与社会思潮的进化论（即"达尔文主义"）的主要特征，进而再对作为自然科学理论的进化论（即"达尔文学说"）做出考察。

## 二 对作为哲学与社会思潮的进化论的考察

进化论思潮是与近代西欧形成的反宗教思想密切相关的，同时它的产生又进一步冲击了传统的宗教世界观乃至哲学的世界观，从根本上改变了人们对自然以及自身生存本质的认识。

与实证主义和非理性主义思潮相比，进化论对传统哲学更具有"反叛性"，也更具有"颠覆性"，其影响之深广，也超过了历史上的任何"反传统"学说。美国学者罗兰·斯特龙伯格在《西方现代思想史》中曾指出："这场达尔文革命几乎触及所有领域。这就是它成为思想史上经典之作的原因。宗教、哲学、社会科学、文学以及艺术从此均不复旧貌。进化论的巨大影响导致一切思想的结构发生根本性转变"。① 也因此，围绕进化论的历史性论争也就具有超乎寻常的重大意义。

## （一）关于生命起源争论的意义

由于进化论涉及到人类对自然本质及生命起源的认识，因而围绕进化论的争论也就具有双重意义：一方面，这种争论是一种科学理论之争，即两种科学假说之间的科学争论，但另一方面，这种争论又是关乎哲学信念乃至宗教信仰之争，它体现出哲学史上目的论与机械论的对立，或者说，是这一历史性争论的继续。

我们知道，在传统哲学与宗教发展中，亚里士多德的"自然目的论"或"神学目的论"是起支配作用的，而近代科学提出的"进化论"则完全具有反"目的论"的性质。挪威学者希尔贝克和伊耶在合著的《西方哲学史》中指出：由于生物进化或自然选择学说的产生，"不仅立足于《圣经》的字面解释的神学的说明，而且对有机自然的目的论的说明，都被排除出去了。而在亚里士多德的传统中，这种立足于目的和目标的目的论的解释，是至关重要的"。"因此，经典的达尔文主义反映了亚里士多德式的科学说明概念和伽利略—牛顿式的科学说明概念之间的冲突。"② 也因此，这种争论，也就常常超出自然科学研究的领域而具有"超科学"（或"在科学之后"）的"哲学"意义。长期以来，有关进化论的争论，既在自然科学领域之中进行，又在自然科学领域之外扩展，显现出不同寻常的社会意义和极其深刻而又复杂的历史渊源。

西方传统哲学与宗教历来信奉某种神学目的论或上帝创世说，即某种"神创论"。在西方哲学与宗教哲学中占据主导地位的就是柏拉图与亚里士多德的神学目的论。按照亚里士多德理论，宇宙是由55个同心圆球构成的，最大的中心圆球是地球，向外依次为水、气、火及天上的各种呈圆球状的星体。而每一圆球都有灵性，"神"就在最外圈的圆球以外，推动整个宇宙各圆球的转动。由此，"神"也就成为宇宙运动的"第一推动者"，即成为圆球旋转的终极因、目的因。中世纪经院哲学家完全接受了亚里士多德的这种神学目的论理论，进而认为"上帝"就是宇宙的终极因与第一因，自然界的一切包括地球生命与人类自身都是"上帝"的有目的的精致创造与安排的结果。

---

① 〔美〕罗兰·斯特龙伯格：《西方现代思想史》，刘北成、赵国新译，中央编译出版社，2005，第322~323页。
② 〔挪〕G. 希尔贝克、N. 伊耶：《西方哲学史》，上海译文出版社，2004，第469页。

　　在 19 世纪以前，欧洲大多数哲学家和科学家仍然相信《圣经》所说
"6000 年前，上帝用 7 天时间创造了世界"的教义，如瑞典著名的博物学家林
奈（Carolus Linnaeus）就认为上帝曾经创造了 1 万个以上的从未发生过演变或
灭绝的物种。但到了达尔文时代（即 19 世纪中上期），天文学、地质学、物理
学、生物学、化学等学科相继发展起来，人们对"上帝创世说"的怀疑也开始增
长，进而探索生命起源就成为科学的一时之需。在这种探索中，又逐渐形成了
"突变论"（或"灾变论"）与"均变论"（后来演变为"进化论"）两种学说或
两大学派的争论。早在 18 世纪末（1780），德国矿物学家维尔纳（1750 ~ 1817）
就提出一种假说，认为地球最初因灾变为海洋所覆盖，在海水退却之后，地球表
面留下各种矿物、化石与岩层，这种"灾变说"（也称"水成论"）与圣经故事
（"大洪水"等）颇为吻合。到 19 世纪 20 年代，英国教士、古生物学家威廉·巴
克兰（1784 ~ 1856）进一步提出更久远的"系列洪水说"。巴克兰认为地球经历
过好几次大洪水，每一次洪水都灭绝了地球上的一切生命，每次洪水过后，
"上帝"都要重新创造生命。这种理论和法国古生物学家居维叶（1769 ~
1832）的理论假说也完全吻合，后者认为地球在整个地质发展过程中经历过多
次巨大的突发灾变，如海陆变迁、火山爆发、洪水泛滥、气候骤变等等灾变。
　　与此观点相对立，1788 年苏格兰人詹姆斯·休顿（1726 ~ 1797）提出了
"均变"理论。同时，英国地质学家查尔斯·赖尔（1797 ~ 1875，达尔文的亲
密朋友）也是一位"均变论"者（但还不等同于"进化论"者），他认为地球
表面特征是在不断发生缓慢变化的过程中形成的，因而生物进化是有可能发生
的。两派理论均为假说性解释，而其理论上的对立也表现得势均力敌。一方
面，当时已形成的新的时间观念已突破了《圣经》有关地球年龄 6000 的说法
而为一个缓慢均衡的生物进化过程提供了条件，但另一方面，化石记录上明显
出现的巨大时间间距或突然的中断，又使"灾变论"获得了可靠依据。
　　但"进化"观点也开始在社会弥漫开来并逐渐取得优势，这又多半归因于
当时欧洲社会所发生的巨大的变迁与进步，这种变迁促使人们开始把自然进化
与社会进化联系起来并为自然界生命的起源寻找证据。在 19 世纪的欧洲，至
少有三位科学家成为达尔文的思想先驱。
　　一位是法国博物学家拉马克（1744 ~ 1829）。还在 19 世纪初（1800），拉
马克就提出生物进化学说（后称"拉马克学说"），并与灾变论或物种不变论
展开激烈争论。在解说生物进化时，拉马克提出环境的直接影响、器官用进废
退与获得性遗传等理论，认为一种生物的习性能够遗传下去（如"长颈鹿"
由于想要吃高处的树叶就形成"长颈"的后天形状等）。但是，人们发现后天

获得的特性是不能通过基因来遗传的，因而达尔文就舍弃了"获得性遗传"这种颇为夸大动物意志或愿望的理论，进而把纯粹的"自然选择"、"生存竞争"确立为生物进化当中最具决定性的因素。

另一位先驱就是英国社会学家、哲学家赫伯特·斯宾塞（1820～1903），他普及了"进化"概念，也首次使用了"适者生存"一词，他支持拉马克的进化论，在达尔文出版《物种起源》之前就发表了有关进化论的文章。斯宾塞创立的进化论被称为"机械进化论"，认为自然界遵循由低向高、由简到繁的发展变化的自然法则，因而进化本质上就是进步的过程。斯宾塞还吸收拉马克学说，论证社会也具有"进化"性质，具有"竞争"机制，由此把进化论扩展到社会历史领域。斯宾塞一度主编过《经济学家》杂志，他是从经济学研究转向进化论研究的。他进而把二者紧密联系起来，把进化论的"生存竞争"理论运用于经济社会，认为只有通过自由竞争，提高效率，才能创造出一个最优秀的人类社会。由于具有这些思想，斯宾塞的进化理论就被人们指认为"社会达尔文主义"。

在达尔文出版《物种起源》之前，进化论思想在欧洲已存在半个世纪，这使得达尔文有可能更深入地思考进化问题，同时他也充分利用了在航海中所收集的古生物化石来实际研究物种演变。而在此之前，在达尔文的先驱当中还没有一个人实际地研究与论证物种演变。然而，也有可信的资料显示，达尔文提出他的进化论也同时基于各种思想观念的影响。除受拉马克、斯宾塞学说影响之外，他也深受马尔萨斯学说的影响。

英国经济学家马尔萨斯（1766～1834）就是达尔文进化论的第三位思想先驱。马尔萨斯的《人口论》出版于1798年，达尔文在19世纪40年代阅读该书时显然受到极大启发以致感到"恍然大悟"。他说："我阅读马尔萨斯的人口论以资消遣，同时由于长期观察动植物的习惯，当然不难认识随处可见的生存斗争的事实，于是我恍然大悟。"[1] 达尔文据此推论，所有的生物都以几何级数繁殖，以至于任何一个地区都不可能满足生物的生存需求，所以不可避免地会产生"生存斗争"。所以，达尔文在读《人口论》时还说过："这本书马上让我想到，有利的环境下，物种的变异往往能够保留下来，在不利的环境下，就会被毁灭。结果一个新的物种形成了。"[2] 可以说，正是由于读了其他

---

[1] 《达尔文自传》，苏桥译，三联书店，1951，第66页。

[2] 参见罗兰·斯特龙伯格《西方现代思想史》，刘北成、赵国新译，中央编译出版社，2005，第321页。

学科的书籍，达尔文才形成了有关生物演变成因的进化理论，马尔萨斯与斯宾塞都给他提示了"适者生存"的基本观念。

后来，恩格斯在《反杜林论》一书中对杜林提出的达尔文"把马尔萨斯的人口论从经济学搬进自然科学"的说法做了批判。恩格斯写道：达尔文"他只是说：他的生存斗争理论是应用于整个动物界和植物界的马尔萨斯理论。不论达尔文由于天真地盲目地接受马尔萨斯学说而犯了多大的错误，任何人一眼就能看出：人们不需要戴上马尔萨斯的眼镜就可以看到自然界中的生存斗争"，"生存斗争也可以没有任何马尔萨斯的解释而依旧在自然界中进行。"① 当然，这只是一种设想。事实是，达尔文毕竟是在"接受马尔萨斯学说"（这与"天真"、"盲目"似乎无关）的前提下才提出了他的物种起源或生存竞争学说的，或者说，达尔文毕竟是在已经"戴上马尔萨斯的眼镜"来观察自然界的发展时才提出生存竞争学说。这一事实也是达尔文本人所承认的。那么，人们为什么不可以深入考察这两种学说的前因后果的联系或本质关系呢？如果人们说，达尔文的"进化论"在一定程度上是有意识地把马尔萨斯学说"应用于整个动物界和植物界"，想来也并不违背当时的实际情况。

正如一些学者已指出的，达尔文提出进化论的过程更多的是仰赖无神论信念及纯自然的方法，而仅仅依靠了少量而不足的观察来建构其进化假说。因此，在一定意义上说，达尔文的进化论仍主要源于某种信念而并非基于可靠而充分的科学依据。无论如何，达尔文论证并提出进化论，都意味着一次信仰的嬗变。达尔文不愿成为传统的"教条主义者"，他自称"不可知论者"，但仔细研究他的宗教观点，就可将其归结为无神论。当代科学家池蒂克（Donald E. Chittick）在他的《论战：创造与进化冲突的根源》一书中指出："达尔文曾经历信仰崩溃。有人或以为达尔文是经过多年研究，才接受了进化论。其实，在对信仰的信心减退的时候，他对进化论的信心才建立起来。进化论被用以弥补否定'创造'后遗留下来的空缺。并不是进化论有什么吸引人的地方，能把科学事实解释得更加合理。进化论只是人摒弃'创造'后，用以弥补空缺的代替品而已。"池蒂克还指出："科学的新发现并不会叫人改投进化论，反而是人对哲理和神学的取向，能叫人否定创造，有一个世界观跳进另一个世界观。……今天，许多人仍未察觉进化论的本质，不认识它属于哲学过于属于科学范畴。人们先是思想变了，才接受达尔文主义。人们需要一种自然主义的规律，解释生

---

① 《马克思恩格斯选集》第3卷，人民出版社，1995，第409页。

命之源，才能逃避超自然的创造论，达尔文主义恰巧能填补这个空缺。"①

当然，这样的问题是值得思考的："为什么进化论能冲破西方有神论的强大思想体系破土而出并被广泛接受呢？为什么多数国家的教科书里仍在教授进化论而不讲授神创论呢？"② 很多人以为，达尔文的进化论能如此迅速地征服欧洲并风靡世界，必是在学术上有独到之处，有充分的科学依据，以为是科学上的新发现才使人们由神创论转向了进化论。其实，这种想法也是一种误解。

英国作家皮特·鲍勒在《进化思想史》中揭示了许多当时争论的背景材料。在论及当时的这场科学争论时，他写道："大量的科学依据被用来反对达尔文的理论，……尽管存在着激烈的反对，但是进化论已经开始启航，如果许多博物学家都有很强的宗教信仰，那么就很容易将其科学的反对意见视为不过是为了维护旧的神学自然观时所临时拼凑的论据。似乎没有什么人怀疑许多攻击背后的动机是对达尔文主义中的唯物主义世界观的普遍不满。然而这并不意味着那些论据本身缺乏科学合理性。达尔文的理论建立在当时对自然理解的基础上，在一些领域，特别是对变异和遗传的研究领域，这些基础是不牢靠的。因此有可能建立科学的论据来反对达尔文的理论"。③ 鲍勒还指出，达尔文学说的支持者利用他们对期刊的影响保障达尔文主义的价值观逐渐地融入文献中，《自然》杂志的创立至少部分地是为了促进达尔文主义的发展，学术会议也受到一定控制，使其有利于赞同达尔文主义的年轻的科学家，并确保可以教育下一代人也支持进化论。

这样，到 19 世纪 80 年代，借助多种非学术的手段，英国科学界终于形成了一个强大的达尔文学派，由此也成功地完成了所谓"世界观"的转变。显然，我们不能简单地将这种情况简单地归结为进化论在科学、技术上的优势，事实上对达尔文学说的质疑和争议从未间断。然而，人们的"信仰"变了，"理性"、"科学"又一次服从了"信仰"，不过这一次是服从了"无神论"的"信仰"。

可以说，达尔文进化论的产生根源于对"神"的信仰的衰落，而进化论的广泛传播也同样基于同一原因。有关进化论争论的理论基础在于科学，而其真正的历史意义却在于人们的信仰。

（二）进化论思潮的"意识形态"特征及其影响

所谓"意识形态"，是指一些基本的思想观念及其所构成的思想体系与形

---

① 丁子江：《思贯中西》，中国工人出版社，2003，第 259 页。
② 丁子江：《思贯中西》，中国工人出版社，2003，第 258 页。
③ 丁子江：《思贯中西》，中国工人出版社，2003，第 265 页。

式，如宗教、哲学、道德等都属于意识形态，也都是意识形态的基本形式。意识形态构成了人类精神文化的高层结构与核心内容，对于人类精神文化的发展乃至整个社会的发展都具有重大的导向与引领作用。

如果只从一般性质上看，进化论应属于自然科学而不属于意识形态（自然科学一般也不归入"社会意识"范畴），它也应具有自然科学的某种"超意识形态"的特点与作用。然而，我们看到，进化论却与一般自然科学理论不尽相同，它带有较多的或更多的"意识形态"的性质与特色，因而也较多地或更多地作为某种"意识形态"而发生作用与影响。我们可以说，进化论（作为一种学说或思潮）乃是一种基于自然科学研究而又进入意识形态领域并发挥意识形态作用的"特殊意识形态"或某种"准意识形态"。

笔者认为，进化论作为"意识形态"的性质、特色及其作用主要表现在以下几个方面：

首先，如上所述，进化论的产生及其发展一直受到多种社会思潮及意识形态的影响。达尔文本人在研究进化论时也受到自然科学以外的诸多因素的影响与制约，如马尔萨斯的"人口论"、斯宾塞的"社会达尔文主义"（虽然这在达尔文成名之后被命名的），以及当时弥漫欧洲的整个实证主义思潮等都给予达尔文以重要影响。这种影响又与达尔文对化石的研究密切结合，从而逐渐改变了达尔文的宗教信仰，而这种"信仰"的改变又成为他进一步构建与完善进化论自然选择学说的深层思想动因。这一情况，就使得达尔文的进化论在产生之始即具有明显的"反宗教"的思想特征或意识形态的特点。

当然，"进化论"和"神创论"的对立，人们会说，只是表现出科学和宗教的对立，或者说，只是表现出无神论和有神论的对立。事实的确如此，但细究起来，科学作为无神论（或作为无神论的科学意识）难道不是一种意识形态吗？这就是说，科学和宗教的对立，在很大意义上，也还是意识形态的对立。

其次，我们应该提出并分析，进化论作为意识形态究竟发挥了何种作用。依照德国当代哲学家哈贝马斯的分析，科学本身也是意识形态，而作为"意识形态"的科学、技术在现代社会中则具有消极作用，因为科学技术作为工具理性也只会促使人成为工具，成为物，使人失去存在的本质意义，从而加剧人的异化。我们知道，对科学技术的反思，自卢梭以来一直方兴未艾，这是近代及现代哲学对启蒙运动加以反思的一个重要部分，然而，把科学技术作为意识形态而加以认识、批判或反思，则完全是当代哲学所取得的最具有实质意义的进步。

可以说，在当代社会，科学已充分地享有某种（如葛兰西所说的）"文化霸权"，而其作为"意识形态"的功能，简要地说，就在于能够改变人们的精

355

神信仰。科学按其本性似乎与宗教上的信仰完全对立而不可相容，因而科学势必会全力进犯或侵犯"信仰"领域。但细究起来，科学和宗教乃是两个不同的领域，科学认识和宗教信仰也不是一回事，正像在康德哲学中那样，理性和信仰也不具有根本对立的关系，理性和信仰也理应有所分离并有所区别。但在现实中，科学和宗教的互相进犯或互相侵犯却成为常态，科学也就完全侵入"信仰"领域而成为"反宗教"的"意识形态"。达尔文之后，在社会主义的苏联（以及中国等国），遗传学研究领域的米丘林学派与孟德尔学派之争，就已完全蜕化为一种"意识形态"的斗争乃至"阶级斗争"了。

就进化论所起到的实际作用来看，进化论无疑具有"意识形态"的重要功能，这种功能也主要在于可以改变人们的信仰。进化论的这一功能在近代社会（或传统社会）向现代社会的转变中已充分地体现出来，它促进了人们信仰的转变。由于进化论与一般科学理论都具有这种"意识形态"的功能并且往往与人们的精神信仰相悖，所以，在西方也有学者提出"科学是一种宗教"，而在西方"反科学"思潮也经久不衰。美国当代科学哲学家费耶阿本德曾说："科学是一种最新的、最富有侵略性的、最教条的宗教"，"科学只是人们用以应付环境的工具之一，而不是唯一的工具。它并不是绝对可靠的。现在它的势力太大，干涉过多了，如果任其发展，就会有过分的危险"。他还称那种只肯定科学知识而否定宗教信仰的观点为"科学的沙文主义"。[①] 实际上，"反科学"思潮在很大程度上就是反对这种"科学沙文主义"，即反对科学技术对人类道德、信仰以及自然环境的侵袭与损害。

再次，还应看到，古往今来，科学家信神都从未妨碍其取得科研成就。这是因为，科学创造本身就需要一种自由宽松的思想环境，而历史上的科学家也从未把科学和信仰截然分开并对立起来。翻开西方科学发展的史册，我们看到，历史上那些伟大的科学家，包括哥白尼、笛卡尔、伽利略和牛顿等均称自己是绝对信仰造物主的，并认为这个世界就是神的精致创造的杰作因而有待科学家去发现与证实。科学研究和科学家个人对神的信仰并非水火不容的对立关系。在西方科学史上，还有一大批名垂史册的大科学家都是有宗教信仰的"有神论"者，例如现代天文学的奠基者开普勒、近代化学的开创者波义耳、电解原理的发现者法拉第、电报的发明者莫尔斯、热功当量的发现者之一焦耳、电磁理论的集大成者麦克斯韦以及被誉为原子理论之父的道尔顿、现代遗传学奠基人孟德尔、青霉素发明者弗来明、微生物学的创始者巴斯德等都是虔诚的宗教信徒。

---

① 转引自夏基松《现代西方哲学教程》，上海人民出版社，1985，第556页。

说到这里，我们也不妨再分析一下经典物理学巨匠牛顿的思想特征。牛顿是一个虔诚的基督教徒，但也并非如一些教科书所说是晚年才涉身宗教并因此而无所创造（这使人以为其众多的科学发现都是在"无神论"指导下做出的，而其晚年的宗教信仰阻碍了科学创造）。事实上，牛顿成为虔诚的基督教徒要远远早于从事科学研究，并且他对神的信仰终生未变。甚至牛顿对科学的思索也与他的虔诚的祷告生活具有密不可分的关系，他常在信仰的思索里想到科学，又在科学的思索里想到信仰，以致后来纽约大学历史系教授曼纽在所著《牛顿传》中提出："近代的科学是源自牛顿对上帝的默想。"

在牛顿、巴斯德等信仰基督教的科学家看来，从事对宇宙的自然科学研究也是"信仰"的必要部分，也正是对宇宙的神圣信仰与信念驱使他们展开自己的科学探索。当然，今天的一些"科学家"已经不可能再像牛顿等科学家那样出自信仰而从事科学探索了。今天，有不少人把坚持"科学"或"无神论"的"世界观"放在"科学探索"之上，这样，人们的主要目的与价值取向也就不是放在科学研究本身，而是试图更多地利用科学研究。可以说，一种完全基于现实功利或政治目的的"科学研究"是必然要失去那种来自精神与信仰本身的强大动力的。

有资料显示，自从1901年设立诺贝尔奖以来，美国获得该奖项的286位科学家中，有73%的获奖者是基督教徒，19%是犹太教徒。一位著名诺贝尔奖获得者、美国物理学家费曼曾说："许多科学家确实既相信科学，也相信上帝——启示的上帝，而这两者可以完美地一致。"现代航天科学之父冯·布劳恩也曾写道："宇宙的无边神奇只能证实我们关于造物主确定性的信仰。"①

---

① 在当代科学家中，也不乏具有宗教信仰或宗教情结的科学家。就拿剑桥大学物理学家斯蒂芬·霍金（Stephen Hawking）来说吧，他并非是一位有明确宗教信仰的人，但在其《时间简史》中却屡屡提及上帝，就连正文的最后一个字也是上帝！正如一位西方学者指出的：这本书"也是一本有关上帝的书……'上帝'这个词充斥着整本书……正如霍金在书中清楚地表示，他试图理解上帝的思想。"同样，英国著名物理学家兰茨伯格（Peter T. Landsberg）在"热力学的历史与哲学"的研讨会中就以《从熵到上帝》为题发言，并提出"在一个科学会议上谈论科学对神学的意义似乎是在打破一个禁忌。"而美国太空研究所的一位科学家也深深感受到宇宙学新发现的"神圣"意义，因而他生动地写道："科学家已经攀越许多的'无知'山脉，即将准备征服那最高的顶峰。正当他扒着最后一块岩石攀身而上时，迎面而来的却是一群神学家。原来在数世纪前他们早已经在那里等待了！"据统计，在被誉为"诺贝尔宗教奖"的邓普顿促进奖的32位得奖者中，竟有超逾三分之一的人（共12人）是致力于科学和宗教的对话的。这些获奖者显示了当代顶尖科学家对神学的浓厚兴趣。以上引证见江丕盛等《桥：科学与宗教》，中国社会科学出版社，2007，第12~15页。

总的来说，正是达尔文的进化论，继哥白尼的"太阳中心说"之后，又为科学的发展奠定了一块庞大的基石，全部西方的现代科学乃至无神论信仰几乎都是在这块基石的基础上发展起来的。也如斯特龙伯格指出的："科学作为主导思想模式勃然兴起，这主要归功于达尔文，但它是一种更大模式的一部分。"① 当然，进化论所奠定的这块"基石"是否牢固，是否存在重大缺陷甚至裂痕，也还需要继续接受科学与哲学乃至整个人类文化发展的检验。

最后，在进化论思潮中形成了"社会达尔文主义"，更充分体现出进化论作为一种意识形态的性质和作用。斯宾塞是"社会达尔文主义"的首倡者，但达尔文本人在《人类的由来》（1871）一书中就已提出，如果让"精神和身体孱弱者"活下去，而不是像野蛮部落那样把他们消灭掉，那么对于人类是有害的。因此，他还宣告："在全世界范围内，无数低级人种将被高级人种淘汰。"② 在这里，达尔文是实实在在地采纳了斯宾塞主义。达尔文的一位表弟佛朗西斯·高尔顿在《遗传天才》（1869）一书中还创造了一个术语叫"优生学"，用以表示一门通过维系比较聪明的遗传种系来改良人类种族或素质的科学。后来，德国的法西斯主义就大力利用了这种"优生学"来作为消灭"劣等种族"的根据。

斯宾塞是一位像孔德那样的实证主义者，也是当时一位具有"自由竞争"思想的经济学家。此人经自学成才，精力充沛，思维敏捷，他把拉马克的进化论由自然界扩展到社会，认为竞争是人类社会进步的关键，但穷人却无法适应竞争环境，因而人类社会的自由竞争就像自然界的竞争一样必然淘汰那些有缺陷的个体，从而提高效率，创造出更加优秀的社会与人类。斯宾塞无情地拒绝了对于穷人和弱者的关爱与关怀，这使他在 19 世纪 80 年代以来备受非议。斯宾塞的"社会达尔文主义"所倡导的社会伦理，被美国一位社会学家毫不隐讳地描述为"赶快干活，否则完蛋！"

但在当时，社会达尔文主义在很多方面是一种激进的信条（例如，它是反宗教的），因而引起了许多社会主义者的兴趣，达尔文主义与马克思主义之间建立了紧密联系。英国一位社会主义者（工党领袖拉姆齐·麦克唐纳）在1894 年出版的一本论述社会主义和科学的著作中提出达尔文主义"在思想上

① 〔美〕罗兰·斯特龙伯格：《西方现代思想史》，刘北成、赵国新译，中央编译出版社，2005，第 329 页。
② 〔美〕罗兰·斯特龙伯格：《西方现代思想史》，刘北成、赵国新译，中央编译出版社，2005，第 336 页。

不仅没有与社会主义相对立，而且它是社会主义的科学基础"。① 当然，恩格斯对达尔文学说的评价更高，对达尔文和马克思或达尔文主义和马克思主义之间的关系也论述得更加清楚，他说："正像达尔文发现有机界的发展规律一样，马克思发现了人类历史的发展规律。"② 恩格斯还把达尔文的进化论视为 19 世纪自然科学的"三大发现"之一（其他两大发现是"细胞学说"和"能量守恒与转化定律"），并认为这三大发现为"唯物主义的自然观"奠定了自然科学的牢固基础。③

当然，进化论的意识形态的影响主要表现为对社会传统道德或伦理观念的冲击。达尔文的进化论产生之后，即出现了维多利亚时代的"信仰危机"。斯特龙伯格在分析这场"信仰危机"时曾指出：进化论"极大震动了传统的宗教信仰，除此之外，它不仅威胁到圣经上说的上帝造物的教义，更为严重的是，它威胁了人类灵魂的惟一性。"④ 当时，有的青年人就因受《人口论》（被称为"怀疑之书"）和《物种起源》（被称为"绝望之书"）的情绪的影响而轻生弃世。

看来是进化论把"变化"连同"绝望"的情绪一起灌输给了英国社会并扩散开来。英国的这种出自"进化论"的悲观情绪与德国的出自"非理性主义"的悲观情绪隔海相望，互相影响，并逐渐蔓延弥漫到整个欧洲大陆。

## （三）进化论是反道德与反宗教的吗

那么，进化论是反道德或反宗教的吗？作为单纯的自然科学学说，达尔文的进化论确实是在道德论或宗教论之外，然而，作为一种社会思潮或意识形态，进化论却又在道德论乃至宗教论之内，它确实引发了人类社会在道德观念以及宗教观念上的巨大变迁。

斯特龙伯格指出："达尔文的真科学具有令人不安的内容，这其实是当时许多人反对他的原因，尽管当时的迹象不如后来明显"。⑤ 一位著名德国科学家（冯·贝尔）承认他不相信这种把人看作"物质的产物"并且把人贬低到

① 〔美〕罗兰·斯特龙伯格：《西方现代思想史》，刘北成、赵国新译，中央编译出版社，2005，第 335 页。
② 《马克思恩格斯选集》第 3 卷，人民出版社，1995，第 776 页。
③ 《马克思恩格斯选集》第 4 卷，人民出版社，1995，第 306 页。
④ 〔美〕罗兰·斯特龙伯格：《西方现代思想史》，刘北成、赵国新译，中央编译出版社，2005，第 315 页。
⑤ 〔美〕罗兰·斯特龙伯格：《西方现代思想史》，刘北成、赵国新译，中央编译出版社，2005，第 325 页。

动物水平的理论。达尔文以前的一位朋友、剑桥大学地质学教授（亚当·塞奇威克）也宣称，接受达尔文主义将会把人类降低到有史以来最低的水平。戏剧家萧伯纳并不持有正统的信仰，但也说道，"假如能够证明整个世界都是这种选择（指达尔文的'适者生存'）的结果，那么，只有傻子和无赖才能坚持活下来。"人们普遍怀疑："在达尔文主义的世界里，还可能讲什么道德价值吗？"任何绝对的价值与信仰都被排除了，一切都似乎是"偶然的和无目的的"，科学和宗教同时失去了存在的任何高尚理由，一切都是由"生存竞争"决定的，人类思想自身也是"进化的产物"，因而也纯粹是生存的工具，由此也就无是非、无善恶可言。

大致也是基于这种"意识形态"的冲突，进化论产生以后，在达尔文主义者和基督教徒及道德主义者之间就发生了严重分歧和争论。最著名的一次公开争论发生在1860年，在科学家托马斯·赫胥黎和塞缪尔·威尔伯福斯主教之间展开，这位主教表示"我可不愿意做猴子的后代"，而科学家则讥讽说，他宁愿做一只诚实的猴子的后代，也不愿做一个有脑而不用的人类的后代。

科学和宗教的冲突已成为维多利亚时代的一道奇特景观。

然而，维多利亚时代（指维多利亚女王1837～1901年在位时期）却是一个才人辈出的时代，如狄更斯、哈代、王尔德、勃朗宁夫妇、勃朗特三姐妹等文学家以及穆勒夫妇、卡莱尔等思想家都生活在这一时代。同时，这也是一个彰显自由主义思想的时代。写出《论自由》（即中译本《群己权界论》）的约翰·斯图尔特·穆勒（1806～1873）竟在生命的暮年，重新思考了他的反宗教立场。穆勒感觉到唯科学主义的危险，并开始相信"上帝"的存在，他写出《有神论》一文，对19世纪所有形式的信仰都做出裁决，并且相信"超自然能力"也可能会作出贡献。这是穆勒本人也是近代西欧自由主义者对人类精神上的理性主义与信仰主义矛盾的一种善意的调解。

然而，在人类社会发展中，"新观念战胜旧观念"似乎是一种不可逆转的过程。因此，进化论照例也在引起社会观念根本变革的同时取得了全线胜利。在进化论思潮的冲击下，一度生机勃勃的信仰偃旗息鼓，人与未知世界联系的纽带也被完全割断。当时一本英国的通俗小说虚构了一个故事，说人们发现了一份文献，它明白无误地证实，基督复活的故事是假造的，然后就出现了这样的结果：所有的法律和秩序轰然倒塌，文明生活全部毁灭。

这个故事也许只是一种想象，但发现某种"反基督教"的"文献"却并非妄想，例如在后来青年黑格尔学派的哲学家那里就出现了这种"反基督教"的"文献"，并引发出更深刻的信仰危机。因此，这个故事所设想的那种结果，看来也并非完全是梦想。

在 19 世纪的最后 30 年中，进化论思潮和实证主义、非理性主义思潮乃至社会革命的新思潮互相汇合，从根本上改变了人们的思想观念与意识形态。再加之西欧工业、科学和技术的迅猛发展，世界各民族交往与竞争的急速加剧，人类社会终于被推上了一个剧烈变动而摇摆不定的舞台，社会稳定消失了，遵守秩序与自我约束已不再是社会发展的规则与常态，相反，"变革"、"进化"、"竞争"、"革命"、"增长"、"改造"、"效率"等观念却成为典型的"现代观念"，并代替了传统文化的"和谐"、"稳定"、"中庸"、"节制"、"善良"等观念而主宰世界。不久，尼采就直接宣告"上帝死了"。德国的尼采，还有法国"生命哲学"（或"创造进化论"）的创立者柏格森以及美国的实用主义大师约翰·杜威等一代哲人也都深受进化论影响，进化论已成为现代社会思想发展的重要标志。事实上，尼采的"悲观主义"与"永恒轮回"、"超人才是目的"等思想也都打着进化论的烙印，这些思想在进化论中都找到了科学根据并且显示出和进化论的本质联系。

### （四）人类进化的实质

事实上，进化论能得到迅速传播与发展，也正在于它适应了近代社会以来人类要发展经济、扩张技术、彰显科学并通过竞争而提高效率，通过革命而改造自然与改造社会的需要。而这一切需要又都可以归结为"生存竞争"的需要。在进化论思潮的影响下，西方社会及东方社会也确实在经济、政治、贸易、军事及航天飞行等方面取得了一系列成果。然而，进化论思想以及这些成果却远不能满足或取代人类精神对发展自身的需要，也不能弥补人类在"形上"世界、"道德"世界以及"超验"世界的追求与信仰中出现的失落，而愈演愈烈以致失去节制的"社会变革"、"经济增长"、"资源开发"乃至"企业竞争"等也只会导致社会观念与道德伦理秩序的混乱或蜕变，并不可避免地导致地球生态环境的恶化与崩溃。

必须明了，人类社会的发展与自然界的发展具有不同本质与形式，自然界的发展具有显明的客观必然性与规律性的特征，而人类社会的发展则具有显明的主观理想性与合目的性特征。人类社会因精神发展而趋于目的，而人类社会发展的合理目的，也正是应在一定物质自然的基础上而发展与满足社会的精神需求，从而在物质文明的基础上最大限度地实现自身精神文明的特殊本质。人类的进化或演化与动物进化或任何物种的进化或演化也不相同，动植物演化是自然演化，而人类演化则是历史文化与精神演化（而精神也非自然界普遍具有）。人类的有理性或有理想的进化具有自身的特殊本质或实质，这种特殊本质即在于：人类可以用更高的生存价值——社会合作、和谐、和平与精神文化的协调来取代动物界中难以避免的粗野的肉体冲突与生存斗争。也就是说，人类进化的本质不在于体外进化，即不在于生物的机能进化，而主要在于体外的精神与智能进化，并主要表现在社会关系的协调、互助协作、具有交往理性以及精神文化的创造上。换句话说，人类进化是由精神、理性、头脑而不是由欲望、感性、臂力来决定的。当然，科学研究也表明，即使在生物界，生物之间的"合作"、"和平共处"对于其生存与演化也起到至关重要的作用。

然而，进化论思潮却使人相信人是动物的后裔因而其本性来源于动物，物性或物欲是人的本性，适者生存、弱肉强食，在竞争中人可以采取各种手段。人们还相信，"反传统"、"反潮流"就可以带来进步、美好的生活，从而把宗教信仰和道德善恶看作是一种"谎言"、"欺骗"，进而破除了传统的道德约束与精神追求。自此以后，人类也就变得越来越自私、自负而放纵，结果必然造成现代社会的畸形发展，造成道德失控、资源耗竭、环境恶化。

总之，进化论思潮与实证主义、非理性主义以及各种革命的新思潮联手协作，共同上演了一场"反叛"传统哲学的悲剧。这场悲剧也产生了矛盾的效果，它既给人类带来了进步的观念以及科学技术的自信与自负，同时也产生了生存竞争的、非理性的不安与迷惘。人类精神与信仰的这种矛盾在 20 世纪的西方乃至东方都得到了充分发展而导致各种带有残酷"生存竞争"色彩的冲突，战争与革命的烽烟，傲慢与偏见的心理，暴力与专制的权力意志，一再将人类社会推入危机四伏的境况之中。同时，自然生态系统与地球生物物种也遭到极大破坏。至此，人类的"进化"问题乃至"生存"本身的问题都成为不容乐观的严重问题。面对反传统思潮所造成的这些严重后果，人类确实应该反思，也应该回答："生存还是毁灭，这真是一个问题"（莎士比亚《哈姆雷特》）。

## 三 对作为自然科学假说的进化论的考察

以上，我们从广义上探讨了作为一种哲学与社会思潮的进化论的意义，下面，我们再从其狭义上探讨一下进化论理论作为一种自然科学理论的意义。也就是说，我们再单独从自然科学的角度对进化论做出分析。

## （一）进化论的"假说"性质

进化论作为一种自然科学学说，具有一个最大特点，就是它一直具有"假说"的性质，至今也尚未得到科学事实的充分证实。当然，一种自然科学理论也往往作为假说而提出，即具有假设的性质。例如，哥白尼1543年发表《天体运行论》一书，提出"太阳中心说"，最初就是作为一种假说提出的，后来经过长期的多方面验证才被确认为一种科学理论（如发现行星运动三定律、万有引力定律，特别是1846年9月23日德国的加勒根据太阳系学说提供的数据以及勒维烈的计算确实发现了海王星，哥白尼学说才得到证实）。在此之前，哥白尼学说有三百年之久一直是假说。在一种假说得到验证之前，即使它有百分之九十九、百分之九十九点九、百分之九十九点九九的可靠性，但也毕竟是一种假说。可以说，"假说"历来是自然科学发展的重要形式，但同时假说又必须由相应的证据来加以证实、修正或发展。

然而，与哥白尼提出"太阳中心说"情况不同，达尔文提出的进化论，虽然也作为"假说"而提出，但却一直面对缺乏证据的困境而从未得到证实。在科学上，所谓"证据"也具有不同类型或层次，有完全可知的证据（如地球是球形的，就可在环球旅行或飞行中证实），有足够而不易观察的证据（如相对论、板块运动和山体升高等），也有虽多但不知原因的证据（如癌症、萨斯等），还有虽少但能接受的证据（如红移、黑洞及宇宙大爆炸等假说），但也有稀少而被质疑的证据。有学者认为，进化论的"证据"就属于这最后一种类型亦即"稀少而被质疑的证据"。由于《物种起源》缺乏物种进化的足够证据，也由于人们后来也并未找到足够证据，因此，进化论学说至今也仍然是一种"假说"。

## （二）进化论的"证据"问题

按照进化论，物种是通过进化而形成的，那么，在不同物种之间就会有大量"中间过渡环节"。也就是说，在具有进化关系的物种中间，一定会有无数代具有微小差异的不同形态的生物存在，这就会形成大量的作为中间环节的生物化石。然而，考古学并没有发现这样的生物化石，而已发现的化石却表明任何种类的生物都是各从其类、各从其种，在不同物种之间并没有找到任何中间生物。这就造成了进化论的"缺环"问题，即缺失必要的中间过渡环节的证据。达尔文也承认当时地质学上并没有证据显示有这些中间环节连结生物，他也意识到"这可能是最明确而厉害的反对进化论的理由"。

达尔文生前也完全意识到这一问题的严重性，但他总是乐观地相信日后会找到证据。在《物种起源》中，达尔文把缺乏证据的问题归结为"地质记录的不完全"并作为该书第十章的题目加以阐释，并且试图排除其"学说的疑难"或"对于自然选择学说的各种异议"。他总是乐观地表示："假使我的学说是正确的，那么，我们不可以只看任何一时期而应注意到整个时期，一定曾经有无数的中间变种存在着，把同类的一切物种密切联系起来"；或者说，"假如自然选择学说是正确的，这无数的锁链类型，必曾在地球上生存过。"① 这样，在《物种起源》中，对"物种"起源、变异或进化的论述就由一个又一个"假使"、"假如"或"假设"连接起来，并建立在日后找到证据的希望之上。然而，达尔文逝世以后一百多年以来，考古学也仍未发现这方面的证据。也因此，达尔文的进化论至今也还是停留于"假说"阶段，并未转变为或提升为具有充分证据支撑的能够令人信服地解释研究对象的科学理论。

与此同时，为弥补证据的不足，达尔文坚持对已有材料的整理，并努力以对已有生物化石结构的研究以及对当时家畜饲养和植物栽培的研究为基础来推导出进化论的理论。除研究化石之外，达尔文着重研究并利用了当时家畜饲养和植物栽培方面的资料和试验成果来解决物种进化问题，试图从中找到支持物种进化的依据。达尔文相信，研究了家养动植物"品种"的起源与变异之后，他就能够发现在自然条件下的野生动植物或古生物的"物种"起源的规律性。达尔文在《物种起源》的"导言"中谈到，他在从事进化理论研究时找到了正确的解决问题的途径，那就是利用动物饲养和植物栽培方面的研究成果。达尔文写道："当我从事本题研究的初期，觉得要解决这个困难问题，其最有希望的途径，应从家养动物和栽培植物方面的研究着手。我果然没有失望……所以这类的研究，虽然常为一般自然学者所忽略，但我敢于相信其价值的重大。"②

为此，达尔文仔细考察了家鸽、鸡、马、狗、兔以及金鱼等家养动物所具有的多种多样的品种演变及其起源，认为所有家养动物都是由一个种或几个相近的野生的种产生出来的（如所有的家鸽都起源于野生岩鸽，形形色色的家鸡品种则起源于印度原鸡）。同样，甘蓝、小麦、水稻、玉米、葡萄等栽培植物也有各种各样的品种，品种之间的形状各不相同，但却具有共同的祖先（如甘蓝各个不同的品种都起源于野生甘蓝或 2~3 个野生的种）。应该说，从研究家养动植物品种的多样性及其相似性而得出形形色色的品种都有某种共同起源

---

① 〔英〕达尔文：《物种起源》，谢蕴贞译，商务印书馆，2007，第131、240 页。
② 〔英〕达尔文：《物种起源》，谢蕴贞译，商务印书馆，2007，第13 页。

（即起源于一个或少数几个种）的结论还是正确的。然而，问题在于，达尔文却将这一研究扩展到对"物种"起源的研究，即试图以动植物"品种"的多样性及其变异来解答在自然条件下生物"物种"的变异及其起源问题。《物种起源》的起点或基础就是其第一章即"家养状态下的变异"，达尔文完全是从一些家养动物（如家鸽）"品种"的改良来推论"变异的原因"，由此也就开始把"品种"和"物种"混同。达尔文说，他曾和许多饲养动物或栽培植物的人谈话或阅读他们的著作，而这些人"都坚决地相信他们所饲养的许多品种，是从很多不同的原始物种所传下来；这一定给我的印象很深"。据此，达尔文就批评一些"自然学家""对于遗传法则，知道得远较养殖家为少"，因此，"当他们嘲笑自然界的物种是其他物种的直系后代这个观念时，还不应当学习一下'谨慎'这一课吗？"①

　　但是，"谨慎"的研究告诉我们："品种"不等于"物种"，这是两个概念，"品种"的变化或改良与"物种"的变化或产生也并不是一回事，鸽、鱼、甘蓝、小麦、水稻等无论产生了多少"品种"也仍然是构成或保持为同一"物种"。就是说，品种的变异及其多样性完全不等于物种的变异及其多样性。育种专家懂得，一个物种的变化范围是极其有限的，在不同动植物的物种之间并不能培育出新的物种，最终，人工培育的"新物种"不是不育，就是又变成原来的亲本。也就是说，物种之间的"杂交"是违反"自然法则"的，大自然也不会把"杂交"作为物种起源或进化的形式。显然，达尔文把"品种"和"物种"完全混同了，他试图把物种内部的品种变化推广到解释所有生物物种的进化与起源，而没有认识到或完全忽视了一个物种内部的品种的改良与物种本身的演变具有不同本质。达尔文的这种以家养物品种的变化为研究物种进化途径的方法显然缺乏科学研究上的严谨性和可靠性。

　　可以说，家养动植物品种的进化或改良无论达到何种高度，都不能视为物种进化。这是因为，品种的改良那只是物种内部发生的主要由人工选择促成的演进过程，而并非是一个物种产生另一个物种的亦即"物种起源"的过程。如上所述，要确认"物种起源"，就必须找到不同物种之间过渡与变异的中间环节，但达尔文提出"物种起源"理论恰恰缺乏这类证据。由于进化论缺乏此类证据，即缺乏足够的证据来证明其核心理论（即在自然选择下生物发生遗传变异而由一种物种演变为另一种物种的理论），因此，作为科学假说的进化论能否成立还是一个悬而未决的问题。

------

　　① 〔英〕达尔文：《物种起源》，谢蕴贞译，商务印书馆，2007，第29页。

后来，现代进化论试图以基因突变来解释生物的进化，基因突变也随之成为进化论的主要依据。但根据统计，一般而言，99％以上的基因突变都是不正常的、有缺陷的、有害的，甚至是可致命的。突变后的个体在自然环境中也只能存活很短时间，很难形成持续的遗传和变异。所以，生物的突变即使发生，也只是少数而不是多数，也只是退化而不是进化。而且，基因突变也不会形成新的物种，那些发生突变的生物也仍然属于自己原来的那一种属，而不会变成高一级的其他物种。

就拿人和猿的"进化"关系来说吧！"人猿同祖论"无疑是进化论的一个最重要的也是最有争议的假说。1871年达尔文出版了《人类的由来》一书，提出了人类和现存的类人猿有共同的祖先、人类是由已绝灭的古猿进化而来的观点。当时，古生物学并没有提供任何有关这方面的材料，但达尔文也相信日后会获得这些材料。我们知道，人类和猿类确实具有很大相似性，不仅外表、身体结构，而且内分泌系统和血液化学成分也很接近，达尔文试图以这种相似性证明二者具有亲缘关系。然而，人类与猿类也具有本质区别，在结构上，人脑比猿脑要重得多、也发达得多，人能直立行走，人有第二信号系统，也唯有人能进行抽象思维、精神创造。原本不具有属于人类的这一切本质特征的猿类（在进化论中被叫做"类人猿"）真能在自然的进化过程中获得这一切本质的属性吗？那么，这一切的本质属性对于人类或猿类说来，不都成为某种外在的而并非内在的亦即并非本质的特征了吗？问题还在于：人和猿真的是属于同一"物种"吗？某种特征的相似性就能证明二者具有本质上的血缘关系吗？

进化论认为，"森林古猿"是人类和猿类（黑猩猩和大猩猩）的共同祖先，在亚洲、欧洲和非洲的森林里甚至也发现了它们的踪迹和遗留物（牙齿、额骨等），但这能说明什么呢？"森林古猿"以及后来又出现的"南方古猿"都毕竟属于"猿"而不属于"人"，即属于"猿"种而不属于"人"种。而后来出现并被发现的已脱离"古猿"阶段的各类"猿人"（爪哇猿人、北京猿人）、"古人"（尼安德特人）、"新人"（山顶洞人）等却又都已属于"人"（人种），而并非属于"猿"（猿种），或是属于某种"从猿到人"的过渡种类。进化论只是借助一些断续的材料来推论并描述"从猿到人"的进化过程（恩格斯还补充说"劳动"在此过程中起了决定性作用，"劳动创造了人本身"），但科学考察却至今也未能提供这一所谓"从猿到人"的进化过程即由"猿种"变为"人种"的可靠证据。

达尔文及其他进化论者猜想日后或20世纪会找到这类证据，但直到现在，发掘出的化石不计其数，但能经得住鉴定或推敲的证据还没有一例。进化论多次宣布的"人类始祖"，经鉴定都相继被否定了，找到的化石证据不是"人"，就是"猿"而非"中间环节"。例如，1892 年发现的"嘉伯人"被认为是人和猿之间的过渡化石，但它只是一块猿的头骨和相距 40 英尺的一根人的腿骨拼凑出来的。直到 1984 年，"嘉伯人"的地位才被新发现的猿人化石"露茜"所代替，但"露茜"也被科学家鉴定为一种绝种的澳洲猿，它和猩猩并没有区别而与人类无关。

鉴于进化论缺乏证据而反证却不断出现，科学家不得不设想，人和猿本来就属于不同的物种，就是说，人和猿是两个独立的物种，具有两条不同的进化或演化轨迹。对于人和猿的本质区别，现代科学已能从解剖学、生理学、人类学、医学等多学科角度进行比较研究，而一般结论是：人类在灵长目中确实是独特的存在，在进化的链条中则属于"消失的环节"。实际上，如果人类原本就并非是从猿进化而来，那么人们也就永远不会找到"由猿到人"进化的任何证据，正像永远也不会找到其他生物物种进化的中间环节的证据一样。

### （三）当代科学对进化论的质疑与挑战

当代科学对进化论提出的质疑与挑战，可以主要从两方面来认识：一方面是在证据方面，出现了譬如发现"寒武纪生命大爆炸"那样的重大反证，这些重大发现是进化论解释不了的，因而已超出进化论的认识范畴而构成对进化论的根本挑战；另一方面是产生了非线性理论，表明现代科学理论本身也已超越了进化论的固有的线性思维模式，由此现代科学也出现了形成新的有关生物演变或进化的理论假说的趋势。

首先，反证的出现，形成对达尔文进化论的重大挑战。

达尔文认为地质及生物进化的过程都是缓慢和渐进的，而且宣称"大自然不会制造飞跃"，这在很大程度上也是错误的。现代理论则强调突变、飞跃，认为与漫长的稳定时期相交叉，急剧而全面的变化即某种"大突变"在地质演变及生物演变历史上也是间或出现的一种通常的发展方式。达尔文的失误在于，他不理解突变或飞跃在生物演进中的重要作用，因而把非连续性现象归因于化石记录的不完整。由于在达尔文生前时代未能发现任何能表明生物产生于寒武纪之前的证据，因而达尔文把希望寄托于未来，设想日后总能在寒武纪之前发现生物进化的有力证据。他设想："如果我的学说确凿的话，寒武纪之前的世界必定充满各种活物。"

然而，古生物学的一系列新发现却与达尔文的预期相反。20 世纪以来，古生物学的最重大成果就是在加拿大、澳大利亚、中国等一些地方相继发现了

"寒武纪爆炸"的动物群,特别是 1984 年在中国云南省澄江县帽天山发现的化石动物群被称为"寒武纪生命大爆发"。澄江化石动物群包含 17 个生物类别的大约 100 多个属种,也就是说,目前地球上生存的几乎所有动物门类都同时出现在寒武纪早期! 大量动物门类在寒武纪同时突然出现,这显示出地球上生命形式可能并不具有物种进化的规律与进程,而是采取了一种大规模的爆发式的突变形式。这一发现,无疑构成了对达尔文进化论的巨大挑战。

美国学者约翰逊(Philip Johnson)在《审判达尔文》一书中对此现象做过如下评论:"化石向我们展示的都是突然出现的某种有机体,没有逐步进化的任何痕迹……这些有机体一旦出现,基本上就不再变了,哪怕过了几百万年,不管气候和环境如何变化。如果达尔文的理论成立,这些条件本应该引起物种的巨大变化。"他还说:"达尔文最畏惧的,不是宗教人士,而是化石专家。……化石记录问题之中给达尔文主义者最头痛的难处是'寒武纪大爆炸'(Cambrian explosion)"。①

美国考古学家克莱默与汤姆森合著了《考古学禁区》(Forbidden Archeolgy)一书,该书列举出与进化论相悖的 500 个确凿的事例,即几万、几十万、几百万、几千万甚至几亿年前或几十亿年前的人类文明遗迹。我们知道,人类的文明从蒙昧时期发展到现代文明,只有几千年或几万年时间,而这些更为久远的人类文明遗迹,不正是史前人类活动的证据吗? 从中也不难看出,所谓进化论的地质与生物进化时间表也只是人为挑选的结果,如果全面排列出考古学的发现,结果就会远远超出进化论的时间范畴而引领我们走向遥远与神秘的人类起源与物种起源。

非常可能,我们人类对自身历史的认识是不准确的,而以进化论为基础的现代科学的基点也是不准确的、不牢固的。因此,对进化论的有限性、局限性及其历史误差的质疑与反思,就不仅不会阻碍科学发展,相反,还将成为推动科学发展的真正动力与深刻根源,同时,这也必将是一场新的科学革命,是人类对自身认识以及对自然宇宙认识的一场伟大革命、一个伟大飞跃。

其次,当代非线性复杂系统理论的形成,也暴露出进化论在方法论上的局限与缺陷而趋于形成新的科学认识。

所谓"非线性复杂系统理论"是指 20 世纪 70 年代以来产生的旨在研究复杂系统的非线性结构与演变规律的一大批新兴科学理论,如"耗散结构理论"、"协同学"、"突变论"、"超循环论"、"混沌理论"、"分形理论"等。这些新

---

① 转引自丁子江《思贯中西》,中国工人出版社,2003,第 268 页。

兴理论都突破了达尔文进化论的直线进化或单线进化的思维模式。例如，"超循环论"揭示出循环反应系统的非线性关系决定生命的起源和演化，而生命信息复杂性程度取决于循环反应系统的等级层次，因此，所谓"适者生存"的理论对生命起源的解释就显出毫无助益，不过是"生存者生存"的同义反复。而"协同论"则揭示出大自然或任何物种系统都是一个多元关系的高度复杂的协同体系，而其中的物种和类型也是多样化的，仅有少部分互相对立，物种之间在共处中，也能够相互依存与相互协同，因而能促使复杂系统不断演化，并能够以一般化方式避免竞争。

因此，协同系统在不断演变中，也就具有一定方向性乃至目的性。而所谓"目的性"或用哲学的语言来说所谓"合目的性"，实际上，也即是非线性复杂系统向作为"自组织"的自身复杂而有序的系统结构演进的目标。也因此，科学家认为，所有生命和物种的产生和演化都具有必然性，而且在宇宙起源时，这种必然性就已经形成并决定其系统的存在与演进。这样，复杂自组织系统（包括自然生命系统）的演进也就显示出具有必然性与目的性的本性，或者说，具有合规律性与合目的性统一的本性。

当代科学的这种系统演进理论与传统哲学的和谐、辩证的发展观念不谋而合。上述科学理念，如果用本书所喜欢使用的传统哲学的语言来表述，那就是："事物的本性（或本质）决定事物的存在与发展"（参见本书第二章对该原理的阐释）。

## 四 对"周期演变论"的一点构想

### （一）"生物周期演变论"的主要含义

可以说，19 世纪产生于欧洲的进化论，无论是作为一种社会思潮来看，还是作为一种科学假说来看，都带有一定的局限性和片面性。但一百多年过去了，如果人们今天的认识还囿于进化论认识的这种局限性与片面性之中，那就不仅是达尔文进化论的悲哀，而且也是我们时代的悲哀，是一个时代的悲剧。

从历史上看，哲学上机械论与目的论的对立由来已久，而这一对立在近代社会已演变为进化论的科学假说与目的论的哲学观念及宗教信仰之间的对立。然而，依照人类理性与信仰矛盾统一的发展本性，这一对立也迟早会被扬弃，而取代这一对立及其理论表现的也完全可能是某种具有"新的综合"性质的理论，那将是哲学、神学与科学三者达到一种新的历史性统一的理论。笔者以为，这种新的理论既会保留、继承"神创论"或"神学目的论"对于宇宙自然的无限敬畏与信仰，同时也会保留、继承科学的理性探索精神。这一理论，也将是一种以对宇宙的神圣信仰与理性认识的统一为基础的科学假说，并且还将是一种具有广大得多的宇宙演变与生命起源背景的生命生成与周期演变理论。

我们对生物物种演化的研究必须和对天体演化的研究（即天体演化学）结合并统一起来，地球上生物或物种的演化是受到更大范围的宇宙演化规律的制约与决定性影响的。如果银河系的天体运动确实具有"多四季论"① 假说所描述的那种宏大的规律性现象，那么，地球的地质演化与生物演化，也就必然具有规模和范围都要大得多的性质，同时也会具有更大、更长的周期性。近代以来，有关考古学的新发现也一再显示出天体、地球的演进具有特定的周期性，而地球物种的发展也显示出"突现—繁荣—灾变—残留……"的一般周期性演变的规律性。因此，新的综合理论，就将是一种以天体演化为背景的宏大的非线性的复杂巨系统的周期性演变理论，我们可以将其一般地称为"生物周期演变论"。限于历史条件，达尔文的进化论不可能具有这种宏大的综合性与周期性，它只是小尺度地考察生物的演化史，而以新的科学发现与科学理论为基础的"生物周期演变论"则是大尺度地考察宇宙演化与生物演变。由此，现有的进化论理论也就不再作为人类研究生命起源与进化的基础理论。

## （二）进化的本质就是物种本性的全部发展

笔者认为，物种的进化也只限于自身，它不会在进化中演变为另一物种，而每一物种的进化也都不过是把自身的全部自然本性或本质表现出来。因此，进化过程即是生命过程，即是物种本性的生成、发展、衰落与终结的过程。所谓"进化"即是物种本性的全部发展或生命演变的基本过程。

在进化过程中，物种不会改变自己的本性，无论是渐变还是突变，都不会使一个物种完全改变自己的本性而变成别的物种。渐变还是突变这两种情况都会发生并且也会交替出现，但一个物种却不可能在渐变或突变中"进化"成为另一物种。也就是说，一个"物种"作为物种不会在演进过程中改变亦即失去自己的本性而变成别的物种。而"遗传"，也只是物种本性的遗传，生命不可能在遗传中发生本质的变异。"变异"只是例外，只是本性的异化或异变而不是发展的常规形式。

---

① 董妙先：《多四季论》，武汉测绘科技大学出版社，1991。

不同物种之间也会互相影响，但任何物种都不会改变本性（正所谓"江山易改，禀性难移"）。自然界的发展，主要采取个体进化的方式，而每一个体都要最充分地展示自己的自然本性，自然界的整体发展也就表现为个体进化之全部总和。同时，自然界进化的全部丰富性，也就寓于个体进化的全部复杂性和多样性之中。

自然界在不同物种的周期性进化中，也总会以保持自身的预定的生态平衡为目的，亦即以不破坏生态和谐为基本条件。在任何时候，人类的进化都必须与自然宇宙的演进相一致，否则人类作为一个自然界的"物种"（即"人种"），也必将由于其违反自然本性与自身人性的"生存斗争"、"权力意志"以及"改天换地"的全部"反自然"的活动而最终被自然所淘汰。

"人类的历史大体上可以看作是大自然的一项隐蔽计划的实现"①，这项隐蔽计划乃是大自然本身的一个"理性的狡计"：大自然既要使人得到最充分的发展，使其全部"自然禀赋"都充分地并且合乎目的地发展出来，但同时，它也要限制人类的活动方式以便维持自然系统本身的平衡与统一。

## 第四节　革命新思潮的形成及其特征

对于欧洲来说，19 世纪完全是一个变革的世纪，上述进化论、实证主义以及非理性主义思潮争相涌动、互相激荡、汇合进而形成反叛传统的滔天巨浪。当这些思潮在欧洲兴起、汇合与蔓延之际，欧洲的社会政治观念与意识形态也发生了相应的重大变化。再加之社会工业化所引发的各种社会矛盾与社会冲突不断加剧，于是，各种有关社会革命的政治学说也就在欧洲如雨后春笋一般呈现出来。英国、法国和德国等西欧各国都不乏社会主义的理论流派及其运动，而在德国，在黑格尔学派的解体过程中则产生了一个影响更为广泛与深远的社会主义的理论派别，一种社会主义（或共产主义）革命的新思潮在那里涌现出来。

### 一　革命新思潮的基本特征

青年马克思在最初表达这种革命的新思潮时就指出："新思潮的优点就恰恰在于我们不想教条式地预料未来，而只是希望在批判旧世界中发现新

---

① 〔德〕康德：《历史理性批判文集》，何兆武译，商务印书馆，1990，第 16 页。

世界。"①

马克思的革命新理论或新思潮，与一切以往的社会主义革命的理论与思潮不同，它的革命的"彻底性"如此显明，以致把现存的一切社会制度、体制、法律、道德、哲学以及各种社会意识、思想观念等都看做是一个"旧世界"，或者看做是那个"旧世界"在观念上的"虚幻反映"，因而就要进行彻底的"无情的批判"，进而"消灭一切现存的社会制度"，并用"新世界"取代"旧世界"。这样，这一革命新思潮也就带有一种对全部传统实行彻底"反叛"或"革命"的激进性。

马克思的这一新思潮或革命新理论后来被人们称为"马克思主义"，虽然马克思自己从来没有这样标明过自己的理论。② 马克思的这一革命理论起源于对宗教和对黑格尔哲学的批判。黑格尔逝世以后，黑格尔学派随即分裂为老年黑格尔派和青年黑格尔派，其中，老年黑格尔派力图保持黑格尔哲学的调和与保守的性质，并力图调和哲学和宗教之间的矛盾。在政治上，他们也从黑格尔的"凡是现实的就是合理的，凡是合理的就是现实的"原则出发，尽力避免一切极端或冲突，并认为黑格尔的哲学就是最后的并且能够调解一切矛盾的哲学。

与此相反，青年黑格尔派则在哲学和政治方面都采取了"批判"的激进态度，并在对宗教神学与唯心主义哲学的批判中逐渐转向激进的无神论。在青年黑格尔派的激进代表中，施特劳斯的《耶稣传》最先揭露了基督教神话的世俗根源，布鲁诺·鲍威尔则进一步致力于对宗教意识的批判，费尔巴哈则更进一步在批判宗教与黑格尔哲学的基础上提出了系统的唯物主义的"人本主义"哲学。

马克思（1818～1883）和恩格斯（1820～1895）在青年时期都一度是青年黑格尔派成员，但他们最终还是与青年黑格尔派决裂。马克思在 1845 年春天实现了思想的根本变革，他在批判费尔巴哈"人本主义"以及整个德国"思辨哲学"的基础上，确立了自己"实践唯物主义"实质上也就是"科学共产主义"的立场。在发生思想变革之际，马克思就提出了自己对"哲学"和"实践"关系的新认识，他在 1845 年春天写出的一份最早批判费尔巴哈的提纲

---

① 《马克思恩格斯全集》第 1 卷，人民出版社，1956，第 416 页。
② 马克思曾说过："我只知道我自己不是马克思主义者。""马克思大概会把海涅对自己的模仿者说的话转送给这些先生们"（"所有这些先生们都在搞马克思主义"）："我播下的是龙种，而收获的却是跳蚤。"——以上论述均引自恩格斯 1890 年 8 月 27 日致保·拉法格的信，见《马克思恩格斯选集》第 4 卷，人民出版社，1995，第 695 页。

中指出："哲学家们只是用不同的方式解释世界，而问题在于改变世界"。①

这就是说，在马克思看来，"哲学"作为一种理性的思辨活动即"思辨哲学"是根本不可能"改变世界"的，只有"实践"作为一种"感性的现实的物质活动"才能"改变世界"。因此，马克思的这句名言也就不像马克思主义理论界所通常理解的那样是在阐述"新哲学"和"旧哲学"的区别，即"旧哲学"只能"解释世界"，而"新哲学"才能"改变世界"。事实上，马克思的这句话是在阐述"哲学"和"实践"的根本区别，是在说明"哲学"或"哲学家"只能"解释世界"，只有"实践"作为一种"革命的物质力量"才能"改变世界"。从那时起，"实践"或"实践的唯物主义"就成为马克思学说的基本特征或根本标志。

随后，马克思在与恩格斯合著的《德意志意识形态》（1845年秋~1846年春）一书中又指出："对实践的唯物主义者即共产主义者来说，全部问题都在于使现存世界革命化，实际地反对并改变现存的事物"。② 在马克思、恩格斯的观念中，这一"使现存世界革命化"的任务也只能由"实践"或"实践的唯物主义者"来完成而不可能还由"哲学"或"哲学家"来承担。因此，这里的"实践的唯物主义"也就不再是指"哲学"而是指"实践"。也就是说，"实践的唯物主义"也只是指"唯物主义"的"实践"而不是指"唯物主义"的"哲学"。在马克思、恩格斯看来，"唯物主义"也不单独是"哲学"领域内的一种称谓，而更是一种"实践"活动，在"实践"领域内就有"唯物主义"即"实践的唯物主义"。因此，"实践的唯物主义"在其本意上也不是指一种"哲学"或"马克思的哲学"，而只是对"共产主义"运动的一种同义界说，"共产主义者"也就是"实践的唯物主义者"。毋宁说，"实践的唯物主义"概念在本质上也宣告了一切"哲学"在"实践"面前的终结。

这样，在1842~1845年间的短短几年中，马克思和恩格斯就实现了自身思想观念的根本转变。一般认为，马克思的思想转变经历了"两度转变"的过程，即由黑格尔的唯心主义转变到费尔巴哈的人本学唯物主义、又由费尔巴哈的一般唯物主义进一步转变到历史唯物主义的独特立场。实际上，马克思理论的独特内容或思想基础就是"历史唯物主义"亦即"唯物主义历史观"。当然，在马克思、恩格斯那里，"历史唯物主义"也已不再是"哲学"或"历史哲学"，而是一种具有新的"科学"或"实证科学"性质的"历史科学"。这

---

① 《马克思恩格斯选集》第1卷，人民出版社，1995，第57页。
② 《马克思恩格斯选集》第1卷，人民出版社，1995，第75页。

种"历史科学"的诞生以及"实践唯物主义"或"科学共产主义"的诞生，也就意味着"哲学"、"历史哲学"、"实践的人道主义"或"哲学共产主义"①的终结。

1848 年，马克思、恩格斯借助发表《共产党宣言》的机会把这一"新世界观"公之于众，同时也宣告这种共产主义或社会主义革命的新思潮与新科学是对一切传统观念和传统的社会制度的根本否定。《共产党宣言》写道："共产主义革命就是同传统的所有制关系实行最彻底的决裂；毫不奇怪，它在自己的发展进程中要同传统的观念实行最彻底的决裂。"②

这样，黑格尔以后的哲学与社会思潮也就由最初的某种激进的"反叛"发展到最彻底的"革命"与"决裂"。按说，马克思也是黑格尔的弟子，然而，他把自己的使命已不再认作要像黑格尔那样创造一个"解释世界"的哲学系统，而是认作要在"革命实践"中"改变世界"，尽管历史上的"哲学家们"也并非完全没有"改变世界"的愿望和作用。

## 二 革命新思潮的深层本质

马克思在本质上是一个"革命家"，恩格斯也说："马克思首先是一个革命家"③，而马克思所创立的革命理论也带有激进的性质。马克思理论的激进性不仅使这一理论和当时的各种"反革命资产阶级"的理论学说区别开来，而且也与各种一般的"社会主义"理论或流派区别开来。《共产党宣言》就曾列举与批判过各种"社会主义的和共产主义的文献"，包括"反动的社会主义"、"保守的或资产阶级的社会主义"以及"批判的空想的社会主义"等各种社会主义的理论形态。马克思称自己的社会主义理论为"科学社会主义"（或"科学共产主义"），旨在与一切"非科学"的社会主义理论区别开来。马克思的这一"科学社会主义"的革命理论在一切方面都显示出某种与众不同的独特本

---

① "实践的人道主义"或"哲学共产主义"即为马克思、恩格斯在 1845 年春天思想转变之前所主张或信奉的理论形态，这两个概念也都见于马克思、恩格斯的早期著作。"实践的人道主义"（又译为"实践的人本主义"或"实证的人本主义"）是指以费尔巴哈人本主义哲学为基础的共产主义理论，实际上也就是所谓"哲学共产主义"。前一概念见马克思《1844年经济学—哲学手稿》，刘丕坤译，人民出版社，1979，第 127 页。后一概念见恩格斯《大陆上社会改革运动的进展》，《马克思恩格斯全集》第 1 卷，人民出版社，1956，第 591、592 页。
② 《马克思恩格斯选集》第 1 卷，人民出版社，1995，第 293 页。
③ 《马克思恩格斯选集》第 3 卷，人民出版社，1995，第 777 页。

质，从而使其与一切以往的"社会主义"或"意识形态"、"传统观念"都区别开来。

从学术探讨的角度研究马克思所创立的革命新理论，笔者认为，这一新理论具有三个本质特征或三种深层本质，即实践性、革命性和科学性。这就是说，这一革命新理论具有"实践"、"革命"与"科学"的三重本质特征，而这三重本质特征的统一，就使马克思的学说成为一种独特的"革命实践的科学"。

首先，马克思的理论具有"实践"本质，它是以"实践"为基础的唯物主义世界观。在马克思、恩格斯的语境和观念中，以"实践"为基础的"唯物主义世界观"或"实践的唯物主义"，也已根本不再是任何"哲学"而仅仅是"世界观"。这就是说，这一"实践唯物主义"的产生宣告了"哲学"的终结。这是因为，在马克思、恩格斯1845年思想变革以后的文本语境与观念中，"实践"也根本不再具有任何"哲学"或"本体论"的意义，而正是一种与"哲学"或"本体论"具有根本不同意义的"革命的"、"现实的、感性的活动本身"。① 在马克思、恩格斯那里，"实践"和"哲学"是两个具有完全不同性质与意义的概念："实践"的根本性质是一种"物质力量"，是一种感性的物质活动，其基本功能在于"改变世界"；而"哲学"的根本性质则是一种"意识形态"，是一种理性的思辨活动，其基本功能在于"解释世界"。由此，马克思才认定"哲学家们只是用不同的方式解释世界，而问题在于改变世界"。这就是说，"哲学"作为一种理性的思辨活动根本不可能"改变世界"，而哲学按其本性又必然是一种思辨活动，因此，只有"实践"作为一种感性的物质活动才能"改变世界"。也因此，马克思的以"实践"为基础的"唯物主义世界观"也就根本不再是"哲学"而仅仅是"世界观"。恩格斯说过："现代唯物主义……这已经根本不再是哲学，而只是世界观"。② 以"实践"取代"哲学"，或以"唯物主义世界观"取代传统的"思辨哲学"集中体现出马克思这一革命新理论的本质特征。

其次，马克思的理论具有"革命"本质，但这种革命本质又并非基于一般的革命意愿或革命情感，而是以"革命的辩证法"为思想基础的一种革命意识。马克思认为辩证法在本质上就是"批判的"、"革命的"，同时，他把这种"辩证法"理解为"否定性"的"辩证法"，认为"辩证法在对现存事物的肯

---

① 《马克思恩格斯选集》第1卷，人民出版社，1995，第54页。
② 《马克思恩格斯选集》第3卷，人民出版社，1995，第481页。

定的理解中同时包含对现存事物的否定的理解，即对现存事物的必然灭亡的理解；辩证法对每一种既成的形式都是从不断的运动中，因而也是从它的暂时性方面去理解；辩证法不崇拜任何东西，按其本质来说，它是批判的和革命的。"①

马克思的"革命辩证法"与黑格尔的"保守辩证法"具有不同本质。在马克思看来，黑格尔的辩证法还具有辩证法的"神秘形式"，而"辩证法，在其神秘形式上，成了德国的时髦东西，因为它似乎使现存事物显得光彩。"②显然，黑格尔的辩证法还属于"传统观念"的"肯定性"辩证法，就其本质而言，是非批判的与非革命的。事实上，与马克思对"辩证法"的理解相反，黑格尔是在"否定"中同时读出"肯定"，即认为辩证法的本质是"在对现存事物的否定的理解中同时包含肯定的理解"。黑格尔说过："哲学不能象怀疑主义那样，仅仅停留在辩证法的否定结果方面"，"就否定作为结果来说，至少同时也可说是肯定的"。③黑格尔强调"辩证法"这种"扬弃否定、否定中包含肯定的基本特性"，并将其称之为"思辨的形式或肯定理性的形式"。黑格尔说："思辨的阶段或肯定理性的阶段在对立的规定中认识到它们的统一，或在对立双方的分解和过渡中，认识到它们所包含的肯定。"因此，黑格尔强调"辩证法具有肯定的结果，因为它有确定的内容"。④在被称为"大逻辑"的《逻辑学》中，黑格尔也指出："把肯定的东西在它的否定的东西中，即前提的内容中，在结果中坚持下来，这是理性认识中最重要之点，同时，仅仅最简单的思索，也会确信这种要求的绝对真理和必然性"。⑤

显然，在"哲学家"和"革命家"之间，对"辩证法"本质或实质的理解是完全不同的。作为"哲学家"的黑格尔把"辩证法"理解为具有"肯定"的基本特征，并认定"辩证法"具有反思的或思辨的本性，而"反思"的目的也是为了达到辩证的综合，即达到最终具有"肯定"结果的"否定的否定"。作为"革命家"的马克思则完全关注辩证法的"否定"方面或事物"必然灭亡"的方面，他运用辩证法的目的也是为了"改变世界"，即使辩证法能为那种"消灭现存状况的现实的运动"⑥服务。由此看来，马克思在其早期文

---

① 《马克思恩格斯选集》第 2 卷，人民出版社，1995，第 112 页。
② 《马克思恩格斯选集》第 2 卷，人民出版社，1995，第 112 页。
③ 〔德〕黑格尔：《小逻辑》，贺麟译，商务印书馆，1980，第 181 页。
④ 〔德〕黑格尔：《小逻辑》，贺麟译，商务印书馆，1980，第 181 页。
⑤ 〔德〕黑格尔：《逻辑学》下卷，杨一之译，商务印书馆，1976，第 541 页。
⑥ 《马克思恩格斯选集》第 1 卷，人民出版社，1995，第 87 页。

稿《1844 年经济学—哲学手稿》中对黑格尔辩证法本质的解读似有一定误差，他认为："黑格尔《现象学》及其最后成果"就是"作为推动原则和创造原则的否定的辩证法"，并认为这就是黑格尔哲学的"伟大之处"。①

事实上，虽然黑格尔也经常论述辩证法的"否定"的意义，但就其本质而言，他的辩证法也仍是一种"保守的"、"使现存事物显得光彩"的"肯定性"的辩证法。诚然，马克思吸收了黑格尔辩证法中关于"否定"或"否定性"的一些思想观点，然而，又只有马克思才对"辩证法"的本质做出了"否定性"的理解，进而把"辩证法"在本质上理解为"否定的辩证法"。也正是基于这种对"辩证法"的"否定性"理解，才使马克思的学说具有最激进的革命性质。

同时，这种"否定的辩证法"也使这一革命理论带上了一定"相对主义"的特征，而这种特征也正是现代（非传统）哲学的基本特征。在这种相对主义的革命哲学看来，"一切都是相对的"，只有"运动"、只有"不断的产生和灭亡"，进而只有"革命"和"不断革命"才是绝对的。后来，"西方马克思主义"的一些学者也着重在理论上继续发挥了这种"否定的辩证法"思想。例如，阿多尔诺（1903～1969）写出《否定的辩证法》（1966）一书，系统阐述了这种"否定的辩证法"可能具有的基本特征与基本观点。阿多尔诺强调"否定"的彻底性，并提出"否定的辩证法"包含一种"瓦解的逻辑"②，从而把"革命"、"否定"与"瓦解"（或"崩溃"）联系起来。由此，阿多尔诺也就把这种"否定的辩证法"必然具有的那种"偏激"的性质完全阐释出来，同时也为法兰克福学派的"社会批判理论"奠定了思想基础。与此同时，东方的马克思主义理论研究也继承、发展了这种"否定的辩证法"思想并将其直接运用到"不断革命"的实践中。

再次，马克思的理论具有"科学"本质，马克思理论的实质也是一种"科学"理论而并非"哲学"理论。可以说，坚持自己的理论是一种"科学"而不再是"哲学"，这是马克思、恩格斯一贯的思想立场，这一立场贯穿在他们思想变革以后的全部论著中。在这些论著中，我们找不到一处显示马克思或恩格斯把自己的理论再称为"哲学"、"新哲学"或"马克思（主义）哲学"的地方，相反，他们一再把自己的理论（"唯物主义历史观"与"科学社会主义"）界定为"实证科学"、"真正实证的科学"、"历史科学"或"唯物主义

---

① 马克思：《1844 年经济学—哲学手稿》，刘丕坤译，人民出版社，1979，第 116 页。
② 〔德〕特奥多·阿多尔诺：《否定的辩证法》，张峰译，重庆出版社，1993，第 141 页。

世界观"等。同时，恩格斯也明确指出，马克思理论的三大科学基础就是 19 世纪达尔文的生物进化论、能量守恒与转化定律和细胞学说。可以说，孔德"实证科学"的基本观念，即以"科学"取代"哲学"及"神学"的观念，在马克思、恩格斯那里也得到体现。就思想的基本特征来看，马克思、恩格斯也同样持有一种"肯定科学，否定哲学"的立场，而就用语来看，在马克思、恩格斯有关"哲学终结"的论述中，"实证科学"的概念也是出现频率最高的概念之一，从他们早期的《德意志意识形态》等著作到恩格斯晚年的著作（如《费尔巴哈和德国古典哲学的终结》）都大量使用了"实证科学"的概念，而且也始终是在正面的肯定意义上使用。事实上，马克思、恩格斯所提出的"哲学终结"的思想也主要是指"哲学"将消失在"实证科学"的发展中。

这样，这一革命新理论也就成为黑格尔以后的一种同样具有"反叛"特征的理论或思潮。这种"革命"理论，依据"科学"和"实践"而成为"科学共产主义"，它不仅和一切"空想的"、"保守的"或"反动的"社会主义区别开来，而且也和马克思、恩格斯自己早年信奉的以费尔巴哈人本主义为基础的"哲学共产主义"区别开来。同时，马克思的革命新理论或新思潮又同当时也正在兴起的进化论、实证主义等思潮相互联系并相互汇合，从而共同推进了从近代哲学向现代哲学的转变并极大影响到 20 世纪世界各国哲学、文化与社会发展。

然而，对哲学本身说来，马克思的"实践唯物主义"或"科学社会主义"的产生，却无疑宣告了"哲学"的终结。这正如海德格尔所说："随着这一已经由卡尔·马克思完成了的对形而上学的颠倒，哲学达到了最极端的可能性。哲学进入其终结阶段了。"①

哲学的终结就是哲学的形而上学本性的消解。至此，黑格尔以后的哲学思潮对传统哲学的反叛终于达到了自己的目的——颠覆或消解"哲学"本身。

---

① 〔德〕海德格尔：《面向思的事情》，陈小文、孙周兴译，商务印书馆，1999，第70页。

# 第十章

# 马克思的哲学变革与哲学的终结

## ——马克思哲学变革本质辨识

无论是从逻辑上分析，还是从历史上考察，马克思的哲学变革都应被视为西方哲学历史发展完整过程的某种逻辑结果或结局。可以说，不考察马克思的哲学变革，对西方哲学史演变逻辑的探讨就是不完整的，亦即是没有完成的。当然，马克思的哲学变革对于"全部哲学"来说，也仅仅具有"革命"的或"否定"的意义，或者说，这一逻辑结果或结局也仅仅是一种"否定性"的结果或结局。由于马克思的哲学思想及其在历史上所实现的哲学变革具有独特本质，因而这一哲学变革也就从根本上颠覆了人们对哲学性质以及哲学存在方式的根本认识。由此，如何认识马克思哲学变革的本质或意义，也就成为哲学研究中一个具有根本意义的重要问题，并因此而在国内外哲学研究中引起长期的持续不断的争论。

多年以来，中国大陆哲学界也持续开展了有关马克思哲学变革或哲学终结论问题的探讨与争鸣，这也进一步显示出研究马克思哲学变革问题的重要性。在本章中，笔者拟从学术探讨的角度对此问题做出一些梳理与阐释，并对有关论著的观点提出商榷，其中所阐发的观点或见解完全是作者一家之言，有不妥之处，还请哲学界同仁指教。

## 第一节  问题的提出与解决问题的思路

认识马克思哲学变革或哲学终结论的一个首要问题，就是"马克思是不是哲学终结论者"。下面，我们就从对这一问题的梳理与考察开始。

## 一  马克思是不是"哲学终结论者"

关于"马克思是不是哲学终结论者"的问题，也是笔者几年前在有关学术讨论中曾提出并阐述过的问题。笔者认为，国内有关论著提出"马克思不是哲学终结论者"，是缺乏逻辑根据，也缺乏历史根据的，因而曾对此提出质疑。

有关文章提出"马克思不是'哲学终结论者'"，其立意是很明确的，而其论据又大致包括三个方面。下面，就让我们来分析一下这些论据。

首先，有关文章指出那些认为马克思是"哲学终结论者"的论著是"到马克思文本中寻找依据，发现马克思也有'取消哲学'、'哲学的虚妄性'等提法，于是就认为马克思也是一个'哲学终结论者'"。该文还特别批评那种"单纯从马克思的文本中抽象出一句话，把马克思不同时期、不同语境中的论断不加分析地直接引用"① 的做法。然而，该文自己又是怎样论证的呢？文章一方面"引用"马克思"诚然"说过的一些"取消哲学"、"消灭哲学"一类的"论断"，另一方面又"引用"另一些"正面"的肯定哲学的"提法"。

但我们"仔细地研究马克思的文本"就可看出，该文前一方面"引用"的"取消哲学"一类的"论断"主要出自《德意志意识形态》，那是马克思、恩格斯1845年秋至1846年春合著的著作，那时马克思的哲学即"马克思主义哲学"已经形成。而后一方面的"正面"的"引用"则全是出自马克思的早期著作。

例如，文中引用的"离开哲学我一步也不能前进"出自《给父亲的信》，应是写于1837年11月间，那时马克思才19岁；再引用的《博士论文》是马克思1841年3月所写；赞赏"哲学是时代精神精华"、"文明的活的灵魂"的《"莱因报"社论》是马克思1842年所写；而提出"哲学是现世的智慧"等"正面"论断的《〈黑格尔法哲学批判〉导言》也是写于1843年末到1844年初。

由此看来，马克思只在"早期"才具有"正面"肯定哲学的论断，而在1845年以后则倾向于"取消哲学"、"消灭哲学"的否定论断了。

可以看出，该文自身也是在"把马克思不同时期、不同语境中的论断不加分析地直接引用"，并且在时间上是倒置的，即先"引证"马克思哲学变革以后对哲学的"否定"论述，然后再"引证"马克思早期对哲学的"肯定"论述，这样怎么可能使人得出真实的历史认识呢？

我们知道，马克思在"早期"还没有形成独特的"马克思主义"或所谓"马克思主义哲学"，只是在1845年春天以后才形成"马克思主义"，那么，到底马克思哪一时期、哪一方面的论断才算是该文所说的"正面的见解"呢？

其次，该文在为马克思做出"正面"论述的同时，也描述了"现代西方

---

① 聂锦芳：《马克思不是"哲学终结论者"》，2004年10月19日《光明日报》。

哲学"作为"哲学终结论者"的"反面"的形象与特征，主要有"对传统哲学的全盘否定"、"强烈的反本质主义意向"以及"相对主义特征"等。与之相比的是，该文提出"马克思不是一个激烈的反传统主义者"。但令我们困惑的是，究竟什么才算"激烈的反传统主义"呢？提出"同传统的所有制关系实行最彻底的决裂"和"同传统的观念实行最彻底的决裂"① 即"两个决裂"算不算"激烈的反传统主义"呢？

有关文章还提出"传统哲学成了他（指马克思）思想建构的重要源头和起点"，"在其一系列著述中，马克思极其详尽地评述了源自古希腊直迄他同时代的全部哲学历程"。这一不无夸张的论断委实给人一种印象：好像马克思有"一系列极其详尽地评述"西方哲学的"全部哲学历程"的学术著作！

但事实却并非如此。马克思的《博士论文》虽然可算"评述了源自古希腊"的哲学，但那也只限于评述或研究古希腊两位自然哲学家，而且是写于1841年，严格地说它也不算是"马克思主义"的"著述"。这种"评述"是指《神圣家族》中"对法国唯物主义的批判的战斗"吗？该章节写于1844年9～11月，但那也只是马克思对近代英国和法国等国唯物主义哲学发展所做出的一个极其概略的并非"极其详尽"的评述。

再次，上述文章还提出了马克思的"辩证哲学"与西方现代哲学的"相对主义"的区别。但令人同样感到困惑的是，文中提出的现代西方哲学具有的"谁也不具有真理的绝对占有权，一切都是相对的"一类思想，到底是属于"相对主义"还是属于"辩证哲学"，而马克思的"辩证哲学"与之又有什么本质区别呢？

"在本质中一切都是相对的"②，本是属于黑格尔"辩证哲学"的思想，恩格斯也多次阐述过这一思想，阐述过"谁也不具有真理的绝对占有权"的思想。至于提出这种"区别"何以就能证明马克思不是"哲学终结论者"、西方现代哲学家才是"哲学终结论者"，也同样缺乏足够的令人信服的论证。

可以说，通过阅读这篇文章，我们并没有体会出"马克思不是'哲学终结论者'"。但该文的观点也不失为一家之言，并且具有启发作用，它促使我们进一步思考"哲学终结"问题，进一步分析马克思"哲学变革"与"哲学终结"的关系。

实际上，要解答"马克思是不是'哲学终结论者'"的问题，并不在于或

---

① 《马克思恩格斯选集》第1卷，人民出版社，1995，第293页。
② 《马克思恩格斯选集》第4卷，人民出版社，1995，第320页。

并不取决于马克思是不是一个"反传统主义者"（虽然对此问题我们可以得出肯定的结论），同时，也不在于或并不取决于马克思和现代西方哲学家是否具有某种一致性，例如是否具有"相对主义"的特征等等。要解答"马克思是不是'哲学终结论者'"，只能取决于马克思是否提出过"哲学终结论"。如果马克思确实提出过"哲学终结论"，那马克思自然就属于"哲学终结论者"；如果马克思从未提出过"哲学终结论"或者虽然提出过但后来又放弃了这一理论，那自然就不能认为马克思是一位"哲学终结论者"。笔者认为，只有这样的考察，也只有这样的思路，才符合逻辑分析的规则，也才可能据此寻求到真实的历史事实，而上述那些问题都只具有从属的相对的意义，并不能决定问题的本质。

当然，也有论者会提出，即使马克思提出过"哲学终结论"，但其本意也不是要真正地"终结哲学"而是要"重建哲学"或"以新哲学取代旧哲学"等等。其实，这种认识在我国哲学界也是颇有代表性的。自然，我们应当探讨马克思提出的"哲学终结论"的本意究竟是什么，是意指"哲学的终结"还是"哲学的重建"或"以新哲学取代旧哲学"。本章的基本内容正是要做出这一探讨，也正是要对"哲学终结论"的本质含义做出较全面的历史考察。

## 二 不应以马克思早期文本作为解读哲学终结论的依据

对马克思"哲学终结论"的理解，在很大程度上取决于文本依据，即以马克思、恩格斯的哪些著作或文本作为解读其"哲学终结论"的根据。须知，以马克思 1845 年春天思想变革以前的著作和 1845 年春天思想变革以后的著作作为解读"哲学终结论"的依据是会得出完全不同的结论的，而问题本身也就会显示出完全不同的意义。然而，问题的实质却在于：马克思、恩格斯在 1845 年春天思想变革以前提出"哲学终结论"了吗？如果尚未提出，那就根本不应以马克思及恩格斯的早期著作作为依据，而只能以 1845 年思想变革以后的著作作为依据。也就是说，我们只能在马克思、恩格斯思想变革以后的著作中寻找与确认解读"哲学终结论"的依据。下面，笔者就对这一认识做出阐释。

把马克思哲学变革以前的一些早期文本当作解读马克思"哲学终结论"的重要依据，这在我国哲学界是一种很普遍的现象。笔者曾在一篇论文即《哲学在何种意义上终结》（载于《学术研究》2007 年第 8 期）中对这种现象做过分析。然而，令人遗憾的是，这种现象仍普遍存在。

例如，有的学界同仁在与笔者上述论文商榷的文章中就大量引证马克思在

1842～1845 年的许多早期论述，并由此得出马克思"哲学终结论"的"真实含义在于超越'思辨哲学'，而没有否定'全部哲学'"或这是以"新哲学样态置换旧哲学"① 的结论。

也有学者在文章中重点引证马克思 1843 年《〈黑格尔法哲学批判〉导言》、《1844 年经济学—哲学手稿》等早期著作的论述来解说"哲学终结论"，由此也得出了"马克思所谓'哲学的消灭'是指'哲学的实现'，它不是'哲学'的'终结'，而是'哲学'的'完成'"、"马克思不是'终结'了'哲学'，而是'重建'了'哲学'"② 等结论。该文还认为："马克思在其早年一旦奠定了实践本体论或者人的存在的现象学立场之后，就在思想上找到了自己的归宿，他后来的思想不过是这一基本立场的贯彻和展开而已"。③

按照这种理解，马克思在思想发展中并不存在任何"哲学变革"。这种理解和做法也颇令人困惑，既然我国理论界普遍承认马克思经历了一场"哲学变革"或"思想转变"，那么，马克思在"哲学变革"或"思想转变"前后的文本、思想又怎么可能具有同样的性质或同等意义呢？如果人们仍然可以把马克思在哲学变革之前写作的一些早期著作作为解读"哲学终结论"的依据，那么，又如何解释这一"哲学变革"呢？难道马克思的"哲学变革"与提出"哲学终结论"无关吗？

事实上，一些学者为了否认马克思是"哲学终结论者"，也必然会到马克思的早期著作中去寻找依据。原因很简单，这是因为，马克思在 1845 年春天哲学变革以前还不具有或提出"哲学终结论"的观点，那时的马克思及恩格斯还确实不是"哲学终结论者"。所以，人们从对马克思早期著作的解读中就不难得出诸如"马克思不是'哲学终结论者'"、"马克思没有'终结'全部哲学"或"马克思不是'终结'哲学而是'实现'哲学"等一类结论。

通过认真解读马克思写于 1842～1845 年春天以前的那些早期著作，我们可以看出，那时马克思所形成与抱有的还并非是"哲学终结"论，毋宁说还是某种"在现实中既'消灭哲学'又'实现哲学'"的"哲学实现"论。例如，马克思在《〈黑格尔法哲学批判〉导言》一文中曾指出："实践政治派要求对

---

① 孙亮：《马克思在何种意义上是哲学"终结论"者——与游兆和先生商榷》，《学术研究》2008 年第 10 期。

② 何中华：《马克思与"哲学的终结"——为马克思哲学合法性辩护》，《学术研究》2008 年第 10 期。

③ 何中华：《马克思与"哲学的终结"——为马克思哲学合法性辩护》，《学术研究》2008 年第 10 期。

哲学的否定是正当的。该派的错误不在于提出了这个要求，而在于停留于这个要求——没有认真实现它，也不可能实现它。该派以为，只要背对着哲学，并且扭过头去对哲学嘟囔几句陈腐的气话，对哲学的否定就实现了。"马克思说："你们不使哲学成为现实，就不能够消灭哲学。"① 在这里，马克思表达了"消灭哲学"或"否定哲学"的意愿，但同时又认为这是一个"使哲学成为现实"的过程亦即"实现哲学"的过程。在这里，"使哲学成为现实"即"实现哲学"和"消灭哲学"还具有一致性。接下来，马克思对"理论政治派"对待哲学的态度也作了评判，他指出："该派的根本缺陷可以归结如下：它以为，不消灭哲学，就能够使哲学成为现实。"②

这些论述表明，在马克思当时的哲学观念中，还存在着对待"哲学"的一种矛盾的态度或心理，他既要"否定哲学"又要"在实现中实现哲学"因而"肯定哲学"。因此，他才会说："不使哲学成为现实，就不能够消灭哲学"；或者说，"不消灭哲学"就不"能够使哲学成为现实"。那么，这是不是一种"哲学终结论"呢？从本质上看，马克思当时的这种哲学观还是一种带有思辨特征的"哲学实现论"，它和马克思、恩格斯后来提出的"哲学终结论"尚有本质区别，这种区别就在于：对待"哲学"是使其在现实中"终结"还是使其在现实中"实现"。

诚然，马克思早期所说的"实现哲学"也是有条件的，那就是同时要"消灭哲学"。然而，"消灭哲学"又同样要以"实现哲学"即"使哲学成为现实"为条件。但问题在于，这种既要"消灭哲学"又要"使哲学成为现实"即"实现哲学"的意愿又如何可能在"现实"中同时实现呢？

从逻辑上说，这是一个根本无法在"现实"中真正解决的矛盾。

诚然，马克思这里所说的"消灭哲学"确实是要"否定哲学"（或"终结哲学"），但"否定哲学"的同时又要"肯定哲学"，因为"不使哲学成为现实，就不能够消灭哲学"。这样，"实现哲学"又是要"肯定哲学"了。应该说，马克思当时这种对待"哲学"的态度是包含明显矛盾的。这表明，马克思当时对待"哲学"的态度本身就是"思辨"的，其哲学观还没有离开思辨哲学的基地，还是一种属于思辨哲学的哲学观。在马克思实现哲学变革即与"思辨哲学"决裂之前，马克思抱有这种思辨的哲学观也是完全可以理解的，问题只在于我们对此应有清晰的认识。

---

① 《马克思恩格斯选集》第 1 卷，人民出版社，1995，第 8 页。
② 《马克思恩格斯选集》第 1 卷，人民出版社，1995，第 8 页。

当然，一些"为马克思哲学合法性辩护"的学者会说，马克思在这里是主张消灭"旧哲学"而创建"新哲学"。然而，任何"新哲学"或"新哲学样态"难道就不再是"哲学"了吗？创建"新哲学样态"还算"消灭哲学"吗？

与早期的这种思辨的"哲学观"不同，马克思在1845年春天则完成了哲学观念的变革，舍弃了这种对哲学的思辨认识而转到对哲学的完全现实的认识，进而才提出"哲学终结论"。这就是说，"哲学终结论"是属于马克思、恩格斯哲学变革以后的思想理论。也因此，解读马克思、恩格斯"哲学终结论"的文本依据也就不应该在他们思想变革以前的早期著作中寻求，而只应该在他们发生思想变革以后的著作中去寻求与确认。

"哲学终结论"的最早的也是最具权威性的文本应是马克思写于1845年春天的《关于费尔巴哈的提纲》和马克思、恩格斯写于1845～1846年间的《德意志意识形态》。正是在这两部文稿中，马克思、恩格斯"清算"了自己"从前的哲学信仰"①，同时也完全舍弃了对待"哲学"的那种矛盾的思辨态度，而代之以明确的"哲学终结论"。

在这两部文稿以及其后的著作中，马克思、恩格斯再也没有重复在现实中"消灭哲学"又"实现哲学"的观点，也再也没有把自己的学说称为"哲学"或"新哲学"，而是开始称之为"科学"、"真正的实证科学"、"历史科学"、"科学社会主义"或"唯物主义世界观"、"现代唯物主义"等等，而这些称呼与"哲学"已无关联。从马克思、恩格斯1845年春天以后所确立的"科学共产主义"（亦称"科学社会主义"）的立场来看，他们所需要的理论形态已根本不再是任何"哲学"，而只是具有"科学"与"实践"意义的"唯物主义世界观"。正是基于这一认识，恩格斯在《反杜林论》中曾明确提出："如果存在的基本原则是从实际存在的事物中得来的，那么为此我们所需要的就不是哲学，而是关于世界和世界中所发生的事情的实证知识；由此产生的也不是哲学，而是实证科学。"② 后来，恩格斯在《路德维希·费尔巴哈和德国古典哲学的终结》、《自然辩证法》等著作中，也一再重申这一"哲学终结"的思想。

明了上述情况，我们就不难理解为何不应再把马克思哲学变革以前的那些早期文本作为解读"哲学终结论"的依据。当然，一些论者也并非完全不引用马克思哲学变革以后的文本（包括《关于费尔巴哈的提纲》、《德意志意识形态》）。然而，他们并没有看到这些文本的思想观念已经和此前文本的思想观念

---

① 《马克思恩格斯选集》第2卷，人民出版社，1995，第34页。
② 《马克思恩格斯选集》第3卷，人民出版社，1995，第375页。

有了本质区别。他们也没有意识到，只是在《关于费尔巴哈的提纲》和《德意志意识形态》以及其后的一些著作中，马克思、恩格斯才提出了"哲学终结论"，由此也才引发所谓"哲学变革"。

# 第二节 "哲学终结论"的基本含义与历史特点

## 一 "哲学终结论"的历史背景与基本含义

如上所述，断言"马克思不是'哲学终结论者'"缺乏历史与逻辑根据，那么，马克思、恩格斯提出"哲学终结论"的历史背景与基本含义又是什么呢？

### （一）马克思提出"哲学终结论"的历史背景

要理解"哲学终结论"的确切含义，首先就需要将其放到当时马克思提出这一理论的历史背景下来加以考察，而不应当只依据我们自己的观点或将其放在今天的历史条件下来认识。人们喜欢说哲学是"时代精神的精华"或"时代的产儿"，实际上，马克思提出的"哲学终结论"也是一个"时代的产儿"，也是由当时的全部社会历史条件与思想文化条件所决定的。笔者对"哲学终结论"的考察，注重于历史分析，笔者将不仅分析其产生的历史背景，而且也将注重分析与阐述这一理论的历史特征、思想根源以及在当时语境中所包含的具有确定含义的本质内涵。

笔者认为，马克思提出"哲学终结论"的历史背景主要有两方面，一方面是19世纪中期欧洲兴起的实证主义思潮，另一方面则是19世纪中期德国古典哲学的衰落与终结。由于实证主义的影响是蔓延整个欧洲的，所以，我们可以把这一背景称为形成马克思"哲学终结论"的"大背景"，而德国古典哲学的终结主要是在德国发生的，因而就可称为形成马克思"哲学终结论"的"小背景"。

进一步说，马克思的"哲学终结论"也就具有与这两重背景相应的两种基本含义：一是指"思辨哲学"的终结，二是指"全部哲学"的终结。在"哲学终结"的本质意义之下，马克思、恩格斯也曾从不同角度对"哲学终结"的这两重含义做出不同表述，而这些不同表述在本质上是一致的，只是体现出其"哲学终结论"所具有的不同的历史特点或历史内容。

因此，考察马克思"哲学终结论"的本质含义或马克思"哲学变革"的意义，首先就应注意并考察这两方面的历史背景与历史事实。

## 1. 实证科学思潮的兴起

本书在第九章第一节中，已对实证主义的思想观点及其影响做过分析。在此，笔者再补充说明一下实证科学思潮的历史特征特别是其与马克思学说的关系。

首先，孔德的实证科学的思想观念，虽然具有很明显的"科学主义"的片面性，但在当时却不失为一种进步的文化观念与社会观念（孔德的意图也正是要描述人类智力或知识的"进化"）。也因此，这些观念一经产生便迅速产生重大影响，并逐步渗透到19世纪中期以后西欧哲学与科学思想发展的内部系统，就其广泛影响而言，恐怕没有任何一种哲学与科学理论的发展能够完全摆脱其影响。马克思、恩格斯哲学与科学观念的形成（或如国内理论界所言"马克思哲学"的形成）正好与这种实证主义思潮的兴起、发展同步，因而在事实上也就不能不受其影响而带有一定"实证科学"的时代烙印，这应是不争事实。而那种基于"实证科学"思想影响的"哲学终结"的观念，按照19世纪的思想标准来说，也完全不是一种过失而毋宁说是一种时代的进步。

实际上，虽然孔德最先明确提出了"实证科学"或"实证哲学"的概念，但实证科学的思想却远非孔德一人具有，应该说，这是一个时代的思想文化特征。马克思、恩格斯提出"哲学终结论"而实现其思想变革也正是在这一历史背景下完成的，是和孔德提出与推进"实证主义"的思想观念基本同步的。因此，马克思、恩格斯受到其影响而具有某种"实证主义色彩"或这种"现代西方文明的基本特征"，难道真是无法理解的吗？

其次，关于马克思和孔德思想之间的关系问题，是一个很复杂的问题。问题的复杂性在于马克思当时的思想观念和孔德的实证科学的思想观念具有何种共同性或相通性。我们看到，这一问题在我国哲学界也是存在很大分歧的。有的学者虽然也提出了马克思理论和孔德思想的关系问题，但却并不认为二者具有某种共同的本质。例如，有的学者提出"知识论哲学对马克思主义哲学的影响"问题，认为这种知识论的或实证主义的影响"也自然地波及到马克思和恩格斯"，但又提出，"然而，随着马克思思想的发展，他不仅扬弃了费尔巴哈的'实证的人道主义和自然主义'，而且也扬弃了整个实证主义哲学。"[1]

应该说，在这里，人们是把"马克思思想的发展"进程理解反了，因为

---

[1]　俞吾金：《重新理解马克思》，北京师范大学出版社，2005，第67页。

"随着马克思思想的发展"，马克思"扬弃"的恰好不是"实证科学"而正是"思辨哲学"，包括所谓费尔巴哈的"实证的人道主义和自然主义"，因为费尔巴哈哲学实际上也仍然属于"思辨哲学"。因此，随着马克思思想的发展，马克思所体现的也不是更少而是更多地具有某种"实证科学"的性质与特征。

对于马克思思想和孔德的实证科学思想之间的关系，我们应着眼于某些共同特征方面来考察。笔者认为，二者至少具有下述三方面的共同特征：

（1）二者都具有批判、拒斥形而上学的时代特征。这应是二者根本的相同或相通之处。也因此，孔德的"实证哲学"思想，马克思的"实践唯物主义"思想，都应归属于现代的"非传统哲学"而不再属于"传统哲学"。"孔德论战的矛头所向，是神学的和形而上学的思辨。实证的科学是经验的、客观的和反思辨的。"① 我们知道，马克思学说的基本倾向也是拒斥形而上学，也是要以实证科学取代思辨哲学。就此而言，二者具有某种共同的思想特征。实际上，马克思提出"哲学终结"的基本意图也正是要以"实证科学"取代"思辨哲学"，以有关"现实"的"真正的知识"取代形而上学的那种"意识的空话"。

（2）由于具有拒斥形而上学的共同特征，孔德和马克思都主张社会学或历史学应具有和自然科学一样的性质。孔德提出了一个实证的"关于社会的自然科学"的纲领，在他看来，社会现象可以像自然现象那样加以客观的研究，因而"经典物理学是实证科学的典范，社会学应该尽可能地仿照物理学。社会学应当成为关于社会的自然科学"②。

把社会学或社会科学视为和自然科学一样具有客观的研究性质以及发展与演变规律，这也同样是马克思、恩格斯的基本观念。恩格斯曾多次阐述过社会历史和自然界在实质上具有一样的发展规律或性质，他说："同一些规律对所有这些过程（指自然、历史和思维这三个领域的发展过程——笔者注）都是适用的"，"甚至在所有三个领域中……所看到的是同一个规律。"③ 恩格斯还比喻说，"正像达尔文发现有机界的发展规律一样，马克思发现了人类历史的发展规律"。④ 当时，孔德的"关于社会的自然科学"的思想产生了重大影响，"孔德视社会学为关于社会的自然科学的基本观点，在19世纪的下半叶（乃至

---

① 〔挪〕G. 希尔贝克、N. 伊耶：《西方哲学史》，童世骏等译，上海译文出版社，2004，第528页。
② 〔挪〕G. 希尔贝克、N. 伊耶：《西方哲学史》，童世骏等译，上海译文出版社，2004，第528页。
③ 《马克思恩格斯选集》第4卷，人民出版社，1995，第364～365页。
④ 《马克思恩格斯选集》第3卷，人民出版社，1995，第776页。

20 世纪的很长时间内），有不少的追随者"。① 我们当然不能说马克思、恩格斯也是孔德的"追随者"，然而，他们在此方面的认识与孔德的认识具有某种一致性也是不争事实。

（3）孔德所具有的明确的"实证科学"的立场，或以"科学"取代"哲学"及"神学"的思想，在马克思那里也得到确认，这也是马克思、恩格斯的基本观念。就思想的基本特征而言，马克思、恩格斯也同样持有一种"肯定科学，否定哲学"的立场，而这也正是"实证主义"立场的本质。而就用语来看，在马克思、恩格斯有关"哲学终结"的论述中，"实证科学"的概念也是出现频率最高的概念或词汇之一，从早期的《德意志意识形态》开始到恩格斯晚年的著作如《费尔巴哈和德国古典哲学的终结》等都大量使用了"实证科学"的概念，而且也始终是在其正面的肯定的意义上使用。事实上，马克思、恩格斯所提出的"哲学的终结"也主要是指"哲学"将消失在"实证科学"的发展之中。

综合上述分析，我们可以确认，实证科学思潮的兴起是马克思提出"哲学终结论"的历史背景之一，我们考察"哲学终结"问题，自然不应遮蔽而是应该再现这一时代背景，这样才符合"历史唯物主义"本身。可以说，随着马克思的思想的发展特别是实现了哲学变革，他与实证科学之间也就具有更多的本质上的共同性，而与思辨哲学之间也就具有更多的本质上的对立性了。我国不少学者在考察马克思对待"实证科学"的态度时，并没有注意将其与马克思对待"思辨哲学"的态度联系起来做出考察，因此，其认识或结论也就不能不缺乏全面性与辩证性，而本章对此问题的考察将始终坚持把这两方面的认识联系起来做出比较分析。

同时，也是在与思辨哲学衰落或终结相比较的意义上，笔者把实证科学的兴起这一历史背景视为马克思提出"哲学终结论"的"大背景"，认为它映现、贯穿在马克思哲学变革的全部历史过程中，对其哲学理念乃至科学理念的形成都发生了不可忽视的重大影响，并在马克思和恩格斯有关"哲学终结"的论述中得到最充分的体现。

## 2. 思辨哲学的终结——黑格尔学派的解体

马克思提出"哲学终结论"的另一历史背景，就是黑格尔学派的解体，即19 世纪中期以后在德国出现的黑格尔思辨哲学的衰落与终结，这一趋势也同样

---

① 〔挪〕G. 希尔贝克、N. 伊耶：《西方哲学史》，童世骏等译，上海译文出版社，2004，第529 页。

深刻地影响到马克思哲学观念的变革。我们把这一背景视为马克思提出"哲学终结论"的"小背景"。当然,"小背景"和"大背景"也是互相联系、互相映衬的,它们共同构成了马克思提出"哲学终结论"的历史背景与时代条件。

黑格尔哲学的终结和黑格尔学派的解体是直接联系的。我们知道,青年马克思与恩格斯开始哲学研究时,正值黑格尔学派趋于解体并最终分裂为老年黑格尔派和青年黑格尔派之时。当然,两派都没能挽救黑格尔哲学终结的命运。

马克思在青年时期也一度是青年黑格尔派,但他又最终和青年黑格尔派决裂。马克思在 1845 年春天的思想变革中确立了"改变世界"的"实践唯物主义"立场,这实际上就是要以"改变世界"的"实践"来最终取代一切"思辨哲学",包括取代青年黑格尔派的那种喧嚣一时的"批判"。正是青年黑格尔派内部这些激进思想的产生,逐步导致青年黑格尔派的分化与瓦解,并最终导致黑格尔思辨哲学的终结。

马克思和青年黑格尔派的决裂,是马克思完成自己思想变革的最后步骤。这是因为,青年黑格尔派代表了当时德国的最激进的哲学学派,因而与青年黑格尔派的决裂,就无异于是同自己的最激进的哲学观念决裂,或者说,就是同自己"从前的哲学信仰"决裂,并由此转变到现实的"科学"立场。这就是说,马克思的这一最后的转变,已然不再是由一种哲学而转变到另一种哲学,而完全是从"哲学"转变到"科学",亦即扬弃哲学本身。

马克思与青年黑格尔派决裂的关键一步,就是和费尔巴哈的人本主义哲学决裂。如果说,和黑格尔哲学的决裂是马克思思想转变的第一步或第一阶段,那么,与费尔巴哈哲学的决裂就是马克思思想转变的第二步或第二阶段。无疑,这第二步的转变要比第一步的转变更为困难,也更为关键。这是因为第一次转变即与黑格尔哲学决裂不仅是马克思做到了,其他青年黑格尔派的思想家也都做到了,然而,第二次转变即与费尔巴哈人本主义哲学的决裂,却只有马克思才做到了,并进而形成了独特的"科学共产主义"理论。这一独特的"科学共产主义"(亦称"科学社会主义")的产生就意味着与德国"思辨哲学"以及德国的"哲学共产主义"决裂,这无疑也意味着马克思同他自己从前的那种坚定的青年黑格尔派的哲学信仰决裂。也因此,马克思、恩格斯在后来谈到 1845 年春天的这一思想转变时也一再表示,说这"实际上是把我们从前的哲学信仰清算一下"。①

对马克思、恩格斯来说,与青年黑格尔派或费尔巴哈哲学的决裂,就意味

① 《马克思恩格斯选集》第 2 卷,人民出版社,1995,第 34 页。

着和"思辨哲学"亦即"哲学"本身的最后诀别。因为"哲学"必然具有思辨性，因而哲学也就不可能不是"思辨哲学"。也因此，马克思、恩格斯这种与"思辨哲学"的"决裂"或"清算"，也就同时意味着宣告"哲学的终结"。

与上述"大背景"相比，这一黑格尔主义思辨哲学终结的历史背景表现为"哲学终结"的"小背景"。正是在这两重历史背景与时代条件的作用与驱动下，马克思、恩格斯一方面实现了与德国"思辨哲学"的决裂，另一方面也就在与"思辨哲学"的决裂中提出了与一般"哲学"分离的结论，亦即提出了"哲学将消失在实证科学之中"的结论。

### （二）马克思"哲学终结论"的基本含义

这样，与上述两重历史背景相适应，马克思的"哲学终结论"也就相应具有两种基本含义，一种含义是指特定的德国"思辨哲学"的终结，另一种含义是指在实证科学的发展中一般"哲学"或"哲学"本身的终结。这两方面含义构成"哲学终结"的双重内涵，或者说，这双重含义共同构成了马克思"哲学变革"的本质内容与"哲学终结论"的基本内涵。

当然，这两方面含义也是互相联系而统一的。所谓"思辨哲学"的终结和"全部哲学"的终结在本质上也是一个意思，这是因为"全部哲学"也都具有"思辨"性，因而在本质上也就是"思辨哲学"，因此，"哲学"（"思辨哲学"或"全部哲学"）最终将"消失"在"实证科学"的发展中也就成为"哲学终结论"的最一般的结论。

事实上，马克思、恩格斯有关"哲学终结"的全部论述，都无一不是对这两重含义的论述，或者偏重于第一重含义，或者偏重于第二重含义，或者两重含义兼而有之。而从这两重含义的内在关系来说，德国"思辨哲学"的终结构成其"哲学终结论"的直接现实内容，而一般"哲学"或"全部哲学"的终结则构成其"哲学终结论"的长远历史内容，而后者作为"哲学终结论"的最一般结论，也就同时构成马克思、恩格斯"哲学终结论"的一般本质内容。

## 二　"哲学终结论"的历史特点

还应指出的是，考察"马克思哲学"，准确地说考察"马克思主义哲学"与"哲学终结论"的关系，不应只限于"马克思"个人，还应包括恩格斯的有关认识与论述。我国一些相关论著，完全忽视了对恩格斯著作的引证，有的学者甚至认为恩格斯和马克思思想认识存在"重大差异"，或认为恩格斯如何

"曲解"或"歪曲"了马克思的思想。这种认识是不正确的。

在1845到1895年的半个世纪里，恩格斯作为马克思主义学说的创始人之一，对于马克思主义理论的形成与发展都做出了重大贡献。应该说，在对"哲学"及其"哲学终结"理念的基本理解上，恩格斯和马克思之间也是完全一致的。《德意志意识形态》、《共产党宣言》等基本著作均为二人合著，恩格斯还把《反杜林论》全文读给马克思听，得到马克思的肯定。所以，恩格斯的论述不仅完全可以作为我们考察问题的依据，而且还是必不可少的重要依据。

因此，笔者分析"哲学终结"问题的角度也就与上述有关文章或许多论著有所区别，它们大多只限于考察马克思本人的论述，而笔者考察的思路则是在考察马克思论述的同时也考察并引证恩格斯的著作、论点。

马克思、恩格斯对"哲学终结"的两重含义在不同时期或不同著作中是做出了不同表述的，但这些表述之间并不存在什么实质性矛盾，而只是体现出其"哲学终结"思想的一些历史特点。大致说来，马克思、恩格斯有关"哲学终结"思想的发展历程表现出下述阶段性历史特点。

首先，在19世纪中期，即在形成马克思主义哲学理念与形成"唯物史观"时期，马克思、恩格斯特别关注与德国"思辨"哲学的决裂，同时也就在这一决裂的同时初步确立了自身"实证科学"的立场。这在《德意志意识形态》等马克思主义形成时期的著作中得到体现。其中，下述论断最具代表性：

> 在思辨终止的地方，在现实生活面前，正是描述人们实践活动和实际发展过程的真正的实证科学开始的地方。关于意识的空话将终止，它们一定会被真正的知识所代替。对现实的描述会使独立的哲学失去生存环境，能够取而代之的充其量不过是从对人类历史发展的考察中抽象出来的最一般的结果的概括。这些抽象本身离开了现实的历史就没有任何价值。①

其次，在19世纪50~60年代，即在其理论活动的中期，马克思、恩格斯关注于《资本论》的写作以及"科学社会主义"理论的建构，即关注于建构实证的"历史科学"与"社会科学"，因此，"哲学的终结"也就更多地通过建构实证的"历史科学"与"社会科学"而体现出来。或者说，这一时期，"哲学终结"的两重含义都通过其"实证科学"特别是"历史科学"的建构而

---

① 《马克思恩格斯选集》第1卷，人民出版社，1995，第73~74页。

体现出来。

关于"唯物史观"即"历史科学"建构的意义，马克思、恩格斯也主要是从以"科学"取代"哲学"的意义上来论证的。

最后，在 19 世纪 70～90 年代，即在恩格斯理论活动的晚期，在他的有关论著中，主要是在《反杜林论》（1876～1878）、《路德维希·费尔巴哈和德国古典哲学的终结》（1884）中，虽然他也仍关注并阐述其哲学见解与德国"思辨哲学"见解之间的历史关系，但其论述"哲学终结"的重点却已完全转移到"实证科学"发展的大背景下，恩格斯开始更多地论述哲学将"消失"在"实证科学"的发展之中了。

例如，恩格斯在《反杜林论》中指出：

> 如果存在的基本原则是从实际存在的事物中得来的，那么为此我们所需要的就不是哲学，而是关于世界和世界中所发生的事情的实证知识；由此产生的也不是哲学，而是实证科学。①

在《路德维希·费尔巴哈和德国古典哲学的终结》中，恩格斯在批判思辨哲学的同时又一次重申了"全部哲学也将完结"的思想：

> 那么以往那种意义上的全部哲学也就完结了。我们把沿着这个途径达不到而且任何单个人都无法达到的"绝对真理"撇在一边，而沿着实证科学和利用辩证思维对这些科学成果进行概括的途径去追求可以达到的相对真理。总之，哲学在黑格尔那里完成了……他（虽然是不自觉地）给我们指出了一条走出这些体系的迷宫而达到真正地切实地认识世界的道路。②

综观马克思、恩格斯这三个时期思想发展的轨迹，其"哲学终结论"的两重含义都得到不同程度的表达，而两重含义之间也总是相互联结、相互渗透的。当然，上面引证的论述，也不仅反映了马克思、恩格斯"哲学终结论"的历史特征，而且，实际说来，也同样体现出其"哲学终结论"的本质含义。这些论述，明白无误地体现出马克思主义有关"哲学终结"的基本观点与本质内涵，国内那些否认"哲学终结论"的学者又该如何解释这些论断呢？

---

① 《马克思恩格斯选集》第 3 卷，人民出版社，1995，第 375 页。
② 《马克思恩格斯选集》第 4 卷，人民出版社，1995，第 219～220 页。

要否定马克思、恩格斯是"哲学终结论"者，就必须否定所有这些论述本身。

## 三 "哲学终结论"的主要思路——马克思、恩格斯为何一定要终结哲学

当然，人们不禁要问：为什么马克思、恩格斯认定随着实证科学的发展哲学就一定会消失或终结呢？

首先，正如有的学者已经指出的，在马克思、恩格斯那里，"犯有'思辨'原罪的哲学同科学是根本对立的"。① 因此，随着实证科学的发展，哲学就将"失去生存环境"或"独立存在的理由"而"终止于实证科学开始的地方"。可以说，这一思想是马克思、恩格斯关于"哲学终结"的主要思路。对此，恩格斯多次做了说明。

除上述引文之外，在1880年写作的《社会主义从空想到科学的发展》中，恩格斯又指出：

> 现代唯物主义本质上都是辩证的，而且不再需要任何凌驾于其他科学之上的哲学了。一旦对每一门科学都提出要求，要它们弄清它们自己在事物以及关于事物的知识的总联系中的地位，关于总联系的任何特殊科学就是多余的了。于是，在以往的全部哲学中仍然独立存在的，就只有关于思维及其规律的学说——形式逻辑和辩证法。其他一切都归到关于自然和历史的实证科学中去了。②

在一篇被收入《自然辩证法》的而被标为《〈费尔巴哈〉的删略部分》的文稿中，恩格斯又写道：

> 自然研究家由于靠旧形而上学的残渣还能过日子，就使得哲学尚能苟延残喘。只有当自然科学和历史科学本身接受了辩证法的时候，一切哲学的废物——除了纯粹的关于思维的理论以外——才会成为多余的东西，在实证科学中消失掉。③

其次，马克思、恩格斯既把自己创立的"唯物史观"定位于"真正的实

---

① 李毅嘉：《马克思恩格斯对哲学的拒斥》，《山东大学学报》（哲社版）2005年第2期。
② 《马克思恩格斯选集》第3卷，人民出版社，1995，第738页。
③ 《马克思恩格斯选集》第4卷，人民出版社，1995，第308～309页。

证科学"意义上的"历史科学"，因此，随着这种"历史科学"的诞生，"哲学"或任何"历史哲学"也就成为"多余的"而被"驱逐出历史领域"。就是说，"哲学"将"终结"于实证的"历史科学"的发展之中，正如已"终结"于实证的"自然科学"的发展之中一样。

还在《德意志意识形态》中，马克思、恩格斯就曾提出：

> 我们仅仅知道一门唯一的科学，即历史科学。历史可以从两方面来考察，可以把它划分为自然史和人类史。但这两方面是不可分割的。①

在马克思、恩格斯看来，自然与历史这两个领域的发展在本质上是一致的，在实质上都服从于同样的辩证运动规律，而对自然与历史的认识也就都属于对现实世界发展的经验性认识。由于对自然的研究即近代自然科学在 19 世纪已取得了一系列重大发现，特别是达尔文提出了生物进化论，在马克思、恩格斯看来，这已是发现、证明了自然界的发展规律，因而历史的任务就在于把对自然界的科学认识推广、贯彻到对社会历史的认识中去，以便建立严格的"历史科学"。在马克思、恩格斯看来，这一建立"历史科学"的任务由于"唯物主义历史观"的诞生就已宣告完成。

我们知道，恩格斯曾多次把马克思发现唯物史观与达尔文提出进化论加以类比，认为这两者具有同样的历史意义：

> 正像达尔文发现有机界的发展规律一样，马克思发现了人类历史的发展规律。②

在马克思、恩格斯看来，唯物史观作为关于历史的"实证科学"是与"哲学"、"历史哲学"或"意识形态"根本不同的。据此，马克思、恩格斯一方面把"唯物史观"定性为从实证研究中概括出来的不具有哲学意义的一般"历史科学"及其"方法"，另一方面也对"哲学的终结"作了一个历史性的宣判。《德意志意识形态》的这一"科学主义"立场被有关论文表述为"肯定历史科学、否定哲学的理论取向"，是"历史科学对传统哲学的拒斥"。③ 这样，哲学在被从自然领域驱逐出去之后，也就紧接着被从历史领域这一"最后

---

① 《马克思恩格斯选集》第 1 卷，人民出版社，1995，第 66 页。
② 《马克思恩格斯选集》第 3 卷，人民出版社，1995，第 776 页。
③ 曹润生：《马克思恩格斯论马克思主义哲学的性质》，《安庆师范学院学报》（社科版）2004 年第 6 期。

的避难所"中驱逐出去,哲学便无可挽救地走向终结。

最后,在哲学终结论者看来,哲学具有思辨的形而上学的本质或本性,这正是哲学的"原罪",也正是哲学终结而为科学所取代的最终原因。"哲学即形而上学"①,海德格尔的这一断语,清楚明白地表明了哲学的真正本质,同时也揭示了哲学终结的根本原因。哲学的终结,就其本质来说,也正是形而上学精神的消解。因此,哲学的终结也正是哲学本质的终结,或者说,哲学终结的本质正在于哲学本质的终结。

关于哲学的形而上学本性的确认,当然也是马克思、恩格斯提出"哲学终结论"的理论前提或理论预设。在其语境与观念中,"哲学"即"形而上学",亦即"思辨",只有"科学"才具有实证性与经验性的现实的"形而下"的特性,因此,关注"改变世界"的马克思与恩格斯也就自然要以"科学"、"实践"来取代"哲学",以"科学共产主义"来取代"哲学共产主义"。而这种"取代"(《德意志意识形态》称之为"取而代之"②),也正是马克思、恩格斯提出"哲学终结论"的本质内涵。

## 第三节　马克思"哲学终结论"的本义与多重本质含义

### 一　马克思"哲学终结论"的本义

把马克思的"哲学变革"或"哲学终结论"理解为"在'消灭哲学'中'实现哲学'"或理解为"重建哲学"、"新哲学样态置换旧哲学"等,这种认识在我国哲学界相当普遍(当然这种认识也有历史根源,可以追溯到恩格斯逝世前后一些理论家的认识)。但问题在于:这种认识是否符合马克思、恩格斯本人的思想观点,或者说,马克思的"哲学变革"或"哲学终结论"的本质含义究竟是什么?

笔者认为,马克思哲学变革的本质不在于"重建哲学"或"以新哲学取代旧哲学",而在于以"科学"、"实践"取代"哲学",以"科学共产主义"取代"哲学共产主义"。或者说,马克思哲学变革的本质就在于提出"哲学终结论",而"哲学终结论"的本质含义也不是指哲学在发展形态或发展特征方

---

① 〔德〕海德格尔:《面向思的事情》,陈小文、孙周兴译,商务印书馆,1999,第68页。
② 《马克思恩格斯选集》第1卷,人民出版社,1995,第73页。

面的某种变革，而是指哲学形态本身的终结，即指哲学作为哲学的终结。

　　下面，就让我们先来分析一下马克思"哲学终结论"的本义究竟是什么，是"哲学终结"还是"哲学重建"。

　　事实上，马克思"哲学终结论"的本义也应就是指哲学的"终结"而不是指哲学的"重建"。这一本义也完全通过"终结"、"开始"等相关词汇的使用而体现出来。"哲学终结论"使用的核心词是"终结"（英文 end，德文 aufhört），其基本含义是"完结"、"结束"、"终止"、"结局"乃至"死亡"、"毁灭"等。"终结"的这些含义都具有否定性，就是说，"终结"一词基本上是一个具有"否定性"的词汇。然而，国内一些学者却试图对其做出"肯定性"的解说，认为其"真实含义"并不是"终结"、"否定"哲学而是指"超越'思辨哲学'"或"新哲学置换旧哲学"①，或者说，是指哲学的"完成"、"实现"。② 这样一来，"终结"一词也就被解说成了一个具有"肯定性"的词汇了。

　　然而，这种"肯定性"却并非"终结"一词的本义，因而也不可能成为马克思、恩格斯使用该词的本意。如果马克思、恩格斯有"超越"、"重建"、"实现"哲学或"创建"某种"新哲学"的意图，那么，他们也完全可以使用"超越"、"重建"、"实现"、"创建"等一类具有肯定性的词汇来表达这一意图。但事实上，他们在哲学变革以后从未使用过这类词汇来论述哲学，这只能说明他们并没有上述意图。当然，我们在这里也确实需要"辩证思维"（否则就是"缺乏辩证思维的头脑"③），但"辩证思维"却并不在于一定要对"终结"一词做出"肯定性"解说，而是在于"终结"一词本身就有一个与之"辩证"对立的反义词即"开始"（英文 begin，德文 beginnt）。"开始"一词才是一个包含"肯定性"的词汇。然而，在马克思、恩格斯有关文本的语境与观念中，"开始"的又正好不是"哲学"而是"科学"。

　　马克思、恩格斯在《德意志意识形态》中写道："在思辨终止的地方，在现实生活面前，正是描述人们实践活动和实际发展过程的真正的实证科学开始的地方。关于意识的空话将终止，它们一定会被真正的知识所代替。对现实的描述会使独立的哲学失去生存环境，能够取而代之的充其量不过是从对人类历

① 孙亮：《马克思在何种意义上是哲学"终结论"者——与游兆和先生商榷》，《学术研究》（广州）2008 年第 10 期。
② 何中华：《马克思与"哲学的终结"——为马克思哲学合法性辩护》，《学术研究》（广州）2008 年第 10 期。
③ 范畅：《什么是马克思"真正实证的科学"》，《马克思主义哲学研究》（武汉）2008 年刊。

史发展的考察中抽象出来的最一般的结果的概括。"① 在这一论述中，"思辨终止"（即"哲学终结"）与"科学开始"，"意识的空话"将终止，被"真正的知识"所代替，对"现实的描述"会使"独立的哲学失去生存环境"等句式，都具有很严格的逻辑上与语义上的对应性，而这一论述的核心含义也正是指"哲学终结"与"科学开始"。至此，这一已具有"现实性"的"辩证思维"的句式也就完全取代了1843年那种在"现实"中既"消灭哲学"又"实现哲学"的"思辨"句式，而随着马克思本人那种"思辨"的"终止"，"哲学终结论"也就宣告形成。

在上述论述中，马克思对"哲学"与"科学"特性的看法也跃然于纸上，"哲学"即是"思辨"，即是"关于意识的空话"，因而"将失去生存环境"，而"科学"或"真正的实证科学"则是"真正的知识"，是对"现实的描述"，因而将把哲学"取而代之"。至此，"哲学"和"科学"已具有完全的对立性质而鲜明区别开来。也因此，"哲学"也就不再可能在"现实"中"实现"，而只可能在"现实"中"终止"。在上述论述中，"哲学"与"科学"、"思辨"与"实证"、"意识的空话"与"真正的知识"以及"终结"与"开始"等也都是反义词，而马克思使用"终结"一词也完全是在其本来的"否定"意义即"终止"的意义上使用，并没有附加任何其他含义。马克思的态度无疑是一种"否定哲学"、"肯定科学"的态度，并没有体现出任何"重建哲学"、"实现哲学"或以"新哲学置换旧哲学"的意图。我国一些学者试图赋予"终结"一词以肯定性含义并从中解读出对"哲学"的"肯定"或"否定之否定"（即"马克思'消灭哲学'的论断必须从否定之否定的角度理解"②），其结果也就违反了马克思、恩格斯使用该词的本意。

有关学者与笔者商榷的文章题为《马克思在何种意义上是哲学"终结论"者》，但该文并没有明确说明马克思究竟是不是"哲学终结"论者。从逻辑上说，如果马克思是"哲学终结"论者，那也只能是在"终结"一词的本义或原意上而成为"哲学终结"论者，因而也就根本不存在"马克思在何种意义上是哲学终结论者"的问题。也就是说，如果马克思是"哲学终结"论者，那也只能是在"哲学终结"的真正意义上是"哲学终结"论者，而不可能在任何其他"意义"上成为"哲学终结"论者。可见，一些学界同仁一旦赋予"终结"一词以其他"意义"，就不可避免地在对"哲学终结论"的理解上陷

---

① 《马克思恩格斯选集》第1卷，人民出版社，1995，第73~74页。
② 范畅：《什么是马克思"真正实证的科学"》，《马克思主义哲学研究》（武汉）2008年刊。

入矛盾与含混。

## 二　马克思"哲学终结论"的多重本质含义

### （一）哲学将消失在"实证科学"的发展之中

马克思、恩格斯"哲学终结论"的基本含义或主要路径是指"哲学"将消失在"科学"亦即"实证科学"的发展之中。在马克思、恩格斯看来，"科学"或"实证科学"的发展终将取代并消解"哲学"，"哲学"终将会随着"实证科学"的发展而消亡。

应该看到，在马克思、恩格斯的语境和观念中，"哲学"（philosophy）和"思辨哲学"（reasoning philosophy）是两个同义词。这是因为"哲学"本身即具有"思辨"性，因此，"哲学"或"全部哲学"在基本性质上也不可能不是"思辨哲学"。也因此，在马克思、恩格斯那里，这两个概念是通用的，二者之间并没有什么实质性区别。

同样，在马克思、恩格斯的语境和观念中，"科学"（science）和"实证科学"（positive science）也是两个同义词。这是因为"科学"本身即具有"实证"性，因此，"科学"或"全部科学"在基本性质上也不可能不是"实证科学"。也因此，在马克思、恩格斯那里，这两个概念也是通用的，二者之间也没有什么实质性区别。在这里，实质性区别只发生在"哲学"与"科学"之间。在其语境中，"哲学"或"思辨哲学"与"科学"或"实证科学"才构成一组具有对立性质的反义词。上述语词上的"同义性"及"反义性"关系表明，在马克思、恩格斯那里，"（思辨）哲学"的"终结"与"（实证）科学"的"开始"乃是一个问题的两个方面，而问题的关键就是要把"哲学"和"科学"区别开来。

国内一些学者忽视了上述语词的确切含义，从而也忽视了"哲学"和"科学"的本质区别。例如，有的论者就把马克思转向"科学"的态度说成是一种"哲学的态度"，认为"这里的'实证科学'实际上是马克思面对自己已经废弃的'思辨哲学'提出了自己'新哲学'的要求"，"这就是说，'实证科学'在这里仅是一种哲学的态度"。① 一些学者对马克思、恩格斯所使用的"实证科学"的概念是否具有"实证性"也表示怀疑。如有的论者提出，马克

---

① 孙亮：《马克思在何种意义上是哲学"终结论"者——与游兆和先生商榷》，《学术研究》2008 年第 10 期。

思所使用的"实证科学"概念"是不是西方文化范式下的'实证科学'呢？即我们理解的经验性与实证性呢？"① 此外，也有学界同仁对马克思所使用的"真正实证的科学"一词做出"语义学考释"，并提出"'真正实证的科学'并非实证科学，'实证'应理解为'现实'、'实际'、'实践'等，'科学'也不是现代分科科学，而是德国哲学传统意义上的科学。"②

当然，这里不排除马克思所讲的"真正的实证科学"和孔德所讲的"实证科学"以及"现代分科科学"具有一定区别。孔德的"实证科学"概念（即他所说"科学阶段，又名实证阶段"③）当然表示一种更纯粹的具有"实证性"、"经验性"的"科学"，而所谓"现代分科科学"实际上也是具有这种"实证性"的"科学"。相比之下，马克思所讲的"实证科学"确实趋向于"现实"、"实际"、"实践"，也更重视科学的统一。也因此，马克思才有理由认为自己所讲的"实证科学"更为彻底，更富有"实证科学"意义，因而是"真正的实证科学"。但问题在于，"真正的实证科学"也仍然属于"实证科学"而并不属于"哲学"，它和一般"实证科学"以及"现代分科科学"的差别也只属于"科学"或"实证科学"内部的差别而并不属于"哲学"和"科学"之间的差别。就是说，这种差别并未超出"实证科学"作为西方近代以来一种文化潮流而发展、演进的历史范畴。

还应看到，马克思、恩格斯不赞成孔德"实证主义"的许多具体主张，但这并不等于说他们也不赞同一般"实证科学"（或"现代分科科学"）发展的潮流，当然这更不等于说他们可以不受其历史影响。显然，马克思、恩格斯一再使用"科学"、"实证科学"、"历史科学"等概念的根本意图也不在于要和法国孔德的"实证科学"划清界限，而是要和德国"思辨哲学"亦即"德意志意识形态"分道扬镳。也因此，马克思所使用的"真正的实证科学"、"真正的知识"等概念，也就具有与"思辨哲学"相对立而与"实证科学"相一致的性质。在恩格斯后期的一些著作中，"实证科学"概念出现的频率更高了，并且通常也不再加"真正的"一词来修饰，但其与"哲学"或"思辨哲学"的对立性却也照例显示出来。

上述学者强调马克思"唯物史观"具有"现实"、"实际"、"实践"等性

---

① 孙亮：《马克思在何种意义上是哲学"终结论"者——与游兆和先生商榷》，《学术研究》2008 年第 10 期。

② 范畅：《什么是马克思"真正实证的科学"》，《马克思主义哲学研究》（武汉）2008 年刊。

③ 〔法〕孔德：《实证哲学教程》，转引自洪谦主编《西方现代资产阶级哲学论著选辑》，商务印书馆，1964，第 25 页。

质也是对的，而这些性质和单纯的"实证科学"的"实证性"也确实有所不同。然而，这一区别对于"实证科学"本身来讲又仅仅是一种内在差别，这一差别一旦被置入"哲学"与"科学"两大领域区分或划分的大框架，就会退居其次而不再显示任何本质意义。就"实证科学"与"思辨哲学"两大领域的特性及其划分以及"唯物史观"的基本性质而言，"唯物史观"也只能被划归为"科学"而不应被划归为"哲学"。也因此，马克思、恩格斯才明确地把"唯物史观"视为并称为"科学"、"历史科学"① 而从未将其称为"哲学"或"历史哲学"。

也有论者提出："不能把历史唯物主义仅仅理解为具有实证性的社会学理论或历史理论，而应主要理解为哲学，历史唯物主义的哲学品性不容否定。"② 然而，正是马克思、恩格斯自己首先明确地把历史唯物主义定性为"历史科学"，即定性为"描述人们实践活动和实际发展过程的真正的实证科学"③，而从未将其定性为"哲学"或"历史哲学"。也因此，"唯物史观"所具有的"现实性"、"实践性"也就理应理解为是"实证科学"所具有的"实证性"、"经验性"的某种发展或演进，而不应理解为是对"实证性"、"经验性"以及"实证科学"本身的根本否定。再就一般用语来看，《德意志意识形态》所大量使用的"纯粹经验的方法"、"经验的观察"、"经验的事实"、"对现实的描述"、"各种现实的科学"④ 等用语，也无一不带有实证科学或经验科学的特征。马克思、恩格斯强调"唯物史观"在本质上是"对现实的描述"及其对这一描述的"最一般的结果的概括"，然而，"对现实的描述"及其"概括"也并不等于就是"哲学"。在马克思、恩格斯看来，正是"对现实的描述会使独立的哲学失去生存环境"。⑤ 这就是说，强调"现实"、"实际"、"实践"的"真正实证的科学"在本质上也仍然属于"实证科学"而并不属于"哲学"，而马克思使用"真正的实证科学"概念并建构具有其性质的"唯物史观"也正宣告了"哲学"的终结。

那么，"德国哲学传统意义上的科学"⑥ 是否就是指"哲学"而不是指"科学"呢，而马克思对"科学"概念的用法是否还和这种"德国哲学传统"

---

① 《马克思恩格斯选集》第 1 卷，人民出版社，1995，第 66 页。
② 范畅：《什么是马克思"真正实证的科学"》，《马克思主义哲学研究》（武汉）2008 年刊。
③ 《马克思恩格斯选集》第 1 卷，人民出版社，1995，第 73 页。
④ 《马克思恩格斯选集》第 1 卷，人民出版社，1995，第 67、71、76、73 页。
⑤ 《马克思恩格斯选集》第 1 卷，人民出版社，1995，第 73 页。
⑥ 范畅：《什么是马克思"真正实证的科学"》，《马克思主义哲学研究》（武汉）2008 年刊。

一致呢？在德语中，"科学"与"哲学"概念均具有广义和狭义两种用法，而"科学"（Wissenschaft）在广义上是泛指一种认识、求知的活动，其范围要比英语、法语的"science"广泛得多，由此，德语的"科学"概念也就可以包含"哲学"，而"哲学"（Philosophie）也就可以被视为一种"科学"。也正是在此宽泛意义上，一些德国哲学家例如康德、黑格尔就常把"哲学"称为"科学"、"思辨科学"或"思辨的科学"等。然而，在德语中，"科学"和"哲学"概念（既然作为两个概念而产生）也同时具有狭义的用法而区别开来。在德国哲学家看来，"哲学"的本性就是"思辨"（Spekulation），因而"哲学"就是一门特殊的"思辨的科学"，而"科学"的本性就是"实证"（Positive），因而"科学"就不可能成为"哲学"。这就是说，在"德国哲学传统"中，"科学"在狭义上也并不包含"哲学"，也和"哲学"具有确定区别。也因此，在康德、黑格尔的论述中，也就同时包含着对二者的狭义用法，在狭义上他们也从未将"哲学"视为"科学"。

这就是说，虽然德语中的"科学"与"哲学"概念具有两种含义乃至某种含混性，但德国哲学家真正关注的也不是广义用法而是狭义用法，借此他们才可能表达关于哲学的思辨本性及其与科学具有确定区别的思想。其后，到马克思在19世纪40年代中期写作《德意志意识形态》时，当他再使用"科学"与"哲学"概念时，应该说，就已经完全是在概念的狭义上使用了。国内有学者已经指出：《德意志意识形态》所使用的"科学"概念"显然是对德语'科学'的外延大大限定之后的概念，基本上同于英语的'科学'（science）"，"马克思在使用狭义的'科学'时，往往同狭义的'哲学'对举，而这正是我们关注的焦点"。① 也因此，马克思也就不再把"哲学"笼统地称为"科学"或"思辨科学"而是只称为"思辨哲学"，同时，马克思也不再把"科学"视为包括"哲学"或"思辨哲学"而是只视为"实证科学"。这就是说，马克思对这些概念的用法已非常严格，和"德国哲学传统"的笼统用法已有重大区别。

历史地看，"哲学"和"科学"概念在西语中的广义与狭义用法，也正源于二者在历史上从统一到分化不断演进的事实。我们知道，在古希腊时代，科学和哲学还保持某种原始的综合统一性而没有明确分化，因而这两个概念的使用也就显得十分宽泛与含混（当然，即使这样，"哲学"和"特殊科学"的区

---

① 徐长福：《求解"科尔施问题"——论马克思学说跟哲学和科学的关系》，《哲学研究》2004 年第 6 期。

别也已经在譬如亚里士多德那里表达出来）。而在近代科学发展初期，科学和哲学也尚未完全分化，因而这两个概念的使用也就仍带有某种宽泛性与含混性。只是随着 17～18 世纪西方科学的迅猛发展以及科学与哲学的日益分离，随着 19 世纪实证主义"拒斥形而上学"思潮的日益扩展，"哲学"与"科学"概念在语义上的宽泛性与含混性才日益被扬弃、被矫正，而二者的确定区别也才日益彰显。由此，"哲学"和"科学"概念的狭义用法也才可能先后在英语、法语及德语中推广开来并趋于一致而不再具有本质差别。也因此，马克思、恩格斯在其 19 世纪中期及后期的德文写作中，也就可能不在一般宽泛意义上使用"科学"与"哲学"概念，而是完全转到在其狭义上使用了。

这就是说，"德国哲学传统"意义上的"科学"概念确实具有某种宽泛性而可以包含"哲学"，但马克思使用的"科学"概念却已不再具有这种宽泛性。这一区别的产生，又源于马克思的哲学观念的变革，因为这一变革也正在于要同这种"德国哲学传统"决裂并实现向法国与英国的"实证科学"或"经验科学"的转变，而这一转变的总的结果就是提出"哲学"的终结。

## （二）"哲学"也将被变革现实的"实践"所取代

马克思"哲学终结论"的深层含义还在于以"实践"取代或消解"哲学"。在马克思、恩格斯思想变革以后的文本的语境与观念中，"实践"和"哲学"也是具有完全不同性质与意义的两个概念。

当然，在马克思思想的发展过程中，对"实践"本质及其与"哲学"关系的看法也是经历了一个根本性转变的，而马克思这一"实践观"的转变和他"哲学观"的转变也是一致的、大致同步的。在思想转变之前，马克思的"实践观"还具有"实践人本主义"性质或特征。所谓"实践人本主义"，也正是指马克思早期以费尔巴哈人本主义哲学为基础的思想理论，其主要特征在于还尚未把"实践"和"哲学"（即"人本主义"）分离，而是把"实践"看作是一种基于人本主义哲学的理论的精神的"批判"活动，而并非如马克思后来所认定的那样是把"实践"理解为一种感性的物质的改变现存世界的"革命"活动。

在《1844 年经济学—哲学手稿》中，马克思提出了"理论的人本主义"和"实践的人本主义"的概念。前者是指"人本主义"作为"无神论"是对"神的扬弃"，而后者则是指"人本主义"作为"共产主义"（即以费尔巴哈人本主义为思想基础的"哲学共产主义"）乃是对"私有财产的扬弃"，即"对真正人的生活这种人的财产的偿还要求"。①

这种"实践人本主义"的观点在马克思思想变革以前的早期著作中得到充分体现。马克思在 1843 年即抱有把"哲学"和"实践"统一起来，进而把"哲学"和"无产阶级"结合、统一起来的思想。譬如，马克思在《〈黑格尔法哲学批判〉导言》中写道：

> 哲学把无产阶级当作自己的物质武器，同样，无产阶级也把哲学当作自己的精神武器。②

在马克思当时的观念中，只有"哲学"才是能动的，而"物质"、"物质武器"或物质的感性的"实践活动"还全然是被动的。因此，马克思又说：

> 这个解放的头脑是哲学，它的心脏是无产阶级。③

这就是说，"哲学"是"头脑"，"无产阶级"是"心脏"，"心脏"只能由"头脑"来支配，物质力量也只能依赖于精神力量去把握。所以，马克思在谈到"德国的革命的过去就是理论性的，这就是宗教改革"时又提出：

> 正像当时的革命是从僧侣的头脑开始一样，现在的革命则从哲学家的头脑开始。④

这些论述表明，马克思当时的"实践观"或"革命观"都还带有"哲学"或"哲学家"的思辨性质，还体现出黑格尔思辨哲学的重大影响。

到 1844 年，在《经济学—哲学手稿》（以下简称《手稿》）中，马克思对实践及其与哲学或理论的关系，已有了一些新的更深入的认识，他已把理论和实践作了一定区别。但总的说来，在他那里，"实践"还不具有真正独立于"哲学"或"理论"的意义，即还不具有后来所说的"革命的实践"的意义，或"现实的、感性的活动本身"的意义。在《手稿》中，"实践"还从属于或依附于"哲学"，马克思对"实践"的理解也还没有完全摆脱"思辨哲学"的影响。在《手稿》中，人的本质还是一种抽象的自由自觉的活动。马克思写道：

---

① 马克思：《1844 年经济学—哲学手稿》，刘丕坤译，人民出版社，1979，第 127 页。
② 《马克思恩格斯选集》第 1 卷，人民出版社，1995，第 15 页。
③ 《马克思恩格斯选集》第 1 卷，人民出版社，1995，第 16 页。
④ 《马克思恩格斯选集》第 1 卷，人民出版社，1995，第 10 页。

生活活动的性质包含着一个物种的全部特性，它的类的特性，而自由自觉的活动恰恰就是人的类的特性。生活本身仅仅表现为生活的手段。①

因此，"实践"也主要是这种抽象的"类活动"，而作为"实践"的主要形式的生产劳动也还是一种被抽象化了的以人的抽象本质为基础的理想化活动。同时，马克思也正是基于这种思辨哲学的"实践观"，着重考察了"实践的人的活动即劳动的异化作用"②亦即"异化劳动"问题，他认为"异化劳动"的基本特征就是分工，而私有财产则是异化劳动的产物和结果。

这样，马克思也就主要是从"实践"或"劳动"的否定的消极的方面去阐释实践活动，同时也就仍然把哲学的或理论的活动看作积极的能动的力量。也因此，马克思在《手稿》中虽然也阐释了"共产主义"理论，但那还不是"实践的唯物主义"的"共产主义"理论亦即"科学共产主义"理论，而仍然是一种基于思辨哲学的"实践的人本主义"的"共产主义"理论，亦即马克思、恩格斯当时所信奉的"哲学共产主义"理论。

通过上述分析，我们可以看出，马克思在1845年思想变革之前，还没有把"实践"和"哲学"完全分离，其"实践观"正如其"哲学观"一样，还体现为那种思辨哲学的观念。这种思辨的"实践观"还尚未离开传统哲学的思想基地。我们知道，在哲学史上，像亚里士多德、黑格尔和费尔巴哈等哲学家也都十分重视"实践"的作用，虽然这些哲学家大多是把"实践"主要理解为一种"实践理性"的活动亦即精神的道德的或批判的活动。因此，虽然马克思早期已开始重视"实践"作用，但他当时对"实践"的看法也还是基于"思辨哲学"的历史传统，在他那里，"实践"和"哲学"（亦即"思辨哲学"）也还具有本质的统一性而尚未区别开来，而马克思实现思想变革的一个根本标志却是要把二者严格区分开来。

马克思"实践观"的根本转变也完成于1845年春。马克思在那时写作的《关于费尔巴哈的提纲》以及稍后的《德意志意识形态》中，已根本改变了对"实践"及其与"哲学"关系的认识。这时，马克思的思想取向已是完全把"实践"和"哲学"分离、剥离开来，并且认定只能依靠"实践"的物质力量才能扬弃哲学的"思辨性"或"思辨哲学"本身。1845年春，马克思在《关

---

① 马克思：《1844年经济学—哲学手稿》，刘丕坤译，人民出版社，1979，第50页。
② 马克思：《1844年经济学—哲学手稿》，刘丕坤译，人民出版社，1979，第48页。

于费尔巴哈的提纲》中宣告："哲学家们只是用不同的方式解释世界，问题在于改变世界。"① 这时，马克思也就把"哲学"及其"哲学家"与"实践"及其"革命家"完全区别开来。可以说，马克思、恩格斯提出的许多批判"哲学"、否定"哲学"的论述，其本真含义也都不是要以"新哲学"批判或否定"旧哲学"，而是要以"实践"本身来否定或消解"哲学"，亦即以"实践"来"终结"哲学。

这时，马克思的"实践观"或其"哲学观"也就具有了一种新的"实践的唯物主义"性质或特征，并与早期的"实践的人本主义"区别开来。

国内不少学者都认为马克思在《德意志意识形态》中提出的"实践的唯物主义"概念，就是马克思用来标志自己"哲学"或"新哲学"的概念。实际上，这种认识也是一种误解。在《德意志意识形态》中，马克思说："对实践的唯物主义者即共产主义者来说，全部问题都在于使现存世界革命化，实际地反对并改变现存的事物"。② 在马克思的观念中，由于"实践"的特性已完全不同于"哲学"，因此，按照思想的一贯性，这里的"实践的唯物主义者"也就不可能还是指"哲学家"，而只可能是指与"哲学家"完全不同的"革命家"即"共产主义者"。也因此，"实践的唯物主义"也就不可能还是指任何"哲学"或"新哲学"，而只应当是指与任何"哲学"乃至"新哲学"（这也不过是"哲学"的某种新形式）都不同的"实践"活动，亦即马克思所说的"使现存世界革命化，实际地反对并改变现存事物"的"共产主义"运动。

这就是说，"实践的唯物主义"也就不再是指"哲学"而只是指"实践"，即指"实践"领域内的"共产主义"运动。这就是说，在马克思、恩格斯看来，"唯物主义"也不单独是"哲学"领域内的一种称谓，而更是一种"实践"活动，在"实践"领域内就有"唯物主义"即"实践的唯物主义"（亦即"共产主义"）。因此，笔者认为，"实践的唯物主义"概念的提出，在本质上也就宣告了一切"哲学"乃至"哲学共产主义"的终结。

## （三）"哲学共产主义"也将为"科学共产主义"所取代

马克思"哲学终结论"的更深层含义还在于以"科学共产主义"取代"哲学共产主义"。与马克思早期在"哲学观"上还抱有既"消灭哲学"又

---

① 《马克思恩格斯选集》第1卷，人民出版社，1995，第57页。
② 《马克思恩格斯选集》第1卷，人民出版社，1995，第75页。

"实现哲学"的思辨观点一致，也与马克思早期在"实践观"上还抱有"实践"与"哲学"（即"思辨哲学"）在本质上统一的理念一致，马克思、恩格斯早期在"共产主义"理论上也还没有脱离思辨哲学的基地，他们曾一度信奉以费尔巴哈"人本主义"为理论基础的"共产主义"亦即"哲学共产主义"。

恩格斯在写于 1843 年 10 月的《大陆上社会改革运动的进展》一文中，曾明确提出并阐述了"哲学共产主义"的概念及其理论特征。他指出，与英国人通过"实践"、法国人通过"政治"达到共产主义不同，"德国人则是通过哲学，通过对基本原理的思考而成为共产主义者的"。他还指出，"虽然各邦政府想尽办法要扼杀哲学共产主义，可是它在德国可以说已经永远确立下来了。"恩格斯还高度赞扬"德国人是一个从不计较实际利益的民族"，"对抽象原则的偏好，对现实和私利的轻视，使德国人在政治上毫无建树；正是这样一些品质使哲学共产主义在这个国家取得了胜利。"① 可以看出，"哲学共产主义"的基本特征也就是以德国"哲学"为理论基础而对"共产主义"做出抽象的理论论证。实际上，马克思的《1844 年经济学—哲学手稿》也正是对这种"哲学共产主义"理论形态所做出的最为充分也最为成熟的阐释与论证，由此也使这一理论形态达到高峰。

由于"哲学共产主义"在本质上还是以"哲学"为思想基础来构想、引申并论证"共产主义"，因而它还不是马克思、恩格斯后来所创立的"科学共产主义"。"科学共产主义"的理论基础是作为"历史科学"的"唯物史观"，而"哲学共产主义"的理论基础则是尚未脱离"思辨哲学"基地的费尔巴哈的人本主义。马克思那时还高度赞扬费尔巴哈，认为正是费尔巴哈哲学为社会主义奠定了理论基础。马克思在 1844 年 8 月曾写信给费尔巴哈，信中写道：

> 在这些著作中，您（我不知道是否有意地）给社会主义提供了哲学基础，而共产主义者也就立刻这样理解了您的著作。②

但到 1845 年春，马克思就开始在《关于费尔巴哈的提纲》以及其后的《德意志意识形态》等著作中批判费尔巴哈哲学以及整个青年黑格尔派运动，由此也就最终舍弃了这种独具哲学思辨特性的"哲学共产主义"而转变到以"唯物史观"的"历史科学"为基础的"科学共产主义"。我们可以认为，这一由"哲学共产主义"到"科学共产主义"的最终思想转变，构成了马克思

---

① 《马克思恩格斯全集》第 1 卷，人民出版社，1956，第 576、591、592 页。
② 《马克思恩格斯全集》第 27 卷，人民出版社，1957，第 450 页。

"哲学终结论"的深层本质。

综上所述，马克思"哲学终结论"在本质上并非是指哲学形态的变革与重建，而是指"哲学"本身在"科学"、"实践"及"科学共产主义"中的终结与消解，马克思的"哲学变革"实际上是一场对"哲学"的全面而彻底的革命。如果说，马克思哲学变革的真正本质在于提出"哲学终结论"，那么，"哲学终结论"也就构成马克思哲学变革的根本内容。因此，人们对"哲学终结论"的误解也就同时是对马克思哲学变革本质的误解。

## 三　理解"哲学终结论"的关键是把哲学和科学区别开来

通过上述分析，我们可以认识到，马克思、恩格斯提出"哲学终结论"的思想前提就是确认"哲学"的"思辨"本性进而与具有"实证"或"经验"、"观察"本性的"科学"区别开来。相比之下，一些学界同仁之所以产生对"哲学终结论"的误解，其认识根源也正在于缺乏对"哲学"本性及其与"科学"本质区别的认识。

事实上，"哲学"究竟是什么，"哲学"和"科学"究竟具有何种区别，在我国一些学者那里也还缺乏明确的认识。例如，在一些论者那里，"哲学"的最重要的特征和功能就是"世界观"，马克思的"哲学变革"也只在于"承接了哲学的世界观功能"并"开启全新的世界观"，因此，"马克思没有'终结''全部哲学'，而是在'人类解放'使命下肯定并保留了'世界观'"。① 但实际上，在马克思、恩格斯的观念中，"世界观"在其合理形态上即在作为"全新的世界观"的意义上也仅仅是"对现实的描述"②，或者是"关于世界和世界中所发生的事情的实证知识"。③ 因此，"世界观"也就仅仅具有"科学"的意义而不再具有"哲学"的意义。也因此，恩格斯曾说"现代唯物主义……这已经根本不再是哲学，而只是世界观"。④ 由于"哲学"和"世界观"复有区别，因此，即使马克思"肯定并保留了'世界观'"或"开启全新的世界观"，也并不等于"保留"或"开启"了"哲学"。毋宁说，这也意味着哲学的终结。这就是说，作为"科学"的"世界观"和作为"哲学"的"世界观"

---

① 孙亮：《马克思在何种意义上是哲学"终结论"者——与游兆和先生商榷》，《学术研究》（广州）2008 年第 10 期。

② 《马克思恩格斯选集》第 1 卷，人民出版社，1995，第 73 页。

③ 《马克思恩格斯选集》第 3 卷，人民出版社，1995，第 375 页。

④ 《马克思恩格斯选集》第 3 卷，人民出版社，1995，第 481 页。

也是有本质区别的，而前者的产生也就意味着后者的终结，即意味着作为"世界观"的"哲学"的终结，意味着"哲学"也被驱逐出"世界观"领域。

所以，哲学和科学的区别并不在于"哲学"是一种"世界观"（"科学"也是一种"世界观"），而在于哲学具有自身的形上本性从而能够对一般"世界观"做出反思与批判，哲学一旦失去这种"反思"、"思辨"与"超验"的形上本性而转到"现实"、"实际"、"实践"领域，哲学也就不再成其为哲学。实际上，马克思、恩格斯认定哲学具有"思辨"本性也完全符合"哲学"的实际发展情况。古往今来，"哲学"在本性上也确实是一种具有"思辨性"、"超验性"的"形而上学"，而在近代西方产生的"科学"（在与"哲学"相对的意义上）就理应被视为一种具有"经验性"与"实证性"的"形而下学"。"形而上者谓之道，形而下者谓之器"（《易传·系辞上》）。可以说，"哲学"和"科学"的根本区别也正在于"形上"与"形下"的区别，本来意义上的"哲学"也只能是一种以超验的逻辑思维和理性论证为基础、方法与形式的"形而上学"。因此，无可辩驳的事实即是：哲学的终结就意味着形而上学的消解。

事实上，认为哲学具有形而上学的本性、哲学即是形而上学，这也几乎是西方所有哲学家的共识（是否赞成形而上学是另一回事）。

譬如，海德格尔就明确写道："哲学即形而上学"，"关于哲学之终结的谈论却意味着形而上学的完成"。海德格尔也从"形而上学"之被"颠倒"来阐释"哲学的终结"和马克思的"哲学变革"："随着这一已经由卡尔·马克思完成了的对形而上学的颠倒，哲学达到了最极端的可能性。哲学进入其终结阶段了"。[①]

国内同仁在与笔者商榷的文章中也引用了海德格尔有关"哲学终结"的一些论述，但却说："哲学只能'从此一位置到彼一位置'，不可能有真正的终结。新哲学样态置换旧哲学，这也是马克思哲学所完成的变革"。[②] 其实，海德格尔所说"从此一位置到彼一位置"也不是指"哲学"单纯的位置变迁，而是指"哲学"转变为"科学"。在海德格尔那里，"哲学"和"科学"也是有确定区别的："哲学"是"作为形而上学的哲学"，"科学"是"起源于哲学的诸科学"，而"哲学的终结"是指"哲学转变为关于人的经验科学"或"哲

---

[①] 〔德〕海德格尔：《面向思的事情》，陈小文、孙周兴译，商务印书馆，1999，第68、69、70页。

[②] 孙亮：《马克思在何种意义上是哲学"终结论"者——与游兆和先生商榷》，《学术研究》2008年第10期。

学消解于被技术化了的诸科学"①。海德格尔把这种"终结"或"消解"也称为"完成"，意即哲学"已经在社会地行动着的人类的科学方式中找到了它的位置"②。在海德格尔那里，"终结"、"消解"、"完成"、"位置"（即"从此一位置到彼一位置"）等用语都是指"哲学"转变为"科学"，亦即"哲学"消解或终结于"科学"（这和马克思、恩格斯"哲学终结论"的意思也完全一致），而根本没有什么"新哲学样态置换旧哲学"的意思。

总之，哲学即形而上学，形而上学的消解就意味着哲学的终结。马克思哲学变革的本质即在于以"科学"、"实践"来消解"哲学"的形上本性而宣告哲学的终结，并以作为"历史科学"的"唯物史观"来取代"历史哲学"，以"科学共产主义"来取代"哲学共产主义"。笔者认为，无论人们对此哲学变革做出怎样的价值评价，但这一变革本身的事实与确切含义以及在哲学史上的意义，却是理应准确认识的。

## 四　"科尔施问题"解析

1923 年，德国共产党理论家卡尔·科尔施（1886～1961）出版了《马克思主义和哲学》一书，该书刻意提出的这一"马克思主义和哲学的关系问题"即被学者们称为"科尔施问题"。

科尔施自己认定"马克思主义"是"哲学"，而且是"彻头彻尾的哲学"或"一种革命的哲学"③。当然，人们可以提出许多理由或观点来证明科尔施这一论断的正确性。然而，笔者认为，对马克思主义和哲学关系做出的任何论断都首先应当符合马克思、恩格斯有关论述或文本的本意（而作为依据的文本又应选取恰当）。同时，做出的论断还应符合"哲学"及"科学"等有关概念的确切含义。然而，科尔施在该书中对这一问题的认识与解答却并不符合这两方面的要求，因而就表现出理论认识上的某种失误或误解。这种失误或误解主要表现在下述方面。

### （一）缺乏准确的文本依据

科尔施提出"马克思主义是哲学"论断的文本依据主要也是马克思的早期

---

① 〔德〕海德格尔：《面向思的事情》，陈小文、孙周兴译，商务印书馆，1999，第 70、72 页。
② 〔德〕海德格尔：《面向思的事情》，陈小文、孙周兴译，商务印书馆，1999，第 71 页。
③ 〔德〕卡尔·科尔施：《马克思主义和哲学》，王南湜、荣新海译，重庆出版社，1989，第 37 页。

著作。我们知道，马克思的那些写于 1845 年春天以前的早期著作还不属于"马克思主义"，也尚未提出"哲学终结论"，因而并不反映马克思、恩格斯对待"哲学"的"马克思主义"态度。也因此，依据早期著作做出"马克思主义是哲学"的结论就缺乏说服力。

科尔施提出了"马克思主义"理论发展的"三阶段"论，认为应该"区分出自从马克思主义理论诞生以来所经历过的三个主要的发展阶段"，并认为"第一个阶段开始于 1843 年前后，与观念历史中的《黑格尔法哲学批判》相对应。它结束于 1848 年的革命"。他还将这一阶段称为"最初形态"，认为"这个理论的最初形态却是完完全全为哲学思想所渗透的"。① 然而，在"1843 年前后"，马克思还尚未创立"马克思主义"，因而人们也就不难理解为何这一阶段还"完完全全为哲学思想所渗透"。显然，以这一阶段的文本作为"马克思主义是哲学"的依据是不妥的。《马克思主义和哲学》一书的结尾也引证了马克思的早期论述即"不在现实中实现哲学，就不能消灭哲学"。② 我们知道，马克思在 1843 年提出的这一论断还属于早期"思辨哲学"的"哲学实现论"而不属于后来注重"改变世界"的"哲学终结论"，因而这句话也不足以作为"马克思主义是哲学"论断的文本依据。

## （二）没有真正正视马克思、恩格斯本人的思想观点

科尔施的论断带有较多的主观臆测性而并非建立在准确引证并理解马克思及恩格斯有关论述的基础上，因而其相关论断也就没能准确认识或反映马克思、恩格斯思想观点的本质或其哲学变革的本质。

在提出"三阶段论"基础上，科尔施又提出了"无变化论"。他认为，虽然马克思主义理论的"原初形式"不可能保持不变，但"马克思主义理论的核心特征实质上仍然没有变化。"③ 当然，这种"无变化论"也是不准确的，它遮蔽了马克思思想转变的基本事实。科尔施说："在后期的论述中，马克思和恩格斯的马克思主义作为科学社会主义，仍然是社会革命理论的唯一整体。"④ 但

---

① 〔德〕卡尔·科尔施：《马克思主义和哲学》，王南湜、荣新海译，重庆出版社，1989，第 22 页。

② 〔德〕卡尔·科尔施：《马克思主义和哲学》，王南湜、荣新海译，重庆出版社，1989，第 54 页。

③ 〔德〕卡尔·科尔施：《马克思主义和哲学》，王南湜、荣新海译，重庆出版社，1989，第 24 页。

④ 〔德〕卡尔·科尔施：《马克思主义和哲学》，王南湜、荣新海译，重庆出版社，1989，第 24 页。

这一"科学社会主义"却已完全不同于马克思早期信奉的"哲学共产主义"，例如《〈黑格尔法哲学批判〉导言》或《1844年经济学—哲学手稿》中的"哲学共产主义"。事实上，科尔施所说的"马克思主义"的"原初形式"也就是这种"哲学共产主义"而非"科学共产主义"亦即"马克思主义"，因而这一"原初形式"也就不可能包含"马克思主义理论的核心特征"。当然，科尔施认为马克思在其思想的"核心"或"本质"上始终没有发生过"实质上的变化"也是不准确的，如果说马克思思想认识始终没有发生过某种"实质性变化"，那又从何谈起马克思的"哲学变革"呢？

### （三）没有把"哲学"和"科学"概念真正区别开来

我们判断马克思主义是"哲学"还是"科学"的前提应是首先区分"哲学"和"科学"的确切含义（本书前面已提出这种区分与分析），然而，科尔施却并未做出这种区分，也并未考察相关概念的确切含义。因此，科尔施所说的"马克思主义是哲学"或"辩证唯物主义是彻头彻尾的哲学"、是"革命的哲学"① 等一类论断，也就由于缺乏确切的含义而失去实际意义。也因此，科尔施自己也常常陷入矛盾，譬如他提出可把马克思的"辩证唯物主义的、批判的革命理论描述成一种'反哲学'"，但又说"反哲学""它实质上仍是属于哲学的"。② 这就如同有人说"反宗教"实质上也仍是属于"宗教的"一样不合逻辑。

科尔施的著作作为"西方马克思主义"的开创性著作之一，对现代西方马克思主义理论的形成和发展产生了重要影响，而认为"马克思主义"或"马克思学说"属于"哲学"的观点也一再成为人们普遍接受的流行观点。直到20世纪中期，阿尔都塞才对此观点提出质疑或批判，同时，有关"两个马克思"概念的争论也随之凸显。为加深对马克思哲学变革本质的认识，下面，我们再对"两个马克思"的概念及其相关问题做一探讨。

## 第四节　"两个马克思"概念辨识

可以说，如何理解"两个马克思"的概念及相关问题已成为长期以来国内

---

① 〔德〕卡尔·科尔施：《马克思主义和哲学》，王南湜、荣新海译，重庆出版社，1989，第37页。
② 〔德〕卡尔·科尔施：《马克思主义和哲学》，王南湜、荣新海译，重庆出版社，1989，第61页。

外理论界理解马克思学说本质或其哲学变革本质的一个重要的焦点问题。

西方学者虽然早已形成并提出了"两个马克思"的概念,但并未科学界定这一概念的内涵,而中国理论界则长期否定、批判"两个马克思"的概念,认为这是西方学者"有意制造'两个马克思'的对立",从而又忽视了这一概念所包含的历史内容。笔者认为,这一概念反映了马克思思想发展经历了两大阶段的历史事实,体现出马克思思想发展中"前(非)马克思主义"与"马克思主义"思想之间的本质区别。诚然,在人格上,只有一个"马克思",但同一个"马克思"却具有前后两种截然不同的思想,因而在具有两种对立思想的意义上,人们说有"两个马克思"也未尝不可。而"两个马克思"问题的实质也不是解答谁是"真正的马克思",而是解答谁是"真正的马克思主义"。"青年马克思"是"人道主义的马克思",但并不是"人道主义的马克思主义"。应该看到,分清"两个马克思"的界限属于事实判断,而一些学者在对马克思学说的解读中却往往混淆这一界限,误解或曲解了基本的历史事实。

## 一　"两个马克思"概念的由来与分歧

"两个马克思"的概念或观念大致形成于 20 世纪 20～30 年代,随着马克思一批早期著作的出版,特别是《1844 年经济学—哲学手稿》于 1932 年在苏联全文出版,西方理论界展开了有关马克思早期著作性质及意义的激烈争论。

当时,"西方马克思学"与"西方马克思主义"的一大批学者都热衷于研读马克思早期著作,有的学者还从中感到"重新发现了马克思"或"发现了另一个马克思",这就逐渐形成了"两个马克思"的概念。所谓"重新发现了马克思"或"发现了另一个马克思",当然是指写作了早期著作的"青年马克思"。西方学者一般都推崇"青年马克思"并将其思想界定为"人道主义",而把所谓"老年马克思"即马克思后期的思想界定为"科学主义"。研究马克思主义的当代英国学者戴维·麦克莱伦在《马克思以后的马克思主义》(1979) 一书中写道:"1930 年以后,许多马克思主义者异乎寻常地突出了人道主义与异化这两个概念,接着又就'青年'马克思与'老年'马克思谁是真正的马克思的问题,展开了一场旷日持久的论战。"[1]

在这场论战中,西方学者围绕"两个马克思"或"谁是真正的马克思"

---

[1] 〔英〕戴维·麦克莱伦:《马克思以后的马克思主义》(第 3 版),李智译,中国人民大学出版社,2004,第 5 页。

的问题进行辩论而逐渐形成了两大学派。其中一派以"西方马克思主义"为代表（主要是其先驱"青年卢卡奇"以及后来的法兰克福学派），他们偏爱"青年马克思"，异常重视马克思早期著作中的人道主义，并认为马克思前后期的思想并没有本质差别，差别只是思想表达形式的不同。因而，他们反对把马克思"一分为二"即反对"两个马克思"的概念。这一学派的理论可称为"一个马克思"论，亦即一种对马克思学说理解上的"整体论"或"弥合论"。例如，法兰克福学派的美国哲学家埃里希·弗洛姆（1900～1980）就明确提出"只有一个马克思"即作为"人本主义哲学家"的马克思。他说："十分幸运的是，并不需要这样把马克思一分为二"，"由青年马克思发展起来的哲学的核心绝没有改变"，因而不应认为"'青年马克思'和'老年马克思'关于人的观点存在着矛盾"。[①]

然而，以"西方马克思学"以及"结构主义的马克思主义"为代表的另一派却认为马克思前后期的思想差别并不仅仅是表达形式的差别，而且还是思想本身的根本对立与思维方式的根本转变，而马克思前后期思想之间的"裂缝"也是无法弥合的，因而这一派学者就主张划清"两个马克思"的界限。其中，"西方马克思学"力图以"青年马克思"的"人道主义"来重新解读"晚年马克思"或"马克思主义"，从而主张"两个马克思"论，而"结构主义的马克思主义"虽然反对以"青年马克思"的"人道主义"来解读"马克思主义"，但也认为马克思早期思想和晚期思想是根本不同的，从而也主张"两个马克思"论。1965年，法国结构主义的马克思主义哲学家阿尔都塞（1918～1990）出版了《保卫马克思》一书，明确提出并阐述了"断裂论"，实际上就是充分阐述了"两个马克思"的理论。阿尔都塞指出："在马克思的著作中，确确实实有一个'认识论断裂'"，"这种'认识论断裂'把马克思的思想分成两个大阶段：1845年断裂前是'意识形态'阶段，1845年断裂后是'科学'阶段"。[②] 阿尔都塞还指出："从1845年起，马克思同一切把历史和政治归结为人的本质的理论彻底决裂"，因此，"马克思的理论"（即"历史唯物主义"）具有"理论（上的）反人道主义"[③] 特征。

从以上事实可以看出，"两个马克思"概念的出现并非空穴来风，而是具有深刻的特定的历史背景，它形成于西方理论界有关马克思学说本质的争论，

① 〔美〕弗洛姆：《马克思关于人的概念》，见陈学明、张志孚主编《当代国外马克思主义研究名著提要》上卷，重庆出版社，1996，第399、400页。
② 〔法〕路易·阿尔都塞：《保卫马克思》，顾良译，商务印书馆，2006，第15、16页。
③ 〔法〕路易·阿尔都塞：《保卫马克思》，顾良译，商务印书馆，2006，第222、225页。

虽然西方学者最初提出这一概念时带有褒扬"青年马克思"的主观意向，但概念本身却包含着客观的历史内容。试想，如果马克思前后期思想不存在本质差别，那么也就不会形成"两个马克思"的概念。笔者认为，基于对历史事实的尊重，我们还是应该承认"两个马克思"的概念，并应进一步对这一概念做出梳理，揭示这一概念的历史内涵，澄清这一概念的本意或本质，由此深入理解马克思哲学变革或思想变革的历史意义。

## 二 "两个马克思"概念的实质与西方学者的误解

总的来说，西方学者在对早期马克思著作的解读与论战中形成了"两个马克思"的概念，但其对"两个马克思"概念的理解却并不准确，甚至还出现了一些误解或曲解。也就是说，西方学者并没有科学界定"两个马克思"概念的内涵，也并没有真正解决有关"两个马克思"概念的认识问题。

首先，一些西方学者对"两个马克思"概念实质的认识（实际上就是对"两个马克思"本质界限的认识）并不明确。前引麦克莱伦的话就把"两个马克思"的问题归结为"谁是真正的马克思"，这大致反映了那场旷日持久的论战的状况。但仔细考究一下，"谁是真正的马克思"却并不是一个具有真实意义的问题，因为从人格上说，"青年马克思"和"老年马克思"都是"真正的马克思"。就此而言，"马克思"确实只有"一个"，只能说有"一个马克思"。然而，不同观点的学者又都会把自己偏爱的"马克思"说成是"真正的马克思"，因此，仅就"谁是真正的马克思"争论，也就很难得到真正的实质性认识。

然而，"两个马克思"的概念却具有特定意义，其特定意义就在于：在马克思个人的（作为"一个马克思"的）思想发展中，由于"青年马克思"和"晚年马克思"在思想上存在本质差别，因而在"两个马克思"中，就必然只有一个"马克思"才是"真正的马克思主义"。这就是说，"两个马克思"问题的实质不是要分清谁是"真正的马克思"，而是要分清谁是"真正的马克思主义"。我们知道，"马克思"的历史意义就在于创立了"马克思主义"这一极其特殊的思想理论，而马克思创立"马克思主义"也是一个历史过程，其间经历了由"前马克思主义"到"马克思主义"的根本转变，而转变前后的"马克思"虽然在人格上还是"同一个马克思"，但在思想本质或世界观上却已截然不同。试想，如果在创立"马克思主义"前后，马克思的思想观念或世界观并没有发生根本转变或重大变革，那么，又如何谈得上"马克思主义"的产生呢？所以，"两个马克思"概念的本意或问题的合理提法就应当是在"两个马克思"之间辨别谁是真正的"马克思主义"。因此，西方学者对此问题的认识就显得含混，也就是说，他们并没有真正揭示"两个马克思"概念的真正本质。

其次，西方学者对"两个马克思"概念理解的含混性还表现在把"两个马克思"的差别归结为"人道主义"和"科学主义"（或"意识形态"和"科学"）的对立。事实上，这种对立并未包含或体现"两个马克思"思想的本质区别，相反却缩小了研究问题的视域，误解了"两个马克思"思想对立的实质。虽然"两个马克思"之间的差别包含"人道主义"和"科学主义"的对立，然而，这种对立也只是"两个马克思"思想对立的一个方面。笔者认为，"两个马克思"之间的根本对立或本质区别应是"历史唯物主义"和"历史唯心主义"的对立或"科学共产主义"和"空想共产主义"及"哲学共产主义"的对立。

基于上述不准确的认识，在西方理论界也出现了"两种马克思主义"的概念，即把马克思早期思想和晚期思想都视为"马克思主义"，进而把一种称为"人道主义的马克思主义"或"批判的马克思主义"，而把另一种称为"科学主义的马克思主义"或"科学的马克思主义"。当代美国哲学家古尔德纳在《两种马克思主义——理论发展中的矛盾和异常》（1980）一书中即提出这一概念，虽然他就此也深入分析了"马克思主义内在的矛盾"或"两种马克思主义思潮来源于这种马克思思想的内在对立性"①，然而就"两种马克思主义"概念的一般意义而言，这一概念还是违反逻辑与事实的，当然也有悖于"两个马克思"概念的本意。

我们知道，西方众多学者（如朗茨胡特、马尔库塞、弗洛姆等）都把马克思早期著作《1844 年经济学—哲学手稿》（以下简称《手稿》）误读为"马克思主义"著作，并据此提出在"传统马克思主义"（或"科学马克思主义"）之外还有一个非传统的"人道主义的马克思主义"。例如，出版《手稿》的第一个德文版本的朗茨胡特和迈耶尔在《马克思：历史唯物主义早期著作》一书的序言中就把《手稿》称之为"真正的马克思主义的启示录"，认为《手稿》对论证"新的马克思主义观"具有"决定的意义"。② 比利时学者亨·德曼在《新发现的马克思》一文中也提出《手稿》"对于正确评价马克思学说的发展过程和思想内容具有决定性的意义"。德曼写道："要么就是这个人本主义的马

---

① 古尔德纳：《两种马克思主义——理论发展中的矛盾和异常》，参见陈学明张志孚主编《当代国外马克思主义研究名著提要·上卷》，重庆出版社，1996，第 83、84 页。
② 转引自杨适著《马克思〈经济学——哲学手稿〉述评》，人民出版社，1982，第 3 页。

克思属于马克思主义，这样就必须彻底修正考茨基的马克思主义和布哈林的马克思主义；要么就是这个人本主义的马克思不属于马克思主义，这样就会有一个人本主义的马克思主义，人们可以用它来反对唯物主义的马克思主义"。①德曼的这一推理也难以成立，因为"青年马克思"虽然属于"人本主义的马克思"，但并不因此就属于或等于"人本主义的马克思主义"。由于"人本主义的马克思"还并不是"马克思主义者"，因而也就不会存在一个"人本主义的马克思主义"。当马克思还是"青年马克思"或"人本主义的马克思"时，"马克思主义"还并未产生，而当"马克思主义"产生以后，"青年马克思"或"人本主义的马克思"也随之消失了。因此，在"历史唯物主义"的"马克思主义"之外或之前，也就根本不可能存在一个"人本主义（或人道主义）的马克思主义"。

再次，西方学者特别是西方"马克思学"的一些学者都把马克思《手稿》视为"人道主义的马克思主义"的依据或旗帜，但事实上，《手稿》本身却只有"人道主义"而没有"马克思主义"。这是因为，"马克思主义"在《手稿》中并未形成，"马克思主义"的形成是在马克思写作《手稿》之后的1845年春天。这就是说，《手稿》在基本性质上还不是"马克思主义"，因而就不可以作为"人道主义的马克思主义"的依据、旗帜或"马克思主义的真正启示录"。大多数"西方马克思主义"学者也认为"青年马克思"和"老年马克思"的思想在实质上是完全一致的，马克思只有一个，这就是"人本主义的马克思"。其实，在《手稿》中存在的也只是这个特定时期即早期的"人本主义的马克思"，而不是"人本主义的马克思主义"，"人本主义"也并非是"两个马克思"之间"一以贯之"的思想。试想，如果设定马克思只有一个，同时又认为这"一个马克思"就是早期的"人本主义的马克思"，那么作为"马克思主义"的"马克思"又如何存在呢？我们总不能说"马克思"存在的历史意义就在于具有"人本主义"而不在于创立了"马克思主义"。西方及我国的一些学者认为代表"马克思主义"思想本质或精髓的是《手稿》而不是马克思的后期著作，这显然是对《手稿》和"马克思主义"性质的双重误解。

我们看到，与西方一些学者类似，我国一些学者在否定"两个马克思"概念的同时也提出并主张"一个马克思"或"整体马克思"的观点。笔者认为，

---

① 〔比〕亨·德曼：《新发现的马克思》，原载德国《斗争》杂志1932年第5~6期；转引自中央编译局编译《〈1844年经济学—哲学手稿〉研究（文集）》，湖南人民出版社，1983，第348~349页。

这种重视马克思学说的整体性研究的精神值得赞赏，但问题在于，这种"整体论"在逻辑上却难以自圆其说。由于"整体论"无法合理解释马克思思想发展中的根本质变就必然要陷入困境，具有不同质的对立的两种思想观念与理论结构又何以会存在于"一个整体的马克思"的头脑中呢？阿尔都塞在《保卫马克思》一书中就曾批判这种"一个马克思"或"整体马克思"的观点。他说，"由于对马克思的完整性可能受到损害感到神圣的恐惧，他们的本能反应是要坚决保卫整个马克思。他们宣称：马克思是一个整体，'青年马克思就属于马克思主义'"。① 在阿尔都塞看来，"青年马克思"并不属于"马克思主义"，由于在马克思思想发展中出现"断裂"，所以，"整个马克思"是不存在的。当然，阿尔都塞也并不反对"整体性"本身，他用"问题式"或"总问题"的概念来表达理论结构的整体性，同时认为马克思前后期的理论结构即"问题式"已经发生了转变。就此而言，"两个马克思"和"整体马克思"的概念也并不存在根本矛盾，"两个马克思"的概念正是对"整体马克思"概念的正确解析，表明"整体马克思"或"同一个马克思"在思想发展中经历了两大阶段。然而，离开"两个马克思"的概念及其所包含的历史事实，所谓"一个马克思"或"整体马克思"的概念也就变成了一个抽象概念，即变成了一个只有抽象的同一性而缺乏历史真实性的概念。

## 三 "两个马克思"的界限与"断裂论"的得失

在"两个马克思"之间，确实存在着一条不可忽视的界限即"青年马克思"与"老年马克思"在思想上的界限，而"两个马克思"概念的真正意义也正在于划清这一界限。"两个马克思"概念所体现的这一区别或界限，也是在"同一个马克思"的思想发展中历史地形成的，它表现为"同一个马克思"在思想上的"一分为二"。实际上，无论人们把这一本质界限或思想转变叫做什么，或叫做"哲学革命"、"重大变革"，或叫做"决裂"、"清算"、"断裂"，都是对这一客观事实的某种反映，也无论这些反映或表述是否十分准确，都并不改变"两个马克思"存在思想本质差别的基本事实。

事实上，把"两个马克思"区别开来也并非没有一个明确的"分界"标志。按照基本历史事实，这个"分界"标志、这个"界标"就是1845年春天。把1845年春天作为"两个马克思"的分界标志既符合马克思、恩格斯思想演

---

① 〔法〕路易·阿尔都塞：《保卫马克思》，顾良译，商务印书馆，2006，第38~39页。

变的历史进程，也符合马克思、恩格斯自己对这一过程的表述或追述。马克思、恩格斯曾多次指出，他们形成新的世界观与历史观的基本思想是在1845年春天。例如，恩格斯曾回忆说，当他们在1845年4月在布鲁塞尔再次见面时，马克思已把一种新的历史观的要点整理出来并做了清晰阐述。于是，他们就决定"共同阐明我们的见解——主要由马克思制定的唯物主义历史观——与德国哲学的意识形态的见解的对立，实际上是把我们从前的哲学信仰清算一下。"① 恩格斯还把马克思写于1845年春天的《关于费尔巴哈的提纲》称为"包含着新世界观的天才萌芽的第一个文件"。②

对此，国内外研究马克思、恩格斯思想发展的大量论著（特别是一些马克思主义哲学史论著）也都是认可的。阿尔都塞在《保卫马克思》一书中也明确提出"两个马克思"分界的标志是在1845年，他说"确定断裂的位置在1845年"③。

事实是，在1845年春天以前，即阿尔都塞所说的"断裂"或马、恩自己所说的"清算"、"脱离"以前，马克思还是"青年马克思"，其思想还属于"马克思早期思想"，其思想特征与理论框架还处于"前（或非）马克思主义"阶段，还具有"德意志意识形态"（或"青年黑格尔派"）的"非马克思主义"性质。只是在1845年春天以后，马克思才同费尔巴哈哲学以及"青年黑格尔派"决裂，才走上"马克思主义"的发展轨道，其思想特征与理论框架才具有根本不同于"德意志意识形态"的"马克思主义"性质。可见，正是马克思思想发展经历了两大阶段的事实才促使形成了"两个马克思"的概念，反过来说，"两个马克思"概念的本质就并非是西方学者有意制造"两个马克思"的"对立"，而是包含着马克思前后期学说之间的本质差别。

有了对"两个马克思"概念的明确理解，我们对一些相关概念、问题的认识也就会随之明朗与清晰起来。由此，我们对阿尔都塞提出的"断裂论"也会有一个正确的认识。事实上，阿尔都塞提出的"断裂论"已把"两个马克思"明确区别开来。在他看来，"青年马克思"还不是"马克思的全部"，还不是"马克思主义"，其思想还停留在马克思后来与之"决裂"的"意识形态"阶段，而阿尔都塞"保卫马克思"的本意也不是要保卫"青年马克思"或"整个马克思"，而是要"保卫"后期的属于"马克思主义"的"马克思"。可以

---

① 《马克思恩格斯选集》第4卷，人民出版社，1995，第211页。
② 《马克思恩格斯选集》第4卷，人民出版社，1995，第213页。
③ 〔法〕路易·阿尔都塞：《保卫马克思》，顾良译，商务印书馆，2006，第20页。

说，"断裂论"是一种典型的"两个马克思"论。

阿尔都塞使用"断裂"一词意在把两种具有不同性质的理论框架或理论范式区分开来。"断裂"本是指一块材料或一块地方断开而分裂为两块材料或两块地方，这与"分裂"、"决裂"、"脱离"等词在意思上大致相同，而马克思、恩格斯自己也使用过"脱离"、"决裂"、"清算"等术语来表达他们与早期思想的关系。阿尔都塞还把"断裂"的位置（实际上也就是发生"决裂"的时间）确定为1845年春天，这也完全符合实际历史情况。阿尔都塞强调"断裂"的"认识论"意义而提出"认识论的断裂"，是意在强调不同理论认识系统的"问题结构"的转换或变换。日本学者今村仁司曾指出："所谓'断裂'，则意味着从一个问题结构向另一个问题结构的'结构性过渡'"。① "断裂论"所强调的是马克思思想发展中带有整体意义的"质变"而不是只具有局部意义的"量变"。"断裂"这一术语正是对这种思想"质变"的描述，也是对"两个马克思"概念的另一种表述。

当然，阿尔都塞的"断裂论"也存在一定表述上的缺陷而容易引起一些误解与争议。依笔者所见，"断裂论"的主要缺陷在于：

第一，阿尔都塞使用"断裂"一词虽然表达了"两个马克思"的本质界限，但却忽视了马克思思想转变前后期某些观点上的历史联系，虽然这种联系可能通常还是个别的、不稳定的或非本质的（如"异化"、"人的本质"等概念就属于非本质的联系）。应当看到，正像两个具有本质差别与确定界限的东西也会具有一定历史联系一样，"两个马克思"思想之间也会具有一定历史联系。因此，我们既不应由于重视本质差别而忽视历史联系，也不应由于重视历史联系而抹杀本质差别。"断裂论"的缺陷大致属于前者，而时下国内一些学者解读马克思学说的缺陷则大致属于后者。当然，就这两方面的认识来说，我们也只有在确认"本质差别"的基础上，才可能准确谈论"历史联系"。就此而言，阿尔都塞"断裂论"之"得"还是大于其"失"。

第二，阿尔都塞把马克思"断裂"前后的思想特征分别概括为"意识形态"与"科学"，进而把"两个马克思"的对立归结为"科学和意识形态之间的对立"，即他所说的"青年马克思著作中的意识形态'问题式'与《资本论》中科学的'问题式'之间根本的不同"。② 这一解说，缩小了马克思前后期思想本质差别的范围与性质，亦即忽视了这一本质差别正是"前马克思主

① 〔日〕今村仁司：《阿尔都塞——认识论的断裂》，河北教育出版社，2001，第289页。
② 〔法〕路易·阿尔都塞：《保卫马克思》，顾良译，商务印书馆，2006，第252页。

义"与"马克思主义"之间的根本区别。虽然阿尔都塞也使用了"前马克思主义"这一术语，指出"把马克思主义理论的特殊性混同于前马克思主义的意识形态解释的修正主义的危险"①，然而，在《保卫马克思》一书中阿尔都塞也并没有明确指出"两个马克思"之间的本质区别就是"前马克思主义"与"马克思主义"之间的对立。阿尔都塞对此问题的认识也有一定含混性，这通过他使用的"术语"表现出来。他说："我认为必须回过来采取通用的术语；如果谈到的哲学是马克思本人的，就用马克思主义哲学一词"。② 实际上，"马克思本人的"也不一定就是"马克思主义"的，就像"马克思的学说"也不一定就是"马克思主义"的一样。当然，阿尔都塞提出马克思思想转变中"科学"和"意识形态"的区别与对立问题，并且把作为"科学"的"马克思主义"的理论特征概括为"理论上的反人道主义"，这一认识还是深刻的，而阿尔都塞的历史贡献也正在于首先明确提出并分析了这一问题。

第三，阿尔都塞对马克思早期思想采取了完全否定的态度也是不妥的。他提出，马克思的《1844年经济学—哲学手稿》是一部"可以比作黎明前黑暗的著作，偏偏是离即将升起的太阳最远的著作"。③ 由此，阿尔都塞主张对马克思早期思想要像对待发炎了的阑尾那样切掉。这种评价，显然低估与误解了马克思这部早期著作所具有的特定的理论价值与历史意义。

为吸收"断裂论"的合理思想而克服其缺陷，笔者在此提出并强调要在"两个马克思"之间划清一条界限，并把这一分界、划界思想命名为"分界论"（或"划界论"）。提出"分界论"（或"划界论"）的主要意图就在于强调分清"两个马克思"之间的本质界限，并强调应以此为基础来对"两个马克思"的概念及相关问题做出准确的历史分析，从而为人们正确认识马克思的思想变革提供理论依据。同时，为明确起见，我们还应注意把下述术语区别开来：

（1）"马克思早期哲学"，应是指1845年春天以前"青年马克思"的哲学思想，其基本性质还属于"前马克思主义"，主要特征是"人道主义"。

（2）"马克思主义哲学"，应是指马克思、恩格斯在1845年春天创立历史唯物主义之后不断阐发的哲学观点，在广义上也应包括其他马克思主义理论家所发展、补充的"辩证唯物主义"和"历史唯物主义"观点（这里的"马克思主义哲学"等概念都是在一般宽泛意义上使用的概念，有关其是否是"哲

---

① 〔法〕路易·阿尔都塞：《保卫马克思》，顾良译，商务印书馆，2006，第250页。
② 〔法〕路易·阿尔都塞：《保卫马克思》，顾良译，商务印书馆，2006，第25页。
③ 〔法〕路易·阿尔都塞：《保卫马克思》，顾良译，商务印书馆，2006，第19页。

学"的争论及认识已如前述，不再赘述）。

（3）"马克思学说"，应是指马克思本人的思想、观点，既包括马克思早期学说，也包括马克思后期学说，因此在使用这一术语时应对此做具体说明。

（4）"马克思的不成熟著作"，应是指马克思（及恩格斯）在1845年春天思想变革之后一个时期里写的著作（如《关于费尔巴哈的提纲》、《德意志意识形态》），其基本性质属于马克思主义，但在阐述和用语等方面还不成熟。

阿尔都塞将马克思1845～1857年著作即称为"成长时期著作"，而把1857～1883年著作称为"成熟时期著作"[①]，这是符合事实的。恩格斯在《费尔巴哈和德国古典哲学的终结》一书序言中也曾提到《关于费尔巴哈的提纲》与《德意志意识形态》的某种不成熟性。[②] 然而，我国理论界却长期把《提纲》、《形态》说成是马克思的"成熟"著作，同时又将《手稿》等说成是马克思"不成熟"的著作，这实际上也混淆了"两个马克思"之间的本质差别。

## 四 国内学者对"两个马克思"概念的误解

对"两个马克思"的概念存在一定误解或曲解，进而模糊"两个马克思"的界限，也是我国理论界长期存在的一种普遍现象。一个时期以来，各种"解读马克思"、"回到马克思"或"重新理解马克思"的提法不绝于耳，而这些提法也大体是以否定"两个马克思"的概念为共同特征，因而也并未准确理解马克思哲学变革的本质。为使认识更为明确，下面，笔者再对有关论著的一些观点提出商榷。

首先，有的学者虽然在解释马克思思想演变时提出或强调了"两度转变"、"两种逻辑"并批判了把马克思主义人本主义化的倾向，然而，却并未明确阐述"两个马克思"概念的本质或区别的界限。有关学者在介绍与阐释"两个马克思"概念时写道："青年马克思和老年马克思：随着《1844年经济学—哲学手稿》（以下简称《手稿》）公开发表后，人们依据它与《资本论》的实质性差异概括出两种不同的马克思主义哲学，这便是所谓青年马克思和老年马克思问题，这个问题的实质是割裂了完整的马克思主义。"[③] 把"两个马克思"问题的实质归结为"割裂了完整的马克思主义"是什么意思呢？这无异于说

---

① 〔法〕路易·阿尔都塞：《保卫马克思》，顾良译，商务印书馆，2006，第17页。

② 《马克思恩格斯选集》第4卷，人民出版社，1995，第212页。

③ 张一兵、胡大平：《西方马克思主义哲学的历史逻辑》，南京大学出版社，2003，第120页。

"青年马克思"和"老年马克思"的思想都是"马克思主义"。或者说，只有
"老年马克思"才是"马克思主义"，然而，那也仍然谈不上"割裂"，而只能
是笔者所说的"分界"。就此而言，有关学者所一再强调的"回到马克思"的
含义也就显得比较模糊。

其次，有的学者在"重新理解马克思"中也同样否定了"两个马克思"
的概念，也模糊了"两个马克思"的界限。有学者提出："纵观马克思的一
生，我们发现，所谓'两个马克思'的对立在马克思的身上根本就不存在，马
克思始终是西方人道主义传统的伟大继承者和超越者，充分地理解这一点，人
们就不会再把成熟时期的马克思的思想与人道主义尖锐地对立起来"。[①] 事实
上，有关学者对"马克思主义"或"马克思主义的人道主义"的"重新理解"
也主要是依据马克思的早期著作，特别是马克思的《手稿》。上述学者还提出：
"把'青年马克思'与'老年马克思'对立起来是不符合马克思的本意的。现
在，当我们站在新的时代高度来重新理解马克思时，当然既不能撇开《手稿》
这部重要的作品，也不能回避这场迄今为止尚未平息的世纪之争。"[②] 因此，
"马克思的学说也就是马克思留下来的全部文本"[③]，因此，马克思前后期的思
想作为"马克思的学说"也就没有什么本质区别。这样，有关学者就忽视了
"马克思留下来的全部文本"或"马克思的学说"也并不都是"马克思主义"
的"文本"或"学说"这一基本事实。事实上，《手稿》也并非如上述学者所
说是基于某种一成不变的"马克思本人的研究视角"[④]，而只是基于马克思早
年一定时期的"研究视角"，并且在本质上也还不是"马克思主义"的"研究
视角"。就此而言，所谓"重新理解马克思"的含义也就变得模糊起来。

再次，我们在一些学者近几年对"马克思学新奠基"的阐述中也同样看到
对"两个马克思"概念及其界限的含混认识。有的学者认为，这一概念"夸
大了马克思不同阶段的思想差异，制造了'两个马克思'乃至'三个马克思'
的对立"（意指"青年"、"中年"及"晚年"马克思的"对立"）。[⑤] 在有关学
者看来，传统的解读马克思哲学的方式是"以恩解马"、"以苏解马"、"以西
解马"，这些方式都有局限性，只有"以马解马"才能"不再通过其他思想棱

---

① 俞吾金：《重新理解马克思》，北京师范大学出版社，2005，第263页。
② 俞吾金：《重新理解马克思》，北京师范大学出版社，2005，第439页。
③ 俞吾金：《重新理解马克思》，北京师范大学出版社，2005，第446页。
④ 俞吾金：《重新理解马克思》，北京师范大学出版社，2005，第456页。
⑤ 王东：《马克思学新奠基——马克思哲学新解读的方法论导言》，北京大学出版社，2006，
　 第213页。

镜，间接地理解马克思哲学"，而是"直接面对马克思本人文本，直接探求马克思哲学的真谛"。① 因此，也只有"以马解马"才是"解读模式创新篇"，才能"创造中国特色'马克思学'"。②

然而，在解读、阐释一位著作家思想时只限于"解读"这位著作家本人的文本，进而排除"其他思想棱镜"即排除任何其他思想资源或文献系统作为参照，这在认识上就难免要陷入自我循环论证，在思想上也难免要陷入封闭。实际上，这种"以马解马"所"直接面对"的"马克思本人文本"，主要还是指马克思的早期文本，特别是《手稿》以及《关于费尔巴哈的提纲》、《德意志意识形态》。而这些早期文本，已如国内学者指出的，大多又是马克思、恩格斯生前没有出版或不愿出版的著作，因此并不足以作为充分的文本依据。③ 有关学者热心提倡对马克思《手稿》的"新解读"，并把《手稿》"解读"成了"马克思哲学革命的起点"，说《手稿》是"马克思哲学革命的原生态基因，它包含了马克思哲学革命最终完成所需的全部思想元素"。④ 其实，这种"向前追溯"、"过度诠释"的本意就是要把《手稿》"解读"成"马克思主义"，并由此作为"中国马克思学新奠基"的基础。实际上，这种"解读"与"奠基"也包含着对"两个马克思"概念或思想本质的误解。就此而言，这种"以马解马"或"马克思学新奠基"也就同样显露出某种理论上的含混与空泛。

我们知道，"两个马克思"概念的提出本来是以"西方马克思学"发现"青年马克思"为起因的，因此，"两个马克思"问题争论的一个焦点确实在于如何理解"青年马克思"的思想，特别是如何理解马克思《手稿》思想。国内外许多论著都对马克思《手稿》给予高度评价，这本身无可非议，但问题在于，这种评价必须以弄清被评价著作的基本性质与历史位置为前提，而不应把"前马克思主义"著作"解读"成"马克思主义"著作。在许多学者看来，《手稿》中的"青年马克思"是一位"人道主义者"，因而其思想就是"人道主义的马克思主义"。实际上，"青年马克思"确实是一位"人道主义者"，但"青年马克思"的"人道主义"并不等于"马克思主义"，也不等于"人道主

① 王东：《我为什么提出创建"中国马克思学"》，《北京日报》2007 年 11 月 12 日。
② 王东：《马克思学新奠基——马克思哲学新解读的方法论导言》，北京大学出版社，2006，第 1～3 页（目录）。
③ 何丽野：《对"回到马克思"的"文本"质疑》，《浙江社会科学》2005 年第 2 期。
④ 王东、刘军：《马克思哲学革命的源头活水和思想基因——〈1844 年手稿〉新解读》，《理论学刊》2003 年第 3 期。

义的马克思主义"。也就是说，"人道主义的马克思"是存在的（"人道主义"也是对"青年马克思"思想特征的准确概括），但是，"人道主义的马克思主义"却是不存在的，马克思后期的思想特征与理论基础是"历史唯物主义"而不是"人道主义"。因此，我们不能以"人道主义的马克思"来推出或表述"人道主义的马克思主义"。在这里，问题的实质是：有"两个马克思"，但只有一个"马克思主义"。

应该明了，我们界定"两个马克思"的界限或区别属于"事实判断"，这与对"两个马克思"的思想做出何种"价值判断"并不是一回事。"价值判断"难免"见仁见智"，但明确"两个马克思"的界限却属于确认历史事实，本应"英雄所见略同"。这就是说，人们既可以对马克思"早期思想"、也可以对其"后期思想"做出"高度评价"，但无论做出何种评价都应以正视"两个马克思"存在的思想区别为前提，而不应以自己的主观评价来代替或曲解这一基本事实。实际上，确认《手稿》性质不属于"马克思主义"，也并不影响对《手稿》本身做出"高度评价"。从人类思想史来看，有许多著作都具有极高理论价值乃至永恒的历史意义，而这些著作也并不属于"马克思主义"，那么，为什么"青年马克思"的"非马克思主义"的著作就一定要先划归为"马克思主义"才能获得"高度评价"呢？

那么，我们又该确立怎样一种马克思学说的"解读模式"呢？

笔者认为，对马克思学说的合理的解读模式应是"以实解马"。所谓"以实解马"，就是要在对马克思学说的解读中坚持确认马克思学说形成演变的历史事实，坚持对诸如"两个马克思"等概念与问题做出实事求是的求解，同时也坚持对马克思主义学说的实践结果及其历史效应做出冷静的理性审视与反思。

"理论是黯淡的，生活之树是常青的"。"以实解马"的解读模式既符合哲学理论的探索精神，也符合社会生活的发展逻辑，如果有人想在21世纪创建新的"马克思学"，那它就是不可缺少的基础。

# 第十一章
# 现代西方哲学发展矛盾趋向辨识
## ——并论哲学究竟是怎样一门科学

进入 20 世纪以来，西方哲学的发展日益陷入某种困境与危机。与历史上哲学发展的繁荣景象相比，现代哲学的发展在激进的外表之下已呈衰落之势，昔日形而上学思想王国的光辉只在人们心中留下淡淡的墨影，人们在精神生活中所能感受到的，除去非理性主义的迷乱，就是实证主义的强势，或者只是哲学自身走向终结的悲凉。

导致现代西方哲学陷入困境与危机的直接原因在于非理性主义与实证主义两大思潮的蔓延，而导致这一危机的深层根源则在于哲学的形上精神与价值理性的失落。在本章中，我们即来考察一下现代西方哲学发展的困境、危机或矛盾趋向，并对理性认识的结构与价值理性的意义做出阐释，同时也较为详细地阐释一下胡塞尔"超越论现象学"所具有的复兴形而上学的意义。在这些考察基础上，我们也将对"哲学究竟是怎样一门科学"这一核心问题做出集中探讨。

## 第一节　哲学的科学化趋向

### 一　导致哲学危机的两种趋向

在黑格尔以后兴起的实证主义和非理性主义两大思潮，在 20 世纪以后继续得到发展，并逐渐成为两种强大的趋势，进而成为导致现代西方哲学陷入困境与危机的主要原因。

综观 20 世纪西方哲学的发展，一方面是形成了以英美国家哲学界为重镇的逻辑实证主义和分析哲学，体现出"实证主义"的基本特征，另一方面是在欧洲大陆国家的哲学界形成了现象学与存在主义，其中萨特的存在主义以及柏

426

格森的生命哲学、弗洛伊德的精神分析学等都体现出"非理性主义"的基本特征。而德国哲学家胡塞尔开创的"现象学"则既体现出某种复兴传统哲学形而上学的基本特征，同时也包含或体现出某种向非理性主义演变的矛盾趋向。

由此，在 20 世纪西方哲学的发展中，就出现了哲学发展的两大基本矛盾，即理性主义和非理性主义的矛盾、实证主义和非实证主义（或反实证主义）的矛盾。这两大基本矛盾又通过"非理性主义"、"实证主义"以及胡塞尔的"现象学"这三大哲学思潮或流派而集中体现出来。可以说，胡塞尔的现象学就是实证主义和非理性主义之外的第三种哲学思潮，这种思潮具有"反实证主义"、复兴传统哲学"形而上学"的基本特征与价值取向。也可以说，在现代西方哲学的发展中，出现了"传统哲学"与"非传统哲学"之间的明确而尖锐的对立与冲突，也正是"传统哲学"与"非传统哲学"之间的这种矛盾的对立与冲突构成了现代西方哲学发展的基本动力与主要内容，也构成了现代西方哲学发展演变的基本逻辑。

下面，我们就先来阐释一下现代西方哲学发展的实证科学化趋向，对于非理性主义趋向，我们将在本章第三节阐述现象学意义时再一并做出阐释。

## 二 逻辑实证主义的一般特征

进入 20 世纪以后，实证主义思潮继续得到发展，由此哲学发展的科学化趋向也就进一步发展起来。所谓"哲学的科学化"，是指人们力图对哲学加以实证科学式的改造，即力图把哲学当作某种具有实证性、经验性的科学来建构，而当意识到哲学并无此种实证性与经验性时，就继而转向消解或终结哲学。诚然，哲学也包含一定的"科学性"，因而才保持了与科学的必要联系，这也正像哲学也包含一定"人学性"因而才保持了与人学的必要联系一样。然而，"科学性"并不等于"科学化"，"化"的结果往往就要导致被"化"的本体事物的本质的消解或变异，在这里，就是导致哲学本身的消解或终结。

可以说，经历了一个多世纪的实证主义运动的要旨或实质就在于实现"哲学的科学化"。据此，实证主义提出并坚持"拒斥形而上学"的理念，进而全然否认哲学思维的超验性与思辨性的合理性，并力图以经验性、实证性研究来取代或消解哲学的思辨与超验研究。在现代西方哲学发展中，实证主义思潮已成为一股强大的哲学与文化思潮，特别是在具有经验科学与经验论哲学传统的英美国家（或"英语世界"），实证主义思潮具有重要而持久的影响，而哲学的科学化也已然成为其哲学发展的主要特征。

在实证主义的发展中，法国哲学家孔德最先提出"实证科学"与"实证哲学"①的基本观念，可以说是实证主义的第一代，而马赫主义（即"经验批判主义"）则是实证主义的第二代，以英国哲学家罗素、奥地利哲学家维特根斯坦为代表的"逻辑实证主义"则是实证主义发展的第三代（也被称为"逻辑原子主义"或"新实证主义"；由于该学派在20世纪20年代产生于维也纳，也被称为"维也纳学派"）。逻辑实证主义哲学充分体现出要把哲学变成某种实证科学从而以科学消解哲学或取代哲学的意图。

逻辑实证主义的要旨在于对语言进行逻辑分析，并通过这种分析来确认一个命题是否可被证实或是否具有意义。在逻辑实证主义看来，逻辑思维的方法或形式就是逻辑分析或语言分析，逻辑及语言分析就构成哲学思维的本质与核心内容。由此，逻辑实证主义认为哲学在本质上不过就是一种逻辑思维与语言分析的方法，或者说，哲学就是一种语言分析和逻辑研究，而其所谓"实证"原则也主要就是要依靠语言对哲学命题或定理等进行逻辑分析的原则。基于这种理解，英国哲学家罗素（1872~1970）提出哲学在本质上就是逻辑分析，逻辑就是哲学的本质。罗素说："逻辑是哲学的本质"，"只要是真正的哲学问题，都可归结为逻辑问题……每个哲学问题，当经受必要的分析和澄清时，就可看出，它或者根本不是真正的哲学问题，或者是具有我们所理解的含义的逻辑问题。"②

在逻辑实证主义看来，一个命题如果不能用经验证实或是被数理逻辑证实就是无意义的，而哲学问题也就属于这种不能被证实的无意义的问题。据此，维特根斯坦（1889~1951）否认哲学命题或伦理学命题的合法性，认为这些命题"不能表述任何更高超的东西"，"伦理学是不可说的，这是明显的。"因此，"凡是不可以说的，对它就必须沉默。"③基于这种认识，逻辑实证主义否认传统哲学形而上学的合法性，认为哲学所探究的世界本原、本体或整体性质乃至绝对真理等问题，或者思维与存在、精神与物质的关系等问题，都是无法证实的，因而都是无意义的。

这样，哲学研究所内含的逻辑思维，也就脱离了对世界本质以及人生意义与价值的思考而失去了自己的内涵而变成了某种单纯的思维形式与语言规则，

① 〔法〕孔德：《实证哲学教程》，转引自洪谦主编《西方现代资产阶级哲学论著选辑》，商务印书馆，1964，第25页。
② 〔英〕罗素：《关于我们外部世界的知识》，转引自洪谦主编《西方现代资产阶级哲学论著选辑》，商务印书馆，1964，第221页。
③ 〔奥〕维特根斯坦：《逻辑哲学论》，转引自洪谦主编《西方现代资产阶级哲学论著选辑》，商务印书馆，1964，第261、262页。

由此，哲学也就由一种广博而深刻的思辨方法或思维方式而变成了一种单纯的逻辑形式与方法。因此，哲学也就失去了理性思辨的动力与基础，进而也就失去了探索事物本质及其思想本质的深层动因与意义。这样，哲学也就完全被形式化或被格式化了，或者说，哲学完全被科学化了。哲学"被科学化"的结果必然导致哲学在科学中消解，必然导致真正有意义、有价值的哲学问题及其探索的终结。据此，逻辑实证主义也就以所谓科学的"证实"原则而消解"价值"原则，拒斥"形而上学"，从而导致哲学发展的危机。

现代西方哲学发展中实证主义思潮的强盛，尖锐地向人们提出了哲学的本质及其与科学的关系问题，提出了在科学发展的强势下哲学是否还能继续存在与发展的问题。对此问题，我们将在本章的第四节再做集中探讨，下面，我们先来分析一下哲学发生危机的认识根源。

# 第二节　哲学的危机与价值理性的失落

实证主义和非理性主义哲学思潮的共同特征，在于消解理性的系统结构，特别是消解价值理性，由此导致哲学发展陷入危机。可以说，哲学危机的深层根源就在于价值理性的失落。

笔者认为，哲学的本性在于形而上学，而形而上学的核心与实质又在于理论理性与价值理性。其中"理论理性"（亦即"思辨理性"、"纯粹理性"）构成哲学理性认识发展的基础，而"价值理性"则构成哲学理性认识发展的趋向，同时也构成哲学理论体系的最高层次与最终本质。

因此，价值理性的失落也就意味着理性认识体系的瓦解，因而也就意味着形而上学的消解，即意味着哲学的终结。笔者认为，我们只有全面认识理性认识体系的系统结构以及价值理性的根本意义，才能真正认识现代西方哲学发展陷入危机或困境的深层原因。下面，我们就来分析一下"理性"的普遍本质、系统结构以及"价值理性"的意义。

## 一　"理性"的普遍本质

### （一）"理性"的基本含义和意义

哲学是一门理性思维的学科，理性认识是哲学认识的本质特征，也是哲学研究的基础。应当说，哲学的直接研究对象就是"理性"本身，哲学只有通过理性研究或研究理性才能理性地而非感性直观地把握世界。由此，哲学也才可能进而再把世界总体或本体视为"绝对"而确立为自己的某种间接的研究对象。这就是说，哲学只有通过理性思维即概念性的逻辑思维才能从总体上把握世界。因此，哲学的研究方法也就是理性的方法，也就是理性分析与理性综合的方法。同时，哲学也依靠理性思维实现自身研究对象与研究方法的统一。

所谓"理性"（reason），是指人的一种理智思维的能力或本性。"理性"有别于"感性"。"感性"（perception）或"感性认识"（perceptual cognition）的特点是具有经验性、直观性，而理性认识的特点则是具有超验性、间接性，也具有认识上的抽象性、逻辑上的规范性等特点。同时，"理性"也有别于"知性"。"知性"（understanding）是指一种认识并初步综合感性直观材料的能力，知性认识的特点是已带有一定综合性、概括性，已能通过一定范畴或概念而形成对感性直观对象的综合性认识。但"知性"也还属于一种对象性的认识活动，也还缺乏反思的或思辨的抽象思维的特性。在上述这三种认识形式中，也只有理性认识才能真正进入思辨的超验的抽象思维领域，才真正属于一种"非对象性"的认识，或者说，才属于一种"超对象"的纯粹观念的、概念的思辨活动。

也因此，"理性"就既成为哲学研究的实际对象，也成为哲学研究的根本方法，而哲学的根本精神也就成为一种理性精神或理性主义精神。哲学具有"理性"，也不仅表现为哲学总要追问"对象"的基础、本原或"世界"的合理性，而且也表现为哲学还要追问"理性"自身的基础、限度或合理性。由此，也就形成"理性"作为"理性"的自我批判与自我超越，进而形成理性自身的发展与完善。这就是说，理性认识本身也是一个自我发展、自我超越与自我完善的过程。

## （二）理性的两种含义及其矛盾性

人们通常只关注并分析"理性"和"非理性"的矛盾，这当然不失为深入认识"理性"作用和意义的一个方面。但实际说来，"理性"也不仅和"非理性"矛盾，而且"理性"也和自身矛盾，亦即"理性"也包含着自身的矛盾并因此而不断发展自身。因此，我们就不仅应该注意分析理性和非理性的矛盾，而且还应注意分析理性自身的矛盾，也只有注意分析理性自身的矛盾，我们才能加深对理性作用及其意义的认识。

就"理性"自身的内在矛盾与作用方式而言，笔者认为，我们也可以把"理性"区分为"狭义"与"广义"两种含义或形式。

在"狭义"上，"理性"是指一种严格的从事逻辑思维的认识能力与认识形式。哲学就是以这种"狭义"的理性或理性思维为基础才形成自身的学科体系并发展起来的。然而，在"广义"上，"理性"又是指一种广泛的具有一般理智的思想活动特征的人类认识与精神形态，即是指人类一种作用广泛的认知能力、认识形式或精神活动。

由于人类精神活动本身即具有或包含理性，并以理性为其核心内容或本质，因而人类一般精神活动的各种形式，如"思维"、"情感"、"意志"、"信仰"等，也就理应被视为理性的一种广义的、广泛的或一般、普遍的存在与发展形式。这就是说，在"广义"上，人类作为一种理性的存在物，其"理性"就既构成人类社会生活的本质，也构成人类精神与文化活动的本质，进而也构成人类一切认识活动的深层本质与实际基础。换言之，"理性"既是人类精神与认识活动的本质，同时也是人类一切认识形式的基础并渗透到所有的认识活动中，由此理性才使得人类的一切认知活动都带有一定理性的或理性思维的特征。

实际上，被人们通常称为"非理性"的一些认识形式或因素，如"情感"、"意志"、"表象"、"信仰"等，同时也都是包含理性因素的。就是说，这些"非理性"认识形式也不可能完全脱离理性而存在，也不可能完全没有理性。正如在"人性"中，人的"自然性"并不可能完全脱离"人道性"而绝对孤立存在一样，在"理性"中，那些"非理性"因素也不可能完全脱离"理性"或理性因素而绝对孤立存在。这就是说，人类精神是不可能完全脱离理性而存在与发展的。显然，我们理应在对"理性"做"狭义"理解的同时，进一步做出"广义"的亦即更为宽泛一些的理解。据此，"情感"、"意志"、"表象"、"信仰"等这些人类所特有的认识形式也就同时体现出某种"理性"的性质或特征，或者说，这些形式也就体现成为理性本身发展的某些内在的或外在的形式或环节。

## （三）"理性"和"非理性"因素的联系

从人类精神生活的本质上说，人类作为人类将永远具有"理性"，而在"理性"的主导下，人类也将永远具有"情感"、"意志"、"表象"、"信仰"等认识形式。因此，这些"非理性"的认识形式也就具有和"理性"的一种内在的、本质的、必然的联系。也因此，我们就不应割裂这些所谓"非理性"因素或形式与"理性"的本质关联，而这些"非理性"形式在其一般形式下也并不具有"反理性"性质，只有极端的"非理性"（亦即"非理性"的极端发展）才会导致反理性的结果。

从西方哲学发展的实际历史来看，"理性"也从来不是孤立发展的，"理性"和"情感"、"意志"、"信仰"等"非理性"因素历来具有密切的内在联系，"理性"和"非理性"的认识形式在历史上也历来具有相反相成的矛盾性质。因此，把"理性"单独限定在逻辑思维领域就只能表示理性的某种狭义含义，而不能表达或显示人类思想与精神活动所具有的普遍理性的本质特征。也因此，把"理性"单独限定在逻辑思维领域而与"情感"、"意志"、"信仰"等一般"非理性"因素完全分离开，乃是一种片面的、表面的认识，这种认识并不符合理性与非理性密切联系而一起发展起来的实际历史过程。也因此，我们对理性的理解，除了应对其做出"狭义"的即意指严格的逻辑思维活动的认识之外，还应对其做出"广义"的理解即意指广泛的精神理智活动。只有广义的理解才是更具普遍意义的理解，据此，我们也才可能对人类认识或精神活动的矛盾本性形成更合理、更全面的认识。

从现代西方哲学发展来看，无论是实证主义流派，还是非理性主义流派，在事实上都割裂了"理性"与"非理性"因素之间的合理联系，进而把"理性"与"非理性"因素都孤立起来并对立起来。可以说，把"理性"因素孤立起来而使其完全脱离"非理性"因素就是形成"实证主义"的思想根源，而把"非理性"因素孤立起来使其完全脱离"理性"因素就是形成"非理性主义"的思想根源。

## 二 理性的系统结构及其意义

### （一）"理性"的系统结构

依照上述对理性的广义理解，我们可将理性视为一个认识系统，而这个认识系统也就具有作为系统的结构、层次及其各方面的组成要素。笔者认为，这一理性系统主要包括以下四个层次或四种形式：

（1）"工具理性"，这是一种"智能型"的理性认识，可简称为"智"的理性。所谓"工具理性"，即指以追求智能、技能以及有关知识为特征与目的、并将智能、知识等都视为工具或手段的理性形式。

"工具理性"以探索并把握自然事物发展的规律或本质进而能够"驾驭自然"或"改造自然"为目的，因此，"工具理性"就主要表现为科学技术的发展，"工具理性"也只有借助于科学技术才能发展起来。实际上，"工具理性"

也就是"科学技术理性"。

在理性系统中，"工具理性"大致属于基础层次或应用层次，通过工具理性，理性思维领域才与科学认识领域乃至技术发明领域等联系起来。"工具理性"带有显明的"实用"目的与"实用主义"特征，因而"工具理性"也总是被人们看做一种"工具主义"或"实用主义"而受到批判。

（2）"理论理性"，这是一种"知识型"的理性认识，可简称为"知"的理性。所谓"理论理性"是指理性的纯粹认知部分，因而属于"知"的范畴，是一种知识型或思想型的理性认识。由于"理论理性"具有纯粹理论思维的特点也并不包含实践因素，故被称为"纯粹理性"；又由于它具有思辨的特点因而又被称为"思辨理性"。

"理论理性"具有单纯追求认识或知识的特征，是一种为知识而追求知识的纯粹认识活动。"理论理性"以追问世界及理性自身存在的本质、规律与合理性为基本目的和认识特征，并对思想及认识本身进行理性的探寻、反思与批判，因而构成了哲学理性研究的基本内容与核心内涵。

古希腊哲学倡导"求知"，认为"求知是人类的本性"，还认为"惊异"引发了哲学，都体现出"理论理性"或"纯粹理性"精神。近代康德则明确提出了"纯粹理性"及"纯粹理性批判"的概念与学说，从而为其奠定了基础。康德的"纯粹理性批判"也几乎涵盖了哲学家所能想到的所有"纯粹理性批判"的问题、范畴、理路或维度。可以说，"纯粹理性"及其"批判"是传统哲学形成和发展的基础，也是传统哲学研究的核心内容。同时，西方哲学也正是依据"纯粹理性"才形成了自身"知识论"的研究理路与传统，从而体现出与中国古代哲学"人生论"理路与传统的区别。

当然，"纯粹理性"的单独发展或极端发展也会导致哲学发展的科学化，也会造成哲学发展的片面性而导致哲学的危机。在现代西方哲学中，实证主义思潮并不具有"非理性"的特征，它的强势在一定意义上也是由于把"纯粹理性"加以单独的片面的发展而造成的。

（3）"实践理性"，这是一种"意志型"的理性认识，可简称为"意"的理性。所谓"实践理性"，是指实践主体的"意志"，因而属于"意"即"意志"领域。"实践理性"强调"理性"和"实践"的结合，而所谓"实践"也主要是指人的道德伦理活动，因此，"实践理性"也主要是在"意志"中体现出来并在道德、伦理领域中展开并实现。

在哲学史上，有关"实践理性"的研究也是和"纯粹理性"的研究一起发展起来的。例如，亚里士多德的《形而上学》作为"纯粹理性"研究和

《尼各马可伦理学》作为"实践理性"研究就形成了古希腊哲学这两种理性研究的典型。亚里士多德当时已把"德性"区分为"理智德性"与"伦理德性",前者即是认知性的以追求真理为目的的认识,而后者则是情感与实践性的以追求中道为目的的认识。实际上,前者也就相当于"纯粹理性",而后者则相当于"实践理性"。当然,是近代康德才明确提出了"实践理性"或"实践理性批判"的概念,并进而为"实践理性"研究奠定了基础并提供了典范。在《实践理性批判》中,康德对"道德法则"、"意志自由"以及"自由即自律"等思想都做了全面而深入的阐释,由此也就建构了以"纯粹理性"为基础而又超越"纯粹理性"的"实践理性批判"的学说。

"实践理性"以追问或探索人类道德的本质、规律、规范以及合理性为特征和目的,进而也涉及对人生意义或人类生存意义的探索。由此,"实践理性"研究也就体现出哲学发展的人学化与道德化取向或趋向,从而起到抑制哲学发展科学化的作用。在哲学研究中,人们一般认为"道德"属于"意志"领域,而"意志"则属于某种"非理性"的认识形式,然而,人们又同时认为在"意志"领域"实践理性"起主导作用,这实际上又无法把"意志"和"理性"完全分开。

按照康德哲学,人类理性除具有纯粹"认识"的功能之外,还具有"意志"功能,所谓"实践理性"也包含或主要是指"意志"。在这里,康德已赋予"理性"一种广泛的含义或理解。因此,在广义上,"理性"就包含"实践理性",因而也就同时包含"意志"领域。这样,"理性"也就和"意志"领域联系、贯通起来,并且也就把"意志"或"道德"领域的问题作为自己的一定研究对象。

(4)"价值理性",这是一种"情感型"或"信仰型"的理性认识,可简称为"情"的理性。所谓"价值理性"是指一种以追求最高价值为特征与目的的理性形式,因而也是一种具有"情"与"信"内涵的理性认识,即主要是在"情感"与"信仰"领域体现出来的理性认识。"价值理性"作为具有"情"与"信"内涵并以追求最高价值为目的的理性认识,构成了理性认识系统的深层本质与最高形式,它既包含又超出了前面三种理性认识的形式。

我们知道,康德在"纯粹理性批判"和"实践理性批判"之后又提出了"判断力批判"。笔者认为,康德的所谓"判断力批判"也就相当于"价值理性批判"。康德的所谓"判断力"也主要是指对"价值"做出评判、断定与选择的能力,实际上也就是一种"价值理性"的判断或批判能力。因此,康德的

"判断力批判"也可叫做"价值理性批判"，这是属于一种更高形式的理性批判能力。

在康德哲学中，"判断力"也具有综合性的功能，它是把"理论理性"和"实践理性"等沟通起来并联系起来的中介或桥梁。事实上，也只有高于"理论理性"和"实践理性"的理性认识才会具有这种综合、调节的功能。所以，应该说，"判断力"实际上也就是高于"理论理性"和"实践理性"的"价值理性"。或者说，也只有"价值理性"作为理性发展的最高形式才具有这种综合、调节的功能。

也正是在"判断力批判"中，康德有关"价值理性"的思想才得到充分阐释，康德也才深入地提出并阐释了有关"内在目的论"的独特思想，进而提出并阐释了有关"人是目的"、"人是价值"或人是"最后目的"、"最高目的"或"终极目的"① 等一系列应当属于哲学价值论及目的论的思想。

康德说得很清楚："如果没有人，就根本没有什么具有绝对价值的东西了；如果全部价值都是有条件的，因而是偶然的，理性就根本不可能有最高的实践原则了。"② 这就是说，"理性"一旦作为追求"绝对价值"的理性即"价值理性"而存在，就应该具有某种无条件性、绝对性，它就理应超越理性的某种外在的目的、界限或有条件性而最终把人确立为终极目的或终极价值，亦即把实现人的道德、文化乃至信仰确立为"目的"或"价值"本身。由此，"理性"才能确立"最高的实践原则"，同时也才能成为具有"绝对价值"的理性，亦即成为"价值理性"。由此，"理性"作为"价值理性"也就实现了对"理论理性"和"实践理性"的超越、包容与统一，从而也就真正具有了理性认识的普遍性、必然性、合理性与合目的性。笔者认为，康德在"实践理性批判"及"判断力批判"中所真正设想建构并作为其学说思想基础的也应正是这种"价值理性"的"批判"体系。可以说，康德有关"价值理性"的思想才构成其"理性批判"哲学系统的本质内涵与核心理念。

在此"判断力"批判或"价值理性"批判的思想基础上，康德也就进一步展开了对美学研究中"美感"思想、宗教研究中"信仰"观念以及"道德神学"中"上帝存有的道德证明"等一系列命题的系统阐释，由此也就形成了康德特有的有关"价值理性"或"价值理性批判"的基本学说。因此，我

① 〔德〕康德：《判断力批判》，邓晓芒译，人民出版社，2002，第285、291页。
② 〔德〕康德：《道德形而上学的基础》，转引自北京大学哲学系外国哲学史教研室编译《西方哲学原著选读》下卷，商务印书馆，1981，第317页。

们完全可以把康德的"判断力批判"看作是一种典型的"价值理性"批判或"价值理性"研究，并以此为基础构想可能的作为康德提出的"未来形而上学"的"价值理性批判"或"价值哲学"的思想体系。

（二）理性系统结构的意义

"理性"的完整体系包括以上四个层次，这四个层次之间也具有一种大致是从低级到高级、从简单到复杂的演变次序或发展逻辑。其中，"工具理性"构成了理性认识系统的基础与低级层次，这就使哲学具有对科学及技术发展的一定依赖性。然而，哲学的观念却并不停留于工具理性，而是必然超越其上而以追求"理论"、"实践"及"价值"理性为趋向，这就使哲学具有"超科学"的性质而表现为更高层次的精神活动。

在理性系统的完整结构与层次联结中，哲学经过对"工具理性"的超越并由"纯粹理性"的逻辑认识而上升为道德领域的"实践理性"，并进一步提升到以"价值理性"来追求美感与信仰的高层精神境界。人类理性的这一系统结构，表现了人类精神（精神在高层本质上就是理性）不断追求完美与完善的形而上学的本性，即体现出人类理性或精神所具有的那种力图在工具理性和理论理性中"求真"、在实践理性中"求善"又在价值理性中"求美"、"求信"的本质。由此，理性的这一完整系统也就体现出人类精神所具有的追求"真"、"善"、"美"、"信"统一的本质。

理性的这四个层次或四种形式之间具有辩证关系，每一低级层次都构成高级层次发展的基础或依托，而每一高级层次也构成低级层次发展的取向或趋向。总的说来，"工具理性"构成理性认识系统发展的现实基础，而"价值理性"则构成理性认识系统发展的价值取向。同时，这些不同的理性认知形式之间的辩证关系，也就形成了人类全部理性认识或精神发展的基本动因与发展过程。

从历史上看，哲学作为人类一种广泛的理性认识活动，其发展的全部合理性与必然性也正在于理性认识的所有这些形式之间的系统的辩证结合或矛盾运动，亦即"理性"本身不断实现由"工具理性"到"纯粹理性"再到"实践理性"与"价值理性"的发展。我们看到，历史上不同时期的哲学，在不同程度上都体现出某种追求理性认识各种形式统一的意图，而这种意图或努力在经历了古希腊罗马哲学、中世纪哲学之后，在近代哲学特别是在康德"三大批判"的哲学体系中达到了一个高峰。然而，自黑格尔以后，非理性主义和实证主义的哲学思潮开始发展起来，到 20 世纪，现代西方哲学的发展已全面呈现出理性迷失与价值理性失落的态势与特征。

## 三 哲学的危机在于价值理性的失落

"价值理性"是哲学所特有的一种最高级、最本质的理性形式，而哲学也只有具有价值理性才能保持自身的深层本质与核心内涵。相比之下，单纯的科学研究就不具有"价值理性"而仅仅属于"工具理性"或"理论理性"。也因此，科学本身也不可能为人类提供具有价值理性或终极价值意义的思想观念与核心理念。

"价值理性"也构成哲学形上精神的基本内涵，同时也构成人类精神文化发展与演变的基础。因此，价值理性的失落也就意味着哲学乃至人类文化发展的危机与衰落。如前所述，现代西方哲学发展的困境或危机主要源于实证主义和非理性主义两种思潮的冲击，这两种思潮的共同特征就是"拒斥形而上学"，而"拒斥形而上学"也就必然拒斥理性，也就必然拒斥或消解价值理性。比较说来，非理性主义思潮以拒斥理性为主要特征，而实证主义思潮则以拒斥或消解价值理性为主要特征。当然，概括地说，这两种思潮都是以理性的迷失或理性的误用为特征的。

现代西方哲学发展中的这两种思潮都导致了理性或理性系统的分离或分裂。一方面，实证主义或逻辑实证主义把工具理性、理论理性与价值理性分离，凸显工具理性及理论理性而使其脱离价值理性，进而否定价值理性的作用和意义；另一方面，非理性主义思潮也把理性的有机系统割裂，把"意志"、"情感"、"表象"等完全从理性的广义系统中抽取出来而割裂其与理性系统的联系，进而以非理性消解或颠覆理性哲学本身。事实上，这两种思潮都起到消解理性或价值理性的作用，由此也就必然导致哲学走向危机或衰落。

总之，现代西方哲学发生危机的深层根源在于理性的迷失与价值理性的失落。也因此，哲学的复兴也就不仅需要复兴理论理性与实践理性，而且更需要复兴与发展价值理性，也就是说，哲学的复兴必然有赖于价值理性的重建。

## 第三节 复兴哲学的努力："超越论现象学"的意义

一般认为，现代西方哲学的发展出现了科学主义和人本主义两大思潮或流派。科学主义思潮主要包括逻辑实证主义、结构主义、分析哲学，而人本主义思潮则主要包括存在主义、生命哲学、弗洛伊德的精神分析学。胡塞尔的"现

象学"的性质比较复杂，胡塞尔提倡把哲学作为一门理性的超越性的科学来看
待，并对实证主义思潮做出了全面批判，因此，胡塞尔的现象学也应归属于人
本主义的哲学思潮。

面对现代哲学与社会文化出现的种种流派与思潮，面对其间包含的种种
矛盾与冲突，现代西方哲学家不能不深入思考哲学的本质及其与科学、文化
的关系，进而深入思考传统哲学形而上学的根本意义。西方学者也普遍意识
到只有重建对人类命运的终极关怀，重新找到并建构人的精神家园，才能从
根本上解决西方哲学与文化发展中的危机与问题。因此，在实证主义运动掀
起"拒斥形而上学"的狂风暴雨之时，在西方哲学的发展中也出现了"拒斥
实证主义"的强大声音，出现了复兴哲学形而上学本真精神的显明趋向或意
图。其中，胡塞尔开创的"现象学"或"现象学运动"就走在这一趋向与
思潮的前列。

胡塞尔（1859～1938）是现代德国最重要的哲学家之一，他继承并发展了
德国古典哲学的思辨与超验传统，他所创立的现象学成为现代西方哲学中影响
最大的哲学思潮或流派之一，而现象学运动作为一个持续近一个多世纪、影响
波及哲学、科学与文化各个领域的强大哲学思潮，也足以和实证主义运动乃至
非理性主义思潮相抗衡、相并立。

笔者认为，胡塞尔现象学具有批判实证主义思潮进而复兴传统哲学形而上
学的基本特征与历史意义，而胡塞尔所提出或创立"现象学"的理论意图之一
也正在于探讨欧洲科学与哲学危机的深层原因，进而给予实证主义思潮以深刻
批判。1936 年，胡塞尔出版了他的最后一部重要著作《欧洲科学的危机与超
越论的现象学》。该书对欧洲科学发生危机的根源与本质、科学与哲学的关系、
客观主义和主观主义的关系等诸多问题都做了全面探讨，也深入阐释了现象学
有关"意向性"、"人性"、"超越论"及"生活世界的存在论"等一系列基本
概念或理论，从而为人们研究现象学提供了一部"导论"或"纲要"。下面，
我们就主要以该著作为依据，概略分析并阐释一下胡塞尔现象学所具有的复兴
传统哲学形而上学的特征与意义。

## 一　现象学的超验或先验性质

胡塞尔现象学理论表现出某种自觉而清晰的哲学意识与传统哲学的观念。这
种观念的形成，首先得益于胡塞尔所具有的那种对于哲学史本质及其演变逻辑
的清晰与完整的认识，其次也得益于他作为德国哲学家所具有的那种对于哲学

形上本质或思辨特性的那种传统的认同意识。

胡塞尔一再阐明"现象学"具有"超越论"的基本特征或特性，是一种"超越论的现象学"。这里的"超越论"或"超越性"，实际上也就是指哲学的形而上学的超验本性或本质，或者说，也就是康德哲学所具有那种先验哲学的性质。康德的先验哲学以"先验统觉"为核心，在"先验统觉"的作用下实现自我意识的某种本原的综合统一，而胡塞尔的现象学则以"先验自我"为核心，也力图在其作用下实现自我意识与生活世界的综合统一。在康德看来，只有"统觉"的先验统一性才是客观有效的，在胡塞尔看来，也只有"意向"的先验统一性才是客观有效的。同康德一样，胡塞尔也力图消解"世界"的"客观性"，力图建立以"先验自我"为核心的"存在论"。作为康德哲学的自觉的"后继者"，胡塞尔也采取了批判客观主义哲学的主观主义态度，他试图借助"先验自我"的"现象学"或"意向性"理论来继续推进康德开创的"超越论哲学"，从而根本改变哲学理论对于自然主义哲学或自然科学方法的依赖，转而依靠哲学思维的超验性来发展哲学本身。

超越论的现象学作为一种先验哲学具有"主观性"的基本特征。依据胡塞尔的阐述，现象学的"主观性"就在于把"世界"（或"客观世界"）看做是"预先给予"的"主观世界"。就是说，哲学研究与科学研究的世界全然不同，科学研究的世界是直接的因而是客观的，而哲学研究的世界则是间接的因而是主观的。据此，胡塞尔也阐释了超越论的"悬搁"之基本特征。所谓"悬搁"，就是指对这种世界的直接性的悬置，或对直接性世界的超越。超越论的"悬搁"是对自然态度的彻底改变，由此超越论也就获得了一个"新的主题"，即"世界本身的预先给予性"。①

同时，超越论的现象学也是"目的论"的。胡塞尔认为，目的论的真正诞生是在古希腊哲学的原初创建中，传统哲学及近代哲学都是一种目的论的哲学，而"我们自己是这种目的论的承担者"。② 我们知道，自古希腊哲学以来，目的论和机械论就体现为两种对立的哲学理念或研究路径（参见本书第八章第二节对此问题的分析）。应该说，现象学是属于目的论的，而逻辑实证主义、分析哲学等都是机械论的某种延续。胡塞尔认为，我们需要的是理解哲学发展中的目的论，并认为这种理解与辨认是从哲学的内部进行的。由此，胡塞尔也

① 〔德〕胡塞尔：《欧洲科学的危机与超越论的现象学》，王炳文译，商务印书馆，2001，第179页。
② 〔德〕胡塞尔：《欧洲科学的危机与超越论的现象学》，王炳文译，商务印书馆，2001，第88页。

就把现象学和西方哲学目的论的传统直接联系起来。

## 二 现象学的思想特征与主要观点

### （一）对客观主义的批判与对主观主义的阐释

胡塞尔认为，哲学史上存在着客观主义和主观主义哲学之间的斗争，或者说"整个的哲学史是客观主义哲学和超越论哲学之间的严重对立的历史"，而"哲学的历史越来越呈现出为生存而斗争的性质"。①

胡塞尔指出，实证主义哲学是一种"客观主义"，"实证主义将科学的理念还原为纯粹事实的科学。科学的'危机'表现为科学丧失其对生活的意义"。② 然而，这种"客观的科学……严格说来毕竟还不是科学"，因为这种"客观的—科学的方法是建立在一种从未被询问过的、深深地隐藏着的主观根据之上"。就是说，没有纯粹"客观性科学"，任何科学认识都是以一定主观性认识为根据的。胡塞尔说，"对于这种主观根据的哲学阐明将第一次揭示出实证科学成就的真正意义"。③

与实证主义属于"客观主义"相反，超越论的现象学属于"主观主义"，其根本意图在于克服自然主义，而其根本特征则在于确认"认识"本身就是一种"意向性"活动。

所谓"意向性"或"思维的意向性"就是指思维活动本身的意指性，即思维对于对象及其内容的主观的指向性。一般说来，"意向"包括"所思"、"以为"、"确信"、"猜测"、"可能"、"怀疑"等主观认识因素，因而"意向性"就是一种"主观性"或"本质化"的思维形式。按照现象学，由于思维本身的意向性，"现象"也就成为思维的本质化的结果，是思维或意识赋予对象或现象以本质和意义，而不是现象本身具有客观性或主观性，把客观性和主观性连接起来的仍是意向性。比如，人们对"石头"的认识或概念就已是思维的本质化或意向性的结果。因此，纯粹客观的认识是不存在的，也不存在纯粹的现象，"现象"也不过是思维的意向性或本质化的结果。在意向性中，

---

① 〔德〕胡塞尔：《欧洲科学的危机与超越论的现象学》，王炳文译，商务印书馆，2001，第88、24 页。

② 〔德〕胡塞尔：《欧洲科学的危机与超越论的现象学》，王炳文译，商务印书馆，2001，第15 页。

③ 〔德〕胡塞尔：《欧洲科学的危机与超越论的现象学》，王炳文译，商务印书馆，2001，第123 页。

"世界"或"现象和本质",即具有如康德所说"本源的综合统一性",而所谓现象学的"超越论的还原"在本质上也正是要回到这一世界的本源的综合统一性。由此,"世界"也就成为包含着"本质"的"现象",而"现象学"也就成为体现了思维的"超越论"本质的"主观主义"哲学。

按照现象学的理解,人先天具有一种"本质化"的能力,即用"本质直观"来先验地概括地认识事物本质的能力。也因此,"经验"本身也就失去了纯粹客观的意义,而实证主义所一向标榜的"经验"、"经验事实"等,也就表明并非是完全不依赖于任何理性认识的纯粹"经验",而是一个通过"先验"的"本质直观"而加工的结果。由此,"经验"也就同时含有"意义"、"理解"、"体验"等一系列复杂认识因素与内涵,而理性也就真正超越了经验,并且具有真正"反思"的性质。胡塞尔说,"理性"就是"作为由本身赋予存在着的世界以意义的理性",而世界就是"通过理性而存在着的世界"。①

胡塞尔认为,超越论的问题就是"自我"和"世界"的关系问题,康德以主观主义的形式完成了笛卡尔开始的向意识主观性的转向,由此也就开创了"超越论的主观主义"。"超越"是近代哲学发展的动力,超越论越是彻底,就越是纯正,就越能完成它作为哲学的使命。这种"超越论哲学"和以往的客观主义哲学不同,它回溯"主观性",并试图将世界理解为有"意义"的或具有"有效性"的世界。胡塞尔认为,只有这种超越论的哲学才是一种"唯一真正意义上的严格科学态度的严格科学"。②

在这里,胡塞尔努力划清哲学的形而上学和科学的经验认识的界限,就此而言,胡塞尔确实继承并发展了康德"先验哲学"的思想。我们知道,休谟以后,康德力图以"先验哲学"重建形而上学,而胡塞尔以康德哲学为基础或起点,以"先验自我"为核心,最终也形成了同样具有"超越性"特征的形而上学体系。

## (二) 胡塞尔对哲学形而上学本质的理解

胡塞尔对实证主义或客观主义的批判与对现象学主观主义的阐释,都基于他对哲学形而上学超验本质的理解。这种理解包括:

首先,胡塞尔赋予形而上学以"绝对"的意义,即认为哲学形而上学具有追求"绝对"或"终极"的意义。胡塞尔说:"形而上学,有关最高和终极问

---

① 〔德〕胡塞尔:《欧洲科学的危机与超越论的现象学》,王炳文译,商务印书馆,2001,第24页。
② 〔德〕胡塞尔:《欧洲科学的危机与超越论的现象学》,王炳文译,商务印书馆,2001,第123页。

题的学问，就获得了诸种学问的王后的尊严。只有形而上学的精神才赋予一切认识，一切其他学问提供的认识以终极的意义"。① 在胡塞尔的哲学理念中，"形而上学"或"理性"本身就具有"绝对价值"、"绝对理念"与"绝对基础"的意义，或者说，"理念的真理就变成一种绝对的价值"。② 应该说，这些认识都符合形而上学的那种追求"绝对"或"终极"的本性，因而也就体现了哲学的本质精神。同时，这些认识也把"思辨哲学"和"实证科学"区别开来，与哲学的"绝对"性质相比，科学只具有"相对"的意义，而相对的科学也就只能从绝对的哲学那里获得发展的动力与基础。胡塞尔说："在这种相对性中，被相对性本身当作前提的非相对的东西是什么呢？是作为超越论的主观性的主观性"。因此，哲学应从科学的相对性的世界观或从个人观点出发的世界观"返回到绝对的基础，即超越论的主观性的基础上。"③

胡塞尔的一个重要思想，就是确认哲学的"绝对性"而与具有"相对性"的科学区别开来，并阐明哲学为一切科学提供了具有"绝对"与"终极"意义的思想前提与精神价值基础，而这也就是胡塞尔所说的"形而上学的精神"赋予一切认识以"终极"意义并成为一切学术的"王后"的本意。由此，胡塞尔也就把哲学的形上本性及其历史作用充分表达出来。

其次，胡塞尔也继承了传统哲学把"真理"和"意见"区分开来的思想而把"理论的态度"和"实践的态度"区别开来。所谓"理论的态度"就是指哲学，胡塞尔认为，这种"理论的态度"起源于古希腊人，这种态度是"非实践"的，是对实践的"蓄意的悬搁"。④ 在胡塞尔看来，"理论态度"的最本质的精神就是"批判"精神，因此，这种态度也能引起"人的存在的整个实践，即整个文化生活的深远变化"；"因此，理念的真理就变成一种绝对的价值"，并"产生一种普遍改变了的实践"。⑤ 这就是说，"理念的真理"因变成一种"绝对的价值"就会产生一种普遍改变了的实践。一方面，"真理"本

---

① 〔德〕胡塞尔：《欧洲科学的危机与超越论的现象学》，王炳文译，商务印书馆，2001，第20页。
② 〔德〕胡塞尔：《欧洲科学的危机与超越论的现象学》，王炳文译，商务印书馆，2001，第388页。
③ 〔德〕胡塞尔：《欧洲科学的危机与超越论的现象学》，王炳文译，商务印书馆，2001，第366页。
④ 〔德〕胡塞尔：《欧洲科学的危机与超越论的现象学》，王炳文译，商务印书馆，2001，第383页。
⑤ 〔德〕胡塞尔：《欧洲科学的危机与超越论的现象学》，王炳文译，商务印书馆，2001，第388页。

身成为现实生活的一种普遍规范，另一方面，"实践"也因此成为被理论改变了的实践。胡塞尔的这一思想，体现出一种在哲学理念基础上实现理论和实践统一的意图，显然包含着对哲学能动本质的深刻理解。同时，胡塞尔还把哲学区分为"历史事实的哲学"和"无限理念的哲学"，而哲学必须始终致力于把握自身真正充分的意义，即注重把握"真理总体"或"无限总体"。胡塞尔说："具有更高人性或理性的人类需要一种真正的哲学"，而"哲学家始终必须致力于把握哲学的真正的和充分的意义，即哲学的无限性地平线的总体。"①

再次，胡塞尔指明哲学是对"客观性"或"客观主义"的扬弃。他指出，哲学的道路也经历过"朴素性"，"这种朴素性的最一般的称谓，就叫客观主义，这种客观主义采取了自然主义，即将精神自然化的各种形态。古代的和近代的哲学曾经是，并且现在仍然是朴素的客观主义的哲学。"② 在客观主义那里，具有主观性特征的"真理"就变成了"客观真理"。然而，胡塞尔指出，人具有"主观性"，精神或理性在自然方面能证明自己的力量，正如太阳是普照万物的太阳一样，"精神是实在的，是客观地存在于世界中的"。③

胡塞尔认为，客观主义表现出一种朴素的片面性，欧洲科学的危机或困境也完全是由这种客观主义的片面性造成的。客观主义认为必须排除一切主观的东西，自然科学的方法也是纯粹客观地被规定的，因此，"没有一门客观的科学能够给予成就着科学的主观性以应有的重视。"④ 然而，胡塞尔指出，"生活世界"才是自然科学研究的"主观的思想劳动的永恒基础"，而"精神"也只有"精神"才是在它自己本身中并且为自己本身而存在的。因此，处于自然科学中的"自然"并不是真正自足的真正的自然，按其意义，是研究自然的那个精神的产物。所以，自然科学是以精神科学为前提的。精神按其本质（即作为科学的精神）是能够进行自身认识的，精神也只有在认识自身亦即反转自身时才能得到满足。

至此，胡塞尔就提出了"一种真正方法——即按照精神的意向性把握精神的根本性质并由此出发建立一种无限一贯的精神分析学的方法"，这就是"超

---

① 〔德〕胡塞尔：《欧洲科学的危机与超越论的现象学》，王炳文译，商务印书馆，2001，第393、394页。

② 〔德〕胡塞尔：《欧洲科学的危机与超越论的现象学》，王炳文译，商务印书馆，2001，第395页。

③ 〔德〕胡塞尔：《欧洲科学的危机与超越论的现象学》，王炳文译，商务印书馆，2001，第397页。

④ 〔德〕胡塞尔：《欧洲科学的危机与超越论的现象学》，王炳文译，商务印书馆，2001，第398页。

越论的现象学"的方法。由此，也就建立起"绝对独立的精神科学"。① "在这里，精神并不是在自然之中或在自然之旁的精神，而是自然本身被纳入精神领域。"② 而"理性"也不是别的，只不过就是精神以普遍的科学形式对自身的理解。由此，"意向性的现象学第一次将精神作为精神变成了系统的经验与科学的领域，并由此而引起了认识任务的彻底改变。"③

胡塞尔把克服实证主义看做是哲学上的一场斗争，即为实现真正的人性或理性的一场斗争，而这场斗争"使形而上学的可能性作为真正的可能性成为可以理解的"，胡塞尔认为，这也是把"形而上学"或"普遍哲学"引向现实道路的唯一方法。④

### （三）对科学危机根源的分析与对"人性"及"生活世界"的阐扬

胡塞尔认为欧洲科学危机以及哲学危机的根源，在于自然主义或客观主义的科学把价值规范和自然规律等量齐观，完全排除了人生价值与意义问题，也排除了认识系统或认识过程中的人性内涵，从而使科学认识与人性及人的生活世界割裂，这样也就同时割断了科学和哲学的天然联系，由此也就必然导致科学发展的危机。

胡塞尔所强调的"人性"是指具有理性的人的本性，即"理性的人性"。胡塞尔所说"真正的人性"，意指"真正的理性"。胡塞尔说"人是理性的动物，只当它的整个人性是理性的人性时它才是这样的东西"。⑤ 因此，这里所强调的"人性"和我国古代哲学所讲的"人性"复有区别，我国古代哲学所讲的"人性"主要是指一种道德化的人性，而西方哲学则主要是讲理性化的人性，认为人性的本质就是要按照哲学的方式生活，即实现理性的生活。据此，胡塞尔认为，哲学和科学的根本任务就在于促进这种"理性的人性"或"普

---

① 〔德〕胡塞尔：《欧洲科学的危机与超越论的现象学》，王炳文译，商务印书馆，2001，第402页。
② 〔德〕胡塞尔：《欧洲科学的危机与超越论的现象学》，王炳文译，商务印书馆，2001，第402页。
③ 〔德〕胡塞尔：《欧洲科学的危机与超越论的现象学》，王炳文译，商务印书馆，2001，第403页。
④ 〔德〕胡塞尔：《欧洲科学的危机与超越论的现象学》，王炳文译，商务印书馆，2001，第26页。
⑤ 〔德〕胡塞尔：《欧洲科学的危机与超越论的现象学》，王炳文译，商务印书馆，2001，第26页。

遍理性"的发展，因而哲学形而上学的理想，就不仅是对"知识"的不懈追求，而且也是对"人性"的伟大诉求。这种人性的诉求就在于人要按照哲学的自由学术或纯粹理性的方式来塑造自己的生活，人应该在哲学思辨或理性的自我批判中不断突破人性本身的局限而超越自身，从而使自己获得自由。胡塞尔认为，形而上学也由此而奠定了欧洲"人性"的基础，由此，哲学也体现出对于塑造欧洲人性的重大的历史作用。也因此，如果科学失去形而上学的基础，也就意味着理性信仰的崩溃，意味着人性理想和价值的崩溃。胡塞尔认为，实证主义所犯的最大错误就在于摧毁了科学的形而上学的认识基础，同时也摧毁了人性的形而上学的精神价值基础。因此，胡塞尔指出，"科学的'危机'表现为科学丧失其对生活的意义"。①

这就是说，欧洲科学的危机是欧洲人人性本身在其文化生活的整个意义方面的危机，是其整个"实存"或"生存"方式的危机。胡塞尔指明，这种危机是对形而上学可能性的怀疑，也是对作为"人性"或"新人"的指导者的普遍哲学信仰的怀疑，因而这种危机也就是对"理性"的信仰的怀疑乃至崩溃。胡塞尔说："与此同时，对于世界由以获得其意义的'绝对的'理性的信念，对于历史的意义的信念，对于人性的意义的信念，即对于人为他个人的生存和一般的人的生存获得合理意义的能力的信念，都崩溃了。"②

由此，胡塞尔就通过深入批判实证主义的缺乏人性根基的根本缺陷，而表现出重建传统哲学对理性和人性的根本信念的强烈意图。在胡塞尔看来，也只有通过"形而上学"这一"王后"，才能找到科学的精神价值基础，才能找到科学乃至生活的最后根据。因此，要复兴科学乃至哲学，就必须复兴理性，复兴人性，复兴形而上学。

为对抗实证主义，胡塞尔还强调"生活世界"的意义，认为现象学应当以"生活世界"为研究的起点与主题，而"存在论"也就应成为"生活世界的存在论"。

胡塞尔还区分了对"生活世界"的两种认识方式，即自然的直接方式和主观的反思方式。其中，"自然的直接的方式"只是一种"地平线"意识，即只是在一个限定或给定的目标之内的认识，只有"主观的反思的方式"才能表明一种"统一的理论兴趣"而指向"主观东西的领域"。"在这个领域里，世界由于它的

① 〔德〕胡塞尔：《欧洲科学的危机与超越论的现象学》，王炳文译，商务印书馆，2001，第15页。

② 〔德〕胡塞尔：《欧洲科学的危机与超越论的现象学》，王炳文译，商务印书馆，2001，第23页。

被综合地结合的成就之普遍性，终于成了它对于我们的直接的此在"。①

这就是说，哲学超越论的"主观性"及其能动的创造性的理念，能为一切"客观科学"进而也为"生活世界"奠定最终的理性基础与精神价值基础。胡塞尔相信，只有通过"形而上学"或"复活了的形而上学"②，才能找到科学认识及生活世界的最终基础。就此而言，胡塞尔确实继承了西方哲学的传统，这种传统就在于使哲学成为一门无所不包的具有思辨特性的综合性学术并为一切科学奠定方法论和价值论的基础。

事实上，欧洲的"科学"或"世界"都是从"理性"中即从哲学的精神中产生出来的，那么，欧洲科学又何以会陷入危机呢？胡塞尔指出，"欧洲危机的根源在于一种误入歧途的理性主义"。③所谓"误入歧途"是指"理性"陷入"自然主义"或"客观主义"。据此，胡塞尔认为，解决危机之路就在于最终克服"自然主义"而使"理性的英雄主义"从哲学精神中再生。这种"再生"，是精神从"无信仰的毁灭性大火中，从对西方人类使命绝望之徐火中，从巨大的厌倦之灰烬中"再生，"具有新的生命内在本质的、升华为精神的不死之鸟将再生。因为唯有精神是永生的。"④

在胡塞尔看来，"人生"问题即"人的生存"问题才是根本问题，而"人性"、"理性"、"价值"或"形而上学"的问题也都比"事实"问题更重要，"日常生活"（包括其中的"情感"、"心理"、"直觉"等）也具有普遍的哲学意义。因此，"人性"或人的"生活世界"的复兴与"理性"、"哲学"或"形而上学"的复兴就具有本质的统一性。也因此，胡塞尔指出，哲学本身就包含着"对于人类的真正存在的责任"，而"人类的真正存在"（作为"指向终结目的的存在而存在"）也只有"通过哲学才能实现"。⑤

胡塞尔对"生活世界"的强调确实表明他的思想经历了一个根本性转变，即"他不再仅仅在纯粹意识的范围内论证科学的基础，而是转向了构成科学背

① 〔德〕胡塞尔：《欧洲科学的危机与超越论的现象学》，王炳文译，商务印书馆，2001，第177页。
② 〔德〕胡塞尔：《欧洲科学的危机与超越论的现象学》，王炳文译，商务印书馆，2001，第161页。
③ 〔德〕胡塞尔：《欧洲科学的危机与超越论的现象学》，王炳文译，商务印书馆，2001，第392页。
④ 〔德〕胡塞尔：《欧洲科学的危机与超越论的现象学》，王炳文译，商务印书馆，2001，第404页。
⑤ 〔德〕胡塞尔：《欧洲科学的危机与超越论的现象学》，王炳文译，商务印书馆，2001，第28页。

景的生活世界。这一转变使得他能够从更加广阔的精神视野来审视、批评欧洲人面临的精神危机"①。可以说，胡塞尔的现象学是以建构"严格科学"而开始而以完善"生活世界"而完成。这种转变趋势也正体现出现象学运动的一般特征与演变趋向。

## （四）现象学所体现的哲学作为科学的发展趋势

还在 1911 年，胡塞尔就发表了一篇演讲长文即《哲学作为严格的科学》，该文表明胡塞尔的哲学观基于一种坚定的信念，即哲学是一门"严格的科学"。胡塞尔认为，哲学作为"严格的科学"在历史上是以超越论的主观主义形式出现，此后，这种哲学就将以构造超越论现象学的形态出现，由此也就可以为一切经验的客观主义科学提供思想与精神价值的源泉与基础。

据此，胡塞尔强调"哲学也可以并且也必须在严格科学的精神中受到探讨"，"哲学就是指向绝对认识的意向"，"哲学本质上是一门关于真正开端、关于起源、关于万物之本的科学"。② 但胡塞尔也指出，历史上的哲学缺乏严格科学的特征，因而哲学也并不是一门"未完善"的科学，从根本上说，"哲学还不是一门科学，它作为科学尚未开始"。③ 胡塞尔认为，只有超越性的"理性批判"才是哲学的"本欲"即本质，也只有这种"理性批判"才会使哲学具有科学性。胡塞尔认为，这种"理性批判"在康德哲学中得到表达与更新，但其后黑格尔体系却缺乏理性批判精神，因而削弱了哲学的这种"原初的本欲"，进而导致"世界观哲学"的产生。胡塞尔认为，这种"世界观哲学"或"科学的世界观"只是单纯客观、相对地认识世界，即把世界理解为"事实"并标榜"价值中立"，以便"建立无人性的客观知识"，因而也就削弱了哲学的"理性批判"的本质，从而也就偏离了哲学作为"理性批判"的科学的发展路线。所以，胡塞尔说，"后代人随着对黑格尔哲学之信念的丧失也失去了对一门绝对哲学的总体信任"，④ 由此也就必然导致哲学和科学的危机。

在胡塞尔看来，真正能够作为科学的哲学只能建立在主观"意向性"基础上。或者说，哲学的科学性或哲学作为科学，就在于哲学是一种心理学和物理学统一的"现象学"，就在于哲学是一种意向性活动，是一种具有理性批判与

① 赵敦华:《现代西方哲学新编》，北京大学出版社，2001，第 103 页。
② 〔德〕胡塞尔:《哲学作为严格的科学》，倪梁康译，商务印书馆，1999，第 6 页。
③ 〔德〕胡塞尔:《哲学作为严格的科学》，倪梁康译，商务印书馆，1999，第 2 页。
④ 〔德〕胡塞尔:《哲学作为严格的科学》，倪梁康译，商务印书馆，1999，第 6 页。

超越本质的精神活动。因此，哲学的"研究的方向必须朝向一种对意识的科学本质认识"，而"对意识的本质研究也就包含着对意识之意指和意识之对象本身的本质研究。"① 由此，胡塞尔认定，"哲学作为严格的科学"，就是一种"意识现象学"。他说："我们因此而涉及到一门科学——我们的同时代人还无法想象它的巨大范围——这门科学虽然是关于意识的科学，却不是心理学，它是一门与关于意识的自然科学相对立的意识现象学"。②

总之，胡塞尔对现象学的超越性或哲学形而上学本性的阐释，包含着对理性特别是价值理性根本意义的深刻理解与关切。在胡塞尔的哲学观念中，哲学或科学的危机也正在于理性特别是价值理性的失落，而哲学的复兴也正在于理性或价值理性的复兴。

## 三 从现象学向存在主义的演变

在现代西方哲学发展中，与实证主义相并立并且也具有"非传统哲学"意义的哲学思潮当属非理性主义。现代非理性主义思潮主要包括萨特的存在主义、柏格森的生命哲学以及弗洛伊德的精神分析学说。在此，我们先来分析一下存在主义的非理性特征及其和现象学的关系，然后再对其他非理性哲学的特点做一概述。

### （一）现象学和存在主义的区别

应该说，现象学和存在主义还是有区别的，虽然存在主义是缘于或起源于现象学或现象学运动的。如前所述，胡塞尔的现象学理论是包含许多传统哲学的基本观念的，其间对"理性"、"人性"、"信仰"及"形而上学"等概念或精神的阐释，也都体现出传统哲学的超验性、反思性与批判性的一般特征。因此，笔者认为，从思想的总体特征来说，胡塞尔的现象学仍然属于"传统哲学"，而不属于"非传统哲学"或"非理性哲学"。

相比之下，法国现代哲学家萨特（1905～1980）的"存在主义"哲学就显示出"非理性主义"与"非传统哲学"的基本特征，因而在总体上就属于现代"非理性主义"哲学了。本书第九章第二节曾对叔本华与尼采哲学之间的同异关系做过比较分析，认为叔本华哲学虽然也含有一般非理性观点，但其总体

① 〔德〕胡塞尔：《哲学作为严格的科学》，倪梁康译，商务印书馆，1999，第16、17页。
② 〔德〕胡塞尔：《哲学作为严格的科学》，倪梁康译，商务印书馆，1999，第18页。

特征还是属于传统哲学，而尼采哲学才真正具有极端非理性或反理性特征因而才属于非传统哲学。可以说，胡塞尔与萨特哲学之间的关系，就二者既有区别又有联系而言，就前者仍属于传统哲学而后者已属于非传统哲学而言，也正和叔本华与尼采哲学之间的关系具有相似之处。

胡塞尔现象学的特点是以传统"理性主义"为基调，同时也包含一定"非理性"因素。事实上，胡塞尔哲学的要旨在于抵制"实证主义"哲学，批判实证主义的"工具理性"及其影响，因此，胡塞尔也就不能不在依凭理论理性及价值理性的同时，也借助某些"非理性"的认识因素或形式来抵制理性的误用。这种非理性因素，主要表现在胡塞尔强调"直觉"或"本质直觉"的作用，而"直觉"或"本质直觉"当然就颇具非理性色彩了。在"意向性"理论中，"现象"是被"直觉"到的，或者说，是通过"本质直观"而获得的。因此，在现象学中，现象和本质直接统一，现象和本质在"意向"中即在"本质的直观"中达到统一。在胡塞尔现象学中，"直觉"占有很重要的地位，而"意象"也是不能脱离"直觉"的，这就使现象学具有一定非理性的特征。

此外，胡塞尔还强调"先验自我"、"纯粹自我"的作用，并以此出发来彰显个人存在或个人生活世界的意义，进而认为"世界"对人的显现实际上就是"对个人显现"，即对"个人有效的周围世界"的显现。胡塞尔还认为，"个人的生活一般来说并不是理论上的生活，因此事物对于个人来说一般并不是科学上的主题"。[1] 个人生活的意义主要在于"体验"，在于对个人存在的某种本质的直觉，即"我将我体验为在世界中的人，因此我发现我在这种情况下具有这个身体……一句话，发现我是以自我为中心的意识生活的我"，"我事实上纯粹指我的作为人固有本质的存在"。[2]

事实上，在胡塞尔的这些论述中，世界的"存在"在被"悬搁"的同时就已变成了某种单纯"个人"或"我"的"此在"。因此，在这些思想中，就已包含着"存在论"或"存在主义"哲学的某种思想内涵。后来，海德格尔也正是以这些思想为基础，进一步发展出以"此在"为基点的存在论哲学。就此而言，胡塞尔的现象学思想确实已包含一定存在论或存在主义哲学的"非理性"的思想因素了。

---

① 〔德〕胡塞尔：《欧洲科学的危机与超越论的现象学》，王炳文译，商务印书馆，2001，第347页。

② 〔德〕胡塞尔：《欧洲科学的危机与超越论的现象学》，王炳文译，商务印书馆，2001，第551页。

　　然而，笔者认为，即使这样，胡塞尔现象学本身也还是有别于后来的存在论或存在主义哲学，现象学本身也并非就是一种非理性主义哲学。这就是说，现象学只是包含一定非理性的认识因素，但现象学本身还不是非理性主义哲学。

　　现象学和存在主义的区别在于具有不同的思想基础与哲学观念。现象学的思想基础还是传统哲学的理性主义或形而上学，而存在主义却已完全脱离了传统哲学的理性基础或形而上学的精神本质而转变为非传统、非理性的哲学。这就是说，胡塞尔现象学所包含的一定非理性因素并未使其成为非理性主义哲学，这正如历史上一些哲学家的思想体系也往往会包含一定非理性认识因素（如"体验"、"直觉"、"意志"、"情感"、"信仰"等被认作是"非理性"的因素）一样。在胡塞尔哲学中，这些非理性因素还是从属于或归属于理性主义的主导观念与整个体系的。然而，事物发展总有一个量变和质变的界限，对此种非理性因素的进一步发挥、发展就会转变或演变为非理性主义哲学。事实上，存在主义就是由这种发挥或发展演变而来的非理性主义哲学。

　　因此，现象学和存在主义的关系就体现出某种矛盾的两重性，一方面，现象学成为存在主义哲学形成的一定思想来源，存在主义即源于现象学运动，但另一方面，现象学本身在总体上又并非是非理性主义哲学，因而在总体上或基本性质上又和存在主义哲学具有某种本质区别。当然，胡塞尔本人对海德格尔存在论或存在主义哲学一向持拒绝与批评态度，这也表明了他本人的理性主义哲学的基本立场。

## （二）现象学运动演变的矛盾两重性

　　现象学运动或现象学思潮具有复杂的矛盾两重性特征。一方面，现象学运动包含着某种由理性哲学向非理性哲学转变的因素。虽然胡塞尔本人力主理性哲学，但海德格尔则把现象学演变为存在论（即"基础存在论"），从而体现出从现象学向存在主义哲学的过渡，而萨特则全面建构了存在主义的哲学体系从而完成了现象学运动的重大转变。但另一方面，现象学运动或思潮又具有对抗科学主义的人本主义哲学的基本特征，因而现象学发展或演变的上述几个不同阶段也就在相互区别的基础上同时体现出某种相互联结的连续性，即体现出某种作为"人本哲学"（或"人生哲学"）发展的共同特征。

　　基于第一方面，现象学与存在主义作为理性与非理性哲学就显示出矛盾关系或重大区别，而胡塞尔也一向对存在主义持拒绝与批判态度，明确指认它是一种"非理性"哲学；但基于第二方面，二者就显示出同属"人本哲学"而具有密切联系的特征，因而胡塞尔在批评存在主义时，也就常常心照不宣地关心或承认存在主义所关注的一系列问题（如作为总体的人的存在状态、欧洲文化价值的危机、哲学干预生活的问题等）。胡塞尔深信他的现象学和存在主义哲学一样关心人的问题，我们从胡塞尔《欧洲科学的危机与超越论的现象学》一书和有关评论中确实可以看出现象学和存在主义哲学之间的某种"内在联系"。一位西方学者曾指出："胡塞尔的某些晚期著作，可能已经很好地显示出他能够清楚地和合理地说出存在主义哲学家，在他们关于存在和生存的言论中声称完成的一切东西（甚至更多的东西）。"①

就现象学和存在主义作为"人本哲学"而体现出的连续性而言，20 世纪西方人本哲学或人本主义思潮的总趋向即主要表现为"存在论"的建构。我国有关研究论著指出："20 世纪西方人生哲学在胡塞尔现象学基础上发生了新的转向，一个主要表现为存在论的重建，这是由德国哲学家海德格尔完成的，它本质上是一种关于人生的理论，存在主义人生哲学在法国哲学家萨特那里又得到了充分的发展。"②

当然，更准确地说，或从本质上说，现象学运动有一个转变或转向，即由理性主义向非理性主义的转变：胡塞尔力图复兴传统的理性哲学，而海德格尔则把现象学引向存在论的非理性，萨特则通过建构存在主义体系而达到非理性主义。这就是说，在现代西方哲学人本主义思潮的发展中，也包含着理性主义和非理性主义认识的矛盾，即包含着传统哲学与非传统哲学或反传统哲学因素之间的对立或矛盾。

可以说，现象学运动是一个充满矛盾的哲学运动。在这一运动中，从现象学向存在论或从理性向非理性的转变，是其矛盾运动的深层内容，而现象学运动中不同阶段的哲学均作为"人本哲学"而发展的连续性则表现为这一运动的表层内容。由于事物发展的深层内容或本质总是决定并制约事物发展的表层内容，因此，我们就理应在把握现象学运动的一般表层内容的同时深入认识其深层本质，即认识现象学运动的更为本质的矛盾演变过程及其逻辑。

## （三）海德格尔和萨特哲学的非理性主义倾向

### 1. 海德格尔由现象学到存在论的转变

海德格尔（1889～1976）一再否认自己的哲学是存在主义，但其"基础

---

① 参见全国现代外国哲学研究会编《现代外国哲学论文集》，商务印书馆，1982，第 141 页。
② 叶启绩等编著《20 世纪西方人生哲学》，人民出版社，2006，第 323 页。

存在论"却显然完成了由"现象"之"意"到"存在"之"思"的转变，因而人们也就把他看做是存在主义的开创者或存在主义发展的第一时期的代表（而把萨特看做是存在主义发展第二时期的代表）。海德格尔的代表作是《存在与时间》（1927），其要旨在于把"存在"和"时间"联系起来，借以表达存在的变动性、此在性与相对性，而萨特的代表作是《存在与虚无》（1943），其要旨在于进一步表达存在的变动性、相对性乃至非本质性、虚无性。

海德格尔哲学的本质已不再是"现象学"而是"存在论"，或者说，是一种借助现象学观点和术语表达的存在论。在海德格尔哲学中，现象学只是某种形式、方法，存在论才是内涵、本质，并具有根本的"基础本体论"的意义。海德格尔力图认识"存在"的本质，但他的思路很快就由对"世界"的现象学分析而转变到对"此在"或"在世"的生存论阐释。海德格尔认为，哲学应该研究"关于存在的意义问题"，这一研究的一般方法是现象学，但现象学和存在论是同一的，"现象学是存在者的存在的科学，即存在论"。① 海德格尔认为，"存在"或"此在"具有超越的性质，因而存在论就是一种"超越的认识"，而现象学的真理作为"存在的展开状态"，也就成为"超越的真理"。② 由此，二者也就达到"超越性"的统一。海德格尔认定"存在论与现象学不是两门不同的哲学学科，并列于其他属于哲学的学科。这两个名称从对象与处理方式两个方面描述哲学本身"，因此，"哲学是普遍的现象学存在论"。③

海德格尔在把现象学转变为存在论的同时，也就把哲学探索的对象由"存在"转变为"此在"。海德格尔认为，"存在"与"存在者"（Seindes）不同，"存在"也优先于"存在者"。然而，"存在"的意义却又总是隐藏在晦暗中，因而"存在"的意义就要求"存在者"加以解说而使其显现出来。因此，海德格尔认为，真正的存在就是作为存在者的存在，而作为存在者的存在就是"此在"（Dasein）。所谓"此在"，实际上也就是"人的存在"或人的"自我存在"。海德格尔认为，这种"此在"或人的"自我存在"是作为"在世之在"而存在于世界的，而作为真正的存在，"此在"也就获得了唯一的"本体"的形式，从而具有真正优越的地位。反过来说，"存在"借助"此在"才

---

① 〔德〕海德格尔：《存在与时间》，陈嘉映、王庆节译，三联书店，2006，第44页。
② 〔德〕海德格尔：《存在与时间》，陈嘉映、王庆节译，三联书店，2006，第45页。
③ 〔德〕海德格尔：《存在与时间》，陈嘉映、王庆节译，三联书店，2006，第45页。

获得一种"本己的展示方式",才把"存在"的真正意义显示出来。因此,"此在"的优先地位也只是在"存在"的"本己"意义的展示中显示出来。所以,海德格尔说:"就这个问题的回答来说,关键不在于用推导方式进行论证,而在于用展示方式显露根据。"① 由于"此在"在存在论上具有真正的优先地位,因而海德格尔存在论的基本内容也就围绕"此在"而展开,也就成为对"此在"的寻求与论证,即"一切存在论所源出的基础存在论,必须在对此在的生存论分析中来寻找"。②

在海德格尔看来,"此在"的特性是倾向于从"世界"方面来领会"本己的存在",因此,"对世界的领会从存在论上返照到对此在的解释之上"。③ 同时,"此在"的"时间性"也被展示出来。"存在"与"时间"具有内在的本质关联,但这种关联是在"此在"的存在意义的展示中建立起来的,"时间性"本身就是"此在"存在的意义。海德格尔把"此在"解释为"时间性",又把"时间性"理解为"此在"存在的意义。"到这里,时间性将被展示出来,作为我们称为此在的这种存在者的存在之意义。"④ 由此,《存在与时间》的基本内容也就成为"依时间性阐释此在,解说时间之为存在问题的超越的视野"("第一部"),与"依时间状态问题为指导线索对存在论历史进行现象学解析的纲要"("第二部")。⑤ 由此,海德格尔也就以"此在"为基础而建立了"存在论"的本体论体系。

**2. 存在主义的本质是具有"非理性"因素的人生哲学**

实际上,无论是海德格尔的基础存在论,还是萨特的存在主义哲学,都不过是以哲学的或现代西方哲学的一些晦涩术语而遮掩起来的某种真正直白的并带有"非理性主义"因素与特征的人生哲学。

就其现实性而言,存在主义哲学表达或体现的也正是二战前后现代西方社会众多知识分子或哲学家对"人生"的思考,即人们对"生存"问题(或"是生存还是毁灭")这一人生根本问题的关注与思考。在存在主义看来,"存在"就是"生存","存在"就是"人生",而"此在"也是"生存",也是"人生"。或者说,"人生"的本质就是"存在","存在"即决定人生本质,除了"存在","人生"根本没有本身的本质。也正是在对这种人生"存在"或

① 〔德〕海德格尔:《存在与时间》,陈嘉映、王庆节译,三联书店,2006,第10页。
② 〔德〕海德格尔:《存在与时间》,陈嘉映、王庆节译,三联书店,2006,第16页。
③ 〔德〕海德格尔:《存在与时间》,陈嘉映、王庆节译,三联书店,2006,第19页。
④ 〔德〕海德格尔:《存在与时间》,陈嘉映、王庆节译,三联书店,2006,第20页。
⑤ 〔德〕海德格尔:《存在与时间》,陈嘉映、王庆节译,三联书店,2006,第46页。

"此在"的境遇的认识与体验中，存在主义包含并体现出较多的悲观、绝望与虚无的非理性主义的认识成分。

海德格尔人生哲学的基本精神就是"烦"（英语为 Care，德语为 Cura，也译为"操心"）。就是说，"此在"的基本的存在状况或生存过程就是"烦"，"此在之在绽露为烦"，即烦忙、烦神是一般人的生存状态和人生态度。这样，海德格尔生存论对"此在"的自我解释也就变成了对"此在"之"烦"的阐释，而对"烦"、"畏"、"死"等观念的阐释也就构成了海德格尔生存论的重要内容，同时也使其显露出非理性主义或虚无主义的基本特征。

同样，萨特的存在主义哲学也具有非理性主义的基本特征。萨特哲学的核心思想是"存在先于本质"，即认定人是自己造就的东西，因而并无"共同人性"，只有个别人的存在并造就人自己的本质。由此，萨特也就把人的存在还原为没有任何规定性的空泛而纯粹的存在。依据萨特哲学，人的存在或生存的本质乃在于通过"自由"而进入"荒谬"、进入"虚无"，"这样，他的自由就会进而意识到自己，就会在烦恼中发现自己是价值的唯一源泉，是世界赖以存在的虚无"。① 实际上，萨特的存在主义哲学已否定了理性，否定了人的理性的本质，因而也就陷入非理性主义或虚无主义的情感之中。

比较说来，在胡塞尔现象学中，无论"意向性"具有何种"本质直观"的性质，人的存在还毕竟具有理性思维的内在的本质内涵，人也毕竟还具有自己的由"精神"、"理性"和"信仰"支撑的"生活世界"，然而，在海德格尔特别是在萨特的存在主义哲学中，人的存在已变为没有本质、没有理性、没有信仰的存在，以致"虚无"和"死亡"也就成为人的"自我存在"的最高形式。由此，理性的现象学的某些非理性因素也就被发展为非理性主义哲学，而现象学运动也就演变为存在主义思潮。

### 3. "有神论存在主义"和"无神论存在主义"的区别

存在主义哲学也有两种类型即有神论和无神论的存在主义。海德格尔和萨特都属于无神论存在主义，其特点是在否定理性认识的同时也否定宗教信仰，因而也就表现出某种"极端非理性"或"反传统"的性质。

德国著名哲学家雅斯贝尔斯（1883～1969）则是有神论存在主义的代表，他的学说的主要特点在于既强调"自我意识"或"神秘直觉"，同时也承认并彰显宗教信仰的精神价值与历史意义。雅斯贝尔斯认定，人的存在的本质就是

---

① 〔法〕萨特：《存在与虚无》，转引自洪谦主编《西方现代资产阶级哲学论著选辑》，商务印书馆，1964，第398页。

"自我超越"并通过自我超越而达到"信仰"上帝即"飞往"上帝。他说："这种飞往决定着我的自由，因为自由是通过超越而达到超越的存在（上帝）"。① 在雅斯贝尔斯看来，"真正的超越"，或者说"对一切超越的超越"，即是"上帝"。② 雅斯贝尔斯也批评那些非议"上帝"存在的科学家，并力图调和科学和神学的矛盾。由此可见，这种"有神论的存在主义"并不具有"极端非理性"的那种"反传统"的激进性，由于它只具有"一般非理性"的性质，因而也就不具有反传统哲学或反传统文化的偏激特征。

我们知道，萨特自 20 世纪 50 年代起就开始力图把"存在主义"和"马克思主义"结合起来，由此创立了"存在主义的马克思主义"。这一情况也说明无神论的存在主义和马克思主义之间具有某种共同的"反传统"本质。与此不同，雅斯贝尔斯则完全否定马克思主义，认为马克思主义缺乏"人道主义"，因而"导致的是最大的暴力和最大的不自由"。据此，雅斯贝尔斯提出建立"有神论的人道主义"。

事实上，与海德格尔（主要是前期海德格尔）和萨特的那些有关"存在"或"人生"的虚无主义的论述相比，雅斯贝尔斯的"有神论的存在主义"或"人道主义"就包含着更多的也更深刻的社会批判内容，因而也就更多地包含着回归传统哲学的精神内涵。诚然，雅斯贝尔斯是一位具有诸多思想矛盾的哲学家，"他是一个维护传统的人，同时又是一个改变传统的人"，"他是一个非理性主义者，同时又承认只有理性才是普遍有效的"。③ 但毕竟雅斯贝尔斯表现出对人的生存处境与人生意义的深切关怀，他意识到现代科学技术的片面发展已使人丧失了自我，使人忘却了自身的真正价值以及对精神生活的追求。他提出："今天西方的共同意识，只能用三个否定来加以标志，那就是：历史传统的崩溃，基本认识的缺乏和对不确定的茫茫未来的彷徨和苦闷。"④ 事实上，在雅斯贝尔斯的"有神论的存在主义"中，批判现实与超越现实是矛盾统一的，而理性和非理性、理性和信仰也同样在"超越"中实现了某种统一。由此，雅斯贝尔斯也就得以避免陷入"无神论存在主义"的那种悲观主义或虚无

---

① 〔德〕雅斯贝尔斯：《存在哲学》，转引自夏基松《现代西方哲学教程》，上海人民出版社，1985，第 345 页。
② 〔德〕维尔纳·叔斯勒：《雅斯贝尔斯》，中国人民大学出版社，2008，第 111 页。
③ 程志民：《雅斯贝尔斯》，载《当代西方著名哲学家评传·第九卷人文哲学》，山东人民出版社，1996，第 112 页。
④ 〔德〕雅斯贝尔斯：《存在哲学》，转引自夏基松《现代西方哲学教程》，上海人民出版社，1985，第 347 页。

主义的困境。

### (四) 其他非理性主义哲学概述

#### 1. "生命哲学"

创立者为德国哲学家威廉·狄尔泰 (1833~1911), 其他代表人物有德国的齐美尔和法国哲学家柏格森等。

柏格森 (1859~1941) 是法国 20 世纪上半期最著名的哲学家之一, 他的生命哲学也称 "创造进化论", 主要是受达尔文进化论的影响, 将生命中的"冲动"、"绵延"看做是人的本质, 并把"直觉"看做是人认识世界的基本方式, 进而把这种"生命冲动"的原则 (实际上就是"生存竞争"的原则) 推广应用到整个世界。柏格森的"生命哲学"或"柏格森主义"具有浓重的非理性主义色彩。

#### 2. 弗洛伊德的精神分析学, 即 "弗洛伊德主义"

精神分析学说的创始人弗洛伊德 (1856~1939) 认为人的行为的根本动机是无意识的"性欲"(即 libido, 音译"利比多", 指性本能背后的一种潜在力量), 而"性本能"与"潜意识"就是生命本质。实际上, 弗洛伊德是把人的本质归结为人的自然本能而否定了人的精神、理性的主导作用与根本意义, 从而表现出非理性主义的基本特征 (本书第六章在分析"人性"的两重性时已对弗洛伊德学说作过一些分析, 在此不再赘述)。

## 四 "解释学"意义概述

在 20 世纪 60 年代, 存在主义开始衰落, 解释学开始兴起。解释学认为"现象"就是文本、历史或艺术作品所表达或显示出来的"意义", 因而认识"现象"也就是把这种"意义"解释或显示出来。

现代解释学的创立者是德国哲学家汉斯-格奥尔格·加达默尔 (1900~2002), 他的主要著作是《真理与方法》(1960) 和《哲学解释学》(1976)。加达默尔赋予解释学以一般哲学及一般历史哲学方法论的意义, 提出了有关"效果历史"、"视阈融合"、"问答逻辑"或"问题意识"等一系列概念和观点, 并进一步强调了"主体"或"主观性"在认识活动中的决定性作用。由此, 解释学也就进一步发展了胡塞尔现象学的"主体性"或"意向性"思想。也因此, 人们也就把"解释学"看做是"现象学"的某种继续和发展, 并将其与现代非理性主义哲学区别开来。

笔者认为，解释学的核心概念应是"历史性"概念。加达默尔借助"历史性"这一概念表达了"解释学反思"的重要意义，并批判了"客观主义"，认为"它歪曲了解释学反思这个概念本身"。① 在解释学中，"解释学反思"或"解释"本身又都是以"历史性"概念为核心而展开的。加达默尔说："理解的历史性上升为诠释学原则"。② 实际上，加达默尔正是把"历史性"作为诠释学的根本原则，并以此为基础去解说或阐发其他相关概念与问题。

实际上，在加达默尔那里，"历史性"即是对认识的"客观性"和"主观性"的综合，而综合的基础最终说来还是"主观性"。据此，加达默尔提出："一种真正的历史思维必须同时想到它自己的历史性。只有这样，它才不会追求某个历史对象（历史对象乃是我们不断研究的对象）的幽灵，而将学会在对象中认识它自己的他者，并因而认识自己和他者。"因此，"真正的历史对象根本就不是对象，而是自己和他者的统一体，或一种关系，在这种关系中同时存在着历史的实在以及历史理解的实在。一种名副其实的诠释学必须在理解本身中显示历史的实在性。"③

在这一表述中，"历史性"认识的矛盾性已显露出来，那就是"思维自己"和作为"他者"的"历史对象"的"一种关系"，一种具有"统一性"的矛盾关系。在这一关系中，加达默尔确立了"同时存在"的两方面的"实在"，即"历史的实在"和"历史理解的实在"。而这种"统一性"的本质在于："历史理解的实在"即包含并显示"历史的实在"，即"在理解本身中显示历史的实在性"。

因此，在解释学看来，"历史对象"根本就不是"对象"，而只是一种"现象"，也正是"理解"、"解释"才赋予"对象"或"文本"以"意义"而使其成为"现象"。由此，"思维自己"也就在"解释"中达到与"对象"或"文本"的"视阈融合"，由此，"思维"也就使"历史"具有"历史性"而成为"效果历史"。

笔者认为，现代解释学的意义就在于加达默尔把胡塞尔现象学的基本思想，即把"现象"、"意向性"、"主观性"、"超越性"等基本观念贯彻到解释

① 〔德〕汉斯－格奥尔格·加达默尔：《哲学解释学》，夏镇平、宋建平译，上海译文出版社，2004，第29页。
② 〔德〕汉斯－格奥尔格·加达默尔：《真理与方法：哲学诠释学的基本特征》上卷，洪汉鼎译，上海译文出版社，2004，第343页。
③ 〔德〕汉斯－格奥尔格·加达默尔：《真理与方法：哲学诠释学的基本特征》上卷，洪汉鼎译，上海译文出版社，2004，第387页。

学中并发展为"解释"、"历史性"、"解释学反思"等一系列新的观念与原则。由此，解释学也就继承和发展了现象学，并为当代哲学、文学、美学、历史学、语言学以及社会科学各领域的研究提供了一套颇具新意的哲学方法论原则。

# 第四节　哲学究竟是怎样一门科学

现代西方哲学发展的矛盾趋向与危机，向人们尖锐地提出了如下问题，即哲学究竟是不是一门科学？如果说哲学是一门科学，哲学又是怎样一门科学？同时，就国内哲学界情况来看，哲学的本质及其与科学的关系问题，也是一个长期存在分歧与争议的问题，而忽视哲学的特有本质及其与科学的特定区别也已成为我国哲学研究的一个重大缺陷。

本书前面的一些章节已对此问题做出了一定探讨与阐述，不过，笔者在此还是准备再对该问题做出一番更为集中也更为深入的探讨，以期能有助人们消除有关误解而真正明确认识哲学的本质及其与科学的关系。

## 一　哲学和科学关系的矛盾两重性

就哲学和科学的一般关系来看，也存在矛盾两重性，二者之间既具有相互联系、相互统一的一面，也具有相互区别、相互分离的一面。当然，笼统地说，哲学也是科学或者也是一门科学，或者说，科学也包括哲学。然而，这种笼统的说法却忽视了二者的确定区别，因而也会导致把哲学等同于科学，或者以科学取代哲学，进而形成对哲学本性的误解并最终导致哲学的终结或消解。

因此，笔者认为，在哲学和科学的关系上，我们应着重认识的并不是二者的一定联系，而是二者的确定区别，或者说，我们应着重在本质上把哲学和科学区别开来。我们知道，不同事物总具有不同的特殊本质，也正是这种特殊的本质才决定一个事物成为该事物并与其他一切事物区别开来。哲学之所以成为哲学，或科学之所以成为科学，或哲学之所以和科学区别开来，也正在于哲学或科学都具有自身的特殊本质。当然，正像不同的事物也总具有一定联系一样，哲学和科学之间也具有一定联系，然而，二者之间的一定联系却并不能掩盖与取代二者之间的确定区别。从哲学和科学关系的层次上看，二者之间的联系，也只是在二者一般普遍的性质上体现出来，而二者之间的区别却是在二者深层的更本质的特性上体现出来。可以说，哲学的根本特性在于具有形上认识的超验性与思辨性，而科学的根本特性则在于具有形下认识的经验性与反映性，这种不同特性就把哲学和科学严格区别开来。因此，我们也只有深入认识二者所具有的不同特性，才能把二者真正区别开来，才能认识与把握二者关系的本质。

因此，笔者认为，对于哲学究竟是不是科学的问题，不应笼统地回答，而应做出具体而辩证的解答，同时也需要对哲学及科学的含义做出具体的界定。在笔者看来，无论是哲学还是科学，都包含广义和狭义两种含义或两种用法，由于含义不同，因而二者关系也就显示出不同的方面或不同的意义。

首先，就科学来说，科学的广义或一般含义是指"关于自然、社会和思维的知识体系"，即一种包含人类各种认识成果的知识体系，同时也是指人类的一种认识活动与社会建制。在此广义上，科学也包含哲学，因为哲学无疑也是人类的一种认识活动与认识成果，因此哲学也就成为科学体系的一个组成部分。大多数科学分类，也都把哲学纳入科学体系，而现代科学的一般分类，也是把科学划分为"自然科学、社会科学、思维科学、数学、哲学五大基本部类"。[1] 这种分类，就是在科学的广义理解上的分类，因而科学也包括哲学。就科学的广义理解而言，科学和哲学都同处于一个"知识体系"，因而二者之间就显示出具有某种普遍本质或统一性。

然而，在狭义上，即在严格的意义上，科学又是指以近代西方自然科学为典范的具有经验性与实证性认识特征的一种认知活动。事实上，狭义的或严格意义上的"科学"也就是指"实证科学"，而这才是科学的真正含义或本真意义。即使在日常用语中，只要人们是在与"哲学"概念相对的意义上使用"科学"概念，那么，所谓"科学"也就具有这种"狭义"的含义，人们也就是在狭义上界定"科学"。也正是在"科学"的这一"狭义"亦即严格的意义上，"科学"才真正体现出与"哲学"的确定区别，即科学是"实证性"的科学，而哲学却只能是"思辨性"的哲学。

其次，就哲学来说，在广义上，哲学应是指一种广泛的有关人与世界关系以及人生价值与意义的反思性学说，而在狭义上，哲学又是指一种以逻辑思维或推论为方法的研究事物或概念本质的理性思维的学科。就是说，就哲学的狭义而言，哲学是一门"学科"，体现出某种"科学性"特征，从而也体现出与一些科学部门（如自然科学、思维科学、语言科学）的密切联系，由此哲学也就被人们视为某种或某类"科学"。然而，即使在这里，哲学的所谓"科学性"，也完全不同于科学本身的实证科学性，而仅仅是指某种逻辑思维的科学

---

[1] 《简明社会科学词典》，上海辞书出版社，1982，第754页。

性（即指理性思维的严格的逻辑规定性、规范性）。因此，即使在哲学作为一门"学科"存在的意义上，"哲学"也仍然不是一门实证科学，也仍然和作为实证科学的"科学"具有确定区别。

而就哲学的广义即哲学作为一种有关人与世界关系以及人生意义的反思性的"学说"而言，哲学则体现出某种"人学性"特征，从而也体现出与一些科学部门（主要是社会科学、人文科学如历史学、美学、伦理学、宗教学）的多方面的密切联系，由此哲学也被人们视为某种或某类"人学"。显然，哲学的所谓"学说"性质或所谓"人学"性质，也就把"哲学"与一般实证性科学区别开来，因为后者是不具有"人学"或作为人学的"学说"性质的。因此，在哲学的"广义"即在哲学作为一种具有"人学性"的"学说"的意义上，哲学就进一步体现出和科学的区别，就是说，哲学学说也完全不可能是一种具有经验性与实证性的科学。

这样，哲学无论是作为广义的学说还是作为狭义的学科，由于其自身的形而上学的超验、思辨的本性而和科学（无论是狭义的作为实证科学的科学还是广义的作为一般知识体系的科学）区别开来。

再次，再就哲学和科学的关系来说，二者就体现出矛盾的两重性：一方面，二者具有密切联系，具有一般认识上的某种统一性、一致性（因而可同处于一个"知识体系"），但另一方面，二者又具有确定区别，具有认识方法或研究方法上的根本差别（因而具有"思辨性"的哲学就不应被归结为"实证科学"）。相对说来，哲学和科学的"一定联系"只是以二者的一般普遍认识特征为基础的，因而只具有一般意义，而哲学和科学之间的"确定区别"却是以二者所具有的不同的特殊本质为基础的，因而就具有特定的更为深入的意义。

也因此，我们认识哲学和科学的关系，就应当在认识二者一般联系的同时，深入认识与分析二者之间的确定区别。事实上，我们认识哲学和科学的关系，也正像认识任何具有"对立统一"关系的事物的关系一样，也应当以认识和分析双方之间的确定区别为基础，进而才可能认识与把握矛盾双方之间的联系及其与外界事物的广泛关系。我们知道，辩证法之认识事物的要旨也正在于认识不同事物所具有的不同本质从而把不同事物区别开来。

## 二 哲学只能是一门特殊的"思辨的科学"

### （一）对哲学究竟是不是科学问题的解答

那么，哲学究竟是不是一门科学呢？如果哲学是科学，哲学又是怎样一门科学或是怎样一种科学呢？

从一般笼统意义上说，或从哲学和科学的一般特征或一般联系上说，哲学也是科学的一个部类，也是作为知识体系的科学系统中的一个重要部门。然而，这种认识或解说还属于一般性认识，还只是表明二者所具有的某种普遍的共同本质与一般联系，还没有深入认识与表明二者的不同本质及其深层关系。从哲学和科学的特定的具体含义上说，或从二者不同的特殊本质上说，哲学就不是科学的一个部类，哲学和科学就具有确定区别。就是说，哲学并不是实证性的科学认识系统的一个部类，而是构成一种完全不同于实证科学的具有自身思辨与超验特性的特殊认识系统或认识形式。

这就是说，在一般笼统的意义上说，哲学也是科学；然而，在特定或严格的意义上说，哲学就不是科学。可以说，在严格的意义上，哲学就是哲学，科学就是科学，二者各自具有自身的特殊本质，因而彼此之间具有确定的本质区别。

事实上，在狭义上，即在严格的意义上，我们只能说，哲学不是科学，哲学就是哲学；反过来说，科学也不是哲学，科学就是科学。

但这样的界定又有"同义反复"之嫌。因而我们又必须考虑如何在界定二者关系时把普遍性和特殊性结合起来，从而形成一个既反映二者联系又体现二者区别的界说。在这种意义上，我们就只能说："哲学是一门特殊的思辨的科学"。

在这一界定中，"思辨"就是哲学的本质特征或特殊本质，即是哲学作为一个"种"概念的特殊本质，而"科学"就表现成为一个"属"概念。在这里，"科学"的概念也是在一般广义上使用的，即指一种"知识体系"。这样，科学在广义上就包含着哲学。因此，我们说哲学是一门特殊的思辨的科学，也不过是说，哲学作为一门思辨的学科是包含在广义的作为"知识体系"的科学系统中的。也因此，即使这样界定哲学，即使把哲学说成是一门"思辨的科学"，也并没有把"哲学"和严格意义的科学混同起来，因为这一"科学"的概念是广义的，而"哲学"作为一门"特殊的思辨的科学"也仍然具有与一般狭义的科学即"实证科学"的区别。

事实上，要把哲学与科学既联系又区别开来，除了界定"哲学是一门特殊的思辨的科学"之外，也再无别的办法。在西方哲学史上，亚里士多德、康德、黑格尔等哲学家也都是把哲学视为一门特殊的从事思辨性研究的科学或学科，而他们界定"哲学"思想的要旨也正在于把哲学同一般具体的实证科学区别开来。在亚里士多德最初提出的科学分类中，"哲学"（还被他称为"神学"

或"第一哲学")就已具有研究"存在"本身的超验、思辨的特性,因而就已和"数学"、"物理学"等各门"专门的科学"区别开来。康德则更明确地认定哲学作为"形而上学"就是一种"纯粹理性的思辨科学",① 而黑格尔也把哲学明确界定为"思辨哲学"而与他所批判的具有形式的有限性的"实证科学"② 区别开来。按照这些哲学家对哲学本质的理解与界说,我们也完全可以把哲学界定为一门"特殊的思辨的科学"。

哲学和科学的关系同"男人和女人"的关系颇有相似之处。男人和女人有确定区别,就此而言,我们只能说"男人就是男人"、"女人就是女人"而不能"辩证地"说"男人也是女人"或"女人也是男人"。在这里,辩证法仅仅在于:在一般意义或普遍本质上说,男人和女人都是人,即"男人"和"女人"都具有"人"的普遍本质因而具有和"人"的一般本质联系。然而,即使这样,男人和女人之间也仍具有确定区别。为表示这种确定区别,我们也只能说:"男人是一种(不同于女人的)特殊的人",或说"女人是一种(不同于男人的)特殊的人",等等。然而,无论怎样界定"男人"、"女人"或"人","男人"与"女人"之间的确定区别或本质差别却是始终不会消失的。同样,也无论我们怎样界定哲学和科学的含义及其关系,也无论我们怎样将哲学视为一门科学,但哲学和科学之间的确定区别也是始终不会消失的。

## (二) 对哲学和科学辩证关系的再思考

行文至此,我们对哲学和科学的关系,已然有了某种新的更为深入也更为清晰的认识。现在,我们完全可以把哲学和科学的矛盾关系明确归结为下述定理:"二者既具有一定联系,又具有特定区别"。

就二者的一定联系来看,我们可以说"哲学也是科学";然而就二者的特定区别来看,我们却只能说"哲学不是科学"。事实上,为反映哲学和科学的这种矛盾关系,我们也只能"辩证地"说:"哲学既是科学又不是科学"。

在这里,"辩证的"认识无疑是一种对二者的具体的确定含义与具体的确定关系的全面认识。

首先,当我们说"哲学既是科学"时,这里的"科学"的具体含义就是指"知识体系"而不是指"实证科学"。这个界定,主要是就哲学和作为"知识体系"的科学的关系而言,在这种关系中,哲学作为一门"学科"也可包

---

① 〔德〕康德:《未来形而上学导论》,庞景仁译,商务印书馆,1978,第168页。
② 〔德〕黑格尔:《小逻辑》,贺麟译,商务印书馆,1980,第58页。

含在作为"知识体系"的"科学"之中，由此哲学也就成为"科学"的一部分。

其次，当我们说"哲学又不是科学"时，这里的"科学"的具体含义就是指"实证科学"而不再是指一般"知识体系"。因此，这个界定主要是就哲学和作为"实证科学"的科学的关系而言，在这种关系中，哲学作为一种"思辨的"学科或学说就不能等同于"实证性"科学或存在于"实证科学"领域，由此哲学也就不是"科学"或"科学"的一部分。

再次，当我们说"哲学既是科学又不是科学"时，这也无非是说，哲学作为一门特殊的学科也被包含在"知识体系"中，因而哲学也是"科学"；但同时，哲学作为一门特殊的思辨的学科又与作为"实证科学"的科学复有区别，因而哲学又不是"科学"。

显然，当我们说哲学"既是科学"时，这里的"科学"是指"知识体系"（可视为某种"大科学"），而当我们说哲学"又不是科学"时，这里的"科学"就是指"实证科学"（可视为某种"小科学"）。因此，"哲学"也只是一种在"大科学"意义上的科学，而并不是一种在"小科学"意义上的科学。也就是说，只有在"科学"的广义亦即科学的非严格意义上，哲学才是一种科学，而在"科学"的狭义亦即科学的严格意义上，哲学就不是一种科学。

的确，"哲学既是科学又不是科学"的命题是包含矛盾的：第一个"科学"概念和第二个"科学"概念已具有不同意义，前者是指非严格的科学（即"知识体系"），而后者是指严格的科学（即"实证科学"）。从形式逻辑的角度来看，这个命题就有"偷换概念"之嫌。然而，从辩证逻辑的角度来说，这个命题就是合理的，就并不违反逻辑思维或逻辑推论的规则。显然，由于"科学"本身具有两重含义或两种意义，因而说科学是"知识体系"与说科学是"实证科学"都没有错，因而在一个命题中引入"科学"的这两重含义或两种意义也就没有错，也就符合辩证逻辑思维的推论规则。

在这里，如果固守"形式逻辑"的"非思辨"的思维规则或形式化思维（如"不矛盾律"或"排中律"等），那就只能是在"哲学"自身的特定本质上界定哲学自身而提出"哲学就是哲学"的命题，或者也只能是在"科学"的狭义上界定二者关系而提出"哲学不是科学"，或者也只能是在"科学"的广义上界定二者关系而提出"哲学就是科学"。但说"哲学就是哲学"是"同义反复"，而说"哲学不是科学"或说"哲学就是科学"也有"片面定义"之缺陷，因为二者都没有全面反映哲学和科学的辩证关系。由此可见，也只有辩证逻辑的思维方法才能全面而真实地认识并体现哲学和科学的矛盾含义及其关系。

应该看到，在辩证逻辑的概念、判断与推理中，包含辩证的逻辑矛盾不仅是难以避免的，而且也是完全必要的，矛盾的两重性思维也正是"思辨的"逻辑思维的一种形式、一种方法。在上述"哲学既是科学又不是科学"以及"哲学是一门特殊的思辨的科学"的命题中，"思辨"已把一般和特殊、相对和绝对、广义和狭义以及联系与区别等等矛盾关系本身既区别又联系起来，从而也就在哲学与科学的一般普遍联系中深入揭示出二者的本质区别。

由于哲学和科学的关系确实包含矛盾，因而界定二者关系的命题也就不可能排除矛盾，而思维本身也就由此达到一种具有矛盾两重性特征的辩证思维。事实上，也只有辩证思维的这种"逻辑矛盾"才能真实、概括地反映哲学和科学现实关系的矛盾，亦即真实、概括地反映二者的辩证关系与历史演变。也因此，辩证逻辑的命题在思维上的"逻辑矛盾"也就和哲学与科学实际存在的"辩证关系"或"历史演变"达到统一，亦即达到思维的"逻辑"和"历史"的统一，或者说，"逻辑"和"历史"也就在理性思维的辩证矛盾中亦即在超验的"思辨"中达到本质的统一。

### （三）关键问题是认识哲学与科学的区别

通过上述分析可知，把哲学看作一门科学的含义是指哲学本身也构成一门学科或一种科学亦即"思辨的科学"，同时哲学也可包括在科学的"知识体系"之中。而哲学作为"思辨的科学"与"实证科学"也仍具有本质区别。这就是说，从"科学"本身的角度来说，"科学"也具有两种形态，一种形态是在科学的严格意义上存在的"实证科学"，而另一种形态则是在科学与哲学关系上出现的"思辨科学"。在这里，我们应注意把"科学"的这两种形态区别开来，亦即把"科学"的内在的严格意义与"科学"的外在的非严格意义区别开来。事实上，所谓"思辨科学"概念中的"科学"也并非是指严格意义上的"科学"（因为严格意义上的科学并不具有"思辨性"），而只能是指非严格意义上的"科学"亦即"哲学"本身。所以，说到底，界定"哲学"是一门"思辨的科学"或确认"科学"的两种意义或形态，也还是意味着哲学和科学具有特定区别。

还须指出，把"科学"界定为"关于自然、社会和思维的知识体系"也是存在一定问题的，这种界定也只是对科学的一种一般性的笼统的界定，并未体现出作为严格的科学的本质特征，因而也没有体现出哲学和科学的区别。人们一般认为，哲学也包括在"科学"的"知识体系"中，那么，哲学又如何可能真正和科学区别开呢？

当"科学"还被界定为"知识体系"时，"科学"也不可能获得作为"科学"的真正或严格的意义。这是因为，这种"知识体系"还包括哲学，因而就只是科学和哲学的某种综合的认识系统，就必然带有"知识总汇"的性质。我们知道，所谓"古代哲学"，实际上就是这种具有原始的综合统一性的"知识体系"，就是一种大一统的认识系统。此种"知识体系"既不是单纯的哲学，也并非单纯的科学，还是尚不成熟的哲学与尚不成熟的科学的某种矛盾的统一体。

实际上，真正意义的"知识体系"就不应单指"科学"，而是应指某种包括科学也包括哲学在内的人类认知的统一系统。此种"知识体系"既不等同于科学，也不等同于哲学，而是存在于科学与哲学之上，即是一个对科学和哲学加以综合或整合的认知系统。因此，"知识体系"的概念也就代表一个比"科学"或"哲学"概念都更高的概念或领域。比较"科学"或"哲学"概念，"知识体系"的概念就具有"属"的性质，属于一个"属"概念，这一"属"概念是包括"哲学"和"科学"这两个"种"概念的。这就是说，科学和哲学是作为两个平行而互异的"种"概念而被包含在"知识体系"的"属"概念之中的，由此，科学和哲学也就同时保持了自己的独特本质。

因此，严格地说，"科学"就不是一般的"知识体系"，而仅是一种以实证科学为基础的具有经验性与实证性认识特征及研究方法的理论体系。这一科学的理论体系的基本特征，就是包含对现实世界各个方面、各个领域、各个层次的实证性认识，亦即是"关于自然、社会和思维的知识体系"。科学既以"现实世界"为研究对象，因而科学体系也就包含着反映现实世界发展的一般规律的自然科学、社会科学以及技术科学等宏大领域。然而，这种具有严格意义的科学体系，却是不应再包含哲学的。与科学以"现实世界"为研究对象不同，哲学是以"非现实世界"为研究对象的，因而哲学体系也就包含着关于人的纯粹的理性思维或逻辑思维的超验、反思的认识内容，由此也就形成了哲学的独特的以逻辑概念、思维规则及辩证思维或逻辑分析的方法、规律等为主要内容的理论思维体系。事实上，所谓"知识体系"也正是由"科学体系"和"哲学体系"所统一构成的认识系统。

## 三　哲学不可能作为一门实证科学而存在

综上所述，我们完全可以把对哲学和科学关系的全部认识归结为一个基本命题，即"哲学不是实证科学"。笔者认为，哲学和科学关系的本质或精髓就在于"哲学不是实证科学"。

### （一）"哲学不是实证科学"命题的意义

比较说来，"哲学也是一门科学"的命题只具有相对的意义，因为这一命题是在哲学与科学的一般、相对的、有条件的联系中确立的；而"哲学不是实证科学"的命题则具有绝对的意义，因为这一命题是在哲学与科学的特定本质及其相互区别的基础上确立的，而二者的特定本质即能决定二者的相互关系及其发展演变。因此，"哲学不是实证科学"的命题真正体现出哲学和科学的本质关系，由此也就具有某种绝对的意义。

哲学和科学如果是完全等同的，那就必然导致哲学的消解。我们也只有确认并保持哲学的特殊本质及其与科学的确定区别，才可能在科学的发展中，也能保障哲学的独立发展。哲学和科学无疑是互补的，但矛盾双方互补的前提却是互异，只有在双方互异的基础上才谈得上互补。因此，确认哲学和科学的确定区别也就成为我们认识与理解二者关系的实质。

### （二）为何哲学不能作为实证科学而存在

哲学不可能作为一门实证科学而存在，这是由哲学的特定本质也是由科学的特定本质所决定的，或者说，这是由哲学和科学的本质区别决定的。

如前所述，哲学和科学具有超验性和经验性的根本区别。诚然，科学活动本身也要运用一定的理性思维或逻辑推论，也要依靠对经验材料进行一定的理论概括或总结，然而，科学研究的根本方法还是观察、实验，而科学的理性思维或逻辑推论也总是要以对现实事物的经验观察为基础，因而科学也总是一种具有一定"对象性"的理论活动。同时，科学所提出的定理、原理、假说等虽然也具有一定的"超经验性"，但最终也都要依靠一定现实的或经验的观察或实验来检验与发展。因此，科学研究最终还是要以经验性认识为基础或依据，从而表现出具有经验性与实证性的基本特征。

科学在具有经验性特征的基础上，还体现出如下一些重要特点：（1）具体性，科学研究总是分门别类，科学研究的问题也总是具体问题，而科学研究的对象也总是现实世界中某类事物或某一领域事物运动的规律，因而科学研究总带有具体性的特点。（2）精确性，数学是科学研究的重要工具，科学研究一般以定理、定律、公式、数据、图形等形式来表现，这些形式都具有精确性或确定性的特点。科学实验或研究有时也包含一些误差，但总的来说是精确的，科学研究也只有追求精确性才能保障其研究结果的可靠性。（3）可检验性，科学的结论、命题或定理、原理乃至假说等都可在可控条件下接受实验的检验，而科学的检验或实验又具有可重复性的特点。（4）局部性，科学研究对象总是现实世界的某种特殊运动形式，即使是研究世界大范围的运动，但由于科学研究手段总是有限的，因而相对于具有无限广度与深度的宇宙运动来说，科学认识也总是有限的、不完全的。

与科学具有上述特征与特点不同，哲学研究则具有超验性与思辨性的基本特征，并体现出下述特点：（1）抽象性，哲学思维是一种抽象思维，需要运用抽象力（而不是形象思维中的具象力）进行，因而与任何科学研究或艺术理论相比，哲学研究总带有抽象性特点，或者说，哲学思维具有最高度的抽象性。（2）模糊性，哲学命题或原理总是包含着深刻内涵和丰富信息，并且总是对某种"未知世界"或"超验事物"的探讨，因而哲学研究在其表现特征上就总是带有某种不确定性、歧义性或模糊性。可以说，哲学思维是一种带有最大综合性与跨越性的"模糊思维"。同时，哲学也总是对矛盾进行"辩证"思维并处在宗教和科学、理性和信仰等对立面之间进行"中介"思维或"综合"思维，这也体现出"模糊思维"的特点。从逻辑思维的角度来说，哲学思维也追求精确性，但与实证科学的精确性相比，哲学思维在总体上就属于"模糊思维"。（3）难以检验性，由于哲学研究具有高度抽象性，因而其一般理论结论就很难甚或不可能在"实验"或"实践"中得到检验，哲学所提出的概念、命题、原理、规律及假说等也很难在经验观察、科学实验或社会实践范围内得到直接验证，而只能通过哲学家共同体本身的理论探索以及人类理性思维活动的持续发展来检验，而这种理论思维活动也正是一种超越一般"实践"活动的特殊社会活动。由此，哲学研究就体现出难以检验或具有特殊检验方式的特点。（4）全面性，哲学研究或思维具有最大的普遍性、综合概括性，与科学的局部性相比，哲学就体现出全面性特点。

由此，哲学也就真正体现出超验性与思辨性的基本特征而与一切实证科学区别开来。当然，哲学和科学在认识方式上的这些特点都是正相反对的，这也正是我国有关论著早已提出的"科学与哲学在推进人类认识上的互补性"。①哲学和科学之间"互异互补"，由此才形成人类认识及其认识方法的矛盾统一。

通过上述分析可知，哲学也只有保持自己独特的超验与思辨的本性才能成为哲学，才能和一切实证科学区别开来。这就是说：（1）哲学只能作为"思辨

---

① 钱时惕：《科学与哲学在推进人类认识上的互补性》，《哲学研究》1987 年第 8 期。

的科学"亦即"思辨哲学"而存在。（2）哲学不可能作为一种"实证科学"而存在。可以说，这两个命题或论断就是本书探讨哲学与科学矛盾关系的基本结论。

### （三）科学和哲学是人类认识的正反两方

正像世间事物总是具有矛盾的两个方面或正方与反方一样，人类认识也具有正与反两个方面，而科学和哲学就代表了人类认识的这两个方面。

科学和哲学作为人类认识发展的两个方面，具有正相反对的认识特征。概括地说，哲学的认识特征在于"思辨"，因而哲学在本性上就是"思辨哲学"（reasoning philosophy），而科学的认识特征则在于"实证"，因而科学在本性上就是"实证科学"（positive science）。

所谓"实证"（Positive），意指"可证实的"、"实际的"、"真实的"、"实在的"或"经过验证、可验证"的。该词也含有"肯定的"、"确定的"、"积极的"意思。据此，笔者以为，我们可以把"实证科学"或"实证的认识"认作人类认识的"正"的方面，"实证的"认识即是具有一定"确定性"或"肯定性"的认识，因而即是"正的"认识（Positive 在数学中即表示"正的"，在电学中表示"带正电"、"正极"，在医学中表示"阳性的"）。

与此相反，所谓"思辨"（英语为 reasoning，德语为 spekulation），意指"辨识"、"判断"或"理性的"、"辩证的"（认识）。该词也含有"推理的"、"推论的"、"论证的"之意，因而也就具有或含有某种"不确定性"或"不肯定性"。据此，笔者以为，在与"实证"一词或"实证科学"相对的意义上，我们就可以把"思辨"一词或"思辨哲学"认作人类认识的"反"的方面，"思辨的"认识作为"非实证"的认识即是具有一定"不确定性"或"不肯定性"的认识，因而即是"反的"认识（"思辨"的认识亦即是"反思"的认识或是在对立的矛盾中反复思考的认识）。

由此，我们就明确了人类认识的"正、反"两个方面，而"实证科学"与"思辨哲学"也正代表人类认识的正、反两方。事实上，人类认识的发展也总是需要"正、反"两方面的认识，一方面需要实证的、经验的或"形而下"的认识，亦即"肯定性"的认识；另一方面也需要非实证的、超验的或"形而上"的认识，亦即"不肯定性"或"否定性"的认识。概观整个世界，任何事物都无不存在一定矛盾，也都无不在一定矛盾中发展，这正所谓"一阴一阳之谓道"、"刚柔相推而生变化"（《易传》）。人类认识或精神发展也总具有矛盾的两重性，或总包含"正反"两方面的矛盾。这又如《孙子兵法》所说：

"战势不过奇正，奇正之变，不可胜穷。奇正相生，如循环之无端，孰能穷之？"

"实证的"认识即是具有"肯定"或"确定"意义亦即"现实"意义的科学认识，而"非实证的"即"思辨的"认识则是具有"否定"或"不确定"意义亦即"超越"意义的哲学认识。作为人类认识与精神发展的两种主要形式，哲学和科学正体现出"阴阳互补"、"奇正相生"的辩证性。由此，人类认识也就获得了一种内在的矛盾发展特征与持久动力，从而呈现出"奇正之变，不可胜穷"的无穷魅力。今天，我们也只有准确而深入地认识哲学与科学的这种矛盾两重性关系，才能深入理解与把握哲学发展乃至人类精神发展的本质与演变。

## 四　克服哲学科学化倾向

由于哲学与科学具有密切而复杂的关系，因而哲学发展的主要危险或危机就会来自消解哲学的本质特性而把哲学与科学混同或等同起来。

可以看到，在西方哲学的历史发展中，一直存在着一种传统，就是把"哲学"当作一门"科学"（或"学科"）来建设的传统。及至近代，康德提出了建设"任何一种能够作为科学出现的未来形而上学"的理念，康德、黑格尔也都把哲学作为某种"思辨的科学"亦即"思辨哲学"来建构。而现代胡塞尔也仍坚持"哲学作为严格的科学"的理念。但在西方传统哲学的发展中，哲学之被看做"科学"也一定是被看做是一门特殊的"思辨"的科学而不是被看做是一门实证性或经验性科学，因而这里的"科学性"也不过就是指某种"思辨科学"的科学性，说到底还是指"思辨性"。

与此不同，现代非传统哲学也把哲学当作科学来建设，但已不再把哲学作为"思辨的科学"而是转变到把哲学作为某种"实证性"或"经验性"科学来建设，亦即更多地提出或强调哲学的"科学世界观"、"科学方法论"或"科学体系"等方面的问题。这就是说，把"哲学"当作某种"思辨的科学"来建设是西方哲学发展的传统，或者说，是西方传统哲学发展的特点，而将哲学作为"实证的科学"来建设则已成为现代非传统哲学的主要特征。也因此，现代一些非传统的哲学家（如尼采和一些实证主义哲学家）就要否定传统哲学的形而上学的思辨意义、超验或超越意义，并对哲学、宗教、道德等传统文化形式一并采取否定的态度。当然，现代一些哲学家也仍坚持哲学的"超越性"或"思辨性"特性，如前述胡塞尔现象学就很明确地坚持哲学的这种形上性质，而胡塞尔所说的"作为严格的科学"的"哲学"也仍不失为那种具有传统哲学形上特性的"思辨的科学"亦即"思辨哲学"。在胡塞尔那里，"超越论的现象学"也正是作为一种"思辨的科学"亦即"严格的科学"来建构的。

还需指出，哲学具有"科学性"，然而，哲学的"科学性"也只是哲学的一种特性，哲学同时还具有"人学性"，并且还具有"超科学性"。毋宁说，"超科学性"才是哲学的最根本的特性。我们知道，在哲学形成之初，"哲学"或"形而上学"就作为"物理学之后"（即 meta-physics）的学科而存在，而"物理学"在古希腊时代也就表示或代表"科学"（或"自然科学"），因而"在物理学之后"的含义与意义也就是"在科学之后"。可以说，"形而上学"（metaphysics）概念的深层意义或真正意义也正在于表明"哲学"或"形而上学"是一种"在科学之后"亦即"超越科学"的认识或学科。事实上，哲学形而上学的本质也正是"在科学之后"（meta-science），亦即"超越科学"。可以断言，这种"超科学"的特性就是哲学的最重要的特性，也是哲学和科学关系的最重要的特点。张世英先生在《哲学导论》一书中也强调指出："哲学超越知识和科学"，哲学"不是抛弃科学，而是包括科学而又超越之。"① 张世英先生还指出："单纯的科学技术只能使世界黯然失色，使事物成为枯燥的、仅仅为人所开发、利用的对象。所以，我们主张哲学应当超越科学。"② 总之，"超越科学"、"超越知识"或超越常规认识与实用认识就是哲学的一种本质特征。

实在说来，哲学是一门具有一定超越性或超常性的科学，而哲学的奥秘也正在于它是这样一门超越性科学。

哲学具有一定的超越性或超常性，这也决定哲学总是具有一定"神秘主义"性质。这又如冯友兰先生所指出的，哲学或形而上学具有"正的方法"和"负的方法"，"负的方法在实质上是神秘主义的方法"，"一个完全的形上学系统，应当始于正的方法，而终于负的方法。"而"神秘主义不是清晰思想的对立面，更不在清晰思想之下。无宁说它在清晰思想之外。它不是反对理性的；它是超越理性的。"③

在历史上，哲学尽管有不同形态，但不同形态的哲学也总是具有一定的"神秘主义"性质。例如，在西方，哲学即具有"神学"的神秘性质，在中

---

① 张世英：《哲学导论》，北京大学出版社，2002，第8、13页。
② 张世英：《哲学导论》，北京大学出版社，2002，第49页。
③ 冯友兰：《中国哲学简史》，北京大学出版社，1985，第394页。

国，哲学也具有"玄学"的神秘性质，而在印度，哲学又主要具有"佛学"的神秘性质。同时，在世界各地，哲学也无不具有"形而上学"的那种"神秘"、"超常"的性质。事实上，哲学作为一种超验的思想观念，也必然具有超越世俗的"神秘主义"，而历史上的哲学家也就必然具有某种"超越"的或"神秘"的思维方式与论说方式。譬如，老子论述"道可道，非常道"的那种玄妙方式，苏格拉底、柏拉图、托马斯、斯宾诺莎等哲学家探讨"智慧"、"理念"或论证"上帝"存在的那种深奥方式，都无不体现出哲学的"神秘"性质。也正因此，真正的哲学家也总是"少数人"，甚至是"少数中的少数"。但也因此，哲学或哲学家也就为人类的精神活动开辟出广阔的思想探索的空间，进而实现了人类的有限思维与具有无限奥秘的宇宙本性的某种统一。

从哲学的"超越科学"、"超越理性"而趋向"信仰"或追求"价值理性"的本质来看，哲学是一门完全不同于一般科学的特殊的科学。因此，把哲学作为一般科学来"界定"或"建设"，就是对哲学本性的一种根本误解。当然，问题还不在于人们把哲学也理解为一门"科学"，而在于人们这样理解哲学时，也就往往忘记或忽视了哲学的"超科学"的本性，从而也就以哲学的"科学性"来遮蔽或取代哲学的"超科学性"，从而也就必然导致哲学"超科学"的"形上"本性的消解。

无疑，克服哲学发展中的科学化倾向已成为当前哲学发展中的一个重要问题。如前所述，现代西方哲学发展的主要思潮或趋向就是实证主义和非理性主义，而实证主义和非理性主义思潮的实质就是推行"哲学的科学化"或"哲学的非理性化"，从而导致哲学的终结或消解。在中国大陆，与"非理性主义"倾向相比，"哲学科学化"倾向表现成为我国哲学研究与发展的一种主要倾向。我国大陆哲学界"崇尚科学"因而重视哲学的"科学研究"本无可厚非，但问题在于，中国大陆哲学界因过分看重哲学的"科学性"或"科学的世界观"功能而完全忽视了哲学的"超科学性"亦即思辨、超验的形而上学本性。由此，我国大陆的哲学研究在很大程度上已陷入对哲学本质与发展逻辑的诸多误解，进而呈现出某种"非哲学"或"准哲学"的研究状态。事实上，只要把"哲学"理解或界定为"科学"、"科学的世界观"或"关于世界发展的最普遍规律的科学"等，"哲学"也就必然只会是"科学"而不会是"哲学"，"哲学"也就只能消失在实证科学的发展中。

哲学和科学关系的本质在于：哲学不是一门实证科学而只能是一门特殊的思辨科学，或者说，哲学只能是一门具有特殊思辨性与超验性的科学。

事实上，也只有超越科学，哲学才能永生。

# 第十二章

# 哲学的复兴与文化秩序的重建

哲学发展也是一种文化现象，因而我们还需要从文化发展的角度来考察哲学发展。当然，人类文化除了具有哲学这一重要的发展形式之外，还具有宗教、艺术、道德、政治和法律思想等各种发展形式，而哲学与这些形式之间也是既相区别又相联系，既相分离又相融合的，由此共同构成了人类精神文化发展的宏大系统。可以说，无论是哲学发展的一般历史进程，还是哲学发展进程中的某些特殊状态或危机，都与人类文化系统的历史演变具有不可分割的内在联系，或者说，哲学发展状态就是文化系统发展与演变的一种特定表现。

有鉴于此，在本章中，我们再从更广阔的文化系统发展的角度来考察一下哲学发展，来分析一下哲学发生危机以及出现复兴趋势的深刻文化背景与根源。下面，笔者就先来阐释一下文化的精神特质与系统结构，再来阐释一下宗教、艺术的本质与历史作用及其与哲学的关系。在本章最后一节，我们再对文化演变以及真理发展的矛盾两重性做出总结性阐述。

## 第一节　文化的精神特质与系统结构

### 一　文化的精神特质

实际上，人们通常所说的"文化"作为一个特定概念也具有广义和狭义两种含义。在广义上，"文化"是指"文明"，即指人类社会所建立的一切物质文明和精神文明的总和。在此广义上，"文化"一词与"文明"一词含义基本相同，即是指一种广泛的社会文明现象，如考古学上所说的"玛雅文化"、"仰韶文化"等实际上也就是表示一种古代文明现象。

在狭义上，"文化"一词是特指"精神文化"，也就是指人类在精神的创造性活动中所凝聚形成的具有自身相对独立的发展特征与线索，又与人们的现实生活密切联系的社会意识形态。在此狭义亦即严格意义上，"文化"一词也就是指"精神文化"，或者说，就是指精神文明和精神财富。一定的文化总是在一定社会生活基础上凝聚或提炼形成的一定的观念形态或意识形态。因此，"文化"作为一种社会观念形态或精神与意识现象就和"社会意识形态"（或"社会意识形式"）具有同一性或一致性，这两个概念的含义也基本相同，是属于同一系列、同一层次的概念。二者的区别仅在于："社会意识形态"的概念主要是相对于"社会存在"（或"社会经济基础"）的概念而言，而"文化"或"文化形态"的概念（在"精神文化"的含义上）则主要是相对于"物质生活"或"物质文明"而言。

因此，"文化"概念只在广义上才与"文明"同义，而在狭义上则仅指"精神文化"或"精神文明"。"文明"显然比"文化"概念在含义及外延上都更宽泛，"文明"一般包括"物质文明"和"精神文明"两个方面，而"文化"则仅指"精神文明"。这就是说，"文化"的最重要的特征就是具有"精神"的内涵，文化是精神的外在表征，而精神则是文化的内在本质与深层底蕴。正是"文化"的这一深层的内在本质与内涵，才把"文化"和"文明"区别开来。

"文化"的主要形式有文学、艺术、哲学、宗教、道德以及政治和法律观念等，这些文化形式也都是"社会意识形态"（或"社会意识形式"）。同时，"文化"也包括人类为适应环境和调整社会生活而形成的各种社会心理、观念、意识、知识、信仰等精神生活要素以及一些风俗、习惯等。所有这些文化形式与文化要素都是随着社会历史的发展而逐渐形成并发展起来的，文化也由此成为人类社会发展所特有的一种历史现象。

文化活动作为一种历史活动，实际上是建立在人类一定物质活动基础上同时又超越物质活动的一种创造性的精神活动，也就是所谓"精神生产"亦即精神本身的创造性活动。也因此，所谓"文化史"，在其一般意义上，也就是人类创造性的精神活动的历史，也就是人类借助各种文化形式维持并发展精神生活和整个社会生活的历史。也因此，在一般意义上，"文化史"或"文化学"，也就成为一种广义的"精神现象史"或"精神现象学"，体现出人类精神发展与演变的历史过程与基本特征。

## 二　文化的系统结构

从本质上说，所谓"文化"实际上也就是"传统文化"。这是因为，"文化"的根基或本质就是"传统","文化"必然具有"传统"特征,"文化"不可能在"传统"之外形成与发展,离开"传统"的"文化"也必然消解或终结。因此,在本质上说,"文化"也不过就是"传统文化","文化"和"传统文化"这两个概念也具有统一性,实际上又是一个概念。

"文化"和"传统文化"之间的这种同质关系,与"哲学"和"传统哲学"之间的同质关系具有相似性,也正像从本质上我们可以说"哲学"就是"传统哲学"一样,我们也可以说,"文化"就是"传统文化"。

那么,什么又是"传统文化"呢?

本书第六章曾提出并界定"传统哲学"的概念,实际上,与"传统哲学"的概念一样,所谓"传统文化"也应是指在现代文明产生以前在东西方都存在的包括古代文化、中世纪文化和近代文化在内、具有精神原创性及其历史传统的文化形态。也可以说,"传统文化"就是人类文化发展的根本形态与典型形式,而其发展演变的历史形态有中国传统文化、西方传统文化以及印度传统文化、日本、阿拉伯传统文化等各种形态。

"文化"或"传统文化"的一个重要特征就是具有整体性,就是具有系统结构。可以说,传统文化是一个有机系统,各种文化形式之间具有广泛而深入的内在联系,由此发挥出整体的文化功能与社会作用。相比之下,"现代文化"则已完全不具有传统文化的那种整体性及其有机系统,而是呈现出各种文化形式之间的广泛分离、分裂甚至消解。因此,比较说来,所谓"现代文化"已具有某种"非传统文化"的基本特征,也可称为"现代非传统文化",它实际上只是"现代文明"。

由于文化具有系统性,因此,我们应当把文化视为一个系统即"文化系统"。所谓"文化系统",就是指包括文学、艺术、哲学、道德、宗教等各种文化形式及文化要素在内的并发挥整体功能的一个统一的人类精神或意识形态发展的完整体系。

文化系统的基本特征是具有系统的整体结构。笔者认为,文化系统的这种整体结构及其特征主要表现在下述方面。

首先,各种文化形式之间具有广泛而内在的关系。作为文化形式,宗教、哲学、艺术、道德等各种形式之间既相区别,又相联系,既相互依存,又相互渗透,各种形式共处于一个文化系统中,从而表现出一种系统的整体结构。应当说,精神是联结这些文化形式的灵魂或纽带,而这些形式也都属于"意识形态",也都具有某种"形上"精神,亦即超越现实的本质。由此,文化系统也就体现并保持了某种相对独立于社会现实生活的特点,并构成了一个自身相对统一而严密的结构系统。

其次，文化系统作为一个整体也是由各个"子系统"共同组成的。在文化系统中，每一文化形式都是一个相对独立的"子系统"，都具有自身相对独立的本质特征与历史作用，而不同文化形式的本质与作用之间也总是既相区别又相联系。由此，文化系统也就在整合的过程中发挥出整体性的系统功能，这种整体性的系统功能，在本质上也要大于并优越于各个子系统功能的简单总合。

同时，文化系统也体现出一定的层次性。不同的文化形式在认识上具有抽象程度的差别，依照这种差别，文化形式就呈现出一定层次性。同时，不同的文化形式也体现出不同的理性特征，如科学主要体现工具理性，哲学在"本体论"形态上主要体现理论理性、在"价值论"形态上主要体现价值理性，而宗教也主要体现价值理性等等。因此，依照这种认识程度及理性形态的差别，我们就可以大致区分出文化系统的主要层次。笔者把文化系统大致划分为以下四个层次，按照从低到高的排列次序，它们依次是：

（1）工具理性层次。主要形式是科学，科学规律是对世界发展与运动的现实过程的直接反映，而且具有直接的转化为物质生产力的现实性。此外，还有政治与法律观念。政治与法律作为调解社会生活的规范距离社会现实生活或经济生活也是最近的。该层次构成文化系统的基础层次，为其他各种文化形式的发展提供理性认识的现实基础。

（2）理论理性层次。主要形式是哲学，但这里的哲学主要是指作为一门严格的学科的哲学，即指作为"本体论"形态的哲学。这种"本体论"形态的哲学集中体现出哲学的"纯粹理性"或"思辨理性"的特征，从而构成文化系统的理论理性的认识层次。该层次构成文化系统的核心部分，为整个文化系统提供基本的理性思维的观念、方法与规则，从而为整个文化系统的有机发展奠定理论理性的认知基础。

（3）实践理性层次。主要形式是道德与伦理。道德或伦理为人类社会生活与精神生活提供基本的自律及他律的规范，促使社会生活实现有机的自我调节与规范运行，从而也使得理论理性或纯粹理性在社会生活中得以贯彻和体现。因此，该层次构成了文化系统的一个具有重要中介与中坚作用的层次，同时，它又把理论理性和价值理性联结起来。

（4）价值理性层次。主要形式是哲学（作为价值论的哲学）以及艺术和宗教。哲学在"本体论"形态上主要体现"理论理性"的特性，而在"价值论"或"人生价值论"形态上则主要体现"价值理性"的特性与基本追求。作为"人生价值论"的哲学构成了"价值理性"层次的重要文化形态，这也是文化系统的高级形态或层次。同时，艺术（或美学）以为人类精神生活提供"美感"为本质和功能，而宗教则以为人类精神生活提供"信仰"为本质和功能，因此，艺术和宗教也就成为"价值理性"的重要表现形态，因而也成为"价值理性"层次的文化形式。正如价值理性是理性的最高层次一样，哲学、艺术和宗教也构成了文化系统的最高层次与最高形式。

从本质上看，哲学、艺术和宗教才构成了严格意义上的精神文化，因而成为传统文化发展与演变的三种最重要的形式，或者说，成为人类精神现象的三种主要形态。也因此，黑格尔即把"艺术"、"宗教"和"哲学"界定为"精神哲学"发展的最高阶段即"绝对精神"发展的三种主要形式。在黑格尔看来，艺术、宗教和哲学都以"绝对"或"绝对精神"作为认识对象，因而都达到了无限性的境界，从而使"绝对精神"体现出来。显然，艺术、宗教和哲学都属于"价值理性"，因而体现为人类精神文化的最高本质。

文化系统的这四个层次在各自发挥作用的同时，也在相互联结中形成相互作用，进而形成某种文化系统的整体功能，从而对社会精神生活产生重大的根本性影响。

再次，文化系统也是动态发展的，并在动态发展中形成并体现出一定的演变逻辑。在长期的历史发展中，文化系统的演变也会形成一定秩序即"文化秩序"，或者说，文化系统的发展就直接体现为"文化秩序"的发展。所谓"文化秩序"，是指不同文化形式之间的有一定条理的相互关系。一定的文化秩序能体现一定的文化系统作为整体的有机结构，并保障文化系统发挥整体的合理功能，而正常的文化秩序也是人类精神生活正常发展的基本条件与根本标志。

"文化秩序"也是我们考察文化系统演变及其作用的重要参照标准。各种文化形式的有序性会形成文化秩序，并对社会精神生活的发展起良性协调与促进作用，而各种文化形式的无序性则会瓦解文化秩序与文化系统，从而损害社会精神生活的发展。传统文化之所以能成为一个文化系统而长期存在与发展，其根本原因也正在于它具有一定的"文化秩序"，即哲学、宗教、艺术、道德等各种文化形式之间能保持某种内在的合理关系，从而使文化系统能够作为一个有机整体发挥作用。相反，现代（非传统）文化则体现出某种无序性，各种文化形式在失去各自内涵本质的同时也失去相互之间的合理联系，从而造成文化系统日益丧失其有序性、有机性及整体性的本质与功能。哲学、宗教、艺术、道德等各种文化形式的衰落体现出传统文化秩序的瓦解，而哲学、宗教、艺术、道德等文化形式的复兴也都有赖于整体文化秩序的重建。

总的说来，我们对文化系统的考察，可以从逻辑和历史两个方面或两个角度进行。从逻辑角度进行的考察，是侧重于对文化系统进行结构、层次以及相互关系的分析，如上述对文化系统结构、层次或整体性的分析，而从历史角度进行的考察，则是侧重于对文化系统的演变过程做出梳理与分析，并从中找出文化系统演变的基本线索及其规律。在这里，逻辑和历史也是统一的，文化系统所具有的逻辑结构及其本质，也会完全贯穿并体现在文化系统演变的历史过程中，从而体现出某种统一的历史逻辑。

## 三　文化系统的演变

下面，我们再来探讨一下文化系统的历史演变问题。当然，文化系统也属于"复杂系统"，其演变过程也极其复杂。因此，我们的考察也仅仅是一种概略的简要的考察，也仅仅具有一种"简约"的性质。

对文化系统发展历史的考察，已属于"文化史"研究领域，而"文化史"在其基本的或本质的意义上，即是人类精神发展的一般历史，即是人类社会精神生活的发展演变历程。也因此，文化史，作为独特的精神文化现象的演变历史，也就具有自身发展演变的相对独立性、内在融合性、历史延续性以及传统的继承性与变革性等基本特性，具有不同于政治和经济发展规律的文化演变规律。从文化系统论的角度来说，文化史也就是文化作为一个复杂的精神系统或意识形态系统展开、发展与演变的历史，同时也就是人类建构精神文明或文明系统的基本过程。

文化系统的演变，具有一定共时性，即表现为各种文化形式之间相互依存、相互融合而保持统一的过程，同时，也具有一定历时性，即表现为各种文化形态之间的一个有序的逐步展开的过程。无论是文化系统演变的共时性，还是其演变的历时性，文化系统的演变也总会呈现出各种文化形式之间复杂而多样的历史关系，从而呈现出文化发展的不同历史特征。为从本质上认识并把握文化发展的历史特征，笔者在多年前出版的一部论述科学系统与功能的著作中曾提出"主导文化形式"的概念并据此分析不同文化时代的差别。所谓"主导文化形式"是指："在文化史的每一特定时代，在存在多种文化形式的同时，往往有一种文化形式居于主导地位，成为在整个精神生活或精神生产中发挥主要作用的文化形式"。[①] 笔者认为，一个时代文化发展的主要特征，是由占主导地位的文化形式即"主导文化形式"决定的，而不同的文化时代的显著差

---

① 拙著：《现代科学的大系统与大功能》，吉林教育出版社，1989，第 219、220 页。

别，也主要在于具有不同的主导文化形式。由此，我们在文化形式本身的矛盾关系与发展、演变中也就找到了把不同文化时代乃至历史时代适当区别开来的主要依据。而一旦我们把不同的文化时代区别开来，我们也就得到了文化系统演变历史亦即文化史的基本线索，并且也就得到了把文化史与认识史、思维史乃至整个人类文明发展史统一起来的基本线索。

依照上述思路与方法，笔者把文化史大致划分为以下几个大的"文化时代"：

（1）原始文化时代。这是古代社会的一种"自然文化"，具有文化上的原创性，还保持着文化系统的原始的综合统一性。其主要表现形态为古希腊文化、中国远古文化等具有原始文化特征的历史文化形态。

该时代还不具有明显的某种主导文化形式，宗教、哲学、艺术、道德乃至最初的科学认识等还融合、统一在一个大一统的原始的知识体系中。

（2）宗教文化时代。这是以西方中世纪（The Middle Age）为典型的一个特殊的文化时代。"宗教文化"这一概念，一方面表明宗教（或神学）成为主导文化形式，另一方面也表明文化具有宗教信仰的根本特征，由此也表明社会生活实现了文化和宗教的某种奇特的结合或融合。

宗教文化时代的特点在于：第一，社会生活具有精神生活的内在性，人们普遍关注的问题不是物质生活而是精神生活，是以精神生活即宗教信仰和道德节操来维持社会生活。同时，"信仰"成为社会精神生活的根本特征，宗教发挥出整合社会的重要功能。第二，精神生活也具有哲学上的一定思辨特征，即具有思辨性。中世纪的经院哲学也注重逻辑思辨，重视以逻辑论证来证明"上帝"存在，其精神生活在总体上趋于理性，趋于理性和信仰的结合。第三，社会生活也具有某种文化特征或文化性。西方中世纪在继承古希腊哲学思辨传统的同时，也保留了古代文化教育的火种，当时教会普遍实行"七艺"，即语法、修辞、逻辑、算术、几何、天文、音乐，教会成为文化教育的主要机构，成为整个社会文化生活的主要体现者。

在历史上，宗教文化时代也是一个最漫长而稳定的时代，这一时代（作为某种"夹在"古代和近代之间的一个过渡时代）为人类文化的持续发展或其后的巨大发展保留了基本资源，同时也提供了基本动力。正如文德尔班所说，中世纪提供了"一种新的精神力量"，它"用坚强的手臂在毁灭的年代里力挽狂澜，为人类的将来拯救和保存文明的财富"。文德尔班指出："这种力量就是基督教会。国家政权做不到的，艺术和科学办不到的，宗教做到了，办到了。"① 显然，由于宗教的巨大作用，这个中世纪时代完全可以被称为"宗教文化"时代。

（3）人文文化时代。这是近代社会文化发展的基本特征。中世纪以后，社会发展也由农业社会逐步转变为工业社会，而文化发展的基本趋向是由宗教文化逐步转变为一种世俗的或人文的文化，文化系统的发展也随之进入"人文文化"时代。在这个文化时代，各种人文学科作为以人和自然为对象的世俗的学问取得了全面的发展，实证的自然科学也取得突飞猛进的发展。不过，这一时代文化发展的总的特征还不是科学的发展，而是文学、艺术以及道德、法律、政治、哲学等人文学科的全面的历史性发展。因此，我们应将近代视为一个"人文文化"的时代。

所谓"人文文化"是指文学、艺术、道德、哲学等多种具有人文性质的文化形态的综合而形成的文化形态。这一"人文文化"时代，也是一个由中世纪宗教文化向现代的科学文化转变、过渡的时代。由于在近代社会，艺术的各种形式如文学、美术、音乐、戏剧、舞蹈以及电影等都充分发展起来并达到空前繁荣，因此，笔者也曾将近代文化时代界定为"艺术文化时代"，借以表明"艺术本身也发展成为给予人类精神生活以重大影响的占主导地位的文化形式"。② 不过，经过再度思考，笔者认为还是应把近代文化时代界定为"人文文化时代"，以便能更全面地揭示与把握这一时代文化发展的总体特征。

近代"人文文化"，也是古代的"原始文化"（或"自然文化"）的某种复兴，或是在新的时代条件下的某种文化调和，因而也具有在文化发展上进行综合、整合的历史特点。我们知道，近代西方文化或文明也正是在调和古希腊哲学与中世纪神学这两重思想资源的基础上形成并发展起来的。

（4）科学文化时代。进入 20 世纪以来，在现代科学技术革命的强力推动下，人类社会又开始踏入一个"科学文化"的新时代。这个文化时代的主要标志是：科学知识激增，并加紧渗透于其他文化形式和精神生活，科学给予整个社会精神生活以日益增大的影响，同时也改造、重建了自身，进而形成了一个全新的统一而巨大的科学认识的知识系统。正如现代科学学的奠基人之一、英国著名科学家贝尔纳（1901～1971）所说："历史、传统、文学形式和直观再现，都将越来越属于科学的范畴。科学所描绘的世界面貌虽然不断地变化，但

① 〔德〕文德尔班：《哲学史教程》上卷，罗达仁译，商务印书馆，1987，第353页。

② 拙著：《现代科学的大系统与大功能》，吉林教育出版社，1989，第220页。

是每经一次变化就变得更加明确和完整，在新时代中一定会成为一切形式的文化的背景。"①

现在，代替古希腊时代学园和中世纪教堂以及近代大歌剧院的是遍布全世界的科学家协会和科学技术馆。随着科学的普遍进步，科学家早已走到社会生活的前台，他们宣布："总起来说，我们希望把科学当作整个文化的一个组成部分来对待，以促进所有人的智育和体育的发展。"② 这一科学时代的宣言，自然反映出科学与文化日益融合的重大趋势，同时也表明继宗教、艺术或一般人文文化之后，科学已俨然成为整个社会精神生活的主导形式。

与上述文化时代由原始时代向宗教时代，再向人文时代乃至科学时代的转变相对应，人类社会形态（即"技术社会形态"）也呈现出由原始狩猎社会向农业社会转变，再向工业社会转变，再向信息社会转变的"三次浪潮"的冲击。我们看到，随着一系列新兴科学技术的发展与应用，当代社会正在加速实现从工业社会向信息社会的转变，一个以电子技术为基础的具有信息社会背景的全球化时代正在到来。

上述文化时代的演进，是以有关文化形式的转变为基础或标志的，不同的文化形式在不同时期会成为主导文化形式，并能决定不同文化时代的特征及其区别。在这里，文化时代的历史推演也与文化系统的逻辑结构具有统一性，这种历史推演不过是文化系统的内在矛盾的某种特定表现，或者说，文化系统的逻辑结构就通过文化发展的一定历史行程表现出来。在这里，文化系统的演变逻辑已显露出来，这种逻辑就在于各种文化形式的矛盾关系及其相互作用。而文化系统的逻辑关系一经历史性演变，也就会形成文化系统的历史，就会形成文化史本身的历史逻辑。在文化系统的演变中，具有一定静态性的逻辑结构就与具有一定动态性的历史演变达到本质的统一，即"文化"在自身的演变中达到逻辑和历史的统一。

依据文化系统的演变逻辑，笔者认为，未来文化的演变趋向或走向在一定程度上也应是可以预测的。依笔者所见，未来文化时代，将具有文化整合的性质，将是对哲学、宗教、道德、艺术及科学等多种文化形式进行综合与协调，进而将表现为历史上一次多种文化形式的"新的综合"。就人类精神本性的发展而言，这也将是人类文化演变的一次"全球化"浪潮，是继形成宗教文化、人文文化以及科学文化这"三次浪潮"之后的"第四次浪潮"（the fourth wave）。

---

① 〔美〕贝尔纳：《科学的社会功能》，陈体芳译，商务印书馆，1982，第547页。
② 〔美〕贝尔纳：《科学的社会功能》，陈体芳译，商务印书馆，1982，第24页。

上述文化系统的演变或文化形式的变迁既具有一定必然性，也具有一定目的性或合目的性。从哲学目的论角度来说，文化系统演变的目的就在于自然界要把人类的精神文化的全部本性（作为人类的一种"自然秉赋"）充分地并且合乎目的地发展出来，因为"一个被创造物的全部自然秉赋都注定了终究是要充分地并且合目的地发展出来的"。[①] 同时，文化的充分的合目的的发展也会促使人类由所谓"自然存在物"而提升为真正的"文化存在物"或"理性存在物"并进而实现自身的最高目的与最终价值。就此而言，文化演变或文化史也就成为人类社会历史演变的缩影或结晶，并成为历史本身在精神上的映现或写照，成为历史本身意义的诠释，即成为历史本身所建构的精神现象学与哲学解释学。

实际上，在文化系统中，每一文化形式或其主导的文化时代都具有自身存在与发展的历史理由，而每一文化形式也都具有自身独特的本质特征、合理内涵与特定的历史作用。因此，文化或文化系统发展的本质或合理性并不在于不断否定某一形式而由新的形式取而代之，而恰恰在于实现所有这些文化形式的和谐共处、辩证统一，亦即实现整个文化系统的有机发展。当然，哲学的衰落或复兴也与文化系统的演变具有内在关系，哲学的复兴也取决于文化系统或文化秩序的重建。几千年来，人类传统文化的发展已为我们提供了一个文化系统演变的基本框架及其历史逻辑，总结、梳理这一文化系统的本质特征、合理内涵及其演变逻辑并从中找出未来文化发展的合理路径，也理应成为当代哲学与文化研讨的重大课题。

## 第二节　宗教与艺术的本质及其历史作用

文化是一个具有整体性的有机系统，其中每一种文化形式都具有自身的独特本质与历史作用，而这些形式的作用的整合即形成文化系统的整体功能。在本节中，我们就来探讨一下宗教、艺术这两种文化形式的独特本质与历史作用，同时也注重探讨一下宗教与哲学的复杂关系。

### 一　宗教的本质及其历史作用

在历史上，宗教和哲学历来有密切关系，宗教也具有一定超越现实的形而

---

① 〔德〕康德：《历史理性批判文集》，何兆武译，商务印书馆，1990，第3页。

上学的精神特征或精神追求，因而宗教和哲学常常互相融合而密不可分。在一定意义上说，哲学是通向宗教的，同时也为宗教信仰提供理论论证，而宗教也因具有超越的与信仰的本质而成为人类精神发展与文明演进的重要形式，并成为与哲学关系最为密切的文化形态。

### （一）宗教产生于人性的需要

宗教是一种悠远的历史文化现象。从历史上看，宗教是人类社会最具"原创性"的一种精神文化，而宗教的"信仰"精神也构成人类传统文化的根基。据有关考证资料显示，宗教产生的历史可追溯到数万年以上，大致萌芽或形成于公元前 3 万 ~ 1 万年的中石器时代后期或稍晚，而人类产生语言至多也不过 5 万年，形成文字还不足 1 万年。原始社会中出现的最早的一种宗教信仰形式就是"图腾崇拜"，即对某种特定动物、植物或物体的崇拜，此类物体在印第安语中被称为"图腾"（totem）意即"他的亲族"，这种崇拜形式在远古各种族中都曾普遍存在，这也表明宗教信仰起源于对神秘自然力量或"超自然"力量的敬仰。

其后，在距今 6000 到 4000 年间，宗教就开始由多神崇拜进展到一神崇拜，从而产生了最古老的一批宗教，如古巴比伦宗教、古埃及宗教、西亚迦南宗教、腓尼基宗教和小亚细亚宗教等。在大约 2800 ~ 2500 年前，世界各文明地区开始相继出现一些更为定型的成熟的宗教，如婆罗门教、犹太教、佛教、印度教等。至此，宗教发展就进入"原始正教"时期。

在汉语中，"宗教"的含义是明确的，所谓"宗"是指"祖宗"、"元宗"，所谓"教"是指"教化"、"教育"。"宗教"就是指在聆听、奉行类似祖宗的神灵教诲中得到教化，从而使人的灵魂、情感、意志得到净化或升华。汉语"宗教"一词颇能体现世界上普遍存在的宗教现象的基本特征。

但对宗教产生的原因或根源人们却众说纷纭。大致从德国近代哲学家费尔巴哈开始，人们即认为宗教产生于人的本质的"异化"，即认为是人把自己的本质外化给"神"从而造成对神的崇拜，即认为"不是上帝创造了人，而是人创造了上帝"。人们还认为宗教产生于"对自然压迫和社会压迫的恐惧"，"宗教是支配人们的外部力量在人们头脑中虚幻歪曲的反映"，"宗教是人民的鸦片"，等等。然而，问题在于，在人类的本性或人的现实的本质中，如果没有宗教信仰的要素与精神需求，何以会产生宗教，又何以会出现所谓人的本质的"异化"呢？

实际上，"人性"在宗教中的异化，不是人性的异化本身，而只是人性的内在本质在宗教形式中的某种展现或实现。或者说，宗教正是"人性"借以实现自身并显现自身的一种特定的历史形式。在这里，不是宗教创造了人性或形成人性的异化，而是人性创造了宗教并制约宗教的发展。人性才是宗教产生的最终根源与基础。事实上，如果没有人性在宗教中的这一所谓"异化"，也就没有人性在现实中的非异化的实现，亦即没有现实的人性本身。舍弃对"人性"的空谈（类似那种对"真正人的道德"的论断），实际上，在历史上的宗教、哲学以及道德中体现出来的人性才是真正具有历史性的人性，因而就是必然的、现实的与合理的人性，或者说，就是人性发展的现实形式。

可以说，宗教即产生于"人性"即"人的本质"的需要，宗教产生的深刻根源就在于人性的深刻矛盾以及对这种矛盾的超越。我们知道，"人性"包括"自然性"与"人道性"两重本性（参见本书第六章对"人性"的分析），而宗教就是人在其"自然"本性（"欲望"）的基础上对"人道"本性（"希望"）的追求与彰显，就是人对于人的"自我超越"或对"神圣"的形上本性的诉求与追寻。事实上，没有"人性"对"神性"的诉求与追寻，即没有人对神的信仰，也就没有人性本身的实现。我们知道，古希腊哲学家苏格拉底认为，"只有神才是真正智慧的"，而人只能"爱智慧"即"追求智慧"。实际上，对神的智慧的追求，也同时就是对神的信仰，"爱智慧"的过程也就是"敬神"、"事神"的过程。按照苏格拉底的理念，人也只有在对神的智慧的寻求与敬仰中才能获得智慧并实现真正理智的人生。也因此，苏格拉底"爱智慧"（philosophy）的信条，也就不仅奠定了哲学思维的最初基础，而且也在事实上表达了一切宗教信仰的基本精神。

在此意义上，我们还可以说，宗教起源于人性的"觉悟"。正是佛祖释迦牟尼指明了宗教产生的这一基本原因或本质。佛祖曾说："我醒悟了。"据有关史料记载，释迦牟尼修炼成佛后，曾有人问："你是什么？""你是神吗？或是一个天使、一个圣人？"佛祖回答"都不是"；"那么你是什么呢？"佛祖回答："我醒悟了。"[1] 在梵语中，"佛"或"佛陀"（Buddha）的含义就是"醒悟"、"觉悟"，就是"通过修炼而醒悟了的人"。

释迦牟尼所思考或要解决的根本问题就是人的"生老病死"亦即"人为什么活着"的问题，而佛教或宗教的要旨也正在于要依靠对"神"、"佛"的信仰来教化与提升人的本性，拯救人的灵魂，从而促使人达到解脱的"彼岸世界"或圆满的"天国"。因此，在宗教中，"觉悟"就是指人的本性或自我意

---

[1] 〔美〕休斯敦·史密斯：《人的宗教》（修订版），海南出版社，2006，第91页。

识的觉醒，就是指人通过修行而破除对世俗生活的迷恋而达到超越一切现实利益或对现实生活各种执著的境界。

也因此，宗教意识也不失为一种自觉的人生体验与人性意识，宗教是以对"神"的信仰或追求为目标的，但同时宗教也不失"以人为本"，即以提升人性为根本目的。而且，世间的人性也总是相通的、一致的，因此，凡是有人性或人性觉悟之处，便必然有宗教产生。也因此，世界上几乎所有的古代民族都产生并拥有自己的宗教，而宗教也就成为孕育人类精神信仰的一种最古老、最根本的文化形态。

宗教是人在迷途中求助于"神"、"佛"或"道"的力量而返归正途的重要方法，宗教的历史意义也正在于唤醒"执迷不悟"的人对自己本性的认识而重新确认自己的人的本性。的确，宗教是一种基于人性又超越人性并成功教化人类按照自己的本性去生活的伟大历史活动，其"伟大"也正基于宗教实现了对人类本性的那种持久、深入而全面的体悟、探究、确证与展示。

## （二）宗教的本质是对"神"的信仰

在古代社会，在世界范围内先后确立了譬如佛教、道教、基督教等一些古老的宗教。这些古代宗教的共同特征就是对"佛"、"道"、"神"的信仰，而这种"信仰"本身又带有超越论的形而上学意义。

### 1. "信仰"是宗教的本质特征

可以说，中西传统文化都是具有特定宗教信仰特征即"有神论"特征的文化，即都是一种"神传文化"。西方文化直接追求"神"或"上帝"的存在，其哲学研究也长期以论证"上帝"的存在为要旨，而在东方国家或我国的古代文化中，"佛"与"道"的存在也具有至高无上的地位。由此，对"佛"、"道"、"神"的信仰也就构成了人类传统文化的共同的基本特征。

在东方，"佛家"、"道家"学说进而都形成宗教即"佛教"和"道教"。而我国古代圣哲孔子所创立的儒学或儒家学派原本不能算是一种宗教，但却也具有类似宗教的特征。儒家也有类似宗教的教义、团体、庙宇、领袖等形式，同时也有一定宗教情结，也起到一定的宗教教化作用。所以，"儒家"也一向被尊称为"儒教"。在中国古代，儒、释、道历来被认作并行不悖的"三教"，中国是一个在宗教上实行"三教合一"的国家，实行"三教合一"是中国古代宗教发展的重要历史特征。

再从现实来看，宗教的作用也不可忽视。现在世界上信教人数众多，据1998 年有关统计，那时世界人口是 59 亿，而信教人数是 48 亿，占 81%，其中基督教徒是 19.9 亿，伊斯兰教徒是 11 亿，佛教徒是 3.28 亿。十几年来，全世界信教人数继续呈持续平稳增长态势，绝大多数人是宗教信仰者。在中国大陆，信教人数也呈上升趋势，宗教信仰或追求信仰自由正成为民众生活中一项重要的精神追求。

笔者认为，宗教的本质就是"信仰"，而"信仰"在本质上就是对"神"的信任与敬仰。从认识或精神根源上分析，宗教"信仰"在实质上就是人对"神"或"上帝"的超自然力量的确信、认同与敬仰，就是人追求宇宙神秘或超验事物的本性表现。因此，信仰也就成为信仰者在精神上的一种追求、寄托与安慰，同时也成为信仰者所认定的真理。"信仰"与"政治信念"不同，后者的起点与归宿都是"政治活动"，其目的在于"政权"，在运用手段上也常常会出现各种问题，而"信仰"则完全属于一种纯粹的精神活动，在实质上也是超越于任何政治诉求或世俗活动的。

可以说，"信仰"是宗教的本质特征，而宗教则是信仰的实现方式，是信仰在一定社会历史条件下的实现形式。就是说，宗教只是形式，而信仰才是宗教的内涵或本质，信仰神才构成宗教的精神。宗教的历史意义就在于把人类的精神信仰以一定的、合理的形式表现出来并维持下来，而"信仰"本身作为一种精神，乃是人类的天性或本性。康德曾说，要限制知识而为信仰保留一块地盘。实际上，"信仰"本来就在人类的精神世界中占有不可取代的重要地位，"信仰"也永远不会消失，人类也将永远需要"信仰"来超越现实而走向永恒。

### 2. 对"神"的存在只能做出"超越论"或"宇宙神论"的证明

在西方哲学史上，一直延续着对"神"或"上帝"存在做出证明的理路或传统。自古希腊哲学以降，就开始了对"神"的存在的证明。如亚里士多德所说"神是一个至善而永生的实是，所以生命与无尽延续以至于永恒的时空悉属于神"[①]。可以说，这是对"神"做出的最初的理性论证（可称为对"上帝"存在的"实是论"或"本是论"证明）。但从总体上看，古希腊哲学对神的存在的证明或探讨还带有某种广泛的"自然神论"或"万物有灵论"的特征。

在中世纪，经院哲学家把基督教信仰和古希腊哲学的理性传统结合起来，深化了对神的证明的思路。如安瑟伦提出了对上帝存在的"本体论证明"、托马斯提出了对上帝存在的"宇宙论证明"，都加强了证明本身的思辨性与超验性。同时，这些证明也进一步明确地把"神"理解为整个世界的"本质"、

---

① 〔古希腊〕亚里士多德：《形而上学》，吴寿彭译，商务印书馆，1959，第 248 页。

"创造者"或"目的",因而中世纪经院哲学家对"神"的存在的证明也就体现出某种共同的"神创论"的基本特征。

在近代西方,哲学家对神或上帝存在的证明开始表现出多样化的特点。如斯宾诺莎、莱布尼茨的证明都偏重于"自然神论",而康德的证明则偏重于"道德神论",黑格尔则侧重于对神做出理性的即"理神论"或"辩神论"的证明。

事实上,人类对"神"的信仰具有"形而上学"的超验性,要理解"神"的存在,在本质上就必须从超越论或宇宙神论的思维视野出发,进而论证神的存在的宇宙学意义。从本质上或逻辑上说,人类对"神"(或"上帝")存在的证明也只能是某种"超越论"证明,或是某种具有无限认识特征的"宇宙神论"证明。这就是说,人类只有用"超越论"才能真正证明或体验"神"的存在。

具体说来,宗教信仰即人对"神"的信仰主要具有以下特征或特性:

首先,人对神的信仰具有超越性或超自然性。从根本上说,人对"神"的信仰或认识就是超越于人对自然的有限认识而进入无限认识,即进入内心的超越性体验。在宗教中,人超越了对自然的直观认识。实际上,人所理解的"自然"也是不存在的。人所理解的自然只是某种僵化的或机械化的"自然",但实际上,"自然"也并不是单纯的"物质",而是一种"生命"、一种"生物"、一个活生生的"超级有机体"(super-organism)!就是说,自然是一个巨大无比的有机生命系统。人们也只有这样理解"自然"才符合"自然"或"宇宙"的真正本性,而这样的"自然"本性也就与"神"的本性完全一致了。或者说,具有生命本质的自然与神的概念是完全一致的。在宗教上,信仰"神"首先就要体悟"神"是超越于人也超越于人所理解的自然的真正超常的存在。

整个"宇宙"、"自然"的本性与"神"性是一致的。同时,宇宙本身也充满精神,宇宙即是物质和精神的统一。就整个宇宙说来,也没有物质与精神分离的二元论存在的余地,而只有物质和精神统一的本原的一元论。在宇宙中,物质和精神是一性的,物质本身即具有精神的特性,因而物质和精神总是互相包含、互相渗透、互相统一的,物质和精神都是宇宙的特定的存在形态。而"神"则表征宇宙的物质与精神、宏观与微观、有机与无机、时间与空间等等统一的无限存在,因而对"神"的存在也就只能做出"宇宙神论"或"超越论"证明。

其次,人对神的认识也具有无限性,即代表、表征一种无限,实质上是对宇宙无限性的体认。人的认识总具有有限性,因而无限认识就属于信仰领域,人通过对"神"的信仰超越有限而进入无限认识领域。实际上，也只有"神"的理念、观念才能表达"无限"，"无限"或"永恒的时空悉属于神"。就是说，"神"代表、象征一种无限，实际上是对宇宙无限性的一种表征。

由于人要认识"神"，而"神"本身又具有无限性因而又并非是人的有限认识对象，这就产生了有限和无限的悖论：人的认识和语言总是有限的，但又不得不表达无限，但无限作为无限却是不可认识、不可表达、不可言说的。因此，为了扬弃这种悖论，对无限的"神"的认识就需要依靠想象、体验或信仰来确立，同时也需要依靠理性去论证。在这里，"想象"、"体验"或"信仰"就开辟出认识无限的道路，即开辟出人的认识发展的无限的可能性。也因此，人对"神"的认识或信仰也就必然具有超逻辑、超常规、超科学的基本特征。

对宇宙无限或终极问题的认识，除宗教以外，别无他法。科学所追求的总是在场的"事实"，属于认识的有限领域，而宗教所追求的则是一种超越在场的"不在场"，一种超越事实的"价值"、一种超越物质的"精神"、一种超越有限的"无限"，因而宗教就属于认识的无限领域。由此，宗教也就和科学区别开来。

按照对"神"的无限性的体认，或按照"宇宙神论"（即对"神"的存在的宇宙论证明），"宇宙"即神，"神"即宇宙。"宇宙"充满"神"或"神迹"，那弥漫宇宙的一切庞大的天体、物体、星云、星系等等都是"神"，那无限的时间、空间也悉属于"神"。"宇宙"即是一个巨大无比的超级的有机生命系统，在此意义上，宇宙或自然即是神，神也即是宇宙。

再次，人对"神"的认识也具有不可言说性。"神"的存在具有超越性、无限性，而人的认识、人的语言总是有限的，因而难以描述无限。老子说："道可道，非常道，名可名，非常名。"（《道德经》第一章）就是说，人的语言、思维常常限于有限、在场，因而难以表达无限、不在场。而"佛"、"道"或"神"都属于无限、不在场的存在，因而是难以言说或无法言说的。"道可道，非常道"，同样，"神可神，非常神"。对人来说，"神"的无限性也体现为"不可认知"，"神"是"经验"之外的"超验"存在，是超验或超常的存在形式。因此，"神"作为"神"就并非完全是人所言说或理解的"神"，人所言说的"神"已不再是真正超常意义上的"神"。但也因此，"信仰"本身也就成为一个在有限中超越有限而追求无限的认识，亦即成为一种弥补认识的有限性而自觉趋于无限性的认识。

也因此，"神"的存在就不是一种"人格化"的存在，"人格化"的"上帝"也只是西方基督教所理解的"神"的一种形式，体现出基督教信仰的特征。实在说来，"神"是非人格化的，也只有非人格化的神才是真正意义上的神。基督教信仰的是"上帝"，"上帝"是"神"的一种存在形式，正如"佛"、"道"也是"神"的存在形式一样。宇宙充满了佛、道、神，因为相对于人的有限存在方式而言，宇宙的存在方式属于无限，因而即属于佛、道与神。

让我们把"神"理解为或体验为弥漫在宇宙中的一种强大的人们看不到、认识不到但又不可抗拒的超人的并且超自然的力量吧！"神"应是宇宙中一切超人力量或神秘力量的统称、泛称，应是泛指一切庞大的弥漫宇宙的天体、星云、星系、物质、物体、时间、空间……一切"悉属于神"（亚里士多德），"一切都在神之内"（斯宾诺莎）。人类的认识及其周围的现实世界极其有限而渺小，仅是茫茫宇宙的沧海一粟，仅是宇宙的一粒尘埃……对于人类来说，宇宙也将永远是"谜"或"未解之谜"，也将永远充满未知数即"X"。因此，对于人类来说，"宇宙"本身就永远是"神"。

### 3. 宗教信仰的一般意义

在上述对神的存在的"宇宙论"证明或"超越论"证明中，"神"具有超越的因而也具有象征的意义，但同时，"神"也具有实存、实是的意义，亦即具有"存在"（Being）的实际意义（在西语中，"神"或"上帝"即是"Be-ing"，即大写的"存在"）。在人对"神"的信仰领域，"神"既是一种超自然力量的实际存在，也是人类精神价值或道德意义存在的最终根据，因而"神"既是"事实真理"，也是"价值真理"，"信仰"既是"事实性信仰"，也是"价值性信仰"，亦即是双重真理与双重信仰的统一。

当然，由于人对同一个自然、宇宙的认识与理解会完全不同，这就会形成不同的"信仰"并产生"信仰自由"问题。"无神论"会把宇宙、自然理解为宇宙或自然现象本身，进而否认其超越的或超验的意义。对于无神论来说，宇宙、自然只是作为具有客观性与经验性的直观认识对象而存在而不具有任何超越、象征的意义，也不具有任何超验的价值意义。因此，无神论的实质就是把宇宙、自然理解为经验、事实而否认其中包含任何超验的意义，进而形成对宇宙、自然的"改造"、"占有"意识。相反，"有神论"则把宇宙、自然理解为一种超验的力量，并赋予宇宙、自然以神圣的或象征的意义。可以说，有神论的实质就是对宇宙、自然做出超现实的价值理解，进而形成对宇宙、自然的"敬畏"、"关爱"意识。在这里，正体现出两种"信仰"的本质差别，也体现出人类精神求索的两大趋向。这两大趋向也同样基于"形上"与"形下"的区别："无神论"趋向于"形而下"，"有神论"则趋向于"形而上"。也因此，我们看到，"无神论"总是趋向于科学进而与科学相统一，而"有神论"则总是趋向于神学、哲学进而与神学、哲学相统一。

人类借助于对神的宗教信仰表达了对世界或宇宙无限结构的敬畏与信念，这应是宗教形成与发展的深刻认识根源与历史根源。依据信仰，人在有限中体验、想象无限，在现实中超越现实并超越自身。就此而言，宗教的产生就具有完全自在、自明而合理的历史理由，并因此而成为人类精神文化发展的重要形式。

### 4. 文化的实质是宗教性的

依照现代德国哲学家斯宾格勒（1880～1936）的观点，正是宗教的信仰精神把"文化"与"文明"区别开来。在《西方的没落》这部著名的历史哲学巨著中，斯宾格勒提出，文化的实质是宗教性的，而宗教只是文化的另一个名称。他认为，每一种文化本质上都有其宗教，"每一根圆柱、每一首诗、每一个观念——最终都是宗教的，也必须是宗教的。但是从'文明'的开端起，这些便不再能如此了。正如每一文化的本质是宗教——故而，每一种文明的本质即是'非宗教'"。① 斯宾格勒还指出，当文化进入文明阶段时，宗教感情就会随之熄灭，无神论、唯物论就会占据统治地位，而无神论是一种文化完全实现自身并耗尽自身能量进入衰亡阶段的表现。斯宾格勒认为，这种"非宗教"只是到文明阶段才产生，这时，人们只会认识统治世界的机械因果律，却再也体验不到世界的神圣性了。

按照斯宾格勒的观点，丧失宗教精神的"文化"将不再成其为"文化"，那只是一种没有文化、没有信仰、没有精神的所谓"文明"，而"文明"只是过去"文化"的创造物的某种硬化了的结晶或沉积，只是对过去的创造性思想的重复，因此，"这是一种非历史的、无变异的沉滞状态"。②

就文化系统是人类精神的有机整体而言，失去宗教精神的文化也就将不再成为文化有机系统，而只能演变为某种非历史、非文化的"文明"。这种由文化到文明的演变，在斯宾格勒看来，就意味着西方的没落，而在我们看来，这也同样意味着人类精神的没落。

自黑格尔以后，在各种反传统哲学思潮蔓延的同时，各种反宗教的思潮与观念也与日俱增。一百多年以来，人们对传统的宗教观念提出了许多诘难，对"神"的存在也提出了大量否定性认识，对《圣经》的可信性也提出一系列疑

---

① 〔德〕斯宾格勒：《西方的没落》，陈晓林译，黑龙江教育出版社，1988，第260页
② 〔德〕斯宾格勒：《西方的没落》，陈晓林译，黑龙江教育出版社，1988，第349页

问，对神学及其教义更提出了无数尖锐的批判。然而，所有这些对宗教神学的怀疑与批判，事实上都基于一种强烈的反对"超自然"观念的意识，人们普遍认为宗教的一切教义或信条都是"超自然"或"反自然"的，因而是没有"自然"或"自然科学"根据的。因此，凡是"违反自然（规律）"或"超自然"的现象（如"神迹"、"启示"、"预言"等等宗教信条）都不能予以接受。现代人类越来越倾向于从自己的"科学"观念出发，力图运用自然和经验的方法来批判和否定宗教、否定神的存在。但问题在于，人所理解的那种"自然"是不存在的，"自然"或"宇宙"本身就具有有机的、庞大的甚至庞大无比的生命与能量，因而"自然"本身就具有"超自然"的特性，而宗教神学也正体现出人类对这种"超自然"特性的体悟与追寻。也因此，现代社会要彻底否定与批判宗教，也就同要彻底否定与批判哲学一样，不能不意味着人类精神活力的衰退，意味着形上精神的消解，即意味着人类追求智慧即"爱智慧"的精神原动力的消失。

随着对"神"的否定，随着对宗教神学的日益彻底的否定和批判，人类的形上精神、道德观念、社会责任感与诚信意识等也日益衰落。当代社会发展愈益以单纯而彻底地追求物质生产与经济增长为目标，由此，各种拜金主义、享乐主义与利己主义观念也就日益蔓延，而人与人之间、人与自然之间的关系也就日趋紧张，当代人类社会已陷入生态环境与精神信仰的双重危机。

在历史上，有宗教的有神论的社会至少维持了一千多年或两千多年（如从古希腊社会或古代社会算起就是两千多年），然而，无宗教的即无神论的社会发展还不过几百年时间就已陷入生态环境与精神信仰的双重危机，这一现象，难道不发人深省吗？

### （三）宗教的价值与历史作用

由于"神"的存在是一种形上意义的存在，因而宗教也是一种形而上学。当然，宗教并不是论证的或理论的形而上学而是生命的或体验的形而上学，宗教是一种超越科学，甚至也超越哲学的形而上学。作为一种形而上学，宗教的根本特征在于注重精神信仰，宗教不失为世界上一种最重要的、真正纯粹的精神活动与精神动力。在精神本质上，宗教完全以超越世俗生活和功利得失为目的，而这种超越精神正构成宗教观念的核心与实质。

#### 1. 宗教的价值

宗教具有追求精神生活和精神信仰的根本价值。宗教的价值主要体现在：

第一，具有精神上的内在性。宗教注重人的内心世界，注重人的精神追求，从而促进人性的内在的完满，它感召人的灵魂去做精神的探索，去信仰神圣，而信仰本身即构成精神的内在的最高的价值。因此，宗教总能给予人一种精神支柱。

第二，具有道德上的自律性。宗教信仰者有了精神上的超常追求，也就把自己看作宗教道德的践行者和维护者，因而也就具有一种自觉的道德意识即"自律性"。道德的根本特点应是"自律性"，所以康德强调"自由即自律"，认为意志的"自律"乃是一切道德法则所依据的唯一原理，这当然是正确的。然而，世俗人（世俗道德）在现实生活中（由于各种世俗利益、情欲等等的干扰、诱惑）却很难做到这种"自律"，而宗教信仰者却可能更好地实现"自律"。我们知道，任何宗教都有一定"自律"规则，如佛教就有许多"戒律"并提倡"以戒为师"，推行"戒、定、慧"的修行方式。这些宗教"戒律"在形式上具有某种外在"他律"的强迫性，然而在信仰者那里这种"他律"就已转化为"自律"，即变成了一种自觉自愿的出于自我意志的观念、意愿与行为。因此，宗教道德或信仰也就内含"律令"，"律令"也是"他律"和"自律"的统一。

第三，具有观念上的超世俗性。宗教在本质上是超世俗或非世俗的，宗教不可能和世俗"同化"或"与时俱进"，而只能与世俗"脱离"甚至"背道而驰"，如果宗教和世俗"同化"或看重世俗利益也就不成其为宗教了。中国古语说："顺则凡，逆则仙"，就体现了宗教、修行等事务的超世俗性、反向性。西方人把宗教比作一座"桥"，"世界是一座桥，走过去，不要在上面盖房子"。这就以生动的比喻描述了宗教信仰的超世俗性。佛教也明确地把"彼岸世界"和"此岸世界"区别开来，"普度众生"的真实含义就是要把人"度化"到超越世俗的"彼岸世界"。

比较说来，科学关注的是"世俗"事务，它所遵循的法则是"他律"，即物质世界的客观规律，科学主要是满足人类的物质需要，而宗教关注的则是"超世俗"事务，它所遵循的法则是"自律"，即人的精神世界的主观法则。宗教的重大贡献就是注重发挥人类自治、自律的本性，因而成为世界上一种真正纯粹的精神活动与精神动力。可以说，科学主要是通过满足人类的物质需要来促进社会发展，而宗教则主要是通过满足人类的精神需要来促进社会发展。事实上，对于人类来说，在追求物质需要的有限性基础上追求精神需求的满足才是社会发展的更高的本质要求与进步趋势。就此而言，科学就是对人类的次要需要作出了主要贡献，而宗教的成就无论大小，却始终针对着人类的精神需要，因而宗教就是对人类的主要需要作出了主要贡献。

491

### 2. 宗教的历史作用

宗教所具有的本质与精神特征，也决定宗教具有并体现出特定的社会历史作用。宗教的历史作用主要在于：

（1）促进人心向善，这主要体现为宗教所发挥的"自律"作用。一些原始正教（主要是基督教、佛教等）都认为人性不完善，人在身、心、灵等方面都有缺陷，所以要克服社会罪恶和不公，就要促使"人心向善"。所以佛教会一味"劝善"，所谓"善恶有报"、"六道轮回"，基督教则会坚持"末日审判"的教义。由此，信仰者就会在道德上严于律己而促进社会道德的提升。① 事实上，人的一切行为乃至观念也都不是偶然形成的，因而也都不会只引发偶然的结果，相反，一切都具有必然性，因而只会引发必然的结果。或者说，人的一切行为与观念最终都必然会受到宇宙本性的制约与影响。

（2）构建普世伦理，主要体现为宗教所发挥的"伦理"作用。在历史上，除哲学之外，最能够为社会生活提供核心理念或基本价值观念的意识形态就是宗教。事实上，历史上的"社会伦理"也往往就是"宗教伦理"，如西方的伦理道德就是在西方宗教意识的基础上形成的，而东方在产生佛教等宗教以后也才形成东方的宗教伦理并给予社会生活以决定性影响。宗教伦理或其价值观念也往往具有一种世界性影响，因而形成某种"普世价值"。1993 年 8、9 月间，在美国芝加哥召开了由来自世界上几乎每一种宗教的 6500 名代表参加的"世界宗教议会大会"，在宗教史上第一次制定并发布了一份《走向全球伦理宣言》，表达了宗教信仰者提倡某种"普世伦理"（universal ethic）的良好意愿。

该《宣言》提出一个"金律"或"基本要求"，即"每一个人都应该得到人道的对待"，或"己所不欲勿施于人"。② 并提出或重申了四个"戒令"，即"不杀人、不偷盗、不撒谎、不奸淫"，同时提出"坚持一种非暴力与尊重生命的文化"、"坚持一种团结的文化和一种公正的经济秩序"以及"坚持一种宽容的文化和一种诚信的生活"、"坚持一种男女之间的权利平等与伙伴关系的文化"③ 等四项规则，以此作为当今世界道德伦理的基本要求亦即"道德底线"。

---

① 宗教信仰者的犯罪率低是不争的事实，许多青少年犯罪者几乎都是"无神论者"，"什么都不信"。许多中国人出国如到美国看到社会道德状况良好也感到惊异。应该看到，这种情况就与西方社会的宗教信仰或信仰自由有关，如"新教伦理"对社会影响深入。所以，才会有"活雷锋"、"诚信"、"一个人的考场"（见曾子墨的书）等大量事例出现。

② 孔汉思、库舍尔编《全球伦理——世界宗教议会宣言》，何光沪译，四川人民出版社，1997，第 12、15 页。

③ 孔汉思、库舍尔编《全球伦理——世界宗教议会宣言》，何光沪译，四川人民出版社，1997，第 12、15、15~26 页。

事实上，这种"金律"及"戒令"等基本要求都是具有一定"普遍性"的某种"普世伦理"或"普世价值"，而其"具体"实施又将取决于不同社会的某些具体情况。但无论如何，我们不能想象一个正常的社会能允许打破这种"道德底线"而使人们生活在一个道德失控的无序而动荡的社会。就是说，"我们不可能想象，一个常态下的社会会允许这个戒令所禁止的行为发生，全世界绝大多数人会希望生活在一个失去了最基本伦理价值尺度的野蛮无序社会中！因此，依据一个普遍的伦理原则来维护最基本的社会秩序，在任何时代都是有意义的。这就是全球伦理的普遍性和永恒性"。①

（3）维护社会秩序，主要体现为宗教所发挥的"规范"作用。由于人在宗教中获得"信仰"、"戒律"、"内心约束"，这就从根本上保证了社会稳定。宗教的重要特点在于用"智慧"化解矛盾，在于以"退让"、"宽容"来代替"进步"、"斗争"。任何宗教在实质上都具有"忍让"、"缓解"、"解脱"的特性，如基督教提倡"打你的右脸，连左脸也给他打"，其缓解矛盾冲突的特点非常鲜明。这种"忍让"、"宽容"有一定"消极性"，但也因此而有一定"积极性"，即能从根本上化解矛盾和冲突。至于当今世界的许多"宗教冲突"，毋宁说并非是宗教本身的冲突，而是一种具有更广泛政治背景与现实利益纠葛的民族或国家之间的冲突。

事实上，宗教的根本作用在于维护道德，即把人类道德维持在一个较高水平上。如果没有历史上多种宗教的这种历史作用，很难设想，今日世界会变成什么样子。可以断言，如果没有宗教，人类社会早就会在道德上失控，从而导致社会正常生活的解体，那也就谈不上我们今天所看到的一切。的确，一种平静而有序的宗教信仰是社会文明的重要标志，宗教信仰的状况是与人的本性的觉悟程度与道德水平成正比的。在此意义上，我们完全可以说，没有宗教信仰，就没有人类社会。

在当今世界，"普度众生"的真正含义也在于大面积、全方位地提高人类社会的道德水准而维护人类社会的持续发展。可以说，谁能促使社会道德全面提升并缓解人与自然、人与人之间的紧张关系并缓解或克服道德与生态危机，谁就是在"普度众生"。显然，在相当长的历史时期内，宗教情结或信仰精神不仅不会消失，而且还会持续发展下去，而人类只要能保持或恢复对"神"、"佛"的信仰，"神"、"佛"就会"普度众生"，人类社会就会维持自己的精神信仰而持续下去。

---

① 谢地坤：《道德的底限与普世伦理学》，载赵剑英、张一兵主编《国外马克思主义的基本问题》，社会科学文献出版社，2006，第96页。

## 二 艺术的"美感"本质及其历史作用

哲学和艺术在精神上也是相通的，二者都具有一种形而上学的精神，而哲学同艺术一样也追求"美"的精神。特别是一些当代哲学家力图超越"概念哲学"而趋向美的"意境"，走向对人生诗意的体验。海德格尔曾说"将来的思不再是哲学了"，其意是说"哲学"要实现"思"和"诗"的结合，即实现"思"、"诗"、"言"的统一。海德格尔赞赏"人诗意地安居"，他喜欢引用赫尔德林的诗说："人充满劳绩，但还诗意地栖居于大地之上。"

当然，哲学和艺术作为两种不同的文化形式或意识形态，二者之间还是有特定区别的，二者相通，但"相通"并不等于"相同"。那么，艺术又具有何种本质特征，并进而和哲学精神相通呢？在此，笔者围绕这一问题主要阐述三个方面的认识，即对艺术或美的来源的认识、对艺术本质特征的认识以及对艺术或美的"超越性"与"形上性"的认识。

### （一）艺术起源于"心灵与自然的对话"

关于艺术的起源或来源也有各种观点，大致可分两类认识，一类认识偏重于外（即偏重于"自然"），其中有模仿说（认为艺术是对自然的模仿）、反映说（认为艺术是以感性形象的塑造来反映外部世界）。另一类认识则偏重于内（即偏重于"心灵"），其中有感性说（如鲍姆加登认为艺术或美是感性的体现或情感的对象化）、象征说（如康德认为美是人的感情生活特别是道德生活的象征）、显现说（如黑格尔认为艺术是理念的感性显现）、存在说（如海德格尔等认为艺术是人的诗意的存在方式）。

这两种认识观点实际上就形成了对艺术起源理解上的某种"二元论"，一方面认为艺术起源于自然，另一方面认为艺术起源于心灵。强调艺术的"自然"起源，就会倾向于"造化之美"、"天工神斧"，如绘画或写生就要传达"自然之美"，强调艺术要"忠于自然"、"忠于生活"。然而，只有"自然"还构不成"艺术"或"美"，模仿"自然"也只可能是一种"技术"、"技巧"而不是"艺术"。显然，艺术还需要有另一个来源就是"心灵"，由此才能在"视像"的基础上形成"心像"并启动"心源"而达到"意在笔先"、"胸有成竹"。

显然，我们应当综合这两种观点，而提出艺术起源的某种一元论观点。笔者以为，艺术即起源于"心灵与自然的对话"。这就是说，艺术或美的来源或起源，本质上是一个内外融合、双向互动的过程，是一个外部世界和人的内在情感互相沟通的过程，也就是一个心灵和自然的对话过程。也只有外部视像和内在心像的统一、合一，才能产生艺术上的创造，形成美的境界。

这种艺术起源的"一元论"观点，就是认为艺术只有一个来源，那就是"美感"。事实上，也只有自然之美和心灵之美的融合或统一，才能形成"美感"。"美感"，就是人的一种实在的"美好"感觉，一种愉悦、舒适的感觉、感情，一种直觉愉悦的情感。"爱美之心人皆有之"，这种"爱美之心"就是美感，依此美感就能产生美和艺术。

"美感"来自于心灵和自然的沟通与契合，来自于心灵和自然的对话。"美感"游离于心灵与自然之间，但"美感"一旦形成就会上升成为本质的东西，就会在艺术创作中发挥主导的决定作用，就会成为艺术的起点和基点。

### （二）艺术或美的本质在于"美感"

艺术或美的本质，也应主要从"美感"（主观情感）方面来理解：

首先，美在本质上是一种主观的感觉，而不是纯粹客体的属性。客体的"美"也是"美"，但只是"潜在"的"美"还不是现实的"美"，客体的或潜在的"美"最终要靠"审美"或"美感"形成"美"的境界，才能变为现实的"美"。

单纯的"物"（景物、外物、自然、人物等）还构不成"美"，"美"需要情感的介入。"花"的美也在于"美感"。一朵"山间花"的"美"还是自在、潜在的"美"，只有由人看到，才能由幽暗到显现，此时颜色才一时明白起来，才显示出"美"，才会"心花怒放"。这时，花与人融为一体，形成"境界"，有花有人，有景有情，情景交融。

可见，美是一种境界而不是单纯的景物。"境界"就是"情景合一"，就是包含"美感"、"真情实感"的意境（可谓"意境"、"情境"、"心境"等）。"美感"或"情感"是艺术或美存在的根本前提，只有具有"美感"，才能产生美和艺术。

其次，美在本质上只能体验而不能实证，体验到"美"就有美，体验不到美就无美可谈。美在本质上是不能实证的，不能以实验、解剖的方法去认识美，用任何仪器、科学方法都不能检验出"花"的"美"是什么，也不能用实验或社会学方法统计出"美"的性质。① 说"美是不能实证的"，这无异于

---

① 杨春时：《关于美的本质命题的反思》，2007 年 6 月 12 日《光明日报》（第 11 版）。

是说"美感是不能实证的",进一步说就是"只有不能实证的美感才是美"。

从根本上说来,"美"并不是认识对象,而是审美对象。一个东西如"花"美不美不能作为客观"认识对象",在单纯的认识中永远也产生不了"美",只有把"花"作为"审美对象"来欣赏才能产生"美"。所以,"美"的问题不是一个"认识"问题,而是一个"审美"问题或"情感"、"意义"问题。

再次,美的本质也不是"模仿"而是创造。"模仿"(写实、反映等)虽然是艺术形成的一定条件但并非是艺术形成的根本条件,"模仿"只是"技术"而不是"艺术",只是"制造"而不是"创造"。要进到艺术必须经过创造、创作,必须超越对象、概念,而艺术之表现"人性"也应超越单纯地模仿"自然"。柏拉图曾讥讽地拿起一面镜子,四面八方地旋转,把一切尽收其中,然后问道:这就是"艺术"吗?其意是说,这只不过就是"模仿",而"模仿"并不是艺术。

法国人丹纳在《艺术哲学》一书中曾提出:"绝对正确的模仿是艺术的最高目的"吗?他说:"倘是这样,那么绝对正确的模仿必定产生最美的作品。然而事实并不如此"。① 例如,过分正确的"模仿"达到"逼真"但却不能给人快感而是引起反感。相反,艺术中的"作假"不仅不损害作品反而会增加魅力(如雕像通常只有一种色调、眼睛没有眼珠,话剧台词也不模仿普通谈话反而故意改变语调而用韵文有节奏地表达等)。

最后,"美学"的含义也是"美感"。西方近代美学的创始人德国人鲍姆加登(1714~1762)于1750年出版了美学的开创性著作,该著作书名的原意就是"感性学"(即德文 Ästhetik,或英文 aesthetics,该词来源于希腊文 aisthesis,意为"感觉",意指"感性学")。鲍姆加登将"美学"视为一门基于感性的审美意识的学科,其研究对象就是具有"审美鉴赏力"的感性认识。后来日本学者将"aesthetics"译为"美学",又称"艺术哲学"。这一译法似有忽视其中"感性"或"美感"要素之嫌。实际上,"美学"的基本含义就是"关于美感的科学",就是描述"美"的形象、做出审美判断并表达美的感受的一门人文学科。

显然,"美感"需要培养,需要培育,这就属于"美育"或"素质教育"的范畴了。古今中外的一些教育家和学者都曾大力倡导"美育"即"美学"教育,然而,当今中国大陆的教育体制却大力推行"应试教育",这种应试教育普遍缺乏美感、美育,是无法培养出艺术家或具有综合人文素质的创新型人才的。

---

① 丹纳:《艺术哲学》,人民文学出版社,1963,第17~18页。

### （三）艺术的超越性与形上性

艺术在本质上也具有超越性和形上性，或者说，艺术也具有超越精神和形上精神，这是艺术作为艺术的根本精神。

首先，艺术具有"超越性"。"超越性"也为艺术所具有，但表现不同，哲学的超越性表现为"思辨"或"反思"，宗教的超越性表现为"信仰"，而艺术的超越性则表现为"美感"（或"审美判断力"）。

艺术或美的"超越性"主要有三层含意：

1. 超越主客关系（即"融合说"）。单纯的主客关系并不能产生审美意识，审美意识产生于对这种关系的超越，即产生于人与世界的相通、融合（达到"情景合一"）。艺术世界也并不是一个在主客关系中依靠实证科学而形成的"理性"的认知世界，而是一个超越主客关系依赖审美意识才形成的"诗意"的感性世界，即是一个由"美感"支撑的"意义"世界。

2. 超越现实在场（即"显隐说"）。艺术依靠想象、夸张来表达自己，由"在场"（显）超越到"不在场"（隐）。这种超越正是艺术的魅力，也是语言的魅力。德里达曾说："语言可称为在场与不在场这个游戏的中项"（其意是说语言在在场与不在场的交汇处跳跃）。我国唐代诗人元稹（779~831）的《行宫》写道："寥落古行宫，宫花寂寞红，白头宫女在，闲坐说玄宗。"诗里也具有由"在场"向"不在场"超越的意境。法国印象派画家梵高画了"农鞋"，也同样体现出这一超越现实在场的意义。

"显隐说"也即是中国的"隐秀说"："情在词外曰'隐'，状溢目前曰'秀'"（刘勰：《文心雕龙》）。艺术的创造正在于有隐有显、由显而隐，就在于体会"词外情"、"言外意"、"画外音"。在艺术创作中，诗的语言重视不在场者而把隐蔽的东西显现出来，诗人常常想象无感性直观对象的存在，其语言"不合逻辑亦无对象"但有"意义"。

3. 超越现实功利（即"自由说"）。艺术也同时超越一切有限性、功利性的存在而达到"自由"境界，即获得精神上的自由。人们通过艺术可以领悟到这种"自由"，从而使生命获得精神上的愉悦与超脱。艺术创作也具有"为艺术而艺术"的本性，因而艺术创作能够超功利，不计报酬、不计回报，也能够追求精神上的净化与升华，因而就可消解人的各种负面情感或恩怨得失，从而使人获得精神上的宁静与自由。

其次，艺术也具有形上性。艺术在本质上也具有形而上学的本性，艺术不仅能增加"趣味"，而且具有深刻的精神内涵，艺术是直接与心灵相通的。在艺术中，"感性"的东西是经过心灵净化的，而"心灵"的精神状态也借助感性形象而显现或体现出来。由此，艺术也就体现出"形上性"。

"形上性"是艺术的深层底蕴，同时也是艺术创作的最高境界。例如，我国宋代著名女词人李清照（1084～约1151）的《声声慢》就达到一种形上境界。"寻寻觅觅，冷冷清清，凄凄惨惨戚戚"，她在"寻觅"什么？似乎不是在寻觅"乍暖还寒"、"晚来风急"，而那"满地黄花堆积"、"梧桐更兼细雨，到黄昏点点滴滴"的情境，也都在向人们传导出一种心灵状态，那"雁过也，正伤心，却是旧时相识"的情感，也是在表达诗人对故去爱人的无限思念……诗人的这些思情愁绪也并非一种表层情感的流露，而是一种深层的精神状态。最后，诗人的感叹竟是："这次第，怎一个愁字了得！""愁"字浓缩了一切情景、一切思情愁绪，但同时，"愁"本身也被扬弃、被超越了！这表明诗人已进入一个无言的不可言说、不可名状的无形境界。诗人能达到这一境界，充分说明在文学艺术的创作中是具有一个"形而上"的精神境界的。①

文学艺术的形上性还体现为文学艺术是一个"虚拟的世界"，而文学、艺术就借助创造一个"虚拟的世界"来保留一个"真实的世界"，即在"非存在"中保留了"存在"。

在形而上学的精神境界中，艺术和哲学也就达到精神上的相通、融合或统一。或者说，艺术和哲学也就在"审美"意识上达到统一。从历史上看，一些著名的哲学家同时也是美学家，而一些著名美学家也往往是哲学家，如柏拉图、亚里士多德作为古典哲学大师，都不乏自己的美学、诗学或艺术思想。也可以说，哲学也具有一定的艺术情趣与审美意识，而艺术也具有一定的哲理与超验意识，二者也绝非彼此隔绝，而是具有同样的或相通的形而上学的精神内涵。

总的说来，哲学的真谛在于求"真"，宗教的真谛在于求"善"，而艺术的真谛在于求"美"。因此，哲学、宗教与艺术就体现出人类精神世界的"真、善、美"的统一，也体现出人类传统文化的深刻底蕴与价值理性的最终诉求。哲学、宗教和艺术的这种精神内涵与价值取向构成了传统文化的真正本质与历史传统，同时也向我们展示出未来文化发展或复兴的基本方向。

## 三 对宗教与哲学关系的考察

宗教和哲学同处于传统文化的系统中，作为文化发展的两种主要形式，二

---

① 邵振国：《文学之形而上性》，2007年1月5日《光明日报》。

者具有某种本质的内在的统一性。在历史上，宗教和哲学之间也并不存在根本矛盾，而总是相互结合、相互依存、相互渗透的。笔者认为，宗教和哲学具有的这种矛盾统一的关系，主要表现在下述方面。

### 1. 二者具有起源上的统一性

从哲学的起源来看，哲学的产生是离不开宗教的。哲学是在最初的宗教观念中孕育、形成并发展起来的。古希腊哲学的最初起源或渊源完全可以追溯到远古神话或宗教意识。有学者指出，"古希腊神话，就是产生古希腊哲学的温床。"① 古希腊哲学（包括其自然哲学）受到古希腊神话的重要影响，最初的"自然哲学家"对于万物本原的思考，对于宇宙和灵魂起源或成因的探索，都与神话或宗教存在不可分割的历史联系。如泰勒斯提出水是万物的本原，即体现出古代神话把海神视为世界创始者而万物都由水而生的影响，同时他认为万物充满着神或神灵，万物都具有灵魂，这显然还是一种万物有灵论的宗教观念。及至苏格拉底、柏拉图与亚里士多德也都承认神的存在，认为神是宇宙的最高的主宰。据记载，柏拉图就是"神学"一词的发明者。可以说，作为哲学家的柏拉图同时也是神学家，他也是西方神学的始祖，他创造了"神学"一词，并论证"神"的存在。亚里士多德则把"第一哲学"也称为"神学"，并认为这是"最高的学术"，因为"神确在更佳更高之处"，"神是一个至善而永生的实是"，那"生命与无尽延续以至于永恒的时空悉属于神"。② 至于有人说柏拉图、亚里士多德等哲学家主张的是"理性神"或说黑格尔形成的是"理神论"等，其实这种提法也并不改变或影响这些哲学家学说的"神学"性质，因为"神"本身也即是"理性"、"智慧"的化身，也即是"理性神"，"神"也不可能不具有"理性"而成为"非理性"的神。事实上，"理神论"也好，"辩神论"也好，"自然神论"也好，或"泛神论"等等也好，也都不过是"有神论"的一些具体的表现形态，这些形态之间并不存在思想本质的区别，本质区别只存在于"有神论"和"无神论"之间。而传统哲学具有有神论特征与历史渊源，或者说，传统哲学起源于宗教神学并具有宗教神学的基本特征，也应是不争之论。

同时，宗教的形成与发展也离不开哲学。我们看到，古代社会形成的原始宗教（主要是基督教、道教、佛教等"原始正教"），也都是借助于一定的哲

---

① 傅乐安编《当代西方著名哲学家评传·第六卷宗教哲学》，山东人民出版社，1996，第 2 页。

② 〔古希腊〕亚里士多德：《形而上学》，吴寿彭译，商务印书馆，1959，第 248 页。

学理性思辨或理性论证才得以发展并走向成熟。西方在进入中世纪前后，基督教信仰或教义就开始越来越多地和古希腊罗马哲学思想结合，奥古斯丁、安瑟伦、托马斯·阿奎那等神学大师的思想学说，无不具有某种古代哲学的底蕴或渊源，而他们学说的重要特征也都在于把宗教和哲学、信仰和理性结合起来，或者说都在于以理性论证信仰。由此，神学在西方也就作为一门有关人的精神信仰的特殊的学科而发展起来并逐渐达到成熟。

同样，佛教在公元 1 世纪传入中国汉族地区以后，也开始不断吸收中国古代哲学思想，并与儒家、道家思想相互交融，从而在隋唐以后产生了天台宗、华严宗、禅宗、净土宗等众多宗派，这些宗派的思想学说也无不包含着一定的理性思辨的成分。同时，佛教也就在中国大陆得到了广泛的发展与传播。

**2. 二者也具有思想本质的统一性**

就是说，二者除具有起源上的"同源"关系以外，还具有性质上的"同质"关系。所谓"同质"是说二者具有某种精神取向或价值取向上的同一性，即具有一定的内在的精神本质的统一性，亦即形而上学精神的统一性。

事实上，宗教和哲学作为"形而上学"精神的一定表现形式，二者在形而上学的最高精神境界即超越于现实世界的"理念世界"或"信仰世界"即能达到高度的本质的统一。一方面，哲学追求"绝对"、"终极"，必然通向宗教，对"绝对实在"、"绝对真理"的追求，必然导致对"神"的追求。事实上，哲学研究的对象（即黑格尔所说的"绝对"）和宗教信仰的对象（即"神"或"上帝"）具有同一性，"神"即是最高的最终的"绝对"、"存在"。即使有些哲学家没有把"最高实在"或"终极实在"当作"神"来界定，但事实上他们也还是力图以"理性"的方式来论证某种超验的"信仰"，来表达某种宗教式的体验或追求。因此，哲学史所展示的以理性推论的方式来探索"真理"的过程，归根结底也就是人类精神对宇宙某种"绝对真理"或对"神"与"上帝"的探求过程。

另一方面，宗教神学中关于"神"或"上帝"的观念也包含着追求事物"本原"或"最终原因"的意义，因而宗教也往往要借助于哲学来论证对"神"的信仰，并且得出的认识结论也往往包含着哲学理性思辨的因素或特征。我们知道，中世纪安瑟伦对"上帝"存在的证明就被称为"对上帝存在的本体论证明"，其中哲学"本体论"的思辨性极为明显，而安瑟伦本人则是一位地地道道的神学家、一位大主教。显然，宗教对"神学"问题或"上帝"存在问题的追问是与对哲学本体论、认识论、价值论等等重大问题的思考与探讨密切结合的，由此，宗教、神学中也就常常出现一些哲学的语言或哲学的表述方法。同时，哲学对一些根本问题的探讨也往往和宗教对一些根本问题的探讨或论述相吻合、相统一。由此，哲学论述也就常常会出现一些神学语言或神学的表述方式。例如，近代哲学家斯宾诺莎、莱布尼茨可谓是典型的哲学家，但其哲学论述却充满神学色彩。斯宾诺莎把"实体"、"自然"即认作"神"，提出"神是唯一的实体"，"一切都在神之内"，而莱布尼茨也同样论述了"上帝是绝对完满的"，并认为是"上帝"的"预先谋划"形成了宇宙的"预定谐和"。① 的确，"西方传统哲学特别是形而上学与西方传统神学的关系简直到了密不可分的程度"，二者之间也的确形成了一种实质上的"互相渗透"或"互相重叠"② 的关系。还应看到，宗教和哲学形成此种关系并不是由于某种偶然、外在的原因，而是基于一种深层的本质的内在的原因，这种"互相渗透"或"互相重叠"的关系正表明宗教和哲学具有"同质性"，即二者在思想本质上具有特定的统一性或同一性。

宗教和哲学都植根于人类精神的形而上学的本性。可以说，形而上学具有宗教和哲学这两个维度或两种形式，亦即具有超验的理性和超验的信仰这两种形式。就此而言，"形而上学"也是"一体两翼"，"一体"即是形而上学的本体、本性（这又包括形而上学所具有的超验性和思辨性两大特性），而"两翼"则为理性和信仰这两大形式。同时，理性和信仰也都在其特定形式上而分别地具有或兼有超验性和思辨性。比较说来，"理性"一翼以思辨性为主，即是超验的思辨理性，而"信仰"一翼则以超验性为主，即是思辨的超验信仰。也因此，"理性"一翼就要借助宗教的超验的"信仰"来弥补或加强自己的超验性，而"信仰"一翼则要借助哲学的超验的"思辨"来弥补或加强自己的思辨性，由此才能保持这两翼的平衡，进而也就形成了二者之间互异而互补的辩证关系。因此，"形而上学"这"至圣的神"也就能够依托理性和信仰这两翼而发挥出超验与思辨的本性而作为自由的思想而飞翔。

宗教和哲学的关系，是既相区别又相结合，既相分离又相统一的。一方面，哲学和宗教可视为不同的两门学科，哲学具有理性思辨的本质，而宗教则具有表象信仰的本质，但另一方面，哲学和宗教又同样具有形而上学的超验与思辨精神，因而在更高的层次或境界中即可实现统一，而二者经过一定的整合或调和又可形成一个认识的统一整体。历史上的宗教哲学家（如托马斯），以

---

① 北京大学哲学系外国哲学史教研室编译《西方哲学原著选读》上卷，商务印书馆，1981，第415、419、483、498页。

② 傅乐安《当代西方著名哲学家评传·第六卷宗教哲学》，山东人民出版社，1996，第2、6~7页。

及当代的一些宗教哲学家，都力图把理性和信仰调和成为一个认识整体，如当代宗教哲学家柯普斯顿就明确指出了宗教和哲学的形而上学基础，他称之为"太一形而上学"（metaphysics of the One）。① 应该说，这些认识，都包含着对人类精神本性或精神发展的矛盾特性及其演变趋向的深刻洞察。

**3. 二者也具有历史演变的同步性**

基于上述"同源"、"同质"关系，宗教与哲学也就在历史演变过程中体现出"同步"关系。从二者发展的历史过程来看，宗教与哲学也体现出明显的统一性，历史上的哲学从来不是与神学无关、脱离神学的哲学，而历史上的宗教也总是和哲学结合在一起，因而二者总是在互相结合、互相渗透中同步发展。这种"同步"发展关系也不仅体现在中世纪所谓"基督教哲学"的发展中，而且也体现在中世纪前后古希腊哲学以及近代西方哲学的发展中，古希腊哲学及近代西方哲学也都具有某种和宗教神学结合、统一而同步发展的性质或趋向。

笔者认为，形成宗教和哲学这种"同源"、"同质"、"同步"发展的密切关系的根本原因，还是在于理性和信仰作为人类形而上学的两大根本精神所具有的某种内在的本质上的统一性。宗教和哲学的这种内在的本质上的统一性主要表现为：

（1）从逻辑上说，理性在本质上并不排斥也无需排斥信仰，只有"非理性"才排斥信仰。因此，古希腊哲学作为"理性主义"哲学，就能很自然地包含"信仰"的因素，并最终转变、过渡到"信仰主义"的中世纪哲学。

（2）同样，从逻辑上说，信仰在本质上也并不排斥也无需排斥理性，而是力图与理性结合，力图借助理性而发展自身。这就是说，信仰在本质上趋向"理性"而不是趋向"非理性"。我们知道，中世纪基督教神学即力图借助理性论证"上帝"的存在，由此也进一步开辟出信仰和理性结合的路径；而近代康德哲学也还是以"理性"（主要是"实践理性"或"判断力"）来论证"上帝"的存在。

（3）从逻辑上说，理性和信仰的矛盾也不具有根本的对抗性而是可以调节、调和或缓和的。也因此，在西方哲学史上调节或调和宗教和哲学、信仰和理性的矛盾，也就成为一种最具普遍性与本质意义的现象。本书第八章已指出，这种理性和信仰或哲学和宗教的矛盾，即构成西方哲学发展的主题或基本

---

① 傅乐安编《当代西方著名哲学家评传·第六卷宗教哲学》，山东人民出版社，1996，第306~307页。

问题，全部西方哲学史，在一定意义上，也就是调和理性和信仰矛盾的历史。当然，在这一不断调节二者矛盾的过程中，宗教与哲学也就一起发展起来。

那么，哲学是不是"反宗教"的呢？应该说，传统哲学在总体上并不具有"反宗教"的性质，只有现代"非传统哲学"才可能反宗教，才可能具有"反宗教"的性质，一如尼采哲学就是一种"反宗教"的"哲学"。传统哲学也具有一定"有神论"的性质或特征，而具有超验的形而上学特征的传统哲学家，也就必然总是这样或那样地具有某种"宗教"情结或"神秘主义"色彩。因此，哲学，在传统上，或者说，传统哲学在本质上，总是通向宗教，哲学在自己的形而上学的探索中总是要开显出宗教并上升到"神"的或"神学"的境地。

在漫长的历史发展过程中，宗教与哲学总是互相结合、互相依存的。互相结合、互相依存，构成了二者关系的最重要特点。对于哲学来说，宗教总是自身存在与发展的重要前提，而对于宗教来说，哲学也总是自身存在与发展的重要依托。如果我们可以把宗教看做是人类文化与精神之母，那就应把哲学看做是人类文化与精神之父，正如母系社会的产生早于父系社会一样，宗教的产生也远远早于哲学。当然，也正是宗教和哲学精神的结合才孕育、创造出人类各方面的精神成果乃至物质成果，才促使人类文明发展到今天。本书上一章曾把哲学与科学认作人类认识"正与反"两个方面（即科学为正，哲学为反），而哲学与宗教也同样具有这种"正反"关系，不过在此哲学应被视为人类认识的正方，宗教应被视为人类认识的反方，二者也具有相反相成的互异互补性。如果再提出科学、哲学和宗教三者之间的关系，那么，我们就应把科学视为正方，把宗教视为反方，而把哲学视为介于科学和宗教之间的一个中方、一个中介或一个中间环节。

总之，在人类文化系统中，哲学和宗教具有同源、同质、同步发展的内在联系，因而二者之间也就不会产生不可调和的根本矛盾，与二者产生矛盾并构成根本对立关系的乃是科学，因为科学在本质上具有"形下"性，因而必然与具有"形上"本性的哲学、宗教产生矛盾并发生经常性的历史性的冲突与碰撞。我们也看到，近代以来，也正是基于科学技术的迅猛发展，宗教和哲学才先后遇到前所未有的挑战与危机。"唇亡齿寒"，宗教之被批判、被颠覆，也就意味着哲学终结的来临，而哲学之终结也不过就是宗教之消亡的进一步的结果。

在当今世界，科学已成为一种主导的认识形式或文化形式，甚至成为一种至关重要的认识形式，科学取代宗教和哲学也已成为现代人类认识与精神发展的主要特征。而科学成为主宰，宗教和哲学相继衰落，这正表明人类文化系统的失衡，表明人类文化的失序与混乱。如果我们承认文化是由多种形式构成的有机系统，而文化系统的整体功能也取决于各种文化形式的综合的整体作用，那么，我们就必须确认，哲学或宗教的精神本质的复兴就不是一个孤立的问题，而是一个巨大的文化系统的全面复兴与演变问题。哲学、宗教能否复兴，或道德、艺术等任何传统文化形态能否复兴，都将取决于文化秩序的重建，都将有赖于整个有机统一的文化系统的重构。

## 四 "宗教哲学"的意义

由于宗教和哲学具有复杂关系，因而"宗教哲学"的概念也就成为一个复杂而包含多重含义的概念。在一般意义或简约的意义上，按照学术界现行的一般界定，"宗教哲学"就是对宗教的哲学研究，是属于哲学的一个分支。而按照当代英国宗教哲学家约翰·希克的经典定义，"所谓的宗教哲学并非'教义的喉舌'，它不属于神学，而是如同法哲学、科学哲学、艺术哲学，属于哲学研究的一个门类。所以，宗教哲学研究根本无须从任何一种宗教立场出发，无神论者、不可知论者和有神论者都可以对宗教现象进行哲学思考。"[1]

下面，笔者就对"宗教哲学"概念做出探讨，并对上述相关理解做出简要分析。

首先，"宗教哲学"是否是一种或是否可能包含某种真正独立的"哲学思考"呢？事实上，任何"哲学思考"都会具有一定的价值取向，都会在一定哲学观及宗教观的支配下进行，而其思考结果也会大相径庭而具有完全不同的性质或意义。由此，就会使"宗教哲学"的含义及其相关认识无法统一。

显然，人们对宗教的研究，也只可能具有三种形式，或者是宗教的，或者是非宗教的，或者是反宗教的。即使按照希克的上述界定，宗教哲学研究也已体现出三种形态，即"无神论者"的研究（可视为"反宗教"）、"不可知论者"的研究（可视为"非宗教"）、"有神论者"的研究（可视为"宗教"）。当然，这三类研究都可视为"对宗教现象进行哲学思考"，然而，三者之间却具有完全不同的性质，其研究也会产生截然不同的结果，既可能产生肯定宗教的研究结论，也可能产生否定宗教的研究结论。事实上，肯定还是否定宗教也从一开始就已预定好了，因为一个"无神论者"的研究也必然还是无神论的（即"反宗教"的），相反，一个"有神论者"的研究也必然还是有神论的（即"宗教"的）。由此，所谓"无须从任何一种宗教立场出发"的那种"超宗教"的"哲学思考"也就完全成为不可能，而所谓"宗教哲学"也还会照

---

[1] 张志刚：《宗教哲学研究》，中国人民大学出版社，2003，第2页。

例是一个包含人们思想上的矛盾与本质区别的领域。

其次，当代宗教哲学研究的一个重要思路或理路是强调研究的"客观性"或"独立性"，即认为宗教哲学作为"一门相对独立的学科"不同于神学，二者之间须"首先划清一条基本界限——宗教哲学何以不同于'神学'，或者说，为什么要跟神学分庭抗礼"。① 但问题在于，宗教是一种特殊的精神现象，宗教具有信仰的根本特征，也具有直观、体验、内心直觉、领悟、忏悔、祈祷等种种特征或形式，因而正像前述"美"或"美感"不能作为科学研究对象而只能作为审美对象一样，宗教"信仰"又如何可能单纯作为科学研究对象或哲学思考对象而加以认识呢？人们以科学研究或哲学思辨的方法又如何可能真正认识艺术美感或宗教信仰的本质呢？

问题还在于，当代"宗教哲学"所标榜的"客观性"研究是否可能？20世纪60年代以来，"当代形态的宗教哲学"的发展趋向或倾向就是坚持"宗教哲学的客观性"，并试图通过与"神学"的区别来达到此种"客观性"研究。西方有关学者认为，"宗教哲学则属于这样一种尝试：客观地研讨宗教教义和宗教现象，也就是说，不以任何特殊的传统立场为出发点。"② 一些当代西方著名的宗教哲学家如缪克、希克等人也都主张"宗教哲学"应以"客观的"理性态度来探讨宗教现象。据此，国内有学者还提出，"相对于传统意义上的宗教哲学，可以说，现已形成了一种'当代形态的宗教哲学'，其'理念'或'目标'就在于，以客观的理性批判精神来反思世界上所有的、起码是主要的宗教现象的'共相或本质'"。③ 国内有关论著还提出"宗教现象完全可以在无信仰的条件下进行自由的哲理探讨，于是'宗教哲学'逐渐提到议事日程上"。④ 显然，这一"客观性"要求已成为"当代形态的宗教哲学"研究的主要特征与趋向，当然也成为"当代宗教哲学"与"传统宗教哲学"的根本区别。然而，宗教却是一种极具"主观性"或"意向性"的精神探索活动，"宗教学"也不失为一种"超越论的现象学"或"精神现象学"。因此，问题依然是，这种排斥"主观性"或"意向性"的"客观性"研究在宗教研究中是可能的吗？

在这里，人们把"客观性"误解为必须在研究对象之外进行，必须是不具

① 张志刚：《宗教哲学研究》，中国人民大学出版社，2003，第2页。
② 张志刚：《宗教哲学研究》，中国人民大学出版社，2003，第8页。
③ 张志刚：《宗教哲学研究》，中国人民大学出版社，2003，第22页。
④ 傅乐安编《当代西方著名哲学家评传·第六卷宗教哲学》，山东人民出版社，1996，第11~12页。

有任何"主观性"价值取向、传统立场的某种纯粹的科学研究，而宗教哲学的"客观性"也应是在宗教之外进行。实际上，这种完全排除"主观性"的"客观性"研究是根本不存在的。这样的"客观性"研究，在人文学科或精神科学领域，甚至在自然科学研究领域，都是不可能实现的。应该看到，任何研究都具有一定"意向性"或"主观性"，都带有"主观主义"特征，都会是而且也只能是一定价值主体的研究。特别是在道德、宗教、艺术等一类属于"实践理性"或"价值理性"研究的"意识形态"领域，没有一定的"前见"、"偏见"、"前科学"、"意向"、"目的"、"价值"等等"主观性"因素，任何研究都会成为不可能的，而所谓纯粹的"客观性"研究也会成为不可能的。上述学者要求人们应完全站在宗教或传统立场之外来"客观地"研究宗教，这本身不也是一种"主观性"吗？

按照这种"客观性"要求的逻辑，人们就应当在"道德"之外研究道德或在"艺术"之外研究艺术，也只有这种研究才被看做是"客观的"、"科学的"，因为它竭力排除任何"主观"意识。然而，问题在于，一个不讲道德（即不具有"道德"的主观意识）的人或不懂艺术（即不具有"美感"意识）的人对"道德"、"艺术"的认识又如何可能真正体现道德、艺术的本质呢？一个不讲道德的人对道德的研究只可能是形式的而非本质的研究，只可能是表层的而非深层的研究。同时，这种"客观性"的道德研究也完全可能是"非道德"或"反道德"的。这样，在"对象"之外的"客观性"研究也就可能变为某种"反对象"的研究。

因此，问题的实质并不在于是"客观性"还是"主观性"，也不在于是"在宗教之外"还是"在宗教之中"研究宗教，问题的实质在于研究本身是否真实体现或反映了研究对象（在这里就是宗教）作为对象（即宗教）的真正本质或本真精神，即在于这种"哲学思考"是否与一般宗教现象及其本质相一致。"当代形态的宗教哲学"的"客观性"是排除"主观性"的"客观性"，因而在现实中也就难以实现，也就必然出现"落差"或"距离"。事实上，人们也只能提出某种既包含又超越客观性的主观性研究，并在"回到事情本身"时实现主观性和客观性的统一，进而建立某种真正体现或反映研究对象本质的"历史性"认识（因为研究对象一定是解释学意义上的历史"存在物"、"流传物"或"传统"）。在这里，毋宁说，"自在的第一性的东西是主观性；而且是作为朴素地预先给定这个世界存在，然后将它合理化，或者也可以说，将它客观化的主观性。"① 由此，"理解的历史性"也就同时上升为宗教哲学研究中的"诠释学原则"。②

还应看到，上述所谓"客观性"倾向也是"科学主义"或"客观主义"在宗教哲学研究领域的体现。这种"客观主义"在科学或哲学研究中是不可能的（对此胡塞尔已做过深入分析），那么，它在宗教哲学研究领域又何以可能呢？这种"客观主义"研究的缺陷，就在于没有进入研究对象的"语境"、"情境"、"意境"就力图在对象之外对对象做出分析与评判。因此，实在说来，这种研究就具有某种"非法性"。从历史发展来看，宗教研究（或宗教哲学）也确实呈现出某种不断由"主观性"向"客观性"研究演变的趋势，与此同时，也呈现出某种由"合法性"向"非法性"研究演变的趋向。

概括地说，托马斯·阿奎那的宗教哲学还是一种合法性研究（"有神论"研究）并从中得出合法性结论，而近代康德的宗教哲学则是在某种非法性研究（即"不可知论"研究）中得出某种合法性结论，及至当代形态的宗教哲学，可以说，就已是在一种非法性研究（即"无神论"研究）中得出非法性（即否定宗教）的结论。从逻辑上说，一个"无神论者"之研究宗教，也正如一个"不道德"的人之研究道德，其研究结果也只可能具有形式的合理性而不具有实质的合理性，就是说，不可能真正揭示研究对象的本质与历史作用。对于具有"有神论"本质的宗教来说，任何基于"无神论"的"哲学思考"都只是意味着对宗教信仰的否定，或意味着对自身研究对象的否定，进而也就意味着对自身研究的否定。因为，说到底，宗教的本质在于"有神论"信仰亦即肯定"神"的存在，而"无神论"则否定"神"的存在，因而无神论之研究宗教也就意味着否定宗教。

再次，从本质上看，"宗教哲学"已表现出两种不同的历史形态，即传统的宗教哲学和非传统的宗教哲学。当然，按照"宗教哲学"发展的内在差别或历史过程，我们也完全可以将其划分为传统的宗教哲学和非传统的宗教哲学这两大形态。前述"当代形态的宗教哲学"就其本质特征或总体特征而言，应属于"非传统宗教哲学"。那么，传统宗教哲学和当代或现代非传统宗教哲学之间又具有哪些本质区别呢？

（1）前者和宗教"信仰"直接一致或统一，因而还属于宗教的意识形态

① 〔德〕胡塞尔：《欧洲科学的危机与超越论的现象学》，王炳文译，商务印书馆，2001，第87页。

② 〔德〕汉斯－格奥尔格·加达默尔：《真理与方法：哲学诠释学的基本特征》上卷，洪汉鼎译，上海译文出版社，2004，第343页。

范畴，而后者则与宗教信仰分离，因而已不再属于宗教的意识形态范畴而单独属于"哲学研究"。

（2）前者与"传统哲学"的性质或特征一致，因而也具有诸如人性论、有神论以及原创性的信仰、理性、仁爱精神等基本特征，而后者则与现代"非传统哲学"的性质或特征一致，即已不具有传统哲学的上述基本特征。

（3）前者构成"传统文化"以及人们精神生活以及生活世界的一部分，而后者则构成"非传统文化"的一部分，并且日益脱离人类的精神、道德生活以及生活世界，进而成为某种单纯的"客观性"的科学研究。孔子说："古之学者为己，今之学者为人"（《论语·宪问》），其意是说，古代学者学习的目的是为了修养和充实自身，当今学者学习的目的则是为了向别人炫耀。笔者认为，这一区别也是把传统与非传统宗教哲学研究区别开来的一个重要标志。

（4）前者体现了宗教和哲学的统一，传统"宗教哲学"的实质就在于是一种"宗教性的哲学"（即与"信仰"一致的哲学），而后者则体现出哲学与宗教日益分离的意图与趋向，其实质在于是一种"非宗教性的哲学"（即已失去"信仰"的哲学）。

当然，在历史上，宗教和哲学也有区别，如托马斯的"宗教哲学"也把哲学和宗教区别开来，但其哲学又毕竟从属于宗教，哲学不过是宗教信仰的表达与论证方式。因此，托马斯的"宗教哲学"，如同历史上几乎一切"宗教哲学"或"传统哲学"一样，也依然是一种"宗教性的哲学"，也依然具有宗教信仰的历史特征，因而也被人们称为"神哲学"。

应该相信，理论或认识上的疑难与争议在很大程度上可以依靠回溯历史来解决，历史会显示事物或认识的本质与本来面貌，历史会"回到事情本身"。在历史上，宗教哲学的产生本来也是基于或出于对宗教信仰进行哲学论证的需要，出于实现宗教与哲学、信仰与理性统一的意图或愿望。可以说，如果没有这种历史性的需要、意图或愿望，也就根本不会产生任何"宗教哲学"。在历史上，古希腊哲学就是最初的内容广泛或广义的"宗教哲学"，而中世纪哲学（史称"基督教哲学"或"经院哲学"）则已成为完全意义上或狭义的"宗教哲学"。当然，作为具有同样本质的某种"宗教哲学"，古希腊哲学和中世纪哲学之间也具有宗教信仰与哲学理性这两方面的历史联系，因而二者又体现为"传统宗教哲学"或"传统哲学"发展或演进的两种主要历史形态。至于已舍弃宗教精神本质而追求"客观性"研究或"在无信仰的条件下进行自由的哲理探讨"的"当代形态的宗教哲学"，恕笔者直言，我们完全有理由将其视为某种"准宗教哲学"或"非（传统）宗教哲学"。

　　总之，宗教是人类一种特定的具有超验性的精神文化，如果单纯以常规的科学方法研究宗教必然具有局限性。宗教具有超越性，难以或无法在非超越性的经验层面理解或研究，哲学家或哲学要研究宗教，也需要具有一定"超越性"。只有本质相同或层次相当的两样东西，才能互相理解与沟通，本质、层次完全不同的东西，又如何理解、如何相通呢？

　　宗教或神学（作为一门学科）也与一般"学科"不同，宗教具有特殊的精神、文化的本质，因而也不能和一般"应用哲学"相比。我们可以有"科技哲学"、"法哲学"、"历史哲学"等"应用哲学"，但却不可能把"哲学"应用于"宗教"而产生这种"应用"意义上的"宗教哲学"。这是因为，宗教在认识层次上并不低于哲学，因而也就谈不上产生应用性的宗教哲学。也因此，"宗教哲学"概念的一般意义，在其合理形态上（正如在其历史形态上一样）也只能是指"宗教和哲学的结合"，亦即一种"宗教性的哲学"。就此而言，任何"无神论"或"无信仰"的宗教哲学研究都不可能成为真正的"宗教哲学"。真正的"宗教哲学"理应继承与发扬宗教信仰的本真精神，也理应在促进哲学和宗教的结合以及人类传统文化的复兴方面有所作为。

　　真正的"宗教哲学"也将是"未来形而上学"的一个核心部门。今天，对"未来形而上学何以可能"的问题，我们也只能遵循康德当年的思路，即只能在"理性"的基础上或在限制"理性"误用的基础上，保留"信仰"的地位。至此，我们的思路就又回到"两重真理说"的认识问题上来。下面，就让我们再对"两重真理说"的意义及其人类两难处境做一概略分析。

# 第三节　"两重真理说"与人类两难处境

　　人类文明的发展一再显现"两重真理说"的理论价值，而当今人类的两难处境更把"两重真理说"的理解问题提到重要位置。在本书最后一章的最后一节，我们再来探讨一下"两重真理说"与人类两难处境问题，以便加深对哲学与文化演变及其复兴前景的认识。

## 一　文化的系统性与真理的两重性

　　文化的系统性与真理的矛盾性或真理的两重性直接相关。在一定意义上，我们可以说，"系统性"即是"矛盾性"，所谓"系统"也无非是指由相互区别又相互联系的不同要素或子系统所组成的矛盾统一的整体。文化系统也同样包含着整体性的内在矛盾，而传统文化之所以能够长期作为一个系统存在与发展，其根本原因也正在于它能够不断调节系统内部的各种矛盾而实现系统的有序发展。

无论是文化的系统结构，还是宗教、艺术的本质特征及其与哲学的关系，都表现出文化发展的矛盾性，进而也都表现出真理发展的矛盾性、两重性。不过，所谓"真理的两重性"或"两重真理说"，在历史上主要是表现为哲学与宗教的矛盾关系，而在当今世界则主要表现为科学与宗教、哲学或科学与道德的矛盾关系。可以说，近代以来，科学战胜了宗教，并进而取代了哲学的主导地位，但其间的矛盾关系远未解决。相反，在科学技术发展的冲击下，人类的生存环境与信仰、道德却陷入困境，当代社会发展已陷入科学与信仰、科学技术与道德伦理尖锐对立的两难境地。面对这种"两难境地"，我们不能不想起历史上的"两重真理说"。

"两重真理说"最初是由中世纪阿拉伯学者伊本·路西德（1126～1198）提出的，其后，西格尔、邓斯·司各脱、奥卡姆和弗兰西斯·培根等哲学家也都有同样主张。这一学说，对西欧中世纪及近代哲学思想的发展起了重要作用。

所谓"两重真理说"包含两方面的含义：其一是说同一真理可以采取两种形式表述，既可以采用哲学或科学的理性形式，也可以采用神学的信仰或隐的形式来表现；其二是说有两种不同来源的真理同时存在，即从经验和实验中得来的是科学的真理，而从信仰或启示中得来的则是神学的真理，二者各自独立，互不干涉。这后一种含义在伊本·路西德本人的思想中还不十分明确，而为欧洲后来的一些哲学家所大力发挥。上述两方面含义也并不矛盾，只有承认真理有两重表现形式，才能进一步提出有两种真理并存。从一般意义上看，"两重真理说"也就是承认真理有两重性，真理不是单一的，而是复合的，科学与宗教或科学与哲学都分别地相对地占有真理，但分开来说都不能绝对地占有真理。

从辩证哲学的角度来看，真理是全面的，也是具体的、历史的，是包含辩证矛盾的。也因此，无论是在文化史中，还是在认识论中，真理的表现或体现也必然具有特定的矛盾性与全面性，我们在前述文化系统的演变中即已看到这种矛盾，而文化系统的矛盾演变也正体现出所谓"真理的两重性"或"两重真理说"的意义。

## 二　"两重真理说"意义与人类"两难处境"辨识

笔者认为，"两重真理说"深刻意义就在于提出了真理的两重性问题，就在于启发人们应在科学同宗教的辩证的矛盾关系中去寻求与确立真理。"两重真理说"的启示使我们不能不思考这样的问题，即科学是否代表了真理因而能否绝对地占有真理？宗教和以宗教为表征的精神信仰在人类文化发展中是否也具有根本意义？如果真理发展或文化发展具有矛盾两重性，那么，宗教信仰是否也代表着真理发展的一个方面，代表着人类进步或文明演进的一个方面、一个方向？质言之，如果真理具有两重性，那么科学是否能代替信仰与道德？在当今世界，在科学之外或在科学之后，我们是否确实应该保持信仰与道德的领域？

科学和宗教具有确定区别，这是两种具有不同性质和内容的文化形式或意识形态。科学的性质与功能是认知，是依靠经验、实验来认识、解释自然，属于我们所分析过的"工具理性"或"理论理性"；而宗教及道德的性质与功能则是依靠精神上的信仰和教化来提升人的精神境界，来调整人与自然、人与人之间的关系，属于所谓"实践理性"与"价值理性"。

或者说，科学的本质是现实，其机理是不可穷尽的自然原理，其目的是解决认识的"合规律性"问题，而宗教或道德的本质却是理想，其机理是超越必然的自由原理，其目的是解决认识与人生的"合目的性"或"合理性"问题。把科学和宗教、科学和道德分开，划清知识与信仰的界限，并实际上承认作为"形而上学"或"第一哲学"研究对象的超经验的精神本体、信仰和道德高于"形而下"领域的具体的工艺、科学，这正是西方哲学自苏格拉底、柏拉图、亚里士多德以来最重要的传统思想之一，也是近代西方自康德以来在学术思想上所阐发的最重要的思想认识。可以说，现代社会的理论误区，也正在于颠倒了作为工具理性和价值理性的东西的关系，把工具理性当作价值理性来追求，或把价值理性降低到工具理性来看待，进而否认或完全忽视了信仰与道德作为价值理性本身存在的意义。今天，人们把现实中的物质享受、感官享乐、金钱财富、名利地位等等有限的存在都当作人生理想和价值本身来追求，而科学技术的成果又在其可能的限度内助长着这种追求，这就加重了现代社会的精神危机。

自文艺复兴以来，科学依靠理性的批判逐步战胜了宗教，并逐渐成为推进经济、社会及文化发展的最重要的力量，但科学技术急速发展的负面效应也使社会日益陷入生存与发展的严重困境与危机。当前，在科学技术发展的负面效应及经济增长片面性的影响下，人类社会已陷入下述"双重危机"：

首先，全球生态危机。这是在人与自然的关系方面出现的外部环境危机。大气污染、能源短缺、水质恶化、土壤沙化、生物物种濒临灭绝等一系列问题，再加之核爆炸、核泄漏的威胁、流行性病毒扩散的威胁等，都已严重影响到人类的生存与发展。这种环境危机，这种人与自然的尖锐对立，是人类在科学几百年的胜利进军中自觉与不自觉地采取"反自然"立场的结果。

其次，道德—信仰危机，这是在人与人自身的社会关系方面表现出来的内在的、内心的危机。在科学技术不断发展、物质产品日益丰富的今天，人类在道德、信仰上却日益退化，内心的精神世界日益空虚，在道德上日益丧失自我约束的机制和客观有效的善恶标准。于是，各种不道德、反道德、反信仰的思想与行为不断泛滥。例如，文学、艺术、影视、体育、教育、司法等领域一向被视为"高雅"、"神圣"的领域，但今天从世界范围来看，这些领域也都无不被金钱所污染，连"奥林匹克精神"也不能幸免，以致在今日世界上再也找不到一块"净土"。同时，各种职业道德、社会伦理与家庭伦理也不断下滑，诸如性解放、同性恋、嫖娼卖淫、吸毒贩毒、暴力犯罪、拐卖人口、制售假冒伪劣、进行商业欺诈与诈骗乃至黑社会、权钱交易、贪污腐败等等问题竟层出不穷。整个社会似乎已过于"物化"，也过于"老化"，过于"实用"与"功利"，乃至普遍缺乏道德、缺乏信仰、缺乏诚信已成为我们这个时代或社会的基本特征。可以说，这种危机是人性与人心的危机，是社会在上述潮流的强大影响下采取"反信仰"立场的结果。

科学和道德、科学和信仰作为两个有区别的领域，当然不会完全同步发展，但人类社会要保持科学技术的高水平，就必须同时使人的道德水准也保持在一个很高水平上，否则二者的矛盾必然尖锐化而引发各方面的冲突。当代社会的现实是，科学的急速发展并没有带来相应的道德水准的提高，相反却出现道德与信仰的滑坡。在当代科学技术片面发展所引发的各种社会问题中最根本的问题就是道德伦理问题，而科学技术的负面效应所带来的一个最大的危害，就是冲击、动摇了人类生活中最根本、最核心的东西——道德观念和信仰。如果人类的道德、信仰都失控或都被摧毁了，那么人心就会无善念而被各种邪念所占据，人在缺乏精神信仰的支撑和道德规范的约束下就会为所欲为，其结果必然是道德滑坡、社会风气腐败和蜕变。

当代社会所陷入的危机，从"两重真理说"的角度来看，也正是人类在科学技术与道德、宗教的矛盾关系上陷入尖锐对立的两难境地。我们知道，康德哲学的一个中心思想就是把科学、理性和宗教、信仰区别开来，并在排除理性误用的同时，努力给信仰留下地盘。康德曾明确说过："我曾不得不抛弃知识，以便让信仰有个地盘；形而上学的独断论，即形而上学里那种不对纯粹理性进行批判就盲目前进的偏见，乃是一切不信仰的真正源泉，不信仰是违反道德的，在任何时候都是极其独断的。"① 康德限制"知识"而保留"信仰"，体现出这位以"理性批判"著称的哲学家在人类精神的两难选择中的良苦用心，也表明他是明确地认定信仰、道德高于理性，高于知识或科学，或者说，信仰是在科学之后必须保留的领域。换句话说，康德宁可"抛弃知识"也要"让信仰有个地盘"，这种态度是值得我们深思的。康德的思想是深刻的，他确信人类的"信仰"高于"理性"，也确信科学也有"限度"、"界限"或"极限"，科学解决不了信仰、道德问题。可以说，能否在科学之后恢复或重建信仰，即能否在科学有了极大发展之后保留人类精神信仰的特性并维持道德权威，这正是康德提出的问题的本质。这一"康德问题"，也依然是当代社会发展所必须正视和解决的根本问题。

现代德国著名社会学家马克斯·韦伯（M. Weber, 1864－1920）在科学与宗教的关系上继续沿着康德的思路进展，提出二者具有"工具理性"与"价值理性"的区别，或具有"形式合理性"与"实质合理性"的区别，这就赋予"两重真理说"以更深刻的含义。韦伯认为，科学专注功能而排斥价值理性，因而只具有"形式的合理性"而不具有"实质的合理性"，而宗教则注重信仰、理想但牺牲理智，因而具有"实质合理性"却不具有"形式合理性"，而人则是一种既具理智又具情感的存在物，因而对人来说，科学和宗教都是不可或缺的。然而，理性化过程使人难以在获取科学知识的同时又服从宗教信仰，这就造成现代人在行动上必然面对"二难抉择"。② 这就是说，由于"合理性"本身的二元性，导致了人们在认识上必然要在现象和本体（或本质）之间实行二分法，它们之间的对立和冲突就是现代人类陷于两难处境的根源。

不仅韦伯，而且当代西方许多著名哲学家的重要思想都同科学与宗教或科学与道德的关系密切相关，如罗素、杜威、德日进、海德格尔、弗洛姆、雅斯贝尔斯等哲学家都就此提出过许多重要的思想观点。当然，哲学家们思考、解答科学与宗教关系问题的思路和方法也不尽相同。罗素提出"对立论"，霍顿

① 〔德〕康德：《纯粹理性批判》第2版序；见北京大学哲学系外国哲学史教研室编译《西方哲学原著选读》下卷，商务印书馆，1981，第248页。
② 苏国勋：《韦伯》，载《当代西方著名哲学家评传·第十卷社会哲学》，山东人民出版社，1996，第93页。

提出"相关论",蒂利希则提出"分离说"。① 德裔美国宗教哲学家蒂利希（Tillich，1886－1965）认为以往的冲突在于没有把宗教真理与科学真理分离开来，二者并不属于同一领域，"科学并无权干预信仰，信仰也无权干预科学。一个意域是不能干预另一意域的"。② 这种"分离说"同"两重真理说"以及康德思想之间的密切联系是一目了然的。法国学者德日进（即 Teilhard de Chardin，即泰依亚·德·夏尔丹，1881～1955）也以科学和宗教双重学者的身份告诉世人，"科学和宗教是同一求知行为的相联的两部分"，二者对人类前途的论证是一致的，而宗教则是人类精神生活的核心和指导思想，它具有无与伦比的价值，无论科学多么发展，社会多么进步，人类依然离不开宗教的指导。否认宗教，就会使人类走上歧途。③ 美国哲学家杜威（1859～1952）则力图通过"哲学的改造"而用他的统一的方法即"科技伦理"思想来解决这个问题。科学家爱因斯坦（1879～1955）也认为科学只能提供手段、方法，不能提供目标、准则，因而必须用宗教的道德功能来弥补科学功能之不足。

　　显然，由于科学的负面效应日益明显，已促使当代社会陷入科学与信仰矛盾、冲突的两难境地，而科学与宗教、科学与道德的关系问题也随之成为当代哲学与文化研究必须要解答的带有根本意义的问题。而围绕这一问题的自觉与不自觉的论证，也都在一个新的时代条件下重新提起了"两重真理说"，或者说，这是"两重真理说"的理论价值在当代人类两难处境中的再现。

## 三　对科技发展做出反思是当代哲学的使命

　　在一定意义上说，科学和宗教的关系问题，也就是理性和信仰的关系问题。按照本书的基本观点，全部哲学的基本问题或主题实际上就是理性和信仰关系问题。理性和信仰的矛盾贯穿在全部哲学特别是西方哲学发展的始终，同时也贯穿在当代哲学的发展中。如果当代哲学尚能保持哲学的思辨或反思的本性，那它就理应对此关系问题做出深入而全面的探讨与梳理，同时也理应把对科技发展做出反思确立为自己的历史使命。

　　哲学是一门反思性的学科，也是一门具有自由思想的学术。在这两种意义

① 张志刚：《基督教与科学关系的三种解释》，《世界宗教文化》，1996 年第 5 期。
② 蒂利希：《信仰的动力》（*Dynamics of Faith*，New York：Harper and Row，1958），第 81～82 页。
③ 傅乐安：《德日进》，载《当代西方著名哲学家评传·第六卷宗教哲学》，山东人民出版社，1996，第 61、73 页。

上，哲学都带有一定"超科学"的特征，而且在一定意义上也带有一定"反科学"的特征（本书前述已把科学和哲学比作认识的正、反两方面）。而哲学之所谓"反科学"，当然也不是完全否定科学，而是既包含又超出科学，既肯定科学（积极成果），又否定科学（负面效应），从而矫正科学发展的偏差。近代以来，科学的急速发展与全面扩张在很大程度上是"反宗教"乃至"反哲学"的结果，因而从历史逻辑的角度来看，宗教与哲学精神的复兴在一定程度上也就必然表现为某种"反科学"的运动或思潮，就会体现为一个对"科学主义"（"科学至上主义"或"唯科学主义"）加以批判和抵制的"非科学"或"反科学"的运动。事实上，科学主义（或"实证主义"、"客观主义"）与"反科学主义"（或"非实证主义"、"主观主义"）这两种思潮已成为当代社会与文化发展中互相对立的最强大的两种潮流，而"反科学"思潮的主旨也并不在于反对科学本身，而是在于反对科学的误用或滥用，进而维护道德、理性、仁爱、信仰等传统文化价值观念。我们看到，也正是在这一问题上的分歧，把技术至上的乐观主义同与罗马俱乐部为代表的悲观主义这些未来学上的思潮或学派也区别开来，而悲观主义又与人类的传统宗教情结密切相关。

　　人类社会的发展和文化的演进具有矛盾两重性，这是在历史和现实中显示出来的辩证矛盾。宗教、哲学、道德等古老的文化形式或意识形态都代表了人类文化或文明演进的重要倾向、取向或可能的路径，而科学技术愈是发展，这些文化形式所具有的本质与功能就会愈加显示出来。在西欧中世纪时代，提出"两重真理说"，确实起到了在宗教统治下为科学或知识开拓地盘的作用，而在现代条件下提出"两重真理说"，其显明意图已是在科学技术达到鼎盛之时保留以宗教为表征的信仰与道德的价值。对于现代社会来说，明确"两重真理"，也就是要明确在科学技术发展的"真理"之外，尚有信仰与道德发展的"真理"，也尚有宗教、哲学等其他文化形态存在与发展的历史理由。可以说，对科学技术至上的怀疑和批判，构成了当代社会的宗教情结与道德底蕴，也构成了"两重真理说"的当代诠释。同时，对科学至上的这种怀疑和批判也已成为当代哲学与文化发展的主流。

　　试问：如何解决"两重真理"的当代矛盾呢？当代人类如何才能摆脱这种两难处境呢？

　　答：就其现实而言，处在两难处境下的人类只能在最大限度内实现向宗教文化或人文文化的回归，进而摆脱科学技术片面发展的不利影响。所谓"最大限度"，是指由科技发展的负效应所形成的物极必反的反弹所决定的范围，亦即是由历史辩证法的张力所决定的范围；而所谓"宗教文化"，也并非是指恢复原始宗教的古代文化，而是指具有宗教情结的、以精神需求和信仰为表征的文化，亦即有信仰的文化。宗教文化也具有人文性，因而它本身即是和"人文文化"的统一。这种文化不会损害科学技术在几百年乃至几千年发展中所取得的积极成果，但也决不会再把对科学技术的崇拜当作信仰本身，它所崇拜的唯一对象就是作为一切物质与生命之源的宇宙。

纵观人类的历史，科学与宗教作为人类文化系统的两种形式与文化发展的两重真理，在社会发展中确实具有矛盾的循环往复、辩证进展的性质。科学与宗教或科学与哲学的这种矛盾进展，表现为文化发展史及社会发展史上的一些大的"圆圈"，也体现出人类文化两重性进展与螺旋式上升的过程。对当代社会而言，如何全面把握文明演进的这种两重矛盾与转化性质，确切地说，如何在科学发展之后重建人类的道德、信仰，重建哲学的形而上学，重建文化秩序或文化系统的有机统一，已是不容回避的带有根本性质的问题。从精神信仰走向科学技术是文艺复兴以来几百年间人类文化发展的主流，而从已经物化的科学技术复归于精神信仰，势必成为未来新人类文化发展的主流。

在未来文化的发展或复兴中，哲学肩负着重要使命，而对科学技术及整个社会发展做出理性批判与反思，乃是哲学最重要的使命。正如当代德国哲学家哈贝马斯所说："哲学的最重要的任务，就是反对任何形式的客观主义……就是展示出彻底的和激进的自我反思的力量。"[1] 总之，对科技发展乃至整个社会发展做出理性批判与反思乃是当代哲学的使命，而哲学若想不辜负这一使命，就必须复兴与弘扬传统的形上精神。说到底，哲学也只有具有"形而上学"这"至圣之神"的精神，才能保持成为哲学，才能完成自己的历史使命。

## 四　哲学发展中的"否定之否定"（代结语）

同历史发展或文化发展具有辩证性质一样，哲学发展基于内在的矛盾本性与外在的矛盾关系也必然具有某种辩证性质，哲学的历史演变也必然是辩证的。

我们可以把全部哲学的历史演变大致划分为三个阶段。第一个阶段为肯定阶段，这即是传统哲学的确立与发展阶段，其间哲学的本质即形而上学的本性得到充分发展与展现。第二个阶段为否定阶段，这即是近代黑格尔以后非传统

---

① 〔德〕尤尔根·哈贝马斯：《重建历史唯物主义》，郭官文译，社会科学文献出版社，2000，第53～54页。

哲学的发展阶段，其间哲学的本质即形而上学的本性受到根本的拒斥、颠覆与消解，哲学或传统哲学本身陷入衰落与终结。第三个阶段则是未来哲学的发展阶段。

在这一发展过程中，第二个阶段是对第一个阶段的否定，但这还不是（如一些学者所说）"否定的否定"，因为传统哲学与非传统哲学的性质是完全相反的，因而二者之间的关系在本质上也就不具有一般肯定性而只具有否定性。只有哲学发展的第三个阶段即未来哲学的发展才具有"否定之否定"的意义。因为只有这一阶段才可能形成对传统哲学否定的再否定，即第二次否定，同时也才形成对传统哲学即第一阶段的肯定或回归。事实上，也只有未来哲学的发展才可能实现对第一个阶段的肯定或回复，同时也才可能实现对第二个阶段的否定或超越，从而完成一个"否定之否定"的过程。换言之，只有复兴传统哲学的形上本质，并且否定或扬弃非传统哲学本身，哲学的发展历程才可能得到一个具有肯定意义的结果。

因此，第一个阶段即传统哲学的发展就表现为哲学发展中的"正题"（即"肯定"），而非传统哲学的发展即第二个阶段则表现为哲学发展中的"反题"（即"否定"），未来哲学的发展即第三个阶段就表现为哲学发展中的"合题"（即"否定的否定"）。可以预期，未来的世界性哲学必然会在复兴或回归传统哲学形上本质并扬弃非传统哲学的过程中兴起。就此而言，哲学并没有终结，"哲学的终结"只是哲学发展第二个阶段的结果，而不是哲学演变全部过程的果实。

哲学曾被消解于科学，哲学也只有超越科学才能复生。

# 参考文献

[1]〔古希腊〕亚里士多德:《形而上学》,吴寿彭译,商务印书馆,1959。

[2]〔德〕文德尔班:《哲学史教程》上下卷,罗达仁译,商务印书馆,1987。

[3]〔德〕黑格尔:《哲学史讲演录》,第1~4卷,北京大学哲学系外国哲学史教研室译,三联书店,1956;贺麟、王太庆译,商务印书馆,1959。

[4]〔英〕罗素:《西方哲学史》上下卷,何兆武、李约瑟译,商务印书馆,1963。

[5]〔挪〕G. 希尔贝克、N. 伊耶:《西方哲学史》,童世骏等译,上海译文出版社,2004。

[6]〔美〕罗兰·斯特龙伯格:《西方现代思想史》,刘北成、赵国新译,中央编译出版社,2005。

[7]〔美〕庞思奋:《哲学之树》,广西师范大学出版社,2005。

[8]〔美〕罗伯特·保罗·沃尔夫:《哲学概论》,广西师范大学出版社,2005。

[9]〔德〕康德:《未来形而上学导论》,庞景仁译,商务印书馆,1978。

[10]〔德〕康德:《纯粹理性批判》,邓晓芒译,人民出版社,2004。

[11]〔德〕康德:《实践理性批判》,韩水法译,商务印书馆,1999。

[12]〔德〕康德:《判断力批判》,邓晓芒译,人民出版社,2002。

[13]〔德〕康德:《历史理性批判文集》,何兆武译,商务印书馆,1990。

[14]〔德〕黑格尔:《精神现象学》上下卷,贺麟、王玖兴译,商务印书馆,1979。

[15]〔德〕黑格尔:《小逻辑》,贺麟译,商务印书馆,1980。

[16]〔德〕黑格尔:《逻辑学》上下卷,杨一之译,商务印书馆,1966。

[17]〔德〕黑格尔:《历史哲学》,王造时译,上海世纪出版集团、上海书店出版社,2001。

[18]〔德〕胡塞尔:《哲学作为严格的科学》,倪梁康译,商务印书馆,1999。

[19]〔德〕胡塞尔:《欧洲科学的危机与超越论的现象学》,王炳文译,商务

印书馆，2001。

[20]〔德〕海德格尔：《面向思的事情》，陈小文、孙周兴译，商务印书馆，1999。

[21]〔德〕海德格尔：《存在与时间》，陈嘉映、王庆节译，三联书店，2006。

[22]〔德〕汉斯-格奥尔格·加达默尔：《哲学解释学》，夏镇平、宋建平译，上海译文出版社，2004。

[23]〔德〕汉斯-格奥尔格·加达默尔：《真理与方法：哲学诠释学的基本特征》上下卷，洪汉鼎译，上海译文出版社，2004。

[24]〔英〕休谟：《人类理解研究》，关文运译，商务印书馆，1957。

[25]〔英〕休谟：《自然宗教对话录》，陈修斋、曹棉之译，商务印书馆，1962。

[26]〔德〕叔本华：《作为意志和表象的世界》，石冲白译，商务印书馆，1982。

[27]〔德〕尼采：《权力意志——重估一切价值的尝试》，张念东、凌素心译，中央编译出版社，2005。

[28]〔美〕汤姆·罗克摩尔：《黑格尔：之前和之后——黑格尔思想历史导论》，北京大学出版社，2005。

[29]〔德〕卡尔·洛维特：《从黑格尔到尼采》，三联书店，2006。

[30]〔德〕斯宾格勒：《西方的没落》，陈晓林译，黑龙江教育出版社，1988。

[31] 北京大学哲学系外国哲学史教研室编译《西方哲学原著选读》上下卷，商务印书馆，1981、1982。

[32] 北京大学哲学系外国哲学史教研室编译《古希腊罗马哲学》（原著选辑），商务印书馆，1961。

[33] 北京大学哲学系外国哲学史教研室编译《16—18世纪西欧各国哲学》（原著选辑），商务印书馆，1975。

[34] 北京大学哲学系外国哲学史教研室编译《18世纪末—19世纪初德国哲学》（原著选辑），商务印书馆，1975。

[35] 夏基松：《现代西方哲学教程》，上海人民出版社，1985。

[36] 赵敦华：《西方哲学简史》，北京大学出版社，2001。

[37] 张志伟：《西方哲学史》，中国人民大学出版社，2002。

[38] 邓晓芒：《古希腊罗马哲学讲演录》，世界图书出版公司，2007。

[39] 张世英：《哲学导论》，北京大学出版社，2002。

[40] 叶秀山：《哲学要义》，世界图书出版公司，2006。

[41] 李德顺：《价值论》，中国人民大学出版社，1987。

[42]（台）傅佩荣：《哲学与人生》，东方出版社，2005。

[43] 方朝晖：《思辨之神》，复旦大学出版社，2007。

[44] 俞宣孟：《本体论研究》，上海人民出版社，2005。

[45] 黎鸣：《西方哲学死了》，中国工人出版社，2003。

[46] 章韶华：《人类的第二次宣言》，中国广播电视出版社，1993。

[47] 冯友兰：《中国哲学简史》，北京大学出版社，1985。

[48] 张岱年：《中国哲学大纲》，中国社会科学出版社，1982。

[49] 张再林：《中西哲学的歧异与会通》，人民出版社，2004。

[50] 〔美〕黄百哲：《中西比较哲学》，见余纪元、张志伟主编《哲学》，中国人民大学出版社，2008。

[51] 张志刚：《宗教哲学研究》，中国人民大学出版社，2003。

[52] 〔美〕A.J.巴姆：《比较哲学与比较宗教》，江苏省社会科学院哲学研究所编译，四川人民出版社，1996。

[53] 蒂利希：《信仰的动力》（*Dynamics of Faith*，New York：Harper and Row，1958）。

[54] 希克：《宗教哲学》（John H. Hick，*Philosophy of Religion*，second edition，Englewood Cliffs，NJ：Prentice – Hall，INC，1973）。

[55] 赫德森：《宗教哲学》（Yeager Hudson，*The Philosophy of Religion*，Mountion View，CA：Magfield Publishing Company，1991）。

[56] 傅乐安编《当代西方著名哲学家评传·第六卷宗教哲学》，山东人民出版社，1996。

[57] 孔汉思、库舍尔编《全球伦理——世界宗教议会宣言》，四川人民出版社，1997。

[58] 谢地坤：《道德的底限与普世伦理学》，载赵剑英、张一兵主编《国外马克思主义的基本问题》，社会科学文献出版社，2006。

[59] 丹纳：《艺术哲学》，人民文学出版社，1963。

[60] 杨春时：《关于美的本质命题的反思》，2007 年 6 月 12 日《光明日报》。

[61] 邵振国：《文学之形而上性》，2007 年 1 月 5 日《光明日报》。

[62] 达尔文：《物种起源》，谢蕴贞译，商务印书馆，2007。

[63] 丁子江：《思贯中西》，中国工人出版社，2003。

[64] 马克思：《1844 年经济学—哲学手稿》，刘丕坤译，人民出版社，1979。

[65] 《马克思恩格斯选集》第 1~4 卷，人民出版社，1995。

[66] 〔法〕阿尔都塞：《保卫马克思》，顾良译，商务印书馆，2006。

[67] 〔英〕麦克莱伦：《马克思以后的马克思主义》，李智译，中国人民大学出版社，2004。

[68] 〔德〕卡尔·科尔施：《马克思主义和哲学》，王南湜、荣新海译，重庆出版社，1989。

[69] 〔德〕特奥多·阿多尔诺：《否定的辩证法》，张峰译，重庆出版社，1993。

[70] 黄楠森：《哲学的科学之路》，北京师范大学出版社，2005。

[71] 俞吾金：《重新理解马克思》，北京师范大学出版社，2005。

[72] 张一兵、胡大平：《西方马克思主义哲学的历史逻辑》，南京大学出版社，2003。

[73] 王东：《马克思学新奠基——马克思哲学新解读的方法论导言》，北京大学出版社，2006。

[74] 《哲学百科全书》，中国大百科全书出版社，1995。

[75] 《辞海·哲学分册》，上海辞书出版社，1980。

[76] 肖前主编《马克思主义哲学原理》上下册，中国人民大学出版社，1994。

[77] 赵家祥、聂锦芳、张立波主编《马克思主义哲学教程》，北京大学出版社，2003。

[78] 李毅嘉：《马克思恩格斯对哲学的拒斥》，《山东大学学报》（哲社版）2005年第2期。

[79] 曹润生：《马克思恩格斯论马克思主义哲学的性质》，《安庆师范学院学报》（社科版）2004年第6期。

[80] 聂锦芳：《马克思不是"哲学终结论者"》，2004年10月19日《光明日报》。

[81] 何中华：《马克思与"哲学的终结"——为马克思哲学合法性辩护》，《学术研究》（广州）2008年第10期。

[82] 孙亮：《马克思在何种意义上是哲学"终结论"者——与游兆和先生商榷》，《学术研究》（广州）2008年第10期。

# 后 记

拙著题为《哲学本质与演变逻辑新论》，是想对哲学发展做出一种全面、深入的探讨，提出一些新的观点、思路或问题。例如，拙著提出了哲学包含两种含义即狭义和广义亦即学科与学说的观点，并据此分析了中西哲学差异以及本体论差异等问题；提出了哲学和科学有本质区别、传统哲学和现代非传统哲学也有本质区别的观点，并据此分析了黑格尔以后哲学思潮的本质、马克思哲学变革的意义以及现代西方哲学发展趋向等问题。拙著也提出并分析了宗教、艺术的本质以及理性、文化的特质及其与哲学演变的关系等问题。拙著对哲学界在"形而上学"、"辩证法"等概念以及在哲学基本问题、派别、发展模式，哲学与科学的关系等问题认识上存在的一些偏差，也提出了商榷并阐述了新的思路与观点。本书作为"新论"，实质上就是对哲学发展中一系列前沿或疑难问题的探讨，因此，本书也带有一定学术争鸣的性质。笔者相信，只有依靠真正的、自由的学术探讨和学术争鸣，才能真正促进学术的进步与繁荣。当然，任何"新论"或"争鸣"都应尊重学术界已有的认识，都应承认有关学者的贡献。当年，莱布尼茨在《人类理智新论》一书中说过："诚然我常常持不同的意见，但是……说出自己在哪些地方以及为什么不同意他们的意见，这决不是否认他们的贡献，而是证明他们有贡献。"今天，本书作为某种"新论"也同样是以学术界各种已有的认识成果为基础或前提。在写作中，笔者也努力发挥哲学的批判与反思功能，关注社会现实问题且将其作为阐释哲学问题的背景与动因，这通过笔者对"传统哲学的本质"、"两重真理说的意义"等章节的阐释而体现出来。拙著缺点或不足之处尚多，如果说还有什么优点、特点，那也许就在于拙著注重逻辑和历史、理论和现实的统一，注重综合性考察的整体与问题意识，由此形成对哲学本质与演变逻辑进行总体考察的某种新思路与新框架。

2007 年夏天，我初步制定了本书写作大纲并开始写作，其间也经历了多次调整、修改，待写完全书时已是 2010 年年底。写作本书虽然仅用了二三年时间，但它无疑是我长时期以来教学与研究工作的总结或积累。在写作本书时，我也利用了本人的"哲学概论"、"西方哲学史"等课程讲义的部分内容，也利用、吸纳了自己在《学术研究》、《教学与研究》等刊物上发表的论文，并重新做了编排、修订与补充，而书中的大部分章节都是我在近二三年内撰写而成。笔者也尽量把这几方面的内容衔接、融合起来以使全书具有连贯性与统一性。书末列出的参考文献，也以我在教学与科研以及这次写作中所使用的一些参考书为主。本书"引经据典"较多，这当是"新论"也要以"文本"为依据的一种必然要求与体现。笔者期望本书能在高校及相关部门的哲学教学与研究中发挥作用，同时也期望它能经受住时间的检验。

本书出版得到北京大学谢龙教授、中央编译局李惠斌研究员等学界友人的热情推荐，也得到社会科学文献出版社的大力帮助，特别是袁卫华编辑为本书出版付出了大量心血。在此，谨向社会科学文献出版社和学界友人表示衷心感谢！借此机会，也谨向关心与帮助本人教学与科研工作的家人、友人、同事以及学生表示衷心感谢！笔者愿将本书作为一份"在黄昏到来时起飞"的"雅典娜的猫头鹰"精心制作的礼物献给大家，让我们一起迎来那"形上之神"复生的曙光！

**图书在版编目（CIP）数据**

哲学本质与演变逻辑新论／游兆和著．—北京：社会
科学文献出版社，2011.10（2013.12重印）
ISBN 978 - 7 - 5097 - 2647 - 1

I.①哲…　II.①游…　III.①哲学 - 研究　IV.①B

中国版本图书馆 CIP 数据核字（2011）第 167774 号

## 哲学本质与演变逻辑新论

著　　者／游兆和

出 版 人／谢寿光
出 版 者／社会科学文献出版社
地　　址／北京市西城区北三环中路甲 29 号院 3 号楼华龙大厦
邮政编码／100029

责任部门／人文科学图书事业部（010）59367215　　责任编辑／袁卫华　王永磊
电子信箱／renwen@ ssap. cn　　　　　　　　　　　责任校对／秦　晶
项目统筹／宋月华　　　　　　　　　　　　　　　　责任印制／岳　阳
经　　销／社会科学文献出版社市场营销中心（010）59367081　59367089
读者服务／读者服务中心（010）59367028

印　　装／北京京华虎彩印刷有限公司
开　　本／787mm×1092mm　1/16　　印　张／33.25
版　　次／2011 年 10 月第 1 版　　　　字　数／618 千字
印　　次／2013 年 12 月第 2 次印刷
书　　号／ISBN 978 - 7 - 5097 - 2647 - 1
定　　价／98.00 元